政法类

明夷待访录	黄宗羲 122	郭侍郎奏疏	郭嵩焘 193
读律佩觽	王明德 126	适可斋记言记行	马建忠 196
潜书	唐甄 129	庸书	陈炽 199
噩梦	王夫之 133	治平通议	陈虬 202
平书订	王源 李塨 136	六字课斋卑议	宋恕 205
祥刑典	蒋廷锡等 140	孔子改制考	康有为 208
大清律例	142	大同书	康有为 211
大清律例通考	吴坛 144	变法通议	梁启超 214
佐治药言	汪辉祖 146	新民说	梁启超 217
齐民四术	包世臣 149	中国法理学发达史论	梁启超 220
说储	包世臣 152	论中国成文法编制之沿革得失	梁启超 223
皇朝经世文编	贺长龄等 154	唐明律合编	薛允升 226
读律心得	刘衡 157	读例存疑	薛允升 228
天朝田亩制度	洪秀全 159	寄簃文存	沈家本 231
资政新篇	洪仁玕 161	原强	严复 236
校邠庐抗议	冯桂芬 164	政治讲义	严复 238
盛世危言	郑观应 167	法意·按语	严复 241
曾文正公全集	曾国藩 170	驳康有为论革命书	章炳麟 243
曾文正公年谱	黎庶昌 173	代议然否论	章炳麟 245
左文襄公年谱	罗正钧 175	金铁主义说	杨度 247
李文忠公全集	李鸿章 177	革命军	邹容 249
劝学篇	张之洞 180	警世钟	陈天华 252
江楚变法会奏三折	刘坤一等 183	论社会革命当与政治革命并行	朱执信 254
弢园文录外编	王韬 186	悲佃篇	刘师培 257
筹洋刍议	薛福成 189	秋瑾女侠遗集	秋瑾 260
庸盦全集	薛福成 191		

历史类

满文老档	264	七国考	董说 281
甲申传信录	钱𫒚 266	十国春秋	吴任臣 283
国榷	谈迁 268	绎史	马骕 285
明史纪事本末	谷应泰等 270	明季北略	计六奇 287
烈皇小识	文秉 272	明季南略	计六奇 289
蒙古源流	萨囊彻辰 274	永历实录	王夫之 291
日知录	顾炎武 276	读通鉴论	王夫之 293
天下郡国利病书	顾炎武 279	宋论	王夫之 296

中国学术名著提要

（合订本）

第五卷 清代编（上）

中国学术名著提要编委会 编

复旦大学出版社

目录

清代编

哲学类

东西均 …………………………… 方以智 2
葬书 ……………………………… 陈 确 5
大学辨 …………………………… 陈 确 8
瞽言 ……………………………… 陈 确 11
陈确集 …………………………… 陈 确 14
理学宗传 ………………………… 孙奇逢 16
夏峰先生集 ……………………… 孙奇逢 18
顾亭林诗文集 …………………… 顾炎武 20
周易外传 ………………………… 王夫之 23
尚书引义 ………………………… 王夫之 26
张子正蒙注 ……………………… 王夫之 29
明儒学案 ………………………… 黄宗羲 31
宋元学案 ………………………… 黄宗羲等 35
朱舜水集 ………………………… 朱之瑜 38
无何集 …………………………… 熊伯龙 41
弘道书 …………………………… 费 密 44
四存编 …………………………… 颜 元 46
四书正误 ………………………… 颜 元 48
大学辨业 ………………………… 李 塨 50
恕谷后集 ………………………… 李 塨 52
原善 ……………………………… 戴 震 54
孟子字义疏证 …………………… 戴 震 57
经义考 …………………………… 朱彝尊 59
古文尚书疏证 …………………… 阎若璩 63
易图明辨 ………………………… 胡 渭 66
意言 ……………………………… 洪亮吉 69
二曲集 …………………………… 李 颙 71
雕菰集 …………………………… 焦 循 73
十三经注疏 ……………………… 阮 元刻 75
皇清经解 ………………………… 阮 元编 77
皇清经解续编 …………………… 王先谦编 79
汉学师承记 ……………………… 江 藩 81
汉学商兑 ………………………… 方东树 85
龚自珍全集 ……………………… 龚自珍 88
古微堂集 ………………………… 魏 源 90
群经平议 ………………………… 俞 樾 92
今古学考 ………………………… 廖 平 95
新学伪经考 ……………………… 康有为 98
天演论 …………………………… 严 复译 102
仁学 ……………………………… 谭嗣同 104
訄书 ……………………………… 章炳麟 107
诸子学略说 ……………………… 章炳麟 109
静庵文集 ………………………… 王国维 111
经学教科书 ……………………… 刘师培 114
经学历史 ………………………… 皮锡瑞 117

书名	作者	页码
罪惟录	查继佐	298
读史方舆纪要	顾祖禹	300
左传纪事本末	高士奇	302
明史稿	万斯同	304
纲鉴易知录	吴乘权	307
南疆逸史	温睿临	309
明史	张廷玉等	311
雍正浙江通志	傅玉露等	315
八旗通志		317
爝火录	李天根	319
永宪录	萧奭	320
日下旧闻考	窦光鼐等	322
东华录	蒋良骐	324
四库全书总目	纪昀等	326
历代职官表	纪昀等	330
廿二史考异	钱大昕	332
十驾斋养新录	钱大昕	335
续通典	嵇璜等	337
续通志	嵇璜等	340
清朝通典		341
清朝通志		342
清朝文献通考		343
十七史商榷	王鸣盛	344
续资治通鉴	毕沅	346
廿二史劄记	赵翼	349
文史通义	章学诚	352
西魏书	谢启昆	355
嘉庆广西通志	谢启昆等	357
道光广东通志	阮元等	359
畴人传(附续编、三编、四编)	阮元等	361
元史本证	汪辉祖	364
王荆公年谱考略	蔡上翔	365
宋会要辑稿	徐松	367
汉唐地理书钞	王谟	370
考信录	崔述	373
重修大清一统志	穆彰阿等	376
海国图志	魏源	379
圣武记	魏源	381
元史新编	魏源	384
历代名人年谱	吴荣光	385
顾亭林先生年谱	张穆	387
林则徐日记	林则徐	389
瀛寰志略	徐继畬	392
明通鉴	夏燮	394
文献徵存录	钱林等	397
朔方备乘	何秋涛	399
初使泰西记	志刚	401
法国志略	王韬	403
小腆纪传	徐鼒	405
航海述奇	张德彝	407
曾文正公手书日记	曾国藩	409
光绪畿辅通志	李鸿章等	411
光绪顺天府志	张之洞等	413
书目答问(附补正)	张之洞等	415
筹办夷务始末		417
郎潜纪闻	陈康祺	419
出使英法日记	曾纪泽	421
日本国志	黄遵宪	423
能静居士日记	赵烈文	426
越缦堂日记	李慈铭	428
使西纪程	郭嵩焘	430
元史译文证补	洪钧	432
金史纪事本末	李有棠	434
辽史纪事本末	李有棠	436
宋史翼	陆心源	437
翁文恭公日记	翁同龢	439
缘督庐日记钞	叶昌炽	442
忘山庐日记	孙宝瑄	444
我史	康有为	446
日本变政考	康有为	448
日本书目志	康有为	450
欧洲十一国游记	康有为	452
十一朝东华录	王先谦	454
三国会要(附又一种)	杨晨等	456
新史学	梁启超	459
水经注疏	杨守敬等	461

中国历史教科书	夏曾佑 463	清实录	473
中国历史教科书	刘师培 465	清会典	475
西学东渐记	容 闳 467	清史列传	477
光绪朝东华录	朱寿朋 469	碑传集(四种)	钱仪吉等 479
光绪政要	沈桐生 471		

语言文字类

音韵	484	古书疑义举例	俞 樾 538
五方元音	樊腾凤 484	尔雅释例	陈玉澍 540
音韵阐微	李光地等 486	**文字**	543
古韵标准	江 永 488	康熙字典	张玉书等 543
声类表	戴 震 490	隶辨	顾蔼吉 545
六书音均表	段玉裁 492	积古斋钟鼎彝器款识	阮 元 547
诗声类	孔广森 495	说文解字注	段玉裁 549
切韵考	陈 澧 499	说文解字义证	桂 馥 553
音学十书	江有诰 503	说文释例	王 筠 556
等韵一得	劳乃宣 506	说文通训定声	朱骏声 559
训诂	509	铁云藏龟	刘 鹗 562
助字辨略	刘 淇 509	契文举例	孙诒让 564
佩文韵府	张玉书等 511	名原	孙诒让 566
别雅	吴玉搢 514	**语法**	568
尔雅正义	邵晋涵 516	马氏文通	马建忠 568
尔雅义疏	郝懿行 518	**方言**	574
广雅疏证	王念孙 520	通俗编	翟 灏 574
读书杂志	王念孙 524	吴下方言考	胡文英 576
经籍籑诂	阮 元 526	拍掌知音	廖纶玑 578
果蠃转语记	程瑶田 528	续方言	杭世骏 580
经义述闻	王引之 530	恒言录	钱大昕 582
经传释词	王引之 532	方言藻	李调元 584
字诂义府合按	黄 生等 535	越谚	范 寅 586

文学类

文献纂辑	590	全唐诗	曹 寅等 601
列朝诗集	钱谦益 590	元诗选	顾嗣立 604
宋诗钞	吴之振等 593	明词综	王 昶 607
词综	朱彝尊等 596	全唐文	董 诰等 609
明诗综	朱彝尊 599	全上古三代秦汉三国六朝文	严可均 612

作品笺注 ················· 615

毛诗传笺通释 ········· 马瑞辰 615
诗毛氏传疏 ··········· 陈　奂 618
诗经原始 ············· 方玉润 621
诗三家义集疏 ········· 王先谦 624
山带阁注楚辞 ········· 蒋　骥 627
钱注杜诗 ············· 钱谦益 630
牧斋初学集诗注、有学集诗注 ··· 钱　曾 633
庾子山集注 ··········· 倪　璠 637
杜诗详注 ············· 仇兆鳌 640
青邱高季迪先生诗集辑注 ··· 金　檀 643
渔洋山人精华录训纂 ··· 惠　栋 646
王右丞集笺注 ········· 赵殿成 649
李太白全集辑注 ······· 王　琦 652
李长吉歌诗汇解 ······· 王　琦 655
吴梅村诗集笺注 ······· 程穆衡等 658
曝书亭集诗注 ········· 杨　谦 662
玉谿生诗笺注 ········· 冯　浩 664
元遗山诗集笺注 ······· 施国祁 667
苏文忠公诗编注集成 ··· 王文诰 670
王荆公诗文沈氏注 ····· 沈钦韩 672
靖节先生集集注 ······· 陶　澍 675
陆放翁先生年谱 ······· 钱大昕 678
鲍参军诗注 ··········· 钱振伦等 681

专题研究 ················· 683

五代诗话 ············· 王士禛等 683
宋诗纪事 ············· 厉　鹗 686
全唐文纪事 ··········· 陈鸿墀 689
明诗纪事 ············· 陈　田 692
词苑丛谈 ············· 徐　釚 695
词林纪事 ············· 张宗橚 697
第五才子书施耐庵水浒传 ··· 金圣叹 699
脂砚斋重评石头记 ····· 佚　名 703
红楼梦评论 ··········· 王国维 707

文学批评 ················· 710

闲情偶寄 ············· 李　渔 710
历代诗话 ············· 吴景旭 713
原诗 ················· 叶　燮 716
渔洋诗话 ············· 王士禛 719
带经堂诗话 ··········· 王士禛 721
说诗晬语 ············· 沈德潜 724
论文偶记 ············· 刘大櫆 727
随园诗话 ············· 袁　枚 729
瓯北诗话 ············· 赵　翼 733
石洲诗话 ············· 翁方纲 736
艺概 ················· 刘熙载 739
白雨斋词话 ··········· 陈廷焯 742
饮冰室诗话 ··········· 梁启超 745
人间词话 ············· 王国维 748

艺术类

音乐 ····················· 754

竟山乐录 ············· 毛奇龄 754
律吕正义 ············· 魏廷珍等 756
古今图书集成·乐律典 ··· 陈梦雷等 758
燕乐考原 ············· 凌廷堪 760
声律通考 ············· 陈　澧 762

戏曲 ····················· 765

第六才子书 ··········· 金圣叹 765
读第六才子书西厢记法 · 金圣叹 770
第七才子书 ··········· 毛　纶 773

闲情偶寄·词曲、演习 ··· 李　渔 775
制曲枝语 ············· 黄周星 780
南曲入声客问 ········· 毛先舒 782
长生殿·自序、例言 ··· 洪　昇 784
桃花扇·小引、凡例 ··· 孔尚任 786
词曲 ················· 黄图珌 789
乐府传声 ············· 徐大椿 791
雨村曲话 ············· 李调元 794
剧话 ················· 李调元 796
扬州画舫录 ··········· 李　斗 798

剧说	焦循	800
花部农谭	焦循	803
藤花亭曲话	梁廷枏	805
梨园原	黄旛绰	808
今乐考证	姚燮	810
小栖霞说稗	平步青	813
词余丛话	杨恩寿	815
续词余丛话	杨恩寿	817
曲录	王国维	819
戏曲考源	王国维	822

书法 824

书法正传	冯武	824
书筏	笪重光	828
字学津梁	傅起儒	830
篆刻十三略	袁三俊	831
论书賸语	王澍	832
六艺之一录	倪涛	833
承晋斋积闻录	梁巘	837
评书帖	梁巘	841
书法精华	刘墉	842
汉溪书法通解	戈守智	846
书法正传	蒋和	849
书势	程瑶田	850
南北书派论	阮元	851
临池心解	朱和羹	852
艺舟双楫	包世臣	853
书学提要	朱履贞	855
书概	刘熙载	857
学书迩言	杨守敬	859
广艺舟双楫	康有为	861

绘画 867

王奉常书画题跋	王时敏	867
庚子销夏记	孙承泽	869
书画记	吴其贞	871
无声诗史	姜绍书	873
画筌	笪重光	875
清晖画跋	王翚	877
芥子园画传	王概等	879
学画浅说	王概	882
明画录	徐沁	885
瓯香馆画跋	恽寿平	888
墨井画跋	吴历	891
雨窗漫笔	王原祁	893
麓台题画稿	王原祁	895
式古堂书画汇考	卞永誉	897
平生壮观	顾复	900
江村销夏录	高士奇	902
大观录	吴昇	904
苦瓜和尚画语录	原济	907
绘事发微	唐岱	911
南宋院画录	厉鹗	914
国朝画徵录	张庚	916
浦山论画	张庚	918
墨缘汇观	安岐	920
东庄论画	王昱	923
石渠宝笈	张照等	925
小山画谱	邹一桂	928
二十四画品	黄钺	930
吴越所见书画录	陆时化	932
芥舟学画编	沈宗骞	934
国朝画识	冯金伯	937
石渠随笔	阮元	939
山静居画论	方薰	941
养素居画学钩深	董棨	944
闽中书画录	黄锡蕃	946
国朝院画录	胡敬	948
溪山卧游录	盛大士	950
松壶画忆	钱杜	952
辛丑销夏记	吴荣光	954
山南论画	王学浩	957
墨林今话	蒋宝龄等	959
练水画徵录	程庭鹭	961
书画鉴影	李佐贤	963
岳雪楼书画录	孔广镛等	965
桐阴论画	秦祖永	967
梦幻居画学简明	郑绩	969

梦园书画录 ········· 方濬颐 973	工段营造录 ········· 李 斗 988
过云楼书画记 ········ 顾文彬 975	一家言·居室器玩部 ····· 李 渔 990
扬州画苑录 ········· 汪 鋆 978	宋东京考 ·········· 周 城 992
穰梨馆过眼录 ······· 陆心源 979	网师园记 ········· 钱大昕 994
颐园论画 ·········· 松 年 981	随园记 ··········· 袁 枚 995
寒松阁谈艺琐录 ······ 张鸣珂 984	宸垣识略 ········· 吴长元 996
园林建筑 ············ 986	唐两京城坊考 ········ 徐 松 997
历代宅京记 ········· 顾炎武 986	

经济类

苏州织造局志 ······· 孙 珮 1000	宋会要辑稿·食货 ····· 徐 松 1057
治河奏绩书 ········· 靳 辅 1003	畿辅水利议 ······· 林则徐 1060
河防述言 ········· 陈 潢等 1006	钱币刍言 ·········· 王 鎏 1062
阅世编 ··········· 叶梦珠 1008	圣武记·军储篇 ······· 魏 源 1065
广东新语 ·········· 屈大均 1011	海国图志·筹海篇 ······ 魏 源 1067
居济一得 ·········· 张伯行 1014	钞币论 ··········· 许 楣 1069
平书订 ·········· 王 源等 1016	石渠余纪 ········· 王庆云 1072
行水金鉴 ········ 傅泽洪等 1020	王侍郎奏议 ········ 王茂荫 1074
古今图书集成·食货典 ·· 陈梦雷等 1022	营田辑要 ········· 黄辅辰 1077
明史·食货志 ······ 张廷玉等 1025	租核 ············· 陶 煦 1079
康济录 ········· 陆曾禹等 1029	庸盦海外文编 ······· 薛福成 1082
钱录 ··········· 梁诗正等 1032	续富国策 ··········· 陈 炽 1085
陶说 ············· 朱 琰 1034	刖足集 ··········· 锺天纬 1088
武英殿聚珍版程式 ······ 金 简 1036	危言 ············ 汤寿潜 1091
景德镇陶录 ········· 蓝 浦 1038	新政真诠 ········· 何 启等 1094
古泉汇考 ·········· 翁树培 1041	原富 ············ 严 复译 1098
陶庐杂录 ·········· 法式善 1043	邵氏危言 ········· 邵作舟 1101
庚辰杂著 ·········· 包世臣 1046	二十世纪之巨灵托辣斯 ··· 梁启超 1103
农宗 ············· 龚自珍 1049	外资输入问题 ······· 梁启超 1106
浮邱子 ············ 汤 鹏 1051	经世财政学 ········ 宋育仁 1109
粤海关志 ········ 梁廷枬等 1054	

科技类

补农书 ··········· 张履祥 1114	天经或问 ··········· 游 艺 1123
晓庵新法 ·········· 王锡阐 1116	琉璃志 ··········· 孙廷铨 1125
五星行度解 ········· 王锡阐 1119	中星谱 ············ 胡 亶 1126
历学会通 ·········· 薛凤祚 1121	工部工程做法则例 ····· 雷发达 1128

— 7 —

书名	作者	页码	书名	作者	页码
方程论	梅文鼎	1130	幼幼集成	陈复正	1203
筹算	梅文鼎	1132	仪象考成		1205
弧三角举要	梅文鼎	1133	仪象考成续编		1207
平三角举要	梅文鼎	1134	农圃便览	丁宜曾	1210
勾股举隅	梅文鼎	1136	三农记	张宗法	1211
几何通解	梅文鼎	1137	水道提纲	齐召南	1213
几何补编	梅文鼎	1139	乾隆内府地图	蒋友仁	1216
少广拾遗	梅文鼎	1141	本草纲目拾遗	赵学敏	1218
笔算	梅文鼎	1142	金薯传习录	陈世元	1220
环中黍尺	梅文鼎	1143	老老恒言	曹廷栋	1222
堑堵测量	梅文鼎	1144	割圆密率捷法	明安图等	1224
方圆幂积	梅文鼎	1146	甘薯录	陆燿	1226
度算释例	梅文鼎	1148	海潮辑说	俞思谦	1227
历学疑问	梅文鼎	1149	地圆论	王贞仪	1229
历学疑问补	梅文鼎	1152	加减乘除释	焦循	1231
揆日候星纪要	梅文鼎	1154	温病条辨	吴瑭	1233
交会管见	梅文鼎	1156	日法朔余强弱考	李锐	1236
五星纪要	梅文鼎	1158	开方说	李锐	1238
二仪铭补注	梅文鼎	1160	衡斋算学	汪莱	1240
中西经星同异考	梅文鼐	1161	木棉谱	褚华	1242
老圃良言	巢鸣盛	1163	绣谱	陈丁佩	1243
辨证录	陈士铎	1164	西域水道记	徐松	1244
花镜	陈淏子	1166	新测中星图表	张作楠	1246
柳庭舆地隅说	孙兰	1167	医林改错	王清任	1247
农具记	陈玉璂	1170	浦泖农咨	姜皋	1250
农桑经	蒲松龄	1172	镜镜詅痴	郑复光	1252
几暇格物编	爱新觉罗·玄烨	1174	马首农言	祁寯藻	1255
异域录	阿颜觉罗·图理琛	1177	霍乱论	王士雄	1257
历象考成		1180	铁模图说	龚振麟	1259
历象考成后编		1182	方圆阐幽	李善兰	1260
海国闻见录	陈伦炯	1183	垛积比类	李善兰	1262
医宗金鉴	吴谦等	1185	植物名实图考	吴其濬	1264
豳风广义	杨屾	1188	象数一原	项名达	1266
知本提纲	杨屾	1190	农言著实	杨秀元	1268
授时通考	鄂尔泰等	1192	求表捷术	戴煦	1269
陶冶图说	唐英	1195	西学图说	王韬	1271
温热论	叶桂	1197	格术补	邹伯奇	1272
临证指南医案	叶桂	1200	历代长术辑要	汪曰桢	1274

行素轩算稿	华蘅芳 1276	中西汇通医书五种	唐宗海 1281
血证论	唐宗海 1278	诸天讲	康有为 1284

教育类

桴亭先生遗书	陆世仪 1288	教童子法	王筠 1307
杨园先生全集	张履祥 1292	请推广学校折	李端棻 1309
朱柏庐先生治家格言	朱用纯 1296	奏办京师大学堂情形疏	张百熙 1311
学校问	毛奇龄 1298	愚斋存稿	盛宣怀 1313
养正类编	张伯行 1300	长兴学记	康有为 1317
学规类编	张伯行 1302	严复集	严复 1319
五种遗规	陈宏谋 1304		

宗教类

佛教	1324	龙虎山志	娄近垣 1362
禅门锻炼说	戒显 1324	道书十二种	刘一明 1368
居士传	彭绍升 1327	济一子道书十七种	傅金铨 1373
净土圣贤录	彭希涑 1330	重印玄妙观志	顾沅 1377
因明学名义略集	龙朵等 1334	道窍谈	李西月 1380
土观宗派源流	土观 1336	逍遥万寿宫志	金桂馨等 1382
量学	工珠·元丹嘉措 1341	**伊斯兰教**	1386
因明学启蒙	普觉·强巴 1342	希真正答	王岱舆 1386
杨仁山居士遗著	杨文会 1346	天方性理	刘智 1389
道教	1349	天方典礼	刘智 1393
龙门心法	王常月 1349	天方至圣实录	刘智 1396
茅山全志	笪蟾光 1355	朝觐途记	马德新 1398
罗浮山志会编	宋广业 1358		

清代编

哲学类

东西均 方以智

《东西均》,二十六篇,另有卷首《开章》、《记》二篇。方以智著。作于清顺治九年(1652),次年又加以订正。通行本有中华书局1962年版校点本、上海古籍出版社1996年版《续修四库全书》本等。中华书局2001年出版庞朴《东西均注释》。

方以智(1611—1671),字密之,号曼公。安徽桐城人。明崇祯十三年(1640)进士。曾与陈贞慧、吴应箕、侯方域等参加"复社",称"明季四公子"。清军入广东,出家为僧,改名大智,字无可,别号弘智、药地、浮山愚者等。通晓中国传统自然科学,并接受刚传入的西方近代科学,对天文、地理、物理、生物、医药,以及历史、文学、音韵等均有研究。主张"寓通幾(哲学)于质测(实验科学)",认为西学"详于质测而拙于言通幾",提出关于物质世界的"宙(时间)轮于宇(空间)"的见解,反对"离气以言理"、"离器以言道"的宋明理学。著作另有《物理小识》、《通雅》、《药地炮庄》等。《清史稿》卷五百有传。

《东西均》中的"东西"表示对立的两端;"均",古通"钧",为陶工制圆器所用之转轮,作者用以表示统一两端而运转的意思。此书根据"相反相因"(即对立统一)的法则阐述哲学范畴、命题,论述各种哲学理论,故名。《东西均》相当全面地反映了作者的哲学思想,它包括以下一些内容。

一、在本体论方面,提出气一元论。作者指出,天地间所有具体的事物都是会消灭的,唯有气是永恒的,是万物的总根源。"考其实际,天地间凡有形者皆坏,惟气不坏。……气贯两间之虚者、实者,而贯直生之人独灵。"(《所以》篇)《声气不坏说》篇说明自然界各种现象都是气造成的,"气凝为形,畜为光,发为声"。作者根据气一元论批判离开物质实在言本体的理论。《三徵》篇指出老子的"道生一,一生二,二生三,三生万物"中的道是头上安头的怪物,庄子在"太极"之前添一"无极"是"慕其玄言","引人入旷宕之所"。《消息》篇进一步指出本体并不是脱离物质世界、悬空存在的主宰,它就在万物之中,说:"天本无天,以天在一切物中,则谓物之自主,自分为天之主之、分之可也。"

二、在认识论方面,主张"学而后知",提倡"学天地"、"以实事徵实理"。《道艺》篇论述了人的认识问题,强调人的认识能力、精神发展水平依赖于人对外部世界的认识,人不能"离外以言内",以为内智必用外智。说:"寓内之方言、称谓、动植、物性、律历、古今之得失,必待学而后知。"作者不赞成理学家所谓本心自足,不假外求的说法,"其曰本自具足者,犹赤子可为大人也"。指出程颢以读书为"玩物丧志"、陆九渊的"当求诸己"的思想都是错误的。《不立文字》篇提出,人们不仅要看文字写成的书籍,还要读大自然这本"大书",以为后者更为重要,说:"真不立文字乃读真书,真读书乃真不立文字",他自言其所读者乃"玄黄五彩之编,万物短长之籍",即天地万物这套内容极为丰富、无比生动的"书籍"。方以智认识到人们是靠心,即人的思维器官,去把握外部事物的法则,但是他以为要"以实事证实理"(《扩信》),认识要符合实际。他还主张"以后理征前理"(同上)。人类的认识是不断发展的,后人的认识总是要超越前人,"木棉、抄纸、雕板、折扇,俱备于后代,是后人有增加精明于前人者"(同上)。因而,不应盲从前人,要敢于怀疑,只有不断解决疑难,认识才会不断发展。怎样才算善于怀疑?他说:"善疑者,不疑人之所疑,而疑人之所不疑。善疑天下者,其所疑,决之以不疑;疑疑之语,无不足以生其至疑。新可疑,旧亦可疑;险可疑,平更可疑。"(《疑何疑》)总之,要探索真理必须打破迷信。

三、在方法论上,论述了"两间无不交,无不二而一"(《三徵》)的矛盾学说,这是"东西均"中的主要内容。此书阐明了对立统一是宇宙的普遍法则。首先提出天地万物都有内在的矛盾性,说:"有一必有二"(《反因》),"凡天地间皆两端"(《公符》)。《东西均》列举了大量的对立面,说明矛盾的普遍性:"昼夜、水火、生死、男女、生克、刚柔、清浊、明暗、虚实、有无、形气、道器、真妄、顺逆、安危、劳逸、剥复、震艮、损益、博约之类,无非二端。"(《反因》)事物的发展就是一分为二的过程,说:"大阴阳之次,各分小阴阳,如四象八卦,交网细分,两两中贯,亿万无尽。虚实、善恶、推之皆然。"(《公符》)其次,《东西均》强调相反相因,即对立面的统一,说"天地间之至相反者,本同处于一原"(《反因》)。矛盾的统一还表现为对立面的相反相成,即对立面以对方为存在条件,共处于统一体中;表现为对立面的"相捄",即相互的结合、凝聚。如天地就是相互联系、相互依存,《张弛》篇说:"天之为天也,以有大地之山川动植,而后日月之,风之,雨之,雷之。使天地何能天?使无日月风雨,安能独雷?"自然界中许多事物往往是"相害者乃并育也,相悖者乃并行也"(《反因》)。社会中的事情也是这样,"吉凶祸福,皆相倚伏,死生之几,能死则生,狥生则死。静沉动浮,理自冰炭,而静中有动,动中有静,静极必动,动极必静"(同上)。方以智十分强调矛盾转化的思想,他称矛盾的转化为"轮",认为其中隐含了事物变化的微妙契机(他称之"几"),他说:"交也者,合二而一也;轮也者,首尾相衔也。凡有动静往来,无不交轮,则真常贯合于几可征矣。"(《三徵》)

《东西均》提出人们对待矛盾的最高明的态度是超越对立的"统"。作者总结了人们对待矛盾的三种态度:即"随",肯定、顺从差别和矛盾;"泯",消除矛盾和对立;"统",把前两者统一起来,看到事物总是"一即二,二即一"(《全偏》)。作者要求人们"小中见大,大中见小","虚中见实,实中见虚"(同上),最后领悟到"本无大小","本无虚实"(同上),从而走向相对主义和虚无主义。

四、《东西均》还批判地总结了古今学术。作者认为诸子百家各持一"艺",即使儒家也只不过是一"艺",不同学派可以"相胜"、"相救",但不能充道之大全。儒、道、佛三家并不完全对立,"孔子复生,必以老子之龙予佛;佛入中国,必喜读孔子之书"(《扩信》),因此东西华梵之学,应该"烹"、"煮"而合一。当然,他并不全部肯定三家所有内容,如他尖锐地批评道学家的褊狭、空虚,指出他们轻视实际知识、有用的学问,只能使自己的理论源泉枯竭。他希望融儒道佛三家有价值的部分于一炉,以克服各派理论上的局限性,说:"以禅激理学,以理学激禅,以老救释,以释救老。"(《开章》)

《东西均》一书涉及面很广,议论时广征博引,引文遍见经史子集,旁及佛道典籍、小说野史,以及晚明时传入的西学。此书丰富了中国古代哲学理论,尤其是发展了古代辩证法思想。

(施忠连)

葬书 陈 确

《葬书》,二卷。陈确著。由单篇论文结集而成,各篇成文时间不一,其中《葬论》一文写于清顺治七年(1650),《葬书》成书时间当稍后于此。通行本有:(一)陈敬璋辑《陈乾初先生遗集》,上海图书馆藏抄本;(二)《遗集》,南京图书馆藏抄本;(三)咸丰四年(1854)无名氏刊行本;(四)1979年中华书局《陈确集》点校本。

陈确(1604—1677),字乾初,又字非玄,号确夫,初名道永,明亡后改名确。浙江海宁人。早年家贫不能延师,随兄长外出求学。生性聪慧,见解不凡,乡贤许全典视之为"任道之器"。自幼爱好抚琴吹箫,篆刻博弈,后悉数放弃。明崇祯十六年(1643),始与好友祝开美问学于江南名师刘宗周。奉慎独之教,躬行实践,品行文章,推重一时。清顺治二年(1645),清兵入江南,刘宗周、祝开美先后引义自决,遂弃举业,潜心学术,著书山中,以传先生之学。论学渊源于刘宗周,上溯王阳明,而推极至孟子。否认《大学》为孔、曾所作,公开批判程朱理学,反对社会上流行的看风水择坟地而厚葬的不良习俗。其学发挥性善之旨,最富创见,对知行学说也多有辨正,但这些思想过于激烈,为时人学友所不容,几无相知。晚年因精神压抑得拘挛疾,临病在榻十几载,康熙十六年(1677)离世。终生不仕,"为人刚直,尚气节,遇公正,发愤为乡邑去害,不挠于势位"(许三礼《海宁县志理学传》)。著作另有《瞽言》、《大学辨》等,还有许多杂论。生平史料见载于许三礼《海宁县志理学传》、黄宗羲《陈乾初先生墓志铭》、陈云龙《陈氏理学乾初先生传》、陈翼《乾初府君行略》、陈敬璋《乾初先生年表》、吴骞《陈乾初先生年谱》等,以上史料均已收入《陈确集》。

《葬书》是清初倡导死葬新风的一部论集,主张人死而葬,要在"及时、族葬、深埋、实筑"(《自序》)八字。全书含《葬论》、《族葬五善》、《深葬说》、《六字葬法》、《俭葬说》、《避五患论》、《葬经》等文章十七篇,另附《自序》一篇。

针对世人惑于"葬师"之妖言,看风水择坟地,或久而不葬,或破家财而厚葬,把葬事与生人之吉凶祸福联系起来的落后习俗,动之以情,晓之以理,以浅显易懂的道理和事例,批判"葬师之说",宣传无神论。

《葬书》着重批判了择地而葬的恶习。葬师妖言惑众,说人死后葬于风水宝地,则死者显灵,保佑子孙富贵畅达,时人无论智愚,都信之不疑。针对充彻整个社会的迷信观念,指出人之善恶、祸福与天地毫无关系,"物之材不材,自为枯荣焉,非天有意枯荣之也。地承天施,亦犹是耳"。据此认为"人之善不善,自为祸福焉,非天与地能祸福之也。何不善地之有!"(《葬论》)从而否定了天地鬼神支配人生吉凶祸福的迷信思想,说"天者,理而已矣"(同上),强调"择天地不若自择"(同上)。人之盛衰均由自己定夺,事在人为,"劳多而德厚者流泽远,不然反是。于葬地之美恶,又何有焉?"(《利害》)指出父母在世时尚不能使自己的子女福贵富善,死后就更不能使他们去恶为善、趋福避祸、化顽为慧了。

《葬书》劝诫时人"勿轻造新坟,勿妄言祸福"(《与同社书》),指出择善地而葬,有百害而无一利,具体表现为:(一)人们听信"葬师之说"、"形家之言",纷纷到他乡择坟地,以致"争地而仇乡党,争利而仇同气,速狱连祸,破家亡身者有之"(《葬论》)。择善地而葬,本图利己,终致害己,"不亦痛哉!"(二)择地而葬,侵占粮田日多,"民何以堪?此何异暴君污吏之多为园囿洿池以害民者乎?"(《与同社书》)(三)择善地而分葬,对死者无丝毫之利,却有背人之常情和圣贤礼教,"生欲亲之,死欲离之,于情于理,未见其可"(《与张元帖前辈书》)。父母死后异域而葬,在九泉之下不得相近相亲,"未足以安亲魄,而先以伤亲心"(同上),这样的"孝"实是大不孝。

《葬书》指出,世人关于祸福的迷信思想,实"起于葬师之欲贿也"(《葬论》)。葬师利用世人"哀亲之心"远逊于"避祸邀福"之心的功利主义心理,摇唇鼓舌,玄乎其言,人们乐而听之,于是"重贿立至,不虞夫愚夫愚妇之终惑其说而不悟也"(同上)。葬师之言本于《葬书》,故破除落后习俗,不能无视各种《葬书》的存在。指出佛、老虽言祸福,但危害尚小,《葬书》、葬师远过之。可悲的是,世人皆"乐大祸而忧小患"(《甚次》),真到了不可救药的地步,故主张尽焚天下之《葬书》,尽息天下葬师之妖言,其行之有效的办法是普遍推行族葬。认为"盖族葬之礼行,则葬师之说废"(《与张元帖前辈书》),葬书也随之失去市场。

宣扬族葬。《葬书》批判看风水择坟地的同时,竭力主张族葬,即同族亲人,死后按长幼尊卑次序共葬于同一墓穴中。指出族葬有五大好处:(一)骨肉死后尚能完聚,续生前相亲相爱之情谊,必"无怨离之鬼";(二)"不费耕地",造福子孙后代;(三)"昭穆不紊而位前定,可不需时月",避免因择地而暴棺逾年不葬之陋习;(四)"族葬则葬师地主俱无所牟其大利,而纷然之变息矣";(五)择地而分葬,遇墓祭时,需到每座坟墓前行祭礼,既费时,又费财,也常渎礼,"族葬则数世之墓一朝而毕祭,不渎不烦"(以上均见《族葬五善》)。

力倡深葬。《葬书》痛陈浅葬之弊害,宣讲深葬之合理性及可行性。认为"葬者,藏也。深则藏,浅则露,深藏则安固,浅露则倾圮,必然之道"(《深葬说上》)。世人不必担心葬深则浸水,只要墓穴狭窄即可免水之患,且深葬有一系列好处,例:"狐兔弗能穴也,蛇弗能蜇也,盗弗能抇也,竹木之根弗能穿也,雨旸燥湿之气弗能侵而败也,岁月积久之无摊露也,虽有沧桑之变,或夷为平土,犁为污田,而泉下之骨尚无恙也。"(《深葬说下》)因此呼吁仁人君子理当冲破习俗,广行深葬。

主张俭葬。关于俭葬,《葬书》所论不多,却很精当,说"夫俭非薄也,礼所不当为,力所不能为者,吾不强为焉谓之俭也"(《俭葬说》)。指出厚葬出于虚伪,于死者无益,而俭葬既省钱财,又安人心,"不亦善乎!"(同上)

最后,《葬书》对葬事作了总结,说"葬法有六要:曰时,曰近,曰合,曰深,曰实,曰俭。时不出三月,近不出乡,合谓族葬,深入地至丈以外,实谓棺外椁内以灰沙实筑之,不留罅隙,俭谓不事虚文"(《六字葬法》)。这是《葬书》无神论思想的集中表现。

由于《葬书》所论,有背时俗处甚多,所以没有能广泛流行于社会,长期不为人注意。它在一定程度上批判了流行于社会的迷信思想,不失为移风易俗的佳作。其主要缺陷是:没有把无神论思想理论化,系统化,因而对有神论的批判是非常有限的。

有关《葬书》的研究著作有张履祥《答陈乾初书》和侯外庐《介绍陈确著作中仅见刊本〈葬书〉的思想》等。

(董德福)

大学辨 陈 确

《大学辨》，四卷。陈确著。包括《大学辨》本文及致友人书札等二十余篇。本文部分写于清顺治十一年(1654)。主要版本有：(一)陈敬璋辑《陈乾初先生遗集》，上海图书馆藏抄本；(二)《遗集》，南京图书馆藏抄本；(三)北京图书馆藏原拜经楼《大学辨》抄本；(四)1979年中华书局《陈确集》校点本等。

作者生平事迹见"葬书"条。

《大学辨》以"无所顾虑"的学者态度，否定《大学》的圣经地位，清算程朱关于"格致"和"知先行后"的谬见，"为孔、曾雪累世之冤，为后学开荡平之路"(《答查石丈书》)。他对《大学》的怀疑是以孔、孟为规矩绳墨，通过对照两方理论而发现矛盾来展开的，其旨在"还《学》、《庸》于《戴记》，删性理之支言，琢磨程朱，光复孔孟，出学人于重围之内，收良心于久锢之余"(《大学辨序》)。

《大学辨》开宗明义说："《大学》首章，非圣经也。其传十章，非贤传也。……《大学》，其言似圣而其旨实窜于禅。"(《大学辨》)认为宋以来五百余年，莫不尊《大学》为圣经，视之为孔、曾所作，结果是"诬往圣，误来学"(同上)，故《大学》一书不可不辨。

接着，《大学辨》从以下三方面，对《大学》及宋儒进行了质疑和批判。

一、"止于至善"辨。朱熹借解释《大学》"格物致知"之机，宣称"一旦豁然贯通焉，则众物之表里精粗无不到，而吾心之全体大用无不明矣"(《大学章句》)，似乎"一旦豁然贯通"，知识就到了尽头，世界万事万物无不在我心的认识之中。《大学辨》坚决反对这种一劳永逸的认识论，斥责朱熹之说是"诱天下而禅"(《翠薄山房帖》)，与禅宗顿悟说一样荒谬。主张学习是一个没有穷尽的过程，"格物致知"不是"一截功夫"，不应该有停止的时候。以有限之人心，去认识永恒发展的无限复杂的世界，怎么可能"一旦豁然贯通"而尽知天下之事理呢？若非"天下之大妄人"，决说不出这样的话来。

《大学辨》认为：《大学》之三纲，系从《尧典》"克明峻德"等七句仿造而来，且违背《尧典》原义而不自知，其"止于至善"一语尤为有病，说"古之君子，亦知有学焉而已。……夫学，何终之有！有善之中又有善焉，至善之中又有至善焉"（《大学辨》），学日进，知日进，永远不能达到尽善尽美，因为"今日有今日之至善，明日又有明日之至善，非吾能素知之也，又非可以一概而知也，又非吾聪明知识可以臆而尽之也"（同上）。由于受时空的限制，认识当然是无止境的。"道无尽，知亦无尽"（《答唯问》），即使圣人也有不知的东西。

二、"知先行后"辨。在知行关系问题上，着重批判程朱"知先行后"和《大学》重知轻行的观点，指责《大学》"言知不言行，必为禅学无疑"（《大学辨》）。主张"知行并进"、知行"先后之间，如环无端"（《答格致诚正问》）的圆圈说，认为知不能离开行，行亦不能离开知，知和行，如环之无端，齐头并进才是至道。

《大学辨》指出："不知必不可为行，而不行必不可为知。知行何能分得。"（《答张考夫书》）此说虽然认为知行互相依赖，但更强调"行"在认识中是"知"的前提，其重行的倾向性是很明显的。例：针对张考夫"如眼前一步，必先见得，然后行得"这句话，说"欲见屋外步，则必须行出屋外，始能见屋外步。欲见山前步，则更须行过山前，始能见山前步。可谓行到然后知到者，正以此也"（同上）。在这里，《大学辨》吸取了王阳明"知行合一"的合理因素，批判了程朱和《大学》"知先行后"、重知轻行的错误观点，同时对王阳明"销行以归知"（王夫之评语，见《尚书引义》）的"知行合一"说，作了近于唯物主义的改造。

在知行关系问题上，《大学辨》还强调"知行俱到"。认为若知到而行没有到，所谓的知就是悬空不算数的。宋以来读书人言行不一者正属于此类。为了纠正言行不一之通弊，提倡"心知力行"，说"学固不可不讲，然毋徒以口讲，而以心讲，亦毋徒以心讲，而以身讲，乃得也"（《答张考夫书》）。指出仅仅"知解及之"而没有践行的人，不是真正的闻道者，《大学》"精思所注，只在'致知'、'知止'等字，竟是空寂之学"（《大学辨》），离闻道远矣。

三、"正心、诚意"辨。《大学辨》详细审查《大学》有关格致诚正、修齐治平的内容，指责《大学》"至'正心'以往，益加舛谬。既言'正心'，不当复言诚意。既先诚、正，何得又先格、致？夫心与意，固若此其二乎？"（《大学辨》）主张"正心"是第一要务，"诚"当在"正"后，"格致"也在"正"后。而其所谓"正心"，与孔子"立志"，孟子"求放心"，程子"主敬"，王阳明"致良知"和刘宗周"慎独"一类的工夫是一回事。指出"正心为指南之针，格致乃辨方之盘，针摇不定，虽盘星灿然，度分刻画又安所取正乎？"（《答格致诚正问》）若心不正，则心粗气浮，谈何格致？认为《大学》八条目中，如果先正心修身，就有了目标、方向和动力，其余七条也就自在其中了。所以说，"不放心则自能格致诚正，自能修齐治平"（《与张考夫书》）。以此指责《大学辨》置"正心"于格致之后，是"倒持太阿,援人以柄",很少有不失败的。

　　《大学辨》蔑视权威,打破传统偏见,大胆质疑《大学》,在一定程度上动摇了《大学》的正统地位,其怀疑精神和求实学风,在近代思想史上多多少少产生了一些影响。但在程朱理学占统治地位的封建社会里,他那骇世之论,没能广泛流布于世。

(董德福)

瞽言 陈 确

《瞽言》,四卷。陈确著。成书于清顺治十五年(1658)。主要版本有:(一)陈敬璋辑《陈乾初学先生遗集》,上海图书馆藏抄本;(二)《遗集》,南京图书馆藏抄本。这两部抄本内容完全一致,但编排次序不同,且上图藏抄本有陈敬璋的许多注语,南图藏抄本则没有;(三)1979年中华书局《陈确集》点校本等。

作者生平事迹见"葬书"条。

《瞽言》是清初较有代表性的反宋学哲学论著。全书由三十一单篇,及《瞽言序》和《书后》结集而成。关于"瞽言"一名之来由,作者称"确赫然两目而固瞽矣。……且吾既瞽矣,吾言葬,言《大学》,则世皆切切然不以吾言之瞽。人瞽吾言,吾又何敢不以'瞽言'自命乎?"(《瞽言序》)全书着重讨论人性善恶问题,批判佛、老和宋儒的人性观,抉发孟子性善论之精义,极推王阳明"知行合一"说。具体内容如下。

一、理欲关系。《瞽言》首先点破宋儒理欲观的不当及其危害,认为圣庸之别不在于无欲,而在于欲之当否,天理与人欲不但不必然矛盾,而且不能相离,"人欲正当处,即天理也。……虽富贵福泽之欲,庸人欲之,圣人独不欲之乎?学者只时从人欲中体验天理,则人欲即天理矣,不必将天理人欲判然分作两件也"(《近言集》)。指出"天理正从人欲中见",离开人欲,天理就要落空(《无欲作圣辨》)。欲只有过与不及之分,而没有有无之分,贪愚之辈过于欲,老庄佛不及于欲,均不足取,"圣人只是一中,不绝欲,亦不纵欲"(同上)。指责宋儒步佛老之后尘,将天理人欲截然分开,压制了人欲,使人之身心健康严重受害,故一再强调要拆除横隔在天理与人欲之间的无形之墙。

如何看待人欲?老、佛主寡欲、无欲,作者决然把自己置于老、佛的对立面,重新解释先贤"克己寡欲"之古训,认为克己、寡欲不是无欲、废欲,"绌欲从理,儒者克己之学也",人要活着,必须有欲,"真无欲者,除是死人"(《与刘伯绳书》),这是对老、佛、宋儒伪道学沉重的一击,是众人皆昏我独醒之辞。

二、性、气、情、才一本说。这是《謦言》论述的中心。着重批判老、佛在人性问题上的形而上学本体论和程朱将人性分为天地之性和气质之性的谬论。认为性无有不善，不善者后天学习不当所成，以此解释孔子"性相近，习相远"。针对宋儒气有清浊、性有善恶的论调，说性皆善，善人之性固然善，恶人之性亦善，"无论气清气浊，习于善则善，习于恶则恶矣。故习不可不慎也"（《气禀清浊说》）。指出人之所以有恶行，在于失却本心，而不是性恶，故儒存心，求放心，扩充不害人之心。指出这才是孟子性善说的本旨。每个人都可以通过后天的培养努力，由恶转善，若终究为恶，责任在人不在天；而宋儒"昌言气情才皆有不善，而另悬静虚一境莫可名言者于形质未具之前，谓是性之本体"，这就给为恶之人以推卸责任之借口，其实质是"援儒入释……圣学遂大泯丧，人心世道之祸，从此始不可振救也"（《圣学》）。

人性虽是善的，但后天的培养仍很重要。指出只有通过后天的培养锻炼，人性才得以全，"人性无不善，于扩充尽才后见之也。如五谷之性，不艺植、不耕耔，何以知其种之美耶？"（《人性解上》）人的道理与物的道理是相通的，可以由物理来推人理，"物成然后性正，人成然后性全。物之成以气，人之成以学"（《性解下》）。同时又指出：后天的培养锻炼，可以使人性得以表露、充实，却不可以增加人性，这与孟子"尽心知性"、"存心养性"的道理是一致的。

针对宋儒天地之性和气质之性判然有别的说教，《謦言》提出性、气、情、才一本说，戳穿宋儒两截人性观的矛盾，认为情是"性之流露"，才是"性之运用"，气是"性之充周"，"一性也，推本言之曰天命，推广言之曰气、情、才，岂有二哉！"（《气情才辨》）如果说天地之性是本是善，气、情、才本于性，也应是善，何以"宋儒既不敢谓性有不善，奈何转卸罪气质，益分咎才情？"（同上）

三、道德践履。指出宋儒在"人生而静"之上又立一"天地之性"为本体，要人"灭人欲"而"存天理"，与老佛的"无"和"空"一脉相承，其说虽精细，却是悬空的，只能求之于"恍惚无何有之乡"（《原教》），这与孟子言性之切实可信者是正相反对的。《謦言》则认为天人、圣庸相通不隔。主张由知人而知天，从庸中见圣，说"未知人，焉知天。……未能为庸，焉能为圣"（《近言集》）。指出自宋以来，诸儒只言性命，推崇高悬着的天地之性，与佛相类，"皆是白日说梦，转说转幻，水底捞月，愈捞愈远，则何益之有乎！……吾言虽粗俗，如草蔬麦饭，却可疗饥；诸子言虽精微，如龙肝凤髓，却不得下咽也"（同上）。两种人性观之区别可谓一语道破。孟子道性善，只是要天下人为善，只有身心力行的为善，方算真知性善，具体表现为践形、养气、尽才、尽心。"若但知性善，即是未知性善"（《圣学》），或"虽知性善，何益了？"（《侮圣言》）鉴乎此，推王阳明"知行合一"为不刊之论，说"言知行合一，则天下始有实学"（《圣学》），它要求见善而迁，知过而改，是最切实的工夫，而"今学者皆空口言性，人人自谓知性，至迁善改过工夫，全不见得力，所谓性善何在?"（《知性》）《謦言》最

后颇有感慨地说:"阳明言格致,发明知行合一之理,有功于天下后世甚大,与孟子道性善同功。"(《书后》)

《瞽言》是陈确阐述人性论思想的一部力作,但因其思想的"叛逆"性,终不为时人所容,遂长期湮没,反响甚微。

有关《瞽言》的研究论著有黄宗羲《与陈乾初论学书》等。书中就"性解"、"无欲作圣辨"诸篇的内容提出自己的看法。

（董德福）

陈确集 陈 确

《陈确集》，四十七卷。陈确著。清嘉庆三年(1798)，陈敬璋将陈确遗著编辑成《陈乾初先生遗集》(四十九卷)，但未付梓，今上海图书馆和南京图书馆均藏有《遗集》手抄本。1979年中华书局以上图抄本为底本，参照南图抄本、北京图书馆藏原拜经楼《大学辨》抄本、羊复礼的《海昌丛载》、《藏书五种》，以及其他有关的散见材料，整理校点出版了《陈确集》(上、下册)。

作者生平事迹见"葬书"条。

《陈确集》是陈确哲学思想及有关社会习俗世教主张的总汇，是清初维护孔孟、批判程朱、蔑视陋习，倡导新风的论著。内容包括：《文集》十八卷、《别集》十七卷、《诗集》十二卷，及吴骞《陈乾初先生遗集序》，并附吴骞《陈乾初先生年谱》。它不仅反映了陈确本人的思想，还记载了他与黄宗羲、张考夫、祝开美、吴仲木、刘伯绳、沈郎思、来成夫等同时代著名学者及友人的论学情况，以及他对祝开美生平的追忆。其主要内容如下。

一、习俗世教。针对社会上普遍流行的人死后看风水择地而厚葬的落后习俗，提出时、近、合、深、实、俭的六字葬法。力陈择地而葬的弊端，指出"人之善不善，自为祸福焉，非天与地能祸福之也。何不善地之有！"强调事在人为，否定天地鬼神支配人生吉凶祸福的迷信思想，宣传了无神论。与此同时，一再宣扬族葬、深葬、俭葬的益处。为了达到移风易俗的目的，主张焚天下之妖书——葬书，息天下之妖言——葬师之言(以上均见《别集·葬书》)。

二、人性善说。集中批判老、佛、宋儒在人性问题上的错误观点，竭力推崇孟子性善论。认为天理与人欲并不矛盾，"人欲正当处，即天理也……不必将天理人欲判然分作两件"(《别集·瞽言》)。圣人既不废欲，也不纵欲，而是将人欲做到恰好处，离开人欲，天理也就无处体现了。斥责宋儒"存天理，灭人欲"的理欲观，严重损害了人的身心健康。

陈确力主性无有不善，气、情、才都是善的，人之有恶，不是人性固恶，而是后天学习不当所致。揭露宋儒"昌言气情才皆有不善，而另悬静虚一境、莫可名言者于形质未具之前，谓是性之本体",其实质是"援释入儒",与佛氏好谈人生之前,人死之后一样,败坏世道人心。指出其说虽精细,却是悬空的,只能求之于"恍惚无何有之乡"(同上)。这样的人性学说,既无益于人生,也无益于社会。与此相反,主张从人欲中见天理,从庸中见圣,以此奠定切实的人生。用体用一致,注重人伦日用的人性伦理观,抨击老、佛、宋儒虚幻的人性观,说"道不离日用,虽饮食男女,无非道之所存,而高明欲一切空之,所谓贤知之过,非乎?"(《文集·杂著·书尔旋讲师扇头》)

三、知行并进论。陈确以孔孟为规矩绳墨,断然判定《大学》非圣经,说"《大学》,其言似圣而其旨实窜于禅"(《别集·大学辨》)。从批判《大学》和程朱"止于至善"、"知止"、"知先行后"的形而上学知行观入手,全面阐述了"知无尽"、"知行并进"的思想,具有比较明显的唯物主义和辩证法的积极因素。

认为"格物致知"不是"一截功夫",知识的获得是一个没有穷尽的过程,不可能"一旦豁然贯通"而尽知天下之事理,"道无尽,知亦无尽"。指出《大学》"止于至善"与圣学相去甚远,说"夫学,何尽之有!有善之中又有善焉,至善之中又有至善焉"(同上)。

陈确指责"《大学》言知不言行,必为禅学无疑",程朱"知先行后"必归于无行。主张"知行并进",知行"先后之间,如环无端"的圆圈说,强调行在获得知识过程中的重要性。说欲见屋外步、山前步,须行出屋外、行过山前方能见得(同上),又说:"走在京师路上,虽至愚极蠢之人,必能问讯,必到京师。若终日坐在家里,虽极聪明强记之人,将两京十三省路程稿子记得倒本烂熟,竟亦何益!"(《讲义一·以能问于不能以多问于寡说》)以此说明"行到然后知到",知识产生于"亲至"的道理。

陈确以无畏的气魄,批判了官方哲学——程朱理学,在中国思想史上有不可磨灭的功绩。但其基本思想仍不脱封建文化之藩篱,处处表现出对孔孟礼教的维护,有着明显的时代局限性,在近代思想史上没有产生太大的反响,著作也不为后人所重视。

(董德福)

理学宗传 孙奇逢

《理学宗传》，二十六卷。孙奇逢著。成于清康熙五年(1666)。收入《孙夏峰全集》。通行本有清光绪六年(1880)浙江书局刻本、山东友谊书社1989年排印本、中州古籍出版社2003年版《孙奇逢集》校点本等。

孙奇逢(1584—1675)，字启泰，又字钟元，世称夏峰先生。直隶容城(今属河北)人。早年尚侠，左光斗、魏大中、周顺昌被阉党迫害下狱，他竭力营救，与鹿正等人举幡击鼓，敛义士之钱以救之。后多次被荐举，不就。清兵南下，率族人固守容城。顺治三年(1646)又被荐执掌国子监，以病辞。顺治七年他的家园被清廷圈占，迁往辉县(今属河南)苏门，两年后率子弟躬耕于苏门夏峰，四方来学者也授田使耕。哲学思想原来倾向陆王心学，以慎独为宗，以体认天理为要，以日用伦常为实际。晚年又喜程朱理学，力图调和两家之说，说："朱王入门，原有不同，及其归也，总不外知之明，处之当而已。"(《答常二何书》)弟子众多，汤斌、耿介、魏象枢皆其门人。著作尚有《四书近旨》、《读易大旨》、《理学传心纂要》、《尚书近旨》、《中州人物考》、《岁寒居答问》、《夏峰先生集》等。《明儒学案》卷五七、《夏峰先生集》、《清史稿》卷四八〇有传。

孙奇逢为清初理学大家，他极其重视儒家道统，以接继、发扬儒家道统为己任。他说："学之有宗，犹国之有统，家之有系也。系之宗有大有小，国之统有正有闰，而学之宗有天有心。今欲稽国之运数当必分正统焉，溯家之本原当先定大宗焉，论学之宗传而不本诸天者，其非善学者。"(《自序》)所谓"本诸天者"就是指体现天道的儒家道统。孙奇逢以为求学只有先弄清了道统的继承系统才能真正掌握圣人之道。《理学宗传》就是一部叙述理学道统的著作。作者以为，宋代以来，周敦颐、程颢、程颐、张载、邵雍、朱熹、陆九渊、薛瑄、王阳明、罗洪先、顾宪成共十一人直接道统之传，他们的弟子和传人则成了道统之辅。书的体例是先列学者小传，记述其生平言行和学术思想，然后节录其著作，正文旁大多有时人、或后人、或作者的评论，此外，间或加以眉批。据作者在《自序》中所说，此书共改了三稿，前后历时三十余年。各卷的内容如下。

卷一至卷十一，收录周敦颐、程颢、程颐、张载、邵雍、朱熹、陆九渊、薛瑄、王阳明、罗洪先、顾宪成等十一人，每人一卷。

卷十二为《汉儒考》，收录董仲舒、申培、倪宽、毛苌等四人。

卷十三为《隋儒考》，收录王通及其门人。

卷十四为《唐儒考》，收录韩愈，附李翱和赵德。

卷十五至卷十八为《宋儒考》，收录杨时、刘绚、李籲、谢良佐、尹焞、游酢、吕大临、王蘋、胡瑗、罗从彦、李侗、胡安国、胡宏、张栻、吕祖谦、蔡元定、蔡沈、黄榦、真德秀、金履祥等五十四人。

卷十九为《元儒考》，收录刘因、许谦、姚枢、赵复、窦默、许衡、胡长孺、黄泽、陈栎等十七人。

卷二十至卷二五为《明儒考》，收录曹端、吴与弼、胡居仁、陈献章、湛若水、钱德洪、邹守益、王艮、王襞、徐樾、邓以赞、冯从吾、黄绾、何塘、吕柟、罗钦顺、吕坤、杨东明、高攀龙、刘宗周等五十五人。

第二六卷为《附录》，收录张九成、杨简、王畿、罗汝芳、杨起元、周汝登等六人。

孙奇逢无门户之见，对于理学各派学术均如实地加以记叙。黄宗羲在评论《理学宗传》时曾说："钟元杂收，不复甄别，其批注所及，未必得其要领，而其闻见亦犹之海门也。"(《明儒学案发凡》)这大约是指此书对理学各个学派划分不细，不能准确地揭示各个学派和学者的学术宗旨。尽管如此，作者认识到学问以深造自得为主，说："读前圣贤之书，总借以触发我之性灵，不能触发性灵不能强为之喜也。"(卷九《王子》)因此，注意记述各派学者的独到见解，他曾说：要"言其言，行其行，明其心"(《与魏莲陆》)。《理学宗传》辑录了大量第一手材料，是一部比较完备的理学发展史。此书还概要地叙述了汉以后的儒学发展过程，因此清初学者张沐说："使学者读之，不恨五经四书后无书，尧舜孔子而后无人，然后知人不必皆尧舜孔子也，而无不可以为尧舜孔子，天也。"(卷前《序言》)

有关《理学宗传》研究，见清黄宗羲《明儒学案》、刘廷诏《理学守传辨正》、梁启超《中国近三百年学术史》等。

(施忠连)

夏峰先生集 孙奇逢

《夏峰先生集》，十四卷。孙奇逢著。成于清康熙三十七年(1698)。通行本有康熙三十八年(1699)初刻本、1939年商务印书馆、2004年中华书局标点本等。

作者生平事迹见"理学宗传"条。

孙奇逢六十岁以前所著答问诗文编为《岁寒集》，六十岁以后之文编为《岁寒续集》。清康熙十七年(1678)王伯生从作者后代处抄录全部诗文稿，与赵宽夫选择删正，编为《传信录》，此为孙奇逢第一本全集，但是编者秘不示人。康熙戊寅(三十七年)孙淦、孙沐将家藏遗稿编为十四卷，取名为《夏峰先生集》，次年刻成。

《夏峰先生集》为孙奇逢的文集。卷前有张镜心、魏裔介、戴明说、汤斌、常大忠、李衷灿、赵御众、孙淦及孙沐等人的序，还有魏裔介于康熙十六年(1677)撰写的《孙奇逢传》。卷一、卷二为书信；卷三、卷四为序；卷五为传；卷六为墓志铭；卷七为墓志铭、墓表、行述、呈、墓疏；卷八为记、论、说、辨、议；卷九为题跋、引、启、考、赞、传赞、铭；卷十为祭文、祝文、杂著；卷十一、卷十二为诗；卷十三、十四为语录。书中所表述的孙奇逢的主要思想如下。

一、浑沌之初，一气而已。作者提出，天地形成之前，浑沌之初，唯有气而已，世界上所有的一切都是气派生的，理是气所构成的事物运动变化的法则。"盈天地间知觉运动、聚散流峙，皆气之为也。而知觉有知觉之理，运动有运动之理，聚散流峙有聚散流峙之理，就中正可体认。"(卷十三《语录》)因此理与气是有区别的，不能混同，但也不能把它们视为可以分离的二物。有弟子问理与气是一还是二，他回答说："浑沌之初，一气而已，其主宰为理，其运旋处为气，指为二不可，混为一不可。"(同上)

二、道无物不有，无时不然。孙奇逢强调百姓人伦日用即为道，指出道首先是在眼前事中。弟子问他道在何处？他答道"道在眼前"，又问"眼前何者是道？"他回答说："任举一物一事，莫非道也。"(同上)他指出，那些舍近求远、舍易求难的人，是不懂得道的。

三、应随时随处体道。作者对学人侈言千古,远谈当世极为不满,以为"吃紧处只要不虚当下一日"(同上)。他要求人们待人处事毫无利己损人之念,"日用食息间每举一念、行一事、接一言,不可有违天理拂人情处"(同上)。孙奇逢也不主张空谈性命,他认为士君子的精神修养应有实际的表现。道学家中有人批评范仲淹、司马光功业太盛,方孝孺、黄道周节烈太奇,孙奇逢对这种看法不以为然,他说:"噫!理学而必无事功,必无节烈,则一乡党自好之士耳。"(卷四《麟书钞序》)又说:"忠节亦学也,事功亦学也,文章亦学也,莫不有孔子之道焉,是岂可以执一论哉!"(同上)

四、透过死生功名之关。在人生哲学上,孙奇逢提出士人应能经受贫穷困苦、声色货利的考验,要做到"饥饿穷愁困不倒,声色货利浸不倒,死生患难考不倒"(卷十三《语录》)。他特别重视确立正确的生死观,以为士人求圣人之道,"当先透死生之关,此关一透,功名富贵,自可不消费力"(同上)。

五、调和程朱、陆王之学。在学术上,孙奇逢主张破除偏执,调和程朱理学与陆王心学两派之间的对立。提出:"人患不明白,更患太明白。"(同上)所谓"太明白"是指过于计较不同学派之间的异同。"人黑白不分者不可以涉世处,人黑白太分者,不可以善世宜民,学问须要包荒才是天地江海之量。"(同上)他认为不论是程颢、程颐、朱熹、薛瑄,还是陆九渊、陈献章、王守仁,都是"传孔孟者也"(卷四《圣学录序》)。他提出揭示真理的学说必定包含非常丰富的内容,其中各个部分之间必定有许多不同,但它们都统一于同一的道统。"道原于天,故圣学本天,本天者愈异而愈同","道之一正于至不一处,见一所谓殊途而同归,一致而百虑耳"(卷四《道一录序》),就像流水,千江万河,总归于大海。他指出儒家各派都各有长处,都应加以重视,取其所长。"诸儒学问,皆有深造自得之处,故其生平各能了当一件大事,虽其间异同纷纭,辩论未已,我辈只宜平心探讨,各取其长,不必代他人争是非、求胜负也。"(卷十四《语录》)他曾以朱熹和王守仁为例加以说明,"门宗分裂,使人知反而求诸事物之际,晦翁之功也。然晦翁殁而天下之实病不可不泄,词章繁兴,使人知反而求诸心性之中,阳明之功也。然阳明殁而天下之虚病不可不弥"(同上)。可见孙奇逢不仅看到各派之长,也注意各派之短,企图以不同学派之长以补各派之短。

孙奇逢年寿长,门生弟子遍天下,因此《夏峰先生集》中的思想在当时曾产生很大影响。他的学风平实,对于清初学术潮流的转变也产生了一定作用。

有关《夏峰先生集》的研究,见清黄宗羲的《明儒学案》卷五七、梁启超的《中国近三百年学术史》等。张显清主编《孙奇逢集》(中州古籍出版社,2003年)收录孙奇逢著述七种,为《读易大旨》、《书经近指》、《四书近指》、《理学宗传》、《中州人物考》、《畿辅人物考》、《夏峰先生集》及《日谱》、《游谱》,附《年谱》、《评传》等研究资料,是研究孙奇逢的最全面资料。

(施忠连)

顾亭林诗文集 顾炎武

《顾亭林诗文集》，十六卷(内收《亭林文集》六卷、《亭林余集》一卷、《蒋山傭残稿》三卷、《亭林佚文辑补》一卷和《亭林诗集》五卷。书末附有《熹庙谅阴记事》一篇)。顾炎武著。1959年中华书局据清康熙原刻本《亭林文集》、《亭林诗集》等校勘出版。

顾炎武(1613—1682)，字宁人，初名绛。江苏昆山人。明亡后，有复明大志，更名炎武。又曾自署蒋山傭，学者称亭林先生。炎武出生豪绅家庭，自小受家学影响，崇尚实学，博极古今，于群经诸史、历代典章制度、河漕兵农、天文舆地、艺文掌故、音韵训诂等都有深湛研究。著述多达三十六种，主要有《日知录》、《天下郡国利病书》、《肇域志》、《邹平县志》、《德州志》、《音学五书》、《韵补正》等。2011年上海古籍出版社出版了《顾炎武全集》。传见《清史稿》卷四八一、《清史列传》卷六八。清张穆撰有《顾亭林年谱》。

《顾亭林诗文集》反映了他的主要思想。顾炎武鉴于明朝亡国的教训，对王学末流空谈心性的学风痛心疾首，"窃叹夫百余年以来之为学者，往往言心言性，而茫乎不得其解也"(《亭林文集》卷三《与友人论学书》)他指责这些学者为"无本之人"、他们的学问为"空虚之学"，"士而不先言耻，则为无本之人；非好古而多闻，则为空虚之学。以无本之人，而讲空虚之学，吾见其日从事于圣人，而去之弥远也"(同上)。他认为这种所谓理学，只是禅学，"今之所谓理学，禅学也，不取之五经，而但资之语录，校诸帖括之文而尤易也"(卷三《与施愚山书》)。他指出心学、禅学的根子在于一个懒字，"世之君子苦博学明善之难，而乐夫一超顿悟之易，滔滔者天下皆是也"(卷三《答友人论学书》)。

据此，顾炎武提出了理学即经学的主张，"古之所谓理学，经学也"(卷三《与施愚山书》)。在治学目的上，他强调"通经致用"，"窃以为圣人之道，下学上达之方，其行在孝悌忠信，其职在洒扫应对进退，其文在《诗》、《书》、《三礼》、《周易》、《春秋》，其用之身在出处、辞受、取与，其施之天下在政令、教化、刑法，其所著之书，皆以为拨乱反正、移风易俗，以驯至乎治平之用，而无益者不谈"

(卷三《答友人论学书》)。在治学方法上,他提出"博学于文"、"行己有耻"。"愚所谓圣人之道者如之何?曰'博学于文',曰'行己有耻'。"(卷三《与友人论学书》)所谓"博学于文",不仅指读书,"自一身以至于天下国家,皆学之事也"(同上)。所谓"行己有耻",是指"自子臣弟友以至出入、往来、辞受、取与之间,皆有耻之事也"(同上)。两者之中,他特别强调后者,"耻之于人大矣!不耻恶衣恶食,而耻匹夫匹妇之不被其泽"(同上)。为使匹夫匹妇皆被其泽,顾炎武非常关注现实的社会问题,主张"凡文之不关于六经之指、当世之务者,一切不为"(卷四《与人书三》)。

在政治体制上,顾炎武批评君主专制制度,主张"寓封建之意于郡县之中"(卷一《郡县论一》)。他指出:"封建之失,其专在下;郡县之失,其专在上。古之圣人,以公心待天下之人,胙之土而分之国;今之君人者,尽四海之内为我郡县,犹不足也,人人而疑之,事事而制之,科条文簿日多于一日,而又设之监司,设之督抚,以为如此,守令不得以残害其民矣。"(同上)他以为这只是空想,因为"有司之官,凛凛焉救过之不给,以得代为幸,而无肯为其民兴一日之利者,民乌得而不穷,国乌得而不弱?"(同上)唯一的办法是:"尊令长之秩,而予之以生财治人之权,罢监司之任,设世官之奖,行辟属之法,所谓寓封建之意于郡县之中,而二千年以来之敝可以复振。"(同上)

在经济政策上,顾炎武反对清初山东关中一带以银钱收田赋的做法,主张加以变通。他指出:"往来山东,见登、莱并海之人多言谷贱,处山僻不得以银输官。今来关中,自鄠以西至于岐下,则岁甚登,谷甚多,而民且相率卖其妻子。至征粮之日,则村民毕出,谓之入市。"(卷一《钱粮论上》)为什么?因为农民"有谷而无银也。所获非所输也,所求非所出也"(同上)。结果是:"谷日贱而民日穷,民日穷而赋日诎。"(同上)因此必须加以变通,"以此必不可得者病民,而卒至于病国,则曷若度土地之宜,权岁入之数,酌转般之法,而通融乎其间?凡州县之不通商者,令尽纳本色,不得已,以其什之三征钱"(同上)。

在用人制度上,顾炎武反对八股取士,主张改用"辟举之法"。他揭露当时科举制度的弊病说:"合天下之生员,县以三百计,不下五十万人,而所以教之者,仅场屋之文。然求其成文者,数十人不得一,通经知古今,可为天子用者,数千人不得一也。而嚚讼逋顽,以病有司者,比比而是。上之人以是益厌之,而其待之也日益轻,为之条约也日益苛。然以此益厌益轻益苛之生员,而下之人犹日夜奔走之如鹜,竭其力而后止者何也?一得为此,则免于编氓之役,不受侵于里胥;齿于衣冠,得于礼见官长,而无笞、捶之辱。故今之愿为生员者,非必其慕功名也,保身家而已"(卷一《生员论上》)。而这又是必然的趋势,"人之情孰不为其身家者;故日夜求之,或至行关节,触法抵罪而不止者,其势然也。今之生员,以关节得者十且七八矣,而又有武生、奉祀生之属,无不以钱鬻之"(同上)。因此主张废除生员,改用辟举,"请一切罢之,而别为其制。必选夫五经兼通者而后充之,又课之以二十一史与当世之务而后升之"(同上)。

顾炎武批评王学末流空谈心性的习气,提出理学即经学的主张,强调"博学于文"、"行己有耻",关注现实的社会问题,所有这些思想,在当时确实起了"拨乱反正,移风易俗"的作用,对后世也产生了很大的影响。

(钱宪民)

周易外传 王夫之

《周易外传》，七卷。王夫之著。据作者在《周易内传发例跋》所言，"隆武丙戌，始有志于读《易》。……乙未，于晋宁山寺始为《外传》"。乙未，指清顺治十二年(1655)。王夫之是在经历多年政治斗争实践，从广西返归湖南以后开始撰著本书的。道光二十二年(1842)收入衡阳王氏守遗经书屋《王船山遗书》刻本。同治三年(1864)曾国藩、曾国荃江宁节署补刻本、1933年上海太平洋书店排印本《船山遗书》及岳麓书社版《船山全书》均收辑在内。单行本有清乾隆年间王嘉恺抄本(现藏湖南省博物馆)、1962年中华书局排印本、1977年中华书局修订本。

王夫之(1619—1692)，字而农，号姜斋，曾号一瓠道人，改名壶。湖南衡阳人。因晚年隐居于衡阳石船山麓，人称船山先生。明崇祯十五年(1642)举人。明亡后曾在衡阳起兵抗清，兵败逃至肇庆，充南明桂王小朝廷翰林院庶吉士。不久回家守父孝，期满出任行人司行人。因上疏弹劾大学士王化澄而被免官。后见南明败亡已定，遂回湖南隐居，闭门著述。他始终不肯剃发，常居瑶洞和瑶人生活在一起，并曾改用瑶人姓名。在隐居的四十年里，著书一百多种，经后人陆续增刻的《船山遗书》中有七十种，凡三百五十八卷，收录《周易外传》、《尚书引义》、《读四书大全说》、《宋论》、《读通鉴论》、《张子正蒙注》、《俟解》、《噩梦》、《黄书》、《思问录》、《四书训义》、《四书稗疏》等。《清史稿》卷四八六、《清史列传》卷六六、《国朝先正事略》卷二七等有传。

《周易外传》是王夫之的重要哲学著作之一。全书七卷，卷一至卷四分论六十四卦；卷五卷六论《系辞传》；卷七论《说卦传》、《序卦传》和《杂卦传》。共一百四十五论，约有十一万余言。自谓："外传推广于象数之变通，极酬酢之大用。"(《周易内传发例跋》)其哲学思想的基本概念，在此大体具备，哲理之阐发则相当成熟，对释老和陋儒之批判则异常尖锐。其要点如下。

一、破无立有，认定"太虚一实"的唯物主义宇宙观。他继承张载的"太虚即气"的主张，进一步发展体用一元的"气化论"，以为宇宙间一切客观事物皆是"实用"、"固有"，是"诚"即客观实在的。"天下之用，皆其有者也。吾从其用而知其体之有，岂待疑哉？用有以为功效，体有以为性情,体用胥有而相需以实,故盈天下而皆持循之道。故曰:诚者,物之终始,不诚无物。"(本书卷二)"今我所以知两间之有者,目之所遇,心之所觉,则固然广大者,先见之;其次,则其固然可辨者也;其次,则时与相遇,若异而实词者也;其次,则盈缩有对,人可以与其事,而乃得以亲用之者也。是故,寥然虚清,确然凝立,无所不在,迎目而觉,游心而不能越,是天地也。"(卷七)无论从人的感觉或思维来说,物质世界之客观存在是不容怀疑的。

二、象外无道、气外无虚托之理。认为,规律在客观事物之中,"理"绝非悬空虚托之物,这就指明客观唯心主义亦是站不住脚的。如说:"天下无象外之道……今夫象,玄黄纯杂,因以得文;长短纵横,因以得度;坚脆动止,因以得质;大小同异,因以得情;日月星辰,因以得明;坟埴垆壤,因以得产;草木华实,因以得财;风雨散润,因以得节。其于耳启窍以得聪,目含珠以得明,其致一也。"(卷六)

三、天下惟器、尽器则道在其中。这是针对宋明理学家"离器而言道"的命题而发,亦是对《易传》中"形而上者谓之道,形而下者谓之器"作出有利于社会进化和变革的解释,而打破那种"器可变而道不可变"。"道本器末"的保守思想。曰:"天下惟器而已矣。道者器之道,器者不可谓之道之器也。无其道则无其器,人类能言之;虽然,苟有其器矣,岂患无道哉!……人或昧于其道者,其器不成;不成,非无器也。无其器则无其道,人鲜能言之,而固其诚然者也。洪荒无揖让之道,唐、虞无吊伐之道,汉、唐无今日之道,则今日无他年之道者多矣……则未有子而无父道,未有弟而无兄道,道之可有而且无者多矣。故无其器则无其道,诚然之言也,而人特未之察焉。"(卷五)

四、动静皆动、推故而别致其新。表明宇宙万物之运动是绝对的,静止是相对的而非绝对的。"太虚者,本动者也。动以入动,不息不滞。……抟造无心,势不能各保其固然,亦无待其固然而后可以生也。"(卷六)"动静互涵,以为万变之宗。"(卷四)事物的运动变化,即生长衰化之过程,亦是"推陈出新"。"衰减之穷,予而不茹,则推故而别致其新也。由致新而言之,则死亦生之大造矣。"(卷二)

五、宇宙事物变化,"而要归于两端"。意谓矛盾是事物变化发展的内在原因。作者抛弃《周易》八卦以乾为首的观点,认为乾与坤、阴与阳及对立之双方,同时产生、相互依存,"乾坤并建于上,时无先后,权无主辅,犹雷电也,犹两目视,两耳听,见闻同觉也。故无有天而无地"。"无有乾而无坤之一日,无有坤而无乾之一日。"(卷六)"合二以一者,为分一为二之所固有。"(卷五)但是,若是只见事物之相反,而不知矛盾是既对立又统一,也是不对的。"反者,疑乎其不相均也,疑乎其不相济也。不相济,则难乎其一揆;不相均,则难乎其两行。其惟君子乎?知其源同之无殊流,声叶之有众响也,故乐观而利用之,以其主持分剂之大用。是以肖天地之化而无惭,备万物之诚而自乐。下此者,惊于相反而无所不疑,道之所以违,性之所以缺,其妄滋矣。规于一致,而昧于两行者,庸人也。乘乎两行,而执一致者,妄人也。"(卷七)认为事物是既对立,又统一。统一指相互依存,互相转化。"天下有截然分析而必相对待之物乎?求之于天地,无有此也;求之于万物,无有此也;反而求之于心,抑未谂其必然也。"(同上)

六、奉常以处变,变而不失其常。认识到宇宙万物无不时时发生变化,变化又遵循普遍法则。"居因其常;象,至常者也。动因乎变;数,至变者也。君子常其所常,变其所变,则位安矣。常以治变,变以贞常,则功起矣。"(卷五)君子正确地处理事物发展过程中的"常"与"变"的辩证关系,则吉不胜喜,喜至而吉尽,凶不胜惧,则凶去而惧未忘,则自然掌握了主动权。但作者出于其阶级局限,而提出:"《易》全用而无择,礼慎用而有则。礼合天经地纬以备人事之吉凶,而《易》则不敢泰然尽用之……《易》兼常变,礼惟贞常,易道大而无惭,礼教约而守正。故《易》极度,而礼惟居常。"又强调:"天下亦变矣,变而非能其常。""变而不失其常,而后大常贞。""圣人反变以尽常,常立而变不出其范围。"(卷七)所谓"变不出其范围"的"大常",实即是封建礼法的总原则。作者哲学辩证法的锋芒,终于被限制于"礼惟贞常"的范围之内。

总之,作者的辩证法思想基本上得力于《周易》,而《周易外传》则为哲理最富、独见最多的巨著。表面上他是把《周易》当作思想避难之所,其实在于研讨《易》理,以企求获此应世指针,而达救亡图存之途。历来哲学思想史研究者对此书极为重视,探讨和评论的论著所在多有,如王孝鱼《船山学谱》、嵇文甫《船山哲学》、侯外庐《船山学案》、陆复初《船山学案》等。

(胡 啸)

尚书引义 王夫之

《尚书引义》，六卷。王夫之著。据近人王孝鱼考证，是书当成于《周易外传》之后、《读四书大全说》之前，即1655年到1665年之间(《哲学研究》1962年第五期)。清道光二十二年(1842)收入衡阳王氏守遗经书屋《王船山遗书》刻本。同治三年(1864)曾国藩曾国荃江宁节署补刻本、1933年上海太平洋书店排印本《船山遗书》及岳麓书社版《船山全书》均收辑在内。单行本有清乾隆年间王嘉恺抄本(现藏于湖南省博物馆)、1962年中华书局排印本、1977年中华书局修订本。

作者生平事迹见"周易外传"条。

《尚书引义》是王夫之的重要哲学著作之一。全书六卷，卷一、卷二论《虞夏书》，有十三论；卷三论《商书》，有十论；卷四、卷五、卷六论《周书》，有三十七论。合共五十篇，约有八万余言。是书并非正式说经，而是利用《尚书》每篇的某些语句来发挥他的哲学思想和政治观点的精辟见解。

一、在宇宙本体论方面，提出"实"、"诚"作为物质的一般，取代具体的"气"，使哲学唯物论进入一新的阶段。如："诚也者，实也。实有之，固有之也。无有弗然，而非他有耀也。"(本书卷三《洪范三》)"夫诚者，实有者也。前有所始，后有所终也。实有者，天下之公有也，有目所共见，有耳所共闻也。"(卷三《说命上》)意为物质世界的客观存在，是任何正常人都可以感知的。"尝试言之：物生而形形焉，形者质也；形生而象象焉，象者文也。形者必成象矣，象者象其形矣。在天成象而或未有形，在地成形而无有无象。视之则形也，察之则象也。所以，质以视章而文由察著。未之察者弗见焉耳。"(卷六《毕命》)指明物质是宇宙的实质，是第一性的。

二、在哲学认识论方面，提出了"能必副所"、"行可兼知"的新命题，促进了认识论的新发展。作者通过对佛教相对主义的剖析，明确区分主体和客体、认识能力和认识对象，并确定两者之辩证关系。即："立一界以为'所'，前未之闻，自释氏昉也。境之俟用者曰'所'，用之加乎境而有功者曰'能'。'能''所'之分，夫固有之，释氏为分授之名，亦非诬也。乃以俟用者为'所'，则必实有其体；以用乎俟用而可以有功者为'能'，则必实有其用。体俟用，则因'所'以发'能'，用，用乎体，则'能'必副其'所';体用一依其实,不背其故,而名实各相称矣。……乃释氏以有为幻,以无为实。惟心、惟识之说,抑矛盾自攻而不足以立。于是诡其词曰'空我执而无能,空法执而无所',然而以心合道。其有'能'、有'所'也,则又固然而不容昧。是故其说又不足以立,则抑能其所,所其所,消所以入能,而谓能为所,以立其说,说斯立矣。故释氏凡三变而以'能'为'所'之说成。而吕、蔡何是之从也?敬、无逸,能也,非所也明甚,而以为所,岂非释氏之言乎?……'所'著于人伦物理之中,'能'取诸耳目心思之用。'所'不在内,故心如太虚,有感而皆应;'能'不在外,故为仁由己,反已而必诚。君子之辨此审矣,而不待辨也。"(卷五《召诰无逸》)以坚锐语言批驳佛教混淆主客观界限和颠倒体用关系的诡辩。

在知行关系问题上,是书卷三《说命中二》阐发甚明确。批判陆王心学派主张"知行合一",表面上重视"行"。实是混淆"知""行"之区别,"行者非行,则确乎其非行,而以其所知为行也"。批判佛教唯心论,更是"是其销行以归知,终始于知,而杜足于履中蹈和之节文,本汲汲于先知以废行也,而顾诎先知之说以塞君子之口而疑天下"。宋儒程朱理学派反对"知行合一"而提出"知先行后",则为"立一划然之次序,以困学者于知见之中,且将荡然以失据,则已异于圣人之道矣"。作者依据"知之非艰,行之惟艰"这句古训出发,提出知行并进而以行为认识过程之主导方面,指明:"且夫知也者,固以行为功者也;行也者,不以知为功者也。行焉,可以得知之效也;知焉,未可以得行之效也。……行可兼知,而知不可兼行,下学而上达,岂达焉而始学乎?君子之学,未尝离行以为知也,必矣。"(以上均引自《说命中二》)

三、是书于人性问题上亦有创见,其"性日生日成"、"习与性成"命题已突破前人之理论水平。据日新变化之说,认为天和人、命和性,息息相关、生生不已。"夫性者生理也,日生则日成也。则夫天命者,岂但初生之顷命之哉?"(卷三《太甲二》)说明人性并非一成不变,"岂但初生之顷命之哉?"然则人性并非神秘之物,而是自然界所赐,是"二气之命、五行之实"所产而后又长养变化者。"形化者化醇也,气化者化生也。……形日以养,气日以滋,理日以成;方生而受之,一日生而一日受之。受之者有所自授,岂非天哉?故天曰命于人,而人曰受命于天。故曰性者生也,曰生而曰成之也。"(同上)可知人性之形成与变化是须臾不离物质自然界的。而后天环境对于人性之熏陶至关重要,即所谓"习与性成"。即使"饮食起居,见闻言动,所以斟酌饱满于健顺五常之正者,奚不曰以成性之善;而其卤莽灭裂,以得二殊五实之驳者,奚不曰以成性之恶哉?"(同上)故人性善恶确为后天物质生活条件所制约,"是以君子自强不息……以养性也"。养性则是"与天争权"。"生之初,人未有权也,不能自取而自用也。惟天所受,则皆其纯粹以精者矣。天用其化以与人,则固谓之命之矣。已生以后,人既有权也,能自取而自用也。"(同上)虽最终未超"天命之谓性"古老命题,然强调"性与习成"、"与天争权",教人后天努力,奋斗不息,这是有重大积极意义的。

《尚书引义》除开重点论述上面三个问题外,在《大禹谟》论"人心""道心"的关系上,长达三千余字,虽不免稍涉神秘,且兼有形而上学色彩,然主要是针对阳明心性论而发,理论深度有所前移。《汤诰》、《仲虺之诰》讲"以义制事,以礼制心",论"降衷下民,若有恒性";《泰誓》讲"畏民"而"重民",由于"畏民"而尤需"深知而慎用之",细析统治者如何处理"上天"与"下民"之关系,泛论一些朝代的政治流弊,值得重视。总之,是书在王船山哲学著作中颇为重要,是《周易外传》等增益之著作。

(胡 啸)

张子正蒙注 王夫之

《张子正蒙注》，九卷。王夫之著。收入《船山遗书》与《船山全书》。另有1956年北京古籍出版社及1975年中华书局出版的单行本。

作者生平事迹见"周易外传"条。

《张子正蒙注》是王夫之对北宋张载《正蒙》的注释，借此发挥他的哲学思想。

在中国古代哲学家当中，王夫之最佩服张载，认为"张子之学，上承孔孟之志，下救来兹之失，如皎日丽天，无幽不烛，圣人复起，未有能易焉者也"（《序论》）。因此决心"使张子之学晓然大明，以正蒙之志于始，则浮屠生死之狂惑，不折而自摧，陆子静、王伯安之蓥尔者，亦恶能傲君子以所独知，而为浮屠作率兽食人之伥乎！"（同上）

王夫之继承了张载的气一元论思想，以气来解释天、道、性、心。

他认为世界的本源是气，"太虚即气，絪缊之本体"（卷一《太和篇》），而气的"升降飞扬，莫之为而为，万物之资始者"（同上），这就是天。气只有聚散而没有生灭，"故曰往来，曰屈伸，曰聚散，曰幽明，而不曰生灭"（同上）。如"车薪之火，一烈已尽，而为焰，为烟，为烬，木者仍归木，水者仍归水，土者仍归土，特希微而人不见尔"（同上）。认为讲生灭，是"释氏之陋说"。如说"散尽无余"，则"何处为其翕受消归之府"；如说"造化日新而不用其故"，又"何从得此无尽之储？"（同上）

王夫之进而认为道就是气化的法则，"阴阳具于太虚絪缊之中，其一阴一阳，或动或静，相与摩荡，乘其时位以著其功能，五行万物之融结流止，飞潜动植，各自成其条理而不妄"（同上），这就是道。至于天地万物运动变化的原因，则在于对立双方的斗争，"以气化言之，阴阳各成其象，则相为对。刚柔，寒温，生杀，必相反而相为仇"（同上）。但这种斗争最终还得归于和解，"乃其究也，互以相成，无终相敌之理，而解散仍返于太虚"（同上）。

人性也应以气来加以说明，"天以其阴阳五行之气生人，理即寓焉而凝之为性"（卷三《诚明篇》）。人性虽有声色臭味、仁义礼智之分，但两者各有其用，"有声色臭味以厚其生，有仁义礼智以正其德,莫非理之所宜"(同上)。因此,宋儒所说气质之性为恶而天命之性为善是错误的,"声色臭味顺其道,则与仁义礼智不相悖害,合两者而互为体也"(同上)。王夫之赞成张载"饮食男女,皆性也。是乌可灭"的说法,认为"理皆行乎其中也","释、老亦非能灭之,姑为之说尔"(卷九《乾称篇下》)。

至于什么是人心、人心又怎样去认识外物的问题,王夫之发挥张载所说"合性与知觉,有心之名"的观点,认为"形也,神也,物也,互相遇而知觉乃发"(卷一《太和篇》)。他认为应该耳目和心并重。耳目的闻见是重要的,因为"心之情状虽无形无象,而必依所尝见闻者以为影质,见闻所不习者,心不能现其象"(卷三《诚明篇》)。但是光有耳目的闻见还不够,还必须靠心去思,因为"耳与声合,目与色合,皆心所翕辟之庸也。合,故相知,乃其所以合之故,则岂耳目、声色之力哉?"(卷四《大心篇》)更重要的是,知了以后还得行,"知之尽,则实践之而已。实践之,乃心所素知,行焉皆顺,故乐莫大焉"(卷五《至当篇》)。在认识论上,王夫之特别批评了佛教"心生种种法生,心灭种种法灭"的命题,认为"置之不见不闻,而即谓之无,天地本无起灭,而以私意起灭之,愚矣哉"(卷四《大心篇》)。

王夫之《张子正蒙注》一书,以注释张载《正蒙》的形式总结了我国古代的气一元论思想,对以后唯物论哲学的发展产生了一定的影响。清末维新派人士谭嗣同等人即受到很大的启发。

(钱宪民)

明儒学案 黄宗羲

《明儒学案》，六十二卷。黄宗羲著。成书于清康熙十五年(1676)之后。通行本有康熙三十二年(1693)故城贾氏刻本(此本最早)、乾隆年间慈溪二老阁刻本、乾隆三十年(1765)《四库全书》抄本、光绪三十一年(1905)上海新民社本、1936年中华书局《四部备要》本、同年上海世界书局《四朝学案》本、1985年中华书局本及浙江古籍出版社《黄宗羲全集》本等。

黄宗羲(1610—1695)，字太冲，号南雷，学者称梨洲先生。浙江余姚人。自幼受东林党人的影响。十九岁入都为父黄尊素讼冤，以铁锥毙伤仇人阉党许显纯，申张正义，声名大振。后从父遗命就学于刘宗周。崇祯末，领导"复社"坚持反宦官斗争，作《留都防乱揭》，揭露阉党余孽阮大铖的阴谋。清兵南下，在家乡招募义兵，成立"世忠营"，武装抗清，被南明鲁王政权任命为左副都御史等职。前后坚持抗清长达十年之久，历尽艰险，自谓"濒于十死者矣"(《怪说》)。南明灭亡后，屡拒清政府征召，致力于学术研究和讲学活动。清康熙六年(1667)，恢复绍兴证人书院。翌年，创设并主讲甬上证人书院。康熙十五年至十九年，主持海宁讲席等。其中在甬上证人书院的讲学活动，为清初浙东培养出了一批史学、经学、哲学、文学等人才，在此基础上形成了清代浙东学派。一生著述宏富，多达百余种，涉及政治、经学、史学、历学、算学、地理等。现存五十余种，除上面已述外，尚有《易学象数论》、《孟子师说》、《南雷文案》、《南雷文定》、《南雷文约》等。后人编有《梨洲遗著汇刊》(上海时中书局，1910年)、《黄梨洲文集》(中华书局，1959年)、《黄宗羲全集》(浙江古籍出版社，1985年)等。生平事迹见黄宗羲自著《弘光纪年》、《日本乞师记》，以及清黄百家《先遗献文孝公梨洲府君行略》、清全祖望《梨洲先生神道碑文》、清黄炳垕《黄梨洲先生年谱》、《竹桥黄氏宗谱》、近人谢国桢《黄梨洲学谱》等。

《明儒学案》是我国最早的一部学术史著作，也是研究黄宗羲哲学思想的主要材料。作者以明代学者的文集语录为资料，摘其要点，分列学派，共计立学案十九个，述评学者二百零二人。每人先列小传，后载语录。对各人的经历、著述、思想以及学术的传授，都有扼要的叙述和评论。

在书中，黄宗羲首先对明代初期的学派和人物，即崇仁学派的吴与弼、胡居仁、魏校、夏尚朴，白沙学派的陈献章、张翊，河东学派的薛瑄、吕柟，三原学派的王恕、石渠，作了评述。指出，吴与弼恪守程朱，终不敢有任何"离此矩矱"。"康斋倡道小陂，一禀宋人成说。言心则以知觉而与理为二，言工夫则静时存养，动时省察，故必敬义夹持，明诚两进，而后为学问之全功。"(《崇仁学案》)而对陈献章之学则评价较高，谓："有明之学，至白沙始入精微，其吃紧工夫，全在涵养。喜怒未发而非空，万感交集而不动，至阳明而后大。"(《白沙学案》)并认为王守仁受陈献章的影响，学术渊源是明显的，但是"不知阳明后来从不说起，其故何也？"(同上)在评述河东学派薛瑄所谓"理只在气中，决不可分先后"(《读书录》)的观点和"日光载鸟背而飞"的例子时，表现出黄宗羲的唯物主义理气观，指出："羲窃谓：理为气之理，无气则无理。若无飞鸟而有日光，亦可无日光而有飞鸟，不可为喻。旧以大德敦化者言之，气无穷尽，理无穷尽，不特理无聚散，气亦无聚散也。以小德川流者言之，日新不已，不以已往之气为方来之气，亦不以已往之理为方来之理，不特气有聚散，理亦有聚散也。"(《河东学案》)就整个宇宙而言，气是不灭的，气之理也是常住的；就宇宙间的具体事物而言，气是有生灭的，理也是有变化的。这样就正确地解释了理气关系问题。

其次，黄宗羲以大量的篇幅，述评了出现于明代中期的姚江学派王守仁以及王门后学，表现了黄宗羲的门户之见。他对王守仁的"致良知"之说推崇备至，劈头按语是："有明学术，白沙开其端，至姚江而始大明。盖从前习熟先儒之成说，未尝反身理会。"又："自姚江指点出'良知人人现在，一反观而自得'，便人人有个作圣之路。故无姚江，则古来之学脉绝矣。"(《姚江学案》)黄宗羲认为，王守仁的"致良知"说是晚年的发明，未能与学者深究其旨，故使后学发生争执，理解不一，"说玄说妙，几同射覆"，已经离开王守仁立言的本意。在"王学七派"中，除开"姚江"之外，按地域所分立的学派有浙中王门、江右王门、南中王门、楚中王门、北方王门、粤闽王门。

浙中王门，见《明儒学案》卷十一至卷十五。指浙江中部的王门后学，代表人物有徐爱(横山)、钱德洪(绪山)、王畿(龙溪)、黄绾(久庵)、董沄(萝石)等。他们以王氏嫡传自命，提出"王门四句教"，即："无善无恶心之体；有善有恶意之动；知善知恶是良知；为善去恶是格物"。然而对此"四句教"理解自始即有分歧。钱德洪"以为定本，不可移易"，而王畿则认为纯系"权法，不可执定"(《王龙溪先生全集·天泉证道记》)，并提出"四无"说，"悟得心是无善无恶之心，意即是无善无恶之意，知是无善无恶之知，物是无善无恶之物"(同上)。黄宗羲认定王畿已将王守仁"良知"学说进一步引向佛老，评论曰："夫良知既为知觉之流行，不落方所，不可典要，一著功夫，则未免有碍虚无之体，是不得不近于禅。流行即是主宰，悬崖撒手，茫无把柄，以心息相依为权法，是不得不近于老。虽云真性流行，自见天则，而于儒者之矩矱，未免有出入矣。"但又肯定王畿确实继承和发扬了王守仁之学，断言："然先生亲承阳明末命，其微言往往而在。象山之后，不能无慈湖；

文成之后,不能无龙溪。以为学术之盛衰因之。慈湖决象山之澜,而先生疏河导源,于文成之学,固多所发明也。"(《浙中王门学案》二)

江右王门,见《明儒学案》卷十六至二四。指江西一带的王门后学,代表人物有邹守益(东廓)、欧阳德(南野)、聂豹(双江)、罗洪先(念庵)、魏良弼(水洲)、王时槐(塘南)、胡直(庐山)、邓元锡(潜谷)等,流传较广。黄宗羲对此派评价亦高,赞曰:"姚江之学,惟江右为得其传。东廓、念庵、两峰、双江其选也,再传而为塘南、思默,皆能推原阳明未尽之意。是时越中流弊错出,挟师说以杜学者之口,而江右独能破之。阳明之道,赖以不坠。盖阳明一生精神,俱在江右,亦其感应之理宜也。"(《江右王门学案》)

南中王门,见《明儒学案》卷二五至卷二七。指苏皖一带的王门后学,代表人物有黄省曾(五岳)、朱得之(近斋)、唐顺之(荆川)、唐鹤征(凝庵)、徐阶(存斋)等。王守仁生时,此派颇著名;殁后,则受到钱德洪、王畿的影响。

楚中王门,见《明儒学案》卷二八。指湖北一带的王门后学,代表人物有蒋信(道林)、冀元亨(闇斋)。据黄宗羲在《学案》中记载,王守仁在龙场,见蒋信之诗而称之,蒋信遂与冀元亨师事王守仁。同时,"学案"亦指出:此派同受王守仁、湛若水之学,互有出入;同时泰州学派耿定向(天台)对此派亦有影响。

北方王门,见《明儒学案》卷二九。指出东河南一带的王门后学,代表人物有穆孔晖(玄庵)、尤时熙(西川)、孟化鲤(云浦)、杨东明(晋庵)等。据黄宗羲评析,此派思想有差异。穆孔晖认为心与事物,"空体弗得","学阳明而流于禅,未尝经师门之炼锻,故阳明集中未有问答"(《北方王门学案》)。杨东明则认为元气产生万物,"是故气质之外无性,气质即性也","此真得阳明之肯綮也"。(同上)

粤闽王门,见《明儒学案》卷三十。指广东、福建一带的王门后学,代表人物有薛侃(中离)、周坦(谦斋)等。据《学案》记载:"岭、海之士,学于文成者,自方西樵始,及文成开府赣州,从学者甚众。"但多不著名,亦无甚撰述传世。正如王守仁所谓:"草木之花,千叶者无实,其花繁者其实鲜。"(《粤闽王门学案》)

黄宗羲在《明儒学案》卷二二述评了泰州学派的思想及其历史地位。指出:"阳明先生之学,有泰州、龙溪而风行天下,亦因泰州、龙溪而渐失其传。泰州、龙溪时时不满其师说,益启瞿昙之秘而归之师,盖跻阳明而为禅矣。然龙溪之后,力量无过于龙溪者,又得江右为之救正,故不至十分决裂。泰州之后,其人多能以赤手搏龙蛇,传至颜山农、何心隐一派,遂复非名教之所能羁络矣。"(《泰州学案》)

在《明儒学案》里作者还对湛若水、方孝孺、曹端、罗钦顺、何塘、王廷相、黄道周等学者的生平及思想,作了评述。收集齐备,评议得当。

最后,《明儒学案》着重介绍了东林学派中顾宪成、高攀龙、黄尊素,蕺山学派中刘宗周等人的思想。在《东林学案》开首的引言,黄宗羲即义正词严地为东林学派进行辩护:"今天之言东林者,以其党祸与国运终始。小人既资为口实,以为亡国由于东林,称之为两党。即有知之者,亦言东林非不为君子,然不无过激,且倚附者之不纯为君子也,终是东汉党锢中人物。嗟乎!此呓语也。"又指出:"数十年来,勇者燔妻子,弱者埋土室,忠义之盛,度越前代,犹是东林之流风余韵也。一堂师友,冷风热血,洗涤乾坤,无智之徒,窃窃然从而议之,可悲也夫!"(《东林学案》)

总之,《明儒学案》是一部极有价值的哲学史巨著。它不仅超过了《庄子·天下篇》的规模和做法,亦超过了朱熹的《伊洛渊源录》和同时代孙奇逢的《理学宗传》。《四库全书总目》卷五八称:"初周汝登作《圣学宗传》、孙仲元(奇逢)又作《理学宗传》。宗羲以其书未粹,且多阙遗,因搜采明一代讲学诸人集语,辨别宗派,辑为此书。"是书是黄宗羲六十七岁时写成的,倾注其半生的心血,也通过此书而说明自己的学术渊源,建立自己的思想体系。此书对后来的学术思想影响很大,极富有开创性。正如梁启超所言:"清代学术之祖当推宗羲,所著《明儒学案》,中国自有学术史,自此始也。"(《清代学术概论》)陈祖武《中国学案史》(东方出版中心,2008年)对本书有专章论述。

(胡 啸)

宋元学案 黄宗羲等

《宋元学案》，原称《宋元儒学案》。一百卷。黄宗羲、黄百家、全祖望等撰。百卷本告成于清道光十八年(1838)。有道光二十六年(1846)何氏初刊本，以及《四部备要》本、《四朝学案》本、《国学基本丛书》本通行。中华书局1986年出版了陈金山、梁运华的校点本。

黄宗羲生平事迹见"宋元学案"条。

黄宗羲晚年撰毕《明儒学案》后，随即着手编写是书，至去世前仅成十七卷。其子百家承父志续修，黄宗羲门生杨开沅、顾諟也参与部分工作，但最终也未能完成。其后全祖望于清乾隆十二至二十年(1747—1755)，以十年之功再为纂辑，成九十一学案。全氏自谓"予续南雷《宋元学案》，旁搜不遗余力，盖有六百年来儒林所不及知而予表而出之者"(《鲒埼亭集》卷三十)。故《宋元学案·刊例》谓"梨洲原本无多，其经谢山续补者，十居六七"。全氏生前，是书《序录》及部分内容已刊刻传世。其身后有四种残本，但流传不广。一是卢月船藏底稿本，二是蒋樗庵藏底稿残本，三是郑氏二老阁本。最后一种为黄氏后裔校补本八十六卷，卷首有全氏手定百卷序录。至道光十八年，又有王梓材、冯云濠据校补本重加校订整理，遂成百卷定本。是本根据全氏《序录》校补，尽量保存原作面貌，"有梨洲原本所有而为谢山增损者，则标之曰'黄某原本、全某修定'；有梨洲原本所无而为谢山特立者，则标之曰'全某补本'；又有梨洲原本，谢山惟分其卷第者，则标之曰'黄某原本、全某次定'；亦有梨洲原本，谢山分其卷第而特为立案者，则标之曰'黄某原本、全某补定'。"此外，"每学案中所采语录文集各条，有知为梨洲原本者，则注明'黄氏原本'；有知为谢山所补者，则注明'全氏补'。至于学派诸小传，有梨洲有传而谢山修之加详者，则注'修'字；有梨洲无传，并无其名，而谢山特补之者，则注'补'字。庶使一目了然，不至两家混淆"(《刊例》)。书中各学案的评论，则以"宗羲案"、"百家谨案"、"祖望谨案"等加以区别，以存其旧貌。自黄宗羲初创，至成百卷定本，前后历经一百六十余年。

《宋元学案》系学案体裁的宋、元两代学术史著作。全书收载八十六学案，另立《元祐党案》、

《庆元党案》,以及《荆公新学略》、《苏氏蜀学略》、《屏山鸣道集说略》,述及宋、元学者凡二千余人。除涑水、百源、濂溪、明道、伊川等九个学案分上下两卷,余均一案一卷。卷首有序录、刊例、考略等各一篇。

《宋元学案》全书体例完整,组织细密。每一学案之前,首立学案表,备举案主师友、弟子及其师承系统和传授情形。其中涉及人物,若已于书中立案者,则在表内注明"别见其学案";若已附于其他学案者,则注明"附见某学案"。表下再立案主小传,以明学者生平与学术宗旨。并列学侣、同调、家学、门人、私淑、续传等六项内容为附案。另设置附录,搜罗遗闻轶事及时人、后人的评论,优劣得失,备录无遗。

本书广择博采,内容详尽,可补《宋史》之阙。撰者熟识宋代人物事迹,故书中内容有较《宋史》为详者,可资补史。"微特学案所关,他日有重修《宋史》者,亦将有所采也夫。"(卷七六《广平定川学案》)如卷五九"静春门人"下所作韩氏兄弟之传,对韩氏世系、来历、家学及其地位等,皆有清楚的述列,这些内容皆为《宋史》所无。对《宋史》记载过简之处,是书亦有所增广。如全祖望在《广平定川学案》中谓"甬上四先生之传,陆学袁、杨以显达,其教大行。然较其年齿资格,则在舒、沈之下,《宋史》作舒、沈传,寥寥短简,不足以见其底蕴。梨洲始求得《广平类稿》残编,其中有足资考证者,予因据之别为舒传"。此外,书中对案主言论之采录不仅较《明儒学案》广博,且一一注明来源出处,为后人研究其学术思想提供了较清晰的线索。如《师山学案》所采郑玉语录,不仅总注出自《师山文集》,且于各条语录下注出子目,有《与王真卿》、《周易大传附注序》、《春秋经传阙疑序》、《余力稿自序》、《送徐推官序》、《跋太极图西铭》、《五居敬字序》等。

持论平正,不囿于门户之见,也构成《宋元学案》一大长处。这在卷次及评论中都有所反映。"宋兴八十年,安定胡先生、泰山孙先生、徂徕石先生始以师道明正学,继而濂洛兴矣。"(卷二《泰山学案》)宋初胡瑗、孙复、石介始倡理学,开七百年学术之先河。故是书首立《安定学案》、《泰山学案》,以反映宋初学术发轫过程,可称允当。同时讲学于睢阳的戚同文,声势虽不及宋初三先生之盛,对宋代学术发展亦自有贡献,故是书卷三即设立《高平学案》,以阐述戚氏之学。宋初陈襄、郑穆、陈烈、周希孟四人"讲学海上,其所得虽未能底于粹深,然而略见大体矣,是固安定、泰山之流亚也"。撰者认为"宋人溯导源之功,独不及四先生,似有阙焉",故于卷五特立《古灵四先生学案》以志其学。无论对学术重镇如程颢、程颐、朱熹、陆九渊,或是对关中申、侯二子和浙东杨、杜五子等,是书多能如实立案叙述和分析,并不因学派尊微、宗旨异同而作主观取舍抑扬。

撰者还以北宋元祐党祸、南宋庆元党祸牵涉者多为饱学之儒,事"关道学之兴废",故于卷九六、九七特立《元祐党案》、《庆元党案》,集合有关史料,并据以展开论述,从中探究两宋道学兴废所由,揭示宋代学术发展起伏的进程。惜原稿已佚,今本这部分内容系王梓材根据全祖望所定

《序录》而补续。

　　《宋元学案》内容多集中于宋代,对元代学术虽有论及,但仅《萧同诸儒学案》等寥寥数卷,对全书所占比例很小。另外,撰者对王安石、苏洵父子不正式立案,仅修成学略而入书,以示贬抑,实非公论。对在宋代学术史上产生过重要影响的康与元、邓牧等人,是书亦漏而未载。全书因撰者多人,故所采资料间有繁简失当,重复误记,不一而足。

　　《宋元学案》是我国古代一部内容翔实、体例完备的学术思想史佳作,它标志着学案体史著真正臻于完善成熟,至今仍属研究宋元两代学术思想发展的必读之作。王梓材、冯云濠撰有《宋元学案补遗》,收入《四明丛书》。近人梁启超《中国近三百年学术史》、今人蒋天枢《全谢山先生年谱》、陈祖武《中国学案史》对是书皆有论析,可资参阅。

（陈　墨）

朱舜水集 朱之瑜

《朱舜水集》,二十二卷。朱之瑜(号舜水)著。此书乃中华书局1981年校勘以下几种版本后刊行,即:(一)加贺本,清康熙二十三年(1684)日本加贺侯文学源刚伯所编《明朱徵君集》十卷,此成书最早;(二)谈绮本,康熙四十七年(1708)日本书林茨城多左卫门刻本,题《舜水朱氏谈绮》,乃舜水门人安积觉编辑;(三)水户本,康熙五十四年(1715)日本水户侯权中纳言从三位西水源光国辑《舜水先生文集》二十八卷;(四)享保本,康熙五十九年(1720)日本书林茨城多左卫门刊行《舜水先生文集》;(五)稻叶本,日本明治四十五年(1912)稻叶君山编《朱舜水全集》,东京文会堂铅印本,此书乃水户本与加贺本之合刊本;(六)马浮本,民国二年(1913)马浮据稻叶本删定,题为《舜水遗书》。其中稻叶本、马浮本和上海群学社1926年出版许啸天整理的《朱舜水集》较有影响。

朱之瑜(1600—1682),字楚玙,又字鲁玙,晚号舜水。浙江余姚人,寄籍江苏松江(今属上海)。明诸生。崇祯末,屡奉徵辟,皆不就,故称"徵君"。南明弘光元年(1645)因特徵和授官不就,台省交章论劾,为免遭逮捕,不别家人,逃往舟山。此后,与舟山守将王翊等"密定恢复之策",多次赴日本借兵未成。旋因抗清活动失败,亡命日本、越南、暹罗等国,先后达十五年。清顺治十六年(1654)郑成功、张煌言会师入长江时,朱应招参加北伐,常往来两军间,克瓜洲、下镇江,皆亲历行阵。反清复明再次失败,决心定居日本,时为南明永历十三年、日本万治二年(1659)。先于长崎讲学,后应水户藩主源光国(德川光国)的聘请,从1665年7月起移居江户(今东京),尊为宾师,备受优渥礼待。居日本二十二年,与日本学者广为交往,探讨学术文化,并招收学生,讲授中国传统文化,为促进中日文化交流和人民友好作出了贡献。他生时虽复明无望,却一直穿着明服,尝说欲死后归葬故土。1682年4月卒于江户,学者私谥文恭先生,葬于常陆久慈郡大田乡瑞龙山。事迹见载于《舜水先生行实》、《朱之瑜别传》、《思复堂文集·明遗民所知录》、《余姚县志》卷二三、《碑传集补》卷三五、《清史稿·遗逸传》卷五〇五等。

《朱舜水集》乃作者的遗著,除十五首《泊舟稿》之外,均为海外时所作,绝大部分写成于日本。内容多为总结明朝灭亡的经验教训,介绍中国立学祭孔的礼仪,以及在日本时的书信、答问、读书批注及其他文章。其哲学思想并不系统,散见于一些论著之中。本文集是现代学者朱谦之于1962年据"稻叶本"重新编排,加以校勘、补充整理出来的,并为此撰写了"前言"。书中的编排次序与各旧本颇有异同出入,列目如下:

卷一:中原阳九述略;卷二:安南供役纪事;卷三:疏、揭;卷四至卷九:书简一至书简六;卷十、卷十一:策问、问答一至问答四;卷十二:诗、赋;卷十三:论、辨、说;卷十四:议;卷十五:序;卷十六:记、志;卷十七:杂著;卷十八:批评;卷十九:赞;卷二十:箴、规、铭;卷二一:祭文、祝文、告文、碑铭;卷二二:改定释奠仪注、学宫图说(存目);另编有附录一至五。全书主要的思想内容如下。

一、在政治思想方面,比较集中地通过揭露清室残酷的民族压迫和掠夺的罪恶事实,以及分析总结明朝灭亡的教训,说明封建官僚主义制度已趋腐朽,并相应地提出"利民""爱民"的社会改革的主张。"他日采逸事于外邦,庶备史官野乘",列举"虏害十条",撰写了《中原阳九述略》等文。指出"逆虏乘流寇之江而陷北京,遂散布流言,倡为均田均役之说",岂知"得国之后,均田不可冀,赋役不可平,贪黩污秽,惨杀荼毒,又倍蓰于缙绅之祸哉!"又指出:"他如既纳民丁,又输盐灶;一人两役,朝暮值官;见事风生,吹毛索垢;牧养生全,遇物报夺;大兵所过,四出骚扰;指称奸细,搜灶株连。处处皆然,人人饮恨。"(《中原阳九述略》)以上揭露,说明土地问题已成为社会最严重的问题,满清贵族采取欺骗行径和鱼肉人民的政策,必定引起人民的反抗,其统治是不能稳固的。至于明亡的原因,认为完全是由官僚士大夫统治集团"自取之也"。此种人腐败无能,投机钻营,图谋私利,搜括朘削,造成廉耻道丧,封建秩序破坏,因此可断言:"明朝之失,非鞑虏能取之也,诸进士驱之;进士之能举天下而倾之者,八股害之也。"(《答野节问》)即把这一祸害的根源归之于官僚科举制度。

朱舜水认为,明亡还在于"民心既背,坚甲利兵适足为盗资耳"(《答小宅生顺问》)。"其心既变,川决山崩。"(《中原阳九述略》)说明他重视人民力量于时代变革中的巨大作用,民心向背能决定一朝代的存亡。因此,他从儒家的"民本"思想出发,提出"利民"的社会改革主张。说:"治国有道,因民之利而利之。"(《答林春信问》)主张在位者"常怀一爱民之心",时刻知百姓疾苦,施行"节富补贫"的"不忍人之政"(《答加藤朋友问》)。可见,其政治思想主张虽未根本超出封建樊篱,然确具有较大的民主性和进步意义。

二、在哲学思想方面,以批判宋明理学为特点,否认有虚无缥缈的"太极"本体,而坚持"实理实学",肯定"圣贤要道只在彝伦日用"的命题。明亡以后,朱氏从哲学上对程朱和陆王进行批判总结,以求得思想上的教训。他指出,程朱理学是一种脱离实际、虚伪浮夸、"纯弄虚脾,捕风捉影"的学问(《答奥村庸礼书》)。"宋儒辨析毫厘,终不曾做得一事,况又于其屋下架屋哉?"(《与安东守约书》)对陆王心学,则指出"不论中国与贵国,皆不当以为法也"(同上)。他斥王阳明的"致良知"说为"伪学",批评道:"讲良知,创书院,天下翕然有道学之名;高视阔步,优孟衣冠,是其病也。……其徒王龙溪有《语录》,与今和尚一般。其书时杂佛书语,所以当时斥为异端。"(《答安东守约》)于此基础上,指出作程朱虚构事物之外有"太极"本体固然错误,而陆王"以心为太极"则更为荒谬(见《答加藤朋友问》)。他赞同陈亮的观点,以为"圣贤要道只在彝伦日用,彼厌平淡而空虚玄远者,下者心至颠蹶,上者亦终身沦丧已尔,究竟必无所益也"(《题颜子像》)。即有事物则有事物之道,并非在万物之上有一形而上的精神本体,亦无离开具体事物悬空一虚无缥缈的"道"。在认识论上,坚持"实理实学",提倡"学贵有用"、"学贵实行",他说:"兼致知力行方是学,方是习。若空空去学,学个甚底?习又习个甚底?慎思明辨即是此中事。"(《答野节问》)应该承认,这些基本观点都是非常正确的。

三、书中反映了朱舜水在日本传播中国优秀文化的事迹。他勤奋好学,诲人不倦,对日本怀有友好的感情,对日本未来发展和中日友谊寄予很大的期望。他研究古代文献,"考古合今",制定有关典章制度,于康熙七年(1668)著《诸侯五庙图说》。他把中国的科学技艺如工程设计、建筑技术、农艺、生物、地理知识、衣冠裁制等介绍到日本。他模仿中国的西湖和庐山风景,为日本设计了著名园林"后乐园"。另外,还著《学宫图说》,制作明室衣冠及宗庙彝器等等。这些贡献都是值得在中日文化交流史上大加肯定的,至今仍深刻地留在日本人民的心中。

(胡　啸)

无何集 熊伯龙

《无何集》,本名《论衡精选》,十四卷(另有卷首一卷)。熊伯龙编著。通行本有清乾隆五十九年(1794)衡衡子原刻本、1925年沔阳卢弼影印本、1979年中华书局点校本。

熊伯龙(1617—1669),字次侯,号塞斋,别号钟陵。湖北汉阳人,原籍江西进贤。清顺治六年(1649)中榜眼,授国史馆编修。后累官祭酒、侍读学士,升至内阁学士兼礼部侍郎。博学多艺,通西方天文算学,工诗、古文词,制义尤精。与刘子壮齐名,世称熊刘。所为古文,雄浑雅健;诗直抒胸臆。反佛道,斥神鬼,认为天地皆是无意志的自然物。著有《谷贻堂全集》(又称《熊学士诗文集》)。事迹见《清史列传》、《国朝耆献类徵》、《国朝先正事略》、《国朝诗人徵略》、《湖北通志》等。

《无何集》是长期湮没不闻的阐述无神论、批判宗教神学的著作。作者自述书名由来,谓:"庚子初夏,灯窗读《荀子》,有曰:'雩而雨,何也?曰:无何也,犹不雩而雨也。'……余博览古书,取释疑解惑之说,以《论衡》为最。特摘其尤者,参以他论,附以管见,名曰《无何集》。"(见卷首《自述一》)是书由熊伯龙编著,而后又有其子熊正笏、熊正策增校,"凡三易稿而后成"。时正值清代文化专制主义高压下,起初收藏于熊氏可亭公家。据熊伯龙的六世孙熊培仁《无何集纪后》曰:"康熙甲戌遭回禄,藏书尽焚,兹编幸未被灾。先祖因更校豕亥,钞录数部,藏于匣中,培仁又逐篇增补数条。衡衡子见而叹曰:'真千古异书也!急为开雕。'培仁不忘刻者之功,故详其始末云。"说明熊伯龙虽于生前写成此书,然只有极少抄本在同好中流传,直至其死后二十五年方正式刊行。

《无何集》书前有王清、刘子壮、张天植的《序》,书末附有熊培仁《无何集纪后》,衡衡子、卢弼的《跋》等。卷首及正文各卷的收录情况如下。

卷首,有《论衡原序》、《论衡原本目录》、《无何集凡例》、《自述》等十篇。

卷一,天地类。有《星之出入建破亦属偶然一篇》、《(附)五星聚说一段》、《天不故生人物三篇》、《五星贼害辨一篇》、《(附)说一段》等二十五篇。

卷二,古今类。有《古人今人无二四篇》、《(附)传世之人未能目过不忘一段》、《共工折天柱、女娲补天断鳌辨二篇》等九篇。

卷三,鬼神类。有《死后有神辨六篇》、《濮水新声辨一篇》、《神说二篇》等十六篇。

卷四,祸福类。有《天祐不以鸟象一篇》等三篇。

卷五,灾祥类。有《妖异辨四篇》、《祥瑞辨五篇》等十六篇。

卷六,感格类。有《人物不相感二篇》、《(附)节录啻妃论一篇》等十一篇。

卷七,宜忌类。有《阳宅禁忌辨四篇》、《被刑禁忌辨二篇》等十篇。

卷八,人事类。有《富贵不可求三篇》、《不遇不须感慨一篇》等九篇。

卷九,儒术类。有《虚妄之书不可信二十篇》、《(附)喻言非真一段》等八篇。

卷十,道教类。有《延年换骨辨七篇》、《(附)子建论一篇》、《骑龙升天辨四篇》等十六篇。

卷十一,杂家类。有《命论二篇》、《(附)吕才论一篇》等十五篇。

卷十二,百物类。有《龙非神物、不能升天一篇》、《(附)九子辨三段》等九篇。

卷十三,委宛续貂集附释氏类。有《释氏论》、《说二段》等十篇。

卷十四,勿广余言集。有《勿广余言集叙》、《浮屠不宜建》等二十三篇。

就全书内容而言,可以说它是比较有条理的破除迷信禁忌、宣扬无神论的资料集。第一卷至第十二卷,主要是选录王充《论衡》的"辟神怪祸福之说",加上自己的评论,也辑录其他古书中的有关资料。一般在篇目中,凡标"篇"字者是辑录他人之说,称"段"者多系自撰。第十三卷别题为《委宛续貂集》,以选录诸家"辟佛教"之说为主。从其中称顺治六年任令试总裁的沈文奎为"座师"来看,这一卷也是熊伯龙本人编辑的。第十四卷别题《勿广余言集》则是其子熊正笏所题。

书中重点阐明以下几方面观点。

一、上天不是具有至上权威的人格神,而是无意志的自然界。作者以无神论、唯物论的观点明确指出:"天不故意造作,自成天地大文章。"又驳斥天、上帝造人的谬见,谓"天不故生人物"。以为星辰列布,日月递昭,江河奔流,寒来暑往等皆为自然现象,即使人的智愚贤劣亦是"人之自禀如是,非天故生之也"。熊伯龙赞成王充"天道自然"的命题,反对天人感应论的"符瑞"和"谴告"之说。指出,天生奇物而预示吉祥只不过是神学家的编造,因为"鸟兽之知不与人通,何以能知国之有道与无道也?"诸如"凤凰,太平之瑞也","黄河清,圣人出"等皆为无稽之论。所谓"谴告"说,亦为荒谬:"夫天无为,故不言;灾变时至,气自为之。……天地安能为气变?然则气变之见,殆自然也。"实际上"谴告"说是人造出来而非"天谴告之言矣"。

二、人死不为鬼,人死而无知。在摘引王充《论衡·论死篇》中"物死不为鬼,人死何故独能为鬼?人之所以生者,精气也,能为转气者,血脉也"这一段文字之后,评析道:"精神升天,犹火灭随风而散;骸骨归土,犹薪炭之灰在地。"又指出:"昔齐范缜著《神灭论》,言'神之于形,犹利之于刀也。未容刀没而利尚存,岂容形止而神尚在',与仲任同意。""死果为鬼,则人人愿为鬼,不愿为人也。生而夭寿不齐,或骨肉离散亲朋分别。死则父子聚首,夫妻同偕,且前见古人,后遇来者,比人世之乐相悬万万,又何必畏死耶?人死,当贺而歌之,何必哀耶?"以极浅显平常的道理批驳谬说。

三、批判道教的"神仙不死"说和佛教的"因果报应"论。认为道教所谓苦修苦炼可以"化羽成仙"、"长生不死",实是虚假的说教。人的寿命有长短乃是自然现象,是各人所禀自然之气有厚薄精粗的区别。长寿决不是修道所造成,长寿"非学道所得"。曰:"人寿以百年为极,间有百数十岁者,非学道所致,乃偶然得之耳。余亲见云南大理府有老人,年百二十岁。"比如道教奉葛洪为仙人,以其曾有金丹不死之说"以示识者",但熊伯龙指出:"至云神仙不死之说,不过历叙古人之言,且充类至义之尽,非真谓服药寿同天地也。夫果服药可以成仙,则抱朴子宜至今不死矣。试问抱朴子今安在乎?"神仙和仙境皆是虚无,人们之所以有此追求,从认识论根源上分析,是由于"智识不及……有见于下,无见于上",或者在夸大事实,伪造事实的宣传下,以讹传讹。引蒋青萍所言:"人情好怪,喜大椿,蟠桃之说,又见龟鹤难死,于是有不死之说。"同样,据熊伯龙研究大量的历史资料,佛教因果报应之说,亦纯属子虚乌有,荒唐之言(参见卷十三《释氏类》的《释氏论七篇》、《因果功德辨二篇》、《轮回辨》、《阴间辨一篇》等)。

四、否定命定论,大破时日禁忌、避讳不祥之气、地舆禁忌等迷信。指出,人生并无神秘主义的"命",圣人所言"死生有命,命字,指禀气之夭寿言","知夭寿由于所禀,则圣贤言死生有一定之命者,盖指禀受之元气而言,非今星家之所谓命也"。此乃力图用唯物论来解释人的"命运",否定命定论宿命论,"凡言神能祸福人者,皆无稽之谈也"。熊伯龙发扬了王充无神论思想中批判忌讳迷信的传统,于本书中专辟《宜忌类》一卷,选录《论衡》中辟忌讳之说,分细目:阳宅禁忌,被刑禁忌、乳子生子禁忌、岁月禁忌、时日禁忌、葬日禁忌、堪舆、触犯凶神、迁徙忌讳等,专题列出,旁征博引,加以评论。甚至指出,时至今日,不但祭祀、安葬、婚丧嫁娶、入官等要择吉日,连洗头、穿靴、戴帽等日常琐事,无不有所忌讳。"一切寻常日用之事,皆有宜忌",愈演愈烈,都是迷信职业家所为。"吉凶之说,后世之言也。"

(胡 啸)

弘道书 费 密

《弘道书》,三卷。费密著。收入《费氏遗书三种》。通行本有 1920 年大关唐氏怡兰堂刻本、1928 年渭南严氏孝义家塾刻本。

费密(1623—1699),字此度,号燕峰。四川新繁人。张献忠入蜀,曾组织乡团抗拒。以后避乱入陕,不久东下,流寓江淮间四十余年,以著书终身。提倡实学,主张"道"要能"致用"。抨击宋儒"清谈","自宋以来,天下之大患,在于实事与议论两不相侔,故虚文盛而真用薄"(《弘道书·先王传道述》)。反对宋儒的禁欲主义,认为"饮食男女,人之大欲存焉。众人如是,贤哲亦未尝不如是也……欲不可纵,亦不可禁者也"(《弘道书·统典论》)。又对韩愈以来的"道统"说加以批评。以为汉唐诸儒在学术上的贡献超过宋儒。断言"道统"只能由帝王讲,不能由儒生讲。著作另有《荒书》、《燕峰诗抄》,今存。事迹参见清戴望《费舍人别传》(载于《谪麐堂集》)、胡适《费经虞与费密》(载于《胡适文存二集》)、梁启超《中国近三百年学术史》第十二等。

《弘道书》是反映费密学术思想的一部主要著作。全书三卷共十五篇。其中,卷上六篇,《统典论》、《弼辅录论》、《道脉谱论》、《古经旨论》、《原教》、《圣人取人定法论》;卷中八篇,《祀典议》五篇、《先王传道述》、《圣门传道述》、《吾道述》;卷下一篇,《圣门定旨两变序记》。书中另有附表十张、图三幅、分表一张。全书的主旨在于抨击宋明理学,要点大致如下:

一、辨"宋学"渊源。认为"宋学"源于魏晋"清谈",而自王安石始大盛。"迨于魏晋,王弼,何晏,习为清谈,儒学始变,朝野相尚,损实坏政,中原沦没。"(卷上《原教》)"唐啖助、王玄感、陆淳以来,诂经已出意见,尚未大变乱。经旨大变,创于王鲙,和以贾昌朝。而刘敞始异古注疏,然不著天下。王安石自昌朝发,独任己私,本刘敞《七经小传》,尽改古注为新义……诬辨幽诞,以为道德性命之微。"南渡以后,"道德性命之说益炽,吕祖谦、陆九渊、朱熹、张栻、陈亮,论各不同……一切道德性命臆说,悉本安石焉……今之非安石者皆是也。安石、程、朱,小殊而大合,特未尝就数家遗书细求耳"(卷上《道脉谱论》)。

二、攻理学家阳辟佛道,阴取其说。"诸儒辟二氏,谓其惑世诬民,若不可令一日容于斯世;而阴窃其说以自润,又何以服二氏?"(卷下《圣门定旨两变序记》)"羲、文、周、孔至宋,乃托二氏再生于天地之间。吾道受辱至此,百尔君子,欲不愤得乎?"(卷上《道脉谱论》)

三、"清谈"害"实"。"清谈害实,起于魏晋,而固陋变中,盛于宋南北。……齐逞臆见,专事口实,又不降心将人情物理平居处事点勘离合,说者自说,事者自事,终为两段。即有好议论,美听而已矣……何补于国?何益于家?何关于政事?何救于民生?……学术蛊坏,世道偏颇,而夷狄寇盗之祸亦相挺而起。"(卷下《圣门定旨两变序记》)"自宋以来,天下大患,在于实事与议论两不相侔,故虚文盛而真用薄。"(卷中《先王传道述》)

四、反对禁欲主义。"饮食男女,人之大欲存焉。众人如是,贤哲亦未尝不如是也……欲不可纵,亦不可禁者也。不可禁而强禁之,则人不从;遂不禁任其纵,则风俗日坏。圣人制为礼乐,因人所欲,而不以禁禁之也。"(卷上《统典论》)"生命人所共惜也,妻子人所深爱也,产业人所至要也,功名人所极慕也,饥寒困辱人所难忍也,忧患陷阱人所思避也,义理人所共尊也。然恶得专取义理,一切尽舍而不合量之欤?论事必本于人情,议人必兼之时势。功过不相掩,而得失必互存。不当以难行之事徒侈为美谈,不当以必用之规遂指为不肖。"(卷上《弼辅录论》)

《弘道书》是明清之际反思宋明理学的代表作之一。梁启超称费密是"对于宋元学术革命的急先锋,这部书惊心动魄之言,不在颜习斋《四存编》之下……燕峰之特色,则在研究历史上学术变迁之迹,能说明宋学所自出"(《中国近三百年学术史》)。

(徐洪兴)

四存编 颜 元

《四存编》,十一卷。分《存性编》、《存学编》、《存治编》、《存人编》四编。颜元著。《存治编》作于清顺治十五年(1658),《存性编》、《存学编》作于康熙八年(1669),《存人编》作于康熙二十一年。光绪初年收入《颜李遗书》,1923年收入《颜李丛书》,1987年收入中华书局出版的《颜元集》。另有1957年北京古籍出版社校点本。

颜元(1635—1704),字易直,又字浑然,号习斋。河北博野人。颜元一生不仕,为学先主陆王,后宗程朱,自名书斋为"思古斋"。到三十四岁时,认识到程朱"静坐读书"的方法不合孔孟宗旨,主张"思不如学,而学必以习",因此改"思古斋"为"习斋"(《年谱》卷上)。晚年,主讲肥乡漳南书院,设文事、武备、经史、艺能等科。后因书院被大水淹没,乃辞归。颜元和他的学生李塨一起创立了清初独树一帜的"颜李学派"。著作尚有《四书正误》、《朱子语类评》、《习斋记余》等,均收入《颜李丛书》。《清史稿》卷四八〇有传,《颜李丛书》有李塨所著《颜习斋先生年谱》。

《四存编》是颜元论学论治的主要著作,反映了他的政治思想和哲学观点。李塨说:"《存性》、《存学》皆悟圣学后著,独《存治》在前,乃壮年守宋儒时所作也。"(《存治编书后》)

《存治编》,一卷。原名《王道论》,颜元二十四岁时所作。有李塨所作之《序》及《书后》。此编主张恢复三代的井田、封建、学校等制度,反映颜元的复古倾向。针对当时"一人而数十百顷,或数十百人而不一顷"的土地集中现象,提出"天地间田宜天地间人共享之"的均田主张(《存治编·井田》)。

《存性编》,二卷。颜元三十五岁时所作,有李塨所作之《书后》。此编讨论人性善恶问题,颜元反对宋儒把人性分为"天命之性"和"气质之性",并认为前者善而后者恶的说法。他从"理气融为一片"的观点出发,认为理气都是善的,"若谓气恶,则理亦恶;若谓理善,则气亦善。盖气即理之气,理即气之理,乌得谓理纯一善而气质偏有恶哉"(《存性编》卷一《驳气质性恶》)。如眼睛是气质,"其中光明能见物者,性也",我们能说眼睛能见物是善而眼睛本身是恶吗?"若归咎于气质,是必无此目而后可全目之性矣。"(同上)眼睛如此,五官百骸均如此,都是善的,因为"非气质无以为性,非气质无以见性也"(同卷《性理评》)。既然气质之性为善,恶从何而来?颜元认为来自"引蔽习染"(同卷《明明德》),即外物的引诱和环境的感染。

《存学编》,四卷。颜元三十五岁时所作,有李塨所作之《序》。此编讨论治学方法,强调"实学"、"实习"、"实行",批评宋儒静坐诵读、空谈性命的陋习。还于二、三、四卷抄录程朱语录,逐条加以驳斥。颜元认为求学的目的全在经世,主张"实文,实行,实体,实用",总之是"为天地造实绩",达到"民以安,物以阜"的目的(《存学编》卷一《上太仓陆桴亭先生书》)。从经世致用出发,强调习行,"心中醒,口中说,纸上作,不从身上习过,皆无用也"(同编卷二《性理评》)。从功利习行的观点出发,对汉晋佛老及宋儒进行批评。认为汉晋学者或"泛滥于章句",或"竞尚乎清谈",前者非"圣贤之道",后者非"圣贤之学"(同编卷一《上太仓陆桴亭先生书》)。隋唐佛老,谈空说无,更是异端。而宋儒是"集汉晋释老之大成",决非"尧舜周孔之正派"(同上)。颜元甚至认为宋明两朝正是亡于这些只会空谈而并无实用的儒生之手。总之,颜元认为:"道不在诗书章句,学不在颖悟诵读,而期如孔门博学约礼,身实学之,身实习之,终身不懈者。"(同上)

《存人编》,四卷。原名《唤迷途》,颜元四十八岁时所作。此编是专为反对佛道二教,劝人早还人伦的通俗文字。"一唤寻常僧道,二唤参禅悟道僧道,三唤番僧,四唤惑于二氏之儒,五唤乡愚各色邪教。"(《年谱》卷上)颜元反对宋儒存天理、灭人欲的主张,肯定男女之情是人类的"真情至性","禽有雌雄,兽有牝牡,昆虫蝇蟆亦有阴阳。岂人为万物之灵而独无情乎?故男女者,人之大欲也,亦人之真情至性也"。(《存人编》卷一《唤迷途》)认为"看见妇人"而"动念",正是"天理不容灭绝处"(同上)。

颜元的《四存编》虽有复古倾向,但就其提倡经世致用,强调实习实行,批评宋儒及宗教迷信而言,是有积极意义的。所以梁启超在《中国近三百年学术史》一书中,称赞他"举朱陆汉宋诸派所凭借者一切摧陷廓清之,对二千年思想界极猛烈极诚挚的大革命运动,其所树的旗帜曰'复',而其精神纯为现代的"。

(钱宪民)

四书正误 颜 元

《四书正误》，六卷。第五卷有目无文，实为五卷。颜元著。清康熙三十一年(1692)七月由门人辑录成册。1923年收入《颜李丛书》，1987年收入中华书局出版的《颜元集》。

作者生平事迹见"四存编"条。

《四书正误》并非校勘训诂之作，而是作者平日读朱熹的《四书集注》所作的笔记。书中对朱熹进行批评，对自己的哲学思想加以发挥。

颜元认为求学的目的在于经世，孔门师弟就如此，"圣贤但一坐便商榷兵农礼乐，但一行便商榷富民教民。所谓行走坐卧，不忘苍生也"(本书卷四《论语下》)。但后儒违背了孔门遗教，董仲舒讲"正其谊不谋其利，明其道不计其功"，是错的；"宋人喜道之，以文其空疏无用之学"。正确的说法是："正其谊以谋其利，明其道而计其功。"(卷一《大学》)学什么呢？"学，学礼，学乐，学射御书数等也。博学之，则兵农、钱谷、工虞、天文、地理无不学也。"(卷二《中庸》)不只是学《诗》、《书》而已，"七十子于《诗》、《书》、六艺，皆习而通之。后之大儒，全废六艺，只尚《诗》、《书》。其于《诗》、《书》，又非如古之学且为者，只是读讲以悦口自欺，因以欺世盗名"(卷三《论语上》)。怎么学呢？颜元主张习，即"亲下手一番"(卷一《大学》)。他认为"知无体，以物为体"(同上)，认识是以事物为基础的。因此，"人心虽灵，非玩东玩西，灵无由施也"(同上)，玩即从物到知的桥梁。他举学礼乐为例："譬如欲知礼，任读几百遍礼书，讲问几十次，思辨几十层，总不算知；直须跪拜周旋，捧玉爵，执币帛，亲下手一番，方知礼是如此，知礼者斯至矣。"(同上)学乐亦然，不能光靠读书讲问思辨，"直须搏拊击吹，口歌身舞"(同上)，才能学到。为此，他重新解释了《大学》的格物致知。认为"物即三物之物，格即手格猛兽之格，手格杀之之格"(同上)。因此，只有"手格其物而后知至"(同上)。

从功利习行的观点出发，颜元批评朱熹强调从书本求知识的主张，认为"读书人便愚，多读更愚。但书生必自知，其愚却益深"(卷二《中庸》)。这些书生反不如木工，"生来未必乃尔巧，以其尝学此艺,便似渠心目聪明矣"(同上)。认为"儒道沦亡之根,在禅宗也。故辨学先辨禅宗"(同上)。

总之,颜元认为学应"从真践履、真涵养做工夫"(卷三《论语上》),在艰难困苦中经受磨炼,"观自古圣贤豪杰,都从贫贱困苦中经历过,琢磨成。况吾侪庸人,若不受煅炼,焉能成德成才?遇些艰辛,遭些横逆,不知是上天爱悯我,不知是世人玉成我,反生暴躁,真愚人矣"(卷六《孟子下》)。

颜元在《四书正误》中对朱熹《四书集注》的批评,以及对他本人功利习行观点的阐述,都是比较深刻的,虽然有时不无偏激之处。梁启超称他的学说为"实践实用主义",颜元的思想对清代实学的兴起产生了一定的影响。

(钱宪民)

大学辨业 李 塨

《大学辨业》，四卷。李塨著。作于清康熙三十七年(1698)。光绪初年由王灏收入《颜李遗书》，1923年收入《颜李丛书》。另有上海古籍出版社1996年版《续修四库全书》本、河北人民出版社2011年版《李塨文集》本。

李塨(1659—1733)，字刚主，号恕谷。直隶蠡县(今属河北)人。自幼从其父李明性学习。二十岁以后，跟颜元学习，同时学琴、学射御、学兵法、学书、学数、学乐于当世诸名家。四十岁以后，曾经南至江浙，与毛奇龄、阎若璩交游，北至京师，与万斯同等讲论学问，并开始治考据学。平生行医、讲学、著述，六十岁时任通州学正，到任不久，因病告归，隐居家乡。李塨是颜元学说的继承者和宣传者，后世以"颜李"合称。在哲学上反对程朱"理在气先"的观点，主张"理在事中"，"夫事有条理曰理，即在事中。今曰理在事上，是理别为一物矣"(《论语传注问下》)。因而强调实事实学，认为"纸上之阅历多，则世事之阅历少；笔墨之精神多，则经济之精神少"(《恕谷先生年谱》)。但也重视知对行的作用，认为"不知不能行，不行不可谓真知"，进而主张"知在行先"(《大学辨业》卷三)。政治上主张均田，认为"非均田则贫富不均，不能人人有恒产。均田，第一仁政也"(《拟太平策》)。著作尚有《论语传注问》、《论学》、《恕谷后集》等。传记资料有其门生冯辰撰《恕谷先生年谱》，《清史稿》卷四八〇有传。

《大学辨业》为李塨阐述《大学》旨义、批评宋明理学之作。因不满朱熹等人对《大学》的增补删改，在第二卷中订正《大学》原文一篇。

李塨重新解释《大学》的"致知在格物"。所谓"格"，"盖到其域而通之，搏之举之以至于极，皆格义也"(本书卷二)。所谓"物"，即"物有本末之物也，即明德、亲民也，即意、心、身、家、国、天下也"(同上)。所谓"格物"，"谓大学中之物如学礼学乐类，必举其事，造其极也"(同上)。所谓"致"，就是"推致"。因而得出如下结论："致知在格物者，从来圣贤之道，行先以知，而知在于学。"(同上)学什么呢？学六德、六行、六艺，"故先王立学，教以六德、六行、六艺，皆此谓也"(同上)。

学行关系如何呢？李塨认为："学与行虽一事,而实两事也。盖学于平日为学,行于临时为行。"(卷三)具体地说,"格物致知,学也,知也。诚意、正心、修身、齐家、治国、平天下,行也"(同上)。他认为知行是不能分的,"不知不能行,不行不可谓真知"(同上),但从先后来说,却是"知在行先","如问燕京路是问,行燕京路是行","必先问清路,然后可行"(同上)。

从上述的基本观点出发,李塨对程朱、陆王都进行了批评,对颜元的主张也提出了修正。朱熹训格物为穷理,李塨认为是错的。"朱子《补格物传》曰：'即凡天下之物,莫不因其已知之理而益穷之,以求至乎其极。'夫穷理亦学中事,未为不可；但不言学习,而专言穷理,则或流于惝恍,或骛于口耳矣。且物乃修齐治平之事也,若云即凡天下之物莫不穷究,未免杂矣,故阳明有支离之讥也。且即修齐治平之物,苟非圣人,亦只就其所学格之,未能全格也。"(同上)王阳明训格物为正心,李塨认为也是错的。"阳明曰：'格,正也,正其不正以归于正也。'若是,则可节去正心修身矣。"(同上)关于阳明"四句教"——"无善无恶心之体,有善有恶意之动,知善知恶是良知,为善去恶是格物",李塨认为："以无善无恶为心体是告子无善无不善之说也。明与《易传》言继善,《孟子》言性善相反矣。以为善去恶为格物,则致知后之诚意为蛇足矣。且意之有善有恶亦不可并言,动而善者意之自然也,动而恶者后起之引蔽习染也。"(同上)总之,程朱、陆王的根本错误在于颠倒了下学上达的关系,从而流入了"佛氏之空幻","朱子《孟子注》以知性知天为格物致知,存心养性为诚意正心修身,盖欲先上达而下学也。至陆王则又以为上达即是下学。两派不同在此。不知不先下学,所谓上达非上达也,非大本也,皆佛氏之空幻耳"(同上)。颜元训格为搏,"格即手格猛兽之格,手格杀之之格"(《四书正误》卷一)。李塨认为不准确,因为这是"力行之功,非格物也；以力行为格物,是行先于知矣,倒矣"(《大学辨业》卷三)。总之,李塨认为："后儒圣学失传,凡言学字皆不的。不以读书为学,则返之以力行为学矣,皆与圣经不合。"(同上)他自己的看法是："学与行二事也。盖非学无以诚、正、修、齐、治、平,而不可谓学即完诚、正、修、齐、治、平之事。故博文之后又须约礼,学问思辨之后又须笃行也。"(同上)

颜元、李塨共同创立了清初独树一帜的颜李学派,李塨的《大学辨业》一书是颜李学派的基本理论著作之一。颜元是个深居简出的人,交游绝少,著作也不多,但他的大弟子李塨却是"一位才气极高,声气极广,志愿极宏的门生"(梁启超《中国近三百年学术史》),把他的学说发扬光大了。

（钱宪民）

恕谷后集 李 塨

《恕谷后集》，十三卷。李塨著。成于清雍正四年（1726）。光绪初年编入《颜李遗书》，1923 年收入《颜李丛书》。另有商务印书馆 1936 年版《丛书集成初编》本。河北人民出版社 2011 年出版《李塨文集》，收入李塨《大学辨业》、《瘳忘编》、《恕谷后集》、《恕谷诗集》等十种著作。

作者生平事迹见"大学辨业"条。

《恕谷后集》为李塨文集，旨在揭露理学的谬误和危害。卷首有门人阎镐于雍正四年所作《恕谷后集序》。《序》曰："恕谷者，先生自名其里也；后集者，自康熙癸未以前仿欧苏诸大家，先生俱置之而惟存其后焉。"全书收有《序》、《记》、《书》、《传》、《墓志铭》等。

李塨认为道即人伦庶物，"道者，人伦庶物而已矣"，"其伦为人所共由，其物为人所共习，犹达衢然。故曰：道，伦物实事也"（本书卷十二《原道》）。并以此批评老子的道生天地说，"道，虚名也。异端乃曰道生天地。曰有物混成，先天地生。是道为天地前一物矣，天地未尚有，是物安在哉？且独成而非共由者也，何以谓之道哉？谁生之哉？道家黑言诳语，大率类此"（同上）。

以此为出发点，称赞孔子"不言性天，下学达之"的精神，"猗与孔子，万祀之师。庸德之行，庸德之知。不言性天，下学达之。在帝左右，於戏至矣"（卷九《孔子赞》）。认为孔孟之道的本质在于"为天地建实功，为民物树实业"，"且夫古之所为道，礼乐文物，体诸身而措诸世，为天地建实功，为民物树实业。岂徒讲之口，笔之书，玩弄心性，含咀章句，轻礼乐名物，使二氏之空幻、俗学之浮靡，窜入其中。人材日萎，气运日消"（卷一《送黄宗夏南归为其尊翁六十寿序》）。因而强调学和行的结合，"博学于文"之后还要"约之以礼"，"博文即格物也，约礼即将所学之文物而实体之于诚、正、修、齐、治平也"（卷四《与方灵皋书》）。

李塨认为宋代以来之"道学""离事言理"，是违背孔孟之道的，"自宋有道学一派，列教曰存诚明理，而其流每不诚不明。何故者？高坐而谈性天，捉风捕影，纂章语录，而于兵农、礼乐、官职、地理、人事沿革诸实事，概弃为粗迹。惟穷理是文，离事言理，又无质据，且认理自强，遂好武断"

(卷二《恽氏族谱序》)。批评宋儒"心性无实功,身世无实学",实为"迂阔无用","诵读则学者余事,著书乃不能行道,不得已而明道之事。而周孔正学,则《论语》所载问仁、问孝、问政,由求等所习之礼乐兵农也"。今"蒇略不务而但兀兀穷年,故纸充栋,复增以故纸,举世目道学为迂阔无用,而已亦以迂阔自居"(卷五《与张子励韩同甫魏肤功书》)。指出宋代道学源于佛道异端,"汉后二氏学兴,宋儒又少闻其说,于是所谓存心养性者杂以静坐内视,浸淫释老,将孔门不轻与人言一贯、性天之教一概乖反,处处谈性,人人论天,而外以孝弟忠礼为行,注经论道为学,独于孔门之礼乐兵农、执射执御、鼓瑟会计,忽焉不察,以为末务"(卷四《与方灵皋书》)。

李塨高度评价颜元继往开来的历史功绩,"今圣道之悠谬二千年矣,颜先生忽出而独寻坠绪以开吾徒,岂一人一心之力所能致此,殆亦天地神圣之所启也"(同上)。表示要继承颜之遗志,"使圣道相衍递嬗,以至无穷"(卷四《复程启生书》)。

阎镐说:"若夫渊源圣经,旁罗百氏,雄洁奥化,不名一家,其《恕谷后集》乎!"(《恕谷后集序》)李塨对理学的批评,对实学的倡导,对清初学术风气由心性之学向经世之学的转化,确实起了较大的作用。

(钱宪民)

原善 戴 震

《原善》，三卷。戴震著。约成书于清乾隆三十一年(1766)。通行本有清微波榭刻本、《国粹丛书》本等。收入上海古籍出版社《戴震集》、中华书局《戴震文集》、黄山书社《戴震全书》与清华大学出版社《戴震全集》。

戴震(1723—1777)，字慎修，又字东原。安徽休宁人。出身于小商人家庭，年轻时随父行商，转运千里，颇知民生隐曲。后师事江永。曾与当时名学者纪昀、王鸣盛、钱大昕、朱筠等交游，因此声名大盛于海内。四十岁始获乡荐，但以厌恶宋学，屡试不第，以教书为生。晚年曾主讲浙东金华学院。清乾隆三十八年(1773)，由纪昀推荐，特召为四库全书馆纂修官。四十年(1775)，被乾隆赐同进士出身，授翰林院庶吉士。五十五岁积劳致疾而死。戴震博闻强记，通经史、文字声韵、训诂考据、天文历数，是清代著名学者，唯物主义启蒙思想家。长于由训诂考据而阐发义理，开乾嘉朴学中皖学派。用"理存于欲"的命题反对程朱"存天理，灭人欲"的说教，影响颇巨。著作尚有《孟子字义疏证》、《原象》、《声韵考》、《声类表》、《方言疏证》等。事迹详见钱大昕《戴先生传》、洪榜《初堂遗集·戴先生行状》、江藩《国朝汉学师承记·戴震传》、段玉裁《戴东原先生年谱》、《清史稿·儒林传》等。

戴震早年曾著《原善》三章，文极简奥，因"惧学者蔽以异趣"(《原善》卷上)，方在汉学大师惠栋影响下(据钱穆说)，将其于早年所撰《读易系辞论性》和《读孟子论性》合并，并修改、扩充而成《原善》上、中、下三卷本。

《原善》是戴震训诂明理的最早代表作，其为学路数自此而变。本书主要内容(据微波榭刻本)如下。

卷上，阐述善的含义及与"天道"、"人性"、"人道"的关系。

一、认为善是符合事物变化法则的、人类共同的最高行为准则，其内容是仁、义、礼。"善：曰仁，曰礼，曰义，斯三者，天下之大衡也"；"善，以言乎天下之大共也。"行为合善叫"中正"，行为违背善叫"邪僻"。又用唯物主义自然观解释儒家伦理道德学说和规范,"生之者仁,条理者礼,断决者义",仁就是事物的发展和变化,礼是发展变化的井然有序的条理,义是条理截然不得紊乱。

二、人性来自天道,人道来自人性。戴震置伦理学于宇宙观的基础之上,说"天道,五行阴阳而已矣,分而有之以成性","人道所由立也,咸出于性"。"天道"即客观世界的变化流行,本于此,产生以"欲"和"觉"为内容的"人性",而"天道"表现在人类日常生活中便是"人道",三者是统一的。人有生则"有养"、有欲,感于物则动情。有欲有情,就要用巧与智来达到自己的目的。但我有欲、情,人亦有欲、情,若能各自得到满足而两不相害,则"天下之事举矣"。

卷中,分析肯定人性,提出认识两阶段说。

一、人性与物性根本相异。人性是善的,"人之大远乎物","人物之生,类之殊也,类也者,性之别也"。人和物都有自然欲望,区别在于人有知觉和思维能力,能认识自然法则,按自然法则办事,调节自己的自然欲望,以与自然法则相顺从,而"物不足以知天地之中正,是故无节于内,各遂其自然,斯已矣"。

二、肯定人性的合理性。"人有天德之知,有耳目百体之欲,皆生而见乎才者也,天也,是故谓之性",人具有先验知识,具有自然欲望,两者皆合于天道。以此奠定了后来排斥宋学的理论基础。

三、人的认识由感性进于理性。"耳目口鼻之官接于物,而心通其则",耳目口鼻等感官接触事物,获得声、色、味、臭之感性认识,然后"知由是进乎神明",从感性上升到理性,由心"通天下之理义"。认识了理义,即客观事物的条理和规律,就把握了善,从而择善而行。

卷下,鲜明地提出社会政治观点。

一、剖析"私"和"蔽"及其危害。"人之不尽其才,患二:曰私,曰蔽。"私,只知道遂己之欲;蔽,昧于条理,二者皆"隔于善",即违背了善的准则,一切社会弊病均根源于此。因此,要在去私解蔽。提出"去私莫如强恕,解蔽莫如学",只要平等地对人处事(行恕),努力学习,就可以达到善。

二、告诫统治者行"仁政"。统治者严刑峻法,横征暴敛,必定造成"民以益困而国随以亡"的结局,下层百姓犯上作"乱",实起因于此,所以说"乱之本,鲜不成于上"。戴震认为富民才能强国,故希望在上者重视养生之道,"遂己之欲,亦思遂人之欲",不可"快己之欲,忘人之欲",否则仁政不现,国家永无升平之期。

《原善》合才性、通理欲、泯天人、重积学、反虚无,其主题思想是肯定了本于"天道"的"人性"的合理性,认为"欲不失之私,则仁;觉不失之蔽,则智"(卷上)。统治者"专欲而不仁,无礼无义"(卷下),老百姓忍受不了,被迫起而抗争,不是他们本性如此,实是统治者"贪暴以贼其民所致"

(卷下)。很显然,《原善》在一定程度上,反映了平民阶层求生存、谋平等的欲望,称得上是一次思想启蒙。但它离开人的社会历史性,只从生物学意义上考察人性,只能陷入抽象人性论的唯心史观;政治上只思改良,未敢触及封建剥削制度,表现出它的时代局限性。

《原善》是戴震真正摆脱宋学的开始,构成清代思想启蒙运动的重要一环。其观点和思想,后来在他所著《孟子字义疏证》一书中得到充分、全面的发挥。

有关《原善》的点校本,有胡适点校本(见胡著《戴东原的哲学》)和中华书局1982年版何文光校点《孟子字义疏证》(内收《原善》三卷)本等。

(董德福)

孟子字义疏证 戴 震

《孟子字义疏证》，三卷。戴震著。成书于清乾隆四十二年(1777)，其前身为《绪言》和《孟子私淑录》。通行本有：清微波榭刻本、《端溪丛书》本、《国粹丛书》本等。收入上海古籍出版社《戴震集》、中华书局《戴震文集》、黄山书社《戴震全书》、清华大学出版社《戴震全集》。

作者生平事迹见"原善"条。

本书是戴震最重要的哲学著作，以疏证《孟子》的形式，集中抨击了程朱理学和当时的封建统治者，同时阐发自己的哲学观点和政治思想，以期达到"正人心"的目的（段玉裁《戴东原先生年谱》）。全书由序及上、中、下三卷组成。《序》扼要说明了本书的写作目的及所含条目；卷上包括"理"十五条，是全书的论述中心，着力于对"理"作出唯物主义的新解释；卷中包括"天道"四条和"性"九条，着重阐述唯物主义自然观和自然人性论观点；卷下包括"才"三条、"道"四条、"仁义礼智"二条、"诚"二条和"权"五条，从批判老、释、程朱入手，提出"理存于欲"的伦理观等。

分而言之，《孟子字义疏证》的思想主要包括如下内容。

一、"气化即道"的唯物主义自然观。《疏证》指出，程朱理主气、理生气的唯心论说教，实质上承袭了老、庄、释"以神为有天地之本"的宇宙观，两者均颠倒了气和神（理）的关系。宇宙本源不是神或理，而是阴阳五行等物质性的元气，其变化发展过程称为"道"。"道，犹行也；气化流行，生生不息，是故谓之道。"（《天道》）

在道器关系问题上，改造了形上之道、形下之器的传统道器观。说道与器只是气化流行的两种状态，"形而上"是"形以前"的意思，即阴阳之气混沌未分的状态；"形而下"是"形以后"的意思，即阴阳之气成人成物之后的状态。两者本质上都是物质性的气。认为气化流行而成"器"的过程是讲变化的，但又说"气化生人生物以后……类之区别，千古如是也"（《人性》）。这样，"气化流行"的辩证法因素，就窒息在"器言乎一成而不变"（《天道》）的形而上学泥坑之中。

在理气关系问题上，批判了程朱"理气之辨"说，提出理是事物的分理、条理，即物质运动变化的规律的观点。"理者,察之而几微必区以别之名也,是故谓之分理;在物之质,曰肌理,曰腠理,曰文理;得其分则有条而不紊,谓之条理。"(《理》)又说:"非事物之外别有理义也,'有物必有则。'"(《理》)这就是说理存在于事物之中,具体事物之外,没有一高悬的先验之"理"。

二、"理存于欲"的伦理观。这是本书的中心议题。针对理学家"存天理、灭人欲"的邪说,肯定了以情、欲为基础的自然人性论,说"人生而后有欲、有情、有知三者,血气心知之自然也"(《才》)。人有血气,有生,就有欲、情、知,而所谓理义,正是调节欲、情,使之合于仁、义、礼、智的东西,决不是超乎人伦日用之外,别有自天而降、自外而入的东西。就事物而言,"天理云者,言乎自然之分理也";就欲而言,"理者,存乎欲者也","欲,其物;理,其则","天理者,节其欲而不穷人欲也";就情而言,"无过情无不及情之谓理"(《理》)。很显然,《疏证》的理欲观与宋儒是截然对立的。

三、"'神明'照物"的认识论。《疏证》依据唯物主义自然观,批评程朱的理"得于天而具于心"的唯心论调,阐发了唯物主义反映论。肯定认识归根到底是物质世界的产物,而不是先天固有的。认识的对象、基础是客观事物,因此,主张在事物当中求其分理。强调认识由物质世界的刺激而产生,经历感知和思维两个阶段,"味也,声也,色也,在物而接于我之血气;理义在事而接于我之心知"(《理》)。而且事物之理须"剖析至微"而后得,这就需要发挥"心"的综合作用,进入"神明","心者,合一不测之神也"(《理》)。指出人虽有上智下愚之别,但通过后天的学习,均可增知益智,进于"神明"的阶段。神明知理如同盛光照物。认为人的认识时常有谬,是由于心知有"蔽",未能达于神明,因此,必须通过后天的学习努力,去心知之"蔽",方可进入神明,认识事物的规律。

四、"体情遂欲"的政治理想。鉴于对老、释、程朱"彼辞邪说之深入人心,必害于事,害于政"(《人权》)的认识,提出"体民之情,遂民之欲"的政治观。揭露"存天理、灭人欲"的反动性和"以理杀人"的残酷性,痛号"人死于法,犹有怜之者;死于理,其谁怜之!"(《理》)

本书认为"圣人治天下,体民之情,遂民之欲,而王道备"(《理》),由此规劝统治者重视广大人民的饥寒号呼,男女哀怨,垂死冀生的"生养之道"。在私、欲关系问题上,把无私和无欲尖锐对立起来,锋芒直指老、释、程朱,说"圣贤之道,无私而非无欲"。"无欲则无为矣……又焉有理?"(《人权》)最后,《疏证》发挥了历史上"民为贵"、"省刑罚、薄税敛"的民本思想,认为民富才能国安、国强。

《孟子字义疏证》作为训诂而明义理的"至道之书",问世后颇遭时人非难,百余年间未生大的反响。但它的"理存于欲"的伦理学说和"体情遂欲"的政治思想,"复活了十七世纪清初大儒的人文主义的统绪,启导了十九世纪的一线曙光"(侯外庐语,见《中国思想通史》第五卷)。事实上,清末民初的资产阶级革命家、思想家,分别从《疏证》的反理学斗争中寻找过启示。

有关《孟子字义疏证》的校注本有安正辉编《戴震哲学著作选注》等。

(董德福)

经义考 朱彝尊

《经义考》,三百卷。朱彝尊著。通行刊本有清《四库全书》本、乾隆三十八年(1773)《摛藻堂四库全书荟要》本、1936年上海中华书局排印的缩印《四部备要》本等。

朱彝尊(1629—1709),字锡鬯,号竹垞,又号金风亭长、小长芦钓师。浙江秀水(今浙江嘉兴)人人。清康熙十八年(1679),以布衣举博学鸿词,授翰林院检讨,入值南书房,赐第黄花门,后因事罢官,专意著述。文章淹雅,与著名诗人王士祯齐名,有"北王南朱"之目。博识多闻,学有根底,与顾炎武、阎若璩相颉颃,有所谓的"文人的学者"之誉。他尊"汉"抑"宋",提倡经学研究不骛于空论,敢于打破宋儒经说的一统格局。主张对经书本义作理性的研究,其经学思想具有人文主义的启蒙色彩。另著有《日下旧闻考》、《曝书亭集》等,还辑有《明诗综》。

明清之际,作为体现儒学主要价值观念的"内圣"与"外王"之间的均衡,已被"天崩地解"的历史剧变所打破,内圣的价值追求已超越了传统的外王需求,对政绩功业的强烈愿望几乎为"正心诚意"的个人操守所涵盖,理气心性之学也因此迂阔艰涩而为人鄙视。于是,从理学回归原始儒学,在儒经元典中寻求新的经世良方,成为清初学者的普遍愿望。朱彝尊的《经义考》正是为适应其时代的需要而编撰的。

《经义考》原名《经义存亡考》,仅列存、亡两例。后分存、阙、佚、未见四例,改为今名。其目次为:《御注敕撰》一卷,《易》七十卷,《书》三十六卷,《诗》二十二卷,《周礼》十卷,《仪礼》八卷,《礼记》二十五卷,《通礼》四卷,《乐》一卷,《春秋》四十三卷,《论语》十一卷,《孝经》九卷,《孟子》六卷,《尔雅》二卷,《群经》十三卷,《四书》八卷,《逸经》三卷,《毖纬》五卷,《拟经》十三卷,《承师》五卷,《宣讲》、《立学》合一卷,《刊石》五卷,《书壁》一卷,《镂版》一卷,《著录》一卷,《通说》四卷,《家学》一卷,《自述》一卷。其中《宣讲》、《立学》、《自述》有目无书。

朱彝尊编撰《经义考》的目的,一方面重申经学与经世致用的关系;另一方面要求重振汉儒经说,并以此来纠正宋明以来经学研究中的种种偏向。他说:"汉之经师,用力勤而训诂艰,有功于经大矣。而又兢兢恪守师说,遇文有错互,一字一句不敢移。其尊经也,至莫有侮圣人之言者。平心以揆之,汉人亦何罪之有!乃宋人之论《诗》因序而亡,经因穷而绝。以至训诂之害,等于秦火之燔,毋乃过欤。呜呼!帖括盛而经义微,语录多而经义少,于是孔子之庑配食,祧汉而跻宋,说经者退而高谈性命者始得进矣!"(《经义考》卷二九七)有鉴于此,朱彝尊对汉以来诠释经典的各类经书的阙脱亡佚、伪造仿冒、依托附会、删改填补等都作了认真的清理,备采历代解释儒家经典的书籍,注明存佚、卷数、撰者姓名,并附原书序跋、诸儒论说,或作考证。使两千年传经脉络,一一可以稽考。《经义考》虽为历代有关经籍研究的汇编,但也集中体现了朱彝尊的经学思想。

一、怀疑和批判朱学的道统论。朱彝尊指出:"宋元以来,言道学者必宗朱子。朱子之学源于二程子,先二程子言学者为周子。于是论者尊之,谓直接孟子,是为道统之正。毋论汉唐诸儒不得在其列也,即七十子亲受学于孔子者亦不与焉。故凡著书言道统者,辄断自周子始,饮流或忘其源,知末而不揣其本,吾尝未慊于中也。"(《曝书亭集》卷三五)所谓"道统",本是指中国儒家关于传道系统的学说。《论语·尧曰》历叙尧舜传授之言,为此说之所本。孟子也曾经有五百年必有王者兴之说,并自命继承孔子正统。唐代韩愈为了抬高儒家在历史上的正统地位,与佛教"法统"传法世系相抗衡,仍仿照佛教诸宗的法统,在《原道》中首先提出"尧以是传之舜,舜以是传之禹,禹以是传之汤,汤以是传之文武周公,文武周公传之孔子,孔子传之孟轲"的儒学传授系统。宋代朱熹进一步将韩愈儒道传授思想概括为"道统",而且把韩愈本人排除在外。元人编撰的《宋史·道学传》则充分肯定了朱熹继承儒家"道统"的地位。自朱熹道统说出,历经元、明两朝,为数百年笃信程朱学说的理学家尊信不疑,成为思想学术领域里的一个无形桎梏。明末清初随着理学自身矛盾的日益突出,学者们对朱熹拟立儒家学说的统绪,深为不满,清初浙江学者黄宗羲、毛奇龄等对理学为道统正宗说提出怀疑。因此朱彝尊批评朱熹的道统,实际为传统儒学正名而否定程朱学统。

二、朱彝尊批评程朱的道统论,并不意味着他与理学划清界限。恰恰相反,他是王阳明"良知"学说的鼓吹者。他指出:"文成先生揭良知之学,投荒裔,御大敌,平大难,文章卓然成一家之言,传所称三不朽者,盖兼有之。世儒讲学寓之空言,先生则见诸行事者也。议者或肆诋其近于禅学,夫弃人伦事之常而谓之学者禅也。使禅之学能发于事业,又何病乎禅也邪!"(《曝书亭集》卷三六)王阳明的"良知"之学究竟是儒学还是禅学,这在清初早有论说。朱彝尊之所以确认王学为儒学,实是基于他对儒、佛学说的理解。他并不理会清初意识形态批判王学思潮的影响,他的思想感情更接近王学,他所赞赏的仍然是王阳明学术和事功具有典范意义的实际价值。

三、以汉儒经说为帜志。朱彝尊批评程朱的道统论,表彰王学,旨在恢复原始儒学的经世精神。然而儒家的经世精神主要是通过对古圣贤经典的重新研习和理解,特别是对宋儒的廓清与批判，这就促使朱彝尊敢于打破"宋一先生之言"，唯宋儒经说为是的格局，从而形成了他以汉儒经说为帜志的经学思想。他指出："六经大义，至宋儒昌明之，而始无遗憾。学者守为章程，宜也。不知绝继之际，汉儒为难。当日秦书既焚，往圣遗言，澌灭殆尽，幸而去古未远，间得之屋壁所藏，女子所献，老生所口述，然而仅矣。迄学者代兴，遐搜博考，或一人集众是，或数人成一经，要其授受各有师承，非若后人以意见为予夺也。"（《曝书亭集》卷三四）经学为儒学的重要一翼，在中国历史上，先后经历了先秦诸家的争鸣，两汉的经书注疏，至隋唐而达到发展的高峰。宋元以后，经学便被以理气心性为探究对象的"宋学"（宋明理学）所取代。在中国学术史上，宋学归属于哲理化了的经学流派。他们以自家义理诠释儒家经典，使经学理学化，使儒经成为理学的理论依据。明末清初，王学已被放逐，朱学虽高居庙堂，但儒者要求回归元典复兴汉唐经学的呼声日益高涨。为了探本寻源，朱彝尊确认汉儒虽未事七十子，去古未远，经学研究应以汉学为帜志。这一理论动向，实际上成为乾嘉朴学鼎盛时期学界以汉为学的渊源所在。所以《四库全书》将其与顾炎武、阎若璩并列为清代经学开山之一。

四、朱彝尊《经义考》虽然提倡经学研究尊奉汉儒，但并不囿于儒学传统，他敢于非圣，并以理性的、历史态度去理解六经和对待孔子，体现出他经学思想中所具有的人文主义色彩。如他大胆怀疑六经为孔子所删这一千百年来似成铁案的事实就是一例。又如《春秋》正名分，这也是历代儒者崇奉为千古不易的经学观念。孟子曾说："《春秋》正是非，故长于治人"，"《春秋》以道名分"。然而朱彝尊却认为："《春秋》之义，莫大乎正名。何以正之？正之以天子命而已。……其义何也？之从说者，皆由尊圣人之过，谓圣人可以意予夺之。进以示褒，黜以示贬。测之愈深，而离之益远矣。……子言之矣，惟器与名，不可以假人，君之所司也。夫君之所司，而在下之权得以进退予夺之，则孔子先自处于无王。何以使乱臣强国知惧，而示信于后世乎？顾群儒之说，犹纷纷附会之不一，此乃孔子所云罪我者也。"（《曝书亭集》卷五九）经学虽历经多次盛衰转折，又随着王朝的更替而出现不同的学术形态，但对孔子的神化与尊崇六经却从未停止，更未见有人怀疑。然而历史上的孔子仅是鲁国的一个中层官员，是否具备厘定当时作为政治典籍的《尚书》、《春秋》的资格，本来就使人生疑。即以"删诗"而言，史书也无明确记载。朱彝尊在清初儒经复兴之际，敢冒"非圣叛道"的风险，批评当时学者"尊孔太过"，表现出不同寻常的勇气。也正因此，方东树批评他"得罪名教，固见摈于洙泗。而举世眩其文学博雅，无士敢插齿牙。如有訾竹垞者，则众必以为悖诞伧父。而凡有能诋程朱者，则众共引为大雅豪杰、有识之士。真学问种子矣，岂非俱邪！"（《汉学商兑》卷下）这证明朱彝尊以理性的态度重新审视孔子与六经，展示了他经学思想中所闪烁的人文主义色彩。

《经义考》作为中国第一部正本溯源的儒家经典性汇编，不仅是乾嘉期间阮元编纂《十三经注疏》的先导性作品,而且备受乾嘉学者的青睐,并视为研究经学的定式。如惠栋的《九经古义》、臧琳的《经义杂记》,即以此作为蓝本。卢见曾说:"篇中'义理胜而家法亡'一语,道破前人之陋,为之称快。末幅言通经之法,真悬诸日月而不刊之论,士人苟奉此说为圭臬,则经学明而人才盛,人人尽通达国体,岂止变学究为秀才耶!"(《雅雨堂文集》卷一)也正因此,《经义考》一书也引起了因在意识形态失去感召力的理学家的忿詈,方东树称其为"害万世人心学术",并进一步指责其"本荒诞,固不足辨矣。若今汉学者说经穿凿僻妄,义理浅狭,如惠氏古义,臧氏杂记,最无可取"(《汉学商兑》卷下)。正是在理学家对《经义考》所持的冷漠心态中,我们才能理解朱彝尊所提出"治经复汉"圣学才能晦而复明的经学思想,不仅在清初学界具有相当大的影响,而且直接影响到后来乾嘉汉学发展的大致方向。

《经义考》刊行后,翁方纲的《经义考补正》和罗振玉的《经义考目录八卷校记》,多有所补充订正,可供参考。上海古籍出版社 2010 年出版的林庆彰、蒋秋华的《经义考新校》为目前最好的整理本。

(陈居渊)

古文尚书疏证 阎若璩

《古文尚书疏证》，八卷。阎若璩著。通行刊本有清《四库全书》本、光绪十四年(1888)南菁书院刻本、光绪十五年(1889)蜚英馆石印本、《皇清经解续编》本及上海古籍出版社校点本等。

阎若璩(1636—1704)，字百诗，号潜丘。山西太原人。世代业盐，侨居江苏淮安。幼年多病，口吃性钝。十五岁起，发奋读书，无论严寒酷暑，从不间断。他研究经学，长于考证，穷本溯源，辨核一书，致检数十书相互印证。一义未明，反复穷思，必得其解而后止。曾说"读书不寻源头，虽得之殊可危"。二十岁时，因读《尚书》至古文，即疑二十五篇为伪作，"沉潜二十余年乃尽得其症结所在"，于是著《古文尚书疏证》，证明今传五十八篇《尚书》中的二十五篇为晋人所伪作。晚年应召入京，得到康熙的隆遇，称先生而不呼其名。死后康熙亲撰祭文，称其"读书等身，一字无假，孔思周情，旨深言大"。

阎若璩的经学研究，主要是考辨《古文尚书》。西汉《古文尚书》自魏晋以后便无师说，《左传》所引与杜预所注已佚。东晋梅赜献伪《古文尚书》和伪《尚书孔氏传》，立于学官，始与《今文尚书》并行于世。自唐代陆德明据此撰《经典释文》，孔颖达也据以作《尚书正义》，此后便与伏生的二十九篇相混淆。从宋代开始，便有学者对它产生怀疑，如吴棫、朱熹也曾认为其中的二十五篇为后人伪作。元代的吴澄，明代的梅鷟、郝敬，皆有论辨。明末清初的学者，论辨《古文尚书》蔚成风气，如黄宗羲、顾炎武、朱彝尊、胡渭等也都有考证，但系统进行考辨的则是阎若璩的《古文尚书疏证》。

《古文尚书疏证》八卷，首辨篇数不合。据孔安国所述二十九篇，与东晋梅赜所献《古文尚书》增多二十五篇篇数不合。次辨篇名不合。据汉代杜林、马融、郑玄所传《今文尚书》的篇目，与晚出的古文相比较，则少《汩作》、《九共》、《典宝》等篇。郑玄注《尚书》所作序言，于《仲虺之语》、《太甲》、《说命》、《微子之命》、《蔡仲之命》、《周官》、《君臣》、《毕命》、《君牙》，皆注"亡"；而于《汩作》、《九共》、《典宝》、《肆命》皆注"逸"。"逸"为孔壁所出《古文尚书》散失篇目的称谓。郑玄虽受古文于张恭祖,但他也作文赞赏孔安国的《古文尚书》,其注源于孔安国也在情理之中,而梅赜所献《古文尚书》与郑玄迥异,这证明梅书与孔安国《古文尚书》为同名异书。再辨章句异同。认为古文传自孔子,后人信从郑注,而今文唯有蔡邕《石经》得其正。将梅书与《石经》残碑文字相校,不同者甚多。如碑文"高宗飨国百年",梅书作"五十有九年";梅书所述三宗,一般以年代先后为序,而碑文则以传叙为次第,这与《今文尚书》不合。由此得知,梅赜所献既非《古文尚书》,又不是《今文尚书》,而系伪书。又辨史实地名不合。认为古代未有"夷族"之刑,虽然《荀子》和秦文公曾言及与实行过,但梅书却将其窜入晚出古文的《泰誓》中。又如金城郡是汉昭帝时期所设,孔安国死于汉武帝时,而《尚书孔氏传》则称"积石山在金城西南"。这些都足以证明梅书之伪。同时还分析了皇甫谧、孔颖达等人过于偏信古文《尚书》,以致使伪书得以广为流传等等。全书列举一百二十八条证据(其中缺若干条),每条之后以案和附的形式列举证据数十条,"引经据典,一一陈其矛盾之故",终于使梅书之伪大白于天下,彻底了结了在经学史上经历一千二百年的《尚书》真伪的悬案。

阎若璩通过考辨《古文尚书》之伪,运用和创立了考证与辨伪的通例,现就《古文尚书疏证》一书中所体现的考证、辨伪方法,可以归纳如下几种证例。

(1) 以书本身的篇数、篇名、字句与古代典籍相证。

(2) 以晚出《古文尚书》与《今文尚书》文体语言相证。

(3) 以《论语》、《孟子》、《墨子》等书所载《古文尚书》佚文相证。

(4) 从著述的体例上对证。

(5) 从地理沿革、地名设置先后对证。

(6) 以官制、礼制相证。

(7) 以时历相证。

(8) 以音韵、训诂相证。

(9) 以时代思想与风尚相证。

(10) 以史志书目相证。

阎若璩对《尚书》的考辨,虽然是一种纯粹的学术考据功夫,但它的影响远远超出了作为辨伪名著的本身。因为伪古文《尚书》,千百年来一直被封建统治者视为神圣不可侵犯的正统的儒家经典,上自皇帝经筵进讲,下至士大夫的讽诵,莫不以此为典范。尤其是为宋明理学家视为"孔门心传"的十六字,即"人心惟危,道心惟微,惟精惟一,允执厥中",就是出自伪古文《尚书》中的《大禹谟》。因此,阎若璩首先证明它系赝品,不仅使理学家的所谓"孔门心传"失去可靠的理论依据,而且也是对儒家经典权威的一次重大冲击。又因为《尚书古文疏证》采用的是言必求依据,旁参互证,以求贯通的历史考证方法,开启了清初经典考证和辨伪的学风,在其直接影响下,惠栋的《古文尚书考》和段玉裁的《古文尚书撰异》,都继承和发展了阎若璩经典考证的方法。也正因此,阎若璩本人和《古文尚书疏证》被乾嘉学者推崇为清代考证学的先驱和经典研究的范本。

有关本书的研究著作,有刘人鹏的《阎若璩与〈古文尚书〉辨伪:一个学术史个案研究》(花木兰文化出版社,2006年)等。

(陈居渊)

易图明辨 胡 渭

《易图明辨》,十卷。胡渭著。通行刊本清《四库全书》本、道光二十四年(1844)《守山阁丛书》本、道光光绪间《粤雅堂丛书初编》本、《皇清经解续编》本、1935年《丛书集成初编》本、2008年九州出版社谭德贵等点校本等。

胡渭(1633—1714),初名渭生,字朏明,一字东樵。浙江德清人。十二岁丧父,时值南明与清兵交战,随母避兵山谷之间。十五岁为县学生,然乡试屡不第。于是专心研究古代经典。徐乾学奉诏修《大清一统志》,开馆洞庭山,延聘胡渭入馆。他与黄仪、顾祖禹、阎若璩等人担任撰辑工作。康熙四十二年(1703)南巡,胡渭作《平成颂》奉献,因得康熙皇帝的赞赏。后因著《禹贡锥指》有功于经学,被康熙召至南书房赐宴,并亲书"耆年笃学"四字相赠,一时传为"旷典"。胡渭的经学著作有《易图明辨》、《禹贡锥指》、《洪范正论》、《大学翼真》等。

《周易》为儒家经典之一,共十二篇,分经、传两部分,原书本无图象,只有阴阳卦爻符号。《易·系辞》说:"河出图,洛出书,圣人则之。"传说中国的伏羲时代,有龙马从黄河出现,背负河图,有神龟从洛水出现,背负洛书。伏羲即根据这种图与书,画成八卦,后来由周文王在此基础上作卦辞、爻辞,成为《周易》的最初范本。五代时,华山道士陈抟以大衍算数五十五之图比附"河图",取《易纬·乾凿度》太乙九宫法编成四十五个黑白圆点的"洛书"图,声称这是伏羲所得的先天之图。此后又经宋代邵雍、周敦颐等人的进一步论证,于是"先天"、"后天"、"太极"、"无极"之说也成为《周易》的内容。特别是南宋朱熹著《易本义》,重申河图洛书出自伏羲、文王,并且以此来讨论理欲性心,于是道教与宋代理学合流。从而支配了《易》学研究领域。清初黄宗羲、黄宗炎兄弟,毛奇龄、黄百家等学者对邵朱先天易说发起批判清算,胡渭有感于"图书之形象自古无传","宋人之所传,一概难信",为正本清源,为还《周易》之本来面目而作《易图明辨》。

《易图明辨》十卷:第一卷辨河图洛书之伪,第二卷辨五行、九宫,第三卷辨《参同契》、先天、太极,第四卷辨龙图与易数钩隐图,第五卷辨启蒙图书,第六卷与第七卷辨先天古易,第八卷辨后天之学，第九卷辨卦变，第十卷论象数流弊。此书广泛收集了宋以前的各种附益于《易》的图象，对其作者、年代、内容，作了详尽的经典考证，对其中的分合流变，来龙去脉，一一加以爬梳厘清，最终证实"易图出于道教"的结论。

胡渭《易图明辨》对易图所作的考证，其要点如下。

一、指出宋儒的"易图"为"画鬼"。胡渭是继二黄等人之后对宋儒的图书易学的赘疣作剥离工作的。他认为凡是依附于《周易》本经的种种"图说"都可废除，指出《易》图是道家为"君子养生"而作，与《易》学毫无联系。正确的选择，就是还《易》图于道教，守《易》经于儒学，图和《易》的关系是"离则双美，合则两伤"。胡渭指出："宋人崇尚图书，自以为补苴罅漏，张皇幽渺，若非此则无以明《易》、《范》，遂成千古笑柄。然河图、洛书三语，实出于夫子，又不可如欧公辈斥之以妖妄。"（卷一欧阳修《易童子问》）宋代欧阳修曾责斥河图、洛书为"神道设教"，制造迷信的妖妄之言。对此，胡渭却予以否定，他认为孔子曾在《论语》与《系辞传》中三语涉及河图、洛书，定有根据。他信从刘向父子根据济南伏生所传而作的《五行传》不是凭空臆说，刘炫所谓《洪范》二十字即是"洛书"的渊源。"河图"是出自汉代方士以九宫之数纵横十五计算推衍冒名而出的。在胡渭看来，远古确存有一种原始的"河图""洛书"，但早已不传于世。由于"陈抟生于五季，去古弥远，何从得其本真，而绘画以授人乎！"因此，胡渭斥宋以后的图书为"鬼画"。

二、论证宋儒言"数"与"易图"关系。胡渭认为，既然原始图书已无从考知，而宋儒所言"数"也不是图书易学的渊源。他说："《系辞》言数者三：天地之数，一也；参伍错综，二也；参三两地，三也。此皆主蓍而言，于图书无涉。宋人不知此义，而以数为图书，《易》道之榛芜，至此而极。"（卷四）易与数的关系，本来是指《周易》筮法中的蓍卜之数，原与《易》无关。但北宋邵雍在解释《易·说卦传》"参天两地而倚数"时，则认为"易有真数，三而已。参天者三三而九，两地者倍三而六。参天两地而倚数，非天地之正数也"（《皇极经世·观物篇》）。所谓真数，即一奇二偶。合而为三。邵雍以倚偶二数为《易》的为基本之数，因天地之数分别由天奇与地偶之数组合而成。认为《说卦传》所谓参天，即言天以一涵三，乘真数三为九；两地即言地分一奇为二，乘真三则为六；所谓倚数，也就是九六之数，并非天地之正数，乃模拟天地之数而生数。按照邵雍的理解，则筮法中的九六之数皆来自《易》之真数三，乾坤卦象来源于倚偶数，从而否定了传统立卦观象的观念。胡渭认为"天地之数五十有五，专为大衍之数五十张本。此蓍策之原，非画卦之法"。而"以算法为卦原，而与之以成象"，指出一至十累积相加为五十五，以黑白点子组合而成的数阵称之河图，乃是北宋刘牧伪造的《龙图》。从而证明，宋儒的所谓先天易，与儒家的《易》学无关。

三、《太极图》源出于道教。"太极"一词出自《易传》，它的本意为万物的派生渊源于太极，如《系辞》谓《易》有太极，是生两仪，两仪生四象，四象生八卦"。北宋学者周敦颐汲取了《易传》的这一思想,并融入道家学说,著有《太极图》与《太极图说》。周敦颐认为"无极"和"太极"是宇宙万物的本源,"太极动而生阳,动极而静,静而生阴"。阴阳生出金木水火土五行,五行生成万物,万物变化无穷,但都是阴阳二气和五行相互作用的结果。关于"无极"和"太极"的意义,周敦颐本人未曾加以说明。直到朱熹以理学理论体系予以解说,才使它更加精细和富于理论色彩。朱熹曾著有《太极图解》与《太极图说解》,即以理学观点诠释周氏学术。清初,它得到了康熙皇帝的垂爱,此图也被列于《性理精义》的篇首。康熙又多次以"太极论"为考试群臣的试题。于是上行下效,一时太极说、太极论、太极义、太极赋、太极解蜂拥而至,成为清初易学界的时髦论题。然而,清初学者朱彝尊作《太极图授受考》,指出《太极图》不是周敦颐首创,其原型脱胎于道士修炼术的图解。毛奇龄从道教丛书《云笈七籖》中发现五代人彭晓的《参同契分章通真义》与《明镜图诀》所载诸图中,有周敦颐《太极图》的原型。胡渭则进一步考证出唐《真元妙经品》已具《太极图》的雏形,周敦颐所谓的《太极图》则由《水火匡廓图》与《三五至精图》拼凑而成。经过胡渭等清初学者的考证,终于判定周敦颐的《太极图》出自道士,《太极图说》纯系朱熹借此图以说宇宙造化,实际是将道教援入儒学。这种共识一直影响到乾嘉学者如惠栋、戴震等著名朴学家。

  胡渭指出易图并非是孔子真传,不得与圣人经典相混淆,从经学思想史的角度理解,实际是为儒经考证张目。当时著名史学家万斯同认为"以此布于人间,《易》首之九图,即从此永废可也",恰如其分地评价了胡渭《易图明辨》在清代经学史上的地位和成就。

(陈居渊)

意言 洪亮吉

《意言》,二十篇。洪亮吉著。作于清乾隆五十八年(1793),后收入光绪五年(1879)其曾孙洪用勲刻成之《洪北江全集》。

洪亮吉(1746—1809),字君直,一字稚存,号北江。江苏阳湖(今常州)人。"少孤贫,力学,孝事寡母","词章考据,著于一时,尤精研舆地"(《清史稿》本传)。乾隆五十五年(1790)进士,授翰林院编修。"性豪迈,喜论当世事"(同上),嘉庆初年因屡次直谏,被斥戍伊犁,后遇赦放回,改号更生居士,一意著书。著作尚有《春秋左传诂》、《公羊穀梁古义》等,收入《洪北江全集》。《清史稿》卷三五六有传。

《意言》是洪亮吉的哲学著作,表达了他的无神论思想及其独特的人口史观。

洪亮吉认为鬼神不能决定人的祸福,"人不命雷击人,鬼神亦不能祸福人"(本书《祸福篇》)。人为雷所击只是一种自然现象,"文子之言曰:倚于不祥之木,为雷霆所扑。为雷所击者皆偶触其气而殒,非雷之能击人也"(同上)。什么是鬼神呢? 洪亮吉指出:"鬼神之说,上古无有。上古之所谓神者,山川社稷之各有司存是也;上古之所谓鬼者,高曾祖考是也。"(《鬼神篇》)事实上,"人未有见高曾祖考祟其子孙者也,人未有见山川社稷之神祟其管内之民者也"(同上)。人之所以惧怕鬼神,只是因为"气弱","气强则搏之,气弱则为所摄而已"(同上)。洪亮吉进一步指出,所谓山川社稷、风云雷雨之神,和高曾祖考之鬼,实际上并不存在,只是人心的幻觉而已。"信如所言,则山川社稷,风云雷雨皆有神乎? 曰:无也。高曾祖考皆有鬼乎? 曰:无也。山川社稷、风云雷雨之神,林林总总,皆敬而畏之,是山川社稷、风云雷雨之神,即生于林林总总之心而已。高曾祖考之鬼,凡属子孙亦无不爱而慕之,是高曾祖考之鬼者,亦即生于子孙之心而已。"(《天地篇》)

关于人的生死寿夭,洪亮吉认为是由气禀的强弱决定的,"人之夭寿,由于所禀之强弱矣"(《夭寿篇》)。而世俗所谓长生不死,则既是不可能的,也是不必要的。洪亮吉指出:"夫生者行也,死者归也,人不可以久行而不归,则人亦不可以久生而不死,明矣。"(《仙人篇》)而且,"人至八

十、九十、百年,即不死,而精神智慧已离,不过徒存形质而已。使过此以往,则其冥然罔觉者,更不知何如,纵云长生不死,是徒有生之名而已,无生之乐也"(同上)。因此,应该把生死看作一个自然过程,"朝而作,夜而息,少而壮,壮而老,老而死,皆理之常也"(同上)。

洪亮吉指出,人们都希望生活于治平之世,"人未有不乐为治平之民者也,人未有不乐为治平既久之民者也"(《治平篇》)。但治平之世为何仍有"饥寒颠踣","死者比比"之现象呢?他认为有两个原因。首先是人口的增长大大超过财产的增长,"治平至百余年,可谓久矣,然言其户口,则视三十年以前增五倍焉,视六十年以前增十倍焉,视百年、百数十年以前不啻增二十倍焉"(同上),但财产"不过增一倍而止矣,或增三倍五倍而止矣"(同上)。因此,"田与屋之数常处其不足,而户与口之数常处其有余也"(同上)。其次是"兼并","一人据百人之屋,一户占百户之田"(同上)。解决之道有两条。一为"天地调剂之法",即通过"水旱疾疫"的自然淘汰。二为"君相调剂之法","使野无闲田,民无剩力。疆土之新辟者,移种民以居之。赋税之繁重者,酌今昔而减之。禁其浮靡,抑其兼并。遇有水旱疾疫,则开仓廪、悉府库以赈之"(同上)。

洪亮吉的无神论思想,可说是从王充发展而来,但比王充更进一步,他是反对命定论的,认为"虮虱无命,人安得有命"(《命理篇》)。特别是他的人口史观,类似马尔萨斯的人口论,但也触及当时的社会矛盾,如豪强兼并等,因此是较有见地的。

(钱宪民)

二曲集 李　颙

《二曲集》，或题《二曲全集》。二十六卷。李颙著，门人王心敬汇编。清嘉庆十五年(1810)刻，咸丰元年(1851)重刻，有小嫏嬛山馆重校刊本(题为《二曲全集》)。另有中华书局1996年版陈俊民点校本。

李颙(1627—1705)，字中孚，号二曲。陕西盩厔(今周至)人。家贫，无师授，遍读经史诸子以及释道之书。曾讲学江南，门徒甚众，后主讲关中书院。与北方孙奇逢、南方黄宗羲并称三大儒。康熙十八年(1679)，清廷以博学鸿词科徵召，绝食坚拒得免。为学兼采朱熹、陆九渊两派，主张"以孔子为宗，以孟子为导，以程、朱、陆、王为辅；先立其大，致良知以明本体；居敬穷理，涵养省察以做工夫"(《四书反身录》卷七《孟子下》)。重视实学，反对空谈。主张"应将经世事宜，实实体究，务求有用"(同书卷五《论语下》)。著作尚有《四书反身录》等。《清史稿》卷四八〇有传。

《二曲集》为李颙的诗文集。卷一至卷十五为讲学教授之语，或自著，或由弟子辑录。卷十六至卷二二为杂文。卷二三至卷二六为追思其父的诗文，内附其母彭氏的传记诗文。

李颙把孟子所说之"良知良能"看作人人先天具有的"本体"，他称之为"灵原"，而世界只是这一"灵原"的显现，"通天地万物上下古今，皆此灵原之实际也"(本书卷二《学髓》)。强调必须通过"静坐"对此加以"体验"，"自策自励，自作自宰，屏缘涤虑，独觑本真"(同上)。与此同时，他也赞同程颐"论性不论气，则不备；论气不论性，则不全"的主张，认为"百凡应感，皆气也。应感而咸尽其道，非性之本善而能之乎？若无此气，性虽善，亦何从见其善也"(卷四《靖江语要》)。同意朱熹的"即物穷理"说，认为"一物不格，则一理未明"(卷五《锡山语要》)。可见，他对程朱、陆王两派持调和态度，但更倾向陆王一派。认为程朱理学，只能使人做个"德业名儒，醇正好人"；而陆王心学却能使人"究极性命大事，一彻尽彻，一了百了"(卷十六《答张敦庵》)。同程朱、陆王均不同的是，李颙更加强调"明体适用"，认为"穷理致知，反之于内，则识心悟性；实修实证，达之于外，则开物成务，康济群生"(卷十四《盩厔答问》)。因此，他主张"君子于学也，隐而幽独危微之介，显而人伦日常之用,以至古今致治机猷,君子小人情伪,及礼、乐、兵刑、赋役、农屯,皆当一一究极,而可效诸用"(卷五《锡山语要》)。而他本人对当时的农业,特别是水利,也极为关心,甚至主张"清核豪霸隐占之田,俵给就近贫民"(《四书反身录》卷五《论语下》),以解决部分农民的土地问题。

李颙是位具有民族气节的著名学者,他强调的"明体适用",对于明末清初学界风气从心性之学转向经世之学产生了一定影响。

有关的研究资料,有《国朝学案小识》卷四、《清儒学案》卷二九等。

(钱宪民)

雕菰集 焦循

《雕菰集》,二十四卷。焦循著。因其书室名雕菰楼,故名。通行本有清《文选楼丛书》本、《江氏聚珍版丛书》本、商务印书馆1936年版《丛书集成初编》本、刘建臻点校《焦循诗文集》(广陵书社,2009年)本等。

焦循(1763—1820),字理堂,晚号里堂老人。江苏甘泉(今扬州)人。自谓"承祖父之学,幼年好《易》"(《易通释·自序》)。曾从阮元游学浙江,后应礼部试不第,托足病不入城市者十余年。筑雕菰楼,读书著述其中。钻研经书,博览典籍。撰《通释》、《图略》、《章句》之"易学三书",自称发明《易经》所讲"旁通"、"相错"、"时行"三义(见《易图略·自序》)。用数理解释《周易》,更由治《易》的方法通释诸经。作《孟子正义》,为清代群经新疏的代表作。著作尚有《论语通释》、《六经补疏》、《剧说》、《花部农谭》等,多收入《焦氏丛书》。《清史稿》卷四八二有传。

《雕菰集》为焦循手定的诗赋杂文集。

焦循指出,当时的经学家治经有五种方法,即"通核"、"据守"、"校雠"、"摭拾"和"丛缀"。五者各有利弊,认为"五者兼之则相济"(本书卷八《辨学》)。相比之下,后四者的主要缺点是"守古人之言而失古人之心"(同上),而"通核"的优点在"主以全经,贯以百氏,协其文辞,揆以道理,人之所敝,独得其间"(同上)。

运用这种"通"的方法,焦循对儒家经典作了新的解释。他一反宋儒以性为善,以欲为恶,进而主张"存天埋,灭人欲"的说法,重新解释了孟子的性善论。他认为"性无他,食色而已"(卷九《性善解一》),论性不必"徒持高妙之说","第于男女饮食验之"(同卷《性善解三》)。为什么食色就是善呢?答曰:"能知故善。同此饮食男女,嫁娶以为夫妇,人知之,鸟兽不知之;耕凿以济饥渴,人知之,鸟兽不知之。鸟兽既此能自知,人又不能使之知,此鸟兽之所以不善。"(同上)能知不能知是人和鸟兽的根本区别。"惟人心最灵,乃知耆味好色。知耆味好色,即能知孝弟忠信礼义廉耻,故'礼义之悦心,犹刍豢之悦口',悦心悦口皆性之善。"(同卷《性善解五》)这是同宋儒的解释完全不同的。

以此出发,他解释了格物,认为格物就是"絜矩",就是"恕",即推己及人之道。"格物不外乎欲。己与人同此性即同此欲,舍欲则不可以感通乎人。"(同卷《格物解三》)因此,"绝己之欲,不能通天下之志,物不可格矣"(同卷《格物解二》);而"好货"、"好色",只要"与百姓同之,使有积仓而无怨旷",就是"修己安天下之大道"(同上)。

从推己及人的恕道出发,焦循主张对各种学说采取兼容并包的态度。他认为把"异端"看作洪水猛兽、乱臣贼子,完全不必。"异端之云,说之不同耳","各为一端,彼此互异,惟执持不能通则悖,悖则害矣"(同卷《攻乎异端解上》)。而孟子正是这个意义上批评杨墨的,孟子是"距其执,欲其不执也","圣人之道,贯乎为我、兼复,执中者也"(同卷《攻乎异端解下》)。

焦循的思想在许多方面受到戴震的影响,他对儒家经典的解释突破了宋儒的范围,具有一定的进步意义,但也带有较多的调和色彩。

(钱宪民)

十三经注疏 阮元刻

《十三经注疏》，又名《重刊宋本十三经注疏》。四百一十六卷。阮元刻。成书于清嘉庆二十一年（1816）。通行本有嘉庆二十一年南昌学堂刻本、世界书局1935年缩印阮刻本、中华书局1980年据世界书局本影印本等。北京大学出版社出版了校点本，上海古籍出版社也正陆续出版校点本。

阮元（1764—1849），字伯元，号芸台。江苏仪征人。清乾隆五十四年（1789）进士。宦途显赫，由翰林而出任浙、赣、豫巡抚和两广、云贵总督，为清廷特别倚重的南方大僚。任职期内，以提倡学术自任，他是对乾嘉后期考据学潮流正面加以理论指导的著名学者。积极提倡经学研究，组织编纂《经籍纂诂》，创建了学海堂、诂经精舍。他撰写《十三经注疏校勘记》，组织汇刻《十三经注疏》、《皇清经解》，在一定程度上汇集了乾嘉汉学在训诂、校勘、解经等方面的成果，带有总结乾嘉学术的意义。《清史稿》卷三六四、《清史列传》卷三六有传。

《十三经》指中国儒家的十三部经典。西汉武帝时以《易》、《诗》、《书》、《礼》、《春秋》为五经；唐代以《易》、《诗》、《书》、《周礼》、《仪礼》、《礼记》、《春秋左传》、《公羊传》、《穀梁传》为九经；唐文宗刻石经，又增《孝经》、《论语》、《尔雅》三经，为十二经。宋代尊孟子，独重四书，又列《孟子》为经，自此而有十三经。《十三经》作为记载儒家思想和古代典制、名物的重要典籍，在其传衍的过程中，每每因后人的理解不同而出现异文或者讹误。为此，历代学者出于阅读经书和理解经义的目的，纷纷在前人对经书所作的注释中再作符合自己意愿的解释，即所谓的"注疏"或"正义"，《十三经注疏》便是这类注疏和正义的汇编。

《十三经注疏》所收书目为：《周易正义》十卷，魏王弼、晋韩康伯注，唐孔颖达正义；《尚书正义》二十卷，汉孔安国传，唐孔颖达正义；《毛诗正义》七十卷，汉毛亨传、郑玄笺，唐孔颖达正义；《周礼注疏》四十二卷，汉郑玄注，唐贾公彦疏；《仪礼注疏》五十卷，汉郑玄注，唐贾公彦疏；《礼记正义》六十三卷，汉郑玄注，唐孔颖达正义；《春秋左传正义》六十卷，晋杜预集，唐孔颖达正义；《春秋公羊传注疏》二十八卷,汉何休注,唐徐彦疏;《春秋榖梁传注疏》二十卷,晋范宁集解,唐杨士勋疏;《论语注疏》二十卷,魏何晏集解,宋邢昺疏;《孝经注疏》九卷,唐李隆基注,宋邢昺疏;《尔雅注疏》十卷,晋郭璞注,宋邢昺疏;《孟子注疏》十四卷,汉赵岐注,宋邢昺疏。

《十三经注疏》以前经与疏是分开印行的。经文是刻在石头上的,称之为《石经》。据《五代会要》记载,后唐长兴三年(932),"依石经文字,刻《九经》印板",这才出现了经书的首刻本。南宋以后,随着印刷业的不断普及,经书的刻本也日益增多,样式也由经文的单刊转向经、疏合刊,其中较著名的便是"宋十行本"。元、明以后,传世的《十三经注疏》有明闽本、监本、汲古阁毛氏本,清代乾隆初有武英殿本等。至阮元时,明代监本已毁,各省通行的是汲古阁毛氏本,但其中错误颇多,虽经清初学者的整理修补,但仍未能称善本,从而也影响了当时经学研究的深入。因此,重刊一部经过精校的《十三经注疏》,也就成为当时学界的急务。

阮元早年就立志重刊《十三经注疏》。嘉庆六年(1801),杭州诂经精舍建成,延聘段玉裁为总纂,何梦华、臧庸、顾广圻、徐养原、洪震煊、严杰、孙同元、李锐等七人分纂《十三经注疏校勘记》二百一十七卷,附于各经各卷之后,于嘉庆十一年竣事,被誉为"经学之渊海"。阮元对此亦颇为自负,曾说:"臣幼被治化,肆业诸经,校理注疏,综核经义,于诸本之异同,见相沿之舛误,每多订正,尚未成书,乾隆五十六年,奉敕分校《大学》石经,曾以唐石经及各宋板悉心校勘,比之幼时所校大加详备。自后,出任外省,复聚汉唐宋石刻暨各宋元版本,选长于校经之士,详加校勘。自唐以后,单疏分合之不同,明闽附音之有别,皆使异同毕录,得失兼明,成《十三经校勘记》二百十七卷。"(《揅经室二集》卷八《恭进十三经注疏校勘记折子》)嘉庆十九年,阮元出任江西巡抚。次年二月,将其广搜而得的宋十行本和贾公彦、邢昺的宋代原刻单疏本为底本,并参校了唐石经、南宋石经残本、孟蜀石经残本、宋小字本、重刻相台岳氏本、闽本、明监本、汲古阁毛氏本,还吸收了前人和近人的研究成果,如陆德明、山井鼎、浦堂、陈启源、惠栋、戴震、段玉裁对经书的校考等。于嘉庆二十一年八月竣事,历时十九个月。阮元《十三经注疏》的刊行及其校勘,不仅促进了乾嘉时期的经学研究,而且也成为集古今经传之大成的经学名著。

(陈居渊)

皇清经解 阮 元编

《皇清经解》，一名《学海堂经解》，一千四百零八卷。阮元编纂。成书于清道光九年（1829）九月。通行本有：道光九年广东学海堂本、咸丰十一年（1861）补刊本、光绪十一年（1885）上海点石斋石印本、光绪十三年上海书局本、光绪十四年江阴南菁书院本、光绪十六年船山书局本、光绪十七年鸿宝斋本、光绪十八年上海古香阁本、光绪十九年上海袖海山房本等。上海书店出版社与凤凰出版社分别出版了影印本。

作者生平事迹见"十三经注疏"条。

《皇清经解》是阮元继《十三经注疏校勘记》之后，又一部重要的经学汇编。清代是中国传统经学复兴的时代，经学研究是学界的主潮，特别是乾嘉以来各类经学专著和研究成果大量涌现，"有证注疏之疏失者，有发注疏所未发者，亦有与古今人各执一说以待后人之折衷者"（夏修恕《皇清经解序》）。由于清代以前学者的注经解经之作，大多收录于阮元在此前刊刻的《十三经注疏》及其《校勘记》中，或见于康熙年间由纳兰成德刊刻的《通志堂经解》，唯独清代学者的经学研究成果阙如，未能汇成一编。道光初年，阮元出任两广总督，于广东粤秀山麓建立学海堂，教授与研究经学。有鉴于乾嘉以来宏富的经学研究成果，为了使学者及时了解经学研究现状，阮元决意搜辑清初至乾嘉学者的解经之作，汇刻成一部大书。道光五年（1825）八月，阮元尽出家中所藏经籍，亲自发凡起例，酌定取舍，委托门人严杰、夏修恕主持编辑、刊刻《皇清经解》的工作。按照编例，凡本朝学者解经专书，甚至散见各家义集、杂著之中的有关解经篇章，力求做到包罗无遗，专意收集自清初顾炎武、阎若璩至乾嘉阮元、严杰共七十三位清代经学家的一百八十三种极具学术价值的经学著作。因当时藏版于学海堂的文渊阁，故又名《学海堂经解》。

《皇清经解》所收著作大致可分为"经义"、"语言"、"名物考证"、"天文地理"、"文集笔记"五大类。其中经义类著作《周易》三十八种，《书》三十三种，《诗》三十六种，《三礼》六十七种，《春秋》十二种，《论语》十六种。语言类著作则以研究《尔雅》、《说文》、《广雅》为主，如顾炎武的《音学五书》,段玉裁的《六书音韵表》,江沅的《说文解字音韵表》,孔广森的《诗韵类》,严可均的《说文解类》,张惠言的《说文谐声谱》,邵晋涵的《尔雅正义》,郝懿行的《尔雅义疏》,王念孙的《广雅疏证》等。名物考证类著作较著名者有毛奇龄的《续诗传鸟名》,江永的《深衣考误》,任大椿的《释缯》、《弁服释例》、《深衣释例》,宋绵初的《释服》,刘宝楠的《释榖》,阮元的《考工记车制图解》,戴震的《考工图记》,程瑶田的《通艺录》等。天文地理著作有阎若璩的《四书释地》,胡渭的《禹贡锥指》,陈厚耀的《春秋长历》,江永的《春秋地理考实》等。文集笔记类著作一般就汉代经师的家法、师法、六朝经学流派、唐代《五经正义》得失、群经义例、经书短评、经书版本、典章制度等的讨论,或读经心得札记。此五类著作,基本囊括了清代前期经学精英的研究成果。夏修恕说:"《皇清经解》之刻,乃聚本朝解经之书,继《十三经注疏》之迹也。自《十三经注疏》成,而唐宋解经诸家大义多括于其中。此后李鼎祚书及宋元以来经解,则有康熙时通志堂之刻。……(《皇清经解》)为《注疏》后之大观。"(同上)

《皇清经解》虽为集清代前期经学研究之大成,但阮元取书的原则是"非实事求是者不录,武断傅会者亦不录",因此造成收录失当。如清初经学辨伪名著《古文尚书疏证》、《易图明辨》均未被收录。而黄宗羲、颜元、孙奇逢等一代大师也因与理学有染而被摒弃其外。其次割裂原书,任意删节。翟灏的《四书考异》原七十二卷,被删去一半,现存三十六卷。又如阮元的《揅经室集》七卷,其中不乏具有较高学术价值的经著序跋,但仅录《刻七经孟子考文并补遗序》,而《周礼汉读考序》、《弁服释例序》则未见。再次是卷帙浩繁,编者众多,又因刊刻时间仓促,难免伪误脱漏。如《拜经日记》脱漏一页,也未及校正。又如点石斋石印本后附《正讹记》一卷,正误者达四千条之多。因此也颇遭后人非议,认为它"琐屑饾饤,无当宏旨"。乾嘉后期,经学研究已处由盛转衰之际,因此阮汇刻《皇清经解》,实有重振经学的意义,在清代学术史上自有其特定的地位。

(陈居渊)

皇清经解续编 王先谦编

《皇清经解续编》,一名《清经解续编》。一千四百三十卷。王先谦编纂。成书于清光绪十四年(1888)。通行本有光绪十四年南菁书院本、光绪十五年上海蜚英馆石印本等。上海书店出版社与凤凰出版社分别出版了影印本。

王先谦(1842—1917),字益吾,号葵园。湖南长沙人。清同治四年(1865)进士,授翰林院庶吉士。同治七年散馆授编修,历典云南、江西、浙江乡试。同治十二年补国史馆纂修官。光绪二年(1876)擢国史馆总纂。光绪六年补国子监祭酒。光绪十一年任江苏学政。光绪十四年因疏奏请惩戒太监李莲英罢官回籍。晚年曾任长沙城南书院和岳麓书院院长。另著有《后汉书集解》、《合校长经注》、《诗三家义集疏》、《十一朝东华录》等。《碑传集补》卷七、《碑传集三稿》卷九有传。

在晚清政治舞台,王先谦是著名的保守派人物。戊戌变法时期,梁启超应黄遵宪等人的聘请,至湖南时务学堂任总教习,宣传维新变法思想,王先谦指斥梁启超等维新派"志在谋逆",要求巡抚陈宝箴将梁启超驱逐出湖南,并奏请清政府镇压维新变法运动。1907年以后,王先谦竭力抵制资产阶级革命运动。1911年,武昌起义后,改名遁,迁居乡间,闭门著述,从事古籍和历史文献的编校刊印工作。他是清末湖南颇具影响的一个学者。主要经学著作有《尚书孔传参证》、《诗三家义集疏》、《续皇清经解》等,其中最具影响的是由他主编的《皇清经解续编》。

清道光年间,阮元荟萃当时经学名著汇编为一千四百卷本的《皇清经解》。其后六十年间,虽历经道、咸、同、光四朝,经学思潮也迭经变化,但新的经学著作却不断问世,编撰一部《皇清经解》的续编,已成为当时学人的共同愿望。汪之昌《代拟〈皇清经解续编〉序》说:"考文达之刻《经解》在道光初,当时容有书尚未成,或成而未出者;且有读文达之书而兴起著书以抒其心得者。"阮元晚年也萌生过再编《续编》的意愿,终因年事已高,精力不济,最后未能如愿。继阮元之后,汪之昌、李祖望、戴望、俞樾等学者都尝试编撰《续编》。如俞樾与戴望曾讨论并拟定《续编》的选目,以经为类,而不以人之先后为序,体例与《皇清经解》稍异,收录经籍九十四种。当时坐镇南京的曾国藩也承诺资助俞樾刊刻《续编》,后因病逝,此事不果。这份选目,至今仍保留在俞樾的《春在堂笔记》中。十年后,湖南学者王先谦率先刊刻成《皇清经解续编》。

光绪十一年(1885)八月,王先谦奉旨为江苏学政。江苏所称"人文荟萃之区",儒门旧族,书香门第,官私藏书为当时全国之冠。王先谦一方面覃心搜集当地经义秘笈,并结合个人所藏,得书二百余种,共一千四百三十余卷;一方面又涵商当地官绅募捐集资,得银近二万余两为刻书资金。光绪十二年六月,王先谦奏请朝廷批正,在江苏江阴南菁书院正式设书刊刻。光绪十六年六月,《皇清经解续编》刊成面世,历时四年。

《皇清经解续编》的编撰体例,虽以《皇清经解》为蓝本,但也有自己的特色。首先是对《皇清经解》作拾遗补缺的工作。如王夫之的《周易稗疏》,阎若璩的《古文尚书疏证》等。并补收被阮元《皇清经解》摒弃在外的桐城派经著,如《南菁书院丛书》即收姚鼐经学著作四种。其次是语言研究和考据类著作比重增大,而义理类经著不收。《皇清经解》仅取文集中有关经学论文,而《皇清经解续编》则以专著见长,无一文集短篇。再次是不主门户之见,主张兼收并蓄。王先谦学术上虽以严辨古今著称,但在收书方面,却于古今无所偏袒。如收入今文经学家庄存与、刘逢禄、宋翔凤等人的今文著作达十二种之多。陈奂以古文治《诗》,而魏源则以今文说《诗》,王先谦特将两家一并收入。尤其是龚自珍的《泰誓》篇,素为王氏轻视,但因其在学界较有影响,所以仍将《泰誓答问》收录书中。又如俞樾治经虽古今不分,但颇具识力,能道两派优劣异同,因此特受王氏赞赏,选辑俞书十四种收入《续编》。

《皇清经解续编》虽为《皇清经解》的续编,但两者也有差距。如在选目过程中,精品意识不强,文献甄别能力有限,以至有些学术价值较低的经著,也滥竽充数而入录《续编》。王闿运说他"未足抗行芸台",支伟成讥其与《皇清经解》有"上下床之别",是有其理由的。然而作为乾嘉以后经学研究成果的重要汇编,它与《皇清经解》一样,为后人研究清代学术文化提供了宝贵的历史文献依据。

(陈居渊)

汉学师承记 江 藩

《汉学师承记》，一名《国朝汉学师承记》。八卷，附《经师经义目录》一卷。江藩著。成书于清嘉庆二十三年(1818)。通行本有嘉庆二十三年阮元刻本、咸丰四年(1854)《粤雅堂丛书》本、光绪九年(1883)山西书局本、光绪十二年江氏丛书本、光绪二十二年宝庆劝学书社本、中华书局、三联书店、中西书局相继出版的点校本等。

江藩(1761—1830)，江字子屏，号郑堂。江苏甘泉(今扬州)人。江藩少时师从吴派学者余萧客、江声，为惠栋再传弟子。他为人倜傥，能走马夺槊，豪饮好客，至贫其家。曾遍游齐、晋、燕、闽、粤、江、浙，阮元称他是"淹贯经史，博通群籍，旁及九流释道二氏之书，无不综览"，与当时扬州学者焦循齐名，有"二堂"之目。主要学术著作还有《周易述补》、《尔雅小笺》、《隶经文》、《炳烛室杂文》、《丁丙集》、《乐县考》等。

江藩一生不甚得志，但勤于著述。其中传播较广，在学界最具影响的是《国朝汉学师承记》八卷，附《国朝经师经义目录》一卷。江藩编撰此书的目的是为清初自顾炎武、阎若璩、胡渭至乾嘉以惠栋、戴震为代表的汉学家立传，尤其是与宋学家立异。他在《国朝汉学师承记》卷首指出："经术一坏于东西晋之清谈，再坏于南北宋之道学，元明以来，此道益晦。至本朝三惠之学盛于吴中，江永、戴震诸君继起于歙，从此汉学昌明，千载沉霾，一朝复旦，暇日诠次本朝诸儒为汉学者，成《汉学师承记》一编，以备国史之采择。"全书对汉学家的学术追溯和表彰，完整地勾勒出清代汉学发展的脉络和个人学术成就的概貌。

《汉学师承记》八卷目次如下。

卷一：阎若璩(附张弨、吴玉搢、宋鉴)、胡渭(附黄仪、顾祖禹)、张尔岐、马骕(附王尔臑)。

卷二：惠周惕(附惠士奇、惠松崖)、沈彤、余古农、江艮庭、褚寅亮。

卷三：王鸣盛(附金日追)、钱大昕(附钱塘、钱坫)。

卷四：王昶(附袁廷梼)、朱筠、武亿、洪亮吉(附张惠言、臧琳)。

卷五：江永、金榜、戴震。

卷六：卢文弨、纪昀、邵晋涵、任大椿、洪榜、汪元亮、孔广森(附李文藻、桂馥)。

卷七：陈厚耀、程晋芳、贾田祖、李惇、江德量、汪中、顾九苞(附顾凤毛)、刘台拱、钟褒、徐复、汪光曦、李钟泗、凌廷堪。

卷八：黄宗羲、顾炎武。

《经师经义目录》一卷目次如下。

《易》：《易图明辨》十卷，胡渭撰；《易说》六卷，惠士奇撰；《周易述》二十三卷、《易汉学》八卷、《易例》二卷、《周易本文辨证》五卷，惠栋撰；《易述赞》二卷，洪榜撰；《周易虞氏义》九卷、《虞氏消息》二卷，张惠言撰；《易音》三卷，顾炎武撰。

《书》：《古文尚书疏》八卷，阎若璩撰；《禹贡锥指二十卷》、《图》一卷，胡渭撰；《古文尚书考》二卷，惠栋撰；《尚书考辨》四卷，宋鉴撰；《尚书后案》三十卷，王鸣盛撰；《尚书集注音疏》十二卷、《尚书经师系表》一卷，江艮庭撰。

《诗》：《诗说》三卷，惠周惕撰；《毛郑诗考正》四卷，戴震撰；《诗本音》十卷，顾炎武撰；《诗音表》一卷，钱坫撰。

《礼》：《周官禄田考》三卷，沈彤撰；《禘袷说》二卷，惠栋撰；《周礼疑义举要》七卷，江永撰；《考工记图》二卷，戴震撰；《弁服释例》十卷，任大椿撰；《车制考》一卷，钱坫撰。《仪礼郑注句读》十七卷、《监本正误》一卷、《石经正误》一卷，张尔岐撰；《仪礼小疏》一卷，沈彤撰；《仪礼释宫谱增注》一卷，江永撰；《仪礼管见》四卷，褚寅亮撰；《仪礼正伪》十七卷，金日追撰；《仪礼图》六卷，张惠言；《礼经释例》十三卷，凌廷堪；《深衣考》一卷，黄宗羲撰；《明堂大道录》八卷，惠栋撰；《礼记训义择言》八卷、《深衣考误》一卷，江永；《深衣释例》三卷，任大椿撰。《礼说》十四卷，惠士奇撰；《礼经纲目》八十五卷，江永；《礼笺》十卷，金榜撰。

《春秋》：《左传杜解补正》三卷，顾炎武；《左传事纬》十二卷、《附录》八卷，马骕撰；《春秋长历》十卷、《春秋世族谱》一卷，陈厚耀撰；《左传补注》六卷，惠栋撰；《左传小疏》一卷，沈彤撰；《春秋地理考实》四卷，江永撰；《春秋说》十五卷，惠士奇撰。

《论语》：《九经误字》一卷，顾炎武撰；《九经古义》十六卷，惠栋撰；《群经补义》五卷，江永撰；《经义杂记》三十卷，臧琳撰；《古经解钩沉》三十卷，余古农撰；《经读考异义证》，武亿撰；《经传小记》三卷，刘台拱撰。

《尔雅》：《尔雅正义》二十卷，邵晋涵撰；《方言疏证》十三卷，戴震撰；《释名疏证》八卷、《释名补遗》一卷、《续释名》一卷，江艮庭撰；《小学钩沉》二十卷、《字林考逸》八卷，任大椿撰；《说文解字义证》五十卷，桂馥撰；《别雅》五卷，吴玉搢撰。附音韵：《音论》三卷、《唐韵正》二十卷、《韵补正》一卷，顾炎武；《古韵标准》四卷、《四声切韵表》四卷、《音学辨微》一卷，江永撰；《声韵考》四卷、《声类表》五卷,戴震;《四声均和表》五卷、《示儿切语》一卷,洪榜撰。

《乐》:《律吕新论》二卷、《律吕阐微》十卷,江永撰;《律吕考文》六卷,钱塘撰;《燕乐考原》六卷,凌廷堪撰。

《汉学师承记》出版伊始,立即受到了汉学家阮元、黄承吉等人的推崇,认为此书"可知汉世儒林家法之承授,国朝学者经学之渊源,大义微言,不乖不绝,而二氏之说亦不攻自破矣"(《国朝汉学师承记序》)。由于此书严立汉宋界限,也引起了一些学者的非议。如焦循与稍后的龚自珍也都予以批评,认为他混淆经学与考据学之间的差别。焦循认为,清代经学,前期有顾炎武、万斯大、阎若璩、胡渭,中期有吴派的惠栋、皖派的戴震、程瑶田、段玉裁、王念孙、王引之父子以及钱大昕叔侄,他们"自鸣一学,著书授受者,不下数十家,均异于补苴掇拾者之所为,是当以经名之,乌得以不典之称之所谓考据者混目于其间乎!"(《雕菰集》卷十三《与孙渊如观察论及考据著作书》)龚自珍更以书名提出有"十不安",建议江藩将书名改为"国朝经学师承记"。后又有方东树著《汉学商兑》,站在宋学家卫道的立场,与之辩驳,激起了清代经学史上一场引人注目的汉、宋学术之争。

《汉学师承记》对中国经学史分期提出了"十期说"。

第一期,(三代)先王经国之制,井田与学校相维……渐《诗》《书》之化,被教养之泽。

第二期,(秦至汉初)秦并天下,燔《诗》、《书》,杀术士,圣人之道坠矣。然士隐山泽岩壁之间者,抱遗经,传口说,不绝于世,汉兴,乃出。言《易》,淄川田生。

第三期,(西汉)自兹以后,专门之学兴,命氏之儒起。六经五典,各信师承,嗣守章句,期乎勿失。西都儒士,开横舍,延学徒,诵先王之书,被儒者之服,彬彬然有洙泗之风焉。

第四期,(东汉)爰及东京,硕学大师,贾、服之外,咸推高密郑君,生炎汉之季,守孔子之学,训义优洽,博综群经。

第五期,(晋代)王肃自谓辨理依经,逞其私说,伪作《家语》,妄撰《圣证》,以外戚之尊,盛行晋代。王弼宗老庄而注《周易》,杜预废贾、服而释《春秋》,梅赜上伪书,费颛虚义疏。

第六期,(宋、齐以降)师承凌替,江左儒门,参差互出矣。然河洛尚知服古,不改旧章。

第七期,(唐代)唐太宗挺生于干戈之世……即位后,雠正五经,颁示天下,命诸儒稡章句,为义疏。

第八期,(宋代)宋初承唐之弊,而邪说诡言,乱圣非圣,殆有甚焉。如欧阳修之《诗》、孙明复之《春秋》、王安石之《新义》是已。至于濂、洛、关、闽之学,不究礼乐之源,独标性命之旨,义疏之书,束置高阁,视如糟粕,弃等弃髦。

第九期,(元明之际)以制义取士,古学几绝。而有明三百年,四方秀艾,困于帖括,以讲章为经学。

第十期,(清代)我世祖章皇帝握贞符……至高宗纯皇帝,御极六十年,久道化成……于《诗》则依毛、郑,溯孔门授受之渊源,事必有征,义必有本,臆说武断,概不取焉。……至本朝三惠之学,盛于吴中,江永、戴震诸君,继起于歙,从此汉学昌明。

有关经学史的分期,在江藩稍前的《四库全书》就有明确的划分,即将历史上的经学流派分为"两汉"、"魏晋至宋初"、"宋初至宋末"、"宋末至明初"、"明正德至明末"、"清初"六个时期,并以"拘"、"杂"、"悍"、"党"、"肆"、"琐"来概括六期经学研究的特色。江藩的"十期说",显然比《四库全书》更为具体,也较符合实际。然他推崇郑玄而贬低王肃,既不提宋、元、明的经学研究,也无视作为清代今文经学主体的常州学派,则显示了古文经学家所特有的学术偏见。如阎若璩与惠栋对《尚书》的考证,其渊源最早可追溯至宋代吴棫、朱熹以及元代的吴澄与明代的梅鷟对《尚书》的辨伪。顾炎武的《音学五书》也能在明代陈第的《毛诗古音考》中见其萌芽。所附《经师经义目录》一卷,亦"取其专论经术而一本汉学之书",凡"言不关乎经义小学,意不纯乎汉儒古训者,不著录"(《经师经义目录》卷末江钧识语)因此虽为经师著作目录,实则是汉学家个人专著目录的汇编。

正因为江藩严立汉宋门户,所以《汉学师承记》也有明显的缺失。

首先,江藩为汉学家立传带有个人偏见,并有选择地摘录钱大昕《潜研堂文集》中的学者传记和当时学者的作品。如钱大昕有万斯同、王懋竑等传,阮元有孙星衍、汪辉祖、焦循、孙志祖传,全祖望也有刘献廷等传,但江藩皆弃之不录,甚至连王念孙、王引之、段玉裁等著名汉学家也不在所取之列。而作为同乡的李惇、江德量、顾九苞、徐复、汪光曦等经学成就并不突出却为之立传。因此江藩的所谓"汉学师承记",并不能反映乾嘉汉学的全貌。

其次,江藩擅自修改他人作品,以符合他的汉学家的取舍标准。如朱彬所撰的《刘先生台拱行状》:"先生为学,自六书九数,以至天文律吕,莫不穷极幽眇。而于声音文字尤深。其考证名物,精研义理,未尝歧而二之。传注有未确,虽自古经师相传之故训,亦不为苟同。于汉宋诸儒,绝无依倚门户之见。"江藩则将其改为"君学问渊通,尤邃于经。解经专训诂,一本汉学,不杂以宋儒之说"。经此一改,刘台拱也由不废汉宋本求真态度的学者,俨然成为"不杂宋儒之说"的纯正汉学家了。江藩依靠曲解他人作品进而为汉学张目,得出的结论,自然不符合乾嘉汉学研究发展的实际。

《汉学师承记》虽有上述缺点,但作为总结清代汉学史的发端之作,对于研究清代经学史,特别是乾嘉汉学史,仍具有重要的学术价值。

周予同有江藩《汉学师承记》选注本,漆永祥有《汉学师承记笺释》、《江藩与〈汉学师承记〉研究》》,可供参考。

(陈居渊)

汉学商兑 方东树

《汉学商兑》,三卷。方东树著。成于清道光四年(1824)。通行本有道光十一年刻本、同治十年(1871)重刊本、光绪八年(1882)华雨楼重校刻本、《槐庐丛书五编》本、《方植之全集》本、《西京清麓丛书续编》本、上海商务印书馆1937年《万有文库》本等。

方东树(1772—1851),字植之。安徽桐城人。师事姚鼐,与梅曾亮、管同、刘开(一说姚莹)合称"姚门四杰"。文学上颇有建树,是"桐城派"文学家。曾为阮元幕僚,客居广东"学海堂"。以著书讲学终生。为学凡三变,青年时好文学,中年时尚理学,晚年耽于禅悦。思想学术上的代表作是《汉学商兑》。以捍卫程朱理学自居,力攻乾嘉考据学。强调治学当以"义理"为主,训诂考据只是"小学"。认为汉学虚妄无用,虽"言言有据,字字有考,只向纸上与古人争训诂形声……反之身己心行,推之民人家国,了无益处。……虽实事求是,而乃虚之至者也"(《汉学商兑》卷中之上)。指斥汉学为学术大害,"弃本贵末,违戾诋诬,于圣人躬行求仁、修齐治平之教,一切抹杀,名为治经,实足乱经;名为卫道,实则畔道"(同上《序例》)。著作另有《昭昧詹言》、《书林扬觯》、《仪卫轩文集》等十余种,收入《方植之全集》。事迹见郑福照撰《方植之先生年谱》(附于《仪卫轩文集》)、《清史稿·文苑传》、蔡冠洛编《清代七百名人传》第五编等。

《汉学商兑》是方东树针对当时风靡的考据学风所发出的批评。全书三卷,中卷又分上、下,故实为四卷。全书所采用的文体是论辩式的,先举一条或几条汉学家的言论,然后进行辩驳。上卷主要辩《宋史》的《道学传》、《儒林传》分传所引出的一系列争论;卷中之上辩理学的一些基本命题,如"十六字心传"、"心"、"性"、"理"等,以及朱熹对《大学》所作的"格致补传","礼"与"理"的关系,"仁"的含义等;卷中之下抨击汉学家崇尚的小学、章句、训诂、考据;卷下逐条驳斥江藩的《国朝经师经义目录》,并总论乾嘉汉学的弊病。

作为论战性的著作,《汉学商兑》所针对的主要是当时刚成书不久的江藩的《国朝汉学师承记》及《国朝经师经义目录》。全书从程朱理学的立场出发,对汉学展开全面的"商兑"。概括方氏的论述内容,大致可分出三类:一是对宋学的阐释,二是为宋学辩护,三是对汉学和汉学家的攻击。其中第一类无甚发明,大抵重复宋儒说过的东西。唯一需要说明的是,方氏对宋学内部的派别,主要倾向于程朱"道问学"这一派,而对陆王"尊德性"一派则不甚赞同,至少表面如此。所以这一类可以略而不述。

《汉学商兑》中为宋学辩护的主要表现如下。

一、关于宋儒不重章句训诂,空言说经问题。方氏认为"朱子《四书集注》惟重发明义理,以训诂名物注疏已详,不复为解。故曰:'邢昺《论语疏》集汉魏诸儒之说,其于章句训诂名物之际详矣。学者读是书,其文义名物之详,当求之注疏,有不可略者。'又曰:汉魏诸儒,正音读、通训诂、考制度、释名物,其功博矣。学者苟不先涉其流,则亦何以用力如此。……据此可知朱子非废训诂名物不讲,如汉学诸人所訾谤也"(卷下)。进一步,方氏把学问分为两种,"古今学问,大抵二端,一小学、一大学。训诂名物制度,只是小学内事。《大学》直从'明新'说起,《中庸》从'性道'说起。此程子之教所主,为其成就向上,非初学之比"(卷中之上)。再进一步讲,"训诂不得义理之真,致误解古经,实多有之"(卷中之下),"义理有时实有在语言文字之外者"(同上)。

二、关于宋儒不辨儒经真伪,乃至篡改儒经问题。方氏认为不必斤斤于真伪、有否之辨,而应注重其是否有功于"圣教"。如出于伪《古文尚书·大禹谟》的"危微精一"十六字"心传",方氏说:"愚尝反复究思之,无论伪古文是信与否,荀子所引足重与否。只此二语,即出于巷说里谚,亦当平心审谛。断然信其精粹无疵,不诡于道,足以质古圣而无疑,而无庸代为周防也。"(卷中之上)再如朱熹的"格致补传",方氏亦曰:"不论《大学》有阙无阙,只朱子此所补传,正儒、禅之分界,导愚善于睿聪,有功于圣教,日月不刊矣!"(同上)

三、关于理学家出入儒佛,言心言性的风尚问题。方氏认为这充其量只是"高明"之误,云:"为学尚能堕入禅,此虽为圣学之害,然大段已是上乘人物。"(同上)"如龟山近乎禅,陆、王全乎禅,而其德业功名,成就如彼,岂今汉学诸人所能梦见!故使天下学者,果人人皆能如禅家之刻苦治心,斩情断妄,其胜于俗儒之沉迷汩没,老死不悟者已多矣!"(卷下)

《汉学商兑》的真正目的所在是对汉学和汉学家的抨击。对汉代的经学,方氏并不完全否定,甚至认为"汉儒之功,万世不可没矣",他把汉儒比作耕耘者,把宋儒比作收获者(参《重序》)。他的攻击,集中针对的是清代的汉学及汉学家。这主要表现在:

一、关于汉学家主张的读经必从小学入手问题。方氏认为:"今汉学宗旨,必谓经义不外于小学,第当专治小学,不当空言义理。以此欲蓦过宋儒而蔑之,超接道统,故谓由考核以通乎性与天道,由训诂以接唐、虞、周、孔正传。此最异端邪说,然亦最浅陋,又多矛盾也。"(卷中之下)

二、关于汉学家重视制度考证问题。方氏认为:"汉学诸人,坚称义理存乎训诂典章制度。而如《考工》车制,江氏有考,戴氏有图,金氏、程氏、钱氏皆言车制,同时著述,言人人殊,迄不知谁为定论。他如蔡氏赋役,沈氏禄田,任氏、江氏、盛氏、张氏宫室,黄氏、江氏、任氏、戴氏衣服冕弁,各自专门,亦互相驳斥,不知谁为真知定见。"(卷下)因此,他的观点是,对上古制度,"明之固佳,即未能明,亦无关身心性命、国计民生、学术之大"(同上)。

三、关于汉学家本身的品行问题。方氏认为他们并非出于学术公心,而只是想标新立异,借立门户,矜名徇私。正是由于他们睥睨宋儒,不明义理,所以人格品德低下,无特操可言,"夷考其人,居身制行,类皆未见德言之相顾也。是其视讲经本与躬行判而为二,固不必与其言行相应,原无意求真得,是但务立说,与宋儒争胜耳"(卷中之上),因而"恣欲任情,逾闲荡检,惟以有著述为藏身之固,天下亦遂以此恕之。贪黩卑污者有之,淫纵邪行者有之……举无妨于经学通儒之名"(卷下)。

四、关于清代汉学的作用问题。方氏认为汉学虚妄无用,"汉学诸人,言言有据,字字有考,只向纸上与古人争训诂形声。传注驳杂,援据群籍,证佐数百千条,反之身己心行,推之民人家国,了无益处,徒使人狂惑失守,不得所用。然则虽实事求是,而乃虚之至者也!"(卷中之上)汉学家"毕世治经,无一言几于道,无一念及于用……其生也勤,其死也虚;其求在外,使人狂,使人昏,荡天下之心,而不得其所本"(重序)。方氏进而认为,汉学为学术大害,是"弃本贵末,违戾诐诬,于圣人躬行求仁、修齐治平之教,一切抹杀,名为治经,实足害经;名为卫道,实则畔道"(序例)。它"较之杨墨、佛老而更陋,拟之洪水猛兽而更凶"(卷下)。

《汉学商兑》是清代思想学术史上的一部重要著作。它于道光前期问世,是乾嘉汉学开始走向衰落的标志之一。它对以后陈澧等调和汉宋之学的努力,以及曾国藩等重振程朱理学的企图,都有一定的影响。

(徐洪兴)

龚自珍全集 龚自珍

《龚自珍全集》，十一辑。龚自珍著。通行本有中华书局1959年校点本、上海人民出版社1975年校点本等。

龚自珍（1792—1841），一名巩祚，字瑟人，号定盦。浙江仁和（今杭州）人。生于三世京官家庭，父亲龚丽正官至江南苏松太兵备道，母亲是著名古文经学家段玉裁的女儿。清道光进士，任内阁中书、宗人府主事等官。自幼受汉学训练，但无志于汉学考据，而究心经世之务。曾作《明良论》四篇，议论政治，大受段玉裁赏识。后从武进刘逢禄受《公羊春秋》，学今文经学的"微言大义"。喜"为天地东西南北之学"（吴昌绶《定盦先生年谱》）。三十三岁，始治佛学。道光十八年（1838）作《送钦差大臣侯官林公序》，为林则徐去广东禁烟提出建议。次年，因在京师"动触时忌"（同上），辞官还乡。途中作《己亥杂诗》三百十五首，"杂记行程，兼述旧事"（同上）。同年又作《病梅馆记》，寓个性解放之意。道光二十一年，就丹阳云阳书院教席，同年八月十二日以暴疾卒。事迹见《龚自珍全集》附吴昌绶《定盦先生年谱》及今人樊克政《龚自珍年谱考略》（商务印书馆2004年）。

《龚自珍全集》据龚氏自刻本《定盦文集》和其他各种版本，以及诸书引载与海内公私诸家旧藏佚文等，整理编辑，是目前较完备的龚氏全集。

全书按文章体裁分为十一辑：一辑为政治和学术论文，二辑为碑传和纪事，三辑为书序和题录，四辑为金石题跋，五辑为表、启、笺，六辑为佛学论著，七辑为韵文，八辑为语录，九辑为编年诗，十辑为《己亥杂诗》，十一辑为词。附录收有魏源的《定盦文录叙》，吴煦的《定盦文集序》等。

关于宇宙观，龚自珍认为天地万物并非圣人所造，而是"众人自造"，"众人之宰，非道非极，自名曰我"（《壬癸之际胎观第一》）。以此出发，批评儒家的天命论，不过是儒生同国君做生意而已，"如贸易者之执券而适于市"（《尊命》）。以此出发，强调尊我尊心。"圣何名？名之曰我。"（《壬癸之际胎观第九》）而人最宝贵的是心，因此，"心无力者，谓之庸人。报大仇，医大病，解大难，谋大事，学大道，皆以心之力"（《壬癸之际胎观第四》）。

关于人性论,反对孟子的性善和荀子的性恶,主张告子的性无善无恶论,性"无善无不善而已矣,善恶皆后起者"(《阐告子》)。进而批评"大公无私",提倡尊私尊情。认为"大公无私"只是"以墨之理,济杨之行"而已(《论私》)。而"情之为物也,亦尝有意乎锄之矣,锄之不能,而反有之;宥之不已,而反尊之"(《长短言自序》)。

关于社会历史观,认为社会的基础是"农宗",即农村宗法制度,而"后王君公"、"礼乐刑法"等都是后起的(《农宗》)。这个以"农宗"为基础的社会是不断发展的,"古人之世,倏而为今之世;今人之世,倏而为后之世;旋转簸荡不已"(《释风》)。并借用《公羊春秋》的微言大义,把历史发展分为三世:据乱世、升平世和太平世。据乱世没有君主、刑法;升平世已有君主、刑法,但没有礼乐;太平世礼乐大盛,天下太平。但太平世不会永远太平,"农宗"要破坏,平均会变成不平均,"贫相轧,富相欺,贫者阽,富者安;贫者日愈倾,富者日愈壅"(《平均篇》),最终引发动乱,社会又回到据乱世,一切又得从头开始。

龚自珍是有责任心的知识分子,他揭露社会的弊病,提出改革的建议,也作过革命的预言。他认为社会可分三等:治世、乱世和衰世。而当时的社会正是"衰世",衰世表面像治世,实质是乱世的开端。它的特点是无人才,因为人才被束缚、扼杀了,"才士与才民出,则百不才督之缚之,以至于戮之。戮之非刀、非锯、非水火;文亦戮之,名亦戮之,声音笑貌亦戮之","戮其能忧心,能愤心,能思虑心,能作为心,能有廉耻心,能无渣滓心"(《乙丙之际箸议第九》)。所以,衰世的处境是非常悲惨的,"履霜之屦,寒于坚冰;未雨之鸟,戚于飘摇;痱癀之疾,殆于痛疽;将萎之花,惨于槁木"(同上)。出路只有改革,"与其赠来者以劲改革,孰若自改革"(《乙丙之际箸议第七》)。他希望朝廷自行改革,并提了不少建议。政治上,主张改官制,破除"用人论资格"的陋习并增加"内外大臣之权"(《明良论》)。经济上,主张均贫富,因为"浮不足之数相去愈远,则亡愈速,去稍近,治亦稍速"(《平均篇》)。文化上,主张变功令,因为科举制度使"天下之子弟,心术坏而义理锢"(《述思古子议》),主张恢复"汉世讽书射策"(同上),联系实际做文章。但他又怀疑朝廷是否真有改革愿望,因此又寄希望于在野的"山中之民",一种是"山中之傲民",一种是"山中之悴民"。如果"朝士寡助失亲,则山中之民,一啸百吟,一呻百问疾矣"。久而久之,"则山中之民,有大音声起,大地为之钟鼓,神人为之波涛矣"(《尊隐》)。革命的时代就来到了,虽然他本人是不赞成革命的,认为"可以虑,可以更,不可以骤"(《平均篇》)。

龚自珍是开近代风气的人物。他的改革思想和革命预言,他对人本主义和个性解放的呼唤,他的三世进化论,都开创了一代新风。他的思想对近代的维新运动产生了很大影响。梁启超说:"光绪间所谓新学家者,大率人人皆经过崇拜龚氏之一时期;初读《定庵文集》,若受电然。"(《清代学术概论》)

(钱宪民)

古微堂集 魏 源

《古微堂集》,十卷。魏源著。通行本有清光绪四年(1878)淮南书局初刻本、光绪二十二年丰城余氏宝墨斋《宝墨斋丛书》本、宣统元年(1909)国学扶轮社本、中华书局1975年版《魏源集》本以及岳麓书社《魏源全集》本等。

魏源(1794—1857),原名远达,字默深。湖南邵阳人。清道光进士,曾官高邮知州。早年从今文经学家刘逢禄学《公羊春秋》,与龚自珍友善,世称龚魏。二十九岁时,受江苏布政使贺长龄所托,辑《皇朝经世文编》,"遂留意经济之学"(魏耆《邵阳魏府君事略》)。他自己也写了《筹河篇》、《筹漕篇》、《筹鹾篇》等文章,对改革河政、漕政、盐政提出建议。鸦片战争时,在两江总督裕谦幕府参加抗战。南京条约签订后,"有感而著《圣武记》"(同上)。又根据林则徐所编《四洲志》,作《海国图志》,提出"师夷长技以制夷"的主张。太平军起,曾辅周天爵参与镇压。晚年弃官,潜心佛典,病死于杭州。另著有《古微堂诗集》、《老子本义》、《孙子集注》、《书古微》、《诗古微》、《元史新编》等。《清史稿》卷四八六有传。

《古微堂集》为魏源的论文集。国学扶轮社本分《内集》二卷、《外集》八卷。《内集》收《默觚上下》三十篇,为论学、论治之作;《外集》收专著和诗集以外的各种体裁文章百余篇。有黄象离的序和跋,认为魏源的文章"与龚定盦氏相伯仲",但"龚氏文深入而不欲显出,先生文深入而显出,其为独辟町畦,空所倚傍一也"(黄象离《重刊古微堂集跋》)。

魏源认为人的知识源于实践,"'及之而后知,履之而后艰',乌有不行而能知者乎?"(《默觚上·学篇二》)世上并无"生知安行"的圣人,圣人的知识也是后天得来的,"圣其果生知乎?安行乎?孔何以发愤而忘食?姬何以夜坐而待旦?文何以忧患而作《易》?孔何以假年而学《易》乎?"(《默觚上·学篇三》)因此强调学的重要,"敏者与鲁者共学,敏不获而鲁反获之,敏者日鲁,鲁者日敏",人只要好学,就能与"造化相通",就能"自造自化"(《默觚上·学篇二》)。除了学,还要问,"人有恒言曰:学问。未有学而不资于问者也"。因为"独得之见,必不如众议之参同也"(《默觚下·治篇一》)。

魏源推崇《周易》、《老子》和《孙子》,"经之《易》也,子之《老》也,兵家之《孙》也,其道皆冒万有,其心皆照宇宙,其术皆合天人、综常变者也"(《孙子集注序》)。而他自己对于矛盾及其转化的规律也有深刻的认识,认为"天下物无独必有对","有对之中必一主一辅,则对而不失为独",而对立双方是"相反适以相成也"(《默觚上·学篇十一》)。不仅如此,矛盾双方还是可以转化的,"暑极不生暑而生寒,寒极不生寒而生暑。屈之甚者信必烈,伏之久者飞必快"等等(《默觚上·学篇七》)。以此来看历史,他认为历史也是可变的,"气化无一息不变者也,其不变者道而已,势则日变而不可复者也"(《默觚下·治篇五》)。因此,"三代以上,天皆不同今日之天,地皆不同今日之地,人皆不同今日之人,物皆不同今日之物"(同上)。而且,后世还可胜于三代。所以,反对法古而主张变古,认为"变古愈尽,便民愈甚"(同上)。变的根据是"人情","天下事,人情所不便者变可复,人情所群便者变则不可复"(同上)。

魏源强调治学的目的全在经世,因而主张"通经致用",即"以经术为治术"(《默觚上·学篇九》)。他认为必须有爱国之情才能有济世之才,"人有恒言曰:才情,未有无情而有才者也","无情于民物而能才济民物,自古至今未之有也"(《默觚下·治篇一》)。因此他极为关注当时的社会问题,曾痛斥"鄙夫"的祸害,"除富贵而外不知国计民生为何事,除私党而外不知人材为何物","人主被其熏陶渐摩,亦潜化于痿痹不仁而莫之觉","久而久之,无职不旷,无事不蛊"(《默觚下·治篇十一》)。也曾提出改革水利、漕运、盐政等建议,但均无补于事。值得注意的是,魏源指出了向西方学习的新方向,即"师夷长技以制夷"(《海国图志叙》)。目的是"制夷",方法是"师夷长技"。当然,他所理解的"夷之长技"只是"战舰"、"火器"和"养兵练兵之法"。他还主张发展民族工业,"沿海商民,有自愿仿设厂局,以造船械,或自用或出售者听之"(《海国图志》卷二)。

魏源是中国近代著名的爱国者和改革派。如果说龚自珍以他对清王朝"衰世"的揭露结束了一个旧时代的话,魏源则以他提出的"师夷长技以制夷"的思想开辟了一个新时代。梁启超说:"新思想之萌蘖,其因缘不得不远溯龚魏。"(《论中国学术思想变迁之大势》)

(钱宪民)

群经平议 俞 樾

《群经平议》，三十五卷。俞樾著。成书于清同治元年（1862）。通行刊有清光绪十四年（1888）南菁书院本、光绪十五年《春在堂全书》本、光绪十五年蜚英馆石印本、《皇清经解续编》本等。

俞樾（1821—1907），字荫甫，号曲园。浙江德清人，迁居仁和（今杭州）。清道光三十年（1850）进士，官翰林院编修，提督河南学政。后罢官归居苏州，杜门潜心著述，足迹不逾江浙，而声名扬溢海内外，成为咸、同间著名朴学大师。同治七年（1868）主持杭州诂经精舍，凡三十余年，又总办浙江书局。其治学师宗乾嘉学者王念孙、王引之父子，以古文经学见长，力倡通经致用，对群经、诸子、语言、训诂及诗词、小说等皆有研究。主要著作尚有《诸子平议》、《古书疑义举例》等。传见《清史稿》卷四八二、《续碑传集》卷七五。

俞樾的经学研究，继承了皖派学者王念孙、王引之父子专治文字学的传统。他在《群经平议·自序》中说："本朝经学之盛，自汉以来未之有也。余幸生诸老先生之后，与闻绪论，粗识门户。尝试以为治经之道，大要有三，正句读，审子义，通古文假借，得此三者以治经，则思过半矣。三者之中，通假借为尤要。诸老先生惟高邮王氏父子发明故训，是正文字，至为精审。"于是仿《经义述闻》作《群经平议》三十五卷。此书在晚清颇具影响。《经义述闻》作为王引之经学研究的主要代表作，最大的价值集中在对经文的校勘和训诂两个方面。俞樾的《群经平议》即沿袭了《经义述闻》的治经方法，对经籍中存有的许多难读或前人误解的文句，均作了精当的判断和纠正。梁启超誉为"理解直凑单微，下判断极矜慎，所以能为一代所宗"。

儒家经典本身及对它的种种注释在长时间的历史传衍中，其内容也发生了变异。《群经平议》所平议者为《周易》、《尚书》、《周书》、《毛诗》、《周礼》、《仪礼》、《礼记》、《大戴礼》、《春秋左传》、《春秋公羊传》、《春秋穀梁传》、《国语》、《论语》、《孟子》、《尔雅》等十五种儒家经籍。其特色在于考订群经讹舛，审定经文字义，诠释通假，正其句读，于特殊文法和修辞现象亦有所阐明。

一、审定经文字义。如《易·涣》上九爻："涣其血去，逖出，无咎。"水流称涣，因而血流也称涣。《易·小畜》六四爻："有孚血去，惕出，无咎。"其意与此同。历来注家对此文字也无疑义。俞樾则认为"血"字之后脱漏一"血"字。《象》云："涣其血，远害也。"据此，"涣其血"三字当自为句。而《小畜》之"惕"与《涣》之"逖"古通。也正因此，"血"下当补上一"血"字。俞樾的理由是古人遇重文时一般都从简，而以二画表示，后人传抄每每脱漏以致讹误。这当然未必是定论，但以古籍行文的常例勘正原文，也是读经的重要方法。因此加上一"血"字，文义也更为顺畅。

二、订正经文错讹。补正经文是为了恢复经典原貌，为恢复经典原貌，俞樾认为必须正确识别经文中的错字与衍字。如《春秋穀梁传》庄公十年："中国不言败，此其言败，何也？中国不言败，蔡侯其见获乎？其言败何也？释蔡侯之获也。"俞樾指出"中国不言败"之"言"为衍字，后一"何也"亦为衍字。又如庄公二十二年："肆，失也。眚，灾也。灾纪也，失故也，为嫌天子之葬也。"全句的意思是：鲁国之所以赦免有罪的人，是因为担心为夫人姜氏举行葬礼仪式有悖于周天子关于葬礼法制。所以称"失故也"。俞樾则取证唐石经桓公九年传"放命"，后世各本皆讹为"故命"，认为"以文姜之故而但曰故也，不辞甚也"，"故"当是"放"字形近所致之误。以"放"为"故"，经义也更易理解。

三、明通假、正句读。《群经平议》一书中，对字义的重新诠释是其最为显著的特征。如《易·需》九二爻："需于沙，有小言，终结。"《象传》谓"衍在中也"，虞翻释"衍"字为"流"，荀爽则释为"美德优衍"。孔广森说，"衍"借为"愆"。王念孙认为系"行"字之讹。俞樾据《诗·代木》毛传，断"衍"字有"美"义，同意荀爽的意见。理由是释"衍在中也"为"美在中"，恰与《象传》下文"灾在外"句对应。同时俞樾还根据古文字通假的规律，来揭示经文原义。如他评议《国语》"隐武事"句说："此'隐'字，韦氏无注。下文'定三革、隐刃'注曰：'隐，藏也。'则未得其义也。'隐'当读为'偃'。《汉书·古今人表》'徐隐王'，师古注曰'即偃王也'。是隐、偃古通用字。《荀子·儒效篇》'偃五兵'，杨倞注曰'偃，仆也'。《庄子·徐无鬼》篇：'偃兵其可乎？'《吕氏春秋·荡兵》篇：'古圣王有义兵而无有偃兵。'《应言》篇：'公孙龙说燕昭王以偃兵。'凡言'偃兵'者其义并同，此作'隐'者，假字耳。"正句读。如《易·乾》九三爻："君子终日乾乾，夕惕若，厉无咎。"汉唐学者每每以四为句读。乾嘉学者武亿认为当读作"夕惕若，厉"，然而俞樾则以"夕惕"、"若厉"各为句读。以爻辞的上下连接而言，俞樾所断较为合理，因为在其他卦爻辞中也有类此句式。这种通过经书通例而判断句读，对于理解经义也极具参考价值。俞樾本人也一再表示："每遇一题必有独得之见。其引前人成说或数百字或千余言，要皆以证成吾说。合吾说者我从之，不合吾说者吾辨之驳之，而非徒袭前人之说以为说也。"(《春在堂杂文》六篇《诂经课艺五集序》)

正因为俞樾解经致力于刻意求新，往往忽视了语言的社会性，在缺乏大量证据的情况下，他的解释过于武断,甚至出现误判。如《论语·里仁》篇"君子怀德,小人怀土;君子怀刑,小人怀惠"。俞樾以君子、小人为上下之称,怀字训归,言君子归于德,则小人怀其乡土,若归于刑,则小人归它国之有惠者。《皇疏》引李充已有此说。且亦引《老子》邻国相望不相往来之文。然谓君子归于德,归于刑,终属不辞。李慈铭《越缦堂读书记》云:"阅俞荫甫群经平议《易》、《书》、《诗》诸条。春书涵泳经文,务抉难词疑义,而以文从字顺求之,盖本高邮王氏家法,故不主故训,惟求达诂,亦往往失于武断,或意过其通,转涉支离。然多识古义,持论有本,记引疏通,时有创获,同时学者未能或之先也。"可谓确论。

俞樾作为晚清古文经学的大师,并不严立古、今门户。他曾拜识宋翔凤,得闻武进庄存与今文经说的精华,倾心于"公羊"之学,晚年则持今古文经学之平。《群经平议》中对《春秋公羊传》虽屡用何休、刘逢禄的批评,但也有很多新的见解。就整体成就而言,《群经平议》逊于王引之《经义述闻》,但在晚清仍称得上有学术价值的经学著作。

(陈居渊)

今古学考 廖 平

《今古学考》,二卷。廖平著。成书于清光绪十二年(1886)。通行本有光绪间《蛰云雷斋丛书》本、光绪十二年《四益馆经学丛书》本、光绪二十三年尊经书局本、宣统三年(1911)上海国学扶轮社《张氏适园丛书》本、1921年四川存古书局《新订六译馆丛书》本、1998年巴蜀书社《廖平选集》本等。

廖平(1852—1932),原名登廷,字旭陔,后改名平,字季平,先后自号四益(译)先生、五译先生、六译先生。四川井研人。清同治十三年(1874)入县学为诸生。光绪二年(1876)补廪生。张之洞督川学,以学识拔之,选入尊经书院。湘潭王闿运主尊经教席,为公羊家言,廖平师从之。光绪十五年成进士,以知县用,为奉养双亲,改从教谕。先后在四川江油、射洪、安岳等地任教,尤以在成都尊经书院、乐山九峰书院时间最长。辛亥革命后,在成都多所学堂担任过教授,一生从事经学研究。廖平经学著作达一百五十余种,大部分录于《六译馆丛书》。其中《今古学考》是他研究经学史的著名论著。

廖平的经学研究以多变而著称。早年研求宋学,"喜好宋五子书、八家文"。因受张之洞的影响,转研汉学。后师从王闿运,改从今文经学。主张治经以明人义为主,把文字训诂作为通经的工具,批评汉学繁琐破碎,有糟粕而无精华,有枝叶而无根本。廖平经学研究前后经历变化达六次之多,《今古学考》就是他经学初变时评述今古经文学历史渊源的专论。

《今古学考》二卷,上卷由二十种表式构成。二十表是:(1)《汉艺文志》今古学经传师法表。(2)《五经异义》今古学名目表。(3)《五经异义》今与今同,古与古同表。(4)郑君以前今古诸书各自为家不相混乱表。(5)今古学统宗表。(6)今古学宗旨不同表。(7)今学损益古学礼制表。(8)今学因仍古学礼制表。(9)今古学流派表。(10)《两戴记》今古篇目表。(11)今古学专门书目表。(12)今古兼用杂同经史子集书目表。(13)《公羊》改今从古、《左传》改古从今表。(14)今古各经礼制有无表。(15)今古各经礼制同名异实表。(16)今古各经礼制同实异名表。(17)今古学鲁、齐、古三家经传表。(18)郑君以后今古学废绝表。(19)今学盛于西汉、古学盛于东汉表。(20)今古学经传存佚表。下卷为一百余则经话,是对上卷二十表的补充说明。

《今古学考》从经学史的角度对今古经文学重新定案,其中犹以"平分今古",可视为廖平经学初变时的重要经学思想。所谓"平分今古",即依据汉代以前的文献资料,着重追溯今、古文学的历史渊源,从而判定今、古文学的主要差异在于:一主《周礼》,一主《王制》。他在自序《经学四变》中说:"初以《王制》、《周礼》与同治中国,分周、孔同异,袭用东汉法也。继以《周礼》与《王制》不两立,归狱歆、莽,用西汉法。"今文经学一尊《王制》,古文经学则宗《周礼》。两者的区别在于《周礼》特指周代的典章制度,而《王制》则以殷礼为主兼采夏、殷、周,也是最为理想的社会制度。他说:"《王制》一篇,以后来书、志推之,其言爵禄,则职官志也;其言封建九州,则地理志也;其言命官兴学,则选举志也;其言巡狩、吉凶、军宾,则礼乐志也;其言国用,则食货志也;其言司马所掌,则兵志也;其言司寇,则刑法志也;其言四夷,则外夷诸传也。大约宏纲巨领,皆已具此,宜其为一王大法欤!"因此,古文经学推崇周公,而《王制》则为孔子手定之书。今文经学学祖孔子,古文经学学宗周公;古文经学学祖孔子早年之说,今文经学学宗孔子晚年之论。廖平曾推断"今文出于春秋时,古学成于战国时",并在《今古学流派表》中指出,今文经学上承鲁学、齐学、韩学和纬学,其特点是师说"因地而异"。古文经学上承《周礼》、《国语》、《左传》、《孝经》诸学,其特点是各门都"缘经立说"。据此,廖平判定鲁学为今学正宗,孔子弟子所得多属孔子晚年学说,因以衣钵真传自重。燕、赵儒学为古学正宗,孔门弟子遂疑鲁学伪托先师。廖平的这些思想虽具新意,但缺乏文献印证,只能是一家之说。

《今古学考》的学术价值,还表现在对汉代今、古两大经学流派的梳理与分析较为通达。如廖平认为:"今古经本不同,人知者多。至于学官皆今学,民间皆古学,则知者鲜矣。知今学为齐鲁派,十四博士同源共贯,不自相异;古学为燕赵派,群经共为一家,与今学为敌,而不自相异,则知者更鲜矣。"据此,廖平以《孝经》、《左传》为古文经,《春秋》、《穀梁》、《公羊》为今文经,他否认《孝经》有今文经,《春秋》有古文经,指出《易》、《诗》、《书》有今古的区别,是后人附会所致,孔子并非有意识地划分。又认为《论语》为今古相杂,并以大、小戴《礼记》两书篇目对照分类。如属今文者有《王制》等十六篇,古文者有《玉藻》等四十篇,今古相杂者有《文王世子》等五篇,今古相同者有《武王践阼》等二十五篇。他又确认《五经通义》、《石渠论》、《白虎通》、《孔子集语》、《史记》、《汉书》等为"今多于古",许慎的《五经异义》为"古多于今",而郑玄注《礼记》则"今古杂"。《尔雅》、《急就章》、《方言》系"今古同"。《今古学考》在辨析汉代今古经文学时,也表现出廖平对今文经学的偏袒。如他认为两派学说"如日月经下,江河行地,判然两途,不能混合"。廖平崇尚今文,旨在证明今文经学的正统地位,为的是与古文经学争孔子的真传。

《今古学考》虽系廖平讨论今古经文学的经典之作，但并不能代表他完整的经学思想。继《今古学考》之后，廖平又作《古学考》，由"平分今古"转向"尊今抑古"。他指出："当时分教尊经，与同学二三百人，朝夕研究，析群言而定一尊，于是考究古文家渊源，则皆出许、郑以后之伪撰，所有古文家师说，则全出刘歆以后据《周礼》、《左氏》之推行。又考西汉以前，言经学者，皆主孔子，并无周公。六艺皆为新经，并非旧史，于是以尊今者作为《知圣篇》、辟古者作为《辟刘篇》。"(《经学四变记·二变记》)《知圣篇》、《辟刘篇》在当时学界颇具影响，康有为的《新学伪经考》与《孔子改制考》则在廖平的基础上推演而成。如廖平《知圣篇》认为"惠、戴挺出，独标汉帜，收残拾坠，零璧断圭，颇近骨董家。名衍汉学，实则宗法莽、歆，与西汉天涯地角，不可同日语"，这与《新学伪经考》攻击刘歆、王莽伪经所论相合。又认为"孔子受命改制，为生知，为素王，此经学微言，传授大义，帝王见诸事实，孔子徒托空言，六艺即其典章制度，与今六部则例相同。素王一义，为六经之根株纲领"，这也正是康有为称孔子为素王的托古改制话头。《知圣篇》、《辟刘篇》撰于1888年，康有为的《新学伪经考》刊于1891年，《孔子改制考》始刊于1898年。而康、廖的首次相晤则在1889年，因此，康有为深受廖平今文经说的影响，也是有其历史理由的。此后，廖平还相继提出小统大统，以《春秋》为治中国之法，《周礼》为治全球之制；人学天学，以《春秋》为人学，《诗》、《易》为天学；天人大小，以《礼》、《春秋》、《尚书》为人学三书，《诗》、《易》、《乐》为天学三经；又以五运六气解《诗》、《易》。这些观点，不仅与他在《今古学考》中企图探索经学史真相的初衷已大相径庭，而且也说明他的经学研究终究未能翻出今文经学的旧窠。

廖平虽为今文经师，他却与清代其他的今文学者不同，他从精研《穀梁》入手，继而复研《公羊》。蒙文通《廖季平先生传》指出："湘绮言《春秋》以《公羊》，而先生治《穀梁》专谨，与湘绮稍异。其能自辟蹊径，不入于常州者之流，殆亦在是。《穀梁》解经最密，是先生用力于《穀梁》最深，著《穀梁古义疏》、《释范》、《起起穀梁废疾》，依传之例，以决范(宁)、何(休)、郑(玄)氏之违失，而杜后来无穷之辨。植基坚厚，后复移之以治《公羊》、《左传》，皆迎刃而解。"这既是对廖平《穀梁》研究的评价，也是对廖平包括《今古学考》在内的经学史研究的充分肯定。

有关廖平研究的主要著作，有陈德述、黄开国、蔡方鹿合著的《廖平学术思想研究》和廖宗泽的《廖平年谱》等。

（陈居渊）

新学伪经考 康有为

《新学伪经考》，又名《伪经考》。十四卷。康有为撰。清光绪十七年(1891)成书刊行。初刊本是广州康氏万木草堂刻本，随即有四种翻刻和石印的版本。1917年著者又重刻出版，改名为《伪经考》，加《后序》一篇。1931年北平文化学社出版铅字排印本，附钱玄同的《重印新学伪经考序》。1936年商务印书馆出版"国学基本丛书"本。今有多种标点本，并收入《康有为全集》。

康有为(1858—1927)，原名祖诒，字广厦，号长素，又号更生。广东南海人。少时受程朱理学的教育，后师从朱次琦，倾心于陆王心学。游香港、上海后，对西学发生兴趣。清光绪十四年(1888)，曾试图以布衣上万言书给光绪帝，未获成功。南下广州，著书立说，宣传孔子托古改制说，鼓吹变法，并收徒讲学，培养变法人才。光绪二十一年《马关条约》签订时，他鼓动在京会试举人一千三百余人署名上书，要求拒和、迁都、变法。同年考中进士，授工部主事。后发起组织强学会、圣学会、保国会，办《中外纪闻》、《强学报》、《新知报》，力促维新变法。光绪二十四年依靠光绪帝实行"戊戌变法"，失败后流亡国外，组织保皇会，反对革命。辛亥革命爆发后主张保存帝制，行"虚君共和"之制。后为孔教会会长。1917年参与张勋复辟，失败后避美国使馆，伺机脱归上海。著作尚有《大同书》、《孔子改制考》、《长兴学记》、《诸天讲》、《春秋董氏学》、《孟子微》、《春秋笔削大义微言考》等。《清史稿》卷四七三有传，今人更著有多种传记。

《新学伪经考》是一部打着经学论争的旗号宣传变法维新的新思想的著作。作者继承清朝中叶常州学派的今文经学，特别是吸取了清末经学家廖平的《今古学考》等著作中的经学理论，猛攻封建主义意识形态的理论基石的基本部分——古文经学，借以破除主张复古、守旧、脱离政治、脱离现实、维护专制主义制度的传统儒学。作者把一部分儒家经传说成是西汉末年著名学者刘歆的伪造，故称之为"伪经"，把刘歆的古文经学说成是他帮助王莽篡位，建立新朝的学术，故称之为"新学"。采用考证的方法，广泛引用权威史料，分类编排，每卷前加按语说明各卷的大意，引文后也多有按语加以评论。整本书观点鲜明，条理清晰。各卷内容如下。

卷一：《秦焚六经未尝亡缺考》。作者提出秦始皇焚书坑儒并未使儒家经书失传，其所引史书提出的根据主要是：焚书仅烧民间所藏之书，七十博士及其数百弟子之书不在其内，当有数百本经书保存下来；丞相李斯、御史张苍所藏官本也被保存，后被萧何接收；经书在孔子后代中世代相传，从未断绝；藏书之禁仅四年，古代读经都要背诵，经书文字简约，容易记住，经书通过口耳相传也可保存下来，等等。

卷二：《史记经说足证伪经考》。作者认为，古文经学大量窜入《汉书》，所以后人考证，就依据刘歆之说，"今取西汉人之说证之，乃知其伪乱百出"。指出，司马迁之学得于六经至深，其父司马谈受《易》于杨何，他本人向孔安国求教《尚书》之学，并且闻《春秋》于董仲舒，还到齐鲁之都观孔子之遗风，《史记》中没有发现古文经书之事，因此孔子六经之传靠《史记》存其真，司马迁于儒学有大功。

卷三：《汉书艺文志辨伪》（上、下）。作者提出，刘歆总校书之任，因此能任意窜乱经书。《七略》出于刘歆，尤其是其中的《六艺略》完全是他一手所作，"故尤得恣其改乱，颠倒六经"。认为，《春秋》只有公羊、穀梁传，没有左氏传；《诗》只有齐、鲁、韩三家，没有毛诗；《尚书》只有二十八篇，即伏生所传，无《古文尚书》及《书序》；《易》只有田何一派得孔学之真，施、孟、梁丘之学皆起于汉宣帝之后；《礼》十七篇没有缺亡，《周官》、《逸礼》皆为伪经。作者还以大量史料力证《汉书》所载鲁共王坏孔府墙壁得古文经书一事为子虚乌有。作者甚至以为，《尔雅》不见于西汉前，亦为刘歆伪造，以训诂证古文经书。

卷四：《汉书河间献王、鲁共王传辨伪》。进一步说明《汉书》有关坏孔府壁得古文经书的文字为刘歆伪造。作者引葛洪《西京杂记》、刘知幾《史通》说，《汉书》本为刘歆所作，班固所不取者不过二万多字。又提出："歆阴窜易左氏《国语》为编年而以为《春秋》传，伪为《周官》以改礼学，又伪毛氏《诗》以证之，以传记引《逸书》数十篇，易于伪托。"

卷五：《汉书儒林传辨伪》。说古文经学的传授源流，如《左传》、《古文尚书》、《毛诗》的传授系统，全为刘歆伪托。如毛亨、毛苌两人为"无是"、"子虚"，刘歆"伪造师傅，假托名字，弥缝其间"。

卷六：《汉书刘歆王莽传辨伪考》。提出刘歆早欲窜乱孔学，遇王莽篡位之机，以伪经迎媚他，王莽掌握政权后又征召古文经学学者千余人，立古文经学于学官，奖励刘歆之篡孔。

卷七：《汉儒愤攻伪经考》。引《汉书》中的《王莽传》、《刘歆传》等传记中的材料说明古文经学立于学官引起众怒，自公卿、博士、弟子、儒生凡数千，无不愤绝，以此证明古文经书之伪。还指出："盖西汉博士之攻伪经，立乎其外以攻之者也，范升以下之攻伪经，入乎其中以攻之者也；入乎其中以攻之，鲜有能胜之者。"

卷八：《伪经传于通学成于郑玄考》。论述古文经学传播开来成为儒学正统的原因。作者认为东汉之儒大部分信今文经学,信古文经学只不过是杜林、郑玄、贾逵、马融等数人,但由于这些人极其博学,特别是"郑玄挟其硕学、高行、老寿,糅合今古,实得伪古之传以行之,遂为天下所言"。

卷九:《后汉书儒林传纠谬》。纠正《后汉书·儒林传》中肯定古文经学的种种说法,如《儒林传》中有言曰:"孔安国所献《礼》古经五十六篇及《周官》经六篇。"指出《礼》古经有出自河间献王,有出自鲁共王者,无一为安国所献,此为魏晋后辗转妄说。

卷十:《经典释文纠谬》。指出《经典释文》由于其作者生在隋唐,今学尽亡,耳濡目染,师友讲授,皆为古文经学,所以采纳了许多古文经学内容,造成很大影响。陆德明根据古文经学排列六经的次序(即《易》、《书》、《诗》、《礼》、《春秋》)是错误的,他以为次序应该是《诗》、《书》、《礼》、《乐》、《易》、《春秋》。

卷十一:《隋书经籍志纠谬》。订正《隋书·经籍志》中有关古文经书的记载。

卷十二:《伪经传授表》(上、下)。此为梁启超所编。上表分《费氏易》、《古文尚书》、《毛诗》、《周官》附三礼、《左氏春秋》附《国语》五项,按时间先后排列大师姓名,其师承关系,注明大师著作,从刘歆开始,到孔颖达、贾公彦、陆德明为止。下表分《古论语》、《孝经》、小学、通学四项排列姓名。

卷十三:《书序辨伪》。为康氏门人陈千秋所作。作者提出孔子之前《尚书》版本很多,篇目也不少,但孔子手编的《尚书》,只有二十八篇,今本无脱缺。《今文尚书》无《书序》,孔子作《书序》之说始于刘歆。

卷十四:《刘向经说足证伪经考》。提出刘向、刘歆父子都任校书,歆所见之书,向亦见之,歆所见不能超出向所见之外;然而刘向所言为今文经学,而刘歆所言则为古文经学,作者由此证明古文经书为伪书。此卷为梁启超所作。

《新学伪经考》是一部经学著作,自始至终都在考证辨伪。它集清朝中叶以来今文经学之大成,给支配清朝思想学术界、主张"述而不作"、重考据训诂的古文经学以沉重的打击。此书在清末又是一部解放思想的著作。它说"凡今所争之汉学、宋学者,又皆歆之绪余支派也"(卷二),把官方哲学程朱理学也归入"伪学"范围之中。它并不只要把《左传》、《毛诗》、《周官》等几本古文经典清除出孔学的庙堂,而是要挣脱全部传统儒家经学的束缚,如康有为的好友、著名学者朱一新所说:"以训诂之学归之刘歆,使人无以自坚其说,而凡古书之与吾说相戾者,一皆诋为伪造,夫然后可以唯吾所为,虽圣人不得不俯首而听吾驱策。"(《佩弦斋杂存·复长孺第四书》)正因为如此,此书出版后受到不少人的欢迎,在社会上引起巨大的反响,梁启超称之为"思想界之一飓风"(《清代学术概论》第二十三节),因此受到顽固派的仇视,清廷两度下令禁行,由此也可见它在当时的影响之大。

　　《新学伪经考》的又一作用是促进了疑古思潮的发展。康有为怀疑的古书范围相当广,不仅有古文经书,而且有《汉书》、《后汉书》、《隋书》、《尔雅》、《说文解字》诸书中部分内容,甚至说《史记》、《楚辞》经刘歆窜入者数十条,出土之钟鼎器,皆刘歆私铸埋藏以欺后世。这中间既有武断强辩,抹煞证据或曲解证据之说,也有言之有据,振聋发聩之处。此书破除了士人盲目信古的心理,提醒人们,"一切古书,皆须从新检查估价"(《清代学术概论》第二十三节)。其后崔适引申康有为之说,著《史记探源》、《春秋复始》二书,考证更加精密。五四运动以后的古史辨派也受其影响。

　　　　　　　　　　　　　　　　　　　　　　　　　　（施忠连）

天演论 严复译

《天演论》，一卷。严复为英国生物学家赫胥黎(T. H. Huxley)著 *Evolution and Ethics*(《进化论与伦理学》)所译的中文本。通行本有清光绪二十四年(1898)沔阳慎始基斋本、同年嗜奇精舍本、光绪二十七年富文书局本、1931年商务印书馆《严译名著丛刊》本以及《严复集》所刊的手稿本等。《天演论》严译本正式出版时，书前附有《吴(汝纶)序》和严复《自序》以及《译例言》。1931年的商务本在书后附有《〈天演论〉中西译名对照表》，1986年中华书局本均予转录。

严复(1854—1921)，字又陵，又字幾道，晚号瘉壄老人。福建侯官(今福州)人。清同治六年(1867)考入福州船政学堂，十年毕业。光绪三年(1877)被派往英国海军学校留学三年，研究西方的政治、学术。回国后，在北洋水师学堂任职，自总教习(教务长)、会办(副校长)，升至总办(校长)，凡二十年。中日甲午战争后，于1895年在天津《直报》上发表《论世变之亟》、《救亡决论》、《原强》、《辟韩》等四篇论文，反对守旧，主张维新。其中最重要的是《原强》，提出"以自由为体，以民主为用"，强调"鼓民力，开民智、新民德"。1898年，严译《天演论》正式出版，以达尔文"物竞天择，优胜劣败"的进化论思想唤起国人救亡图存。维新运动失败后，严复集中精力于译书，先后译出亚当·斯密的《原富》、孟德斯鸠的《法意》等，并加案语，以抒己见，系统介绍西方的哲学、政治和经济理论。辛亥革命以后，严复逐渐落伍，曾列名"筹安会"，拥戴帝制，并主张尊孔读经。著译尚有《严幾道诗文钞》、《瘉壄堂诗集》、《严译名著丛刊》等。《清史稿》卷四八六有传。近人王蘧常撰《严幾道年谱》，严璩撰《侯官严先生年谱》，孙应祥撰《严复年谱》。

严复在变法运动失败后得以幸免，不再积极参与政治活动，集中精力翻译西方名著。主要译著有《天演论》、《群己权界论》、《社会通诠》、《法意》、《原富》等。《天演论》是我国第一部系统介绍达尔文进化论的著作，严复对此书并非"字比句次"的直译，而是"取便发挥"的"达旨"(《译例言》)，目的在于唤起国人"自强保种"(《译〈天演论〉自序》)。

严译《天演论》分上下两卷。上卷自导言一至导言十八，凡十八篇，各篇标题分别为：察变、广义、趋异、互争、人择、善败、乌托邦、汰蕃、择难、蜂群、人群、制私、恕败、最旨、进微、善群和新反；下卷自论一至论十七，凡十七篇，各篇标题分别为：触实、忧患、教源、严意、天刑、佛释、种业、冥往、真幻、佛法、学派、天难、论性、矫性、演恶、群治和进化。严复另加案语二十九条，不仅作补充说明，还发挥其见解。

《天演论》根据达尔文的进化论思想，认为世界并非上帝创造，而是客观存在并不断变化的。而变化的原因在于物竞天择，"物既争存矣，而天又从其争之后而择之，一争一择，而变化之事出矣"（《导言一·察变》）。严复认为达尔文的进化论思想同样适应于人类社会，"某种愈下，其存弥难"，"资生之物所加多者有限，有术者既多取之而丰，无具者自少取焉而啬，丰者近昌，啬者邻灭"，因此中国必须发愤图强，急起直追，而高谈夷夏之辨是无补于事的（《导言三·趋异案语》）。严复主张救国不应从政治入手，而应从教育入手，"于民力、民智、民德三者之中，求其本也"，"学校庠序之制善，而后智仁勇之民兴，智仁勇之民兴，而有以为群力群策之资，而后其国乃一富而不可贫，一强而不可弱也"（《导言八·乌托邦》）。因为"善治如草木，而民智如土田。民智既开，则下令如流水之源，善政不期举而自举，且一举而莫能废。不然，则虽有善政，迁地弗良，淮桔成枳一也；人存政举，人亡政息，极其能事，不过成一治一乱之局二也"（《导言八·乌托邦案语》）。严复认为人性是"背苦而趋乐"，因此人道必须"以苦乐为究竟，而善恶则以苦乐之广狭为分，乐者为善，苦者为恶，苦乐者所视以定善恶者也"（《导言十八·新反案语》）。因此，严复反对董仲舒以来的明道正谊之训，主张"开明自营"，"今人则谓生学之理，舍自营无以为存，但民智既开之后，则知非明道，则无以计功，非正谊，则无以谋利，功利何足病？问所以致之之道何如耳。故西人谓此为开明自营，开明自营，于道义必不背也。复所以谓理财计学，为近世最有功生民之学者，以其明两利为利，独利必不利故耳"（《论十六·群治案语》）。虽然，严复认为人类进化的最终目标同"宇宙究竟"一样，是"不可思议"的，但"世道必进，后胜于今"，却是可以肯定的（《导言十八·新反案语》），只要我们"与天争胜"，"沉毅用壮，见大丈夫之锋颖，强立不反，可争可取而不可降"，就必能"转祸为福，因害为利"（《论十七·进化》）。

《天演论》出版以后，因其满足了当时救亡图存的政治需要并提供了一种"物竞天择，适者生存"的人生哲学而轰动一时。梁启超是最早读《天演论》译稿的一个人，读后即加以宣传，并根据此做了文章。康有为读了译稿后，亦谓"眼中未见此等人"。鲁迅也不顾老辈的反对，"一有空闲"，就"看《天演论》"（《朝花夕拾·琐记》）。另外，严复译文"信、达、雅"（《译例言》），也为其在士大夫中赢得了很大声誉，吴汝纶说："自吾国之译西书，未有能及严子者也"（《吴汝纶序》）。

《天演论》严译手稿，现存中国国家博物馆，收入《严复集》第五册首次发表，对研究严复思想的发展及《天演论》成书的过程甚有价值。

（钱宪民　郭　建）

仁学 谭嗣同

《仁学》,二卷,五十篇。谭嗣同著。初刊于清光绪二十五年(1899)《清议报》、《亚东时报》和光绪二十七年《国民报》。后收入1917年上海文明书局《谭浏阳全集》、民国年间群学社《谭嗣同集》、1954年三联书店《谭嗣同全集》、1981年中华书局《谭嗣同全集》(增订本)。另有1958年中华书局单行本。

谭嗣同(1865—1898),字复生,号壮飞,又号华相众生、东海褰冥氏、通眉生、通眉苾刍、寥天一阁主等。湖南浏阳人,巡抚谭继洵之子。少从欧阳中鹄学,受正统的封建教育,然性任侠,善剑术,涉猎群书,好今文经学。甲午战争后,愤中国积弱不振,在浏阳倡立学社。遍历北京、上海等地,吸收新知识。光绪二十二年入赀为江苏候补知府,在南京候缺,著成《仁学》。次年,倡设金陵测量会。又在湖南开办时务学堂,编辑出版《湘学新报》、《湘学报》,协助湖南巡抚陈宝箴等筹办内河轮船、开矿、修铁路等新政。清光绪二十四年倡设南学会,联合南方各省志士,"相与讲爱国之理,求救亡之法"。力主变科举以育人材,开议院以达下情。同年八月,以徐致靖荐,被征入京,任四品衔军机章京,参与戊戌变法。九月政变发生,与林旭、杨锐、刘光第、杨深秀、康广仁等同时遇害,史称"戊戌六君子"。死时情绪慷慨,谓"各国变法无不以流血而成。今中国未闻有因变法而流血者,此国之所以不昌也。有之,请自嗣同始"(梁启超《谭嗣同传》)。哲学思想较庞杂,糅合儒家与佛家、中学与西学、科学与宗教等,建立了以"仁"为核心的学说。著作编为《谭嗣同全集》。事迹见梁启超《谭嗣同传》、陈乃乾《浏阳谭先生年谱》、杨廷福《谭嗣同年谱》等。

《仁学》为谭嗣同哲学和政治思想的代表作。在《仁学自叙》里,作者概述了他自己维新志向产生的背景。除开国家正处于瓜分豆剖的危亡之际给以绝大的震动而外,个人自身的遭遇和命运亦予以深深的刺激。他幼年丧母,"为父妾所虐,备极孤孽苦",偏遭纲伦之厄,涵泳礼教之苦,较早即"私怀墨子摩顶放踵之志"。1886年,在南京时,"闭门养心读书,冥探孔佛之精奥,会通群哲之心法"(梁启超《谭嗣同传》),思想日臻成熟,奋臂著述,并以冲决网罗之大无畏精神献给改良主义事业。如谓"窃揣历劫之下,度尽诸苦厄,或更语以今日此土之愚之弱之贫之一切苦,将笑为诳语而不复信,则何可不千一述之,为流涕哀号,强聒不舍,以速其冲决网罗,留作券剂耶?"《仁学》一书的写作宗旨即在于此。

《仁学界说》二十七条是谈哲学原则和定义问题的,提出"仁"、"以太"、"心力"、"生灭"、"平等"诸范畴之间的关系,并交待了仁学思想渊源和"欲将科学、哲学、宗教冶为一炉"(梁启超《清代学术概论》)的方法,即:"凡为仁学者,于佛书当通《华严》及心宗、相宗之书;于西书当通《新约》及算学、格致、社会学之书;于中国当通《易》、《春秋公羊传》、《论语》、《礼记》、《孟子》、《庄子》、《墨子》、《史记》,及陶渊明、周茂叔、张横渠、陆子静、王阳明、王船山、黄梨洲之书。算学即不深,而不可不习几何学,盖论事办事之条段在是矣。格致即不精,而不可不知天文、地舆、全体、心灵四学,盖群学群教之门径在是矣。"

《仁学》上卷着重阐述以"以太"为核心的宇宙观。认为"咸是物也。法界由是生,虚空由是立,众生由是出"。但"以太"又是与"仁"、"兼爱"、"灵魂"、"脑气"等的性质相同,所起的作用亦同。故结论是:"仁为天地万物之源。""夫仁,以太之用,而大地万物由之以生,由之以通。"这样,"以太"作为体,"仁"作为用,但是"精而言之,夫亦曰'仁'而已矣"。可见"仁"是绝对的,"凡对待之词,皆当破之"。只有"破对待"才可泯灭一切差别、矛盾,达到平等,"通之象为平等","参伍错综其对待,然后平等"。平等是谭嗣同的最高理想,因为达到了"中外通"、"上下通"、"男女内外通"、"人我通",这是当时资产阶级的进步要求。在认识论方面,书中论证感性认识之不可靠,又否认理性思维之必要,而是要"转业识成智"的佛家方法,所以这是他"贵知不贵行"即轻视实践的理由。总之书中叙述哲学宇宙观方法论和认识论,虽然内容丰富,思路奇异,但仍然是充满着唯心主义的色彩的。

《仁学》下卷主要论述社会政治问题,这是精华所在。基于封建"名教"是维护封建专制主义的精神支柱,故在书中以激烈的言词进行鞭挞。指出:"俗学陋行,动言'名教'。敬若天命而不敢渝,畏若国宪而不敢议。"而事实呢?"名忽彼而忽此,视权势之所积;名时重而时轻,视习俗之所尚",根本不是先天而有,也决非永远像"冠履之不可倒置"的。封建名教纲常之所以如此"神圣",那是因为封建统治者维护和利用的结果,"君以名桎臣,官以名轭民,父以名压子,夫以名困妻","独夫民贼,固甚乐三纲之名,一切刑律制度皆依此为率,取便已故也"。由此,他以大量篇幅揭露和猛烈抨击封建名教纲常虐杀人民的惨状,表明他对人民苦难的同情。

《仁学》为了说明君主专制的不合理,批驳了"君权神授"这一传统理论,指出:"生民之初,本无所谓君臣,则皆民也。"君是民共举的,君末民本,君只是为民办事的人,若君不能为民办事,当然可以"共废之"。这些见解,是民主主义的启蒙思想,是先进的。至于书中说出如果君主不善,

"人人得而戮之,初无所谓叛逆也"的激烈言词,更是难能可贵的。

《仁学》在揭露和抨击清朝反动统治的种种倒行逆施时,表示对太平天国洪秀全、杨秀清等革命志士的同情,甚至要汉人对清朝统治者"勿复梦梦谬引以为同类",而要"可以夺矣","审其国之终不治也,则莫若速使其乱,犹冀万一能治之者也"。这是当时改良主义者所不敢言的大胆言论,表明他接近民主革命派的激进态度。

《仁学》写成后,在一部分改良派中流传。1897年春,宋恕将此书稿给章太炎看,章氏"怪其杂糅,不甚许"(见《近代史资料》1957年第一期)。并写了《菌说》一文,驳难《仁学》中的许多论点。1898年戊戌政变后,谭嗣同在被捕前夕将手稿交给了梁启超。梁氏稍作修改,于1899年发表在日本东京他自己主编的《清议报》上,同时出版线装单行本,引起思想界的震动。后来,资产阶级革命派如陈天华、吴樾等皆受《仁学》之影响。《仁学》在中国近代哲学思想史上的地位和作用,是不可忽视的。

对于谭嗣同及其《仁学》哲学性质的研究和评价,从发表的论著来看是各不相同的,主要有杨荣国《谭嗣同哲学思想》(人民出版社版)、徐义君《谭嗣同思想研究》(湖南人民出版社版)、邓潭洲《谭嗣同传论》(上海人民出版社版)等。

(胡　啸)

訄书 章炳麟

《訄书》,章炳麟著。通行本有清光绪二十六年(1900)初刻本、光绪三十年重订本、中华书局1958年版单行本、上海人民出版社1975年版单行本和1984年版《章太炎全集》本等。

章炳麟(1869—1936),字枚叔,因慕顾炎武之为人,改名绛,别号太炎。浙江余杭人。早年参加康梁的维新运动,加入过强学会,编辑过《时务报》。受西方自然科学影响,主张唯物论、进化论。1900年在上海唐才常召集的"张园国会"上,当场剪掉辫子,和清政府决裂。1903年发表《驳康有为论革命书》,又为邹容的《革命军》作序,被囚于上海的西牢。狱中三年,潜心佛学,成了法相宗(唯识宗)的信仰者。1906年出狱,东渡日本,参加同盟会,在欢迎会上发表演说,强调两点:"第一是用宗教发起信心,增进国民的道德;第二是用国粹激动种性,增进爱国的热肠。"1907年任《民报》主编,同保皇派论战,宣传革命。1910年退出同盟会,重组光复会,被推为会长。辛亥革命后回国,任南京临时总统府枢密顾问。1913年因反袁被软禁,袁死后获释。1917年参加护法军政府,任秘书长。五四运动后,反对新文化运动,主张尊孔读经。晚年赞成抗日,反对"不抵抗政策"。在苏州设章氏国学讲习会,主编《制言》杂志,以讲学终老。著作编为《章氏丛书》、《章氏丛书续编》、《章氏丛书三编》、《章太炎全集》等。

《訄书》初版不久,章炳麟即对自己思想表示怀疑,故于同年出补遗本,增加《辨氏》、《学隐》二篇,但两本均由梁启超题签。至重订本出,立场大变。封面改由邹容题签,并加"前录"二篇,均题"匡谬",对初刻本内的《客帝》、《分镇》进行批评,标志着章氏思想已由改良转为革命。

《訄书》是一部论学论政的综合著作,是章炳麟戊戌变法前后所写论文的自选集。

《訄书》初刻本正文五十篇,补遗本增加二篇。重订本前录二篇、正文六十三篇。

章炳麟早年因受西方自然科学的影响,主张唯物论、进化论。他认为世界是客观存在的,"不见其光,而不得谓之无色;见者异其光,而不得谓之无恒之色。虽缘眸子以为薮极,有不缘者矣"(《公言》)。而认识不过是对存在的反映,"夫物各缘天官所合以为言,则又譬称之以期至于不合,然后为大共名也"(同上)。世界是在不断变化的,"物苟有志,强力以与天地竞,此古今万物之所以变"(《原变》)。人类在不断进化,"人之始,皆一尺之鳞也"(《原人》),以后由于生产工具的进步,才变得越来越文明,"人之相竞也,以器","石也,铜也,铁也,则瞻地者以其刀辨古今之期者也"(《原变》)。但人类如果不努力,也会退化,变成猿猴。然群与独又不是对立,而是统一的,章氏特作《明独》篇以论之,"大独必群,群必以独成","日与群而成独,不如独而为群王","由是言之,小群,大群之贼也;大独,大群之母也",作为有责任心的知识分子,处在"天地闭、贤人隐之世",必须"强力忍诟以图之"(《明独》)。

因此,章炳麟极为关心当时的政治、经济和文化问题,提出不少进步主张。

在政治上主张反满。章氏曾作《客帝》一篇载于初刻本,不久便在自校本上写了严厉自责的一段批语,说此篇之作,"弃本崇教,其流使人相食",罪"当弃市"。至重订本,更作《〈客帝〉匡谬》作为前录,公开主张反满,"满洲弗逐,欲士之爱国,民之敌忾,不可得也"。

在经济上主张均田。1902 年春,同孙中山讨论改革土地及赋税制度,主张土地国有,"不稼者,不得有尺寸耕土,故贡彻不设。不劳收受,而田自均"(《定版籍》)。但又认为"工商贫富不可均"(同上)。强调通过消费来促进生产,认为"天地之运,愈久而愈文明,则亦不得不愈久而愈侈靡"。因此,"侈靡者,工艺之所自出也"(《读〈管子〉书后》)。

在文化上,认为学术是由社会决定的,学术"各因地齐、政俗、材性发舒,而名一家",但时至今日,则"多观省社会,因其政俗,而明一指"(《原学》)。因此,不仅对乾隆焚书进行揭露(《哀焚书》),而且对孔子及儒家进行批评。《訄书》重订本删去初刻本具有尊孔倾向的《尊荀》、《独圣》,另作《订孔》,认为"《论语》者晻昧,《三朝记》与诸告饬通论,多自触击也",而历代尊孔抑荀导致了"名辨坏,故言絞;进取失,故业堕"的恶果。

《訄书》为近代资产阶级民族民主革命提供了理论武器,虽然"文笔古奥,索解为难",在当时仍然产生了很大影响。

关于《訄书》的研究,有徐复《訄书详注》(上海古籍出版社,2000 年)等。

(钱宪民)

诸子学略说 章炳麟

《诸子学略说》，又名《论诸子学》。章炳麟撰。系清光绪三十二年(1906)在东京为国学讲习会所编讲义。同年发表于《国粹学报》第二十、二十一期，是年底与《论语言文字之学》《论文学》合为单行本出版。收入中华书局1977年版《章太炎政论选集》。广西师范大学出版社2010年出版《诸子学略说》点校本。

作者生平事迹见"訄书"条。

《诸子学略说》是章炳麟研究先秦诸子思想的重要论文。本篇按照刘歆的《七略》，把西汉中叶以前的学术派别，分为九流十家，逐一考察各派的起源、发展和分化过程，特别注意各派的思想特色同孕育环境的关系。

章炳麟提出诸子都出于王官，认为古代文化都由统治阶级垄断，各种学问起初无不同统治集团内部的职业分工有关。"古之学者，多出王官。""是故非'仕'无学，非学无'仕'，二者是一，而非二也。"

接着分论各家。

儒家。认为儒家出于"司徒之官，专主教化，所谓三物化民。三物者，六德、六行、六艺之谓。是故孔子博学多能，而教人以忠恕"。批评"儒家之病，在以富贵利禄为心"，"其教弟子也，惟欲成就吏材，可使从政"。究其原因，在于"苦心力学，约处穷身，必求得儁，而后意歉(慊)"。为了从政，必与纵横家结合，"孔子于七十二君，已开游说之端。其后儒家率多兼纵横者"。为了从政，必不讲原则，"惟在趋时，其行义从时而变"。"道德不必求其是，理想亦不必求其是，惟期便于行事则可矣。"所以，章炳麟断言"儒术之害，则在淆乱人之思想"。而儒家"所谓中庸，实无异于乡愿"。但他也肯定孔子的功劳，"变祯祥神怪之说而务人事，变畴人世官之学而及平民，此其功亦复绝千古"。

道家。认为老子"本是史官，知成败祸福之事悉在人谋，故能排斥鬼神，为儒家之先导；亦以怵于利害,胆为之怯,故事事以卑弱自持"。因为胆怯,故讲权术,"盖力不能取,而以智取,此事势之必然也"。道家之中,庄子又不同于老子,"其术似与老子相同,其心乃与老子绝异"。庄子虽取法老子的"自然之说",但"不欲以老子之权术自污也"。

墨家。认为"墨家者,古宗教家,与孔、老绝殊者也"。"非命之说,为墨家所独胜。""墨子之非命,正以成立宗教。""若言有命,则天鬼为无权矣。"赞扬墨子的道德"非孔老所敢窥视也"。

阴阳家。认为"阴阳家亦属宗教,而与墨子有殊观"。因为"墨家言宗教,以善恶为祸福之标准,阴阳家言宗教,以趋避为祸福之标准"。称赞"邹衍之说,穷高极深,非专术家之事矣"。

纵横家。指出"纵横家之得名,因于从人横人"。认为"儒家者流,热中趋利,故未有不兼纵横者",所以,"儒与纵横,相为表里,犹手足之相支,毛革之相附也"。

法家。认为法家有两种,"其一为'术',其一为'法'"。"为术者,则与道家相近;为法者,则与道家相反。""亦有兼任术法者,则管子、韩非是也。""凡法家必与儒家、纵横家反对",但到西汉公孙弘、董仲舒时,"儒家法家于此稍合"。"自是以后,则法家专与纵横家为敌","其于儒者则稍稍优容之,盖时诎则诎,能俯首帖耳于法家之下也"。认为儒、法、纵横三家,"皆以仕宦荣利为心"。三家之中,"惟法家执守稍严,临事有效。儒家于招选茂异之世,则习为纵横;于综核名实之世,则毗于法律。纵横是其本真,法律非所素学。由是儒者自耻无用,则援引法家以为己有"。"然至今日,则儒、法、纵横殆将合而为一矣。"

名家。认为"惠施、公孙龙辈,专以名家著闻;而苟为鈲析者多,其术反同诡辩"。以佛家因明之术,肯定荀子、特别是后期墨家对逻辑学的贡献。

杂家。认为"杂家者,兼儒墨,合名法,见王治之无不贯",批评杂家"以一人之言,而矛盾自陷,俯仰异趋,则学术自此衰矣"。

农家。认为许行等农家的主张"即近世均地主义"。

小说家。认为"周、秦、西汉之小说,似与近世不同","街谈巷议,所以有益于民俗也"。

《诸子学略说》对先秦诸子的主要流派,都有颇具特见的评论,对以后学者的诸子学研究也有一定的影响。本书也有不少主观片面之处,如认为老子已知进化论思想等。

(钱宪民)

静庵文集 王国维

《静庵文集》，王国维著。在清光绪三十一年(1905)，自辑其光绪二十四年至三十一年所著诗文而成。同年出版于上海。后收入《海宁王静安先生遗书》、《王国维全集》等。

王国维(1877—1927)，字静安，一字伯隅，号观堂。浙江海宁人。清秀才，曾留学日本。青年时代因受甲午战争刺激，即弃帖括，有志于新学。光绪二十四年(1898)在上海入农学社，学习西学。曾任通州、苏州等师范学堂教习，讲授哲学、心理学、逻辑学等。继任清学部总务司行走、图书局编辑。辛亥革命后，任逊帝溥仪五品南书房行走。1925年入清华研究院任教授。1927年自沉于北京颐和园昆明湖。政治上受罗振玉影响颇深。学术上，一生"为学三变"：早年醉心哲学；后又觉"哲学上之说大都可爱者不可信，可信者不可爱"(《静安文集续编·自序二》)，于是转而研究文学艺术；晚年又尽弃前学专攻经史。哲学上推崇康德、叔本华和尼采，认为惟叔本华一人为"组织完全之哲学系统者"(《叔本华之哲学及教育学说》)，认为文学艺术的任务在"描写人生之苦痛与其解脱之道"(《红楼梦评论》)。曾致力于诗词和戏曲史研究。1913年起主要从事古史地、古器物的研究，尤致力于甲骨、金文和古代简牍的考释，建树颇多。著作有《观堂集林》、《人间词话》、《宋元戏曲考》等数十种，收入《海宁王静安先生遗书》的有四十三种。译有德国海甫定《心理学》等。生平事迹见赵万里《王静安先生年谱》。

《静庵文集》为王国维诗文集，内容多为介绍康德、叔本华和尼采的哲学思想，并以此研究中国哲学的性、理等概念及评论《红楼梦》等。

卷首《自序》谈到研究哲学的经过："余之研究哲学，始于辛、壬之间。癸卯春，始读汗德之《纯理批评》，苦其不解，几半而辍。嗣读叔本华之书而大好之。自癸卯之夏，以至甲辰之冬，皆与叔本华之书为伴侣之时代也。其所尤惬心者，则在叔本华之知识论，汗德之说，得因之而上窥。于其人生哲学，观其观察之精锐与议论之犀利，亦未尝不心怡神释也。"

《论性》、《释理》就是以"叔本华之知识论"来研究中国哲学的性、理等概念的哲学论文。

关于性,王国维认为只能在经验的范围内讨论,超出经验的范围,则不可知。他说:"性之为物,超乎吾人之知识外也。"(《论性》)所以,"欲论人性者非驰于空想之域,势不得不从经验上推论之"(同上)。但"从经验上立论,不得不盘旋于善恶二元论之胯下"(同上)。政治、道德、宗教、哲学均如此,"善恶之相对立,吾人经验上之事实也。自生民以来至于今,世界之事变孰非此善恶二性之争斗乎? 政治与道德、宗教与哲学孰非由此而起乎?"(同上)因此得出如下结论:"故由经验以推论人性者,虽不知与性果有当与否,然尚不与经验相矛盾,故得而持其说也。超绝的一元论,亦务与经验上之事实相调和,故亦不见有显著之矛盾。至执性善、性恶之一元论者,当其就性言性时,以性为吾人不可经验之一物故,故皆得而持其说,然欲以之说明经验,或应用于修身之事业,则矛盾即随之而起。余故表而出之,使后之学者,勿徒为此无益之议论也。"(同上)

关于理,王国维认为"兼有理性与理由二义"(《释理》)。理的广义的解释就是理由,"天下之物绝无无理由而存在者,其存在也,必有可以存在之故,此即物之充足理由也"(同上)。理的狭义的解释就是理性。他把人的知识分为两种,一种是"直观的知识",一种是"概念的知识"。前者从感性及悟性中得来,后者则由理性的作用得来。由这两种解释说明理是主观的而不是客观的,"理之解释有广狭二义、广义之理是为理由,狭义之理则理性也。充足理由之原则为吾人知力之普遍之形式,理性则知力作用之一种,故二者皆主观的而非客观的也"(同上)。以此为标准,认为王阳明说理最为深切著明,"如上所述,理者主观上之物也。故对朱子之实在论而有所谓观念论者起焉……至王文成则明说之曰:'夫物理不外于吾心,外吾心而求物理,无物理矣。遗物理而求吾心,吾心又何物!'我国人之说理者,未有深切著明如此者也"(同上)。所以得出如下结论,理"不存于直观之世界,易惟寄生于广莫暗昧之概念中。易言以明之,不过一幻影而已矣"(同上)。

《红楼梦评论》是王国维用叔本华的人生哲学来研究《红楼梦》的代表作,所以不仅是一篇文学评论,而且是一篇哲学著作。

王国维对《红楼梦》赞不绝口,认为是一部"宇宙的大著述"。为什么? 因为它是一部"以生活为炉,苦痛为炭,而铸其解脱之鼎"的著作。他认为生活的本质就是欲望,"生活之本质何? 欲而已矣"。欲望不能满足就苦痛,"欲之为性无厌,而其原生于不足。不足之状态,苦痛是也"。欲望满足就倦厌,"即使吾人之欲悉偿,而更无所欲之对象,倦厌之情,即起而乘之,于是吾人自己之生活,若负之而不胜其重。故人生者,如钟表之摆,实往复于苦痛与倦厌之间者也"。因此他说:"人生之所欲,既无以逾于生活,而生活之性质又不外乎苦痛,故欲与生活,与苦痛,三者一而已矣。"王国维认为知识不能助人解脱,因为它是产生于欲望并服务于欲望的,"吾人之知识,遂无往而不与生活之欲相关系,即与吾人之利害相关系,就其实而言之,则知识者固生于此欲而示此欲以我与外界之关系,使之趋利而避害者也"。只有艺术才能助人解脱,因为它是脱离欲望的,"故美术之为物,欲者不观,观者不欲。而艺术之美所以优于自然之美者,全存于使人易忘物我之关系也"。"饮食男女,人之大欲存焉",王国维认为"男女之欲尤强于饮食之欲",因为"前者无尽的,后者有限的也;前者形而上的,后者形而下的也",所以"前者之苦痛尤倍蓰于后者之苦痛,而《红楼梦》一书,实示此生活之由于自造,又示其解脱之道,不可不由自己求之者也","解脱之道存于出世而不存于自杀。出世者,拒绝一切生活之欲者也"。当然,首先必须拒绝男女之欲。如贾宝玉,"彼于缠陷最深之中,而已伏解脱之种子,故听《寄生草》之曲,而悟立足之境;读《胠箧》之篇,而作焚花散麝之想,所以未能者,则以黛玉尚在耳。至黛玉死,而其志渐决。然尚屡失于宝钗,几败于五儿,屡蹶屡振,而终获最后之胜利。读者观自九十八回以至百二十回之事实,其解脱之行程,精进之历史,明了精切何如哉!"王国维认为人如欲求解脱,必须研究《红楼梦》这部"宇宙之大著述",《红楼梦》之以解脱为理想者,果可菲薄也欤? 夫以人生忧患之如彼,而劳苦之如此,苟有血气者,未有不渴慕救济者也。不求之于实行,犹将求之于美术。独《红楼梦》者,同时与吾人以二者之救济。人而自绝于救济则已耳,不然则对此宇宙之大著述,宜如何企踵而欢迎之也"。

王国维的《静庵文集》比较系统地介绍了叔本华、尼采的哲学思想,并以此来研究中国哲学,开辟了中国哲学研究的新领域;其《红楼梦评论》对以后的红学研究也产生了很大的影响。陈寅恪认为,"取外来之观念与固有之材料,互相参证",是王国维学术成就的重要方面(《海宁王静安先生遗书》陈寅恪序)。

(钱宪民)

经学教科书 刘师培

《经学教科书》,二册。刘师培著。成书于清光绪三十一年(1905)。通行本有 1905 年上海国学保存会原印本、1936 年宁武南氏《刘申叔先生遗书》排印本、上海古籍出版社 2006 年版陈居渊校注本等。

刘师培(1884—1919),字申叔,号左盦。江苏仪征人。光绪二年(1902)举人。次年赴开封会试受挫,在归途中经上海时结识章炳麟,并受章氏思想影响,改名光汉。后任《警钟日报》、《国粹学报》撰述,并创办《白话报》。1907 年春赴日本,任《民报》编辑,加入孙中山领导的同盟会。试图出任同盟会东京本部干事之职,遭拒绝后回国,于 1908 年入清朝两江总督端方幕府。辛亥革命后,加入"筹安会",拥护袁世凯称帝。1917 年蔡元培任北京大学校长,聘其为中国文学系教授。1919 年主编《国故》月刊,反对新文化运动。这年 11 月,因肺病死于北京大学。一生著作繁多,论群经及文辞、群书校释等约百种。1936 年钱玄同选辑其七十四种,编为《刘申叔先生遗书》。

刘师培作为近代著名经学家,他的经学研究渊源于家学传统。其曾祖父刘文淇,祖父刘毓崧,伯父刘寿曾,世居江苏仪征,都是乾嘉汉学传统的知名学者,且以三世相续共注《春秋左氏传》著称。刘师培自幼饱读经书,八岁时便掌握了《周易》的变卦方法。他在《甲辰年自述诗》中说:"童蒙学易始卦变、爻象昭垂非子虚。"不过,刘师培更多是"独抱麟经承祖业",继承了刘氏世代研究《左传》的家学。他先后撰述了《左传一地二名考》、《官制异同考》以及关于南北朝经学的形成、汉代经学与宋代经学的异同、清代经学得失、近代经学的发展等一系列经学论著。

刘师培作为近代经学名家,他的经学研究也具有新的特点。二十世纪初,在外患内祸的冲击下,清王朝日益腐朽,民族矛盾日趋激烈,一些学者从清初顾炎武、全祖望等学者的思想中汲取华夷之别的种族观,基于民族主义的立场,从传统经学中撷取排满的理论,唤醒国民自觉的民族意识。1903 年至 1907 年间,刘师培置身于革命阵营的时候,他的经学研究便是宣传资产阶级民主。在《两汉学术发微论》、《群经大义相通论》、《读左札记》等著述中,发掘经籍中有关"民本"的思想材料,以证明封建君主的不合理,论证推翻清朝统治,建立资产阶级民主共和国的必要性。也正因此,这就使本来充溢着政治思想的经学研究,具有更多的学术性质。如他所撰《经学教科书》便是以"考究政治典章,有资于读史治文"为目的。

《经学教科书》第一册,共三十六课,每课字数约四百至五百左右,总论经学流变。其目次如下。

第一课至第四课:分论"经学总述"、"经字之定义"、"古代之六经"、"西周之六经"。

第五课至第八课:专论"孔子定六经"、"孔子弟子之传经及孔子经传表"、"尊崇六经之原因"。

第九课至第十五课:专论两汉《易》学、《书》学、《诗》学、《春秋》学、《论语》学、《孝经》学及《尔雅》的传授。

第十六课至第二十四课:专论三国南北朝隋唐《易》学、《书》学、《诗》学、《春秋》学、《礼》学、《论语》学及《孟子》与《学》《庸》、《孝经》学及《尔雅》的传授。

第二十五课至第二十九课:专论宋元明《易》学、《书》学、《诗》学、《春秋》学、《礼》学、《论语》及《孟子》与《学》《庸》、《孝经》学及《尔雅》的传授。

第三十课至第三十六课:专论近儒《易》、《书》学、《诗》学、《春秋》学、《礼》学、《论语》学及《孟子》与《学》《庸》、《孝经》学及《尔雅》的传授。

《经学教科书》第二册,共三十六课,为《易》学专论。其目次如下。

第一课至第七课:分论《周易》名称、作用、阅读方法、卦名释义等。

第八课至第二十一课:专释象辞、爻辞、易象、易传、诬法、互体、卦变及比例。

第二十二课至第三十三课:专论《周易》文字、数学、科学、史学、政治学、伦理学、哲学、礼典之间的关系。

第三十四课至第三十六课:专释"易词"与"易韵"。

《经学教科书》首述经学源流,以时代先后分两汉为一派,三国至隋唐为一派,宋元明为一派,近儒别为一派。总分经学为四派。有意识地对历史上的经学分派,始于清代。如乾隆年间纪昀主编《四库全书总目》将其分为"不过汉学、宋学两家,互为胜负"。嘉道间龚自珍则提出"汉学"、"宋学"、"清学"(国朝学)三派,至康有为以"汉学"(西汉今文经学)、"新学"(汉代以刘歆为代表的古文经学)、"宋学"三派。后来又有叶德辉的"四派说",即"今文经学"、"古文经学"、"郑氏学"、"朱子学"。由于上述分派没有一定的时间界限而显得过于模糊,所以刘师培的四派说,基本概括了西汉至清的经学研究发展的大致的历史走向,不失为一种具有启发性的经学史研究。

刘师培在《经学教科书》中又以时代为序,以专经的形式,总结历代经学研究的特点及其成果,虽然只是举其"大略",但见解精到,基本做到举要籍、明源流、辨得失、重考证。现试举一例,上册第三十课《近儒之易学》云："明末之时言易学者,咸知辟陈、邵之图。黄宗羲作《易学象数论》,其弟宗炎复作《周易象辞》、《图书辨惑》。然不宗汉学,家法未明。惟胡渭《易图明辨》、李塨《周易传注》,舍数言理,无穿凿之失。毛奇龄述仲兄锡龄之言,作《仲氏易》,又作《推易始末》、《春秋占筮书》、《易小帖》三书,谓易占五义,牵合附会,务求词胜,惟东吴惠氏世传易学。自周惕作《易传》,士奇作《易说》,杂释卦爻,以象为主,专明汉例,但采掇未纯。士奇子栋作《周易述》,以虞注、郑注为主,兼采两汉易家之说,帝通曲证,然全书未竟,门人江藩继之作《周易述补》。栋又作《易汉学》、《易例》、《周易本义辨证》,咸宗汉学。江都焦循作《易章句》,其体例略仿虞注。又作《周易通释》,掇刺卦爻之文,以字类相属,通以六书九数之义。复作《易图略》、《易话》、《易广记》,发明大义,成一家言。武进张惠言治易亦宗虞、郑,作《周易虞氏义》、《郑氏义》,并作《周易易礼》、《虞氏消息》。姚佩中、刘逢禄、方申宗其义。佩中作《周易姚氏学》,逢禄作《易虞氏五述》,申作《易学五书》,咸以象数为主,或杂援谶,然家法不背汉儒。若钱澄之(《田间易学》),李光地(《周易通论》、《周易观象》),苏宿(《周易通义》),查慎行(《周易玩辞集解》)之书,则宗宋黜汉,牵多臆测之谈,远出惠、焦之下,此近儒之《周易》学也。"对明末至清代易学研究从整体予以概括,基本上做到言简意赅而无轩轾。

刘师培虽主古文经学,但他的《经学教科书》并不受古文经学的自限。如论汉代经学,则认为经今古文"各有偏长"。又如清代朴学家往往否定六朝至明代的经学研究,刘师培则坦言其"新义日出","多自得之见"。因此,《经学教科书》虽仅有篇幅不大的两册,但由于上述优点,使它与皮锡瑞的《经学历史》在近代同享盛名。

(陈居渊)

经学历史 皮锡瑞

《经学历史》，一卷。皮锡瑞著。成书于清光绪三十三年(1907)。通行本有1907年湖南思贤书局刊本、上海群益书局铅印本和商务印书馆影印本、1928年商务印书馆周予同注释本、1959年中华书局版周注修订本等。

皮锡瑞(1850—1908)，字鹿门。湖南善化(今长沙)人。因崇尚今文经学家伏生，故称师伏先生。幼承家学，十四岁应童子试，补善化县学生员。清同治十二年(1873)举拔贡，后多次应乡试和礼试皆未中，于是潜心于学术研究。1890年主湖南桂阳龙潭书院讲席。旋应江西学使湛霖之招，遂游南昌，主南昌经训书院，以"申明西京微言大义之学，教人以经学当守家法，词章必宗家数"，一时高才隽秀咸集其门。1898年，被聘为南学会学长，主讲"学派"一科。甲午战争后，皮锡瑞在民族危机深重的刺激下，"极言变法之不可缓"，对康有为、梁启超变法理论最为推崇。戊戌变法失败后，被革举人，交地方官管束，于是闭门著述。后又历任湖南高等师范馆、中路师范、长沙府中学堂讲席等。皮锡瑞一生著作宏富，主要有《经学历史》、《经学通论》、《尚书大传疏证》、《今文尚书考证》、《尚书中侯疏证》、《古文尚书冤词平议》、《孝经郑注疏》、《郑注疏证》、《圣证论补评》、《六艺论疏证》、《王制笺》、《汉碑引经考》、《驳五经异义疏证》、《古文尚书疏证辨正》、《尚书古文考实》、《九经浅说》、《师伏堂春秋讲义》等。以上所著各书，大多收入《师伏堂丛书》或《皮氏八种》丛书中。

在中国经学史上，虽不乏有关经学史的研究，如历朝正史中的儒林传，清人编撰的各种学案体一类的著作。但这些著作，往往局限于某一时期经学概况的描述，或者汇编经学精英的论著，因此并不具有严格意义上的经学史论著。而皮锡瑞的《经学历史》便是汉至清第一部以史命名的经学史作品。

《经学历史》系皮锡瑞晚年的作品。他在广泛吸收前人经学研究成果的基础上，比较准确地勾画出古代经学作为独立的专门学术的发展演变过程。皮锡瑞说："凡学不考其源流，莫能通古今之变;不别其得失,无以获从入之途。古来国运有盛衰,经学亦有盛衰;国统有分合,经学亦有分合。历史具在,可明征也。"(《经学开辟时代》)正是基于考源流、明分合盛衰、论得失,皮锡瑞将经学历史分为十个发展阶段。

第一阶段"经学开辟时代",概述孔子删定六经之旨。

第二阶段"经学流传时代",概述战国至秦儒家经典的传布。

第三阶段"经学昌明时代",概述西汉初至西汉宣帝间,儒学定于一尊和经学官学化的历程。

第四阶段"经学极盛时代",概述西汉元帝至东汉末期,经学研究蔚成风气。"四海之内,学校如林",古文经学独盛,西汉今文经学渐衰。

第五阶段"经学中衰时代",概述三国至西晋经学研究"杂糅今古",淆乱家法,"使专门学尽亡"。王肃与郑玄的抗争,王弼空谈名理而乱儒,经学研究为玄学取代。

第六阶段"经学分立时代",概述南北朝至隋经学研究。南学约简而不精,流于"雕虫余技";北学深芜而寡要,"释经唯聚难义"。义疏之学已露端倪。

第七阶段"经学统一时代",概述唐人编撰五经义疏,消解南学与北学长期对立的局面,并由朝廷颁行,"用以取士,天下奉为圭臬"。

第八阶段"经学变古时代",概述宋代自宋仁宗庆历年间经学研究的理学化进程。所谓"改古人之事实,以就我之义理;变三代之典礼,以合今制"。

第九阶段"经学积衰时代",概述宋至元、明的经学研究已成颓势。表彰元、明的赵、梅两儒为"铁中铮铮,庸中之佼佼者"。

第十阶段"经学复盛时代",概述清代经学研究绍承汉代,尽弃宋学。清初王、顾、黄三大家开"汉宋兼采之派",雍、乾以后,古书渐出,经义大明。"惠、戴诸儒,为汉学大宗",汉学是其经学复盛的标志。

皮锡瑞《经学历史》对中国经学历史演变过程的描述虽属简略,脉络不可谓不明晰。他对历史上各个时代经学研究的评说,也有许多独到的见解。然而作为今文经学家,皮锡瑞是站在今文经学立场上总结古代经学的,这使他在分析经学演变史过程中虽能识其原委,但终因古、今门户的偏见,限制了他的视野,引导出一些脱离历史事实而不能令人信服的推论。如他认为六经皆为孔子所作就是一例。孔子曾修《春秋》,司马迁《史记》有明确记载,汉儒都无异议。至于其他五经,并无确凿的证据证明出自孔子手定。又如他认为西汉今文经学取向纯正,"治经必宗汉学,而汉学亦有辨。前汉今文说专明大义微言,后汉杂古文,多详章句训诂。章句训诂不能尽餍学者之心,于是宋儒起而言义理。此汉、宋经学所分也。惟前汉今文学能兼顾义理、训诂之长。武、宣之间,经学大昌,家数未分,纯正不杂,故其学极精而有用"。以今文经学的观念来审视经学史上的汉、宋之别,当然失之偏颇。而皮锡瑞还进一步认为经学的发展规律是一代不如一代,即唐不及汉,宋又不及唐,元不及宋,明又不及元,这些也都是违背历史事实的。所以章太炎批评他说:"《经学历史》,钞疏原委;顾妄以己意裁断,疑《易》、《礼》皆孔子所为,愚诬滋甚。"

皮锡瑞的《经学历史》虽为总结历史上的经学而作,但正是通过其对中国经学史的历史考察而阐发其经学思想。首先,他认为孔子为万世师表,六经是万世教科书。而六经中的微言大义是放之四海而皆准、传之万古而不蔽的。其次,提倡"六经致用"说,即"本汉人治经之法,求汉人致用之方"。但他的致用内容也仅局限于礼、乐、兵、刑、农、商、河、漕等,其思想未能超越道光年间经世派的实学思想。再次,皮锡瑞的今文学研究,既不遵循常州学派治"公羊"的路数,也不像廖平怪诞多变,而是善于整理旧说,径路清晰。文廷式曾论其学说:"公不讲常州及川学。公谓阳湖庄氏之学,尝蹈宋人改经陋习,川学即廖季平一派,分别古今、各自为学,甚是,然多失之附会。"(《皮鹿门年谱》)同时他与维新变法派主张孔子改制不同,皮锡瑞则以孔子为师。皮锡瑞既反对那些以为"孔、孟、程、朱之道,不过如讲章八股所云"的浅陋之士。又说"我能讲明义理,尊信孔教。彼即传教,不能惑我中国之人","保教在先讲明义理,使中国人皆知孔教之大,并切实有用,自然尊信我教,不至遁入彼教"(《皮鹿门学长南学会第七次讲义》))。这表明皮锡瑞的以孔子为师,实际上是与维新派将孔子神化为托古改制的素王判然有别。

皮锡瑞虽为"极言变法"的提倡者,但与维新派的借用今文论政,尚有距离。因此,皮锡瑞本质上仍属今文经学的"经师"。所著《经学历史》,持论虽缺乏新意,但作为研究经学史的入门书,仍不失为有相当学术价值的经学史论著。

(陈居渊)

清代编

政　法　类

明夷待访录 黄宗羲

《明夷待访录》，一卷二十一篇。黄宗羲著。始撰于清顺治十八年(1661)，完成于康熙元年(1662)。"明夷"取自《周易》"箕子之明夷"句。自称："吾虽老矣，如箕子之见访，或庶几焉。"(见本书"题辞")至全祖望撰《梨洲先生神道碑文》、郑性父子于乾隆年间刊刻此书时，始改名《明夷待访录》。《明夷待访录》虽为清廷所禁，但自乾隆后屡为私家刊刻。现存钞本、刻印本有二十余种。通行本有清乾隆间慈溪郑氏二老阁初刻本、道光十九年(1839)金山钱氏所刊《指海》本、光绪二十四年(1898)丰城余氏所刊《宝墨斋丛书》本、光绪三十一年杭州群学社石印《黄梨洲遗书十种》本、1925年中华书局《四部备要》本、1955年北京古籍出版社标点本、1981年中华书局标点本等。收入1985年浙江古籍出版社出版的《黄宗羲全集》。

作者生平事迹见"明儒学案"条。

《明夷待访录》原名《待访录》，至黄的私淑弟子全祖望撰写《梨洲先生神道碑文》及再传弟子郑心、郑大节父子以"二老阁"名义刻印本书，始署有"明夷"二字。一般认为，无论黄氏原有此题，抑或其学术传人融通先哲本旨而径自另拟，其"明夷"二字，均甚贴切，且具有点睛意义。"明夷"为《周易》六十四卦中第三十六卦之名。《易·明夷》："象曰：'明入地中，明夷，君子以莅众，用晦而明。'"明即日，太阳；夷即灭。"明夷"，即日入于地下，比喻君主昏暗，贤明之人被贬抑遭迫害。作者居乱世而写此书，期待有识之士献之，就像当年箕子向周武王陈《洪范》，"为代清而起者说法"(梁启超语)。基于此，本书在乾隆年间被列为禁书。

《明夷待访录》除题辞外，有原君、原臣、原法、置相、学校、取士、建都、方镇、兵制、财计、胥吏、奄宦等十三章二十一篇，二万余字。其中，《原君》、《原臣》、《原法》、《方镇》诸篇，集中表现黄宗羲的政治法律思想。

《原君》从人类社会为什么要设立君主起论，逐层论述君主的本义、君主的责任、后世对于君主意义的歪曲、古之君主与后世君主的根本性区别。指出："有生之初，人各自私也，人各自利也；

天下有公利而莫或兴也,有公害而莫或除也。有人者出,不以一己之利为利,而使天下受其利,不以一己之害为害,而使天下释其害。"为天下之公利而产生的君主,"其人之勤劳必千万于天下之人",这就是"为君之职份"。正因如此,古时"天下之人爱戴其君,比之如父,拟之如天"。古之人君"以天下为主,君为客"。君主一切活动的目的都是为了天下人民的公共利益,"凡君之所毕世而经营者,为天下也"。然而后世君主,将这种主客关系完全颠倒了,"以为天下利害之权皆出于我,我以天下之利尽归于我,以天下之害尽归于人,使天下之人不敢自私不敢自利,以我之大私为天下之大公……视天下为莫大之产业。""屠毒天下之肝脑,离散天下之子女,以博我一人之产业……敲剥天下之骨髓,离散天下之子女,以奉我一人之淫乐。"对于这样的君主,天下之人"视之如寇雠,名之为独夫"。像汤武那样推翻桀纣,是理所当然的。

《原臣》给"臣"下了一个完整的定义:"缘夫天下之大,非一人之所能治而分治之以群工。故我之出而仕也,为天下,非为君也;为万民,非为一姓也。"又说:"出而仕于君也,不以天下为事,则君之仆妾也,以天下为事,则君之师友也。"与《原君》的主导思想紧密相连,君主以天下为主君为客,君与臣同为天下之客,君臣之义的本质内容,舍天下而无他,"臣之与君,名异而实同"。《原臣》还一反自古流传"君君臣臣父父子子"的传统思维方式,认为君之于臣与父之于子的关系毫不相干,"父子一气,子分父之身而为"是一种自然不可分割的血缘关系,而"君臣之名,从天下而有之者也",是基于共同为天下效力的前提而人为组成的,而且,随着这种前提的变化而变化,父子关系则没有这种变化。

《原法》认为"三代以上有法,三代以下无法",因为三代以上之法是为"天下之法",三代以下之法是为"一家之法"。"为一己而立"的"非法之法",在作者看来就不是法,因为三代以上"藏天下于天下",而三代以下"藏天下于筐箧"。作者进一步指出,为一己之私而设所谓法,先王创设之时就有害于天下,后世子孙为了孝而谨守祖法,或为新的私利而毁坏先王之法,都有害于天下。其根源就在于这种非法之法维护的是一家一姓的利益,是徒有"宪章之余名"的人治制度,所以作者一反多年流传"有治人无治法"的人治说,而明确指出"有治法而后有治人"的法治主张。

《方镇》篇对唐代以后一时否定方镇制进行反思,认为唐虽亡于方镇,却是亡于方镇之弱而非亡于方镇之强,与高度集中的中央集权郡县制度种种弊端相比较,还是宜于将辽东、苏州等多处"俱设方镇"。方镇制度至少五个好处:(一)统师专任,战守自固;(二)一方之财自供一方;(三)一方之兵自保一方;(四)一方不宁,他方宴如;(五)外有强兵,中朝自然顾忌。

此外,《置相》、《胥吏》、《奄宦》等篇,也反映了作者的政治法律思想。如主张恢复宰相制度,反对阉竖专权,主张去除"吏胥之害"而用士人等等,均有卓见。

《学校》篇是黄宗羲思想中很有特色的部分。认为天下之是非并不出于朝廷,"天子所是未必是,天子之所非未必非"。相对而言,在是非问题上,君主亦应尊重学校的意见,当初设立学校的本意,就是"必使治天下之具皆出于学校"。有悖于此,后代以为学校仅仅是为了"养士",即培养人材,而丢失了传授真理的大旨,于是学校蜕变为书院。最后连"养士"的功能也丢失,而竟成"害士"的场所。作者认为惟有汉宋之时太学生"危言深论,不隐豪强……伏阙槌鼓,请起李纲"这一干预朝政的举动略近于三代遗风。不仅如此,作者心目中的学校,要求制度化,成为参政议政的机构,尤其是中央的太学:"太学祭酒,推择当世大儒,其重与宰相等,或宰相退处为之。每朔日,天子临幸太学,宰相、六卿、谏议皆从之。祭酒南面讲学,天子亦就弟子之列。政有缺失,祭酒直言无讳。"为了普及教育,还要求在各府、州、县设郡县学,学官不应由政府任命,而由"郡县公议"的名儒担任。全国城乡广设蒙学,并主张将寺观庵堂改为书院、小学,以实现"乡邑无无师之士","亦无无用之人"的教育理想。

《取士》篇抨击科举制度的弊病,主张改革人才选拔制度。指出:"取士之弊,至今日制科而极矣。"必须改革。提出"取士八法",即:(一)科举之法,但必须调整考试内容,更新考试要求,对应试者实行逐场筛选,恢复墨义古法等。(二)荐举之法,即由地方推荐和中央考核相结合选拔人才。(三)太学之法,即由太学培养和选拔人才。(四)任子之法,即由学校培养品官子弟成才。(五)郡县佐之法,即通过在郡县政府部门任职,接受实际锻炼选拔人才。(六)辟召之法,即由中央政府及地方官员,在实际工作中考察僚属选拔人才。(七)绝学之法,即选拔精通历算、乐律、测望、占候、火器、水利等各类科学技术人才。(八)上书之法,即通过上书选拔关心国家大事,刚正不阿、仗义执言的政论人才,以及在学术上有造诣的治学人才。"取士八法"反映了黄宗羲宽于取才、严于用人,重视人才的实际才能,以及注意把人才选拔与培养紧密结合的思想,是中国古代教育史上一个颇有价值的人才思想成果。

《明夷待访录》的经济思想主要见于《田制》三篇和《财计》三篇,具体如下。

主张恢复井田制度。认为限田"其意虽善",但"授田之政未成而夺田之事先见,所谓行一不义而不可为也"。他以屯田之可行来证明井田之可复,指出,只要将已在全国十分之一可耕田上实行的屯田制度"由一以推之九,似亦未难为行"。他算了一笔账:当时全国可耕地共七百零一万三千九百余顷,人户一千零六十二万余户,每户授田五十亩,还余一万七千零三十二万余亩。"以听富民之所占,则天下之田自无不足,又何必限田、均田之纷纷,而徒为困苦富民之事乎!"(《田制二》)

对历代赋税的批评。指出:"自秦而后,民所自有之田也。上既不能养民,使民自养,又从而赋之,虽三十而税一,较之于古亦未尝为轻也。"(《田制一》)所以后世认为汉代赋税过轻,应该恢复古代什一而税的看法是错了。而且三十税一是以下下田的产量为标准,什一而税则以上上田的产量为标准。而实际上什一之法也不能守,解救的办法是"以下下为则"重定天下之赋。《田制三》分析了使民苦于"暴税"的三害:一是"积累莫返之害",指税制每经一次改革,税负都进一步加重。二是"所税非所出之害",指田赋征银。农民不生产银,"天下之银既竭,凶年田之所出不足以上供;丰年田之所出足以上供,折而为银,仍不足以上供也,无乃使民岁岁皆凶年乎!"三是"田土无等第之害",指不分土地肥瘠而按统一标准征税。

工商皆本论。认为妨碍民富的还有"习俗未去,蛊惑不除,奢侈不革"三事,即婚丧讲究排场,信佛信巫和奢侈享乐。指出:"今夫通都之市肆,十室而九,有为佛而货者,有为巫而货者,有为优倡而货者,有为奇技淫巧而货者,皆不切于民用。一概痛绝之,亦庶乎救弊之一端也。"认为"古圣王崇本抑末之道"是抑那些"不切于民用"的行业,而并不包括切于民用的工商业。"世儒不察,以工商为末,妄议抑之。夫工固圣王之所欲来,商又使其愿出于途者,盖皆本也。"(《财计三》)

反对以银作货币。《财计一》提出:"后之圣王而欲天下安富,其必废金银乎!"认为银作为主要货币是"天下之大害"。纳税无银使田价下跌,市易无资使物价下跌,"当今之世,宛转汤火之民,即时和年丰无益也,即劝农沛泽无益也,吾以为非废金银不可"。他提出废金银有七利:"粟帛之属,小民力能自致,则家易足,一也。铸钱以通有无,铸者不息,货无匮竭,二也。不藏金银,无甚贫甚富之家,三也。轻赍不便,民难去其乡,四也。官吏赃私难覆,五也。盗贼胠箧,负重易迹,六也。钱钞路通,七也。"(《财计一》)废金银后,钱钞兼用。他总结了宋、元的"称提"办法,批评明代"称提之法俱置不讲"(《财计二》),所以失败。

与激进的政治思想相比,《明夷待访录》中的经济思想要保守平稳得多,而复井田、废金银等观点更显得片面和不合时代要求。但他要求田制改革、赋税改革,减轻人民的困苦以及工商皆本的思想则是有积极意义的。

《明夷待访录》上承孟子民贵君轻、放伐暴君的思想,下启人民主权、立法为民的民主意识,对有清一代思想学术贡献宏大,对清末民初资产阶级革命思想引领风气,发挥了重要的启蒙作用,在中国近代政治法律思想上具有深远影响。

研究《明夷待访录》的著作,主要有《黄宗羲论》(浙江古籍出版社,1987年)、季学原和桂兴沅《明夷待访录导读》(巴蜀书社,1992年;中国广播出版社,2008年)、金林祥《教育家黄宗羲新论》(青海人民出版社,1993年)、李明友《一本万殊——黄宗羲的哲学与哲学史观》(人民出版社,1994年)等。

(胡 啸 金林祥)

读律佩觿 王明德

《读律佩觿》八卷,王明德撰。成书于清康熙十三年(1674),初刻于康熙十五年。康熙年间又有泠然阁重刻本。有何勤华等点校本(法律出版社2001年版《中国律学丛刊》之一种)。

王明德,字金樵,又字亮士。江苏高邮人。生卒年不详,约活动于明末清初。生于明官宦之家,其家世传律学,王明德"于经术、经世之学,无所不博"(本书严沆序),"夙抱经济,具用世之才"(本书彭师度序)。仕清,官至刑部陕西清吏司郎中,并曾督理通惠河道。除本书外还著有《治河图说》。

本书书名中的"觿",原指一种用以解绳结的骨锥,"读律佩觿"即指用以解决读律疑难的工具书。王明德多年任职刑部,有感于世间不重视法学,"鄙之为刀笔之传,薄之为残忍之习,抑之为俗吏之司,泥之为拘牵之具。甚或身膺民牧、职隶司刑,终其职、终其身,终莫别其科条之为鱼鲁亥豕者"(自序)。因此综合各种法律注释书籍,着重从疑难之处进行详细诠释。参与本书校订的有刑部多名官员及其他人员,共三十八人。

《读律佩觿》以解决律条中的疑难问题为目的,为了便于阅读,掌握重点,"凡于正文切要肯綮及笺解扼要,应倍为著眼处",皆用⊙符号注明;"其于各法分别一定不移所谓律母、律眼,应为留心辨别处",则用 ☽ 符号注明;凡引用叙述律条则用□符号标明;举例假设人名则用——符号标明。

本书卷一由两部分组成。其一为"读律八法",号为"读律捷径"。即"扼要"、"提纲"、"寻源"、"互参"、"知别"、"衡心"、"集义"、"无我"。作者认为全律最重要的是贼盗、人命、斗殴三门、七十条,应着重掌握,是为"扼要"。而名例律为"律中要领"、"运用全律之枢纽、轻重诸法之权衡",更需熟读,即为"提纲"。谋反、大逆、子孙杀祖父母父母、奸党等重罪又是全律罪名之源,读律即应"寻源"。读律时还要互相比较各种律条,又要详细辨明各种不同,是为"互参"与"知别"。作者又认为"律虽刑书,是即心学也",要着重理解对犯罪动机的规定,是为"衡心"。读律要善于综合"集义"。而读法、用法最重要的是"无我",消除先入之见及徇私之心,"法乃天下之公,即天子亦不容私所亲"。其二为"八字广义",着重解释律中所常用的"以"、"准"、"皆"、"各"、"其"、"及"、"即"、"若"八个字的字义。元明以来,这八个字就被称作"律母",被历来法学家重视。本书着重分析这八个字的意义,并认为"正律为体、八字为用……以、准、皆、各四字又为用中之体,其、及、即、若四字更为用中之用"。对于律中所用八字的各种情况也进行了分析,如指出"各字用义多端:有因所犯之事同、其情同,而其人有不同者";"有因所犯之事异、其人异,而其情实同者";"亦有所犯之情同事异、情异事同,法无分别";"又或各有科条而文难复述者"。又如对"若"字的解释:"若者亦更端之词,乃设为以广其义。……律内用若字处最多,有自本律而特及于轻者……有自本律而特及于重者。"

卷二、卷三集中对律中一些重要的概念进行了解释。这些重要概念当时称为"律眼"。作者认为"不知母固不可以读律,而不知眼更不可以用律"(自跋)。"律眼"的说法各有不同,作者挑选了他所认为最关键的三十六个"律眼":例、二流三死同为一减、杂、但、并、依、从、从重论、累减、递减、听减、得减、罪同、同罪、并赃论罪、折半科罪、坐赃致罪、坐赃论、六赃图、收赎、缘坐、谋杀人因而得财、斗殴及故杀人、剩罪余罪、免罪勿论、照与比照、贼盗盗贼、窝主窝藏、因公科敛、不分曾否刺字革前革后俱得并论、革、虽系初犯、不言刺免、增笞杖从徒包杖一百从流包折杖二百及以徒从徒以流从流不包折杖、各尽本法、充军。对这三十六个"律眼"逐一进行了详尽的解释。作者在解释中往往从字义、与其他字眼概念的比较、在律中的几种不同用法等方面进行分析,因而具有很强的说服力。如对"例"的解释,指出:"例之为义有五,一曰名例(即指名例律)、一曰条例(律以外的单行刑事法规)、一曰比例(附于全律之后规定如何比照律条判案的条文)、一曰定例(指制订条例)、一曰新例(新颁布的条例)。"认为名例最重要:"名者,五刑正体、变体及律例中人所犯以及致罪各别之统名;而例,则律例中运行之活法。"对"但"的解释指出:"但者,淡也,不必深入其中,只微有沾涉便是。……律义于最大最重之处每用但字以严之,此与文字内所用虚文作为转语之义者迥别。"对"并"的解释:"并与同字、俱字相似而实非。盖同对异言,义取乎恰合。……律中凡用同字与俱字处,大约皆包有尊卑上下、巨细远近在内;若用并字处,则系平平合看,有横理而无竖义。"另外在对"并赃论罪"的解释中又指出:"并与並绝不同。並者,彼此相类;……并则不计人之多寡、盗之前后、及人各入己之轻重,惟以一时所犯,皆算作一处。"同时又指出监守盗、常人盗是严格实行并赃论罪的,"就所合算之赃数,人各论以赃数所应科之罪";而窃盗赃有所不同,"如所盗之赃非止一主、一时俱发,止以一主之赃重者为科,余皆勿论,惟各尽其本法"。作者评论这一规定说:"此则律义之至精至微,令人不可思议处也。"对于"收赎"的解释极为详细,在考证了"收赎"的字义后,作者归纳全律"收赎之例有六:一曰老幼废疾、工役乐户、妇人及一应轻赎者;一曰限内老疾;一曰存留养亲;一曰诖轻为重;一曰军职正妻、例难两决及妇人有力者余罪;一曰过失杀"。并逐一分析具体的收赎制度。作者在对"律眼"的解释中强调抓住特征进行分析。如对"斗殴及故杀人"的解释指出:"故杀一项,固有斗殴中之故杀,亦有同谋共殴中之故杀……要皆总以立毙其命于当场、死不移时者,皆是故。"又如对"贼盗盗贼"的解释:"贼者,害也。害及生灵、流毒天下,故曰贼。盗则止于一身、一家、一事而已。"

卷四分为"金科玉律"和"五刑附闰"两部分。前者解释明嘉靖二十九年(1550)附律的《金科一诚赋》,该赋系解释律义、用律难点的歌诀。作者认为该赋重点在于提示人们"原情断狱","赋文七十言,章分十四句,首句原情二字是纲,次句慎与诚即原情之主脑,中十句即原情之目也。末二句合诚慎原情之效"。后者解释五刑及五刑之外的"闰刑",逐项开列了应适用各种刑罚的罪名。

卷五为"以准总类"。为帮助读者掌握律义,本卷集中汇编了全律中有"以……论"、"准……论"规定的条文,并加以详细解释。对"以监守自盗论"等五十五条律条、"准监守自盗论"等六条律条进行解释。本书卷六为"罪止",集中汇编全律中有"罪止杖一百流三千里"规定的十八条律条,逐一详细解释其用法。卷七为"不准折赎",集中汇编全律中有"不准折赎"规定的十九条律条,也进行详尽的解释。

王明德具有丰富的实际司法工作经验,对于检验方法亦颇有心得。本书卷八《洗冤录补》即为这些经验的总结。《洗冤录补》首先抄写《洗冤录》原文,并逐条加以补充。这些补充有的是具体的检验方法,也有如何就检验作出判断的经验,以及补充如何抢救受伤者的方法。

《读律佩觿》是清代最负盛名的法律注释书籍。清朝入关后全盘沿用明代法律,顺治五年(1648)仅将明律略加整理、翻译为满文,就以《大清律例集解附例》之名颁行全国。这是清朝的第一部法典,其中保留明律的一些不尽完善之处,对于律文的解释也各有不同。本书刊行后,以其对律条、律文的精密注释,很快就被视为当时法律的标准解释,广泛流行于全国司法衙门。清雍正五年(1727)制订《大清律集解》,以及乾隆五年(1740)制订《大清律例》时,都参考了本书对律条、律文的解释。清代以后的法律注释书籍,关于"律母"及"律眼"的解释,基本沿袭本书的观点。在清代司法审判实践中,本书也具有重要意义,本书既是学习法律的入门书,又是适用法律的工具书,从而直接影响了法官在司法审判时的定罪量刑。另外,本书对于研究中国传统法律,也提供了珍贵的史料,具有很高的学术参考价值。

(郭　建)

潜书 唐 甄

　　《潜书》,九十七篇。唐甄著。初名《衡书》,十二篇,清康熙十八年(1679)受魏禧激赏赞助付梓。全本《潜书》唐甄生前一直未能出版。康熙四十三年(1704)唐甄病殁,贫无以葬,有何庶常者请于皇八子,以数十金为之营葬,金至,而其婿王闻远已为之葬,将金奉还。何又请,于是用以刻《潜书》。这就是《潜书》全本初刻本,一般称王闻远刻本。此外,还有李氏刻本和邓氏刻本,中华书局1955年出版了排印本,四川人民出版社1984年出版了注释本。岳麓书社2011年出版黄敦兵《潜书校释(附诗文)》。

　　唐甄(1630—1704),原名大陶,字铸万,后更名甄,别号圃亭。四川达州人。早年随父宦居,后定居江苏吴江。清顺治十四年(1657)朝廷令川民还乡,遂回归四川。同年中举人,为山西长子县令。因与上司意见不合,仅十月而被革职。后颠沛流离,而为文不辍。康熙十八年在苏州献《衡书》于魏禧,魏一阅而惊呼"五百年无此文"。又续写多篇,积三十年而成《潜书》。此外,尚有《毛诗传笺合议》《春秋述传》《潜文》《潜诗》《日记》等。他为官虽短,政绩颇佳。据记载,他导民树桑务蚕,三旬而种桑树八十万株,"民业利焉"。又拘撼明敏,剖决如神,废弃酷刑,民化其德,不久即"狱讼衰息",难怪"都御史达良辅,称先生为山西循良之冠。至今民有遗爱云"(见《西蜀唐圃亭先生行略》)。失官后,寄籍吴下,隐居著书,生活十分困苦。其婿王闻远说:"先生僦居吴市,仅三数椽,萧然四壁,炊烟尝绝,日采圃中枸杞叶为饭,衣服典尽,败絮蓝缕,陶陶焉振笔著书不辍。"(同上)甚至在死后因贫不克安葬,由翰林何屺瞻启请于八亲王,土赐白金五十两以葬之。唐甄一生刚直亢爽,不掩婀媚俗。著作尚有:《毛诗传笺合议》《春秋述传》《潜文》《潜诗》《日记》各若干卷,皆未刊行。其事迹见:杨宾《唐铸万传》、王闻远《西蜀唐圃亭先生行略》、《清史稿》卷四八四《文苑传》、《清史列传》卷七十《唐甄传》等。

　　关于《潜书》,唐甄自谓"积三十年"而成。原名《衡书》,"衡"者,志在权衡天下,积极干世,有所作为,后以连蹇不遇,不为世用,改名《潜书》,以待后世。细绎此书,下篇谈政治,成书年代较早;上篇讲学术,成书较晚。此书文格甚特别,鲜引用六经之言,反而多见当时俗论常识的见解,"独抒己见,无所蹈袭",毋怪时贤张廷枢、潘耒为本书作"序",极为赞扬。本书主要内容如下。

《潜书》的民主启蒙思想异常丰富,最突出的是以激烈的言词抨击专制主义,并提出了平等的要求和革新政治的主张。明确指出:"天子之尊,非天帝大神,皆人也。"(《抑尊》)并大胆宣称:"自秦以来,凡为帝王者皆贼也。"(《室语》)无情揭露帝王天堂是建筑在百姓的血泪和白骨之上的。根据"民为邦本"的思想,极力主张改革,要抑尊,即限制君权;要重用贤才,认为"为政亦多务矣,唯尚贤为国之大事"(《主进》)。需把"廉政"和"富民"两者作为选拔、使用人才的标准:"廉者必使民俭以丰财,才者必使民勤以厚利。举廉举才,必以丰财厚利为征。"(《考功》)要赏罚严明,按功行赏,"虽仇疾不吝";有罪必罚,"虽亲昵不赦"。特别强调"刑自贵始,自宠始,自近始"(《卿牧》),这在一定程度上突破了尊卑之防,值得重视。又认为,"均平"、"平等"乃天地之道,而今贫富悬隔,苦乐不均,他慨然而叹:"人之生也,无不同也。今若此,不平甚矣。"(《大命》)对贫富不均的社会现象表示极为愤慨。

《潜书》在治国思想上提出"德外无治"的观点,主张重德治、重教化,轻法治、轻刑罚,要求统治者能以身作则,仪表天下,带头"尚素、弃文、反薄、归厚",形成"民自为善"的良好的社会风气。作者结合其任县令的实践,反对酷法,"为吏一年,夹棍非刑,废而不用,然而令未尝不行,政未尝不举……四境之内未尝不安也"。认为民众在严刑酷法统治下,无论平时还是战时,都摆脱不了苦难:"平时无事,刑狱冻饿","用兵革命,积尸如山,流血成河……岂不悲哉!"但作者主张用刑法严惩"残民""虐民"的污官酷吏,"以刑狐鼠之官,以刑豺狼之官,而重以刑匿狐鼠养豺狼之官"。由此层层上推,"匿狐鼠养豺狼"的最高层,不言自明。又从另一角度重申了其反君主专制论。

《潜书》的经济思想主要如下。

富民思想。唐甄主张治国要以养民、富民为目标。他指出:"虽官有百职,职有百务,要归于养民。""为治者不以富民为功,而欲幸致太平,是适燕而马首南指者也,虽有皋陶、稷、契之才,去治愈远矣。"(《考功》)又说:"夫富在编户,不在府库。若编户空虚,虽府库之财积如丘山,实为贫国,不可以为国矣。"他认为清朝当时的实际情况是四海困穷:"清兴五十余年矣,四海之内,日益困穷,农空、工空、市空、仕空。谷贱而艰于食,布帛贱而艰于衣,舟转市集而货折赀,居官者去官而无以为家,是四空也。"批评那些当官的根本不把富民放在心上:"国家五十年来,为政者无一人以富民为事,上言者无一人以富民为言。至于为家,则营田园,计子孙,莫不求富而忧贫。何其明于家而昧于国也。"(《存言》)他要求做到"天下之官皆养民之官,天下之事皆养民之事",认为照此办理,"三年必效,五年必治,十年必富,风俗必厚,讼狱必空,灾祲必消,麟凤必至"(《考功》)。

反对"虐取"。唐甄说的"虐取"主要是指官吏的贪污勒索。他认为"天下之大害莫如贪,盖十百于重赋焉",官吏的贪与不贪是"穷富之源,治乱之分"。"虐取者,取之一金,丧其百金;取之一室,丧其百室。"对社会生产、社会财富的破坏十分严重。相反,如果不虐取,小本经营的"至微之业",靠"日息岁转",也能"操一金之资,可致百金之利","千金之家"更能"藉一室之富可为百室养"。因此,不扰民是使经济得以发展的最好办法:"海内之财,无土不产,无人不生;岁月不计而自足,贫富不谋而相资。是故圣人无生财之术,因其自利而无以扰之,而财不可胜用矣。"(《富民》)在封建社会末期,这种反对国家干预民间经济活动,提倡自由放任发展经济的思想是具有进步意义的。

废银主张。唐甄也是用银有害论者,他指出:"自明以来,乃专以银(为币)。至于今,银日益少,不充世用。……当今之世,无人不穷,非穷于财,穷于银也。"(《更币》)认为以银为币是造成民贫的重要原因之一。银是"易聚之物",便于贮藏和运输。用银会使财富迅速向少数虐取于民的贪官手中集中。因此,"救今之民,当废银而用钱。以谷为本,以钱辅之"。实行这一政策,"不出三年,白银与铜锡等矣"。这样,"有出纳皆钱之便,无聚而不散之忧"(同上),以银为币之害可彻底消除。

重视各种经济部门和多种经营。《善施》指出:"农不安田,贾不安市,其国必贫。"对农商一视同仁,认为"为政之道"要做到"农安于田,贾安于市"。《达政》列举养民十八善政。其中"勤农丰谷,土田不荒芜","桑肥棉茂,麻苎勃郁","山林多材,池沼多鱼,园多果蔬,栏多羊豕",均为"上善政"。"居货不欺,商贾如归",为"中善政"。可见对农林牧副渔和工商都很重视。《教蚕》特别强调发展蚕桑,指出苏州"虽赋重困穷,民未至于空虚,室庐舟楫之繁庶胜于他所,此蚕之厚利也"。养蚕"无税,无荒,以三旬之劳,无农四时之久,而半其利"。不发展养蚕事业,"是犹家有宝藏而不知发,而汲汲腊腌果蔬之是鬻也"。唐甄主张"使桑遍海内,有禾之土必有桑"。要求守令"于务蚕之乡,择人为师,教民饲缲之法,而厚其廪给"。守令要经常视察本地蚕业生产状况,"多者奖之,寡者戒之,废者惩之"。用奖惩之法促进养蚕发展,"不出十年,海内皆桑矣"。

在哲学上,《潜书》对孟轲到王守仁的心性学说的"良知"说作了进一步的发挥。说:"阳明子以死力格外物,久而不得,乃不求于外,反求于心。一朝有省,会众圣之学,宗孟子之言,而执良知以为枢。""阳明子专致良知,一以贯之,明如日月,涉险履危,四通八辟而无碍也。"(《法王》)他综合"良知"、"心"、"性"为一个"道",此"道"即主观精神,谓"圣人之道,广矣,大矣,失其本心,徒睹其形象,如泛大海不见涯涘,其如己之性何哉! 其如人之性何哉! 其如万物何哉! 其如天地何哉!"(《宗孟》)失其"本心",即失去天地万物。"心"即"性","性统天地,备万物,不能相天地育万物,于彼有阙,于己有阙"(《性才》)。这些都表明他的心性说的主观唯心主义实质。当然,他有客观唯心主义之表述,如:"心无生死。"(《病获》)"圣人之所以异于众人者,有形则逝,无形则不逝,顺于形则逝,立乎无形者则不逝。无古今,无往来,无生死,其斯为圣乎!"(《情观》)此处圣人之心是超古今越生死的,类似一种绝对精神。所以,他认为"万物繁育,成得其生,皆心之所贯"(《宗孟》)。在认识论上,提倡"即心得道","即心得师","破迷起惰,不假外求"(《敬修》)。故断言:"学由自得,则得为真德。良知可知,本心乃见,仁义礼智俱为实功。直探性体,统摄无外,更无疑误。"(《宗孟》)此外,还沿袭王守仁的"知行合一"说。

《潜书》在当时曾产生很大影响,它一反时俗、敢冲禁区、敢言人所不敢言的精神,以及观察社会政治问题的胆识和见解,备受进步人士如魏禧等赞赏。梁启超在《中国近三百年学术史》、章炳麟在《检论·哀清史》等中均予以极高的评价,章氏还利用《潜书》的资料批判清朝的统治。正因如此,一些正统势力的代表极力贬嘲和攻击《潜书》,直到清末,这种分歧依然尖锐存在,李慈铭说《潜书》"文无根底","足笑倒千人"(《越缦堂日记》第四十三册,光绪十年十一月初八日戊申条)。

(施惠康 胡 啸 王 春)

噩梦 王夫之

《噩梦》，一卷。王夫之著。成于清康熙二十一年(1682)。收入金陵曾氏《王船山遗书》和太平洋书店《船山遗书》中。另有与《黄书》合编的《海粟庐丛书》本、《宝墨堂丛书》本，王船山先生四种(加《俟解》、《思问录》)本。1956年古籍出版社出版王伯祥点校的《黄书》、《噩梦》合编本。1983年中华书局出版经重新校勘的重印本。另有岳麓书社版《船山全书》校点本。

作者生平事迹见"周易外传"条。

《噩梦》序言称治道为人所难言，世运自有其"势"，"所可言者，因时之极敝而补之，非其至者也!"作者认为其所处时代已显出"极敝"，然而"吾老矣! 惟此心在天壤间，谁为授此者，故曰噩梦"。评论时弊而苦于不能直言，故喻之心在天壤、言如噩梦。

《噩梦》全书不分卷，亦无细目。但书内文字分为五十六个段落，每一段落议论一个政治课题，皆明代政府的某项政策。作者在文中具体分析这些政策或制度的得失，试图找出正确的施政方针。其所涉及的问题相当广泛，包括土地、户籍、赋役、科举、官吏、法律、军事等等方面。

在土地问题上，作者一反历来学者对于孟子所言"井田制"的解释，认为"井田制"是"取民之制，非授民也"，只是一种赋役方式而已。土地是人民自有的，"非王者之所得私也。天地之间有土，而人生其上，因资以养焉，有其力者治其地。故改姓受命而民自有其恒畴，不待王者之授之。唯人非王者不治，则宜以其力养君子"。所以先王只是定一夫百亩，"以夫制地"、"以夫计赋役"。而后世以土地计赋，尤其是一条鞭法实行后，所有赋役一并摊入土地，"村野愚悗之民，以有田为祸，以得有强豪兼并者为苟免"。建议"固版籍以定户口、即户口以制税粮"。这一强调土地私有权的理论，具有一定的反对君主专制的意义，但也有替土地兼并辩护之意。

从其土地理论出发，作者强调改革田赋制度，促进农业生产，"地虽辟而赋不溢，若其荒废而赋亦不减，则所谓农服先畴而治安长久也"。三代赋制的优点即在以夫定役，"三代率因夏禹之则壤为一定之夫家，而田之或熟，或莱，或有广斥，皆不复问。其弃本逐末，一夫之赋自若，民乃谨守先畴而不敢废"。而鲁国的初税亩、作丘甲、用田赋都是"舍人而从土,鲁之所以日敝也",遭到《春秋》的讥讽。以田定赋的危害在于损害务农者的利益,"后世之法,始也以夫制地,其后求之地而不求之夫。民不耕则赋役不及,而人且以农为戒,不驱而折入于权势奸诡之家而不已"。结果,助长了土地兼并之风。明一条鞭法是一个典型。"自一条鞭之法行,而革税课河泊所官之税务,尽没其从出之源,概责之地亩,抑本崇末,民日偷而国日贫矣。"作者因而主张税其所有,提出"人各效其所能,物各取其所有,事各资于所备,圣人复起,不能易此理也"。认为周代的兵车之赋由商贾负担合乎税其所有的原则,而宋代王安石的青苗、免役、保马诸法则完全违背这一原则,"重困农氓,其利害亦曙然"。他批评开中法和一条鞭法说:"法之最颠倒者,农所可取者粟,而条鞭使输金钱;商所可征者金钱,而屯盐使之输粟。边可屯,官不能屯,而委之素不安于农之商;粟可博金钱,官不移丰以就歉,而责农之易金钱以偿官。其不交困也,得乎!"但是,王夫之也不是一概反对粮食折色征收,提出"近者纳本色,远者纳折色"是"万世必因"的原则。并据此批评明永乐以后让东南漕粮千里挽运至京,"其害遂至于今而不已"。

　　本书激烈批评了明代的职官、科举制度。指责废宰相是"因权臣之蠹国而废宰相,弃尔辅矣!"指责明朝官俸过低,"国家常畜数千饥鹰以牧飞鸟,犹且曰彼自有之而无待于公家,则何以为民元后耶?"指责明代法律禁止文臣封公侯,使得"五等夷为粗官,朝廷奖驭勤劳之权日轻",而"古今之以文臣窃天下者凡几?"尤其批评八股科举制度,是"浮辞靡调假于五经四书而不知其所言者何"。批判地方职官考课"以税粮完欠为有司殿最","遂使牧民者唯鞭笞赤子为务而究之,逋负山积,激成大变"。考课任凭上官,"上且不知有天子,而况知有廷臣之公是非乎?上官唯知己之好恶,其下则唯知货贿已耳",并指出这些弊病的根源在于君主集权过度,"官联不审,事权散乱,统之者唯秉笔内臣而已"。

　　本书对明代法律也多有批判。如认为宋代法律规定法官故出人罪之罪处罚轻、故入人罪之罪处罚重,是"王政也"。"盖虽以决遣而复核,果当从重,不难补决",而"故入决遣,死者不可复生,刑者不可复完,徒流已配者不可追偿其已受之荣辱",所以故入人罪者应反坐其罪而加等处罚。但明律则两罪相当,"律以概论",同样处罚,规定极不合理。又如对以赃定罪的传统法律也提出质疑,称此为"一切之法",违背实事求是原则。首先官员犯赃,计赃定罪,"划一以严劾之,则吏之不犯者鲜,更无廉耻之可恤,而唯思巧为规避,上吏亦且重以锱铢陷人于重罚而曲为掩盖。上愈严而下愈匿,法与势之必然也"。其次贪赃之多少与所造成的损害丝毫没有比例关系,"假令一兵部官滥授一武职以致激变丧师,或因情而嘱托,实所受贿仅得五十贯;令一吏部官滥授一仓巡河泊,其人无大过而得贿二百贯。又令一问刑官受一诬告之贿而故入一人于死,仅得五十贯;其一受诬告者之贿而故入人于杖,得二百贯,岂可从贯之多少定罪之轻重乎?"认为"唯宽也乃能行其严",建议对于贪官,"但论其枉(法)不枉(法),于枉法之中又分所枉之轻重",不枉法"除因公科敛、因所剥削之多少分等定罪"。其他"非黄白狼藉、累万盈千者,苟非枉法,但付吏部记过,全士大夫之名节于竿牍饮食之中",废除"一切之法"。另外对于明代法律严责地方官捕盗、设立期限的制度也提出批评,认为不如恢复宋元时仅赏捕盗之功、不罚失捕之过的法律。"责有司以捕盗,唯可赏而不可罚。罚一行则匿盗不报以苟免于谪,而盗益猖獗矣!"认为"盗无可全获之理,十人得七即可膺全伙之赏"。

本书有关军制方面的议论相当多。作者以为军队之主要职责在于保卫边疆,而"腹里之所防者,盗贼耳。其始发也,良有司率机快健捕制之而有余"。所以军队应布防于边疆,"军卫聚屯于边,其身家托焉,而又沐浴于刚劲之气,则兵之劝惩而自练习武勇"。明初在内地广置军卫,是"迁就功臣而处之善地,遂以坏一代之军政"。而且"自充军之例兴,杂犯死罪、若流、若徒,皆以例发充军。军舍武职有大罪则调边卫,边卫有大罪则发哨瞭。是以封疆大抵为刑人抵罪之地"。此外作者又反对保甲制度,"其事本不通而毒民深矣"。认为"盗贼初非敌国也,以政安之,以法治之,天子建吏不能为民弭盗而使民之以生死争一旦之利乎?"况且编民练武,"小则黠豪以牟侵贫弱,大则教之以乱"。

《噩梦》是王夫之晚年对明代政治法律制度所作的总结。王夫之以明遗民自居,本书主要是总结反面教训。明代君主专制制度高度发展,充分暴露了君主专制中央集权这一中国传统政治体制的弊病,本书对于明代制度的批评,可视为对君主专制制度的批评,正因此,本书在中国政治法律思想史上具有重要地位。虽然此书长期未得公开刊行,然而在19世纪中叶中国君主专制中央集权制度内外交困之时得以刊行,对于维新变法运动及以后的辛亥革命运动都有一定的影响。

(施正康 郭 建)

平书订 王源 李塨

《平书订》，王源著、李塨增订。成书于清康熙四十六年(1707)。刊行时间不详。现存最早版本为清同治年间定州王氏《畿辅丛书》及《颜李遗书》所收刊本。校刊本有1923年四存学会《颜李丛书》(铅印本)。单行本有1937年商务印书馆丛书集成本。

王源(1648—1710)，字昆绳，一字或庵。顺天府大兴(今属北京)人。其家于明亡后流寓高邮，故出生于南方。年轻时曾学兵法、古文，参与《明史稿》的编辑工作，撰《兵志》。清康熙二十三年(1684)中举，无意仕进，游学四方。曾于徐乾学所开洞庭山书局读书研究。后旅次京师，遇李塨，随之至博野师事颜元，成为颜门第二大弟子。颜元死后，又出四方游学，卒于淮安。著有《舆图指掌》、《兵法要略》、《读易通言》、《前筹一得录》等论著，现均亡佚。《平书》原书亦亡。流传于今的有其文集《居业堂文集》。《清史列传》卷六六有传。

李塨生平事迹见"大学辨业"条。

《平书订》为颜李学派最重要的政治经济论著，其基本精神延续颜元的政治学说并有所发挥。成书时颜元已逝，其门生曾举行仪式，祭告先师此书之撰成。《平书》书名含意，据王源《平书序》称："平书者，平天下之书也。"《平书序》言《平书》共三卷，分为分民、分土、建官、取士、制田、武备、财用、河淮、刑罚、礼乐十目，十五篇(其中建官分上、中、下三篇，武备、财用、制田各分上下篇，故为十五篇)。经李塨增订，《平书订》分为十四卷，仍存十目(删去武备下篇)。

《分民》篇主张将百姓分为良、贱两大类，良民为五类：士、农、军、商、工，贱民分为两类：役、仆。良贱身份均应世袭。每十户良民编为甲、每十甲编为保、每十保编成一乡，乡设三长，"一曰正宣教化，听狱讼也；二曰畯课农桑，治沟洫也；三曰巡察盗贼，修封域也"。五乡立一耆老，即乡官。乡官于所辖有自治之权，纠察乱政教的八种人：倡、优、僧尼、道士、左教、西洋、回回、盗贼。

《分土》篇对封建、郡县问题主张"兼收二者之利"。即"分四方缘边之地为藩，以同姓为藩王守之；分内地为州，以异姓为州牧守之"。州、藩以下皆设郡，郡以下设县，原则上每四、五个县为一郡,每四、五个郡为一州或一藩。"藩王与州牧同以三载考绩,贤则留,不肖则黜,不世守也。"李塨对此加以补订,认为"郡县而重权久任,即兼封建之利是矣"。只要政绩卓著,州牧、郡守亦可长任二三十年。

《建官》三篇主张对传统职官制度进行重大变革。中央设四府:公孤、端揆(立左右相国)、御史、成均(负责教化),又设农、礼、兵、刑、地、货六部,通政、黄门(专掌封驳)、翰林三院,历象、太卜、考工、岐黄四司。旧有机构全部撤废。地方州、藩各设一府(藩王或州牧府)、一院(巡按御史)、一堂(学师),下设司农、宗伯、司马、司寇、司空、司均六曹。郡设二堂(太守、郡师)及艺郎、治中、别驾、司理、典方、节史六厅,又设卜、工、医三监。县设二堂(令、师)及县丞、县正、县尉、县督邮、县同等六衙。皇亲宗室在四代以后不得再领岁禄,自力谋生,"无官不可为,但内不得为相以远嫌,外不得为牧,以为藩王与异姓别"。

《取士》篇激烈批判八股科举制,"以八股为科举,则天下惟知习此之为学,惟知习此之为士,举凡德行、道艺与所以致治勘乱之具,概置不问。一幸登科第则政事听之胥吏,心力用之营求。……败坏朝廷者士,而败坏人才以为士者,朝廷也"。主张普设学校,幼童八岁入乡学识字,十三岁考选入县学,读《孝经》、《四书》,古人有关世道明畅之文,习骑射、六书、九章算术。十八岁考选入郡学。国家开十二科取士:礼仪、乐律、经学、史学、文学、农政、兵法、刑罚、方域、理财,及能各兼五科。考中后分科试用。李塨补订,主张在十三经中,抽去春秋公羊、穀梁传,中庸仍归礼记,改为九经教导士子。并又主张"凡诐淫子书、无用语录文集、四六时文经书、俗下讲章小说、二氏(指佛、道)邪说,俱当焚而禁之"。

以上这些讨论政治制度的篇目,其主张有明显重农、重教化的特点。《制田》篇主要讨论土地及农业政策,具体表现颜李学派特有的均分土地思想。认为"制民恒产为王政之本",但因儒教不行,土地私有久已成俗,要逐步推行土地国有、平均分配的政策,可以通过清官地、辟旷土、收闲田、没贼产、献田、买田六种途径"收田",然后每六百亩为一"畕田",中百亩为公田,其余五百亩分给十户为私田,各立人十夫姓名牌于田头,至六十岁还田于官。"有田者必自耕,毋募人以代耕。自耕者为农,无得更为士、为商、为工。"乡官监督农民耕种,"赋税惟取之公田"。另外"官无大小皆不可以有田",防止兼并。"农之自业,一夫勿过百亩",李塨补订称:"井田不可与封建并论也,封建不宜行而井田必宜行也。"又补"收田"四策:一是收富人田给农民耕种,一半田租供官、一半供地主,至地主死后停止输租;二是死者无后不得立嗣,分田给亲戚,无亲戚者入官;三是允许罪犯以田赎罪;四是没收寺庙田产。又补"制田之道七":一是待到"民与田相当之,方立行之";二是招徕垦荒;三是"民有八分愿而二分不愿"时,"严驱就法";四是劝谕地主交田;五是奖励田官;六是限制民间土地交易,"可卖不可买";七是分田数量以"户口田亩两相酌计可也",按人口平均分配,不必一律为五十亩。

《武备》篇没有采用古代"尽人而兵"的传统,认为如此就练不出精兵。主张"募武勇以为兵,授之田"。平时务农,集中训练。以公田收益为军费,每县置兵五百至一千。兵至五十岁退役归农。

《财用》篇集中讨论财政经济政策。认为朝廷收入除公田及农民力役外,还有钱法、盐法、商税。钱法应由政府精铸铜钱,禁用纸币。盐法应照唐代刘晏之法,政府只控制产地批发,任商人纳税后自由贩运。最具特色的是商税制度设想,认为传统以征收通过税为主的商税法"其为暴不几杀越人于货哉!"应全部裁撤,"尽变从来之法"。主张凡坐商,"县同给以印票,书其姓名、里籍、年貌与所业,注其本若干。但计其一分之息而取其一(如钱百贯为本,一分息则一月一贯,一年取得十二贯,则取其一贯二百。岁终纳之)"。凡行商,"但不计其息,惟本十贯则纳百钱,任所之验其票,县同注明而退"。即对坐商抽十分之一的所得税、对行商征百分之一的资产税。"但税满二千四百贯者即授以登仕郎,九品冠带……再满又增一级,至五品而止",以鼓励商业发展。

《刑罚》篇集中讨论了法律问题。认为"自汉除肉刑……世愈降刑愈轻而愈不足以治天下"。批判传统刑罚体系,"折杖"、"收赎"之法规定繁琐,胥吏得以出入操纵。而徒流刑轻重不匀,"徒有役而流无役,至远不过三千里,三千里外皆无乐土乎?""充军之法则愈谬,军者国之爪牙,宜鼓舞之、优渥之,然后可以得其心与力,乃以为罪人而出于徒之下,人孰肯为之哉!"主张恢复肉刑,"天下有罪不至于死而不可不重其法以绳之者三,一曰贪,二曰贼,三曰淫",对这三项罪名应采用肉刑处罚。"官士犯赃钱一贯以上即墨(面黥以赃字),而后计赃以科罪,即不死而终身不齿于人矣。强盗之不得财者刖之,窃盗之初犯者墨之(面黥以贼字),再,亦刖之,不可复为盗矣。赌博者……宜断其手,初则右、再则左,不能复赌博矣。奸者宫之,和则妇人劓,而刁则免,宫者不能复淫矣。肉刑但设此数,盖以为贪吏、盗贼、奸淫之警。"

《礼乐》篇认为"圣人治天下之大经大法无不要归于礼乐"。主张以"简而易行"为原则,编制适于百姓的身礼(衣食言动之类)、家礼(冠婚丧祭之类)、乡礼(乡射饮酒士相见之类)、国礼(郊社禘祫宗庙朝聘之类),以宣传教化百姓,必使"永遵而无废"。

《平书订》的基本原则似是提倡复古,然而实际上其政治经济思想都具有革命性的因素。尤其是对于土地制度的改革设想,虽以复古为名,但实际上已包含了剥夺地主土地分配给农民的土地改革思想,并已设想了不少具体改革方案,比一般提倡"复井田"的思想家要深刻、实际得多,对于中国以后的土地政策有深远影响。另外,征收所得税以及奖励商业发展的思想也远远超越时代。兼采郡县制与分封制的国家结构设想,是为矫正君主专制中央集权的弊病而提出的,其基本的出发点在于有利于天下,而不是有利于一姓,具有进步意义。本书对清末"经世致用"学派的兴起有很大影响,在中国政治思想史上具有重要意义。

对本书的研究,可参见姜广辉《颜李学派》一书的有关章节。

(郭　建)

祥刑典 蒋廷锡等

《祥刑典》,十六册,一百八十卷。蒋廷锡等纂校。书前无序,成书之时不详。清雍正四年(1726)武英殿刊印,集于雍正三年十二月二十七日奏进的钦定《古今图书集成》第七六五至七八〇册,属经济汇编。现有中华书局影印线装本。

蒋廷锡(1669—1732),字扬孙、酉君,号西谷,一号南沙,又号青桐居士。江苏常熟人。清康熙举人,供奉内廷,康熙四十二年(1703)赐进士,屡迁至内阁学士。雍正元年(1723)擢礼部右侍郎,充《大清会典》副总裁。曾疏言浚河道,建水柜(即水库),筑闸坝,以济漕运。迁户部尚书,兼领兵部。官至文华殿大学士。卒于官。史载蒋秉公执政,严剔弊端,吏无由为奸。参赞机务,缜密周详,人不能探其崖略。少工诗,善画花。卒谥文肃。著作另有《尚书地理今释》、《青桐轩集》、《秋风集》、《片云集》等。《清史稿》卷二八九有传。

本书共十六册,另有目录一册,分为一百八十卷。时间起自远古太昊伏羲氏立秋官、明刑政,下止清初开国立制,详记列代刑典、刑器、刑官、刑例等项。内分祥刑总部、律令部、盗贼部、牢狱部、囚系部、俘累部、讼评部、听断部、刑具部、桎梏部、镣部、枷部、鞭刑部、笞杖部、肉刑部、黥刑部、劓刑部、宫刑部、徒罪部、流徙部、谴戍部、重辟部、籍没部、理冤部、赎刑部、赦宥部等二十六部,其中以祥刑总部、律令部、盗贼部、赦宥部的篇幅居多,各部还分总论、艺文、汇考、纪事、杂录、杂传、外编等目。

《祥刑典》之名源于《尚书·吕刑》:"有邦有土,告尔祥刑。"其义同"详刑",谓慎用刑罚。该书汇集了历代经、史、子、集、诏书、奏疏、笔记等有关法律的资料,分门别类,重新编排,以说明历代刑典、律令、刑器、刑官、刑罚等法律制度的发展沿革及具体内容。每卷卷首一般列有细目。如祥刑总部总论一,计收入易经六则,礼记一则,孔子家语二则,管子二则,孔丛子三则,汉书、晋书、隋书、唐书的刑法志序,春秋繁露一则,盐铁论八则,申鉴二则,黄宪外史一则,抱朴子一则和文献通考的刑考序。又如祥刑总部艺文一,计收入赏刑(周商鞅),酷吏传序赞(汉书),大理箴(崔骃),三式(王符),酷吏传序论(后汉书),政论(崔寔),中论赏刑篇(徐幹),慎刑令(魏曹操),难钟荀刑措论(魏王粲),条本论(前人),儒吏论(前人),刑礼论(丁仪),请防不法启(陆云),上刑政疏(刘颂),改定刑狱奏(宋谢庄),申饬刑政令(梁武帝),赏罚(刘思),酷吏传序(魏书),请三春不行刑奏(北魏李彪),酷吏传序(北齐书),讯囚议(邢邵),罢刑狱策(李德林),恤狱讼奏(北周苏绰),酷吏传序赞(隋书),与张衡书(房彦谦),省狱官制(制集),共二十六篇。

本书的特点是集中了各种史书中有关法律方面的资料,范围比较广泛,分类编排也较便于检索。由于分类汇编,往往同一篇史料被按其内容分别纳入不同部类,但作为资料汇编,这些情况并不影响本书的使用价值。对中国法律史学者来说,本书仍是研究历代法制的重要史料。

本书研究成果,有裴芹《〈古今图书集成〉研究》(北京图书馆出版社,2001年)。

(徐永康)

大清律例

《大清律例》,四十七卷。清代法典。纂成并奏准颁行于清乾隆五年(1740),后又经多次修纂,版本亦有多种,除朝廷官印本外尚有地方官府印本及民间私刻本,但以朝廷官印本最为准确。现有乾隆初年本、乾隆三十三年官印本,道光二十五年(1845)奏进本等。点校本有田涛、郑秦点校《大清律例》(法律出版社,1999年)。

参与修纂《大清律例》的人员有以协办大学士、礼部尚书三泰为首的十名总裁官、六名提调官、十二名纂修官,以及翻译官、笔帖式、誊清官等数十人。三泰(?—1758),汉军正白旗人。其家累世官宦。后任吏部右侍郎、户部左侍郎等职,并曾入军机处行走。乾隆二十三年(1758)以参赞大臣行走学习军务,参与征服回部,死于战事。其事迹见于《清史列传》卷十九,《清史稿》卷三百十二。

清朝入关之初即修律,顺治三年(1647)颁行第一部法典《大清律集解附例》。实际是将明末的《明律集解附例》略加删并,译成满文而已。康熙年间曾几次纂订律例,仍有疏脱之处,并未颁行。雍正五年(1727)颁行《大清律集解》。乾隆元年令再次纂修,历时四年而成,并将法典名称确定为《大清律例》。

《大清律例》全书共四十七卷,书前附有顺治《大清律集解附例序》、雍正《大清律集解序》及乾隆《大清律例序》,并附康熙、雍正有关修律的上谕。此外还附历朝臣工有关修律的奏折。全书分为律目一卷、总图一卷、服制一卷、名例律二卷、吏律二卷、户律七卷、礼律二卷、兵律五卷、刑律十五卷、工律二卷、总类七卷、比引律条一卷。

清朝统治者认为"明太祖立法可垂永久,历代之君皆不及也"(《清史稿·世祖本纪》)。因此三次修律中对明律条文很少触动。《大清律例》的律文全部沿袭明律,只是删并若干条,调整若干次序而已。然而《大清律例》在律条文句中插入小字注释,使律意更为具体、明确。如《名例律》"犯罪自首"条:"凡犯罪未发而自首者,免其罪(若有赃者,其罪虽免)犹征正赃(谓如枉法、不枉法赃征入官,用强生事逼取、诈欺科敛求索之类,及强、窃盗赃给主)。"

明清两代都以条例为刑事单行法规,自明后期起,条例已与律文合编并行。《大清律例》将律条称为门,每门前为律条条文,后附有关条例。《大清律例》共四百三十六门,每门附载条例多则二三十条,少则一二条。乾隆五年成书时共纂入条例一千零四十九条,且规定以后每三年续修一次条例。乾隆十一年(1746)改为每五年续纂一次。至乾隆三十三年(1768),条例总数已达一千四百五十六条。一般而言,条例所定刑罚往往重于律条,所谓"定律之外,复设条例,俾其(指罪犯)畏而知警,免罹刑辟"(清康熙十八年九月十四日上谕)。条例所定罪名亦较律文苛细,往往扩张了律条的适用范围。如《刑律·贼盗》"强盗"门,律文规定强盗得财不分首从皆斩,条例进一步规定如强盗有杀人放火、奸污妇女、打劫牢房行为,无论是否得财,均处斩并枭首示众。响马强盗白日邀劫道路,不分人数多寡、曾否得财或伤人,依律处决,于行劫处枭首示众。

《大清律例》编制上的另一特点,是在全部律例之后附有"总类"七卷,按照刑罚种类、等级,汇总所有应处刑罚的罪名,如处笞十下的罪名列有三十一项,笞二十下的罪名列有四十七项,至凌迟处死的罪名十七项,等等。

《大清律例》是清代最重要的法典,自《大清律例》颁行后,清廷不再对律条作任何修改,只对各门条例加以续纂。《大清律例》长期实施,作为各级司法审判衙门定罪量刑的标准。在中国古代律学方面,《大清律例》亦有一定的成就,其律文小注弥补了明律律文过于简略的缺陷。全律内容丰富,实用性较强。律例之间的协调亦较为恰当。然而《大清律例》颁行后,屡次纂修条例皆只增不删,忽视与全部律例的协调,致使律例之间、例与例之间往往彼此牴牾。

清代研究与注释《大清律例》的著作颇多,主要有吴坛《大清律例通考》、张澧中《大清律例根源》、万枫江《大清律例集注》、薛允升《读例存疑》等。今人研究成果有瞿同祖《清律的继承和变化》(《历史研究》1980年第4期)、林咏荣《唐清律的比较及其发展》(台北编译馆,1982年)、张晋藩《清律研究》(法律出版社,1992年)、沈大明《〈大清律例〉与清代的社会控制》(上海人民出版社,2007年)等。

(郭 建)

大清律例通考 吴 坛

《大清律例通考》，吴坛著。成稿于清乾隆四十三年(1778)，原拟书成后进呈御览，因吴坛去世，仅存稿本。光绪十二年(1886)由其玄孙吴重憙刻行。

吴坛(？—1780)，山东海丰(今无棣)人。父吴绍诗(1705—1776)，官至刑部侍郎，曾参与编纂《大清律例》，手定《名例》二卷。任职刑部二十多年，精于律例刑名。吴坛继承家学，乾隆二十六年中进士后即先后任刑部主事、刑部郎中、江苏按察使、江苏布政使、刑部侍郎、江苏巡抚等职。吴坛对法律多方钻研，毕生致力编纂本书。任司法官职期间亦慎于用法，为清高宗所器重。《清史稿》卷三二〇有吴氏父子传。

《大清律例通考》共四十卷。《大清律例》系清代刑法典，其中律文四百三十六条，系雍正三年(1725)删定《大明律》律文而成，以后即不再加以改动。为弥补律条之不足，并适应政治、社会需要，清朝统治者沿袭明代惯例，另订单行法规——条例，随时补充。条例与律文合编，效力高于律文。但条例日积月累，为数成千上百，往往与律文矛盾或相互抵牾。作者有鉴于此，逐条考证律条及条例的制订缘由、修改删订的过程，故称通考。本书于《大清律例》各篇、门、目首以"谨按"形式说明其历史渊源，在各律例条文之后以"谨按"、"附考"考释其由来及修改情况；对条例应删、应改、应并的意见则以"又按"形式表示。此外，还抄录了已被删除的律例条文，并加按语，说明删除缘由。本书所考释的条例截至乾隆四十三年(1778)，乾隆四十四年新修条例列为"应纂"。

本书共对四百三十六条律条、一千五百零八条条例进行了考释。最为详尽的是对律首《丧服图》的考释。丧服制度实际上是古代法定亲属制度，关系到刑法、亲属、继承、婚姻等问题。作者对此有精辟的阐发，不仅详细考证了各种服制的由来，还根据儒家礼经、后儒有关礼经服制方面的论述，详细阐发了服制的意义。作者认为《大清律例》的服制尚不尽如人意，因此为每个服制的图表拟定新的图表，如《本宗九族五服正服拟图》、《为人后者为其本宗九族降服拟图》、《妾为家长族服拟图》等等，并按《大清会典》拟定对原律例条文的修改方案，编定服制总目一百七十五条。

《大清律例通考》考释的重点是条例。除了对每条条例考证来由、修订经过外，对于一些认为不妥的条例也在"又按"中加以评析。如在《兵律·军政·私藏应禁军器》的"又按"中，对禁止民间鸟枪的多条条例建议删改，将鸟枪伤人、杀人行为摘出列为专门一条，附于《斗殴律》的凶器伤人例后。对《名例律》的条例考证尤精。如对"五刑"的赎刑条例建议增加"捐赎"一条，因实际上常有允许罪犯捐赎事例，不如以立法形式扩大赎刑范围。又如对"自首"条的"又按"长近千字，详细论证了现有条例的不合理之处，建议加以修改。

清代律条绝大多数沿袭明律，不无矛盾抵牾之处，本书对此也加以指摘，建议改正。如《刑律·受赃》中，指出"六赃律"的规定并不合理，"查枉法赃计五两为一等，何以五十五两之上直至八十两始拟实绞，竟是二十五两为一等矣。其间数目悬殊，与各赃科法不符，且未指明'八十两以上'字样，殊不分晓"，建议修改。又如书中指责"诬告"律条字义含混，因谋反、大逆之类处凌迟、缘坐罪名，被诬告反逆者如已被处刑，诬告人不过处斩。"此不特陷被诬者以极刑，而缘坐之罹于非命者，已不知凡几，冤悲已极！……如已被诬论决，冤罹寸磔，而原告人亦岂得仅以一斩抵偿？"建议修改律文。

本书对《大清律例》的考释具有重要意义。不仅有助于当时司法官正确领会律例条文的精神，并可为全面修订律例提供参考。本书公开刻行已是著作完成后约一百年，正值清末司法界开始全面反省传统法制的前夕，本书因此具有很大影响。另外，本书对于研究清代法制也有很高的学术价值。

对本书的研究，主要有马建石等《大清律例通考校注》(中国政法大学出版社，1992年)。

（郭　建）

佐治药言 汪辉祖

《佐治药言》,一卷。汪辉祖著。成书于清乾隆五十年(1785)。初版于乾隆五十一年,后传刻颇多。现存主要版本有《知不足斋丛书》本、道光三年(1823)刻本,光绪十八年(1892)出版的《入幕须知五种》亦收有此书。近代铅印本有1937年商务印书馆据《知不足斋丛书》本排印的《丛书集成初编》本。点校排印本有辽宁教育出版社2000年版、中国文史出版社2006年版等多种。

汪辉祖(1731—1807),字焕曾,号龙庄居士。浙江萧山人。为清中期江南名幕。幼孤,十七岁补入县学,二十三岁从外舅学幕,二十六岁习刑名,游幕于江浙两省,辅佐地方官处理司法事务,以善断疑狱著称,声名鹊起,州县官争相延聘。乾隆三十三年(1768)中举人,乾隆四十年中进士。会母卒,丁忧返乡。乾隆五十二年任湖南宁远县知县,治绩卓著,兼署道州及新田县。乾隆五十七年遭劾革职。回乡居住,闭门读书,颇有著述。除本书外,尚有《续佐治药言》、《学治臆说》二卷、《学治续说》、《学治说赘》、《双节堂庸训》六卷、《廿四史同名录》四十卷等。晚年著回忆录《病榻梦痕录》六卷及《梦痕余录》。后人收集为《汪龙庄先生遗书》。《清史稿》卷四七七《循吏传》有传。

《佐治药言》成书于汪辉祖将赴北京吏部铨选官职、行将脱离幕友生活之时。据其自序,该书原为其孙甥学幕的指导书,以良药苦口利于病之意,命名《佐治药言》。

清代地方州县政务繁杂,司法、行政各项事务都要求州县长官亲自主持,州县官只得聘请有司法、行政才干的专门人才辅佐治理,仿将帅幕府自辟僚属之例而称之为"幕友"。幕友并无公职身份,报酬(束脩)亦由州县官从自己的"养廉银"中支付。但地方司法、行政事务往往由幕友实际操作,尤其刑名幕友通过代批呈词、确定审期、指导侦查、草拟判词及上报申详,往往是地方司法审判的实际主持者。刑名幕友要经过长期学习才能掌握复杂的律例成案及处理各类司法文件,汪辉祖亦经过三年多的学习才就聘刑名幕席。因此可以说清代幕友所习"幕学",大致与近代应用法学相似。清代游幕之士颇多,坊间亦有不少幕学书籍,《佐治药言》即是最著名的幕学指导书。

《佐治药言》是汪辉祖游幕二十六年的经验总结及心得体会。全书共四十条：尽心、尽言、不合则去、得失有数、虚心、立品、素位、立心要正、自处宜洁、俭用、范家、检点书吏、省事、息讼、词讼速结、求生、慎初报、命案察情形、盗案慎株累、严治地棍、读律、读书、妇女不可轻唤、差禀拒捕宜察、须为犯人着想、勿轻引成案、访案宜慎、勤事、须示民以信、勿轻出告示、慎交、勿攀援、办事勿分畛域、勿轻令人习幕、须体俗情、戒已甚、公事不宜迁就、勿过受主人情、去馆勿使有指摘、就馆宜慎。其主要内容可分为两部分，一部分阐述幕友应有的品质、素养，一部分主要分析刑名幕友"佐治"的注意事项。

汪辉祖在书中着重强调幕友是"佐人为治"，亦是读书士子参与政治的途径之一，切不可自甘下流。因此立心要正、自处宜洁，俭用而范家，对公事尽心尽力，绝不可随波逐流。指出"夫官之禄，民之脂膏，而幕之脩，出于官禄，吾恋一馆而坐视官之虐民，忍乎不忍？"故此主张幕友应择主就馆，不合则去。此外，幕友要有独立人格，凡是公事皆可建言，不可委曲迁就。幕友全凭一技之长而受官之聘，因此要注重专业素质的培养。尤其是刑名幕友要精通律例条文，俾能融会贯通，"幕客佐吏，全在明习律例"，"幕客之用律，犹秀才之用四子书也。四子书解误，其害止于考列下等，律文解误，其害乃至延及生灵"。认真研读律例条文的同时，还应读书读史，"遇疑难大事，有必须引经以断者，非读书不可"。而且"幕之为学，读律尚已，其运用之妙，尤在善体人情"。要注意各地习俗，"就其俗尚所宜，随时调剂，然后傅以律令，则上下相协，官声得著，幕望自隆"。

本书详细分析了刑名幕友所应处理的各项司法事务。首先即强调佐人为治，力求"省事"、"息讼"。批阅诉状时要注意区分，尽可能少引人证，不轻易点差传讯，使当事人及干证、邻人减少讼累，免于差役胥吏的敲诈。认为"词讼之应审者，什无四五……官府当予矜全，可息便息"。其次刑名幕友办案，"须为犯人着想"，尽力为犯人"求生"，"其介可轻可重之间者，所争止在片语而出入甚关重大，此处非设身处地诚求不可、诚求反复，必有一线生机可以藉乎"。命案要细察"情形"，"情者，起衅之由；形者，争殴之状"。而盗案要防止株累，防止盗与差役指扳良善。侦破不宜派遣私人亲信"访案"，因为"官之治事，妙在置身事外，故能虚心听断，一以访闻为主，则身在局中，动多挂碍矣"。词讼宜速结案，判决时不得轻引成案。又幕友的重要职责是佐官对付书吏、衙役。"幕友之为道，所以佐官而检吏也"，并处处提防差役害民。但又认为："衙门中事，可结便结，情节之无大关系者，不必深求。往往恃其明察，一丝不肯放过，则枝节横生，累人无已。"

幕友佐治是中国传统政治中的特殊现象。《佐治药言》作为清代影响最大的幕学指导书，对于清代地方政治的实际运作有很大影响。在普遍轻视刑名法学的历史背景下，幕学成为法学的一个变异的分支。幕学名著《佐治药言》使刑名幕学的研究提高到了一个新的起点,推动了应用法学的发展,对于中华法系的演进有一定的意义。该书保留了清代地方基层行政、司法的实际情况,对于研究清代政治、司法制度也具有重要意义。

对该书的研究与对汪辉祖的研究合而为一,有鲍永军《绍兴师爷汪辉祖研究》(人民出版社,2006年)等。

(郭　建)

齐民四术 包世臣

《齐民四术》，包世臣著。始由作者自编于清道光二十四年(1844)，为《安吴四种》之一。当年以活字聚珍版刊行，咸丰元年(1851)再刊于南京，后书版毁于兵火。同治十一年(1872)其子再刊于湖北。清末民国时版本甚多。点校本有黄山书社《包世臣全集》所收的《安吴四种》本。

包世臣(1775—1855)，字慎伯，号倦翁，或号小倦游阁外史。安徽泾县人。泾县古属安吴，故人多称"安吴先生"。清嘉庆十三年(1808)恩科举人。喜读经世致用之书，以知兵事称于东南，曾为明亮幕僚，参与川楚之役。又曾为河督幕僚。中年为刑名幕友，时以知律称。六十四岁因大挑而任江西新喻(今新余)知县，年余被劾罢官。包世臣以精于经世之学而名重一时，东南大吏遇兵、荒、河、漕、盐大事，都屈节咨询。又精于书法。著述亦丰，主要著作有晚年自编文集《安吴四种》，其中《中衢一勺》专言河工水利；《艺舟双楫》言文论、书法；《管情三义》为赋、诗、词集；《齐民四术》为政论文集。此外又有《说储》及《小倦游阁集》，于其身后得以刊行。《清史稿》卷四八六有传。

《齐民四术》共分为农、礼、刑、兵四篇，共十二卷。作者在本书《自叙》中称："乃欲衷生平论说以为齐民四术。四术者，农以养之、礼以教之，不率教则有刑，刑之大则为兵。……备有心世道者采览而已。"四篇各收集了作者不同时期有关农、礼、刑、兵方面的文章。其中农一《农政》、礼一《保甲》、《学政》、礼二《课绩》、兵二《郡县戎政》五篇，原系《说储》之下篇，专论地方郡县基层政治，作者晚年将此五篇抽出编入《齐民四术》。

农篇共三卷。农一即原《说储下·郡县农政》，详细介绍各种农作物的栽培技术及林业、蚕桑、畜牧技术。农二、农三则讨论社会经济及财政问题。

礼篇共三卷，主要讨论教化百姓、改善政治问题。作者认为古代实行禁止土地私有的井田、乡田制是最理想的制度，"然乡田同井田之制，后世不可复。而近似于此者，则有保甲"(《自叙》)。在《说保甲事宜》(原《说储下之一》)中，作者主张严格编定保甲，使乡村保甲成为具有生产、治安、教育、救济等自治功能的社会基层组织,"凡乡老、保长、戚里正,官皆待之以客礼"。《说学政事宜》(原《说储下之二》)主张以保甲制为基础普及教育,小孩六岁入学,开始接受礼教教育。同时"禁淫艳书词,其刻印之家限十日内缴板焚于学。通所辖限一月内将家中所藏各小说曲部新旧整残缴官,给纸价",以此淳化民心。在教化中又强调士大夫以身作则。《庚辰杂著一》批评官吏士大夫贪污纳贿、尸位素餐、考试作弊,毫无羞耻之心,导致人心浇薄,礼教不行。《说课绩事宜》(原《说储下之三》)设计了一整套对地方各级官吏进行考核的制度。

刑篇共二卷,集中讨论法律问题。作者以"知律"名重一时。《读律论》强调士人读律的重要性,"一旦出身加民,自必慎恤并至,为地方造无穷之福"。另外读律可以培养士人的廉耻心,指出"时弊至重者,在廉耻道衰,而廉耻之衰唯士人为尤甚。……是士人之于廉耻尚远出娼窃之下也"。嘉庆二十五年(1820)因刑部欲议律例疑义,作者撰《议刑条签》,对十多条律例条文一一指出其缺陷,并建议全面整理律例,革除以某条例比照判案之弊。同年所作《为秦侍读谈条例八事》,批评司法积弊,上下司法官皆视现有法律为具文,案件积压如山,审判一任幕友,"外省吏治之坏多由于此"。为消除积弊,又撰有《为胡墨庄给事中条陈消除积案弊源章程》。《书三案始末后论》批评当时层层上报复审的制度,"案至两司(指省按察使司、布政使司)则承审官已为被告,故本案之曲直与有司之平枉以十分为率,官民各居其半,其在官之五分,难以言公道矣。……州县受理稍持公道,虽使至八九分可也,至两司则格碍多矣"。故自称为按察使刑名幕友时,"但能办七分不公道事"。

兵篇共四卷,兵一为作者于乾隆五十八年(1793)所著《两渊》。作者时年十九,见调防台湾的官兵号哭不止,因而有志于兵事,总结古兵书之义,认为"渊之为体,性明而气静,受之有容而出之不竭",治兵者亦应如此,故名。分为雌雄篇,"雌雄犹言内外也"。《雌渊》分为《将本》、《战本》、《刑德》、《奇正》、《将道》、《将任》、《将平》、《将权》、《将术》、《胜全》十段;《雄渊》分为《冲阵》、《阵营》、《车阵》、《骑阵》、《步阵》、《五地》六段。兵二中的《郡县戎政》(《说储下之四》)主张在保甲制基础上实行兵农合一,五夫一兵,轮流集训当役。县政府组织垦荒,公田收入作为兵械公用费用。《练乡兵对》撰于嘉庆二年(1797),是向安徽地方政府的建议,主张操练乡兵,"古富者出财,贫者出力之说,断不可用",应每户出丁为乡兵,可练兵五十万,维持地方治安。兵三集中汇编了作者于鸦片战争期间向各地军政长官所提军事战略建议。如《歼夷议》建议夜派勇士人各携三十斤火药爆破英舰,并于镇江圌山布防拦截,一举全歼英国舰队。

《齐民四术》在传统儒学框架内提出一整套改革地方政治的方案,并对传统法律提出改革的建议,在当时历史条件下确有独创性的见解。包世臣以文名重于一时,《齐民四术》的影响因之更大,对于经世致用之学的兴起及传播振救时弊的风气都具重要意义。其政治主张虽未得实现,但其很多具体建议仍直接影响了嘉道年间的实际政治因而在中国政治思想史上具有重要意义。

(郭　建)

说 储 包世臣

《说储》,包世臣著。稿本成于清嘉庆六年(1801),后在作者友人之间传阅。原分为上下篇,道光二十四年(1844),作者将下篇编入《齐民四术》一书,刻印发行,而"以《说储》上篇体大事丛,不可分散"(《中衢一勺》自序),仍存稿本,但有抄本流传。至光绪二十九年(1903)由刘师培、邓实按稿本排印活字本,并编入《国粹丛书》行世。但该本因活字排印困难,删去了沈钦韩、周济的评语。1936年柳诒徵于江苏国学图书馆又影印出版该书稿本。现有黄山书社《包世臣全集》所收的刘长桂校点本。

作者生平事迹见"齐民四术"条。

《说储》书名据作者自言,是指"庶备有心世道者采览而已"(《中衢一勺》自序)。嘉庆六年作者教读于太平府同知姚逢年署中,"为姚生论说入长出治之事"(《包慎伯先生年谱》),姚生"遂请救时之要,语答四万言"(《说储》前言)。这四万言就编为《说储》。

刘师培于《说储跋》中指出,本书"大抵在于重官权、达民情二端。其说多出于昆山顾氏,行之于今,颇与泰西宪政之制相合"。然而实际上包世臣当时还没有读过顾炎武的著作,本书观点虽然与顾炎武思想有暗合之处,实为偶然。

《说储》主要内容是设计一整套政治制度。主张中央设立以内阁、提督府、御史台"三公"为中心的政府体制。内阁有左右丞相各一人,"正一品,执国政,总文武"。提督府有提督一人,议国政并掌管八旗军队。御史台有御史大夫一人,"主弼君德、参政柄、纠百工"。以下仍设吏、户、礼、兵、刑、工六部,而将原有各寺、院机构大多并入六部。如将大理寺改称大理司并入刑部。地方各省设藩司掌行政、军政,臬司掌司法审判。以下设知府、知县两级,行政司法合一。批判当时地方所设总督、巡抚及分守、分巡各道"何为者也?谓司不可信,安见督抚遂可信乎?"主张全面裁革。

对于传统的科举选官制度,《说储》建议加以改革。原来的科举考试改称"考言科",废除八股文,改为"明经术、策时务"。又增设"上书科",允许民众向中央特设的审官院上书议论时政,优秀者征召入京,再经考试,上第者补官,中第者入国子监学习。废除捐职、捐官。此外又设举行科,荐举力田孝弟。除中央审官院、礼部外,省、县也有策试、辟召的人事权。并革除幕友佐政习惯,书吏改称史,经考试任用。强调选官应不分满汉。

包世臣曾为刑名幕友,"以知律有名于时"(《包慎伯先生年谱》),本书对法律问题提出不少独到见解。认为"王者之法如江河,使人易避而难犯也。今科条之密,一举足且入其中,则难避;难避则犯者多,诛不可胜,必易犯也"。主张"约科条为五百属,而重其惩创。简则人知,重则人畏。人知且畏,则法可必行"。又主张恢复赃吏禁锢子弟之法,"子弟知罪及己身,不敢助恶;而本官内多牵掣,恶念故可少止"。另外还主张严定服装制度,"永禁东南开洋","禁出洋贸易及漏米下洋,犯者不分首从,与私通外国同罪,枭示,产籍没,家发为奴"。主张改传统盐专卖法,仅在产区抽取四分之一的实物税,裁撤各种盐务机构,由商人自由运销。铜、铁、铅、木亦如此。主张废除关税,"均货便民";废除税契,改征"工商租",按工匠、商人的本银数额征收。

《说储》针对清嘉道间的腐败状况,提出上述一整套政治改革主张,"虽犹迁就清制,参酌物情,原本经史,根据礼教",然而当时腐儒看来,"皆非常异义诡谲怪之论也"(柳诒徵《说储跋》)。在清朝统治者严厉的思想专制统治下,包世臣对于刻行本书不得不有所顾忌,晚年刻行《安吴四种》时,没有收入此书,仅收入前后自序。然而其文稿已在友人中传阅,沈钦韩、周济还对文稿作了很多批注,进一步阐明要点,具有一定的影响。公开刊行后,对于清末改制及立宪产生很大影响。本书作为传统政治学术的晚期成果,在中国政治思想史上占有重要地位。

(郭　建)

皇朝经世文编 贺长龄等

《皇朝经世文编》。贺长龄主编、魏源等编。编成于清道光六年(1826),次年刊行。以后翻刻本颇多,主要有同治十二年(1873)江右双峰书屋本(有台湾世界书局1963年影印本)、同年上饶饶氏重校袖珍本(有台湾文海出版社近代中国史料丛刊影印本)、光绪十二年(1886)思补楼重校石印本(有台湾国风出版社影印本、中华书局影印本,名《清经世文编》)、光绪十三年上海点石斋石印本等。

贺长龄(1785—1848),字耦耕,号耐庵。湖南善化(今长沙)人。清嘉庆十三年(1808)进士,选庶吉士,授编修。后历任江西南昌知府,山东、广西、江苏按察使,江苏、山东、福建、直隶布政使,贵州巡抚,云贵总督。后因镇压云南反清回民武装不力,被降补河南布政使,乞病归。但终因在云南曾滥杀无辜而被褫职。力主经世致用之学,于江苏布政使任内嘱幕僚编辑本书,主要编审人为魏源。其本人著作编为《耐庵诗文集》。《清史稿》卷三八一有传。

本书共一百二十卷,收录了清代硕儒名臣,如顾炎武、全祖望、钱大昕、唐甄、陈宏谋、于成龙等三百多人的共两千多篇经世致用文章。全书按事类分篇,便于检索。共有学术类(下分原学、儒行、法语、广论、文学、师友六目)、治体类(下分原治、政本、治法、用人、臣职五目)、吏政类(下分吏论、铨选、官制、考察、大吏、守令、吏胥、幕友八目)、户政类(下分理财、养民、赋役、屯垦、八旗生计、农政、仓储、荒政、漕运、盐课、榷酤、钱币十二目)、礼政类(下分礼论、大典、学校、宗法、家教、昏礼、丧礼、服制、祭礼、正俗十目)、兵政类(下分兵制、屯饷、马政、保甲、兵法、地利、塞防、山防、海防、蛮防、苗防、剿匪十二目)、刑政类(下分刑论、律例、治狱三目)、工政类(下分土木、河防、运河、水利通论、直隶水利、江苏水利、各省水利、海塘八目),八类六十四目。

明代以来经世文编的政论文集曾有多种,规模最大的为明末《皇明经世文编》。本书则为清朝最早编纂的大型经世文编,虽然篇幅少于《皇明经世文编》,但其编纂有突出的特点。首先其编纂体例上按事类分篇,使读者能够抓住重点,便于检索。其次在作者的选择上,着重挑选了清代一些著名学者的文章,尤其是选编了清代一些具有独立见解思想家的文章,如顾炎武、唐甄、王夫之等思想家的著作,大大加强了本书的思想性、学术性。各目文章排列亦按其重要性决定,并不以作者官衔排位次。再次从文章体裁的选择而言,避免人云亦云的老生常谈、官样文章,各类奏疏的比重较《皇明经世文编》大为降低,着重选编能直抒己见的议论文章。最后在文章内容的取舍上亦颇具特色,着重增加了政务实际方面的内容,压缩皇室礼典方面的篇幅,尤其突出了社会经济与国家财政问题的讨论,约占到全书篇幅的三分之一。

本书政体类主要编录有关国家基本政治问题的论文。编录了顾炎武《日知录》、唐甄《潜书》等名著的很多文章。注意收录有独到见解的文章,卷八治体所收张履祥《备忘录·论治》一文,痛陈时弊,强调当时的田制、学校、科举、铨法、官制、资格、军政、赋法、衙役都要"必变",指出社会已处大变革的前夜。即使是收录的奏疏,也注意到奏疏的独到见解。如卷九治体所收乾隆元年(1736)左都御史孙嘉淦"三习一弊疏",称历来皇帝有"三习一弊",即耳习于称誉而喜谀,目习于谄媚而喜柔,心习于无违而喜从,因此造成"喜小人而厌君子"之弊。虽是劝谏奏疏,但也隐有对传统君主专制制度的批评。

本书的编纂动机是"明治乱之源",总结历史经验。清代考据之学空前发展,为总结历史经验教训提供了坚实的基础。本书相当注意吸收这一方面的研究成果。如吏政类官制目中,选收了顾炎武《日知录》、赵翼《廿二史劄记》、王鸣盛《十七史商榷》等名著对于历代官制沿革的考证。并收录了一些考察历史,批评时政的文章。如卷十八官制任源祥《制禄议》,考察古代官员俸禄与明清官员俸禄的数额,指出"今正一品岁禄一千四十四石,是三公之禄,已不及汉太守实食之数矣……三公实食之俸岁银二百十五两,不及汉三公属僚实食之数矣"。而九品官仅得岁支米十二石、银十九两,"计八口之家,谓足以代其耕否?"而"以律言之,职官自俸给外但有所取,分毫皆赃",官员"既乏衣食之资,又乘得为之势……吾恐三百年来,完人屈指可数耳"。

本书突出"经世",即使在礼政类中也尽量收录切合时政的文章。如学校、科举两目,收录了顾炎武、黄宗羲等思想家对明清学校、科举制度的批判性论文。并收录了一些试图改革科举制的文章。如卷五七所收魏禧《制科策》一文,建议科举考试内容改以策论为主,州县考以"其州县之利害",乡试、会试考"天下之利害",并考六部职掌,择优者就六部观政见习,然后授官。又如宗法目所收文章大多为建议加强宗族势力,维持社会稳定的议论。如张海珊《聚民论》,强调"立大宗之法,以管摄天下之人心"。所收清代著名能吏陈宏谋《选举族正族约檄》,则以地方政府文告形式,统一规定宗族条规,授权宗族处理"口角争斗买卖田坟"之类的纠纷,及"薄惩弟子"之权。

本书所收录的法制方面文章亦较多。如卷十一学术类所收朱仕琇《原法》一文,认为意和法是两个概念,意是指仁义忠信四者,"意者,上与下同适于治之路也",而"法者,所以象上之意,导天下使不迷于路"。认为法是自上而下的规范,但应受"意"的指导。卷九十一刑政类律例目载姚文然《律意律心说》,认为"律意"是定律时的宗旨,"其定律时斟酌其应轻应重之宜也",其原则是"中";而"律心"是指执法时的原则,是要突出一个"平"字。袁枚《答金震方先生问律例书》指出"律者,万世之法也;例者,一时之事也"。认为"夫律之设,岂徒为臣民观戒哉?先王恐后世之人君任喜怒而予言莫违,故立一定之法以昭示子孙"。隐有君主亦应守律之意。强调执法时应优先适用律。这些有关法律性质的议论都具有一定的独到见解。

清代统治者大搞文字狱以图钳制士大夫之口。本书卷九二刑政类治狱目所收乾隆年间曹一士《请宽妖言禁诬告疏》,是少有的对文字狱的抗议。文中指出社会上常有一些人"挟睚眦之怨,借影响之词,攻讦私书,指摘文句;有司见事生风,多方旁鞫。或致波累师生,株连亲族,破家亡命"。认为井田封建议论、述怀咏史文句,"若此类悉皆比附妖言,罪当不赦,将使天下告讦不休、士子以文为戒,殊非国家义以正法、仁以包蒙之至意也!"请求赦免因文字狱已被判刑者,并以诬告反坐处罚告讦者。

《皇朝经世文编》的编纂正当清朝步入衰败之时,其对于经世致用之学的倡导,引起了广泛的回响。在以后急剧变化的局势面前,本书成为一些有志"治国平天下"的士大夫的教科书,被广为翻刻,流行一时。原在清朝思想专制统治高压下流传不广的一些先进思想家的著作也由此书得到传播。尽管对于清末复杂而迅速的社会变动而言,本书所收集的只是一些过时的药方,但是它毕竟倡导了研究社会实际问题的学风,因此又有人为本书编"续编"、"三编"。对于今天的研究者而言,本书也是研究清代政治、法律制度及理论的宝贵资料。

(郭 建)

读律心得 刘 衡

《读律心得》,刘衡撰。约成书于清道光初年,初刊于道光十六年(1836)。后翻刻、重刻本甚多,主要有咸丰三年(1853)云海楼本、光绪间福山王氏天壤阁本等。并收入丁日昌辑《刘帘舫先生吏治三书》(同治十二年羊城书局本)、王文韶辑《牧民实鉴》(同治年间云南厘金总局本)、王祖源辑《明刑弼教录》(光绪六年天壤阁本)等书。近代排印本有1939年长沙商务印书馆《丛书集成初编》(第七八一册)。

刘衡(？—1841),字帘舫,号六九轩主人。江西南丰人。先以副贡生充正白旗官学教习。清嘉庆十八年(1813)以知县用,分发广东,先后署四会、博罗县事,又补新兴县知县,以治绩闻名。后长期于四川任地方守令,先后任垫江、梁山、巴县知县,擢绵州知州、保宁府知府、成都府知府。为官以"官须自作"为宗旨,不用长随,精简吏役,政声大著,有"刘青天"之誉。后升任河南开归陈许道,因病乞归。著有《庸吏庸言》、《蜀僚问答》(以上两书与本书合称《治谱》,又称《吏治三书》)。此外又著有《六九轩算书》五种、《小学》等书。《清史稿·循吏传》有传。

刘衡精通律学,认为清代律例袭圣人所创之制,尽善尽美,无以复加,反对司法审判中滥引成案的陋习。主张法官应认真读律,自然宽惠适中、严明得当。本书就是他对于精研律例的心得体会。全书共三卷,分为理讼撮要、通用拟断罪名、通用加减罪例、祥刑随笔四目。

理讼撮要摘抄了部分清律例中具有基本原则性质的一些条文,并加简要评论。认为自首、容隐、干名犯义等多条律例,"见圣人人伦之至,熟读之,则孝弟之心油然生矣!"而收赎、妇人犯罪、公事失误、过失杀伤各条,"见圣人天地之大,所谓宥过无大也"。认为教唆词讼、教唆犯罪、诬告、越讼各条,则是"见圣人雷霆之盛,所谓刑故无小也!"并摘抄了五十六条有关司法审判注意事项的律例条文,指出"以上若干条,乃听断纲领之最切要者,诚刑名家初学津梁也"。

通用拟断罪名,摘录三条法官可自由裁量的律条,如违令、不应得为等,表示可用此数条薄惩偶犯、以戒习奸。

通用加减罪例，摘抄了三十九条有关定罪量刑时应根据情节、对象予以加重或减轻刑罚的律例条文，并附"通用加减罪例图"，表明清律例中"加等处罚"、"减等处罚"的具体方法。

祥刑随笔摘抄了二十一条有关刑具、行刑方法及司法文书制作方法的律例条文，表明在司法审判中应按照律例规定祥刑恤民。

本书集中了清代律例中对司法实践最重要的一些条文，便于初学者理解掌握。并画龙点睛，述说自身的体会与心得，具有一定的说服力。本书及作者的其他一些著作曾在同治年间受清政府表彰，在清末广泛翻刻传播，对于整肃吏治有一定作用。

（郭　建）

天朝田亩制度 洪秀全

《天朝田亩制度》,一卷。洪秀全下诏制定并颁布。成于太平天国天历三年(1853)。有天历三年原刻本。现存两本,一本藏于英国伦敦大不列颠博物馆,一本藏于法国巴黎东方语言学校图书馆。主要通行版本有民国十五年(1926)北京大学出版部据太平天国四年刻本影印排印《太平天国史料第一集》本;民国二十四年国立编译馆影印《太平天国史料第一集》本;1952年神州国光社排印王重民等辑《太平天国资料丛刊》本;1956年上海人民出版社排印罗尔纲辑《太平天国文选》本。1976年北京中华书局出版的《洪秀全选集》亦收有《天朝田亩制度》。

洪秀全(1814—1864),原名仁坤。广东花县人。十六岁时因家贫失学,在家参加农业劳动。后在本村当塾师。考秀才屡试不中,遂绝意科举,决心变革社会。他吸取西方基督教义加以改造,于清道光二十三年(1843)创立拜上帝会,利用宗教动员和组织农民群众参加革命。道光三十年十二月在广西桂平金田村起义,建立太平天国,自称天王。天历三年(1853)定都南京,改称"天京",颁布《天朝田亩制度》。设立各级乡官,分兵北伐和西征,势力曾扩展到十七省。六年因与东王杨秀清矛盾激化,酿成内讧,使太平天国遭受严重损失。九年封族弟洪仁玕为干王,总理朝政,批准颁行其《资政新篇》。在中外反动势力的联合进攻下,他缺乏积极的防御措施,安庆、苏州、杭州相继失守,固守孤城。于天历十四年四月病逝。著作有《原道救世歌》、《原道醒世训》、《原道觉世训》等。其生平史料见于韩山文《太平天国起义记》、洪仁玕《洪秀全来历》等。主要传记有藕香室主人《洪秀全全传》、苏双碧《洪秀全传》、罗尔纲《洪秀全》等。

《天朝田亩制度》利用儒家《礼记·礼运》篇中关于"大道之行也,天下为公"的思想和《周礼》记载的社会、政治和军事典制,并继承和发展历代农民战争中有关平等、均田的思想,使之具体化和制度化。它宣布废除一切土地私有制,实行土地共同平均使用制。要求天下人同耕,实现"有田同耕,有饭同食,有衣同穿,有钱同使,无处不均匀,无人不饱暖"的理想社会。该文件规定的平分土地的具体方法是,按产量将全国土地划分为九等,第一等(即上上田)每亩早晚二季产量为一千二百斤,以下各等则以一百斤依次递减,至第九等(即下下田)亩产量为四百斤。然后以户为单位,按人口平均分配,"凡分田照人口,不论男妇,算其家人口多寡,人多则分多,人寡则分寡";十六岁以上分全份,十五岁以下减半,杂以九等,好坏搭配。

《天朝田亩制度》规定了社会基层组织建制。"凡二十五家中,设国库一,礼拜堂一,两司马居之。"以二十五家为一两,设两司马一人,总管行政、生产、分配、宗教、司法、教育、赏罚、保举、警卫等事务,权力很大。每一家农户为一个生产单位,农民既要耕种土地,参加农业生产,又要从事家庭副业和手工业劳动。"力农者有赏,惰农者有罚";"凡天下,树墙下以桑,凡妇蚕绩缝衣裳;凡天下,每家五母鸡,二母彘,无失其时";"凡二十五家中陶冶木石等匠,俱用伍长及伍卒为之,农隙治事"。根据"天下人人不受私","天下大家处处平均,人人饱暖"的原则,每家每年收获粮食除留足每人所食可接新谷外,其余全部缴归国库,"凡麦、豆、苎麻、布、帛、鸡、犬各物及银钱亦然"。遇婚娶、弥月喜事,则向国库支取,"但有限式,不得多用一钱"。凡鳏寡孤独废疾者,均由国库供养。

《天朝田亩制度》规定了太平天国的乡官制度。"凡天下诸官,三岁一升贬,以示天朝之公。凡滥保举其官。官或违犯十款天条及逆命令受贿弄弊者则为奸,由高贬至卑,黜为农。民能遵条命及力农者则为贤为良,或举或赏。民或违条命及惰农者则为恶为顽,或诛或罚。"遇有争讼之事,由"两造赴两司马,两司马听其曲直",不息,则逐级上移,直至由天王主断。

《天朝田亩制度》颁布后并未完全实行。各地区推行不尽相同的政策,有的地区土地是谁种谁有,有的地区仍许地主收租,但减低租额。各地小工商业仍许其自由经营。《天朝田亩制度》的理想社会建立在自给自足的自然经济基础上,否定私有制和主张绝对平均,这是一种违反社会经济发展规律的农业社会主义空想,但对动员农民参加反对封建制度的斗争有积极作用。

有关《天朝田亩制度》的研究著作甚多。关于《天朝田亩制度》是否付诸实施的问题,可参考罗尔纲《天朝田亩制度的实施问题》(《太平天国史事考》)等。

(姚家华　董德福　徐永康)

资政新篇 洪仁玕

《资政新篇》,一卷。洪仁玕撰。成书于太平天国天历九年(1859),当年由天王洪秀全钦定颁行,有天历九年、十一年刻本,现有英国剑桥大学图书馆及上海市文物保管委员会等藏本。通行版本有《太平天国官书十种》本、《中国近代史资料丛刊·太平天国》本、《太平天国文选》本、《洪仁玕选集》等。

洪仁玕(1822—1864),字益谦,号吉甫。广东花县人,洪秀全的族弟。多次考秀才未中,在家乡当塾师。清道光二十三年(1843)参加拜上帝会。次年到清远教书。咸丰元年(1851)到广西桂平,因未赶上太平军而中途折回。次年逃至香港,不久潜回广东东莞教书。咸丰三年又去香港,接受瑞典人巴色会教士韩山文的洗礼,在西洋牧师处任教。曾多次谋往南京,没有成功。咸丰八年再次离港,经广东、江西、湖北等省,历经许多艰险,于九年到达天京。得到天王洪秀全的重用,晋封为义爵,加主将,并再封为军师、干王,总理朝政。他向洪秀全提出《资政新篇》,经加批语后颁行。天历十四年天京陷落后,他从湖州护卫突围而出的幼天王到江西,在石城被俘,于南昌英勇就义。著作还有《英杰归真》、《军次实录》、《诛妖檄文》、《立法制宣谕》等。生平史料有《洪仁玕自述》等。传记有沈渭滨《洪仁玕》、郦纯《洪仁玕》等。

《资政新篇》系洪仁玕向天王洪秀全提出的建议书。洪仁玕受封为干王后,针对农民政权所面临的逆转局势,积极寻求救国方策。他借鉴中外历史经验,认为"立法制"是"救时弊"的首要问题,为了"善辅国政,以新民德",就任干王后的第一件事,便是撰著《资政新篇》,向天王提供掌政"取资"的纲领。经洪秀全批改,作为官方文书颁行,是太平天国后期的重要文献。

《资政新篇》分"用人察失"、"风风"、"法法"、"刑刑"四类。作者认为,为了"兵强国富,俗厚风淳",实现"新天新地新世界"的理想,必须"因时制宜,审势而行"。他说:"事有常变,理有穷通。故事有今不可行,而可豫定者,为后之福;有今可行而不可永定者,为后之祸。其理在于审时度势,与本末强弱耳。"洪仁玕从历史事实中得出结论,国家发展和强盛的关键在于"设法用人之得其当","盖用人不当,适足以坏法,设法不当,适足以害人,可不慎哉!"

在"用人察失"类中,作者提出要"禁朋党之弊"。认为朝廷封官设将,是为了"护国卫民,除奸保良","倘有结盟联党之事,是下有自固之术,私有倚恃之端,外为假公济私之举,内藏弱本强末之弊",而国家的强大、风俗的淳厚,以及发达的交通与新闻才是对付朋党之奸的良策。

在"风风"类中,作者主张革新社会风气,对"男子长指甲、女子喜缠脚"、养鸟、斗蟋蟀,以及"戒箝手镯,金玉粉饰"之类的"小人骄奢之习"都应当"鄙之忽之",对"演戏斗剧、庵寺和尼"等弊,也应设立教导官进行教化。值得注意的是,作者对科学技术持欣赏鼓励态度,认为火船、火车、钟表、电火表、寒暑表、风雨表、日晷表、千里镜、量天尺、连环枪、天球、地球等"皆有探造化之巧,足以广闻见之精,此正正堂堂之技,非妇儿掩饰之文,永古可行者也"。

"法法"类是全书重心所在。该篇首先说明立法的重要性,并以较长篇幅泛论国际形势,援引英、美、德、法、俄等国的事例,彰明资本主义制度的优越性,激励国人发愤图强。列举了二十九条应兴应革事项。其较具特色的有如下数条。

要求"自大至小,自上而下,权归于一",即大权集中于中央,同时要"上下情通","内外适均而敷于众",使地方和民众也能议政、参政和施政。为达此目的,建议恢复和普遍设立乡官、乡兵以及钱粮和税务机关,并在中央和地方"设新闻馆","以收民心公议"。对国家公职人员建立考核制度,经铨选任官,禁止私相授受。

建立和发展资本主义的企事业。提出兴办各种新式工、矿、交通、银行、邮政、保险、新闻等资本主义性质的企业和事业。采取民办的方针,除为朝廷传递公文而设的邮亭由国家办理外,其余都由私人投资兴办。如开矿,无论开采金、银、铜、铁、锡、煤、盐、琥珀、蚝壳、琉璃、美石等各种矿藏,均由探出的人申请招民开采,自己任总领,产品的分配总领得二成,国库得二成,其余归开采者。如银行,由富民单独一人或数人开设均可。还提出兴办这些企事业要采取雇佣劳动制度,"准富者请人雇工,不得买奴,贻笑友邦"。并主张通过教育和行政强制手段迫使无业者作工,每日不工作六小时的人,即使是富贵者也是惰民,"准父兄乡老擒送屏诸绝域,以警颓风之渐"。

自由竞争和专利。主张采取自由竞争的方式推动资本主义经济的发展。在生产技术上"任乎智者自创",能制造精奇利便器皿的"准其自售",愿意开办企业的都可申请设立。开采矿藏视其大小,"小则准乡,大则准县,尤大者准省及省外之人来采"。用专利的办法保护和奖励创造发明,凡能制造火车或各种动力船只以及其他技艺产品的,都准许"自专其利"。专利年限器小的五年,器大的十年,益民多的年数还可加多。限满才准许他人仿做。在专利年限内如有人仿造,要予以罪罚。

对外通商。主张允许外国人通商,但外国商人不得擅入内地。严禁鸦片进口,"走私者杀无赦"。允许牧师及教技艺的人入内地教民,只许他们为国献策,不得毁谤国法。在对外关系上要有一定的章程和礼法,以免妄生别议。还认为中国对外国可以在竞争中取胜。"如开店二间,我无租值,彼有租值;我工人少,彼工人多;我价平卖,彼价桂(贵)卖,是我受益而彼受亏。我可永盛,彼即当衰,彼将何以久居乎?"

在"刑刑"类中,针对太平天国后期滥刑酷罚的情况,提出了轻刑主义的主张,"大率法外辅之以法而入于德,刑外化之以德而省于刑"。要求"善待轻犯",对"大固宜死者",也只采用绞刑。主张重视道德教育和法制教育,实行先教后刑,"必先教以天条,而后齐以国法"。对处以极刑的重大罪犯则"先彰其罪状并日期",公开行刑,使观者"股栗自儆",达到少杀而儆众的目的。

《资政新篇》是中国第一个发展资本主义的纲领,具有重要的历史地位。因太平天国不久即失败而未能付诸实施。其主要缺点是完全没有考虑到农民的土地问题。

有关《资政新篇》的研究著作甚多,可参考祁龙威《洪仁玕与太平天国革命》(《太平天国史学术讨论会论文选集》第二册)、王汝丰《洪仁玕及其〈资政新篇〉》等。

(徐永康　姚家华　董德福)

校邠庐抗议 冯桂芬

《校邠庐抗议》，二卷。冯桂芬著。成于清咸丰十一年(1861)。稿本家藏。备抄本一部寄呈曾国藩并函请作序。光绪九年(1883)初刊，为广仁堂本。后有光绪十年的豫章本、光绪二十三年的弢园老民本、光绪二十四年的上海石印本和据稿本刊刻的冯氏家刻本等。各本篇数不尽相同。稿本今藏上海图书馆。有多种排印点校本，如中州古籍出版社1998年版、上海书店出版社2002年版等。

冯桂芬(1809—1874)，字林一、景庭。江苏吴县(今苏州)人。清道光十二年(1842)举人。以文章知遇江苏巡抚林则徐，助林校书。后入江苏巡抚陶澍和裕谦幕府。二十年中榜眼，授翰林院编修。咸丰元年因父丧回原籍。三年奉诏在籍办团练，抵抗太平军。六年升右春坊右中允。七年称病回籍。十年，因太平军克苏州，亡命上海，参与江浙官绅"借师助剿"活动。十一年，代表上海官绅起草致曾国藩乞援书。李鸿章出兵上海后，入李幕府。同治二年(1863)，通过李鸿章奏请裁减苏州、松江、太仓漕粮三分之一，常州漕粮十分之一。九年授三品衔。曾主讲南京惜阴，上海敬业，苏州紫阳、正谊等书院。著作还有《显志堂稿》(《校邠庐抗议》的部分篇章先在此书刊出)、《说文解字段注考》等。《清史稿》、《清史列传》、《显志堂稿》等书有传。

《校邠庐抗议》作者《自序》言："用《后汉书·赵壹传》语，名之曰：抗议，即位卑言高之意。明知有不能行者、有不可行者，夫不能行则非言者之过也。"全书分上、下两卷，共五十篇。内容涉及政治、经济、财政、社会等方面的改革建议。作者在《自序》中称："桂芬读书十年，在外涉猎艰难情伪者三十年，间有私议，不能无参。以杂家佐以私臆、甚且羼以夷说，而要以不畔于三代圣人之法为宗旨。"

本书上卷《公黜陟议》、《汰冗员议》、《免回避议》、《厚养廉议》、《许自陈议》、《复乡职议》、《易吏胥议》、《省则例议》、《杜亏空议》、《改捐例议》诸篇集中讨论改革政治问题。《汰冗员议》认为"我朝设官于古不为多，而大官之多，为汉以来所未有"。提出应裁革漕运、粮道、河务、织造及各关监督之类的"吃饭官"。对各省督抚、道、盐务、京官、内外武职等也应"量裁","内务府糜费更多,必应大减"。《免回避议》认为"事有显背三代圣人之制,酿民生无穷之害,开胥吏无穷之利,沿袭数百年墨守之为金科玉律而不知变者,莫如官员回避本省之例"。建议恢复宋代回避三十驿(三十里为一驿)的制度,县丞以下不出省。《厚养廉议》指责当时吏治之坏,"外官自督无以至典史,某阙(官缺,指官职位)肥、岁赢若干;某阙瘠,岁赔若干……骤闻之几疑官名为市肆之名"。而"大小京官莫不仰给于外官之别敬、炭敬、冰敬"。作者认为贪风如此之炽"非本性之贪,国家迫之使不得不贪也"。他列举历代官俸数额,表明清代最低,请求增加官俸。《复乡职议》提出:"治天下者宜合治,亦宜分治",建议恢复古乡亭制,"满百家公举一副董、满千家公举一正董,里中人各以片楮书姓名保举一人,交公所汇核,择其得举最多者用之,皆以诸生以下为限"。乡里公所在土神祠办公,处理民间争讼。《公黜陟议》认为历来铨选官员不重才德,不重公论,主张由京官公举大臣,在乡官绅、诸生、各乡正副董公举地方长官。《改捐例议》强烈批评捐官制度,要求只可捐虚衔,此外"一切停止"。《省则例议》指出:"谈者谓今天下有大弊三:吏也,例也,利也。任吏挟例以牟利,而天下大乱于乎尽之矣。"批评清代则例(各机关办事细则)"条目愈勘愈细,其始若离若合,其继风马牛不相及,其终则掷声谵语不知所云"。建议重修"简明则例",各部一本,"不得逾二十万言"。

本书上卷《绘地图议》、《均赋税议》、《稽旱潦议》、《兴水利议》、《改河道议》、《劝树桑议》、《折南漕议》、《利淮南议》、《改土贡议》、《罢关征议》、《筹国用议》、《节经费议》、《重酒酤议》诸篇讨论财政及经济问题。《稽户口议》、《壹权量议》、《收贫民议》、《复陈诗议》、《复宗法议》、《重儒官议》诸篇讨论有关社会政策问题。其中《收贫民议》指出"法苟不善,虽古先圣吾斥之;法苟善,虽蛮貊吾师之",建议学习荷兰等国养贫院、教贫院制度。《复陈诗议》强调民间诗歌对于"下情上达"的重要性。

本书下卷《改科举议》、《改会试议》、《广取士议》、《崇节俭议》、《停武试议》诸篇集中讨论改革科举制度。《改科举议》猛烈抨击八股取士之制,引林则徐幕僚饶廷襄语:"其事为孔孟明理载道之事,其术为唐宗英雄入彀之术,其心为始皇焚书坑儒之心。"建议改考经学(先汉后宋)、策论、古学。另外《减兵额议》、《严盗课议》、《以工巧为币议》、《用钱不废银议》、《均赋议》、《裁屯田议》、《垦荒议》、《通道大江运米盐议》、《寓兵于工议》、《代量新度说》诸篇讨论了一些具体的政务问题。

本书下卷讨论洋务问题的《重专对议》、《采西学议》、《制洋器议》、《善驭夷议》、《借兵俄法议》、《上海设同文馆议》诸篇是本书精华所在。《采西学议》明确提出要向西方学习,"太史公论治曰法后王……愚以为在今日又宜曰鉴诸国。诸国同时并域,独能自致富强,岂非相类而易行之尤彰明较著者。如以中国之伦常名教为原本,辅之以诸国富强之术,不更善之善哉!"《制洋器议》指出:"有天地开辟以来未有之奇愤、凡有心知血气莫不冲冠而发上指者,则今日之以广运万里、地球中第一大国而受制于小夷也!"中国之所以受制于西方,是因为"人无弃材不如夷,地无遗利不如夷,君民不隔不如夷,名实必符不如夷"。就军事言,"船坚炮利不如夷,有进无退不如夷",只有"人材健壮未必不如夷"。主张鼓励民间制造船炮,赏给举人、进士头衔。开制器科,选拔制洋器人材。认为魏源所言"师夷长技以制夷"实为有用之语。《善驭夷议》讨论办理外交的重要性,"今国家以夷务为第一要政,而剿贼次之。何也?贼可灭,夷不可灭也"。主张在外交中要据理力争,"夷人动辄称理,吾即以其人之法还治其人之身,理可从,从之;理不可从,据理以折之。诸夷不知三纲,而尚知一信。非真能信也,一不信而百国群起而攻之、箝制之,使不得不信也"。为此需要选择善辞令者办理外交(《重专对议》),在上海、广州开设同文馆,以"通其志、达其欲、同知其虚实情伪"(《上海设同文馆议》),学习洋文翻译洋书,掌握其长技。

  本书在清末发生了巨大的影响,尤其是有关洋务方面的议论,以后成为洋务派官僚办洋务、求自强的指导方针。本书的很多主张建议后被洋务官僚采纳,成为洋务政策,直接影响了清末政治、经济的演变。本书提出向西方学习的思想,比单纯学习船、炮技术发展了一步,把学习西方当作一件有关民族生存的决定性大事,对于当时中国知识界有很大触动。本书改革政治的主张,尤其是由乡民、士绅公举官员的主张,是中国最早提出建立由下而上选举制度的政治主张之一,对于变法维新及立宪运动都有一定影响,在中国近代思想史上具有重要地位。

  熊月之《冯桂芬评传》(南京大学出版社,2004年)对本书进行了系统的研究。

(叶世昌　李立华等)

盛世危言 郑观应

《盛世危言》，郑观应撰。本书书名及内容体例屡经变更。清同治元年(1862)初刊时题名《救时揭要》；同治十年增订为上下卷，改名《易言》；光绪十八年(1892)又增补，定名《盛世危言》。以后还曾增订。辛亥革命后，作者另编《盛世危言后编》。版本亦很多，有同治元年、同治十年、光绪十年、光绪二十年刻本。上海古籍出版社2008年影印出版上海图书馆藏十四卷本。石印本有光绪二十二年、二十三年上海书局本，光绪二十一年赐书堂本等。铅印排字本有光绪二十六年俟鹤斋本、光绪二十四年图书集成局本等。夏东元《郑观应集》(上海人民出版社，1982年)亦收入。

郑观应(1842—1921)，本名官应，字正翔，号陶斋，别号杞忧生、慕雍山人等。广东香山(今中山)人。早年为英商宝顺洋行买办，后又转至太古洋行为买办，来往于港、沪、穗等沿海通商口岸。后捐得道员衔，参与洋务自强活动，先后充任上海织布局总办、轮船招商局会办、汉阳铁厂总办、粤汉铁路总办等职。然而对于洋务自强政策逐渐怀疑，转而撰文鼓吹维新改良，成为维新变法运动时期著名政论家。1903年曾一度署广西左江道。以后拥护清末立宪改制，逐渐失去其原有影响力。其文章著述近人汇编为《郑观应集》。生平事迹见作者《论招商局及肇兴公司事略》(本书附录)、吴尹全撰《俟鹤山人事略》、夏东元著《郑观应传》。

《盛世危言》是政论文集。作者在光绪十八年所作《自序》称，本书因"愤彼族之要求，惜中朝之失策"而撰，原只是随手笔录"凡有利于安内攘外之说"，撰为短文，并陆续发表于报纸，再整编为一书。题名《盛世危言》时，本书为五卷。分别为道器、学校、西学、考试、议院、日报、吏治、游历、公法、通使、交涉、书吏、廉俸、教养、训俗、狱囚、医道、女教、善举、藏书、税则、商务、商战、技艺、纺织、农功、垦荒、旱潦、治河、赛会、铁路、电报、邮政、银行、开矿、铸银、禁烟、传教、贩奴、国债、建都、防海、防边、练兵、水师、民团、船政、火器、弭兵四十九篇。

本书以鼓吹维新变法为主旨，作者《自序》称，经多年洋务实践，"乃知其治乱之源、富强之本，不尽在船坚炮利，而在议院上下同心、教养得法，兴学校、广书院、重技艺、别考课，使人尽其才"。

主张向西方学习,施行全面变法。认为中西合一奉行天道,而西方则又专于"形而下"的"器",希望皇帝能"总揽政教之权衡、博采泰西之技艺,诚使设大小学馆以育英才、开上下议院以集众益"(《道器》)。为使中国士大夫易于接受,作者宣称西学"皆有益于国计民生",且西学亦源于中国,因此"以中国本有之学、还之于中国,是犹取之外厩纳之内厩"。强调"中学其本也,西学其末也,主以中学、辅以西学,知其缓急、审其变通,操纵刚柔、洞达政体,教化之效,其在兹乎?"(《西学》)为求广泛推行西学,除广译西书外,更提倡学西方语言文字。

本书宣传全面变法,卷一、卷二主要谈论"政教"的改革;卷三、卷四主要谈论财政、经济政策的改革;卷五主要谈论国防、军事。其编排顺序显示出作者所主张的改革以"政教"为核心。作者批评洋务派专主学西方坚船利炮,是"遗其体而求其用"。主张改革高度专制的政治体制,认为"议院者,公议政事之院也。集众思、广众益,用人行政一秉至公,法诚良意诚美矣!无议院则君民之间势多隔阂,志必乖达"。并指出中国传统的台谏官与议院并无共同之处,"爵禄锡诸君上,则不能不顾私恩;品第出于高门,则不能悉通民隐",强调议院应是民选的独立机构。中国古已有"君舟民水"之说,"诚能本中国乡举里选之制,参泰西投匦公举之法,以遴议员之才望;复于各省多设报馆,以昭议员是非,则天下英奇之士、才智之民皆得竭其忠诚、伸其抱负"。另外现今列国通商,依靠公法,"欲公法之足恃,必先立议院、达民情,而后能张国威、御外侮"。作者认为"美国议院则民权过重,固其本民主也;法国议院不免叫嚣之风,其人习气使然也。斟酌损益,适中经久者,则莫如英、德两国议院之制"(《议院》),尤其主张仿照英国议会制度。

中国有政教并提的传统,作者亦认为"学校者,造就人才之地,治天下之大本也"(《学校》)。主张"废八股之科,兴格致之学,多设学校,广植人材,开诚布公,与民更始"(《教养》)。建议科举考试应考经史、策时事、判例案,并增设西学科。在各学校教西洋天文、地理、农政、船政、算化格致、语言文字、政事律例。此外还要求在各地设公所训导人民。尤其是主张兴办女学,禁止妇女缠足,"人生不幸作女子身,更不幸而为中国之女子"(《女教》),要求教以西方女子家政及中国女诫。

本书在学习西方政教的主张中颇有特色的是强调报纸的重要性。认为中国古代谤木、谏杖即西方报纸之滥觞,只因秦代暴政被废。应在沿海各地设立报馆,发行日报,除了报道各地新闻,教导百姓外,尤其要发挥监督议员、官员的作用,"大小官员苟有过失,必直言无讳,不准各官与报馆为难"(《日报》)。

本书鼓吹大力发展工商业。认为"外洋以商立国",是"借商以强国、借兵以行商"(《商务》)。主张以兵战对兵战、以商战对商战。"商贾具生财之大道,而握四民之纲领",因此必须废除传统的"脧削"、"遏抑"商业的政策,改行护商政策。提出"裁撤厘金,加增关税"(《税则》),收回海关管理权设商部以管理商务,废除捐纳弊端,鼓励捐官之人转为商贾。兴办银行,铸造金银币,开办商务学堂及其他各类学校,精研科学技艺,培养商战人才,允许商人自由投资,商人可举为议员,创办工商业有成效的商人发给"称颂功牌"等等具体方案。

本书还要求加强边防,抵御外国侵略。书中有好几篇文章分析当时日趋严重的边疆军事形势,讨论对策。作者认为在边防与海防这两方面,边防更为紧急,"防边之要着,固莫急于东三省"(《防边中》),俄、日两国都在窥视我东三省,应重点防御。在海防方面,作者认为,我国海疆辽阔,西方列强全部占领了南洋群岛之后,对我海防形成空前严重威胁,在这样的情况下,海防应"先分险易,权轻重",统筹安排防务。他主张将海疆分为北、中、南三段,每一段确定重镇,选择得力大臣统率海军,以防外敌。此外作者还对军队的训练、兵器的制造、民团的设立都发表了不少意见。

《盛世危言》对于富国强兵的各方面的问题都有论及,如他还主张采用机器生产,发展新式农业,奖励垦荒,兴修水利;积极开展外交活动,维护国家主权和利益,保护海外华侨、华工权益;兴办近代医疗卫生事业,禁止鸦片,增强人民体质等等。此书议论多切中时弊,其内容丰富和发展了近代早期改良主义思想,因而风行一时,促进了清末思想解放和变法维新运动。其鼓励发展工商的具体建议,有不少在"新政"时期被清政府采纳。著名的改良主义思想家王韬说《盛世危言》中的文章,"大抵发奋之所为作",郑观应写这些文章"发上指而笔有泪",自言"久病垂死……磨墨伸笔,作此以抒愤懑","知天下尚有伤心人也"(《易言跋》)。可见,郑观应的文章引起了人们的共鸣,激励了人心,鼓舞了人们的爱国精神。

有关《盛世危言》的研究著作有夏东元《郑观应传》和《晚清洋务运动研究》等有关章节。

(郭 建 施忠连等)

曾文正公全集 曾国藩

《曾文正公全集》,一八五卷。曾国藩撰,李瀚章编。清同治十二年(1873)至光绪五年(1879)传忠书局刻,史丛续本(附未刊信稿);一六〇卷,光绪二十九年上海鸿文书局石印;一五四卷,上海鸿宝书局石印;一七七卷,民国十一年(1922)中华图书馆铅印;八〇卷,民国二十一年上海扫叶山房石印;民国二十五年国学整理社铅印、上海新文化社铅印、民国二十五年上海世界书局铅印、上海大达图书供应社铅印、民国三十二年成都中国古书流通社铅印。《曾国藩全集》,岳麓书社铅印,共三十册,其中奏稿十二册(1987—1994年版),书信十册(1990年版),家书二册(1985年版),日记三册(1987年版),批牍一册(1994年版),诗文一册(1986年版),读书录一册(1989年版)。

曾国藩(1811—1872),原名子城,字伯涵,号涤生,谥文正。湖南湘乡人。早年曾受教于经世派的中心之一即长沙岳麓书院。二十七岁中进士,选翰林院庶吉士,不到十年,升至礼部右侍郎衔内阁学士。太平军起事时,曾国藩在湖南为母亲守制,即以在籍侍郎的身份主办团练并在此基础上创建了湘军。在曾国藩的率领下,湘军成为镇压太平天国农民起义的主力,曾氏也因此受到清廷倚重,历任两江总督、直隶总督兼北洋大臣等要职。在创建近代军事工业方面,曾国藩也颇有建树,是洋务运动的开创者之一。曾国藩治学严谨刻苦,兼取诸家之长,其著述被汇编为《曾文正公全集》。曾氏生平史料,主要有其门人弟子黎昌庶编写的《曾国藩年谱》,《清史稿》卷四〇五有传。也有萧一山等今人所作的多种传记。

本书主要内容如下。

哲学思想。曾国藩承继了程朱理学的传统,主张以"理"作为世界的本源,"吾之身与万物之生,其理本同一源",而"理一分殊"(《书信》),即理的表现形式多种多样,纲常名教则是人间的天理。实质上,纲常名教是曾氏哲学乃至整个思想价值观念的核心,"故凡仆之所志,其大者盖欲行仁义于天下,使凡物各得其分;其小者则欲寡过于身,行道于妻子,立不悖之言以垂教于宗族乡党"(《书信》)。认为纲常名教世界的确立,才是儒学的最高鹄的。

经世致用的学术指导思想。曾国藩早年致力于程朱理学,经世派的务实精神及桐城派的严谨文风也对其影响至深。清代的学术,汉宋之争由来已久,早年的曾国藩严守理学。但此后,现实的巨大压力使他渐渐倾向于实用主义的学术传统——经世致用,将传统学术(包括理学和汉学)中凡有益于治国之道的知识都归入"礼"学之中,并以此调和汉宋之争。在坚守儒学正统的基础上,认为"诸子皆可师也,不可弃也"(《日记》),应兼取诸家之长,以修身济世。

政治、法律思想,可以概括为三个方面,即礼治、人治、法治。

礼治。曾国藩同传统儒家一样,非常重视以"礼"治国。"古之君子……其修身、齐家、治国、平天下,则一秉乎礼",因而,曾氏又称之为"经邦之礼"(《诗文》)。作为纲常名教的具体化、制度化,"礼"维护着亲亲尊尊的宗法等级制度;"礼"还可以节制人欲,以杜绝争乱,维持社会秩序。而且,曾国藩所说的"礼",其内容更为广泛而实用。"盖古之学者,无所谓经世之术也,学礼焉而已。"(《诗文》)传统学术中凡与国家政治、经济、军事等有关的实用性知识,都被其纳入"礼"学之中。在推行礼治的具体途径上,曾国藩提出了"以礼自治,以礼治人"(《日记》)。"以礼自治"指的是统治者及士子自身的日常道德和学术修养,这也是儒家治国的第一步。"以礼治人",即治理民众,包括物质上的"拯民溺,救民饥"和精神上的"教养庶汇"两重含义(《家书》)。具体而言,曾国藩认为,战乱初平,应重视赈灾荒政,实行薄敛减役、革除浮收、与民休息,并帮助百姓恢复生产,打击兼并土地的地方豪强,以收民心、苏民困。在此基础上,褒扬忠烈,大力推行礼教。

人治。在治理国家的具体方式上,曾国藩推崇儒家传统的"人治",认为"任法不如任人",若无良吏,纵有良法,也无法实施。政事的清明与否取决于在位者的心是否"公明"。儒家式的贤人政治的实现须有"忧勤之君,贤劳之臣"(《批牍》)。为君之道,应权利独揽,"杜植私树党之端"(《奏稿》),应有"独照之明",以辨贤与不肖,特别是要慎择督、抚等封疆大员,同时讲求务实,并虚心纳谏。为臣之道,首重操守,并应务实、尽责、勤于政事,以"勤恕廉明"(《批牍》)为行为准则。儒家之治,以人为本,曾国藩非常重视并长于树人、育人之道,并将之归结为"广收、慎用、勤教、严绳"(《日记》),而曾氏之幕府亦成为晚清人才的渊薮之一。

法治。曾国藩非常重视刑罚的震慑作用,礼教固然重要,但时局危急、变乱丛生,必须严刑戡乱。"书生岂好杀,要以时势所迫,非是则无以锄强暴而安我孱弱之民。"(《书信》)同时,曾氏又强调将重刑严格限制于以下范围:对抗官府的反叛者、严重破坏社会秩序者、严重触犯人伦纲常者,而对于一般犯罪,应当宽宥。为避免枉入人罪,曾氏强调审案务慎,证据确凿,结案迅速。曾氏在北方剿捻时,还推行过保甲制度。

洋务思想。清末,西方的武力入侵,使曾国藩清醒地认识到中西军事实力的悬殊,并产生了深刻的危机感。在从西方购买先进武器的同时,他主张应学习并逐渐掌握西方武器制造技术,进而开始关注更为基础的技术知识的引进。他创立的翻译馆,先后翻译出版了西方近代科技等方面的书籍百数十种;并促使清政府派幼童赴美留学,开中国近代教育之先河。曾国藩还构想创建新式海军,冲出外洋,主动防御。从轮船的制造、海军的建制、水兵的招募与训练、海军军费的筹集到海军章程的制定等,都做了许多开创性的工作。"虽未敢遽问九世之仇,亦欲稍蓄三年之艾"(《书信》),为了自强御侮,曾国藩成为中国近代史上"洋务运动"的开创者之一。

"理势并审"的外交指导思想。中外交涉中,曾国藩反对两种极端:或畏惧西方强势而一味苟且偷安,或无自强之实却毫不妥协。尖锐地指出"好言势者,专以消弭为事,于立国之根基,民生之疾苦,置之不问。虽不至遽形决裂,而上下偷安,久将疲恭而不可复振。好言理者,持攘夷之正论,蓄雪耻之忠谋,又多未能审量彼己,统筹全局,弋一己之虚名,而使国家受无穷之实累"。他将自己的经验总结为"理势并审"(《奏稿》),即在清醒认识自己实力的前提下,尽可能维护自己的利益。在没有国内外大战事的条件下,曾国藩主张慎重、稳健地处理涉外事务,争取时机发展和积蓄力量。"洋人之事……只可力求自强,不可轻易动气。若无自强之实,而徒有争气之言,非徒无益,而又害之。"(《书信》)他反对漫无把握的贸然开战,以免艰难积蓄的军事力量毁于一旦。而"理势并审"则要求对关系到国计民生的原则性问题,如西方的经济渗透,必须抵制,即使为此发生武力冲突,也"无可悔也"(《奏稿》);至于一般的外交仪节和外国传教活动之类的问题,则可迁就国际惯例。另一方面,他主张清政府应充分利用外交规则和条约维护自己的权益,"条约所无之事,彼亦未便侵我之利"(《书信》)。

严于律己的修身之道。儒家的修身不仅是个人问题,更是其治国的第一步,因而意义重大,具体包括道德的修养和知识的获取两个方面。曾国藩认为,两者都来源于儒家经典著作和历史典籍之中。谈到修身的主观态度,他强调一个"诚"字,进而要求个人发自内心的自觉自律——"慎独"。同宋儒一样,他主张以极端的自我克制来成就道德的完善——"力去人欲,以存天理"(《诗文》)。曾氏本人正是其修身之道的认真实践者。

作为传统文化造就出的最后一代历史人物,曾国藩兼取百家之长,尽可能多的吸收了历史典籍中的智慧,结合儒家经世致用的传统,使之在儒学的保守性中,发挥了其创造力和应变力。其思想,诸如树人、用人之道等等,都留下了不少闪光点。而他勤政廉政,严于律己、严于约束家人的作风,以及以天下为己任的抱负和实践,在历史人物中也可称道。

(陈 斌)

曾文正公年谱 黎庶昌

《曾文正公年谱》，十二卷。黎庶昌撰，李瀚章审订。成书于清光绪二年(1876)。有光绪二年传忠书局刊行本、台湾文海出版社《近代中国史料丛刊续集》影印本、岳麓书社校点本等。

黎庶昌(1837—1898)，字莼斋。贵州遵义人。廪贡生。少从学于莫友芝、郑珍。后入曾国藩幕府，与张裕钊、吴汝纶、薛福成合称"曾门四弟子"。清光绪二年随郭嵩焘出使英、法，转任驻德、西班牙等国参赞。光绪七年出任驻日公使。在日本六年，搜集国内久佚之秘笈，刻为《古逸丛书》二十六种。归国后出任川东兵备道，开设学堂，提倡实业。另著有《拙尊园丛稿》、《西洋杂志》、《黎钦使宴集合编》、《黎氏家谱》，编有《续古文辞类纂》等。《清史稿》卷四五二有传。

黎氏在编后称：曾国藩"盖世忠勋，窃恐数十载后，流风渐远，见闻异辞，而于当日事迹原委，或无以质证，亦门人故吏之责也"，故"不揣固陋，按据近年所睹记粗纪其大略"。该书所记内容起自清嘉庆十六年十一月，迄止同治十一年(1872)二月。按年记事，内容涉及曾氏一生重大活动。

第一卷，嘉庆十六年十一月至咸丰二年(1852)，主要记曾氏出生至受命招募乡勇、举办团防之事。第二卷，咸丰三年，记曾氏整编乡勇，并奉旨率部迎战太平军于湘、鄂、皖诸地。第三卷，咸丰四年，记曾氏出衡州、抵岳阳，招募水勇，创办水师，与太平军战于湘潭、岳州、武汉等地。第四卷，咸丰五年至六年，记曾氏整顿军务，调整部署，以图再战等过程。第五卷，咸丰七年至八年，记曾氏于咸丰七年三月丁忧回籍，八年六月奉旨重返军营，督率进剿太平军等事。第六卷，咸丰九年至十年，记曾氏继续率部与太平军战于皖南、皖北、江西等地，及曾氏升任两江总督、钦差大臣并督办江南军务等事。第七卷，咸丰十一年，记曾氏督军攻取安庆后，创办安庆军械所之过程，以及李鸿章率淮军增援上海，僧格林沁、胜保进剿捻军等事。第八卷，同治元年(1862)，记曾氏率部围攻天京之过程，内容涉及太平军与清军之血战、天国政权之危机等。第九卷，同治二年至三年，记叙清军攻破天京，曾氏奏调淮军攻捻等事。第十卷，同治四年，记曾氏督率湘、淮诸军剿捻之事。第十一卷，同治五年至八年，主要记曾氏剿捻失败后情形。第十二卷，同治九年至十一年，记曾氏查办天津教案,继续创办洋务,奏请招垦及病逝。

《曾文正公年谱》记事范围广泛,作者与闻谱主许多事情,又结合文字材料详加考订,从而为后世研究者提供了较多的第一手资料。如清军与太平军战斗之决策内幕,曾氏心理变化及用兵方略等均有反映,尤其是用较多篇幅记叙曾氏奏折及谕旨,展示了当时局势风云变幻及清廷上下的心态资料。近人梁廷灿称:"此编所记文正为政以及用人皆详赡,中间附载各奏疏,尤可考见当日事之始末。"(《年谱考略》)

该书不足之处在于作者对谱主褒扬、隐讳之处较多,记载谱主学历、家世过于简略,不足以考查曾氏一生之人格。

(丁孝智)

左文襄公年谱 罗正钧

《左文襄公年谱》,十卷。罗正钧编。初版于清光绪二十三年(1897)。有湘省学院街萃文堂刻刷局缮刊本、1934年小南白堂丛刊本、台湾文海出版社《近代中国史料丛刊》本等。

罗正钧(1830—1895),字顺循,号劬盦。湖南湘潭人。清光绪举人。曾任直隶宁定、清远知县,天津知府,山东提学使等。著述另有《船山师友记》、《王庄武公年谱》、《官书拾遗》、《辛亥殉节录》及诗稿等。《清代传记丛书》中有其墓志铭。

《左文襄公年谱》记述清末湘军名将、洋务派重要代表人物左宗棠一生活动。是谱据谱主书牍、奏稿及有关著述编成,按年月记事,有详有略。卷一(1812—1852,左氏出生至四十二岁),记谱主家世、求学及出仕。卷二(1853—1860,四十三至五十岁),主要记谱主编练"楚军",与太平军战斗于两湖之事。卷三(1861—1865,五十一至五十四岁),记谱主在浙、赣等地进剿太平军之活动。卷四(1867—1868,五十五至五十七岁),记谱主举办洋务,创办福州船政局,出任陕甘总督,镇压捻军起义等事。卷五(1869—1870,五十八至五十九岁),主要记谱主率部镇压陕甘回民起义之军事活动。卷六(1871—1873,六十至六十二岁),记谱主继续剿抚回民起义军余部,创办兰州机器制造局等事。卷七(1874—1875,六十三至六十四岁),记谱主与李鸿章等关于海防、塞防之争。卷八至卷十(1876—1885,六十五至七十四岁去世),主要记谱主在新疆平定阿古柏叛乱及中俄伊犁交涉诸事。

此谱保存史料较多,涉及范围较广。编者得左氏亲属及门生故吏襄助,大凡谱主家藏资料及相关书籍,包括奏议、文稿、书信、诗钞、论著及官私文书、家谱行状等,都充分利用。年谱内容,传闻较少,对谱主生平经历、主要活动、政治态度、思想抱负、为人处世及与之相关诸大事件,均有较详细记载。近人梁廷灿称:"欲研究太平天国失败之原因,此谱及骆文忠、罗忠节、曾文正、胡文忠诸谱为最重要之史料。"(《年谱考略》)

此谱考订较为严谨,叙事较为准确。谱中记叙事情和引用原文都作了筛选和考证,尤其在材料之时间性判断上下了很大功夫,证成一说,往往列举数种材料,存疑之处,均记录于卷,并不牵强附会,可称一部较为可信的个人传记。

此谱不足之处在于编者旨在褒扬谱主功业,故避讳之处较多,间或有意粉饰,如对左氏出仕前的两湖局势危难,极力夸大,意在制造"此人不出,奈苍生何"之印象。此种弊端,书中尚有多处。

清贺涛撰有《书左文襄公年谱后》(《贺先生文集》卷四),可资参阅。校点本有近年岳麓书社版《左宗棠年谱》。

(丁孝智)

李文忠公全集 李鸿章

《李文忠公全集》，一百六十五卷。李鸿章撰，吴汝纶编。有清光绪三十一年至三十四年（1905—1908）金陵刻本、1921年上海商务印书馆影印本及台湾《近代中国史料丛刊续编》影印本。

李鸿章（1823—1901），字子黻、渐甫，号少荃、仪叟，谥文忠。安徽合肥人。晚清军政重臣，淮军创始人和统帅，洋务运动的主要倡导者。早年受业于曾国藩门下，后在与太平军作战过程中组建淮军，镇压太平天国和各地捻军起义。他认识到西方近代技术的威力，积极主张加以仿效和引进。从同治四年（1865）起先后创办江南制造总局、上海轮船招商局、开平矿务局、上海机器织布厂等多家新式工矿企业，又筹办海防，于光绪十四年（1888）建成北洋舰队。他曾多次主持对外交涉，与列强签订了一系列不平等条约。历任江苏巡抚、直隶总督和北洋大臣等要职。其著述另有《中日议和纪略》、《李肃议伯奏议》、《江南制造局全案》和《李文忠公尺牍》等单行本。《清史稿》卷四一七有传。其生平可参雷禄曾编《李文忠公鸿章年谱》等。

《李文忠公全集》包括卷首和正文。卷首有上谕、御制碑文、国史本传、各地奏请建专祠的上疏和神道碑铭、墓志铭等。正文包括奏稿八十卷、朋僚函稿、译署函稿二十卷、蚕池教堂函稿一卷、海军函稿四卷以及电稿四十卷。

书中大量奏折充分体现了作者兴办洋务、引进西方技术发展本国近代工业的愿望和设想的具体办法。作者认为，中国旧有道德制度是合理的，"中国文物制度迥异外洋獉狉之俗，所以郅治保邦、固丕基于勿坏者固自有在"（《奏稿》卷九《置办外国铁厂机器折》），但当前各国环伺，外侮交加，应该具有强烈的忧患意识，以图振兴。自强之途，兴办实业为当务之急。西方的富强，是因为有发达的军事工业和经济实力为基础，"西洋军火日新月异，不惜工费而精利独绝，故能横行于数万里之外。中国若不认真取法，终无由以自强"（《奏稿》卷十七《议天津机器局片》）。"中国积弱，由于患贫；西洋方圆千里、数百里之国，岁入财赋以数万万计，无非取资于煤铁五金之矿、铁路、电报、信局、丁口等税。酌度时势，若不早图变计，择其至要者逐渐仿行，以贫交富，以弱敌强，未有不受其敝者。"(《朋僚函稿》卷十六《复丁稚璜宫保·光绪二年八月二十六日》)他先后奏上《筹设织造机房折》(《奏稿》卷九)、《机器局动用经费折》(《奏稿》卷二八)、《直境开办矿务折》、《请开平泉铜矿片》(《奏稿》卷四十)、《议设洋药公司片》(《奏稿》卷四一)、《试办织布局折》(《奏稿》卷四三)、《商局接办电线折》(《奏稿》卷四五)、《推广机器局折》(《奏稿》卷七八)等,对兴办每一种实业的理由、预算、具体主管人选及其他细节问题都详作说明。在兴办实业的过程中,作者进一步提出了"官督商办"形式的企业中官商分权的思想。他在处理轮船招商事务中提出"由官总其大纲、察其利病,而听该商董自立条议,悦服众商"(《译署函稿》卷一《论试办轮船招商》);"所有盈亏,全归商认,与官无涉"(《奏稿》卷二十《试办轮船招商》)。书中还提出一系列保障本国工业发展的具体主张,如运用关税、进口管制等诸项经济和行政手段。作者希望"朝廷主持于上,臣等乃得审度机宜,妥为经营。既须临事变通,尚难预设成法。又望各省大吏意见相同呼应,无甚隔阂。各处舆情历练既久,贤才因之奋兴,则风气渐开,富强制基可立矣"(《奏稿》卷三五《议复中外洋务条陈折》)。

书中《筹议海防折》(《奏稿》卷二四)、《筹议购船选将折》(《奏稿》卷三五)、《议购铁甲船折》(《奏稿》卷三六)等奏折内,作者提出了建立近代新式海军的设想和方案。他指出,外国列强"阳托和好之名,阴怀吞噬之计。一国生事,诸国横煽,实为数千年来未有之变局。轮船、电报之速,瞬息千里,军器机事之精,工力百倍,炮弹所到,无坚不摧;水陆关隘,不足限制,又为数千年来未有之强敌"(《筹议海防折》)。中国海疆广阔,海防是亟待发展的要务。"筹办海防,欲与洋人争衡,非治土寇可比,必须时加戒备。方今强邻环逼,藩属倾危,岂可稍存侥幸无事之心,顿忘厝火积薪之诫?"(《奏稿》卷六一《湘淮各军少裁长夫折》)只有建立新式海军,增强军事力量,同时擢拔实务人才,才能保国御侮。

在法制方面,书中对领事裁判权问题有所议论,但又迫于列强压力和国内现状,表现出无可奈何的态度。"洋人归领事管辖,不归地方官管理,于公法最为不合。但洋人刑罚从轻,每怪中国拷讯、斩、绞之属太苛。若令改归地方官,则须将数千年相传之刑法大变乃可定议。试问中国刑部及内外各衙门能将祖宗圣贤刑制尽改乎?"(《朋僚函稿》卷十九《复曾劼刚星使·光绪五年九月初五日》)在处理教案过程中,作者提出"十条禁约"的建议,包括"禁教士诋毁儒教,尤不宜驳祭祀祖先及拜圣贤偶像之说"、"教民有讼,教士不得徇庇"、"应严饬各教士约束教民,不可恃符欺压乡邻、致犯众怒"等(《译署函稿》卷二十《酌拟教堂禁约十条》),期望以妥协而务实的态度解决这类涉外纠纷。对"盗犯"等恶性案件,作者主张严厉惩处,绝不姑息。"情重之马贼、海盗、枭匪、游勇,不得不严速惩办,以遏乱萌。"(《奏稿》卷四三《议覆盗犯就地正法折》)如果照常例反复申解、复奏,拖延日久,恐生变故,而且也不利于安定民心、儆示顽尤。同时,也考虑到区别对待。如果仅是一般抢劫、聚众不多、没有杀人放火等恶性情节，则仍照定例押解、复勘；对迫于饥寒、被人诱胁等情有可原的，还应酌情减轻刑罚。

本书作为近代重要政治人物李鸿章的文集，许多内容直接体现了当时清廷的施政主张和措施，是研究中国近代史的重要史料。书中很少空谈理论，反映了作者作为洋务派倡导者务实的经世态度。

对本书的研究，主要与有关李鸿章的研究相结合，如雷禄曾《李文忠公鸿章年谱》、窦宗一《李鸿章年(日)谱》等。另有顾廷龙、叶亚廉主编《李鸿章全集》，对《李文忠公文集》的全部文稿作了点校，并根据上海图书馆收藏的李鸿章存稿增补未刊稿二百余万字，由上海人民出版社陆续出版。

（王志强）

劝学篇 张之洞

《劝学篇》二卷,张之洞撰。成书于清光绪二十四年(1898),同年由两湖书院刻行,广为流传。并编入《翼教丛编》(光绪二十四年武昌刻本)。1900年在美国纽约出版英文本,易名为《中国唯一的希望》(China's only hope),后又由在华耶稣会传教士译为法文出版收入《张文襄公全集》,有王树柟刊本等。现通行本有北京海王邨影印本(1984)及文海出版社《中国近代史料丛书正编》所收影印本。排印本有中州古籍出版社1998年版、广西师范大学出版社2008年版等。

张之洞(1837—1909),字孝达,号香涛。直隶南皮(今属河北)人。十六岁举乡试第一,清同治二年(1863)中一甲三名进士(探花),授翰林院编修。初期任官,号为"清流派"首领之一。后迁内阁学士、山西巡抚。中法战争时任两广总督,力主一战。战后大力推行洋务自强政策。1889年调任湖广总督,开厂办局,筹建铁路,湖北逐渐成为内地近代工业中心。维新运动兴起后,反对全面变革。1900年八国联军进攻北京时,与李鸿章、刘坤一等筹划"东南互保"。1901年7月,与刘坤一合奏"变法三疏",揭开清末新政序幕。继又先后任督办商务大臣、内阁大学士、军机大臣等职,为清末新政主持人之一。其著述久有盛名,集为《张文襄公全集》。《清史稿》卷四四三及《清史列传》、《碑传集补》等有传。

《劝学篇》旨在批评因循守旧的顽固派"不知通"和"菲薄名教"的维新派"不知本"(《序》),据以张扬其"中体西用"论。《抱冰堂弟子记》说:"自己未(1895)后,外患日亟,而士大夫顽固益深。戊戌春,金王(卑鄙的人)伺隙,邪说遂张,乃著《劝学篇》上下卷以辟之。"(《张文襄公全集》卷二二八)基本上道出了张之洞的撰述意图。同时,"百日维新"前夜,练达的张之洞因"深窥宫廷龃龉之情与新旧水火之象",出于权谋的考虑,折冲新旧,"预为自保计"(《张文襄公大事记·学术》),亦势所必然。政变后,张之洞果以"先著《劝学篇》以见意,得免议"(《清史稿·张之洞传》)。

据本书作者自序:"古来世运之明晦、人才之盛衰,其表在政,其里在学。"因此本书虽名为劝导学术,而实为议论时政的著作。全书两卷,分为内、外两篇,"内篇务本,以正人心;外篇务通,以开风气"(《自序》)。内篇有同心、教忠、明纲、知类、宗经、正权、循序、守约、去毒九篇;外篇有益智、游学、设学、学制、广译、阅报、变法、变科举、农工商学、兵学、矿学、铁路、会通、非弭兵、非攻教十五篇。全书要旨可以概括为五知:(一) 知耻,耻不如人;(二) 知惧,惧亡国;(三) 知变,不变其习,不能变法,不变其法,不能变器;(四) 知要,中学考古非要,致用为要,西艺非要,西政为要;(五) 知本,在海外不忘国,见异俗不忘亲,多智巧不忘圣。

　　《劝学篇》的基本精神在于:提倡以传统儒学为基础,辅之以若干西方政治制度、学术技艺的施政方针。在序言中称,国难当头,"于是图救时者言新学,虑害道者守旧学",都是偏激之论。"旧者不知通,新者不知本。不知通则无应敌制变之术,不知本则有非薄名教之心"。强调"今欲强中国、存中学,则不得不讲西学。然不先以中学固其根柢、端其识趣,则强者为乱首,弱者为人奴,其祸更烈于不通西学者矣"(《循序》)。因此中学、旧学是第一位的、基本的,而西学只能起补充作用。"中学为内学,西学为外学;中学治身心,西学应世事。不必尽索之于经文,而必无悖于经义"(《会通》)。《设学》篇中强调学堂应"新旧兼学",而以"旧学为体、新学为用"。这句话虽特指学校教育而言,但亦可视为全书核心思想。

　　本书主张必须坚持的旧学,主要指中国传统的君主专制政体及三纲五常的名教伦理。开篇即要求士民"同心"保卫大清朝廷,"舍保国之外,安有所谓保教、保种之术者哉!"(《同心》)又历数"圣清"的十五大"仁政",称"试考中史二千年之内、西史五十年以前,其国政有如此之宽仁乎?"(《教忠》)所以必须教育士民一心效忠朝廷。并强调三纲五常是永不可变易的根本,"圣人之所以为圣人、中国之所以为中国,实在于此。故知君臣之纲,则民权之说不可行也;知父子之纲,则父子同罪、免丧废祀之说不可行也;知夫妇之纲,则男女平权之说不可行也"(《明纲》)。

　　《正权》篇激烈反对"民权"、"议院"之说,称之为"召乱之言","无一益而有百害"。其理由是:首先中国根本没有设立议院的条件。"中国士民至今安于固陋者尚多……聚胶胶扰扰之人于一室,明者一,暗者百,游谈呓语,将焉用之?"而且"华商素鲜巨赀,华民又无远志",根本不会关心政事。其次中国根本没有设立议院的必要,"有赀者自可集股营运、有技者自可合伙造机,本非官法所禁,何必有权?"开学堂、善堂也不必有权咨。作者有意无意混淆民权与政权的关系,认为提倡民权就否定国权、官权,国家就无法自保,"民权之说一倡,愚民必喜,乱民必作,纪纲不行,大乱四起",必将导致外患。又认为西洋的议院只是"欲民申其情,非欲民揽其权",只是请求、咨询机构而已;民权二字只是汉语误译,应为"人人各有智虑聪明,皆可有为耳"。经此一番论证,作者认为中国既无必要也无可能引入西方民权议院之说,但又指出"民权不可僭,公议不可无",只要大政事交由廷臣会议、绅局公议,"建议在下,裁择在上"也就足够了。

　　对于必须坚持的旧学,本书认为应严守儒家经义,"九流之精,皆圣学之所有也;九流之病,皆圣学之所黜也"。而儒经甚多,经义及解说互歧,应以《论语》、《孟子》为基础,"论、孟文约意显,又群经之权衡矣"(《宗经》)。不必各持己见、互立门户,"欲存中学,必自守约始,守约必自破除门面始"(《守约》)。经学通大义,史学知治乱,"中学考古非要,致用为要"(《自序》)。

对于可以兼采的新学(西学),作者并不停留于一般洋务派人物只学船炮技艺的水平,而认为"西学亦有别,西艺非要,西政为要"(《自序》)。主张在法律制度上应采用西学。强调"夫不可变者,伦纪也,非法制也;圣道也,非器械也;心术也,非工艺也"(《变法》)。批驳守旧派是"泥古之迂儒"、"苟安之俗吏"、"苛求之谈士"。其所谓变法,主要是改革科举制度、教育制度,鼓励农工商业的发展。认为科举制宋儒已多有非议,"宜存其大体而斟酌修改之",考试内容改为考史事政论、时务策论、儒经经义,"首场先取博学,二场于博学中求通才,三场于通才中求纯正"(《变科举》)。教育上主张在京师省会设大学堂,道府设中学堂,州县设小学堂,"新旧兼学"(《设学》)。又主张开设农务、工艺学堂,培养农工人才。主张派学生出洋游学,尤其去日本游学。在经济上着重肯定发展农工商业的必要性,要求讲究农工商业,主张译商律,"商非公司不巨,公司非有商律不多"(《农工商学》);并主张设商会;但强调官权,反对商权,借口"欺骗"、"假冒"、"哄斗"等可能事端,否定商人在企业中的经营管理自主权,而坚持官方的控制权,这就是所谓"官督商办"。建议招募西洋人开矿,或与西人"合本开采",但限制不得过本一半(《矿学》);主张广建铁路,"一事而可以开士农工商兵五学之门"(《铁路》)。

《劝学篇》在当时发生了很大影响。清廷于本书刊行的三个月后,发布上谕,称本书"持论平正通达,于学术人心大有裨益",命军机处将本书颁发各省督抚、学政,"广为刊布、实力劝导,以重名教而杜卮言"。因此本书印销近二百万册,影响广泛。其学说折衷维新、守旧两派观点,"旧学为体,新学为用"成为近代中国广为流行的名言,并对"中体西用"从理论上作了严密的诠释和界定,其主旨正如张的幕僚辜鸿铭所称,在于"绝康梁并谢天下耳"。顽固派叶昌炽虽誉之为"拯乱之良药",维新派则斥"其论则非,不特无益于时,然且大累于世"(何启、胡礼垣《劝学篇书后》)。梁启超更力诋其"不三十年将化为灰烬,为尘埃野马,其灰其尘,偶因风扬起,闻者犹将掩鼻而过之"(《饮冰室合集·专集之二》)。无论如何,《劝学篇》对中国近代政治、经济、思想、文化和教育的理论和实际均产生了重大影响,八国联军侵华战争后的清末新政,在很大程度上实以本书为指导。本书对研究中国近代政治史及学术史均具重要意义。

对本书的主要研究著作有:冯天瑜《张之洞评传》,冯天瑜、何晓明《张之洞评传》,张秉铎《张之洞评传》,叶世昌《中国经济思想简史》下册,沈灌群、毛礼锐《中国教育家评传》等有关章节。

(郭 建 周谷平等)

江楚变法会奏三折 刘坤一等

《江楚变法会奏三折》，又名《变法会奏丛钞》、《变法必读》。刘坤一、张之洞合撰。写成于清光绪二十七年（1901），有当年两湖书院刻本、上海书局石印本。近有台湾《近代中国史料丛刊续编》据两湖书院本影印本。

刘坤一（1829—1902），字岘庄。湖南新宁人。清末地方军政要员、湘军重要将领。清咸丰五年（1855）起参加湘军，镇压太平天国和天地会，后历任江西巡抚、两江总督、两广总督等要职。甲午战争中曾奉命督师，反对议和。光绪二十六年（1900）与张之洞等促成"东南自保"诸章程签订。主要著作有《东南纪略》、《两广盐法志》等，今人汇编有《刘坤一遗集》。《清史稿》卷四一三有传。

本书包括刘、张二人就变法事宜所上三件奏折及一件附折，分别作于光绪二十七年五月二十七日、六月四日和五日。此前清廷于光绪二十六年末颁发上谕，提出变法更张的设想，要求各级官员"就现在情形，参酌中西政要"，对有关变法的各项国计民生大事陈奏己见，以备参咨。本书所收诸折即应此而奏。由于当时刘坤一任两江总督，张之洞任湖广总督辖故楚地，故名江楚会奏。

在第一折中，作者指出，"中国不贫于才而贫于人才，不弱于兵而弱于志气，非育才不能图存，非兴学不能育才"，因此主张从发展和改革教育入手，提出四条革故鼎新的具体方案：设文武学堂、酌改文科、停罢武科、奖劝游学（指出洋留学）。作者回顾中国历代取士制度发展的沿革，并列述东西方各国先进的教育制度，提出以"道义兼通"、"文武兼通"、"内外兼通"为目标的教育方针，认为教育过程中应该注重培养学生的理解能力，讲求劳逸结合、循序渐进，以官定统一教科书为标准。建议在各地设立小学、高等小学、中学和高等学校，并拟定各级学校教学内容、科目设置、毕业生去向等具体方案，以及高等学校中的分科和入学考试办法。考虑到当时还有大量修习旧学、年岁已长的生员不能按新法录用，另外近代作战并不徒恃勇武而更重韬略战法，因此筹拟了改革旧式文武科举制度、安排旧学之士的办法。鉴于新学甫设、经费有限，作者主张鼓励出洋留学,对学有所成者优予录用,以求多渠道发展教育、培养人才。

第二折侧重于借鉴西方治国的经验整饬内政。"整顿中法者所以为治之具也,采用西法者所以为富强之谋也",拟就具体办法十二条:崇节俭、破常格、停捐纳、课官禄、去书吏、去差役、恤刑狱、改选法、筹八旗生计、裁屯卫、裁绿营、简文法等。在经济方面,作者主张省俭宫廷及地方开支,专筹巨款提高官员待遇,改革赋役、漕运、屯田制度。在政治方面,建议广开言路,擢拔人才,废除捐官制,改革僚属、司法、铨选及公文等各项制度。其中"恤刑狱"一目中提出法制改革的许多重要主张。作者首先比较中外司法状况,中国"滥刑诛累之酷,囹圄凌虐之弊,往往而有",甚为外人所诟病;而"外国百年以来其听讼之详慎、刑罚之轻简、监狱之宽舒,从无苛酷之事"。作者接着提出九条改革司法,尤其是改革刑事诉讼、狱政管理等制度的建议,包括禁讼累、省文法、省刑责、重众证、修监羁,教工艺,恤相验、改罚锾、派专官等。旧制下案件长期积压,拖延不决,涉讼之家受到差吏、勘验官等种种勒索,当事人横遭刑讯,监狱设施失于修缮,无人督责。针对这些弊病,作者主张严厉惩处敲诈勒索、办案拖延、不修狱政的官吏。在制度上,建议军、流以下罪名准以众证拟定,无需本犯承服;监狱内设立专所教习工艺;筹措专款以资勘验之用;户婚田土等一般讼案,败诉方改处罚赎,不予刑责;委任专员查验狱政等。

作者认识到,"方今环球各国日新月盛,大者兼擅富强,次者亦不至于贫弱,究其政体学术,大率皆累数百年之研究,经千百人之修改,成效既彰,转相仿效,美洲则采之欧洲,东洋复采之西洋"。因此,在第三折中着重于向西方学习,提出十一条建议:广派游历、练外国操、广军费、修农政、劝工艺、定矿律、路律、商律、交涉刑律、用银元、行印花税、推行邮政、官收洋药、多译东西各国书等,以全面了解和学习西方,增强军事力量,引进近代一整套经济管理和运行制度。作者认为"今日欲图本富,首在修农政",建议专设农政大臣,奖励农学,鼓励垦荒,在赋税等方面为发展农业提供优惠的政策。此外如养殖、捕鱼等相关产业,也应积极鼓励发展。作者认识到"西国之富实以工",因此重视发展制造业,主张开设专门学堂和各种工场,奖励良工,提出了对"自创新法造出各种货物者,给予牌照,准其专利若干年"的设想。作者建议仿照当时各国通例改用银元、推行印花税制度,创办邮政事业,通过官营药业增加财政收入。作者还指出,要运用法律的形式保护国家矿产资源、规范铁路修建等外国投资活动。要制定商律规范商业活动,保护本国工商业的发展,并建立有效的税收、登记管理等制度。另外,由于涉外刑事案件不断出现,也须有专律加以规范。作者建议由中方主持,邀请各国著名律师参加诸律的制定,然后设立专门学堂教习新式律法,由学成者主持各类案件的审判活动。

附折针对可能出现的以"诸事方求节省,岂宜更增用费"为由反对变法、观望迟延的论调,从理论和实践诸方面作了澄清。作者指出,"富强之道,无论民事兵事,皆须平日未雨绸缪,多年积累",欲致富强必先费财,这已为各国经验所证明。"以近事论之,上年天津不守,守司道局各库存银六百余万,招商局存米四十万石,尽资外人。"徒知节用省事,前车之鉴俱在。最后提出,"应请敕下政务处大臣、户部及各省督抚,于赔款外务必专筹巨款以备举行诸要政,庶几各国刮目相待,而中国之生机不至于遽绝矣"。

《江楚变法会奏三折》是清廷高级臣僚整饬国政的建议书,反映了该集团有识之士对如何继续维护统治并追求富强的思考,产生了广泛的影响,当年即被汇刊为专书。它进一步摆脱了传统洋务派只强调学习西方近代科学技术、单纯引进工艺器物的思想局限,开始反思传统制度并提出了改革的具体措施,揭开了清末改制的序幕。书中提出的许多建议都成为改制的蓝图被付诸实践,产生了深远的社会影响。本书是研究近代中国社会转型包括改良过程的重要参考读物。

(王志强)

弢园文录外编 王 韬

《弢园文录外编》，王韬著。主要是作者1874年至1883年间发表于香港《循环日报》的政论汇编。清光绪九年(1883)出版于香港印务总局，为铅印本。另有光绪二十三年长洲王氏上海重排本及同年上海时务学社刻本。点校本有1959年中华书局本。

王韬(1828—1897)，初名利宾，后曾改名瀚，字紫诠、号仲弢，又号天南遁叟。江苏长洲(今苏州)人。十七岁时入县学，十九岁时乡试未中，从此绝意科举。清道光二十九年(1849)进上海英国教会举办的墨海书馆工作，编译西学书籍。太平军起义时，曾多次上书清地方政府，为镇压太平军献计。然而1862年又曾化名"黄畹"上书太平军。为此被清政府通缉，逃往香港。后赴英译书，又曾游历法、俄等国。1874年在香港主办《循环日报》，发表大量鼓吹变法自强的政论。又曾于1879年游历日本。1884年返回故乡，后任上海格致书院山长，继续宣传西学，鼓吹变法。一生著述极多，主要有《普法战纪》、《法国志略》、《瓮牖余谈》、《瀛壖杂志》、《扶桑游记》、《弢园尺牍》等。其传记有美国柯文《传统与近代之间：王韬及晚清中国的改革》、忻平《王韬评传》(华东师范大学出版社，1990年)、张海林《王韬评传》(南京大学出版社，1993年)。

据本书作者自序："曰外编者，因其中多言洋务，不欲入于集中也。"全书共十二卷。卷一至卷三共四十一篇，集中反映了其变法自强的观点。卷四至卷七共五十五篇，主要为时事评论文集。卷八至卷十一共七十四篇，为序、跋、记、传。卷十二有时事评论五篇，并附作者著于同治初年、编定于同治十三年(1874)的《臆谭》(原为四十四篇，本书收入十三篇)。本书的政治法律思想主要如下。

以提倡变法自强为主旨。为了减少改革阻力，为变法自强奠定理论基础，本书开篇即以《原道》、《原学》等篇谈论西学与中国道统的关系。认为"道不能通则先置器以通之、火轮舟车皆所以载道而行者也"。西学中科学技术仅是"器"，其政教刑制才是"治国平天下之道"。而且西学道、器皆源出中国，"中国为西土学、教之先声"，只因春秋战国时礼崩乐坏，才"流传及外"。而"道贵乎因时制宜……适时而变"，所以应全面学习西学本末，变法自强。

本书认为"今日之急务在治中、驭外而已。治中不外乎变法自强"。疾呼变法，"不得不变古以通今者，势也"。甚至宣称"孔子而处于今日，亦不得不一变"。具体而言，主要是四项：取士之法、练兵之法、学校教育、律例繁文。首先强烈要求应废除八股文，"时文不废，天下不治"。建议改设经学、史学、掌故之学、词章之学、舆图格致、天算、律例、辩论时事、直言极谏十科取士，停止捐纳选官。同时裁冗员、清仕途，改良政治。其次要求采用西法操练军队，改革兵法。再次建议改革旧式学院，分学科为"文学"（传统经史词章）、"艺学"两大类，尤其强调后者"务实学而重真才"，培养懂得天文地理、西方科学技术及实际政务司法的人才。另外主张"减条教、省号令，开诚布公"，删除繁文缛节的各部则例，"就西洋律例之精义"，改革旧有法律。

本书"治中"思想的基础是"重民"。卷一《重民》三篇集中讨论了"富国强兵之本系于民而已"的主题。指出"天下何以治？得民心而已；天下何以乱？失民心而已"。而"治民之大者在于上下之交不至于隔阂"。具体而言，应"许民间自立公司"，发展工商业。并救恤民难、解民之困。但如何实现"上下之交"，作者并未直言。只是在卷三《达民情》中赞美西方强国"君民一体"，尤其赞美英国的"君民共主"政治制度，隐隐提出了君主立宪的政治要求。

本书"驭外"思想实基于"治中"理论，"夫治中即所以驭外，器精用足，兵练民固，而加之以星使分驻各邦，消息相通，呼吸相应，诸国咸有不遵王度者共怀约章乎"。强调要培训外交人才，派出使节分驻各大国，同时从华侨中任命领事。在外交中不能仅恃条约、公法，"盖国强则公法我得而废之、亦得而兴之，国弱则我欲用公法而公法不为我用"（《洋务上》）。卷三《除额外权利》一文要求时时与西方各国谈判废除领事裁判权问题，"通商内地则可不争，而额外权利则必屡争而不一争，此所谓争其所当争也"。在谈判中要"执持西律以与之反复辩论，所谓以其矛陷其盾也"。卷四与卷五的时事评论中也多次讨论中国外交战略问题，主张利用英俄两大强国的矛盾，废除不平等条约。

本书有关经济方面的文章主要反映了王韬以商为本的思想，如：

发展新式工商业。作者提出"开矿取煤铁"，"购机器以兴织纴"，"制造舟舰，远涉重洋，转输货物，以有易无，以贱征贵，俾商贾逐什一之利……藉商力以佐国计"，以及"开炉鼓铸金银铜三品之钱"等崇尚西法的"开财之端"。但是他又强调兴利必"自除弊始"，主张"重农桑而抑末作"，实行革奢崇俭政策，认为这是理财之本，而"其余一切理财之说，皆末也"（《臆谭·理财》）。

富强是治国的根本。对"迂拘之士动谓朝廷宜闭言利之门，而不尚理财之说"的言行进行了批评。提出的兴利项目有关矿、织纴、造轮船、兴筑铁路轮车等，认为"诸利既兴，而中国不富强者，未之有也"（《兴利》）。王韬指责洋务派的"自强"是只知学习西方国家的皮毛。他指出像英国的军事强盛、煤铁充足、商业兴旺发达等,均为"富强之末",而促使"本固邦宁"的富强之本则在于"上下之情通,君民之分亲"。认为要想国家富强,必须从富强之本下手,进行政治改革(《纪英国政治》)。

"恃商为国本","富商即国富"。王韬认为贸易有很大的作用,可以"通有无,权缓急,征贵贱,便远近,其利至于无穷"。西方国家可以恃商而强,中国也可以仿效之。他列举了广贸易以重货财,开煤铁以足税赋,设保险以广招徕,改招工以杜弊病,杜异端以卫正学等五条兴利除弊的急务,比较具体地提出了一些措施。在开煤铁以足税赋一条中,他首先列举了中国产煤各省煤区的具体面积数字,接着提出了对开采章程的看法。他认为"官办不如商办",官办弊病多,商办却有很多好处。官的作用,只要像西方资本主义国家那样,对商维持保护,使"衙署差役自不敢妄行婪索,地方官吏亦无陋规名目,私馈苞苴"。先试办两年,然后视矿业情况再加征矿税(《代上广州府冯太守书》)。

发展机器大工业。认为这是发展商业的必要组成部分,他说英国虽是洋中三座孤岛,但与各国贸易却很活跃,商人"远至数万里外,以贱征贵,以贵征贱,取利于异邦,而纳税于本国,国富兵强,率由乎此"。对外通商必须以兵力为后盾,中国和西方各国通商,也"必如西国兵力、商力二者并用,则方无意外之虞"(《英重通商》)。但他尚未将工业视为独立的经济部门,而使之从属于商业。

本书在中国近代史上首次提出了"振兴中国"的口号(《洋务在用其所长》),并且是最早提倡"变法自强"的改良思想的著作之一,在中国近代历史上直接影响维新变法运动的兴起。其"道器论"成为当时大多数改良派人士的理论来源。其具体变法主张亦影响到维新变法运动时期的政治改革纲领及清末新政改制。本书的"重民"理论以及对于西方政治法律制度的介绍,是对传统君主专制政治制度的有力挑战,在中国政治思想史上具有重要意义。

有关《弢园文录外编》的研究著作主要有胡寄窗《中国经济思想史大纲》有关章节,赵靖、易梦虹主编《中国近代经济思想史》下册,叶世昌《中国经济思想简史》,侯厚吉、吴其敬主编《中国近代经济思想史稿》第二册等。

(郭　建　王立新)

筹洋刍议 薛福成

《筹洋刍议》,薛福成所著政论。撰于清光绪五年(1879),是作者向李鸿章所提建议,在各洋务机构传阅。光绪七年曾纪泽在伦敦使馆胶印了几十份给外交人员参考。光绪十五年作者将其付刻刊行。以后刻本甚多。并收入光绪二十三年《自强学斋治平十议》(文瑞楼石印本)。点校本收入《薛福成选集》(上海人民出版社,1987年)。

薛福成(1838—1894),字叔耘,号庸盦。江苏无锡人。出身官宦家庭。二十一岁入学,屡试不第,转而研究经世之学。1865年入曾国藩幕府,号为"曾门四弟子"之一。1874年应诏上书《治平六策》及《海防密议十条》,引起朝廷重视。又被李鸿章召入北洋幕府,为其办理洋务十年。1884年出任浙江宁绍台道,筹办浙东防务有功,加布政使衔。擢湖南按察使。1889年任命为出使英、法、意、比四国钦差大臣。离任回国时病卒。主要著作有《庸盦文编》、《庸盦文续编》、《庸盦文外编》、《浙东筹防录》、《出使奏疏》、《出使公牍》、《庸盦笔记》、《出使英比义西四国日记》等。《清史稿》卷四四六有传。

《筹洋刍议》书名"筹洋"是指筹划洋务。全书不分卷,由约章、边防、邻交、利器、敌情、藩邦、商政、船政、矿政、利权一、利权二、利权三、利权四、变法共十四篇组成。主要内容可分为外交国防战略、经济财政方案、变法图强建议三个部分。

《约章》讨论了清朝与西洋各国签订的条约,指出:"中国立约之初,有视若寻常而贻患于无穷者。大要有二,一则曰一国获利各国均沾也。……一则曰洋人居中国不归中国官管理也。"前者使"一国所得,诸国安坐享之;一国所求,诸国群起而助之"。作者认为对此可以在修改条约时采用"通行约本",使这一条名存实亡。对于后者,建议在通商口岸设立专办洋人案件及华洋交涉案件的"理案衙门",聘用外国律师,"参用中西律例",即使退一步专用洋法,也可使"洋人难逃法外"。《边防》、《邻交》、《利器》、《敌情》、《藩邦》诸篇讨论了国防战略,认为最大的威胁来自北方的俄国,应在新疆屯兵,整顿东北及内外蒙古的防务。另一威胁来自日本,"彼将以远交近攻之术施之邻邦",中国应及早提防,学习西洋自强自立,购买铁甲战舰为"利器"。同时要理直气壮地与西洋各国办交涉,利用其矛盾。另外还要注意巩固与"藩邦"朝鲜、越南的关系。

《商政》、《船政》、《矿政》及《利权》各篇讨论国家富强道路。认为要富强必须向西方学习,"以工商为先"。而商务之兴又在于"贩运之利"、"艺植之利"、"制造之利"。主张放手允许商人自办轮船、改进交通;并督导民间种植、加工出口农产品;同时大力引进西方机器,发展制造业。为加强海防,提高国威,建议向海外华侨募集资金购买兵船。《矿政》中指出:"今天下日趋于贫之故,大端有二:一则商务不盛,利输于外,犹水之渐泄而人不知也;一则矿政未修,货弃于地,犹水之渐涸而不知也。"建议使用各地防军广开矿产,实行"矿屯"。《利权》各篇讨论财政问题,认为应逐步废除厘金,但同时应向各国交涉,废除洋货免厘的约款,将关税提高至百分之二十以上,实现停厘加税。

最后一篇《变法》是全书精华所在。作者明确提出了变法的政治主张,认为"世变小,则治世法因之小变;世变大,则治世法因之大变",现今已是"世变之亟",治世的法制也必须大变。况且中国"官俸之俭也,部例之繁也,绿营之窳也,取士之法未尽得实学也",都是数百年来的流弊,事关政治法律制度,必须改革。更何况与西方列强对峙,不变法就不能与之抗衡。"试取西人器数之学,以卫吾尧、舜、禹、汤、文、武、周、孔之道,俾西人不敢蔑视中华。"西方目前先进强大,"彼西人偶得风气之先耳!安得以天地将泄之秘,而谓西人独擅之乎?又安知数百十年后,中国不更驾乎其上乎?"

本书作为近代洋务运动的再思考,在当时产生了很大影响。本书先得李鸿章赞赏,"大韪之",转送总理各国事务衙门,很快便在办洋务、办外交的官员中流传,成为他们的政策指导书。公开刊行后,影响更大。尤其是本书首次明确提出"变法"口号,表明中国先进分子对于西方的认识、向西方学习,已从单纯的"船坚炮利"发展到了政治、经济制度。在中国思想史上具有重要地位。本书的刊行表明洋务运动已开始向维新变法发展,对于图强之道已有了更深入的认识,从而影响了大批具有正义感的中国知识分子投入新的政治运动。

(郭 建)

庸盦全集 薛福成

《庸盦全集》,又名《庸盦全集十种》。四十七卷。薛福成著。成书于清光绪二十四年(1898)。各种版本卷数往往不同,有光绪辛丑(1901)上海书局石印本等。

《庸盦全集》为薛福成著述汇编,下分十类:《庸盦文编》四卷、《续编》二卷、《外编》四卷、《筹洋刍议》一卷、《浙东筹海防录》四卷、《出使日记》六卷、《海外文编》四卷、《出使奏疏》二卷、《出使公牍》十卷、《日记续刻》十卷。内容包括作者从政和办外交的经历,针砭时弊的文字和倡导变法自强的言论。主要思想如下。

一、顺应历史潮流,变法维新。薛福成指出,自古以来没有不变之政、不变之法。时势转变了,治国之法也要相应加以改变。面对西方经济、军事力量日益强大、科学技术日益发展的形势,中国必须在各方面采用新法,"商政矿务宜筹也,不变则彼富而我贫;考工制器宜精也,不变则彼巧而我拙;火轮、舟车、电报宜兴也,不变则彼捷而我迟;约章之利病,使才之优绌,兵制阵法之变化宜讲也,不变则彼协而我孤、彼坚而我脆。"(《筹洋刍议·变法》)总之,中国应在政治、经济、文化、外交、国防等各个方面进行改革,以适应列强纷争,争霸世界的形势。

二、发展近代工商业,增强国力。作者以自己在海外亲身所见所闻,说明西人谋富强以工商为先。他指出商务为西方上下所注意,"凡诸要端,国家皆设官以经理之,又立法以鼓舞之"(《西洋诸国导民生财说》)。由于西人以商务为创国造家、开物成务之命脉,所以它一再显示出神奇的效果。他以新加坡为例,说五六十年前那里本是一片荒地,英国人见此岛处水路要冲,辟为商埠,招致商民,开设商店公司,没有多久那里就出现了街道、桥梁、园林、学校、教堂、医院、博物馆、电线、铁路、炮台、船舰无不毕具,一片繁荣兴旺景象(见《英吉利用商务辟荒地说》)。因此,"为中国计者,既不能禁各国之通商,惟有自理其商务而已"(《筹洋刍议·商政》)。要兴办商务,就要发展近代工业,"非工不足以为商之原,则工又为基而商为其用"(同上)。为此要振兴百工,鼓励发明创造,如有发明,国家给以专利,还可授以爵位,使之能与将相分庭抗礼。他还主张修筑铁路,以畅销土货、增加出口,仿洋法创立公司,组织生产,以为如此下去,百姓才能富裕,社会才有生气,国家才能有所作为。

三、学习西方先进科技,培养各种专门人材。薛福成以为西方国家富强的原因除以工商为先外,就是各种有用之实学极为精深。说:"夫西人之商政、兵法、造船、制器及农渔牧矿诸务实无不精,而皆导其源于气学、光学、电学、化学,以得御水、御火、御电之法。"(《西法为公共之理说》)他指出,中国士人聪明才智一点也不逊于西人,然而中国事事落后,是因为前者自幼及长"精力多糜于时文、试帖、小楷之中",而后者"奋其智慧专攻有用之学"(同上)。科学技术理论乃天地间公共之理,非西人可以垄断,应广设学校,授青少年各种有用之学,让其学习钻研,以备国家各项事务之用。

四、开展自立外交,维护国家权益。薛福成在外交方面的阅历极为丰富,《庸盦全集》反映了这一点。其中不少文字记录了他出使期间所见所闻,包括所到国家的山川形势、政治经济状况、风土人情、与出使国各方人士交接情况、交涉始末等,还有关于外交的奏疏和公函,这些都是研究我国近代外交史的重要材料。薛福成还对开展独立自主的外交提出了不少建议。他要求积极开展外交活动,增加对国外的了解;国君按照国际通行礼仪接待外国使臣,加以笼络;利用列强之间的矛盾,维护国权。如帕米尔地理位置重要,为英印、中、俄三大国出入门户,得之则可居高临下,不得则失险受制。俄人颇费力加以经营,英人急起隐为之防,中国可利用这一矛盾,维护我之领土完整不受侵犯。他还主张注意培养、考察、选拔外交人材,说:"当夫安危得失事机呼吸之秋,无使才则口舌化为风波,有使才则干戈化为玉帛。"(《保荐使才疏》)

薛福成长期从政,对清朝政治、经济、外交、军事上的问题有真切的了解,因此他的议论多切中时弊。《庸盦全集》中的许多内容丰富和发展了近代早期改良主义思想,扩大了新学的影响,促进了变法维新运动的到来。

(施忠连)

郭侍郎奏疏 郭嵩焘

《郭侍郎奏疏》，郭嵩焘著。系郭嵩焘于生前自编历年所撰奏疏，称《自订奏稿》十六卷。郭嵩焘临终前委托友人王先谦为其整理、编辑遗稿。王先谦于清光绪十八年(1892)编定《郭侍郎奏疏》十三卷，并将此书与郭嵩焘其他著作合编为《养知书屋遗集》，付刻刊行。故此书又称《养知书屋奏疏》。但王氏编辑时对郭氏原稿删削过多，不能反映郭氏原书的全貌。1983年岳麓书社根据郭氏原稿，并将散见其他清代史料中的郭氏奏疏一同编入，按年份排列，由杨坚点校，改书名为《郭嵩焘奏稿》，系目前最完整的版本。

郭嵩焘(1818—1891)，原名先杞，字伯琛，号筠仙(或作云仙、芸仙、筠轩、仁先)，别署玉池山农，晚年自号玉池老人。湖南湘阴人。清道光二十七年(1847)进士，选翰林院庶吉士。太平天国战争时，入曾国藩湘军戎幕。后授翰林院编修，入值南书房。外放后历任苏松粮储道、两淮盐运使、署广东巡抚、福建按察使。光绪二年(1875)以侍郎候补，充任出使英国、法国钦差大臣，为中国有史以来第一位驻外使节。光绪五年卸任，回国后托病辞官。著有《英轺纪程》、《罪言存略》、《湘阴县图志》、《礼记质疑》、《中庸章句质疑》、《大学章句质疑》、《史记札记》、《玉池老人自叙》等，后人编为《养知书屋遗集》(包括文集、诗集)。《清史稿》卷四四六有传。

《郭侍郎奏疏》原收有奏疏一百八十八件，而根据郭嵩焘日记，其历年所撰谈论政事的奏疏有三百多件，今本《郭嵩焘奏稿》据清代史料补充至二百零六件。郭嵩焘自编奏疏时主要是据其上奏原稿，与正式奏疏略有不同。郭嵩焘还在原奏稿之后以"自记"形式，说明该件奏稿的写作背景，上奏之后引起的反应，对政治的影响等。这些奏疏、奏稿除了一般的工作请示、汇报之外，有相当多是作者在当时历史条件下提出的政治建议、主张，作者将奏稿编辑成书的主要着眼点也在于此。

郭嵩焘在同光之际以办洋务知名，同时也因此遭到守旧派大臣的百般诋毁。为表明心迹，郭嵩焘在多篇奏疏中与守旧大臣展开辩论，强烈要求建立正常的洋务外交体系，并相应地改革国内政治。这是本书最重要的内容。

在对西洋各国的了解上,郭嵩焘的见解超越了当时一般洋务官员。在光绪元年(1875)《条议海防事宜折》中,提出筹备海防要注意因时、因地、因人制宜的原则,又"推求中外情势所以异同与所宜为法戒者",提出四点政治主张:"一曰急通官商之情",认为西方列强之所以强大,在于通达商贾之情,中国应效法西方,鼓励民间商人广开"机器局",建造机器轮船。并主张放手由商人自行经营,官商合办不如"使商人自制之情得而理顺也"。"一曰通筹公私之利",认为西方"以保护商贾为心,故能资商贾之力以养兵",应在各通商口岸仿照宋元旧例,设立市舶司,统一管理中外官商船舶,市舶司官员由商人公举。"一曰兼顾水陆之防","一曰先明本末之序",指出:"西洋立国有本有末,其本在朝廷政教,其末在商贾。造船、制器相辅以益其强,又末中之一节也!"洋务并不止于造船制器,更要学西方用人之道,以固国本。

郭嵩焘作为中国第一位驻外使节,对于外交政策有自己的明确主张。郭嵩焘在多篇奏疏中指出,中国传统对外政策不过"战、和、守"三项,而现在战无法攻剿西方各国,和也不是像过去那样"定岁币之等差、议聘使之礼节、辩称号之崇卑",守则一败再败,所以对外政策"一言以蔽之,曰:讲求应付之方而已矣"(《拟销假论洋务疏》)。应付之方只能凭"理"与"势",以"理势情三者持平处理"。为此要使军机大臣在总理各国事务衙门兼职,各部堂官应轮流出使,熟悉洋务。各级官员考课要列入洋务,办理洋务失败的要参劾议处。郭嵩焘就曾上折参劾酿成马嘉理案的云贵总督岑毓英。

对于列强在中国摄取的领事裁判权,郭嵩焘在多项奏疏中建议设法收回。光绪三年(1877)《请纂成通商则例折》指出:"自始通商,即分别各国民商归领事官管理,地方官权利尽失。而于条约所载,地方官又多忽视,不甚究心,使洋人据为口实,于是并条约所有之权利皆失之。"为此建议由总理衙门"参核各国所定通商律法,分别条款,纂辑通商则例一书",颁发各省用以办理交涉案件,并分送各国使节,要求各国商人遵守。同年《请饬总署会商驻京公使严订神甫资格以免发生教案》,又建议各省督抚应明定处理教案的章程,教民一律由中国律法处治,"不得因天主教稍分轻重",同时要与各国使节交涉,要求各国订立传教士资格,合格者才可传教。传教士名单要交给地方官员,地方官可召见传教士问话。

郭嵩焘认为"自古攘外必先安内"(《因法事条陈时政疏》)。在本书中有不少奏疏提出了改革内政的主张。如同治五年(1866)《请酌量变通督抚同城条疏》,考证总督、巡抚官职来由,"大致以兵事归总督,以民事归巡抚,此国家制也"。然而近年巡抚不能抚民,导致民"从乱如归",总督又不能将兵,全靠地方官绅"募勇平乱"。尤其是福建、湖广、云南、两广吏治极坏,"细究其由来,数十年瞻顾因循,酿乱保奸,实以督抚同城之故"。要求改革旧制,兼并两职。郭嵩焘于辞官后的光绪十年(1884)所上《因法事条陈时政疏》,指责时弊在于"进退大臣太轻"、"听信太杂"、"进用人才太骤"、"用兵太失权衡"数项,导致办理洋务外交者动辄得咎,畏首畏尾,不能以理、势、情与列强交涉。

本书原为官方文稿汇编,很多奏稿直接影响了清政府的政策制订。本书主张向西方学习的内容已扩大到了"政教"方面,对维新改良运动的兴起具有一定影响。本书对外交政策的建议,是中国最早的近代外交学术论著之一,在中国政治思想史上有重要意义。对收回领事裁判权的建议,也有重要影响,为以后改革法律之先声。

(郭　建)

适可斋记言记行 马建忠

《适可斋记言记行》,马建忠著。初仅存稿本,清光绪二十一年(1895)作者出使,友人强索阅读,并自行以《适可斋记言记行》为书名刊行。作者于次年又细加厘正,重为补刊。各书坊转刻颇多。较通行的有光绪二十二年、二十四年上海著易室石印本等,并收入《治平十议》(文瑞楼石印)。点校本有《适可斋记言》(中华书局,1959年),并编入上海古籍出版社版《续修四库全书》。

马建忠(1845—1900),字眉叔。江苏丹徒(今镇江)人。少好学,通经史。后感于外患日深,"决然舍其所学,而学所谓洋务者"(本书《自记》)。清光绪二年(1876)被派往法国留学,就读于巴黎政治学院。同时作为中国驻法使馆随员翻译,与国内保持密切联系,为国内李鸿章等推动的洋务自强运动出谋划策。回国后入李鸿章北洋幕府,曾以道员衔出使印度、朝鲜。为李鸿章办理外交的主要顾问。然亦颇招非议,"为世诟忌,摈斥家居"(本书卷四)。其著述除本书外,主要有《文通》(今通称《马氏文通》),从经、史、子、集中选出例句,参考拉丁语法,研究古汉语语法结构,为中国最早的有系统的语法著作。《清史稿》卷四四六有传。

作者在本书《自记》中说"窃尝欲上下中外之古今,贯穿驰骋,究其兴衰之所以,成一家之言,举以问世"。然而由于事务繁忙,一直未能完成。本书原为其留学期间与国内联系的上书、通信及回国后的论述文章,"虽亦本向所心得者以为言,然第就事论事,以承下问,仅有览而已。故随作随弃,不自珍惜"。所以本书所收仅是其论著的一小部分。

本书分为《记言》(四卷)、《记行》(五卷)两部分。后者主要是作者出使日记,《南行记》记录光绪七年(1881)受李鸿章派遣去印度调查鸦片贸易情况,探索禁绝鸦片办法的经过。《东行录》(《东行初录》、《东行续录》、《东行三录》)记载光绪八年(1882)以道员衔出使朝鲜,协助朝鲜与美、英、法订约及平定叛乱的经过。

《记言》部分为本书精华所在。其内容大致可分为富民、强兵、洋务外交三部分。《富民说》、《铁道论》、《借款以开铁道说》、《复李伯相札议中外官交涉仪式、洋货入内地免厘禀》、《上李伯相漠河开矿事宜禀》等篇,主要讨论如何"求强致富"。《富民说》(撰于1890年)指出通商国家求富必须使出口货溢于进口货才能得利,为此建议中国应通过增加丝茶之类特产的生产,帮助商人成立公司,减轻厘税等手段促进出口;同时"仿造外洋之货敌其销路",尤应多设机器织布局;应大开矿山,设立"商务衙门",向外国贷款解决资金问题。并强调"其办理之法,总以商人纠股设立公司为根本……民富而国自强"。在《铁道论》中作者严厉批评传统法律:"律例称钱财为细故,官视商贾为逐末。一有差失,既不能向官府以雪冤,复不能假律意以自解。而计秋毫之利因之倾家,掷万之金缘以为媒祸。"

《法国海军职要叙》、《上李伯相复何学士(如璋)奏设水师书》等篇为中国建设近代海军提出许多具体建议。

《上李伯相言出洋工课书》(撰于1877年)、《拟设翻译书院议》(撰于1894年)等篇讨论了洋务西学的重点。前者是作者留学时所作,指出"初到之时,以为欧洲各国富强专在制造之精、兵纪之严。及披其律例、考其文事,而知其讲富者以护商会为本,求强者以得民心为要……他如学校建而智士日多、议院立而下情可达,其制造、军旅、水师诸大端者,皆其末焉者也!"后者指出:"窃谓今日之中国其见欺于外人也甚矣!……夫彼之所以悍然不顾敢于为此者,欺我不知其情伪、不知其虚实也。"认为"译书一事"是"当今之急务",而"尤当译者",是罗马法、各国法律、商律、"民主与君主国经国之经"、国际公法、条约集成等法律、政治书籍。将洋务西学的范围扩大至政治法律领域。

马建忠是清末外交专家之一,本书《巴黎复友人书》(撰于1878年)、《玛赛复友人书》(撰于1878年)等篇,集中讨论了培养外交人材及对外交涉问题。作者在巴黎政治学院主要钻研外交学及国际公法,在与国内通信中,大量介绍了欧美外交史及外交官制度、外交人员培养方法,强调外交官必须"洞悉他国民情之好恶、俗尚之从违,与夫地利之饶瘠,始足以立和议、设商约、定税则而不为人所愚弄"。批评当时中国外交官于国际事务毫不知情,"问所谓洋务者,不过记中西之水程,与夫妇女之袒臂露胸,种种不雅观之事"。建议在上海设交涉学院,每年收十五至二十一岁"身家清白、聪俊子弟"十名,入学考试内容为策论及演绎评论历代名臣奏议。学三年法语、拉丁语后在总理各国事务衙门试用一年,充任翻译及使团随员。试用期满送至巴黎使馆附设学馆,学外交文书写作及国际公法、西方政治、经济学术。两年后考试合格者充三等参赞。又建议建立外交官晋升制度,改变当时任命官员临时充当使节的做法。在《复李伯相札议中外官交涉仪式、洋货入内地免厘禀》(撰于1879年)中,主张乘英国公使提出洋货免厘要求之际,"因计就计,就西国所论税则之理而更定中国增税之章",建议与英国等国谈判,按国际惯例,提高进口货税率,保护国内工商业。

本书刊行时间虽然较晚,但所收文章在撰写之初就直接影响当时清政府的外交政策。讨论洋务的《上李伯相言出洋工课书》被曾纪泽激赏,誊抄入日记。梁启超在为本书所作序言中盛赞本书"非君特撰之书也,然每发一论动为数十年以前谈洋务者所不能言,每建一议皆为数十年以后治中国者所不能易",在维新变法运动中产生了广泛的影响,在中国政治思想史上具有重要地位。

本书是研究马建忠的重要资料,今人研究成果有薛玉琴《近代思想前驱者的悲剧:马建忠研究》(中国社会科学出版社,2006 年)。

(郭　建)

庸书 陈 炽

《庸书》,四卷。陈炽撰。成书于1894年中日甲午战争之前。主要版本有清光绪二十二年(1896)及光绪二十三年上海书局石印本、光绪二十三年豫宁余氏刻本、光绪二十四年成都志古堂刻本等。并收入光绪二十三年文瑞楼石印《自强学斋治平十议》。排印本有光绪三十年(1904)潍县实雅书局本、中华书局《陈炽集》校点本等。

陈炽(?—1900),字次亮,号瑶林馆主。江西瑞金人。光绪间举人,历任户部郎中、刑部郎中、军机处章京。长期任小京官,然曾遍历沿海大埠,并曾至香港、澳门,实地考察各地海防及通商情形。积极参与维新变法运动,1895年参与组织强学会,为学会提调。变法失败后,郁闷而卒。除本书外,还著有《续富国策》。

据本书作者《自叙》,书名寓意为:"庸之者,用也;用也者,通也,得也,适得而几矣。"作者认为国难当头,但"内治既清,外忧自息",而清内治在于"穷则变,变则通,通则久"。故以有通意的庸字为书名。全书共四卷,分内外两篇,各又为五十目。其目分别为名实、自强、四维、考绩、例案、停捐、养廉、行取、乡官、翰林、教养、水利、渠树、和籴、蚕桑、农政、厘金、学校、太学、书院、淫祀、章服、三品、河防、海口、图籍、额兵、勇营、边防、龙江、奉吉、朝鲜、东海、屯田、金山、新疆、河源、青海、西藏、三省、蒙古、暹罗、台湾、八旗、三署、胥役、烟税、仓储、保甲、名器、洋务、西书、游历、育才、艺科、商部、税则、考工、商务、矿人、圜法、交钞、铁政、利源、虞衡、铁路、赛会、税司、公司、巡捕、轮船、西法、编审、善堂、报馆、议院、民兵、炮台、公法、使才、驿传、刑法、旅人、南洋、海图、渔团、天文、电学、格致、西医、妇学、合从、法美、葱岭、慎战、养民、自立、审机、教民、圣道。

本书要旨在于鼓吹变法,然而既反对守旧,也反对全盘变革。认为变法之要在于"综核名实","法之宜守者,慎守之,实课以守法之效,毋庸见异而迁也;法之当变者,力变之,实责以变法之功,毋俟后时而悔也"(《名实》)。本书所阐述的变法理由是:"形而上"的道与"形而下"的器经孔子整理而统一,但经秦时大乱,"抱器者无所容,转徙而之西域",西洋得之而政利技艺大有长进;而以三纲五常为核心的道仍留中国,现在是"天将以器还中国而以道行泰西,表里精粗交易而退"(《自强》)。因此所变并非接受西法,而只是中国原有之物而已。

本书提出的改革方案涉及政治、法律、军事、经济、文化等各个方面,论述较为详尽的是政治法律制度、财政经济制度、外交国防战略。

关于政治制度,本书主张从基层到中央都设荐绅议政机构。"泰西议院之法,本古人悬铎建铎、间师党正之遗意,合君民为一体,通上下为一心",认为"圣人复起,无以易之"(《议院》)。建议基层"由百姓公举乡官,每乡二人,一正一副,其年必足三十岁,其产必及一千金"(乡官)。乡官除主持一乡事务外,定期集会,讨论决定县政、疑案,监督县官。中央设上、下议院,上议院由原阁部会议改成,下议院则由民间选举,"必列荐绅,方能入选。县选之达于府,府举之达于省,省保之达于朝,皆仿泰西投匦公举之法"(《议院》)。议院议决"大利弊"政事。认为基层乡官可以培养人材,澄清吏治,造福地方;而议院可以"合亿万人为一心,莫善于此"。再则当列强"要求无餍","即可以民情不顺力拒坚持"(《议院》)。另外本书又提出大幅度裁减旧有政府机构,打破内外官界限,加强军机处、总理各国事务衙门和海军衙门这"三署",并主张将总理衙门改称"外部"。还力主设立"商部",主持"保商"、"恤商"、"限商"、"权商"之务。主张"以泰西商律译出华文,情形不同者,量为删改,通行遵守,以杜奸欺"(《商部》)。

与政治机构的改革相适应,本书主张改革科举制度,增设"艺科",考技艺,提高录取比例,二名取一,以资鼓励。同时广开学校,"并请洋师,兼攻西学"。由国子监统一考试全国学生,考政事、格致、西学,"勿使离经畔道,自矜异学"(《太学》)。并选派二十岁以内"通古今、识大体"的士子出洋,"期以十年,分类学习",学成回国"赏给官阶,速其升转",至总署、海军、商部、南北洋大臣处任职(《育才》)。在职官员也应出洋考察,因为"今之世一维新之宇宙也"(《游历》)。

本书主张改革传统法律,认为"中西刑律各有所长",而"西律有古意尚存者三事焉,一曰监禁作工……一曰轻犯免役……一曰入镪赎罪",主要区别是"西轻而中重"。由此造成领事裁判权。主张改革法律,以图收回领事裁判权,这是"国体所关,非细事矣"。首先应予限制的是笞杖刑,"多有小过非辜,立毙杖下。似应严加禁约"(《刑法》)。

本书指责洋务派"竞竞于海防而不知本原乃在商务也"(《自叙》)。强调"今日之洋务莫要于通商"(《西法》)。主张鼓励民间发展工商业,设公司,"公司一事,乃富国强兵之实际,亦长驾远驭之宏规也"(《公司》)。要求与西洋各国谈判修改关税税则,指出"税则者,国家自主之权也,非他国所得把持而搀越者也"(《税则》)。同时主张在一年内收回总税务司及各海关税务司,"自古以来,未有堂堂大国利权所在,永畀诸异国之人者"(《税司》)。

在外交国防战略上,本书主张抓住时机,利用英俄矛盾。"今天下之强国惟俄罗斯,可以敌俄者惟英吉利……亚洲之可以拒俄者,惟中国耳"(《公法》)。中国应乘此机会与英国谈判海关税则,加强东北边防,引英拒俄。提出外交使节的主要任务是"保商务"、"张国威"、"侦敌情"、"敦睦谊"(《使人》),并保护华侨、华工。

《庸书》在维新变法运动中具有很大影响,其对洋务派的批判及建立一定程度的选举合议政制的建议,划清了洋务派与维新派的分界线。对官制、科举制的改革主张也影响了百日维新的改革政策。本书对传统法律的批评也是较早的法律改革主张,具有深远影响,在中国法律思想史上占有重要地位。

(郭　建)

治平通议 陈 虬

《治平通议》，八卷。陈虬政论集。其文多成于1890年后，作者自编于清光绪十八年(1892)，同年刻版刊行。现存有光绪十九年瓯雅堂刻本。其中《经世博议》、《救时要议》又收入光绪二十三年《自强学斋治平十议》(文瑞楼石印本)。由胡珠生编集的《陈虬集》(浙江人民出版社1992年版)收入了本书。

陈虬(1851—1903)，字志三。浙江乐清人。光绪间举人。"弱冠以前治词章训诂，二十以后留心经世"，三十以后"专心身心性命之学"(《东平条议·上东抚张宫保书》)。其学于儒家之外，亦涉猎"佛老百氏之书"，以及"岐黄"之术。"性戆直，遇事敢言，与世多忤。"(同上)曾向洋务派地方大员沈葆桢、张之洞等上书，建议"变法"。1898年积极参与维新变法运动，加入康有为发起的保国会，并于温州创办学校、报馆。戊戌政变后遭通缉，被迫流亡隐居。除本书外，尚著有《报国录》等。《清史人物列传》(中华书局，1984年)有传。

本书书名"治平"之义，即《大学》"治国平天下"略语。全书由《经世博议》(四卷，撰于光绪十八年)、《救时要议》(一卷，撰于光绪十八年)、《东平条议》(一卷，撰于光绪十六年)、《治平三议》(一卷)、《蛰庐文略》(一卷)组成。其中《经世博议》为"变法"纲领，是全书核心；《救时要议》则为变法的细目，开列"富之策"十四项、"强之策"十六项、"治之策"十六项。《东平条议》为作者光绪十六年(1890)向张之洞的上书，提出了八项变法主张。《治平三议》即"宗法议"、"封建议"、"大一统议"。《蛰庐文类》为有关政论及变法的文集，共收文十五篇。

本书以鼓吹变法为主题，认为"古者以道制治，后世始一切皆持以法"(《治平通议·自序》)，所以法完全可以改变，并不影响"形而上"的道。"法者，治之具，王者制法而不为法所制，欲法先王亦法其所以为法而已"(《经世博议·自序》)。法由时势决定，"法之变，国势驱之也"(《经世博议·法天》)，"盖风气无十年而不转，法制无百年而不变……欲图自强，首在变法"(同上《变法》)。

本书主张变法的中心是改革政治制度，主张"省官制禄"，省并职官机构，地方改为省、道、县三级,而"讲富强首重县令始"(《经世博议·变法二》)。尤其是主张中央、地方皆设议院,中央在都察院设员三十六员,"不拘品级,任官公举练达公正者。国有大事,议定始行"(《变法一》)。地方各县设议院,"国家、地方遇有兴革事宜,任官依事出题,限五日议缴"(《救时要议·开议院》)。认为议院"固吾中国法也",如黄帝时"明堂之议"、春秋时"乡校之议"等等(《东平条议》)。可见作者所谓议院只是"通下情"的咨询机构。

本书认为变法"纲中之纲"是"科目之法"。建议改设艺学科,考射、算;西学科,考光、电、汽、矿、化、方言六学;国学科,考会典则例;史学科,考历史;古学科,考经学及诸子之学,以培育人材(《经世博议·变法三》)。

本书对于传统法律的改革意见,具有独到见解。《经世博议·变法十二上·刑律》称:"呜呼!古今治法备矣,患在不行,不患其不全也。而独有一事,为尧舜以来四千年中圣君贤相所未及讲明协中者,则刑法也。"因此必须加以全面改革。《治平三议·宗法议》提出改革刑罚制度:"凡刑有十,轻刑五、重刑五。曰扑,以治罢软;曰鞭,以治顽梗;曰笞,以治斗殴;曰枷,以治殴伤;曰黥,以治伤人成废者;曰曛(指以烟熏令罪人失明),以止博(吸洋烟者同科);曰宫,以止奸;曰刖,以止盗;曰经、曰杀,则皆死刑,杀人者死,赐死曰经。"而《经世博议·变法十二上·刑律》则猛烈抨击传统的死刑、赎刑、徒刑。认为"杀人者死,已死者何益?"而且如果凶暴之徒并不畏死,"奈何以死惧之?"尤其"天地以好生为德,人无知而杀人,吾以其无知而杀之,是亦杀人类也。人被杀而吾不知恤其家人,杀人而吾仅从戮其身,平民冤抑不得伸,积之既久,皆足以伤天地之和而致阴阳之乱,相雠相杀,兵戈之劫,未有艾也。不宁惟是,好勇斗狠之徒,其熠恶而魄强,虽死而实能为厉"。赎刑是使无财者不得公平,徒刑则"因死其一人,而官乃杀其一家"。为此建议"杀人者杖而宫,伤人者笞而钛左足,皆墨其背而髡其首,防逃逸。误人(原注:坏名失财)者杖而墨衣监禁匝月"。罪人受刑后还需"亲身力苦,定率抵钱,扣存贮库",每当犯罪日在犯罪处所枷号示众三日。至于被害人则由官府按月"廪给其家,以二十年为率"。认为对罪人"困之、辱之、磨之、策之、导之,以渐消其桀骜不驯之气,使憬然而生其悔悟",远比处死刑要好。

《经世博议·变法十二下》又建议设立律师制度,"参西法明正律师之目。令平民讦告,各延律师应讯。律师无功名者不准呈,无律师者不收讯"。认为应定"律师例",这样可以彻底防止讼师揽讼的弊病,可以不必搜拿讼棍,可以使律师自我约束,可以监督官吏。这是设立近代律师制度的最早建议之一。

《治平通议》是最早明确主张全面变法的一部论著。作者在《蛰庐文略·书校邠庐抗议后》中称:"议凡四十九条,与拙著《治平通议》颇多异同。然各有宗旨,并存可也。"即本书的宗旨是全面变法，并非枝节修补。对于宣传和推动维新变法运动的开展，都具有重要意义，产生了很大影响。本书对于传统法律的明确批评，在中国法律思想史上具有重要意义。其废除死刑的议论，为中国法律思想史上所首见，对于中国法学的发展有很大意义。

（郭　建）

六字课斋卑议 宋 恕

《六字课斋卑议》，或简称《六斋卑议》。宋恕所撰政论。成书于清光绪十八年(1892)，为作者上书李鸿章要求变法的纲领。后以稿本流传于维新派人士间。1897年经修改后，由上海千顷堂活字排印出版。作者去世后友人黄群将本书收入敬乡楼丛书，为最通行的版本。有点校本收于《宋恕集》(中华书局，1993年)。

宋恕(1862—1910)，原名存礼，字燕生，后改名恕，字平子，号六斋，又改名衡。浙江平阳人。幼年号为神童，青年时潜心永嘉学派经世致用之学，又受佛学影响，立志"著书专代世界苦人立言"，批判宋明理学。向李鸿章上书后，被李称为"海内奇才"，聘为天津水师学堂汉文教习，但不采纳其变法建议。甲午战争后移居上海，参与维新运动，从古文经学立场宣传托古改制，曾自命为中国之马丁·路德，欲以孔孟儒学为国教。1897年任《经世报》主笔。戊戌维新失败后，在江浙一带书院讲学，推进妇女不缠足运动。1903年游学日本，1905年至山东为学务处议员兼文案，筹办山东编译局。其著述另有《六字课斋津谈》，其他诗文甚多，然多系稿本，今人编为《宋恕集》。传记资料有苏渊雷《宋平子评传》、胡珠生《宋恕年谱》等。

作者早年为激励自学进步，曾手定心、身、古、今、缘、嗜六字，每日按此六字督课，故自号"六字课斋"。关于书名，作者《上李中堂书》称"兹所言者皆不上不下、居策之中，视今日之政则已甚高，较西国之法则犹未免卑，故命曰'卑议'"。

本书不分卷，初稿本分为民瘼、才难、变通、信必四篇六十四章，印本改为民瘼、贤隐、变通、基础四篇六十四章，又附"广白"十条，其章目亦多有调整。本书为作者提出的变法救国纲领，作者在"自叙印行缘起"中称："上二篇二十五章指病，下二篇三十九章拟方。"

作者在民瘼篇十章中抨击时政，指出当时社会民穷财尽，盗贼横生，旱潦频发，讼师、地棍横行乡里，赋税横征，刑罚残暴，尤其"咸同以来，弊政滋甚，横征内困，互市外漏"。贤隐篇十五章着重分析政治制度及学术思想的弊病，尤其猛烈抨击程朱理学，指出"儒家宗旨，一言以蔽之曰'抑强扶弱'；法家宗旨，一言以蔽之曰'抑弱扶强'"。而程朱理学"阳儒阴法"，"谈经则力攻古训，修史则大谬麟笔……背此'闻诛一夫'之议，树彼'臣罪当诛'之谊"。并批判所谓"汉学"，"但治小学而不治经史，但阅序目而不阅原书"。批判科举制度"禁引经史，禁涉时政，忌讳深重，法限严苛"，且考试讲究小楷书法，使读书人"疲心手于点划，掷光阴于临摹"。士人登仕后"官如传舍，仕多贾心"。中央枢府部院官员"年皆重暮"，又多有兼差，"署所悬隔，昼夜驰走，何暇问政！"基层地方州县官则"品卑压重，动即获咎"，"无聊酬应，穷日不足"，因而导致"权侵于仆役，政委于幕胥"。

变通篇三十七章，是作者提出的变法建议。作者主张改变教育制度，"宜取法日本，下教育令：令男女六岁至十三岁皆须入学，不者罚其父母"。各乡、聚、连皆设立学校，考选教师。以古经传中"平正显切语"及"内外国界学、白种政治学、物理学之略"编为教材。兴办新学十年后，"尽废旧取士法"。作者认为"学校、议院、报馆三端，为无量微尘国土转否臧泰之公大纲领"。本书初稿主张各县置议院，由"安分有正业"的"举户"选举"议绅"、"议生"，讨论"县中一切事件"。印本将此删除，仅强调民间开报馆、办学会的重要性。

本书主张改革政治制度，中央军机处改为总理处，户部改为理财部，礼部分设礼乐部、文学部，兵部分设陆军部、海军部，增置医部，裁撤吏部，内阁"专备顾问"，宗人府改为宗务院，总理衙门改为交邻院，与原有理藩院、都察院合称四院。一处八部四院以外的机构一律撤并。省改名部，巡抚改称民政使，下设理财、提刑、劝学、交邻四司。部下设州，州有牧；州下为县，县有令，"牧令必用本部人"。其余各道、同、通等官一律裁撤。各县设户、农、工、商、礼、乐、刑、驿、外九曹，曹长由议院公举，可升迁为牧令，直至部、阁。县以下设乡、乡以下百家为聚、十家为连，其长皆由居民公举。另外"永停捐官旧例"，又增加官禄"自五倍至百倍以上"。

本书对法律亦提出改革建议。认为法律"将欲必行，必先轻刑，刑之不轻，行无可必，理势然也"。但又认为"赤县俗坏已久，固难骤废死刑"，主张"先除磔、斩、绞刑及连坐律，死刑改用闭气、枪击新法。大小案件概不牵累本犯祖孙、父子、叔侄、兄弟、夫妇等伦属"。各县设"惩罪所"，"以收囚本县种种恶男女，日夜督作苦工"。废除一切刑讯逼供，"除取招供例，烧弃刑审器具，示永永不复用"。并主张学习日本，设"公民辩护士"。强调"听讼之法不改，则怨气之平无期"。尤其值得注意的是本书对于婚姻、继承制度的改革建议。主张婚姻双方当事人应亲自签署婚书，如无亲生父母，"悉听本男女自主"。离婚改为"三出五去之礼律"，由夫作主为出；"舅姑不合，出；夫不合，出；前妻妾之男女不合，出"。由妻作主为去，三去与三出同，又加上"妻妾不合"、"归养父母"两项。又建议"严定勒令各业男女析产律例"，死者无子，由寡妇选择夫五服之外侄、侄孙、外甥、外孙等承祀，禁止由服亲承祀的旧例。

基础篇为变法的前提条件。认为变法首先"更律"，指出清律"多沿明律，明律源出商鞅、萧何,法家惨刻,儒者所嗟,欲复唐虞三代之法必自更律始","变法家之天下为儒家之天下"。其次强调要"立信","今欲使下无不信之民,必先使上无不信之官"。

本书曾在变法维新人士中广为传阅,对变法维新运动的开展有一定的影响。本书对政治改革的建议,具有一定理论深度。尤其本书对官方哲学——程朱理学的批判,在中国思想史上有重要意义。本书将更改法律列为维新变法的前提条件,并具体提出法律改革的内容,在当时维新理论著作中较为罕见,在中国法律思想史上有着重要地位。

关于本书的研究,有彭国运《宋恕思想研究》、支振锋《浅谈宋恕法律思想》等论著中的相关章节。

(郭 建)

孔子改制考 康有为

《孔子改制考》,康有为著。本书始撰于1891年,经八年之久方告著成。清光绪二十四年(1898)春上海大同译书局排印出版木活字本,但当年政变后即被清廷禁毁。1900年清廷再次下令禁毁。1920年在北京以《万木草堂丛书》之一重刻,并于1922年印行,为目前最通行的版本,现有上海书店《民国丛书》影印本及台湾宏业书局《康南海先生遗著丛书》影印本。有多种今人标点本,收入《康有为全集》。

作者生平事迹见"新学伪经考"条。

面世于清光绪二十四年戊戌变法同年的《孔子改制考》,共二十一卷。每卷一篇,即《上古茫昧无稽考第一》、《周末诸子并起创教考第二》、《诸子创教改制考第三》、《诸子改制托古考第四》、《诸子争教互攻考第五》、《墨老弟子后学考第六》、《儒教为孔子所创考第七》、《孔子为制法之王考第八》、《孔子创儒教改制考第九》、《六经皆孔子改制所作考第十》、《孔子改制托古考第十一》、《孔子改制法尧舜文王考第十二》、《孔子改制弟子时人据旧制问难考第十三》、《诸子攻儒考第十四》、《墨老攻儒尤甚考第十五》、《儒墨交攻考第十六》、《儒攻诸子考第十七》、《儒墨最盛并称考第十八》、《鲁国全从儒教考第十九》、《儒教遍传天下战国秦汉间尤盛考第二十》、《武帝后儒教一统考第二十一》。

《孔子改制考》采用历史考证的方法编成,每卷前先写按语,揭示全卷文字要说明的旨意,然后大量引用古籍中的语句加以证明,间或加以简短的评语。全书前有作者的《叙》,概述全书的中心思想,提出孔子为"大地教主",立三世(据乱世、升平世、太平世)之义,根据时代的实际情况制定各种社会制度,其宗旨"务在行仁,忧民忧国以除民患而已";指出后来由于古文经学的兴起使孔子改制之义、太平世之说湮没无闻,使"中国之民遂二千年被暴主、夷狄之酷政";最后自称他深得孔学之真义,表示不敢隐匿大道,要将它阐述出来,以实现大地大同太平之治。因此,本书以考证儒教源流为主题。认为"六经以前,无复书记;夏殷无征,周籍已亡;共和以前,不可年识。秦汉以后,乃得详记"。三王、五帝、三代的史迹都早已渺茫不可考。而所谓"三代文教之盛,实由孔子推托之故",并非史实。基于这一点,本书卷二考证在东周时,由于天下大乱,有桑伯子、原壤、棘子成、管子、晏子、少正卯、许行、白圭、陈仲子、墨家、道家、法家、名家、阴阳家、纵横家、兵家等人物及学派,纷纷创教救世。创教立说之外,各家各派又纷纷改制,以图救世。卷三一一列举墨子、管子、晏子、棘子成、扬子、宋钘、尹文、慎到、惠子、许子、白圭、驺子、公孙龙、邓析、商君、申子、韩非子等人改制事迹,以证明"诸子何一不改制哉!"由于当时社会"荣古而虐今、贱近而贵远",为了减少改制阻力,各家都纷纷假托古人古事为改制根据。卷四即考证墨子、老子、扬子、庄子、列子、驺子、尸子、商君、韩非、管子、吕氏、内经、鹖冠子、淮南子、方士等诸家的托古之言。

由于各家各派创教改制,彼此攻讦,混乱世间,孔子为拯救民众,创立儒教。作者批驳了传统的儒家出于周官司徒或是周公等等说法,称这些都出于东汉刘歆的伪造。卷七即考证孔子一手创立儒教的事实,"儒为孔子教号,以著孔子为万世教主"。卷八进一步考证孔子不仅创教,而且又是"制法之王",是新王、素王、文王、圣王、先王、后王。批驳儒家传统所称孔子只是"先师"之说,认为"一画贯三才谓之王,天下归往谓之王。天下不归往,民皆散而去之,谓之匹夫;以势力把持其民谓之霸。残贼民者谓之民贼"。孔子创教改制为天下之民,自然是真正的王。并且考证孔子"托王于鲁国"而作《春秋》。卷九着重考证孔子改制的事迹。认为孔子全面变革周代制度,创教、改制、改礼义、服制、改定"封建大一统之制"、井田、授时、选举、刑罚等等制度。作者猛烈抨击儒家所称尧舜、三王、周公、孔子的所谓"道统"。宣称孔子并非"述而不作",而是手定诗、书、礼、乐、易、春秋六经,作者改制的经典。卷十一考证孔子与当时诸子一样也托古改制,"慈母之养子也,托之鬼神古昔,以耸善恶。圣人爱民如子,其智岂不若慈母乎?"况且孔子"布衣改制,事大骇人,故不如与之先王,既不惊人,自可避祸"。为彻底否定"道统"之说,卷十二考证所谓尧、舜、文王之类的上古明君都只是孔子为托古改制而创立的榜样。"六经中之尧、舜、文王,皆孔子民主君主之寄托,所谓尽君道、尽臣道、事君治民、止孝止慈,以为轨则,不必其为尧、舜、文王之事实也"。正因孔子改制之全面与彻底,其门生及当时人一时不能接受,故往往引据旧制问难。

作者认为春秋战国时托古改制以孔子的儒教最为成功,遭到各家的攻击。而墨、老攻击尤甚。其中墨家亦号为"显学","真儒之劲敌也"。由此儒家亦猛烈攻墨,并又攻击其他各派。由于"孔子以布衣改周之制,本天论、因人情、顺时变",得以逐渐占有上风,先风行于鲁国,战国间孔子门生又将其教推行于天下,至秦时,"其时服儒衣冠传教者,充塞天下,弥满天下,得游行教导于天下。不知禄爵、不择人主,惟以行教为事。……虽经焚、坑不悔"。直至汉武帝"罢黜百家,专尊儒教",遍设学校,盛行选举,帝王皆受儒道儒术,儒教从而定为中国之国教。

本书用今文经学的语言,阐明历史是沿着据乱世、升平世、太平世三个阶段发展的,把社会制度由君主专制转变为君主立宪、到最后实现民主政治说成是历史的必然,宣传民权、民主、平等的思想,主张进步和革新,反对保守和守旧。书中还猛烈抨击君主专制,这些思想的出现如梁启超所说是思想界的"火山大喷火"(《清代学术概论》),在知识界引起极大的震动,促进了思想解放,也引起顽固守旧势力的仇视和攻击。王先谦、叶德辉等人骂康有为"无父无君",要求清政府将他处死。

本书吸取前人辨伪、疑古的成果,对"五四"运动以来疑古思潮的发展有一定影响。但在考证上先立论,然后以古书文字加以论证,多有断章取义,牵强附会,甚至引用宣扬神学迷信的纬书神化孔子,称孔子为应符瑞而生的教主。然而本书原非纯学术考据之作,其主旨在于通过考证彻底改造儒家为"儒教",将孔子"考证"为"托古改制"大师,将儒家发展史描述为类似欧洲基督教发展史,意欲如欧洲宗教改革那样引发思想革命,以鼓吹维新变法。如此从儒学内部寻找变法根据,比直接宣传西方进化论和政治法律思想,更易为当时知识界所接受。

有关本书研究的著作有洪锱昌《康有为〈孔子改制考〉研究》及梁启超《清代学术概论》、马洪林《康有为大传》、萧公权《近代中国和新世界——改革家和空想家康有为》中的相关部分等。守旧派人物的批判文章见苏舆编《翼教丛编》。

(叶孝信等)

大同书 康有为

《大同书》，一册。康有为著。成于清光绪二十八年(1902)。其中甲、乙两部于1913年刊于《不忍杂志》，1919年由长兴书局出版。后康有为继续对《大同书》屡加增删。1935年其弟子钱定安对全书略加校订后交中华书局出版。1956年北京古籍出版社根据抄本重行校订出版，2005年上海古籍出版社出版汤志钧导读的校点本。

作者生平事迹见"新学伪经考"条。

关于《大同书》的撰写，康有为在1919年刊印《大同书》甲、乙两部的题词中说："吾年二十七，当光绪甲申，法兵震羊城，吾避兵居西樵山北银塘乡之七桧园澹如楼，感国难，哀民生，著《大同书》。"甲申为光绪十年，近人研究，认为当时康有为还不可能动笔写《大同书》。又梁启超说光绪十六年至二十三年，康有为在万木草堂讲学时，"方著《公理通》、《大同学》等书，每与通甫商榷，辨析入微"(《三十自述》)。这里的《大同学》当为《大同书》的部分内容。《大同书》主要完成于光绪二十七年至二十八年康有为在印度大吉岭时。

《大同书》是一部集中反映康有为对整个社会历史的基本看法和最高社会理想的著作，集"孔子之太平世，佛之莲花世界，列子之甗瓶山，达尔文之乌托邦"之大成，构想了一个"大同"社会。全书分甲、乙、丙、丁、戊、己、庚、辛、壬、癸十部。甲部先有《绪言》，再分六章。乙部分四章。己、庚部各分十章。辛部分十五章。丙、丁、戊、壬、癸五部不分章。本书主要内容如下。

甲部，入世界观众苦。首先，在绪言"人有不忍之心"中，提出孔子三统三世说，即"据乱之后，易以升平、太平，小康之后，进以大同"。认为中国当时处于"据乱世"，只有行大同太平之道，才能救人苦难，求其大乐。接着，以六章篇幅列举人间社会的种种苦难，分人生之苦、天灾之苦、人道之苦、人治之苦、人情之苦、人所尊尚之苦等六大类三十八种，一一加以描绘。最后，把诸苦之根源归结为"皆因九界而已"，指出救苦之道在于"破除九界"。

乙部，去国界合大地。首先，论述有国之害。国既立，国义遂生，人人自私其国而攻夺人之国,调民为兵,争地争城,一战而死者千万,惨酷祸毒。继而提出"欲去国害必自弭兵破国界始"。接着论证了国界自分而合乃历史发展之趋势。去国界至大同,"先自弭兵会倡之,次以联盟国纬之,继以公议会导之"。初设公议政府为大同之始:公议政府专议各国交通之大纲,如议定各国公律、关税之出入、度量衡之名称、语言文字等。立公政府以统各国为大同之中:公政府大纲包括均等岁减各国之兵,以至于无;君主之权尽削之后,可改号为"尊者"或"大长";分大地为十洲,每洲再分为数十界,成立小政府;统一全世界的度量衡,一律用十进制,统一全球语言文字,制定全世界通用的新历法,以大同纪元等等。最后,列有"大同合国三世表"。

丙部,去级界平民族。指出"人类之苦不平等者,莫若无端立级哉!"受压迫的等级大类有三:贱族、奴隶和妇女。作者考察了等级制度在世界各国形成、演变过程,强调在大同社会要予以废除,即"全世界人类尽为平等,则太平之效渐著矣"。

丁部,去种界同人类。指出"欲合人类于平等大同,必自人类之形状、体格相同始"。办法是:首在迁地而居之,次在杂婚而化之,末在饮食运动以养之。如此经过若干代,种界可去矣。

戊部,去形界保独立。揭露人类社会歧视、压迫妇女的种种不合理现象,说妇女"同为人之形体,同为人之聪明,且人人皆有至亲至爱之人,而忍心害理,抑之、制之、愚之、闭之、囚之、系之,使不得自立,不得任公事,不得为仕宦,不得为国民,不得预议会,甚且不得事学问,不得发言论……甚且斫束其腰,蒙盖其面,刖削其足,雕刻其身,遍屈无辜,遍刑无罪,斯尤无道之至甚者矣!"然而,数千年来,号称仁人、义士者,都熟视无睹,以为当然,这是"天下最奇骇、不公、不平之事",论证了女子与男子有同样的才干,能胜任同样的工作。"故以公理言之,女子当与男子一切同之;以实效征之,女子当与男子一切同之。此为天理之至公,人道之至平。"认为应解放妇女,使人才骤增其半,利于立国;使母教施于童幼,利于传种。具体为:宜先设女学,毕业者赐予出身;学问有成,许其选举、应考、为官、为师,其才能学识足为议员者,听其选举;法律上应许女子为独立人格,删除从夫限禁;婚姻自由,禁止早婚;允许交接宴游;废除缠足、细腰等旧俗;等等。

己部,去家界为天民。论述人类家制、族制的演变,比较中西家庭、家族观念和制度之异同,说明各有利弊。如中国的族制最盛,故人类最繁,但也因此而生分疏之害,同姓则亲,异姓则疏,行仁狭矣。家庭本为人类相保之良法,但也存在"家人强合之苦","有家则有私,以害性害种"等弊端。由此提出,欲至太平大同必在去家。其方法是公养、公教、公恤。公养即怀孕妇女皆入本院生产,进行胎教,婴儿出生后送育婴院保育之,务令"养儿体,乐儿魂,开儿知识"。公教即儿童六岁之后入小学院,以育德为先。同时,人方幼童,宜以养体为主,开智次之。自十一岁起入中学院,"导之以正义,广之以通学,绳之以礼法,虽于慈惠之中而多用严正之气"。十六岁至二十岁入大学院,人人可以享受。大学皆专门之学、实验之学,于育德强体之后,专以开智为主。大学教育尤重效用,应择专学精深奥妙,实验有得者为师,不论男女。公恤即设立恤贫院、医疾院、养老院和考终院。

庚部,去产界公生业。作者认为,"农不行大同则不能均产而有饥民","工不行大同则工党业主相争,将成国乱","商不行大同则人种生诈性而多余货以殄物"。并把独农与公农、独商与公商、独工与公工作了比较,说明公有制具有明显的优越性。由此提出"今欲致大同,必去人之私产而后可,凡农工商之业,必归之公"。

辛部,去乱界治太平。具体规定全球统一后的管理机构及其职能。设想大同社会要实行一切交通、通讯设施归公;要开辟深山绝岛,架桥铺路;要把各地之金行皆归于公,无有私产;为进化计,要竞美、奖智、奖仁;不立刑,但有各职业之规则;尤要禁懒惰、禁独尊、禁竞争、禁堕胎。

壬部,去类界爱众生,指出在大同社会,人不仅要爱同类,也要爱护其他生灵。除了那些伤害人的动物,要"禁杀绝欲"。

癸部,去苦界至极乐。作者认为,能使人乐益加乐,苦益少苦者,是谓进化,其道善;反之,使人乐无所加而苦尤甚者,是谓退化,其道不善。"尽诸圣之千方万术,皆以为人谋免苦求乐之具而已矣"。到了大同社会,九界既去,则人之诸苦尽除,只有乐而已。并具体描述了居处、舟车、饮食、衣服及其他种种之乐。

《大同书》设想世界只有一个公政府,下设各度界的小政府,基层设地方自治局。官员由选举产生。实行统一的语言文字和度量衡。大同社会的经济设想是:废除私产,"凡农工商业,必归之公";高度机械化以大力发展生产力;发展商业,并使之归公政府商部统筹规划组织,将民生的用品"分配于天下";大同社会的人们以工资的十分之一作储金,其余任其消费、享受,衣食住行及旅游等等备极舒适,并作了具体而微的描述。大同社会"奖仁"以励行慈惠,"奖智"以励创新,并列举措施。

《大同书》反映了中国人数千年来对于人人平等、富足幸福的理想社会的追求和向往,极大地丰富和发展了中国空想社会主义思想,它揭露现实社会的种种罪恶和不平等,批判封建专制主义的残酷无情,宣扬仁爱和人道,主张个性解放,在当时具有一定的现实意义。但是"康有为写了《大同书》,他没有也不可能找到一条到达大同的路"(毛泽东《论人民民主专政》)。毛泽东言简意赅地指出了这位向西方寻找真理的先进中国人的大同思想有理论贡献,却流于空想。

(施忠连等)

变法通议 梁启超

《变法通议》,梁启超著。其中《论变法必自平满汉之界始》和《论变法后安置守旧大臣之法》初刊于1898年底至1899年初《清议报》,其余十二篇初刊于1896年至1898年《时务报》。后编入《饮冰室合集·文集》第一册第一卷,编次略有更动。有多种今人标点本。

梁启超(1873—1929),字卓如,号任公,别号沧江,又号饮冰室主人。广东新会人。1890年从学于康有为。1895年赴京会试,随康有为发动"公车上书",又组织强学会。1896年任上海《时务报》主笔,发表《变法通议》等;又编纂《西政丛书》,介绍西方政治经济理论。1897年任湖南长沙时务学堂总教习。1898年奉旨入京,参与"百日维新",办京师大学堂、译书局、编译学堂。戊戌政变后,逃亡日本,主编《清议报》,后又办《新民丛报》,力谋起兵勤王,坚持君主立宪。辛亥革命后,回国集合立宪派、保皇党徒组成进步党。1916年,与蔡锷联合反袁,组织宪法研究会,出任段祺瑞政府财政总长。护法战争后游历欧洲。回国后在各地讲学,创办天津文化学院,主持清华国学研究院,并任北京图书馆馆长。另撰有《中国近三百年学术史》、《先秦政治思想史》、《中国历史研究法》、《新民说》、《中国法理学发达史》、《论中国成文法编制之沿革得失》等。主要著作收于《饮冰室合集》。事迹见丁文江、赵丰田编《梁启超年谱长编》。

1895年"公车上书"后,维新变法思想广泛传播。为推进变法运动,争取更多士大夫和知识分子的支持和参与,康有为、梁启超等人在京、津、沪、粤各地创办报纸、组织学会、开设学堂,大造变法图强的舆论声势。1896年8月,黄遵宪在上海创办《时务报》,邀梁启超任主笔。《变法通议》的主要篇章,即是在这种形势下发表的。

《变法通议》是系统宣传变法理论、明确提出全面学习西方政治和文化等制度的论文集。全书共十四篇:自序、论不变法之害、论变法不知本原之害、学校总论、论科举、论学会、论师范、论女学、论幼学、学校余论、论译书、论金银涨落等十二篇刊于1896年至1898年《时务报》,论变法必自平满汉之界始、论变法后安置守旧大臣之法等二篇刊于1898年至1899年初《清议报》。梁启超撰写这些论文时,中日甲午战后,中国因战败而被迫签订《马关条约》,丧权辱国,割地赔款,举国震动。康有为领导变法,发起"公车上书",提出"拒和"、"迁都"、"变法",旨在救亡图存。梁氏借主编《时务报》的机会,积极发表鼓吹变法的言论,较系统和详尽地提出涉及思想、政治、经济、文化、教育等各领域的变法改革,在社会上产生了很大的影响。

卷首三篇,系统论证变法的必要性。《自序》开篇即设问:"法何以必变? 凡在天地之间者,莫不变。"从自然界到人类社会的历史发展,无不体现着由变化中求生存和发展的真理。所以变法革新,"其事甚顺,其义至明,有可为之机,有可取之法,有不得不行之势,有不容少缓之故"。《论不变法之害》先比较列国变法图强和因循守旧的不同结果,痛陈时弊,指出当时社会危机严重,列强环顾,"法敝如此,虽敌国外患,晏然无闻,君子犹或忧之,况于以一羊处群虎之间,抱火厝之积薪之下而寝其上者乎?"作者进而逐一驳斥死抱祖宗陈法、墨守华夷之辨、以中西时空有别和难以速见成效等理由反对学习西方、变法图强的说法,认为圣人不断因时设法,清代先王即有此风。所谓西法,兴起于近代,并非西方所固有。从善如流而不论夷夏,古来如此。至于一劳永逸的速成梦想,只不过是一厢情愿的误国之言。"要而论之,法者,天下之公器也;变者,天下之公理也。大地既通,万国蒸蒸,日趋于上。大势所迫,非可阏制。变亦变,不变亦变。变而变者,变之权操诸己,可以保国,可以保种,可以保教;不变而变者,变之权让诸人,束缚之,驰骤之,呜呼,则非吾之所敢言矣!"《论变法不知本原之害》指陈洋务派变法舍本逐末的弊端,认为其着重于任用西人和练兵备战是误入歧途之举。只有国家全面发展才能真正强盛。因此"变法之本,在育人才;人才之兴,在开学校;学校之立,在变科举,而一切要其大成,在变官制"。而列强片面强调兵事,反对兴学校、商务,显然是包藏祸心。

基于上述以培养人才为核心的理论,在《学校总论》至《论译书》等八篇中,作者全面阐述教育、文化改革的思想。"世界之运,由乱而进于平。胜败之原,由力而趋于智。故言自强于今日,以开民智为第一义"(《学校总论》),强调教育、文化的核心地位。反观历史和现实,以制义、诗赋、楷法等无用之学愚民,积习已久,而妇女和农、工、商、兵各阶层又不能受教育,民智之不开令人担忧。其中"教而不能用"、"学而不能用"的旧科举制度积弊尤深,"故欲兴学校、养人才以强中国,惟变科举为第一义。大变则大效,小变则小效"(《论科举》)。为普及知识,还应广泛设立学会组织,"会中有书以便翻阅,有器以便试验,有报以布知新艺,有师友以便讲求疑义"(《论学会》);地方设立小学,辅之以师范;改变对幼儿的教育方法,重编教材;以西方思想、文化开拓眼界;广泛译述西方名著,强调"必尽取其国律、民律、商律、刑律等书,而广译之,如罗玛律要、诸国律例异同、诸国商律考异、民主与君主、经国之经、公法例案、条约集成等书,皆当速译"(《论译书》)。此外,还提出男女平权思想。认为女子应自食其力,接受正规教育,以提高全民族人口素质和文化水

平。"女学最盛者,其国最强;女学次盛者,其国次强;女学衰,母教失,无业众,智民少,国之所存者幸矣。"(《论女学》)

《论金银涨落》从经济角度出发,强调开金矿、兴工艺的重要意义。《论变法必自平满汉之界始》力求调和社会矛盾,警告清统治者久行暴政,必将导致社会动荡和人民革命。如不改革旧制,数年后,至少将出现地方独立、国家分裂的局面。同时反对满汉分治和暴力革命,认为清三百年统治,民众相安已久,故强调"平满汉之界,诚支那自强之第一阶梯也"。并提出散籍贯、通婚姻、并官缺、广生计等具体主张,甚至还展望亚太诸国黄种人合为一体与白种人相对抗的前景。《论变法后安置旧大臣之法》回顾康有为对变法中处置旧大臣问题的策略,包括安其爵位、免其办事和增其廉俸等方式,削其实权而保其富贵,消除变法的障碍。

《变法通议》系统提出全面变法的依据、纲领和步骤,以西方观念和实践为标准,检讨传统的文化和教育,并提出具体革新措施,已超出一般的改革要求,为变法维新作了舆论上的准备。本书又是较早以普通读者为对象的政论著作,因角度新颖、视野开阔、见解独到、文采斐然,使人耳目一新,在当时有广泛影响,对戊戌变法的推进起了重要作用。

(胡　啸　周谷平　王志强)

新民说 梁启超

《新民说》，梁启超撰。1902年2月8日至1906年1月6日陆续发表于《新民丛报》第一号至第七十二号"论说栏"。编为专集时，篇章次序有所调整。后收入《饮冰室合集·专集》第三册第四卷。有多种今人标点本。

作者生平事迹见"变法通议"条。

戊戌变法失败，梁启超流亡日本。1902年1月创办《新民丛报》半月刊，以变法失败为鉴，大力提倡"新民"说，自称是"中国一新民"，认为中国当务之急，是以新学说熏陶和改变民众思想。本书是作者这一政治主张的反映。

《新民说》系统阐述作者对提高国民素质问题和国家、道德、自由等政治概念的理论主张。全书共二十节：叙论、论新民为今日中国第一急务、释新民之义、就优胜劣败之理以证新民之结果而论及取法之所宜、论公德、论国家思想、论进取冒险、论权利思想、论自由、论自治、论进步(又名论中国群治不进之原因)、论自尊、论合群、论生利分利、论毅力、论义务思想、论尚武、论私德、论民气和论政治能力。

本书开宗明义阐述国民重要地位和"新民"总体思想。认为国家由民众组成，民众的整体素质，与国家息息相关，"若以今日之民德、民智、民力，吾知虽有贤君相，而亦无以善其后也"。在民族帝国主义膨胀、西方列强环顾的形势下，只有唤起民众，提高其全体素质，才能得以生存。何谓"新民"？"新民之义有二：一曰淬厉其所本有而新之；二曰采补其所本无而新之。二者缺一，时乃无功。""故吾所谓新民者，必非如心醉西风者流，蔑弃吾数千年之道德、学术、风俗，以求伍于他人；亦非如墨守故纸者流，谓仅抱此数千年之道德、学术、风俗，遂足以立于大地也。"

书中对"道德"有系统论述。提出道德的内容随社会文明程度和价值取向而变。包括公德和私德，前者指个人对群体而言，后者指独善其身，但二者紧密联系，无严格分野。国民私德因政治、经济、文化和外来压力等原因而日趋堕落，"故欲铸国民，必以培养个人之私德为第一义"。但中国素来更为缺乏私人对国体、对国家的公德，中国所以日渐衰落，就因为"束身寡过之善士太多，享权利而不尽义务，人人视其所负于群者如无有焉"。故应同时大力弘扬公德。

作者提出"国家思想"的概念："国家思想者何？一曰对于一身而知有国家，二曰对于朝廷而知有国家，三曰对于外族而知有国家，四曰对于世界而知有国家。"意即个人应注重整体国家利益，朝廷、政府与国家应区别对待，要勇于维护民族利益。对完美的国家思想和群体精神，作者称之为"民气"。民气的实现，要以民智、民德和民力为基础。

对自由、权利和义务等近代政治概念，书中进行了全面阐述。"不自由毋宁死！"作者高扬自由的地位："自由之义，适用于今日之中国乎？自由者，天下之公理，人生之要具，无往而不适用者也。"自由分为政治、宗教、民族和生计四类，是数百年来世界大事的原动力。又是团体的和个人的统一，并以法律为前提，"真自由者必能服从。服从者何？服法律也。法律者，我所制定之，以保护我自由，而亦以钳束我自由也"。

权利和义务相对而成，人们有应得的权利，故有应尽的义务。权利思想尤应重视，因为中国权利思想本身缺乏，义务思想虽向来较为发达，但权利、义务不可分割，无权利的义务也就不完整。权利本质上是高尚人格的体现，以实力的竞争和法律的保障为基础，尤其通过对立法权的争夺而实现。作者指出，"国家譬犹树也，权利譬犹根也"，号召全体人民以坚持权利思想为要务，勇于向政府争取应有的权利。

根据当时形势，作者分析中国长期停滞的原因，认为，国家一统、政治专制、思想窒息、环境闭塞和语言音形分离，导致了文化局限，使中国长期保守、停滞。为改变这种状况，只有大胆破坏旧世界。从事实言，西方社会的发展进步，没有不通过血雨腥风的残酷斗争，稍姑息迁就，则前功尽弃；就理论言，有意识的破坏与建设相辅并行，忍一时之痛，可绝无意识、无建设破坏的恶果。"然则救危亡求进步之道将奈何？曰：必取数千年来横暴混浊之政体，破碎而齑粉之，然后能涤荡肠胃以上于进步之途也；必取数千年腐败柔媚之学说，廓清而辞辟之，然后能一新耳目以行进步之实也"。如果不流血的革命不能成功，则流血的破坏终不能免。

提高民众政治能力，实现人民自治，是新民说的最终目标。作者认为，思想、学问的取得并非难事，但能力培养却不是朝夕之功。中国长期专制制度、家族制度、生计窘迫和丧乱频仍，致使民众政治能力低下。出路在于分业不迁和互相协助。每一社会成员致力己业，不好高骛远；各政治派别明确目标，共同努力，不相互倾轧。其中特别强调革命与立宪应并重："今文明国家不惮战，而莫不修战备。革命者战备也。轻言革命，譬犹黩武，黩武非计也；以主立宪而仇革命，譬犹弛兵，弛兵尤非计也。"总结前述，作者断言："抑今士大夫言民权、言自由、言平等、言立宪、言议会、言分治者，亦渐有人矣。而吾民将来能享民权、自由、平等之福与否，能行立宪、议会、分治之制与否,一视其自治力之大小强弱定不定以为差。"这是全书思想的归宿。

《新民说》是梁氏代表作,全书充分体现其"笔锋常带感情"的特色和强烈的政治感召力。书中全面系统地论述现代政治学概念并表述其对时局的主张;其中注重唤起民众,全面提高民智、民德、民力,以及对革命手段表示接受等思想,具有历史进步意义,对当时和后来都具有广泛的影响。

(王志强)

中国法理学发达史论 梁启超

《中国法理学发达史论》,梁启超撰。最早于1906年以"饮冰"笔名发表于《新民丛报》第五、六号,后收于《饮冰室合集·文集》第五册第十五卷。收入《梁启超法学文集》(中国政法大学出版社,2000年)。

作者生平事迹见"变法通议"条。

本书旨在说明中国古代法理学(主要在先秦时期)的思想成就和秦汉以降法治主义衰灭的原因。全书包括绪论、法之成因、"法"字之语源、旧学派关于法之观念、法治主义的发展等五部分。

"绪论"中,作者认为在法律尚不完整时,应于法条之外进行法学研究。"故居今日之中国而治法学,则抽象的法理,其最要也。"纵观历史,尽管中国法学发达甚早,但由于历代将法制委诸刀笔之吏,且儒法两派皆有缺点而相互倾轧,致使法理学从此难以发达。在当时形势下,"非于内部有整齐严肃之治,万不能壹其身以对外。法治主义为今日救时唯一之主义"。

"法的起因"中指出,各学派对法制起源的论述,都认为法是以人类的欲望为前提,由先圣先王因救济社会而创制的。其中荀子由经济现象进而说明法制产生极为精辟;管子用"智者假众力以禁强暴"说明社会形成国家的过程,尤为完整系统;商君提出国家发生成长的阶段理论,即亲亲、上贤、贵贵三时代论,甚至与现代的研究成果不谋而合。至《汉书·刑法志》,"言法制起源,兼采儒墨法诸家之说而贯通之,明社会制裁力与国家强制组织本为一物。礼治与法治,异用而同体,异流而同源,且相须为用,莫可偏废。此诚深明体要之言也"。

关于"法"及有关单字的初义,作者在"'法'字的语源"篇中,从文字学角度作了探索。法,即灋,"水取平之意,从廌去,取直之意,实合三之会意字也"。刑,本作荆,即荆,"铸器之法也"。律,本指乐律,又为度量衡之标准。典,尊贵之书册。则,因具以等差贵贱,刀以整齐万物,故含均齐秩序之意。式,"取意在工,而工含有衡度之意"。範,即范,"法也,竹简书也",与荆同义。综上,"法也者,均平中正、固定不变能为最高之标准以节度事物者也"。

"我国法律思想完全发达,始自法家。吾故命法家为新学派,命法家以前诸家为旧学派。"第四篇讨论儒、道、墨三家"旧学派"对法的观念。儒家崇信自然法,并认为其存于人类社会自身,特别是人类普遍性的心理中。自然法先于人定法而存在,在儒家观念中是有主宰的,即渊源于"天"。"儒家之论,其第一前提曰有自然法,其第二前提曰惟知自然为能立法,其第三前提曰惟圣人为能知自然法。次乃下断案曰,故惟圣人为能立法。而第三前提所谓圣人者,复分为三种。第一种,为天化身之圣人;第二种,为受天委任之圣人;第三种,与天合德之圣人。"其中前两种均不易得,第三种,乃"知足以知天者",也即能尽人类之性者。进而言之,作者指出,因儒家主性体无二,人心皆然,是受之于天的,故圣人尽人之性所知的天意,必得自普遍的民意。"儒家认人民之公意,与天意有二位一体之关系。"这与西方学说比较而言,欧洲 17、18 世纪之学者主张自然法说,随即主张民意说,与儒家传统主张如出一辙。所不同处在于人民公意的获得途径,儒家以为只有圣人能知,故惟圣人宜为立法者,衍申为主权在君,与西学主权在民理论迥异。儒家学说中的缺点在于"自然法一成不变者也,而人类心理,自由活动者也。以自由活动之心理,果能如自然界现象以一成不变之自然法支配之乎?"儒家中之荀子,因倡性恶论,故不承认自然法而着眼于人定法。因其只能由圣人创立,故归本于"有治人、无治法"的结论。荀子否认自然法,但又空洞依托于圣人,"实则圣人以何因缘而可以为法之标准,荀子所未及言也"。故其主张仍有漏洞。

道家尽管也认为万物皆支配于自然法,但其自然法非具体的独立存在,"实以无法为观念者也。既以无法为观念,则亦无观念之可言"。墨家主正义和神意说,作者认为,其因非命而否认一成不变的自然法存在,相信法律为创造的而非渐成的,创造的根据在于天志。但墨家主张的天志,"其果为天志之真相与否,是又不可待诸天之自白或第三者之评判也"。其理论之不严密显而易见。

分别剖析旧学派理论后,最末篇用比较法阐释法治主义的内容。法治主义具有严密、独到的体系,它不同于放任主义,后者以无心无欲为前提,而它则承认欲望而以法使之不争不竞;它不同于人治主义,而主张不但国家应任法而不任人,且君主也应任法而不自任,"自任则不周也","自任则滋弊也","自任则丛怨也"。法治主义与礼治主义,尽管有一致之处,如礼法均是行为标准,且儒家并非完全排斥法治,而是主张礼为主、法为辅,适用于不同对象,但在手段上,作者指出,礼治主义倚重劝导,以启发道德责任心;法治主义强调国家强制力,"我国之有国家主义,实自法家始"。法治主义和势治主义都依托于国家权力,但后者权力绝对、无限制,前者则有限制。总之,"法治主义对于放任主义,则彼乃不治的,而此乃治的也;其对于人治主义,则彼乃无格式的,而此乃有格式的也;其对于礼治主义,则彼乃无强制力的,而此乃有强制力的也;对于势治主义,则彼乃无限制的,而此乃有限制的也"。

作者最后分析法治主义在先秦晚期经历短暂的昌盛后即告衰灭的现象,提出三方面原因。其一,形势变化,贵族阶级消灭,列国归于一统,法治主义产生的原因不复存在;其次,法家学说与国民传统的保守心态相左,后世罕有发扬其学说者;再者,法律与道德本应相容共存,而法家某些学说趋于极端,根本排斥道德,令人难以接受。作者认为,法治主义因此自汉以后陵替衰灭,直至今日。

《中国法理学发达史论》是较早用西方观念、方法分析中国传统法律思想的著作。它系统描述先秦诸子的法学理论,对儒家思想、法家思想尤其剖析入微,并对前者有所质疑,对后者给予高度评价,旨在为引进西方法制观念提供理论依据。但全书仅限于先秦,与标题不尽相符。

(王志强)

论中国成文法编制之沿革得失 梁启超

《论中国成文法编制之沿革得失》,梁启超撰。最早于1906年以"饮冰"笔名刊于《新民丛报》第四年第八至第十号。后收入《饮冰室合集》第六册第十六卷。收入中国政法大学出版社2000年版的《梁启超法学文集》。

作者生平事迹见"变法通议"条。

本书基本上以时间为经,以法律形式为纬,条分缕析,整理中国成文法发展的脉络,并检讨其得失利弊。全书共分十二部分:自叙、绪论、战国以前之成文法、李悝之成文法、两汉之成文法、魏晋间之成文法、唐代之成文法、宋代之成文法、明清之成文法、成文法之渊源、成文法之公布、前此成文法之缺点。

"自叙"指明成文法的定义和范围。"成文法之定义,谓国家主权者所制定而公布之法律也。"君主诏敕和法庭判决"虽与法律有同一之效力,然名义上未经主权者指定赋予法律之名,仍不能谓之成文法"。成文法复可分为两种,一为单行法,一为法典。

"绪论"先述成文法形成过程。认为初民社会的习惯为法律最早起源;国家形成后,习惯的制裁力得以强制执行,习惯于是成为习惯法;随着统治进步,"前此之惯习、禁令,泐为条文,而特命之以法律之名……泐而布之,使一国知所守",成文法开始出现。在随事所立的大量单行法规基础上,法典出现,并随法律理论进步而臻于完善。然后简述历代成文法典沿革:"我国自黄帝、尧、舜时代,即已有国家法。而虞夏之间,成文法之痕迹,见于故书杂记者,渐可考见。迨夫周代,成文法之公布,遂忐为政府之一义务。及春秋战国而集合多数单行法,以编制法典之事业,早已萌芽。后汉、魏、晋之交,法典之资料益富,而编纂之体亦益讲;有组织之大法典,先于世界之万国而见其成立。唐宋明清,承流蹈轨,滋粲然矣。"最后,检讨中国成文法内容、结构等大体一仍其旧,无所进步,"殆成博物馆中之装饰品",并提出借鉴外国法学,立足本国法制历史和社会需要,编纂新法典。

第二至第八章,排比史料,具体阐明中国成文法沿革。作者认为,太古时代,常以一古帝王言行为法,成熟的法系形成中曾受苗族习惯影响,并将法作为统治异族的手段。夏商周三代各有成文法,其中礼是规范本族之法。春秋时代,齐、楚、晋、郑等诸国纷纷编纂成文法典。战国出现中国成文法史上首屈一指的人物李悝。他"立后此成文法之基础","集前此成文法、惯习法之大成"。汉代法律形式有律、令、比、学说等。当时成文法水平不足称道。高祖及其臣下皆出身寒微,立法因陋就简,蹈袭秦旧,如不敷用,则以君主诏令、俗吏抑扬为权断,其精神与律分驰矛盾,并无一贯原则,故法愈多而弊愈不可胜穷,至汉末已是有法等于无法。在这种背景下,陈群和贾充等分别先后制定《魏律》和《晋律》,一改两汉陈习,"严律令之界","根据于学理","采用郑重公布之形式",成为《法经》与《唐律》的过渡。唐代成文法以律、令、格、式为形式,先后共七次编纂法典;其中《唐六典》的出现,使刑法以外,另有独立成典。有唐一代,尤其是"永徽、开元间,为我国法制史上一最重要的时代",法典编纂至于大成,中华法系臻于全盛,对后世及亚洲各国均有极大影响。宋代立法虽卷帙浩繁,但真可称立法事业的,仅在神宗时代。其法典特色是多有局部法、特别法和刑法以外之法。明清时创立例和会典形式。法与例,"律者永久不变之根本法也,例者随时变通之细目法也";会典与则例,"会典其大纲法也,则例其细目法也";会典与事例,前者"并律之所规定者而悉收容于其间",故与后者为整体和部分的关系。

最后三章综论全书,指出中国成文法渊源包括习惯、君主诏敕、先例、学说和外国法。反对日本学者所谓"中国法律取神秘主义"的观点,提出中国"数千年来皆执法律公布主义,且以使人民有法律智识,为国家之一义务"。末章检讨中国成文法的四大缺点。其一,法律种类不完备,私法全付阙如,宪法未能成立;民事方面规范未成专典,其散见律典中的部分也过于简疏。究其原因,乃君主专制政体和学派偏畸、法律界仍尊奉法家国家主义所致。其二,法律固定性太强。"我国社会进步之淹滞,其原因虽不一,而受博物院中法典之障碍,实其重要原因之一,无可疑也。要之,我国法典之腐旧,与社会之麻木,两者递相为因,递相为果。"复次,法典体裁不完善。表现为范围不明确,实体法典成文法不分;主义不一致,无贯穿始终的条理;纲目无秩序,会典缺总则,律中处于总则地位的"名例"篇不能涵盖全律所有原则。其四,法典文体不适宜,学说解释不发达。立法语言应明了、准确和富有弹性,现行法在后两点上都极欠缺。学说解释是辅助法律的重要方式,可延展法律适用,推进法学进步。中国法律解释不发达,主要还因禁止辩护士职业、排斥法律为俗吏之学以及法条本身所含学理甚少。

《论中国成文法编制之沿革得失》是较早用西方法学思想评价中国古代法制的专著。书中引进成文法、习惯法、各部门法等大量西方法学概念,对历代成文法脉络作提纲挈领的描述,颇有学术价值。作者从新的角度,即参照西方法制对中国古代法律的检讨,不少评价中肯贴切,对于当时乃至今天的法制建设,都有借鉴意义。

(王志强)

唐明律合编 薛允升

《唐明律合编》,三十卷。薛允升编著。清末刊行后曾有各种版本。目前仍以1922年徐世昌校刊的退耕堂本较善。1937年编入王云五主编《万有文库》,分为五册,商务印书馆印行。1977年台湾商务印书馆股份有限公司再次印行,分上、中、下三册。另有怀效锋、李鸣点校本(法律出版社,1999年)。

薛允升(1820—1901),字云阶,又字克猷。陕西长安(今西安市)人。清咸丰年间进士。历任山西按察使、山东布政使署漕运总督,又在刑部供职四十余年,官至刑部尚书。他博览群书,精通律学,著述多种。此外主要尚有《读例存疑》五十四卷、《汉律辑存》六卷和《薛大司寇遗集》二卷等。

本书的正文前有"唐明律合编序",后有"后序",均薛允升撰。在"唐明律合编序"中,他赞赏唐律:"律之为言,整齐画一之谓,亦轻重得平之谓也。其名始于汉,而其书则已散佚。讲求斯道者,莫不以唐律为最善","明太祖亲定明律,大体亦祖此本,而不免有所增删,其世轻世重之故。"他还讲了本书编撰的方法:"兹仿班马异同及新旧唐书合钞之义,取两律之彼此参差、轻重互异者,逐条疏证,以类相从,命之曰唐明律合编。"在"后序"中,作者举例说明唐明律之优劣。"婚姻者,人道之始,万代之原也。不慎之于初,则本先拨矣。唐律于此等俱严其罚,明律悉改而从轻,甚至载在十恶、唐律载明应拟绞流者,亦俱改为杖罪。即此数端而论,两律之优劣,已可得其大凡,其余概可知矣。"其崇唐律之意十分明显。

本书目录,以唐律的卷、条为准,总为五百条。明律的内容依唐律的卷、条穿插入内。每卷均先照录唐律原文,后附明律相应条款。但明律后多有冠以"愚按"的作者评语,表明他进行比较后的看法。

作者评语是《唐明律合编》的重点所在。从形式上看,大致可分以下几类。

第一,指出唐明律用刑宽严的不同。通常出现在唐明律皆有相似规定,而刑罚不一之处。如卷三"犯罪存留养亲"条后,"愚按:存留养亲,本系悯犯亲之衰老无依,并非谓犯人之情可宽恕也。唐律杂犯死罪非十恶,明律改为非常赦不原,似较唐律为严。惟唐律死罪应侍家无期亲成丁者,方准上请,流犯权留养亲,仍须流配,情法原属不背。明律删去期亲及亲终等语,则又较唐律为宽。"

第二,指出唐明律律条内容不同之处。其中主要有两种情况。一是律条名相似,而内容有较大演变。如卷十五"私借官畜产"条与唐律"乘官畜驮私物"相似,但内容有较大区别,经比较后,"愚按:唐律与借驿马共系一条,官畜产一层,驿驴一层,驿马一层。明律不及驿马及驴,以另有邮驿律故也。其计庸重者,唐律以受所监临财物论,与明律亦不相同。"二是律条名全同,内容也基本相同。如卷二"以理去官"条,唐明律律条名全同,内容也略同。"愚按:此律与唐律大略相同,而无用荫一层。"

第三,指出唐明律互异之处。明律不仅律条少于唐律四十条,而且有归并、增损之条,内容也有相应的调整。对此,作者也逐一指出。如卷十三,明律有"功臣田土"条,唐律则无,故"愚按:此又在铁榜九条之外者,其待功臣可谓严矣,唐律无文"。同卷,"盗卖田宅"条后作者指出了唐律有而明律无的内容:"在官侵占私田,明律无文。"

不少律条后的作者评语中,除了指明唐明律的差别外,还简要表明他对这种差别的态度,其中大多是赞许唐律。如卷十一"受赃"条后,"愚按:唐律职官有犯赃私,均在职制门,不另列受赃名目,可谓得体。"作者批评明律的有关规定时,还指出它的弊端。但作者对个别明律律条也曾加以肯定。如卷二十"收养孤老"条后,作者认为:"此律所言,正孟子所谓天下之穷民而无告者也。责令官司收养,可谓仁政矣。犯罪之有父母老疾,似可照此办理。庶情法两不相背,金章宗之旨,与此律正自相符。"

此外,本书引用唐律,以律文为主;但引用明律,则多另有条例和其他内容。如卷十一"无禄人"条后,附有"条例"。卷十二"私创庵院及私度僧道"条后,附有《唐会要》有关内容,所取资料可谓相当完备。

作者在论证中,吸收了不少前人研究成果。如《读律琐言》、《读律佩觿》、《读律管见》、《律例笺释》、《读律示掌》和《明律辑注》等等,其中一些为目前所罕见。

(王立民)

读例存疑 薛允升

《读例存疑》，薛允升著。原书完稿于清光绪二十六年（1900）。光绪二十九年，刑部官员联名上奏，请求将此书交律例馆参考。光绪三十一年沈家本将此书付刻，由北京琉璃厂翰茂斋刊行。为目前最主要的版本。现有胡星桥等点校注释的《读例存疑点注》（中国人民公安大学出版社，1994年）。

作者生平事迹见"唐明律合编"条。

《读例存疑》是作者积在刑部工作四十年之经验而撰写的对于条例的批评意见。条例是明清时由皇帝批准发布的刑事单行法规。各朝陆续增订，数量有增无减。清乾隆年间曾规定对条例"五年一小修，十年一大修"，但实际上往往只增不删。清末多事，"不特未大修也，即小修亦迄未举行"（本书作者自序），至同治九年（1870）条例已达一千八百九十二条。条例与律条、条例与条例彼此冲突，大大破坏了法律的统一与稳定。薛允升长期任职刑部，对此中积弊久有体会，"廿年以来，耿耿于怀，屡欲将素所记注者汇为一编，以备大修之用"，在平时工作中"于斯有可疑者即笔而记之"（《自序》）。然直到卸职后才得以静心编撰。由于是为全面整修条例准备资料，专门就有疑问的条例进行分析，故称"存疑"。全书按《大清律例》结构，抄写律例原文，在各条条例后以"谨按"形式评论其得失，批评考证。作者另著有批评律条的《唐明律合编》，故对律文不予评论。

中国古代绝大多数法学著作对当代法律只是诠解注释，很少加以批评。《读例存疑》则专批条例。薛允升认为只有律文才是"祖宗之制"，难以轻易改动。至于条例，原是出于一时需要而修订，"非谓一成而不可变易也"（《总论》），完全可以、而且应该进行全面的整理删改。《读例存疑》的"谨按"一般先考析该条条例制订时的立法目的、意图，其大概沿革，与其他律条、条例、则例之间的关系，分析其实际执行的可能性。往往举例、设甲乙说明该条条例实际执行中的问题。通过这样层层分析，评述该条条例优劣的结论具有很强说服力。本书对条例的评价大多较低，"牴牾"、"轻重不得其平"、"参差"等是最常见的评语。

本书对条例的批评总的来说有两个方面。首先,指责制定条例往往出于一时之需,置法律的统一性于不顾。如监守自盗的几条条例,与律条相差极大,"律文极严而例则极宽"。律文规定监守自盗要并赃论罪,赃至四十两即斩(注:杂犯死罪,准徒五年),可是条例却规定赃至一千两以上方拟死罪,并又定"完赃免罪"之法,"此以侵欺之罪为轻而以帑项为重也。乾隆年间官犯以侵贪正法者不少,此例定后,绝无此等案件……亦刑典中一大关键也!"而且律例的其他条文常有"以监守自盗论"、"准监守自盗论","此条既轻重悬殊,他律亦不能一致"。另外条例制定时往往不究律意,文字粗率不通。如清条例有"总徒"、"准徒"之名,实际上"总徒"原指徒刑"总不得过四年耳"(古代徒刑最高为三年,在收赎、军流减徒时才折算为徒刑四年),而"准徒"原指杂犯死罪可比照徒刑五年进行收赎,而清条例竟以之作为"科罪名目","不可为训"。清代条例往往一条之内包含多项罪名,互相矛盾。作者对《贼盗律·谋叛》所附"异姓人歃血定盟焚表结拜兄弟"条例,按语两千多字,逐层分析,指出该条"尤嫌未协",而且对异姓结拜兄弟的判刑竟比"结会树党"更重,"殊不可解"。

其次,本书着重批评清代条例过于严酷,"轻重不得其平"。如对禁止民间运贩硝磺的条例,批评"合成火药十斤以上即拟斩决缘坐,未免太重"。又如对查禁"淫词小说"的条例,认为这只是"不应得为"(笞四十至杖八十)的罪名而已,"遽科徒流,似嫌太重"。对"子孙盗卖坟树"条例,指出"子孙盗卖坟树,律无治罪明文,以本无罪可科也。康熙年间始定有照违制令治罪之例。……后以笞罪不足蔽辜,加拟满杖,又加枷号三月;二十株以上即拟充军。甚至砍一干枯树木,亦必责令报官。法之烦苛,莫过于此"。另外作者又着重评析了清代条例烦琐、畸轻畸重之弊。如对"强盗未得财而伤人"条例,指出该条只规定"其伤人未得财,首犯斩候",却未规定何为首犯,"是否以原起意之人为首?抑系以下手之人为首?""近来办理抢夺案件均以下手之人为首,并不以起意纠抢之人为首。设有盗犯二人、刃伤事主二人,并未得财,在抢案尚应将下手之犯均拟死罪,盗案较抢夺为重,只将首犯一人拟斩,较之抢案办理反轻。"抢夺罪原指徒手乘人不备、"出其不意攫而有之",而清代有关抢夺的条例却"均与此义不符",作者对此也以近两千字的按语,详加评析,指出清代"明明应以强盗论者而概照抢夺科断,罪名出入甚巨。后来亦畸轻畸重,迄无一定。此事顾可率意为之耶?"抢夺伤人"纂定之例,以伤之轻重分别首从定拟,是斗殴而非抢夺矣,岂律意乎?……转而忘却窃盗临时拒捕皆斩之语,殊不可解"。

除了对清代条例进行批评外,作者在字里行间还对整个清代刑事政策表示怀疑。如在对有关盗窃罪条例所作的总评中指出:"乾隆年间添纂条例最多,意在求其详备,未免过于烦琐,然俱系通例,尚无各省专条。嘉庆末年以后一省一例,此何为者也?而亦可以观世变矣!"为防窃盗,"其先有编查保甲牌头之法,决讫后有收充警迹之律,又有交保收管不许出境之例,似觉周密,然法立而不办,亦徒然耳;况并成法而亦视为具文,其奈之何?"

  作为中国法学史上第一部全面批评当时法律的著作,本书在当时发生了很大影响。本书为清末"变法新政"提供了翔实而有力的论据。经刑部官员联名上书建议,本书稿本提交律例馆,成为全面修订法律的依据之一,直接影响了清末修改法律的工作。本书刊行后对于传统法学的思维方式是一个有力的冲击。对于研究清代法制,本书也提供了珍贵的资料,在中国法制史的研究中具有重要的学术地位。

(郭　建)

寄簃文存 沈家本

《寄簃文存》,八卷。沈家本撰。写成于清光绪二十九年至三十三年(1903—1907)。光绪三十三年由修订法律馆印刷刊行。民国初年收入《沈寄簃先生遗书·甲编》刻本(1982年北京中国书店又影印出版)。当代法学家李光灿著《评〈寄簃文存〉》(群众出版社,1985年)收附本书,标点简体字横排。1985年,中华书局以《历代刑法考》为书名,出版邓经元、骈宇骞点校的《沈寄簃先生遗书·甲编》四册,本书收在其中。

沈家本(1840—1913),字子惇,号寄簃。浙江归安(今湖州)人。清末修律的主要主持人之一。同治三年(1864),"援例"进京入刑部任职郎中。次年参加浙江乡试中举,光绪九年(1883)参加礼部会试成进士。后主要在刑部任职,官至大理院正卿、法部侍郎兼修订法律大臣、资政院副总裁。其法学著述,除本书外,还有同时收入《沈寄簃先生遗书·甲编》的《明律目笺》、《明大诰峻令考》、《历代刑官考》、《寄簃文存》等,以及未收入的《读律校勘记》、《秋谳须知》、《刑案汇览》等。法学以外的著作,有收入《沈寄簃先生遗书·乙编》的《诸史琐言》、《古书目四种》、《日南随笔》等。晚年还整理所搜集之古籍,编辑刊刻《枕碧楼丛书》,有《南轩易说》、《刑统赋解》、《无冤录》等十二种,其中多数是法学古籍。

修订法律馆刊本作者自书《小引》谓:"癸卯岁(1903),奉命修订律例,不得不研究法律之编,乃年齿日颓,不能深求学理,偶有论说,不过一隅之见。出示同人,尚不相菲薄,群来索观。儿子辈怂恿排印,以代钞胥。因取近日论说,及向日参考之所及者,益以自治奏牍数编,都为八卷,付诸印工。"

全书有"奏议"、"论"、"说"、"考"、"释"、"学断"、"笺"、"书"、"答问"、"序"、"跋"等部分。

"奏议"部分,载作者所作奏议十二件。《删除律例内重法折》,作者受命参与近代立法后所作,认为"中国之重法,西人每訾为不仁","治国之道,以仁政为先……刑法之当改重为轻,固今日仁政之要务,而即修订律例之宗旨也",力主立即考虑删除几项"最重之法",即:凌迟、枭首、戮尸、缘坐、刺字。《虚拟死罪改为流徒折》建议把往往并不实际执行的"绞监候"刑根据具体罪行分别减改为流刑或徒刑,"总期由重就轻,与各国无大悬绝"。《伪造外国银币设立专条折》,因清代无惩治"伪造外国银币"行为的明文规定而提出,并建议借鉴欧日诸国"私造外国货币,均较本国处刑为轻"的量刑原则,"庶立法宽严得中,而匪徒知所警戒矣"。《旗人遣军流徒各罪照民人实行发配折》,因奉旨讨论"化除满汉畛域切实办法"而作,建议把《清律》旗人犯罪,"军、流、徒免发遣,分别枷号"的规定,修改为"照民人一体同科,实行发配","以昭统一而化畛域"。《变通旗民交产旧制折》,建议修正限制旗民买卖不动产的原有规定,"拟请嗣后旗人房地准与民人互相买卖……旗人外出居住营生者,准其在各省随便置买产业",以"便民政而化畛域"。《禁革买卖人口变通旧例议》,沈家本以修律大臣身份签复刑部夹片的公文,认为"现在欧美各国均无买卖人口之事,系用尊重人格之主义,其法实可采取",但因"律例内条目繁多……更改动关全局",故仅拟订"买卖罪名宜酌定"、"贫民子女准作雇工"、"旗下家奴之例宜变通"等变通改革方案,共十条,作为刑部、政务处就此问题会奏时的参考。《删除奴婢律例议》,是《禁革买卖人口变通旧例议》的续议,着重解答来自王府、官员、大族、富户质疑,消释其忧虑,为《禁革买卖人口》扫清障碍,并再次强调:"买卖人口一事久为西国所非笑,《律例》内奴婢各条,与买卖人口事实相因,此而不早图禁革,与颁行宪法之宗旨显相违背,自应由宪政编查馆速议施行。"《删除同姓为婚律议》,为修订律例删除传统法中"同姓不婚"禁条而详细阐述其观点,通过考察"同姓不婚"的历史发展过程与实际实施状况,指出:此律无法真正实行,"旧《例》更有不论之条",实际早已成为虚设具文,而且还有"娶同宗无服之亲者治罪"的规定,所以完全没有必要为删除"同姓不婚"禁条而"鳃鳃过虑"。《军台议》,为创设推行"罪犯习艺所"而对"军台"制度所作的考察评价。军台是清代为官员犯徒流军遣者特设的服刑场所,因其对服刑者往往"既责其效力,又责其缴费",作者颇不以为然。《与受同科议》,对清代"凡有以财行求及说事过钱者,皆计所与之赃,与受财者同科"的规定,认为"亟应修改"。《设律博士议》,通过对中国历史上曾经存在过的律博士制度的考察,认识到"律博士一官,其所系甚重而不可无者也",希望清代恢复此制。《变通行刑旧制议》,建议改革公开执行死刑传统做法,借鉴近代西方行刑制度,"处决重囚,别设刑场一所,筑屋数楹,缭以墙垣,除监视官吏、巡警、弁兵外,须由承审官许可,方准入场,其余无论何项人等一概不准入视"。

"论"部分,载作者所作《论故杀》等刑法学论文七篇,基本上以《唐律》为立论出发点,博引历代名家之说,借鉴近代西方刑事立法、法学原理,结合当时实际,对《大清律例》的具体条文提出修改意见。《论故杀》,指出《清律》"故杀"概念的不严密之处,建议把"有意杀人"分为"谋杀"(预谋及临时有意杀人)、"故杀"(故意殴伤致死)、"斗殴杀"(互殴致死)三级,以克服《清律》的缺陷。《论杀死奸夫》,分析《清律》"凡妻妾与人奸通,而于奸所亲获奸夫奸妇登时杀死者,勿论"法条的弊端,认为应该惩治"登时杀死"奸夫、奸妇的行为。《论威逼人致死》,指出现实中既有被"豪恶""凶徒"威逼致死的受害人,又有因"口角微嫌"、"戏谑村辱"而轻生自杀的寻短见者,认为《清律》的"因奸盗而威逼人致死者,斩"之类规定,"应酌量变通,以归平允"。《论诬指》,认为自有汉文帝"诽谤勿论"和汉武帝"腹诽之比"的正反历史经验教训,唐代以来,"刑律中无诽毁之科",但"各国刑法,并设此科",故"未可拘泥古法,至临事无所适从",建议在刑法中增设"诽谤罪"。《论诬证》,认为明清律中的"诬证"概念"不合古义",建议将其称为"伪证"。《论附加刑》,认为《唐律》没有"一罪二刑"的附加刑,近代东西各国虽有附加刑之法,但其学者亦主张废除此制,所以修订新律不必照搬外国附加刑制度,否则"与近日轻刑之旨不能符合"。《论没收》,认为近代西方刑法中的"没收"即《清律》中的"没官","其没入之物,皆为其人不当有之物……其没入也,于其人应得之罪名,毫无轻重之关系,则谓之刑之一种,名实似不相符"。

"说"部分,载作者所作《死刑惟一说》等法学论文八篇。《死刑惟一说》,论说清末近代立法中关于死刑执行方法的问题,原则上赞同适合世界潮流的"死刑惟一说",即只采用一种死刑执行方法,并论证"死刑止用一项,中国自古已然",但就当时形势而言,凌迟、枭首、戮尸等重法废除伊始,再从现存的斩、绞二项中删除一项,必然会因遭到保守派非议而难以实行,故"惟以渐进为主义",提出一个折衷方案:"今拟定绞为死刑之主刑,斩为特别之刑,凡刑事内之情节重大者酌立特别单行之法。"《再醮妇主婚人说》,根据晋代"缘坐之法,既醮之妇从夫家之罚"的原则,论证"孀妇再醮主婚之当归夫家,其理甚明",但清《居丧嫁娶例》规定,在"夫家并无例应主婚之人"时,则由母家人主婚,作者认为不能简单地批评这项规定,因为"天下之事不可执一而论,此项主婚人亦有不能不由母家者"。《变通异姓为嗣说》,主张在编纂新《嗣续法》时,变通《清律》关于"乞养异姓义子"的禁条,规定"凡异姓亲族之有服制者,准其承继为嗣,其无服制仍不准承继"。《误与过失分别说》,论述中国传统刑法中"斗殴误杀伤旁人"与"过失杀伤人"的区别,虽然清末新刑律(草案)将不再有"斗殴误杀伤旁人"的规定,但"审判官按其情节,亦可以酌量减轻,此则在用律者之运用得宜矣"。《官司出入人罪唐明律比较说》,比较研究《唐律》、《明律》在惩治"官司出入人罪"方面的不同,褒《唐律》贬《明律》,力主对枉法官吏"问罪加严"。《〈明律〉徒流折杖与〈唐律〉徒流加杖之法不同说》,通过论证《明律》"徒流折杖抵算之法"与《唐律》"徒流加杖之法"的差异,指出:"大抵明人采用唐法,往往不寻绎其立法之本意,而但于形式间求之……(明律)之失每在于是,古人之法原未可率意更张也"。《故杀胞弟二命现行例部院解释不同说》,通过对"赵某某故杀胞弟二命"案例的剖析,对法部、大理院依服制定此案的作法提出不同看法:期亲尊长挟嫌伤害卑幼者,"按之条则、揆之伦理,均应同凡定罪",应与普通伤害罪同样处理,不得依照服制减轻处罚。《法学盛衰说》,通过对中国古代法学兴衰史的考察,指出:"法学之盛衰,与政之治忽,实息息相通,然当学之盛也,不能必政之皆盛,而当学之衰也,可决其政之必衰……自来势要寡识之人,大抵不知法学为何事,欲其守法,或反破坏之,此法之所以难行,而学之所以衰也。"

"考"、"释"部分,载作者所作《比部考》、《释贷借》等论文。《比部考》,考证中国古代"比"的沿革,"比部"的设置、沿革及职掌等问题。《释贷借》,通过比较古今中外"贷借"的不同含义,提出对"贷借"的概括性解释:"出资者为'贷',即古义之'施'也,引申之则曰'与'也;受资者为'借',即古义之'求'也,引申之则曰'取'也。"《释虑囚》、《释规避》、《释闸》,分别诠释"虑囚"、"规避"、"闸"三个法律用语。

"学断"部分,有《后魏刘辉之狱》等四篇关于判例分析的文章。《后魏刘辉之狱》,判例见之于《魏书·刑罚志》;《宋安崇绪之狱》、《宋檀偕之狱》,二判例均见之于《通考》一百七十;《宋阿云之狱》,判例见之于《宋史·许遵传》。

"笺"部分,有书札《妇女离异律例偶笺》一篇,系作者对清《律》、《例》中有关离婚条文的笺释汇录;因光绪年间"杜存殴伤潘广录身死"一案中,凶手与死者系儿女亲家,涉及应否判决离异,作者认为"司狱者于离异一端,当慎之又慎也",遂撰成此笺释汇录。"补"部分,有《补〈洗冤录〉四则》,即可以补充法医名著《洗冤集录》的四则清代案例。

"书"部分,有书信二件。一为《与戴尚书论监狱书》,讨论狱政改革问题,涉及"法部设典狱司"、行省"设罪犯习艺所"、改造监狱建筑等。一为《答戴尚书书》,讨论《大清新刑律草案》中一些篇章条文的顺序排列问题。

"答问"部分,有《答王仁山问笃疾废疾》、《答友人问夫亡守志例文书》二篇。前者以详尽的考证为基础,系统回答何谓笃疾、何谓废疾等问题;后者指明清《户律》"妇人夫亡守志者,合承夫分"规定中的"妇人",包括妾在内。

"序"部分,有为法学著作所作前言二十一篇,其中有《重刻〈唐律疏议〉序》、《〈读例存疑〉序》、《〈薛大司寇遗稿〉序》、《〈大清律例讲义〉序》、《〈法学名著〉序》等。该部分内容丰富、涉及面很广,值得一读。

"跋"、"书后"部分,有为法学著作所作后记共二十二篇,其中有《钞本〈唐律疏议〉跋》、《〈元史〉新编跋》、《顺治律跋》、《律例根源跋》、《书〈四库全书提要·政书类〉后》、《书〈明大诰〉后》等。该部分多属技术性考证或介绍,如关于所涉及书籍的版本、卷次、刊行以及藏书家等。

"从沈家本的全部法律思想来看,在一定意义上可以说,沈家本系统地总结了中国封建法律和近代资产阶级若干法制的重要内容,比较胜任的充当了中国古代法律和法学思想的集大成者,充当了中国近代法律和法学思想的引路人"(李光灿《评〈寄簃文存〉·绪论》)。《寄簃文存》比较全面地反映了沈家本法律思想,不仅是研究中国法制史、中国法律思想史的必读参考书,也是司法实际工作者的重要阅读材料。

(姚荣涛)

原强 严　复

《原强》，严复撰。发表于清光绪二十一年(1895)二月初八日至十三日的天津《直报》。修改后收入《侯官严氏丛刻》。修改稿与原本相较，不仅文字上有很大改动，而且补写了很多内容，增添了将近一半的文字。收入中华书局1986年出版的《严复集》。

作者生平事迹见"天演论"条。

《原强》是严复于维新运动期间发表的最重要的一篇政治论文。

文章首先介绍了达尔文"物竞天择"的进化论思想，"物竞者，物争自存也；天择者，存其宜种也"。严复认为这是普遍适用的，"动植物如此，民人亦然"。然后，他提出判定民种高下的三个标准：民力、民智和民德。"盖生民之大要三，而强弱存亡莫不视此：一曰血气体力之强，二曰聪明智虑之强，三曰德行仁义之强。"以此标准来判断，严复认为当时中国是不如西方的，"其鸷悍长大既胜我矣，而德慧术知又为吾民所远不及"。造成这种状况的原因在于西方"以自由为体，以民主为用"。但是，严复又认为救国不应从政治入手，而应从"人心风俗"着手，因为"徒政之不足与为治也"。"苟民力已荼，民智已卑，民德已薄，虽有富强之政，莫之能行。盖政如草木焉，置之其地而发生滋大者，必其地之肥硗燥湿寒暑与其种性最宜者而后可。否则，萎悴而已，再甚则僵槁而已。"因此，严复反对以下两种主张，一种是乞灵于祖宗之成法，"祖宗之成宪俱在，吾宁率由之以加实力焉"。另一种是照搬西洋的模式，"非西洋莫与师"。严复认为这两种主张都是行不通的。他认为关键在于鼓民力、开民智、新民德，理由如下："夫所谓富强云者，质而言之，不外利民云尔。然政欲利民，必自民各能自利始；民各能自利，又必自皆得自由始；欲听其皆得自由，尤必自其各能自治始；反是且乱。顾彼民之能自治而自由者，皆其力、其智、其德诚优者也。"关于鼓民力，严复主张禁鸦片，禁缠足二者为当务之急。关于开民智，严复主张讲西学、废八股，"欲开民智，非讲西学不可；欲讲实学，非另立选举之法，别开用人之途，而废八股、试帖、策论诸制科不可"。关于新民德，严复主张设议院、选官吏，"设议院于京师，而令天下郡县各公举其守宰"。严复认为此三者为"自强之本",而练兵、筹饷、开矿、通铁道、兴商务等等只是治标之策,"有其本则皆立,无其本则终废"。三者之中,严复尤重讲西学以开民智,认为"民智者,富强之原"。

《原强》一文为维新运动提供了理论根据,在当时产生了积极影响。

(钱宪民)

政治讲义 严 复

《政治讲义》,严复讲于清光绪三十一年(1905)夏。后整理成书,并由作者著自叙,题名为《政治讲义》。1906年上海商务印书馆出版。1930年金马书堂再版。1959年新加坡出版《严几道先生遗著》收有本书,系据严氏家藏稿本刊印。中华书局1986年版《严复集》所收本书为商务本与新加坡本互校而成,最为准确。

作者生平事迹见"天演论"条。

1905年,清廷有预备立宪之议。上海青年会延请严复讲演有关政治问题。严复共讲八次,讲稿整理成书,仍分八节。本书以西方社会进化论及历史法学派的理论为思想基础,集中讨论国家问题、自由问题、政府体制问题。

作者首先说明了近代政治学与中国传统"德行、政治"之学的区别。"西国至十九世纪,政治一门已由各种群学分出。故其理易明,其学易治",指出"古人言治之书,以科学正法眼藏观之,大抵可称为术,不足称学"。因为"学者,即物而穷理",以客观归纳出规律为目的;而"术者,设事而知方",只是就事论事,演绎出若干对策而已。认为政治学与一切自然科学、尤其与动植物学一样,首先是进行区别分类,再是分析各项功用,然后调查其演进阶段,最后"抽为生理之大例",归纳出基本规律。政治学所研究的主要对象不是政府、君主所应采用的政策方针,而是国家本身,"政治之论治权、政府,犹计学之言财富,名学之谈思维,代数之言数"。具体而言分内因、外缘两方面,前者研究国家"内成之形质、结构、演进、变化及一切政府所以用事之机关",后者研究"外交与受外交之影响"。研究方法为:"吾人考求此学,所用者是天演术、是历史术、是比较术、是内籀术。"

本书对于国家的分析约占近一半篇幅。作者引用德国法学家(误记为法国人)萨维宜(今通译萨维尼)的名言"国家非制造物,乃生成滋长之物",强调国家是自然天演(进化)之物,批驳古希腊政治家雅里斯多德(今通译亚里士多德)将国家分为独治、贤治、民主三类的理论,认为这只是就古希腊情况所作的分析。作者根据社会进化论,认为国家可分为自然形成的有机体国家和以武力征服形成的非有机体国家两大类。前者又可分为宗法国家、神权国家、真正(作者又称军国)国家三类,"宗法之国家,其合也以同种族故、同祖宗故;神权之国家,其合也以同信奉故、同宗教故;至于真正国家,其合也以同利益故、同保护故"。后者"其始合也以威力、以恐怖,其继成也以驯服、以渐忘",如维持长久,则可如"封豕长蛇,吞食鹿豕",从而"徐徐转变,化合新体"。作者认为人类"其始由变夷社会而入宗法",继之以"宗教崛兴"、或以"战争之故"演进为神权或非有机体国家。"至于历久之余民、识合群之利,知秩序之不可不明、政府之权不可不尊,夫而后有以维持其众也,于是公益之义起焉,保民之责重焉。"宗法、神权因而衰落,"治权独立,真国家之体制以成"。在国家的结构上,作者又根据对欧洲政治历史的考察,将国家分为小国寡民的市府国家与地联千里的邦域国家。指出市府国家如希腊、罗马实由宗族演变而来,适宜于多山之地。后演进为邦域大国,只能实行地方自治。邦域国家,为现代"合众"(Federate)国,有邦联、联邦二制;"一统"(Unitary)国,有中央集权、地方委任自治二制。

对于自由、民权的分析是本书又一主要内容。作者反复论证"民之自由与否与政府之仁暴,乃绝然两事者"。界定政界自由有三义:一是毫无拘束,"与无政府同";二是"与有议院等",即指政府对民众负有责任,而民众可以议论政治;三是"以限制政府之治权为自由"。并依据欧美历史,指出政界自由程度受国家内外压力而定,"凡国成立其外患深者,其内治密;其外患浅者,其内治疏,疏则其民自由,密者反是"。举英美国家四周压力小,故自由多。认为中国自古除汉代扬雄《法言》提到"周人多行,秦人多病"一句有自由含义外,从无有关的议论。

根据上述观点,作者反对把一切政体简单划分为独治专制、民主自治两大类,尤其反对卢梭"一为权发诸上,一为权发诸下"的简单划分。指出"凡独治之权,未有不赖群扶而克立者。此群扶之力,其士大夫可也,其豪杰可也,其民可也,其兵可也,甚之于他国之众亦可"。而在所谓民主政体之下,"民之大半尚有受治于人者"。举英国妇孺无政治权力,而且英国三千万人口只有七百名议员,"其中三百七十人然,而三百三十人否者,乌得云公乎?是故知从众而用多数之说,于公理是非,本无可言"。因此认为议会的作用既不在"独有财政赋税之权",也不在于立法,而只是表达民意、民众舆论的机关。"专制之政府,无以为宣达测视舆论之机关,而立宪之政府有之。"前者如"外无汽表之汽箱",早晚要爆炸。"炸者何?乱也。乱者何?革命也",革命"必诛杀万人、流血万里,大乱数十年、十余年而后定"。而如英国之有议院,则"时时革命","轻而易举"。

《政治讲义》一书在当时政治上的作用是消极的。作者讲演及著书的主观目的,在于抵消当时革命党人的宣传鼓动。作者强调国家只能演进渐变,反对诉诸革命激烈手段,反映了作者在政治上趋于保守。客观上则为清政府的立宪活动提供了理论基础,因而遭到革命党人的批判。然而本书是中国最早的系统阐述近代政治学原理的著作之一,其对政治学与传统治术的区别及界定,对中国近代政治学科的创立有重要意义。本书介绍当时欧洲流行的社会进化论、社会有机体论、历史法学派理论,对当时思想界有很大的影响,在中国政治思想史上有重要地位。

(郭　建)

法意·按语 严 复

《法意》(原名 *Deg Espritdes Lois*,现通译为《论法的精神》),法国思想家孟德斯鸠(C. L. S. Montesquieu,1689—1755)原著,严复译并撰按语。原书出版于1748年。严复约于1900年前后开始从英译本转译。1904年商务印书馆出版该书前三册,1905、1906、1907、1909年各出一册,至1909年全书出齐,共七册。然全书原为三十一卷,严复仅译了二十九卷。1930年该馆将本书编入《严译名著丛刊》,改称《孟德斯鸠法意》出版,1933年再版。1931年又将《法意》作为《万有文库》出版。此外长沙商务印书馆又曾在1939年出版本书简编版。现收入中华书局1986年版《严复集》。

作者生平事迹见"天演论"条。

《法意》是西方最负盛名的法学名著,号称堪与古希腊亚里士多德《政治学》相媲美,奠定了西方政治、法律制度的理论基石。严复在翻译时以按语形式发挥了很多自己的见解,具有再创作的性质。其按语共有三百三十余条,约有七万至八万字之多。这些按语中的大部分是严复对于本书内容的提示、发挥,或是对中西政治法律传统的比较研究,或是以本书所阐发的理论分析、批判中国传统政治法律制度。从而使本书在很大程度上由一部西方法学名著的译作成为兼及讨论中国政治、法律问题的论著。

严复在本书按语中,激烈批判中国传统的专制政治及法律。在本书论专制政体的篇章后,严按称:"此节所论,恨不令申不害、李斯见之"。指出中国古代法家之"法"与本书所论之"法"有本质差异,"孟氏所谓法,治国之经制也。其立也,虽不必参用民权,顾既立之余,则上下所为,皆有所束。若夫(李斯)督责书所谓法者,直刑而已,所以驱迫束缚其臣民,而国君则超乎法之上,可以意用法易法,而不为法所拘。夫如是,虽有法,亦适成专制而已矣!"明确指出中国传统政体正是孟德斯鸠所言的专制政体:"使法立矣,而其循或然或不然之数,是则专制之尤耳。有累作之圣君,无一朝之法宪,如吾中国者,不以为专制而以为立宪,殆未可欤!"在评述了孟德斯鸠对君主专制制度的批判后,严复指出"吾中国自黄、炎以至于今,且以此为继天立极、惟一无二之制治,君臣之义,无所逃于天地之间",因此才造成历史上"治世之少而乱世之多"反复出现。在孟德斯鸠关于专制政体教育的议论之后,严复感叹道:"吾译是书,至于此章未尝不流涕也。呜呼!孟氏之言,岂不痛哉!夫一国之制,其公且善,不可以为一人之功;故其恶且虐也,亦不可以为一人之罪。虽有桀、纣,彼亦承其制之末流,以行其暴。"严复又引顾炎武"有亡国,有亡天下"之说,指出"中国自秦以来,无所谓天下也,无所谓国也,皆家而已。一姓之兴,则亿兆为之臣妾;其兴也,此一家之兴也,其亡也,此一家之亡也……而民人特奴婢之易主耳,乌有所谓长存者乎!"

严复按语对中国传统法制的批判主要集中于以下几个方面。首先是中国传统法制只是专制君主实行恐怖统治的工具,"所谓恐怖,则刑也"。其次是抨击传统法制的根本性质是"人治","夫中国刑狱之平,至于虞廷之皋陶极矣。然皆以贵治贱。以贵治贱,故仁可以为民父母,而暴亦可为豺狼"。再次是激烈抨击旧有法制的野蛮、残酷,称:"呜呼!中国黄人其寄法用刑之无人理而得罪于天久矣!……吾请为同胞垂涕泣而道之。"并于按语中一一列举法官臆断、任用非刑、狱吏逞威、滥及无辜等等法制弊病,强烈要求进行法制改革。此外还指出旧有法制设置很多重法,却往往"法虚设不行",如科举作弊或种种不孝之罪,虽设重刑,但因涉及面太广,往往"避重就轻",有意掩盖,"文告奉报一切必出于欺而不自引耻",造成社会风气"以诞为能、以信为拙。苟求其因,岂不在法?"

严复按语建议变法,但又认为变法应谨慎为之:"呜呼!法固不可以不变,而变法岂易言哉!岂易言哉!"认为"今者事事方为更始,而法典居其最"。表示支持当时正在进行的修改法律活动。但也认为司法审判的改革如不从根本上改起,就会产生两个弊病:"刑不足以禁奸而民玩法,一也;改良之事,徒为空文,而地方之吏人仍行其所习惯,二也。"

《法意》是第一部被译为汉语的西方法学名著,而且在相当长时期内仍是仅有几部汉译世界法学名著之一。严复对本书所作按语着重发挥了本书对君主专制政治制度的批判,以及建立法治国家的理论,对于辛亥革命及民国时期有很大影响。对于中国法学的发展也有重要意义,长期以来一直受法学界高度重视。

(郭 建)

驳康有为论革命书 章炳麟

《驳康有为论革命书》,章炳麟撰。成书于清光绪二十九年(1903)五六月间,部分内容以《康有为与觉罗君之关系》为题发表于同年6月29日上海《苏报》,同月在上海出版单行本。以后翻刻颇多,亦有与邹容《革命军》合刻,称《章邹合刻》。后收于《太炎文录初编》卷二,亦有多种版本,而以浙江图书馆《章氏丛书》本为通行本。现点校本收于《章太炎政论选集》(中华书局)及《章太炎全集》(上海人民出版社)等书内。

作者生平事迹见"訄书"条。

清末流亡海外的维新派首领康有为,目睹孙中山等领导的革命运动已有燎原之势,为向清政府表明心迹,推进立宪改良,先后发表《与同学诸子梁启超等论印度亡国由于各省自立书》、《答南北美洲论中国只可行立宪不可行革命书》,鼓吹立宪改良,反对革命。章炳麟针对这种论调奋笔反击,撰写本书以驳斥之。

本书开篇即敷陈"种族革命"大义,驳斥康有为满汉同族的说法。强调"近世种族之辨,以历史民族为界,不以天然民族为界",满汉在人种上同种并不就是在民族上同族。指出满族现为汉族的统治民族,"徒以尊事孔子,奉行儒术,崇饰观听,斯乃不得已而为之,而即以便其南面之术、愚民之计。若言同种,则非使满人为汉种,乃适使汉人为满种也"。并列举大量史实,证明清统治者以汉族人民乃至汉族官僚为奴隶,"务以摧折汉人,使之噤不发语"。

本书指出康有为"力主立宪",是安于奴隶之位。批驳康有为称戊戌新政是立宪开端的说法,指出光绪皇帝因与太后争权,"知非变法,无以交通外人,得其欢心;非交通外人,得其欢心,无以挟持重势而排沮太后之权力。载湉(光绪帝之名)小丑,未辨菽麦,铤而走险",并非真心改良变法。尖锐批判康有为等人恳请清廷立宪的政治主张:"立宪可请,则革命亦可请乎?以一人之诏旨立宪,宪其所宪,非大地万国所谓宪也。"并列举中外史实,以证明立宪亦须"数经民变,始得自由议政之权",批驳康有为所谓"革命之惨,流血成河,死人如麻"的言论。

本书着重批驳康有为反对革命的种种言论,指出"今以革命比之立宪,革命犹易,立宪犹难。何者?立宪之举,自上言之,则不独专恃一人之才略,而兼恃万姓之合意",立宪既无民众合意,而"载涐一人之才略,则天下信其最绌矣!"所以难上加难。而革命已有民众合意,"谓为革命党中必无有才略如华盛顿、拿破仑者,吾所不敢必也"。针对康有为"中国今日之人心,公理未明,旧俗俱在,革命以后,必将日寻干戈,偷生不暇"的说法,本书先从"夫公理未明、旧俗俱在之民,不可革命而独可立宪,此又何也"进行反驳。并列举近代民众运动日渐成熟的事例,证明"民主之兴,实由时势迫之,而亦由竞争以生此智慧者也"。断言:"公理之未明,即以革命明之;旧俗之俱在,即以革命去之。革命非天雄大黄之猛剂,而实补泻兼备之良药矣!"

本书为中国近代政治驳论文的名篇之一。发表后即不胫而走,在海内外广为传播,拉开了革命派与改良立宪派大论战的序幕,是辛亥革命时期最具影响力的宣传小册子。在当时的历史条件下,本书的观点有明显的狭隘民族主义的情绪,表现了当时革命派人士的局限性。

(郭 建 徐永康)

代议然否论 章炳麟

《代议然否论》,章炳麟撰。最初发表于《民报》1908年第二十四号,并附有《虏宪废疾六条》。后收于《太炎文录别录》卷一,有浙江图书馆《章氏丛书》本。点校本收于《章太炎全集》第四册(上海人民出版社,1985年)、《章太炎政论选集》(中华书局,1977年)等书。

作者生平事迹见"訄书"条。

1908年清廷宣布预备立宪,公布了《钦定宪法大纲》。国内立宪派及海外保皇派因而鼓吹所谓立宪代议制的种种好处。章炳麟专撰此文,以澄清在这一政体问题上的视听。

本文起首即认为"代议政体者,封建之变相",上院源于封建诸侯,下院源于帝王向民间咨询。认为中国仅在先秦及秦汉时曾有此制。欧洲各国及日本由于"去封建近",所以才设此制。"去封建远者,民皆平等;去封建近者,民有贵族黎庶之分。"认为中国没有贵族、平民之分,根本无需采用代议政体,"必欲闰置国会、规设议院,未足佐民而先丧其平夷之美"。

本文接着对作为代议制前提的选举制度进行了具体分析。指出中国人口众多,议院七百议员,合每六十万人选一议员,"愚陋恒民之属,目本不在学术方略,而在权力过人。以三千人选一人,犹不能得良士,数愈阔疏,则众所周知者愈在土豪"。无论单选、复选,只能是土豪入国会。"是故选举法行,则上品无寒门,而下品无膏粱,名为国会,实为奸府,徒为有力者傅其羽翼,使得塍腊齐民,甚无谓也。"如实行以税额定选举权的限选制,各地税额不均,将使"选权凑集于江浙,而西北诸省或空国而无选权也。此何等政体耶?"如增重直接税,"则于代议未行之前,先武断以增租赋,于因果又适为颠倒矣"。如以一切纳税额定选权,"夫倡优尚与选,而素知法律略有政见者反无尺寸选举之柄,则以纳税定选权者,其匪戾亦已甚矣!"

作者主张无论满人、汉人,君主、共和,都不应采用代议政体。"君主之国有代议,则贵贱不相齿。民主之国有代议,则贫富不相齿。横于无阶级中生阶级,使中国之清风素气因以摧伤,虽得宰制全球,犹弗为也。"主张民权主义不等于代议制,强调代议制与民族、民生主义相抵触。作者主张实行总统、司法、学官"三权分立"。尤其加强司法权,"诸司法官由明习法令者自相推择为之……司法官不由朝命、亦不自豪民选举,则无所阿附";"虽总统有罪得逮治罢黜"。行政官员"以停年格选举之",总统不得任意超擢降调。"学校为使人求是非,为使人致用",因此不应隶属于政府,"惟小学校与海陆军学校属之,其他学校皆独立,长官与总统敌体。所以使民智发越,毋枉执事也"。又主张凡有外交、宣战诸急务,则临时推举民众代表商议,"率县一人,议既定,政府毋得自擅"。被推举人"本无政党题号,亦非以是为荣名而得摩近仕宦",可防止弊端。

本文在法制方面也颇有见解。如主张立法"不自政府定之,不自豪方定之,令明习法律者,与通达历史、周知民间利病之士参伍定之,所以塞附上附下之渐也"。司法方面,"司法枉挠,其长得治之。长不治,民得请于学官,集法学者共治之"。并主张"轻谋反之罪,使民不束缚于上也;重谋叛之罪,使民不携贰于国也"。"轻盗贼之罪,不厚为富人报贫者也",反对以赃定罪,"当计失主所有财产而为之率",以赃数与失主财产的比例定罪。在民法方面主张"限袭产之数,不使富者子孙蹑前功以坐大也。田不自耕植者不得有,牧不自驱策者不得有"。

《代议然否论》是中国近代重要的政治、法律论著。其对代议制度的猛烈批判,表明以章炳麟为代表的一些革命思想家已从全盘学习和模仿西方政治法律制度,发展到有批判、有鉴别地接受西方政治法律思想的阶段,对于西方的认识已有了很大提高。本文所提出的行政、司法、教育三权分立的政治构想,虽然并没有成为革命党人的政纲,但产生了很大影响。本文对代议制的批判,从根本上动摇了君主立宪派及保皇党人的立宪主张,在与立宪派的论战中发挥了作用。文中对代议制的批判虽然猛烈,但有些观点颇近武断,分析亦不细致;对取代代议制的政体构想也缺乏可操作性,具有浓厚的理想色彩。

对本文的研究,参见姜义华《章太炎思想研究》等。

(郭　建　徐永康)

金铁主义说 杨 度

《金铁主义说》,杨度著。初刊于《中国新报》1907年1月至5月出版的第一至第五号,共十余万字。现收入《杨度集》(湖南人民出版社,1986年)。

杨度(1875—1931),原名承瓒,字皙子,后改名度,号虎禅、虎公。湖南湘潭人。清光绪二十年(1894)中举,师从著名学者王闿运治经学。1903年参加经济特科考试,获第二名。但被疑为新党,未得官职,随即留日。1906年,代出洋考察宪政的五大臣起草考察报告,从而参加清末立宪活动。1908年经袁世凯、张之洞举荐,以四品京堂候补在宪政编查馆行走。辛亥革命时以国事共济会君主立宪党首领名义,调停南北议和。1915年在袁世凯授意下组织"筹安会",拥戴袁世凯称帝。护国战争后一度以帝制祸首被通缉,退出政治,转而研究佛学。五四运动后倾向国民革命,活跃于政坛。1927年为营救李大钊,耗尽家产。1928年加入中国共产党为秘密党员,经党批准,在上海以帮会头目杜月笙秘书的公开身份从事活动。著述由今人集为《杨度集》。

本书为杨度当时最重要的政论著作。全书以提倡"经济军国主义"为中心,故自造"金铁主义"一词,以与"军事军国主义"的"铁血主义"相区别。全书共分为八节:第一节"今中国所处之世界",第二节"予所执者世界的国家主义"(经济的军国主义),第三节"世界的国家主义(经济的军国主义)之内容",第四节"中国现政府之不负责任",第五节"中国国民之责任心与能力",第六节"政治革命",第七节"君主立宪",第八节"世界将来之中国"。

作者认为当时世界已进入以经济实力为后盾的军国主义时代,中国应主动跟上这一世界潮流。称:"我特于吾所谓经济的军国主义,为创造一新名词以括之曰:金铁主义。金者黄金,铁者生铁;金者金钱,铁者铁炮;金者经济,铁者军事。欲以中国为金国、为铁国,变言之即为经济国、军事国,合为经济战争国。"并将其主张加以图示:

世界的国家主义 —— 经济的军国主义 —— 金铁主义　对内的—富民—工商立国—扩张民权—有自由人民—政党
　　　　　　　　　　　　　　　　　　　　　　　对外的—强国—军事立国—巩固国防—有责任政府—国会

本书对于清政府进行了一定的批评,指出清朝自入关后"二百年来不敢明言向人民加赋也,惟阳避加赋之名,阴行加赋之实",是偷儿的行径。又指出清廷自鸦片战争后对外甘愿放弃利权,死争面子。"今日之政府,对于内而为偷钱之政府,对于外而为送礼之政府。"又分析清朝政体既非野蛮专制、又非开明专制,而是所谓"放任专制",是"蒙昧之政府",是"不负责任之政府"。

本书依据西方《社会通诠》的理论分析中国传统社会,认为中国早在战国以后就废除了封建制,但家族制度却因儒家学说而得以长存,社会仍以家族为本位,在宗法社会向军国社会的过渡中进步缓慢,为不完全的国家主义社会。国民"犹是坐车人心理",听凭家长操办政事,因此国民的政治能力、责任心均不发达。基于这一观点,作者逐一分析了中国的蒙、回、藏、满、汉各族,认为汉族在历史上的军事、经济、政治能力皆优于世界各民族,只是因责任心不发达才导致近代不如西方。认为清灭明,只是中国历史上惯有的改朝换代,谈不上亡国。满族固然以民族主义处处提防、压制汉族,但时至今日,如汉族亦以民族主义反对满族,于国势无补。反对当时革命派人士排满主张,"斯凡言民族主义者,不过人民排人民之主义"。主张各族均应抛弃成见,改执"国家主义","合五族为一家,并力以向于外"。

本书的政治主张归纳为"吾今日所主张之唯一救国方法,以大声疾呼号召于天下者,曰:'开国会'三字而已"。认为中国今日以蒙、回、藏问题特别之理由,"不能行民主立宪,但能行君主立宪"。并详细介绍了欧洲及日本国会制度的起源及内容,反对"人民教育程度不够"、"地方自治程度不够"的说法。强调推动社会舆论,促使召集国会,比之请求空洞的"宪政"或使用武力革命,是风险、损失最小,而获利最大的救国良策。

《金铁主义说》在作者的主观上是出于爱国热忱。其金铁主义时代观,表明作者对当时欧洲资本主义的发展具有一定的认识。本书在民族问题上的观点,也具有一定的合理因素。然而在当时清政府已沦为帝国主义列强统治中国各族人民的工具的历史背景下,本书在民族问题上的这一立场,不能不在客观上起到掩盖清政府与人民矛盾的作用。其"开国会"的政治主张更是直接配合了清政府的"立宪"骗局。因此本书一经发表,立即遭到了革命派人士的猛烈抨击。如章炳麟撰《中华民国解》批驳杨度在民族革命问题上的谬论,汪东撰《革命今势论》批驳了本书"开国会"即可救国的政治主张。然而,另一方面,本书为当时对清政府尚存一些幻想的立宪改良人士提供了一种理论,影响了梁启超等立宪改良派的思想,成为立宪改良运动最具代表性的理论著作,是研究这一时期政治、法律思想发展情况的重要资料。

(郭　建)

革命军 邹 容

《革命军》,邹容著。1903年初写作于日本,4月回国时携回稿本,在上海拒俄运动期间定稿。后将书稿送章炳麟请指教润色,章认为通俗正可鼓动民众,产生影响,遂为其作序。随后柳亚子约同金天翮、蔡冶民等人募集印刷费用,托大同书局印行。1903年5月,《革命军》在上海出版。其后流传甚广,印版繁多,现较常见版本收于1957年中国史学会主编《中国近代史资料丛刊·辛亥革命》第一册及1983年周永林编、重庆出版社出版的《邹容文集》。

邹容(1885—1905),原名绍陶,谱名桂文,字蔚丹。四川巴县人。出身富商家庭,十二岁"诵九经、史记、汉书皆上口"(章炳麟《赠大将军邹君墓表》),但拒绝科举考试。1902年赴日本留学,大量阅读西方民主思想家如卢梭、华盛顿等著作,投身学生运动。1903年4月,清廷拟缉拿此类"犯上作乱"之人,邹容闻讯,听从朋友劝告,离日返国,入上海爱国学社。《革命军》即在此期间完成。《革命军》五月出版后,《苏报》于六月发表文章介绍推崇,鼓吹革命,遭清廷嫉恨,遂勾结上海公共租界工部局,捕章炳麟、邹容入西牢,关闭《苏报》,清廷在会审公廨以"清国政府"名义诉章炳麟、邹容,章、邹遂以二人之身与一国政府对讼,坚持斗争,借此宣传革命,影响全国。是为轰动一时的"苏报案"。后章、邹均判监禁。1905年二四月间邹容"心不能平",又因"不饱"、"愤激"等致"内热"、"遗下"等疾,不得医而病死狱中,年仅二十一。时舆论疑有陷害,故为悬案。1912年南京临时政府追赠这位"革命军中马前卒"为"大将军"。

《革命军》初署名"革命军中马前卒",第一次直接用"革命军"为书名,宣布中国再不可走改良之路,而只能革命。邹容解释,革命有"野蛮之革命"与"文明之革命",前者有破坏而无建设,后者则有破坏有建设,是"为国民购自由平等独立之一切权利",是用革命的手段,牺牲的代价,推动文明的进步。这是革命的本义,也是革命军的宗旨。

《革命军》全书二万余言,有章序、自序,及一至七章。第一章绪论,指出革命是"天演之公例"、"世界之公理",旨在"除奴隶而为主人"的"起死回生还魂返魄"。并指出本书的理论依据,就是作为"法美文明之胚胎"的"卢梭诸大哲之微言大义"。第二章革命之原因,痛陈满洲征服奴役中国,又将大好河山拱手出卖给帝国主义,中国人民已沦为"数重之奴隶"。为了"收回我天赋之权利","挽回我有生以来之自由",追求"人人平等之幸福",只有革命。第三章革命之教育,革命必须进行教育,明确革命是"国民之天职",使国民懂得"中国者,中国人之中国也";"使人人当知平等自由之大义";"当有政治法律之观念"。第四章革命必剖清人种,认为"皇汉民族"是伟大的民族,要洗涤被满族被英法俄美压迫统治的奇耻大辱,促进民族觉醒,使中国人民成为"二十世纪世界之主人翁"。第五章革命必先去奴隶根性,认为中国人一直分不清"奴隶"与"国民"的概念,既没有国民意识,做奴隶而不自觉,"中国所谓二十四朝之史,实一部大奴隶史。中国人民要万众一心,"拔去奴隶之根性,以成为中国之国民"。第六章革命之大义,对上述作一小结:"内为满洲人之奴隶,受满洲人之暴虐,外受列国人之刺激,为数重之奴隶,将有亡国灭种之难者,此吾黄帝神明之汉种,今日倡言革命独立之原因也。"列举革命独立大义二十五条,主要内容包括:推倒满洲人所立北京之野蛮政府,建立中央政府,由议员公举暂行大总统,人民之言论、思想、出版等天赋权利不得剥夺,对于专制暴政,人民有再次"起而颠覆之"的权利与义务,立宪法,定国名为"中华共和国"等等。第七章结论,中国人民有"完全不缺的革命独立之资格",革命之于中国,必将"惊数千年之睡狮而起舞"。

《革命军》核心内容之一是公开宣传反清革命。指出革命是"顺乎天而应乎人"的正义之举,处于"争存亡过渡时代"的中国,"欲长存于二十世纪新世界上",不可不革命。中国革命的对象是清政府,及其所代表的封建专制主义,为此,《革命军》进行了尖锐的揭露和谴责,称满清专制的罪恶,"非今日世界文字语言所得而写拟言论者也"。对这样的公敌,要与之"相驰骋于枪林弹雨中"。《革命军》把反清革命和反对帝国主义的侵略联系一起,揭露满清已成为帝国主义的走狗:"'量中华之物力,结友邦之欢心',是岂非煌煌上谕之言哉!……割我同胞之土地,抢我同胞之财产,以买其一家一姓五百万家奴一日之安逸",中国人民"内受满洲人之压制,外受列国之驱逼,内患外侮,两相刺激,十年灭国,百年灭种"。所以,"欲御外侮,先清内患",即先反清革命,再扫除"外来之恶魔"——帝国主义。

《革命军》又一核心的内容是在中国近代史上鲜明地、系统地提出建立资产阶级民主共和国的纲领二十五条。明确回答了革命后建立什么样政府的问题,即仿照"美国革命独立之大义"建立"中华共和国",全国无分男女,都是国民,一律平等,享有各种天赋自由权利,并负有对于国家的义务。政府权力来自人民,政府侵犯人民权利,人民有权推翻它。实行议会制度,各府州县选举议员,总统由各省议员公举。中央政府有权与外国宣战、议和、定盟、通商。中国与世界各国平等,等等。邹容的二十五条纲领,是对孙中山提出的兴中会纲领"驱除鞑虏、恢复中华、创立合众政府"的详细说明和重大发展,为资产阶级革命理论的创立发展作出了重大贡献。

《革命军》对于封建意识形态,特别对奴隶主义的劣根性,作了尖锐的批判。主张革命必须与教育并行,其宗旨:(一)当知中国者,中国人之中国也;(二)人人当知平等自由之大义;(三)当有政治法律的观念。即应给予群众以爱国的、民权的、组织的革命教育。由此三义又推演出四目,作有革命教育的标准。(一)独立不羁之精神;(二)乐死不避之气概;(三)尽瘁义务之公德;(四)以进人格之人群。

理论界一般认为,《革命军》的理论,来自西方资产阶级启蒙时期的重要著作,如卢梭《民约论》、孟德斯鸠《万法精理》、弥勒·约翰《自由原理》以及《法国革命史》、《美国独立檄文》等,并吸取了同时代国内思想家的一些思想精华,成为反映时代精神的一部重要著作。

《革命军》主张明确,情感激昂,比较全面系统地论述了革命的对象、必然性、革命主体力量、革命方法以及革命要达到的目的,问世以后很快受到社会上的热烈欢迎。孙中山称誉它"为排满最激烈之言论","其开导华侨风气,为力甚大"(《有志竟成》)。吴樾说,他得到这本书后"三读不置"(《吴樾遗书·自序》)。此书在烽火中不胫而走,在清末销售一百十万册。清政府制造《苏报》案,此书之革命宣传亦为一直接原因。它在中国近代哲学思想史有着重要历史地位和深远影响。

(胡 啸 王 春)

警世钟 陈天华

《警世钟》,一册。陈天华著。1903年秋作,题名之上标有"最新新闻白话演说"八字,署"神州痛哭人著"。1903年初版已不存,只录入曹亚伯《武昌革命真史》;有1904年增补本,藏于中国国家博物馆。封面有"本社印送,不取分文,自己阅后,转送别人"字样,卷首并有"印送缘起",称"此书原本出于日俄未战之前,今仍请神州痛哭人将近日情节补入,故与原本有出入"。后收入《陈天华集》,有1928年民智书局本、1945年中国文化服务社本、1958年湖南人民出版社本等。并收于《中国近代史资料丛刊·辛亥革命》第二册。

陈天华(1875—1905),原名显宿,字星台,又字过庭,号思黄。湖南新化人。清光绪二十九年(1903)留学日本,入东京弘文学院师范科。是时俄帝霸占东三省,各国喧嚣瓜分中国,他大为悲痛,啮指血书数十幅,欲唤醒国人。参加组织拒俄义勇队(后改名军国民族教育会)。次年返国参与创立华兴会,欲于长沙起义,未成,复流寓日本。光绪三十一年参加组织同盟会,被举为会章起草人,拟定《革命方略》。《民报》创刊,任撰述员。后在东京参加抗议日本政府《取缔清韩留学生规则》的斗争,愤而投海自杀,留下《绝命辞》;鼓励同志誓死救国。其时年仅三十一岁。著作尚有《猛回头》、《狮子吼》、《中国革命史论》、《国民必读》等,后编成《陈天华集》。事迹见宋教仁《烈士陈星台小传》、冯自由《革命逸史》、邹鲁《陈天华事略》、苏鹏《陈天华略传》、杨源浚《陈天华殉国记》等。

《警世钟》总体内容与《猛回头》共抒一义,异曲同工,所不同处,《猛回头》主要针对满清王朝,《警世钟》主要针对各国列强。全书从"长梦千年何日醒,睡乡谁遣警钟鸣"一首题诗开篇,接着是对于"满州政府"、"曾国藩"、"公使随员、出洋学生"和"顽固党"等"四种人"的痛恨揭露;又具体指陈中国要被瓜分的真实性,因无国家意识每每助敌为虐的沉痛;堂堂大国降为"第四等国"倍受各国欺凌的耻辱;虽积贫积弱,但到危亡时刻生死攸关,仍须振作血忱,拼死一搏,杀尽累世仇以及振奋中国抵抗外敌的信心,并赞叹从军杀敌的痛快淋漓等六个部分,继之为达此目的的"十个须知":"第一须知这瓜分之祸不但是亡国罢了,一定还要灭种";"第二须知各国就是瓜分了汉人之后必定仍旧留着满洲政府压制汉人";"第三须知事到今日断不能再讲预备救中国了,只有死死苦战,才能救中国";"第四须知这时多死几人,以后方能多救几人";"第五须知种族二字,最要认得明白,分得清楚";"第六须知国家是人人有份的,万不可丝毫不管,随他怎样的";"第七须知要拒外人须要先学外人的长处";"第八须知要想自强当先去掉自己的短处";"第九须知必定用文明排外不可用野蛮排外";"第十须知这排外事业无有了时"。最后是"十条奉劝":"第一奉劝做官的人要尽忠报国"、"第二奉劝当兵的人要舍生取义"、"第三奉劝世家贵族毁家纾难"、"第四奉劝读书士子明是会说必要会行"、"第五劝富的舍钱"、"第六劝穷的舍命"、"第七劝新旧两党各除意见"、"第八劝江湖朋友改变方针"、"第九劝教民当以爱国为主"、"第十劝妇女必定也要想救国"。

书中着重强调了要敢于藐视列强,反对"把洋人看极重"的风气:"其实洋人也不过是个人,非有三头六臂,就说不能敌他!"因为"我是主,他是客,他虽然来得多,总难得及我。……只要我全国皆兵,他就四面受敌,即有枪炮,也是寡不敌众","一十八省四万万人都舍得死,各国纵有精兵百万,也不足长了"。论证之后,发出号召:如果洋兵一日真来,"奉劝各人把胆子放,全不要怕他"。士农工商"齐把刀子磨快,子弹上足,同饮一杯血酒,万众直前,杀那洋鬼子,杀那降洋鬼子的二毛子"。指出反对外国侵略,要学习其优点,克服自身的弱点。对于那种光说"西洋各国富强得很,却不知道他怎么样";那种光恨洋人,一概否定洋人,洋人有长处也不学的人;那种长处学不到,对于"洋烟及一切没有用的东西,倒是没有不喜欢的",作者都一一加以抨击,主张从根本上学习西方的一切长处而且能够学好。而对于中国自身的"奸盗诈伪,无所不为……天良丧尽、廉耻全无"则要"另换心肠,痛加悔改"。作者还号召各阶层人士团结一心,只争朝夕,挽救危亡,"事到今日,断不能再讲预备救中国了,只有死死苦战才能救得中国"。"你预备一分,他的势力增进一丈,我的国势堕落十丈。""唯有不顾成败,节节打去……此时不把中国救住,以后莫想恢复了。""要革命的,这时候可以革了,过了这时没有命了。"陈天华用一个比喻,透露出他彻底推翻满清封建统治,反对列强压迫,建立民主共和国的理想:"国家譬如一只船,皇帝是一个舵工,官府是船上的水手,百姓是出资本的东家……国家断断是公共的产业。"现在"人来侵占我的产业,盗卖我的产业",大家就必须"出来拼命","前死后继,百折不回,我汉族一定能够建立一个极完全的国家"。

本书以其反帝的坚决性、全面性、策略性而名震当时思想理论界,不仅受到民主革命派的推崇,就连当时的改良派主将梁启超亦赞赏不已。它不仅表现了中华民族的觉醒,也鼓舞了中华民族的解放斗争。

有关《警世钟》的研究著作有:陈旭麓《邹容与陈天华思想》、胡绳《猛回头、警世钟及其作者》、日本里井彦七郎《陈天华的政治思想》(日本《东洋史研究》十七卷三号)等。

(胡啸 王春)

论社会革命当与政治革命并行 朱执信

《论社会革命当与政治革命并行》，一篇。朱执信著。成于清光绪三十二年(1906)。发表于《民报》第五号。后收于多种朱执信集子中。1921年建设社出版《朱执信集》，1926年出版邵元冲编的《朱执信文钞》，1977年中华书局出版《朱执信集》。

朱执信(1885—1920)，名大符，曾用蛰伸、县解、去非、前进、民意、琴生等笔名。原籍浙江萧山，出生于广东番禺。光绪二十八年(1902)，从私塾转入广州教忠学堂，在校组织"群智社"，广泛阅读《天演论》、《原富》、《民约论》等西学名著，探求救国真理。三十年官费留学日本，学习法政学和经济学。1905年加入同盟会，任评议部议员兼书记，同盟会机关报《民报》的编辑，参加了同改良派的论战。1906年回国，先后在广东高等学堂、广东法政学堂和方言学堂任教，并从事革命活动。黄花岗起义失败，他负伤逃亡香港。武昌起义后，任军政府总参议。南北议和后，任广东军务处督办和广东核计院院长。讨袁战争失败后到日本，参加了中华革命党。1917年任孙中山大元帅府的军事联络和掌管机要文书的工作。1918年后承担《民国日报》、《建设》杂志的编撰任务。1920年9月21日，在广东策动虎门炮台桂系守军反正时遇难。《朱执信先生殉国十周年纪念册》、《民国人物传》第一卷等书有传。

朱执信是资产阶级革命派的著名理论家。他的思想比较激进，曾在《民报》介绍马克思、恩格斯、拉萨尔的生平，摘译《共产党宣言》的若干段落，对《资本论》也作了简要的评论。《论社会革命当与政治革命并行》是宣传孙中山社会革命思想的重要著作。

朱执信把社会革命分为广义与狭义两种。广义的社会革命是"凡社会上组织为急激生大变动皆可言之"，狭义的社会革命是"社会经济组织上之革命"。本文所说的"社会革命"是后一种含义。朱执信从四方面阐述了自己的观点。

一、社会革命的原因。朱执信指出："社会革命之原因,在社会经济组织之不完全也。"他认为,简单承认造成社会革命的原因是贫富悬隔还不够,还得进一步追究造成贫富悬隔的原因,这就是"社会经济组织不完全之结果"。社会经济组织不完全的主要表现就是"放任竞争,绝对承认私有财产制"。在这样条件下,造成资本跋扈,使一方"积其富,日益以肆",另一方"生无数贫困者"。朱执信认为消减竞争,消灭私有制"或不可即行",只能对放任竞争加以限制,改绝对承认私有财产制为相对承认私有财产制。这样,资本就不可能跋扈。

朱执信认为中国的贫富之分,还没有达到贫富悬隔的程度,但如果听其发展,其结果也是贫富悬隔。而且革命的真义是"取其致不平之制而变之,更对于已不平者,以法驯使复于平",等到贫富悬隔的不平到十分严重的程度,再进行社会革命就困难了。中国的社会革命十分必要,因为"当其未大不平时行社会革命,使其不平不得起,斯其功易举也"。

二、社会革命与政治革命并行的理由。朱执信指出政治革命的主体是平民,客体为政府;社会革命的主体是细民,客体为豪右。当两革命客体同位时,豪族政治上居统治地位,并以其经济势力助政治暴力。政治革命与社会革命已密不可分,成则俱成,败者俱败。否则,不论哪种革命成功,也只是暂时的。他说:"令政治革命幸得成功,而不行社会革命者,则豪右之族跋扈国中,不转瞬政权复入于彼手,而复于未革命以前之旧观矣。又令不为政治革命,而为社会革命者,则彼挟其政治上势力,可为己谋便安,制为专利彼族之法,社会革命之效果,亦归于无有也。抑当是时苟力足为政治革命者,亦即能为社会革命无他阻挠之可虞者也。故曰,必当并行。"

当两革命客体异位时,又可分为两种情况。一种是政治革命的主体为社会革命的客体,"社会革命运动虽欲起而无从",故政治革命与社会革命不能并行。另一种是社会革命客体与政治革命主体无关,则利于并行,而且"以一役而悉毕其功","必胜于因循以贻后日之悔者"。

三、中国现在应当并行的理由。朱执信认为中国属于上述异位的第二种情况。中国还没有达到贫富悬隔的程度,但"贫富已悬隔,固不可不革命;贫富将悬隔,则亦不可不革命"。这种革命"绝不以豪右为中心点"。

梁启超批评政治革命与社会革命并提是为了取得"下等社会之同情,冀赌徒、光棍、大盗、小偷、乞丐、流氓之悉为我用"。朱执信对此进行了反驳。他指出中国的社会革命是"从制度上而为改革者也。既有善良之制,则富之分配,自趋平均,决无损于今日之富者"。中国的富族,对于政治革命抱观望态度,"视政府利则从政府,泊革命军捷,则又从革命军"。他们的目的就是要保住既有财富。社会革命并不使富人失去现在的财富,而只是失去未来可能获得的财富,故不会成为政治革命的阻力。他还进一步阐述中国有利于速行社会革命的理由,一是中国贫富不甚悬隔,大生产尚未发达,资本掠夺之风不盛;二是抑豪者而利细民政策有历史基础。但进行社会革命"必借政治上权力,而非有政治革命,平民不能握此权"。故两者必须并行。

四、并行的效果。朱执信批判了认为两种革命并行将造成秩序混乱和外人入侵的观点。他认为,社会革命将推动政治革命,使政策的制订为大多数人的幸福计,而不受少数人的利益左右。政治革命又将保证社会革命的进行,因为可以不受不良政治的破坏。

朱执信的社会革命与政治革命并行的思想,是对孙中山的"举政治革命、社会革命毕其功于一役"的主张的阐发,也是对改良派的有力批驳。他把社会革命的原因归之于经济制度的弊病,认识是深刻的。他主张限制竞争和相对承认私有财产制,在当时实际上就是指平均地权。因此,他的社会革命仍属于资产阶级民主革命的理论。

有关《论社会革命当与政治革命并行》的研究著作主要有赵靖、易梦虹主编《中国近代经济思想史》下册,侯厚吉、吴其敬主编《中国近代经济思想史稿》第三册,胡寄窗《中国近代经济思想大纲》,叶世昌《近代中国经济思想史》有关章节等。

(徐永康)

悲佃篇 刘师培

《悲佃篇》，一篇。刘师培著。成于清光绪三十三年(1907)。发表于《民报》第十五号，署名韦裔。后收入1936年由钱玄同等编辑的《刘申叔先生遗书·左盦外集》卷十四。

作者生平事迹见"经学教科书"条。

《悲佃篇》是中国近代公开号召佃民起来进行"农人革命"的一篇名著。主要包括以下一些内容。

刘师培认为，"中国自古迄今，授田之法，均属失平"。他从文字学的角度分析说：富、蓄二字偏旁从"田"，私、积二字偏旁从"禾"，说明上古时即"以田谷之多寡，区别富贫，故人人均自私其田，以侈己富"。后来力农之役转属于苗民。而"苗民之级，与农仆同"。这样，自古即以劳佚定尊卑。

刘师培认为井田制"萌于黄帝之朝，行于洪水既平之后"。他对"世之论者，均以井田之法为至公"的观点提出了不同的看法。认为从"当时之阶级言之，则有君子、野人之别，以君子治野人，即以野人养君子"。"一夫所耕，仅足自给，而在上之人罔知稼穑之艰，手足不劬，粟麦不辨，而谷之所入，或相倍蓰，或相十百，或相千万"，所以"贵贱之级不除，虽民无贫富之差，不足以禁在上者之不富，不得以此为共财之制也"。他揭露井田制实质上维护了富者的利益，也存在阶级剥削。甚至引用《孟子》中"公事毕，然后敢治私事，以别野人"的话，愤激地说："非专制之朝，安有此失平之言乎？"

三代以后"贫富之别益严。富者日趋于惰，而责贫者以至勤；日趋于佚，而责贫者以至劳"。秦汉时，已有佣工和奴仆。佣工、奴仆的区别是："佣者取值于富民，虽劳其力，其身尚属自由；佃者失身于富民，既屈其身，且日从事于勤动。"但他们又有相同点："苦则归己，利则属人，其失平则一也。"除佣工、奴仆外，还有佃民。虽有董仲舒、师丹等提出限田，"限田之制，补偏救弊，法匪不良，然非正本清源之策"。汉代连限田都不能实行，以致"贫富悬隔，判若霄汉"。因此刘师培批评说:"以无量之财,蓄之于一人,则民之乏财者日众;以无限之田,属之于一姓,则民之失田者亦日多。如谓汉政为仁,吾不信也。"

北魏推行均田制,刘师培认为"民间贫富之差,似较秦汉为稍善"。但他又指出:"所颁之田,均属旷土,若贵族豪宗,兼并之产,百倍于民,不闻收为公田,以济黎庶,是则均田之法,仅行于平民,不能推行于巨室。"特别是那些王公富人,"势必佣民而使芸,佣民使芸而独享其利,是下有失田之民,而上有攘利之臣也,奚得谓之尽合于公耶?"从均田制不触动王公贵富的土地占有这一点出发,揭露均田制本质上不可能做到"公"而"均"。

刘师培认为"唐代佃人之苦与西汉同,而所纳之谷,其数较汉为犹增"。到宋以后,"凡力田致富者,侈然以田主自居,下视佃人,有若童仆"。他引用了顾炎武《日知录》中明代的史料,说明苏、松地区官田很多,一律按地租额缴纳钱粮,每亩纳谷自几斗至一石多。到明嘉靖(1522—1566)时,"摊官田之租以入民田,凡官田、民田,均依三斗起征"。这样,增加了原属私田的官租。"官租既增,为田主者,必取之佃人以为偿,则是民田在江浙者,官税增而私税亦增,罹其苦者,在佃人而不在田主。"加上分赐庄田和投献田产,使"无田之民益众,而佃民亦日苦"。清代"最苛之政,则为圈田,既没其田,兼奴其人"。到了近代,"不独满人食汉民之粟也,即富民之役佃民,亦与明代无异"。大地主还另有征税人,"佃民于输租田主外,必兼有所酬,则所谓十分取五者,不过田主之正税已耳,征税之人所私取,又必五分而取二,则是农民终岁勤动,仍无以赡其身家也"。

通过对历史的分析,刘师培感叹道:"土地者,一国之所共有也,一国之地当散之一国之民。今同为一国之民,乃所得之田,有多寡之殊,兼有无田有田之别,是为地权之失平。劳动之人义务既重,权利转轻,徒手坐食之人义务既薄,权利转优,而劳动之人转制于徒手坐食者之下,是为人权之失平。"他认为顾炎武的禁限私租,颜元《存治篇》中的复井田,王源《平书》中的"有田者必自耕"等主张都不是解决土地问题的根本办法,分田者按户而不按人口,"名为均贫富,实质生贫富之差"。他强调,"必尽破贵贱之级,没豪富之田,以土地为国民所共有,斯能真合于至公"。否则,将来实行选举,"然以多数之佃民,屈于田主一人之下,佃民之衣食系于田畴,而田畴与夺之权,又操于田主",佃人势必都选举田主,"虽有选举之名,实则失选举自由之柄"。因此他提出:"故豪富之田,不可不籍,然欲籍豪富之田,又必自农人革命始。"并斥责地主说:"夫今之田主,均大盗也,始也操蕴利之术以殖其财,财盈则用以市田,田多则恃以攘利,民受其陋,与暴君同。"认为"夺其所有,以共之于民,使人人之田均有定额,此则仁术之至大者也";进行农人革命,则"公理之昌,可计日而待矣"。

《悲佃篇》对中国农民与土地问题的矛盾分析,有深度,有说服力,抓住了中国革命的根本问题是农民问题,其要害是土地制度。当大多数革命派把眼光盯在"排满"和其他枝节问题上时,刘师培却高人一筹,以更敏锐的眼光抓住了中国革命应该解决的一个重大问题,即消灭地主阶级,以此来推翻旧制度。这是他的高明、闪光之处。但是他不懂得没有无产阶级领导,农民革命仍不可能取得成功。随着他思想的进一步变化,其观点与他的无政府主义思想紧密结合起来,并完全为后者服务,那就完全走向了反面。

(徐培华)

秋瑾女侠遗集 秋 瑾

《秋瑾女侠遗集》,一册。秋瑾著,王灿芝编。1929年中华书局出版。

秋瑾(1877—1907),字璿卿,号竞雄,又称鉴湖女侠。原籍浙江山阴(绍兴),生于福建厦门。幼年、少年时期,随为官的祖父、父亲旅居福建、湖南等地,习诵诗书,赋诗填词,并两度学武,后终成为一位纵情豪放,具有"铁骨霜姿"的资产阶级革命的女英雄。清光绪三十年(1904),她冲破封建家庭束缚,赴日留学,创办《白话报》,次年回国,加入光复会,不久再赴日本,加入同盟会,任评议部评议员和浙江主盟人。1906年为反对日本取缔留学生而归国,创办中国公学和《中国女报》,提倡女权,宣传革命。1907年回绍兴主持大通学堂,联络金华、兰溪等地会党,组织光复军,与徐锡麟分别准备浙皖两省反清起义。同年7月,因起义失败被捕,就义于绍兴轩亭口。生平史料有《秋瑾传》(陶成章撰)、《秋瑾史迹》(中华书局上海编辑所编,1958年)等。

秋瑾著作因生前"随手散弃",遇难时家人又"禽夜焚毁",传世已无全豹。过去已出的作品集有《秋瑾诗词》(王芷馥编,1907年)、《秋女士遗稿》(龚宝铨编,1910年)、《秋女烈士遗稿》(长沙秋女烈士追悼会印行,1912年)等。1979年上海古籍出版社在本书的基础上编成汇校本,此外还补充了若干后来发现的秋瑾书信和其他手稿,题为《秋瑾集》,是目前较完备而可靠的秋瑾作品集。

本书共收入秋瑾杂文八篇、诗一百十一首、词三十九阕、歌三首、译著一篇。

本书所收诗文表现了秋瑾强烈的爱国主义情怀和反对清朝专制统治、进行民主革命的主张。她揭露清政府"财政则婪索无餍,虽负尽纳税义务,而不与人以参政之权;民生则道路流离,而彼方升平歌舞。侈言立宪,而专制乃得实行;名为集权,则汉人尽遭剥削"。"练兵也,加赋也,种种剥夺,括以一言,制我汉族之死命而已。夫闭关之世,犹不容有一族偏枯之弊,况四邻逼处,彼乃举其防家贼媚异族之手段,送我大好河山!"她积极投身推翻清朝统治的武装斗争,在诗文中坦陈心迹:"斩尽妖魔百鬼藏,澄清天下本天职。他年成败利钝不计较,但恃铁血主义报祖国。"

本书的另一突出内容是对妇女解放事业的宣传和实践。作者愤怒控诉了封建礼教对妇女的迫害，指出："数千(年)传下来一最不平等、最不自由的重男轻女之恶俗，这些男人专会想些野蛮书籍、礼法，行些野蛮压制手段来束缚女子，愚弄女子，说出'女子无才便是德'之话出来……竟把女子看得如男子的奴隶、牛马一样。"她用浓墨酣笔细致刻画了妇女从降生人间到葬身黄泉的种种苦楚和悲惨遭遇，表达了妇女要求解放、争取自由的迫切愿望："苦海沉沦何日出，这般压制太难堪。不解自由真可恨，愿只愿时时努力跳奴圈。"

作者分析了男女不平等的原因，批驳了历代腐儒鼓吹的"男尊女卑"、"夫为妻纲"等论调，大声疾呼妇女们行动起来，自己解放自己，实现男女平等。她根据天赋人权学说，理直气壮地宣称："天生男女，四肢五官，才智见识，聪明勇力，俱是同的；天职权利，也是同的。"只是三纲五常、三从四德之类的伦常纲纪的束缚，才使得妇女缺少文化知识，丧失谋生手段。"我们女子不能自己挣钱，又没有本事，一生荣辱皆要靠之夫、子，任受诸般苦恼，也就无可奈何"，因此经济自立是妇女解放的根本。而且，根据中国当时的具体国情，妇女解放应当同反清革命结合起来，在"驱逐鞑虏"的同时，实现"男女平权"。"扫尽胡氛安社稷，由来男女要平权。人权天赋原无别，男女还须一例担。……男和女同心协力方为美，四万万男女无分彼此焉，唤醒痴聋光睡国，和衷共济勿畏难。"

本书也表现出作者所处的时代局限，如无视义和团起义的反帝一面，把反封建的任务仅仅理解为推翻满族统治，但本书宣传民主革命和妇女解放的思想，在中国近代史上自有其永不磨灭的光辉。

（徐永康）

清代编

历史类

满文老档

《满文老档》，又称《无圈点档》、《老满文原档》等。原本共三十七册。清乾隆四十年(1775)，经大学士舒赫德奏准并主持，将原档内容进行整理，以新老满文各重抄一部，按时间顺序编订成二十六函，一百八十册，分称"草写本"与"正写本"（又称"大黄绫本"）。乾隆四十三年据"正写本"重抄两部，称"副本"或"小黄绫本"。原档三十七册保存在台湾故宫博物院，草写本和大黄绫正本保存在北京中国第一历史档案馆，小黄绫副本保存在辽宁省档案馆。1918年，清末进士金梁招聘人员利用沈阳故宫崇谟阁所藏《满文老档》进行翻译，并将其部分内容刊印出版，名为《满洲老档秘录》，后改称《满洲秘录》。1964年台湾大学广禄与历史语言研究所李学智合作翻译无圈点《满文老档》原档，1970年以《清太祖朝老满文原档》为名出版。1978年中国第一历史档案馆与中国社会科学院历史研究所、中央民族学院、辽宁省档案馆、吉林社会科学院等单位共同翻译该馆所藏乾隆四十年抄写本，至1985年全部译完。

《满文老档》是清入关前用满文写成的官修编年体档册，记满族入关前在东北地区的活动。全书二十六函，一百八十册。其中天命朝十函，八十一册，天聪朝十函，六十一册，崇德朝六函，三十八册。记事始于明万历三十五年(1607)，止于崇祯九年(1636)。除努尔哈赤以遗甲十三副崛起于长白山地区的卷首部分已残缺外，老档内容大致包括：努尔哈赤统一女真各部，建立后金政权，对明朝发动战争，夺取辽东，建都沈阳；皇太极继位，连续进兵辽西，多次深入关内，屡挫明师以及其他军政大事；当时满族的社会组织、八旗制度、法律规章、对外交涉、族内纷争、官员任命等社会状况；当时的生产和经济发展状况；宫廷生活、民情风俗、天文、地理及气象状况；满文的发展与改革，与蒙古、朝鲜等国的交往过程及关系的发展。老档的这些内容，官修正史和私家著述都很少记载，是研究清人入关前的历史和满族兴起史的第一手资料。

《满文老档》史料原始可靠，记事翔实广泛。一般一函记数月之事，一册记一至两月之大事，少量也有一册记两月以上大事者。所载大事都十分详细，如第一函第一册记努尔哈赤迎击乌拉部兵,灭辉发部,攻克乌拉宜罕山城,与明修好及乌拉布占泰觐见,奏请万历帝传谕朝鲜国王索还瓦尔喀人,征讨呼尔哈、呼叶、雅兰各路;第二册写努尔哈赤拨毛青布给无妻者自娶,征讨乌尔古宸、不伦路、呼尔哈路,蒙古贝勒以女妻努尔哈赤,努尔哈赤率军消灭乌拉部;第三、四册写努尔哈赤建立政权后嘱诸子众臣直言进谏,限定婚宴宰牲的数量,出猎,制定围猎行军之法,治国立法,屯田储粮,命令荐举贤良,爱惜衣物,援引佛法谕诸臣行善,救苦济贫,论用人之道等,对了解努尔哈赤这一中国历史上的少数民族皇帝是不可多得的史料。

《满文老档》有极高的史料价值,其中许多内容是《清实录》等官修史书所不载的,或是略而不详,或虽记载但已篡改。因为老档是用初创的无圈点老满文与改进后半圈点的过渡阶段满文书写的,文字古老,多用口语,句型简短,结构不严,语法也不规范,夹书蒙语与汉语借词。其中许多语词在清入关后淘汰,而这恰是研究我国满族语言文字发展变化史及其文书制度的珍贵文献。

中国第一历史档案馆和中国社会科学院历史研究所对《满文老档》作了译注,1990年由中华书局出版。

(雷汉卿)

甲申传信录 钱㮮

《甲申传信录》,十卷。钱㮮撰。成书于清顺治十年(1654)。有《国粹丛书》本、《胜朝遗事初编》本及海盐朱希祖旧藏钞本等。朱氏藏钞本有注,考证颇详。

钱㮮,又名士馨,字雅拙,号稚农。浙江当湖(今平湖)人。生卒年不详。晚年入京师,适遇李自成率领大顺军攻破北京,推翻明朝,士馨乃据耳闻目睹,遍搜有关记叙甲申事变之著作十余种,悉心考订,刊讹订谬,著成此书。另著有《周礼说》、《周礼答疑》、《仪礼说》、《续越绝书》、《赓茄集》等。事迹见载于《明遗民录》、《皇朝遗民传》等。

《甲申传信录》系记载明末李自成起义军攻占北京及其失败的个人见闻录。书前有作者序,末附近人黄节跋。

第一卷"睿谟留憾",记叙癸未(1643)至甲申(1644)三月,明廷内事及李自成率领大顺军攻入北京之经过。第二卷"疆场裹革",记叙明末秦、晋、幽燕诸地明朝将领抵抗各起义军之过程,及李自成率部攻取州县,网罗人才之事。第三卷"大行骖乘",记叙大顺军攻占京师,部分明朝官吏士民为之殉节之举。第四卷"跖铺遗秽",记李自成攻占京师后掳掠明臣、搜取财物、筹措军政费用诸事。第五卷"槐国衣冠",记叙李自成在北京封派京省诸官,建立各级政权之过程。第六卷"赤眉寇略",概述李自成起义及大顺军政权建立始末。第七卷"董狐剩荚",记叙甲申前后,豫、燕、齐、鄂诸省明军将领与起义军战斗之经过。第八卷"桑郭余铃",记叙驻守山海关明朝将领吴三桂,借报私仇,勾引清军入关始末。第九卷"戾园疑迹",记叙阳夏男子成方贪图富贵,伪称太子,事泄被诛一事。第十卷"使臣碧血",记叙明朝刑科给事中左懋第等出使清廷,不屈不挠,拒不剃发,为清廷杀害之壮举。

作者客居京师,后据亲身经历,又参酌诸家之说,详加考订,提供了为正史所罕见和忽略的有关明末大顺军攻占北京前后的史料。作者在自序中称:自李闯犯阙以来,"一时人士,四方咸集,当有纪录可观,余是以置而不书,而徒滞迹于燕三年","甲申以来,所载国变录、甲申纪变录,国难纪闻见纪略、国难记确传、陈生甬生录、孤臣纪、哭陈方策揭凡十余家,猥繁不伦,异端丛出,一时简策无所折衷。余于是博搜见闻,勤咨与难诸贤,讲求实录,刊讹谬,芟芜秽,补阙遗漏,分为十篇"。应该说,作者基本上是忠于其宗旨的。清代徐鼒在《小腆纪传》中称其"研究经史,多所撰述。晚入京师,遇甲申之变,著《甲申传信录》十卷,颇不失实"。近人黄节也称该书"著录多不为明史所采"。刊行此书,乃"藏书楼又多一瑰宝矣!"(《甲申传信录》跋)

有关《甲申传信录》的研究,主要有清爱新觉罗仲谦注《甲申传信录》,近人谢国桢著《晚明史籍考》。1951年神州国光社对全书校勘删改后排印出版,收入《中国历史研究资料丛书》,1982年上海书店据以影印再版。

(丁孝智)

国榷 谈 迁

《国榷》，一百零四卷，又卷首四卷。谈迁撰。定稿于清顺治十三年(1656)。有1958年北京古籍出版社排印本。

谈迁(1594—1657)，原名以训，字仲木，号射父。明亡后改名迁，字孺木，号观若，曾自署"江左遗民"。先世居住河南开封，南宋末定居于盐官(今浙江海宁西南)枣林。明诸生。南明弘光元年(1644)入阁臣高宏图幕任记室。弘光政权灭亡后返回家乡，专以著述为务。撰有《北游录》、《枣林集》、《枣林杂俎》、《枣林外索》、《枣林诗集》、《海昌外志》等，另所撰《西游录》、《史论》二书今已不传。传见《明史》卷二七五、《清史稿》卷五〇六、《国朝耆献类徵》卷四六三等。

撰者感于明代历朝实录多有避讳失实之处，而诸家编年体明史亦多伪陋肤冗、见识短浅，遂自天启元年(1621)始，以历朝实录为基本依据，兼采诸家史籍百余种，于天启六年撰成元末明初至天启朝一段历史。清顺治二年(1645)又访求邸报、档册、方志及遗闻，续完崇祯、弘光两朝史事。两年后全稿被盗，撰者"悲悼者累月"后，发愤重作。顺治十年完成第二稿后，复携稿入京再作修订，前后时间积三十五年之久。

《国榷》系编年体明史。据《义例》所叙，原书分为一百卷，今本卷数系近人张宗祥重新划定。全书计有四百二十八万余字。卷首四卷，辑录有明一代朝章典制，分列十四目综述。卷一：大统、开圣、天俪、天潢、各藩；卷二：舆属、勋封、恤爵、戚畹；卷三：直阁、部院上；卷四：部院下、甲科、朝贡。正文一百零四卷，纂辑史事，依年、月、日编载，始于元文宗天历元年(1328)，迄于南明弘光元年(1645)，凡三百十七年。于叙事中间或附入撰者及周晖、焦竑、钱士昇等人议论。书前有撰者自序、义例，及友人喻应益序各一篇。

《国榷》以实录为本而并不盲从，对为《明实录》所隐没或为清统治者所讳言的史实，皆能具事直陈，不予掩饰。如明太祖晚年滥杀功臣，《实录》仅记死期而不载死因，是书则直书不讳，指出胡惟庸案及蓝玉案皆系"上既春秋高，多所猜忌"所致，并对因"胡蓝之狱"受株连者，皆写明"党株"。

一反《明实录》抹去建文帝号,将建文朝史事归入洪武纪年的做法,直书建文年号及其四年间史事,并称朱棣为"燕庶人",陈述其杀戮方孝孺的经过。又如清修《明史》时,隐去了满洲先世建州女真的真实史迹,使猛哥帖木儿至努尔哈赤这段历史成为空白;是书则毫不避讳地述其原委,足补明清史书之阙。

本书广征博引而不任意摘取,对史料来源及其真伪能作出细心考订。如对明末永平道参政同州张春是否降清一事,曾先后三次修订。先在《枣林杂俎》中记其降清,后于《北游录》中指出降清一事系误传,最后才在《国榷》中作出张春"被执不屈,愿求一死"的定论。又如对于崇祯十七年九月的崇祯太子真伪之事,撰者指出:"予亲闻内臣苏某谓王之明盖真太子也。及入燕,值山阳咸生从左懋第使燕者,左闻太子事,曰使人侦之,颇以为真。而予谒思陵,内臣许某云非真太子也,真太子目眦甚薄,危胸,下齿半焦;今河目巨鼻,其赝明矣。"撰者经多方考订,认为两种见解皆不足为据,故而对其孰是孰非持存疑态度。

本书记载颇详于晚明历史,自万历以后七十余年史事,占全书三分之一的篇幅;其中天启、崇祯、弘光三朝仅二十五年,其篇幅占全书的六分之一。因崇祯、弘光两朝无实录,天启实录毁于清初;撰者为保持明代历史的完整性,及出于总结明亡教训的愿望,故不惜花费大量笔墨,补编三朝史实。自《明史》行世后,有关明清之际及建州、南明的历史已形同禁区,故是书所载万历以后明与后金之史实,为他书所不及,史料价值甚高。撰者去世不久后传布的若干抄本,所传抄者亦不外晚明史事,足见当时及后人对其价值之重视。

《国榷》的缺陷,主要表现为叙事过于简略,且有前后叙述不一、失于照应之处;书中的灾异迷信色彩也比较明显。但与全书的成就相比较,这些缺失毕竟是次要的。《国榷》对于明代历史的研究,至今仍具有很高的史料参考价值。

《国榷》一书撰成后,长期未能刊行,流传极少,直至1958年始分精装六册排印出版。这一排印本系近人张宗祥据清蒋氏衍芬草堂抄本和四明卢氏抱经楼藏抄本互相校补而成,为目前较完备的一种版本。

(张荣华)

明史纪事本末 谷应泰等

《明史纪事本末》，八十卷，另有《补遗》六卷，合为八十六卷。谷应泰等撰。清顺治十五年（1658）谷氏自刻的筑益堂本是最早的刊本，另有《四库全书》本、江西书局本、广雅书局本、崇德堂本、思贤书局本等。《补遗》仅有傅以礼传抄本（浙江图书馆藏）。

谷应泰（1620—1690），字赓虞，别号霖苍。直隶丰润（今属河北）人。清顺治四年（1647）进士，曾任职户部主事、员外郎。顺治十三年调任提督浙江学政佥事，延揽文人学士助其编撰《明史纪事本末》。此书刊行两年后，遭御史董文骥参劾，谓其书有不利清廷之辞，顺治帝下诏检查，结果认为并无所劾内容，遂不予处罚，书亦免遭禁毁。事迹见罗景泐撰《谷赓虞先生传》等。

此书作者存有异说。邵廷采《思复堂集·明遗民传》称，山阴张岱尝辑明一代遗事为《石匮藏书》，应泰作《纪事本末》，以五百金购请，岱慨然予之。于是有以为此书非谷应泰所作，而是其冒窃他人成稿之说。然此说证据不足，亦有学者为之辩诬，如叶廷琯曾作《辨明史纪事本末非窃书》。四库馆臣亦以为谷应泰或对谈迁《编年》、张岱《列传》两家有所取材，但体裁、内容却为自定，是"集众长以成完本"（详见《四库全书总目》卷四九）。现从有关资料分析，"冒窃"之说恐难成立。但此书亦非出自谷应泰一人之手，当时参与编撰者颇多，据今所知至少有陆圻（杭州诸生）、徐倬（字方虎，号蘋邨，浙江德清人，康熙癸丑进士，官至礼部侍郎）、张岱诸人。故此书当为多人合撰，而谷应泰总其事。

此书《补遗》六卷，向不见于诸本。抄本所有者傅以礼认为亦是谷应泰等人所作，原为《明史纪事本末》之一部分，因专记清朝的兴起，及其在东北、河北、山东等地与明军作战经过，故"后以事关昭代龙兴，恐有嫌讳，授梓时始别而出之"（见《补遗》后傅跋）。

本书为纪事本末体明史。始于元至正十二年（1352）朱元璋起兵，终于明崇祯十七年（1644）李自成攻陷北京，崇祯帝自尽。作者把这近三百年内之重要史事，厘为八十个专题，每题为一卷，记述这些事件的始末。其篇目依次为：太祖起兵，平定东南，太祖平汉，太祖平吴，方国珍降，太祖平闽,平定两广,北伐中原,略定秦晋,故元遗兵,太祖平夏,太祖平滇,胡蓝之狱,开国规模,削夺诸藩,燕王起兵,建文逊国,壬午殉难,开设贵州,设立三卫,亲征漠北,安南叛服,平山东盗,河漕转运,治水江南,太子监国,高煦之叛(释赵王高燧附),仁宣致治,王振用事,麓川之役,平浙闽盗,土木之变,景帝登极守御,河决之患,南宫复辟(易储附),曹石之变,汪直用事,平郧阳盗,平藤峡盗,兴复哈密,平固原盗,弘治君臣,刘瑾用事,寘鐇之叛,平河北盗,平蜀盗,宸濠之叛,平南赣盗,江彬奸佞(钱宁附),大礼仪,更定祀典,世宗崇道教,诛岑猛,严嵩用事,沿海倭乱,李福达之狱,大同叛卒,议复河套,庚戌之变,俺答封贡,江陵柄权,援朝鲜,平哱拜,平杨应龙,矿税之弊,东林党议,争国本,三案,平奢安,平徐鸿儒(附王好贤于弘志),魏忠贤乱政,崇祯治乱,修明历法,宦侍误国,中原群盗,郑芝龙受抚,张献忠之乱,李自成之乱,甲申之变,甲申殉难。

《补遗》六卷依次为:辽左兵端,熊王功罪(袁应泰、张铨附),插汉寇边,毛帅东江(刘爱塔、孔有德附),锦宁战守,东兵入口。

此书的编成,较《明史》早八十余年,是综合多种明代史料编纂的,并非仅仅抄撮某些现成的编年体或纪传体史书而成。其所记设立三卫、进军漠北、宦官专权、沿海倭乱、议覆河套诸事,较《明史》为详,且多有出入。其出入之处主要是史料来源各异,因此颇能与《明史》互为参证。后之考订明史者,对此书颇为重视,多所取资,如夏燮的《明通鉴考异》、王颂蔚的《明史考证攟逸》等即然。此书的缺点在于对制度的记载不多,对明清之际改朝换代的史事亦多回避不谈。

关于此书的研究,主要有清初彭孙贻的《明史纪事本末补编》五卷,所补内容为:"秘书告成","科举开设","西人封贡","西南群蛮","宦官贤奸",聊补谷书之缺略。中华书局于1977年出版《明史纪事本末》的标点校勘本,集历来各本之善;又参考《明实录》、《鸿猷录》、《续藏书》、《国榷》、《石匮书后集》、《明史》、《明通鉴》、《明纪》等明代史料加以参校;又附以《补遗》、《补编》及各种相关资料,为目前最佳的本子,颇便学者参阅。

(徐洪兴)

烈皇小识 文 秉

《烈皇小识》，八卷。文秉撰。约成书于明末清初之际。有《中国内乱外祸丛书》本。

文秉，字应符，又字荪符。江苏吴县（今苏州）人。生卒年不详。明文徵明玄孙，文震孟之子。一生活动记载较少，仅《曝书亭集·文点传》略有记叙。明亡后，文氏"经乱不仕，隐居竹坞（今属吴县）"，自号"竹坞遗民"。著述颇丰，除本书外，尚有《先拔志始》、《甲乙事案》、《前星野语》、《定陵注略》、《先朝遗事》、《姑苏名贤续记》等。

《烈皇小识》系专记明崇祯朝（1628—1644）史事的编年体杂录。书中对明末党争、农民起义、明清关系及经筵讲官等事记载十分详细，对一些谏台奏疏之类也分别择录。作者自序称："不肖于十七年中，备集烈皇（即明崇祯帝。作者据谥法认为"杀身成仁为烈，临难不屈曰正"，应改朱由检谥号为"烈宗正皇帝"，此处以"烈皇"称之）行事，以志尧舜吾君之患，又以志有君无臣之叹，集成巨帙数十册，可备一朝史料。"该书与《挈堂见闻杂录》同册刊行，书前有总序两篇，另作者自序一篇，内容包括以下五类。

一、党争。崇祯诛杀阉党魏忠贤后，明代延续已久的党争并未结束，许多阉党要人仍继续在朝廷掌握大权，并伺机反扑。于是，阉党与东林、复社之间的门户之争愈演愈烈，著名事件如崇祯二年（1629）阉党诬陷东林党魁钱龙锡案，文震孟疏劾阉党案及崇祯九年陆文声、周之夔弹劾复社案等。书中对上述诸事均有详细记载。

二、农民起义。主要记叙明末李自成、张献忠起义及其与明军的战斗，另外对陕甘晋兵变及其他农民起义也略有记载。

三、明清关系。明季，后金政权迅速崛起，势力进一步扩大到关内外地区，并与明军屡屡发生战事。与之相应，明与清的接触也愈来愈频繁。书中对诸如宁远之役、宁锦之役及其和议活动等均有详尽记叙，由此可见当时明清关系之一斑。

四、宫廷内事。包括崇祯登极、册封皇妃、追尊太后、禁止宫中浪费、提倡节俭等皇室事务。

五、其他政务。包括崇祯帝整顿吏治、增收赋税、重典绳下、重新任用宦官、创设武场廷试及朝臣奏疏等。

《烈皇小识》作为一部记叙崇祯朝要事的史书,记事十分详细,尤其是对朋党之争、农民起义、明清关系等的详细记载,不仅可补正史之不足,还为后世史家研究此类历史事件提供了宝贵资料。今人谢国桢称该书"记崇祯一代史事,于温、周诸党及农民起义事、辽事所记独详,而于当日谏台奏疏,择录颇备"(《增订晚明史籍考》卷三)。

本书的不足在于记事时间顺序与篇目之间有倒误之处,如卷七已记至崇祯十六年(1643),而卷八却记自十四年(1641)八月起,诸如此类,在该书中间有出现。

当涂夏氏曾校证此书,谢国桢也进行过考订(见《晚明史籍考》卷三)。清学者留云居士在《明季稗史初稿》中辑入本书。1951年神州国光社加以考订校勘,辑入《中国历史研究资料丛书》。

(丁孝智)

蒙古源流 萨囊彻辰

《蒙古源流》(Erdeni-Yin Tobci)，又作《额纳特珂克土伯特蒙古汗等源流》。明末清初蒙古贵族萨囊彻辰(Sanang Secen)撰。原文为蒙古文本，不分卷，后人或分为三部，或分为十章。汉文译本，则有清《四库全书》等八卷本。

萨囊彻辰，生卒、字号、籍贯、生平均不详。据《蒙古源流》书尾提到其世系，盖"库图克彻辰鸿台吉之裔"。其写作，乃"愿知一切，因取各汗等源流约略叙述，并以讲解精妙意旨《红册》、沙尔巴胡土克图编纂之《蓬花汉史》、杂葛拉斡尔第汗所编之《经卷原委古昔蒙古汗源流大黄册》等七史合订"。其成稿，则清康熙元年(1662)。乾隆四十二年(1777)，缘"皇上以元代奇渥温得姓所自必史乘传讹，询之定边左副将军喀尔喀亲王成衮扎布，因以此书进御"。五十九年，复由总纂官陆锡熊、纪昀、孙士毅和总校官陆费墀等再从满文译本转译成汉文。

《蒙古源流》一书内容所含，主要为"额纳特克、土伯特、蒙古汗传世次序，及供养诸大喇嘛阐扬佛教之事"。第一、第二卷叙述生灵起源、佛教起源、额纳特克和土伯特诸汗世系，第三、第四卷叙述蒙古先世、成吉思汗迄于顺帝失国前的诸大汗历史，第五、第六、第七、第八卷则是顺帝失国后遁居朔漠诸汗至于林丹库图克汗及其裔孙的谱系和相关事迹。文末并附明和清初诸帝传次、讳号。在记录方面，"详顺帝以下汗之子孙，而太祖诸弟子孙不及也。汗之子孙亦但详汗及鄂尔多斯巴尔斯博罗特二支，而达延汗其余子孙不及也。最详者为阿勒坦汗及库图克图彻辰洪台吉二人，而余人不及也"。全书体例，与《元朝秘史》、《蒙古黄金史纲》都极为相近。

《蒙古源流》是蒙古三大历史文献中成书年限最晚者，与《蒙古黄金史纲》一样，该书是关于明代蒙古历史的最为重要的著作之一。其中有关孛儿只吉氏大都政权颠覆后大漠南北政治、经济以及喇嘛教传播、封建领地划分、各部落间的战争，尤其是俺答汗的记载，乃是本书的精粹所在。有关明以前的记载，多异于《元史》、《圣武亲征录》等时人作品，诸如成吉思汗的卒地、享年等。至于以库色勒汗为元明宗弟在位二十日，明太祖为元顺帝左省长官朱葛、谗杀托克托(脱脱)太师后举兵迫逐故主等,皆与正史不符。而像西夏末主能够变化作其他生命等神话,更属荒诞无稽。

有关《蒙古源流》的研究文著,笺证类有沈曾植《蒙古源流笺证》等,史源类有陈寅恪《蒙古源流作者世系考》等,而什米德特(Schmidt C. R.)、克茹格尔(Krueger J. R.)、赫尼契(Haenisch E.)、克利夫斯(Cleaves F. W.)等有德文、英文直译本或选编本。

(王　颋)

日知录 顾炎武

《日知录》，三十二卷。顾炎武著。成书于清康熙初年。有康熙符山堂初刻本、遂初堂刻本、乾隆六十年（1795）遂初堂重刊本、道光十四年（1834）嘉定黄氏西溪草庐重刊本、上海古籍出版社《顾炎武全集》校点本等。

作者生平事迹见"顾亭林诗文集"条。

顾炎武早年投身抗清复明活动，三十岁以后潜心学问，凡读书必作笔记，"积三十余年，乃成一编，取子夏之言，名曰《日知录》"（自序）。顾氏生前曾刊八卷，世称符山堂初刻本。至康熙中，门人潘耒从其家求得手稿，经再三校勘，于闽中刻成三十二卷行世。时为康熙三十四年（1695），是为遂初堂刻本。由于惧招文字之祸，潘耒在刊刻时作了不少删节。道光年间，黄汝成以嘉定黄氏西溪草庐重刊本为底本，参以阎若璩、沈彤、钱大昕、杨宁四家校本，汇集九十余家研究成果，成《日知录集释》三十二卷，并据原写本及多家校语，成《刊误》、《续刊误》各二卷。顾炎武著《日知录》的目的在于"明学术，正人心，拨乱世，以兴太平之事"（遂初堂本自序）。

《日知录》是一部读书札记性的学术著作。全书不分门类，而列三易、重卦不始文王、天在山中、帝王号、九族、三政、改月、星孛、贵臣贵妾等一千零二十余条目。但其编次先后，略以类从。大抵卷一至卷七为论经义，卷八至卷十二为论政事，卷十三为论世风，卷十四至卷十五为论礼制，卷十六至卷十七为论科举，卷十八至卷二一为论艺文，卷二二至卷二四为杂论名义，卷二五为论古事真妄，卷二六为论史法，卷二七为论注书，卷二八为论杂事，卷二九为论兵和外国事，卷三十为论天象术数，卷三一为论地理，卷三二为杂考证（《四库全书总目》）。

《日知录》乃顾氏力作，自称"所著《日知录》三十余卷，平生之志与业，皆在其中"（《亭林文集》卷三《与友人论门人书》）。在经义、政事、世风、礼制、科举、艺文、古事、史法、天文、舆地等各方面，都有深邃的见解。至少有以下几个方面，最值得注意。

一、倡导学术研究要经世致用，学问文章当有益天下。他说："文之不可绝于天地间者，曰明道也,纪政事也,察民隐也,乐道人之善也。若此者,有益于天下,有益于将来。多一篇,多一篇之益也。"(《日知录》卷十九)。

二、用历史眼光认识社会风俗在不断发展变化。作者研究了周末风俗、两汉风俗、宋世风俗,以此强调"清议"的重要性,提出了"天下无不可变之风俗"的见解。同时,他还针对道德败坏的世风,以移风易俗为己任,提出了"行己有耻"的做人准则。

三、指出历史学的任务在于疏通源流,考记谬误,认为"今史学废绝,又甚唐时。若能依此法举之,十年间,可得通达政体之士,未必无益于国家"。其治史方法,主要有:(一)实地调查,向社会咨询;(二)广求证据,佐证已说;(三)重视存疑,不盲从前说,也不妄下结论。

四、认为从事史书编纂,既要掌握丰富的史料,又必须懂得《春秋》笔法。作者以人之志状为例,指出编写史书要认真辨别真伪。他说:"志状在文章家,为史之流,上之史官,传之后人,为史之本。史以记事,亦以载言,故不读其人一生所著之文,不可以作;其人生而在公卿大臣之位者,不悉一朝之大事,不可以作;其人生而在曹署之位者,不悉一司之掌故,不可以作;其人生在监司守令之位者,不悉一方之地形土俗、因革利病,不可以作。今之人,未通乎此,而妄为人作志,史家又不考而承用之,是以牴牾不合。"(《日知录》卷十九)并强调史书撰写,要秉笔直书,反对任意曲笔和任情褒贬,甚赞孔子《春秋》"多闻阙疑"之法。

五、力矫明末空疏浮华的学风,而开创清代考据学之风。顾炎武认为,研究事物的发生、发展要从原始资料着手,不可依靠第二手资料。材料的收集、整理、鉴别和考订,则须穷源竟委,融会贯通。论据不仅要有本证,而且应有旁证。近人梁启超曾指出其所作考证:"论一事必举证,尤不以孤证自足,必取之甚博,证备然后自表其所信。"(《清代学术概论》)如卷二十《古人不以甲子名岁》,文虽不长,却参考了三十余种书,列证六十余条,旁证十余条。

六、强调取消专制之法,建立公天下之法,即反对独治,主张众治。在专制制度之下,必然造成人材埋没、专任胥吏的不良局面。要改变这种状况,只能从头做起,改独治为众治,允许庶民议政,"天下有道,则庶民不议,然则政教风俗,苟非尽善,即许庶民之议矣"(同上)。他本人也提出不少改革政教风俗的建议。

《日知录》是一部内容丰富、考证精审的史学著作,对社会历史、学术研究的见解十分精辟,影响深远,显示了作者学问的博大精深。清阎若璩《潜丘札记》称其为"上下五百年,纵横一万里"的史家之一。

有关《日知录》的研究著作,除清黄汝成《日知录集释》外,尚有李遇孙《日知录续补正》三卷、丁晏《日知录校正》、俞樾《日知录小笺》等。另有黄侃《日知录校记》一卷,系据张继所得雍正间《日知录》钞本,校正《集释》,补正数百处,近万字,使潘耒所删削的文字得以复原。1984年上海古籍出版社将《集释》并附相关资料影印出版。此外,还有潘承弼《日知录补校》、陈邦贤《日知录集释述评》等。台湾明伦出版社影印出版的《原抄本顾炎武日知录》,系最接近此书原貌的本子。上海古籍出版社2006年出版(栾保群、吕宗力校点)。《日知录集释》全校本,安徽大学出版社2007年出版陈垣《日知录校注》、岳麓书社2011年出版张京华《日知录校释》。

(巴兆祥等)

天下郡国利病书 顾炎武

《天下郡国利病书》,三十四册,不分卷。《四库全书总目》、梁启超《中国近三百年学术史》作一百卷,《乾隆苏州府志》、陈光贻《稀见地方志提要》等作一百二十卷。顾炎武编撰。书成于清康熙元年(1662)。原书系抄本,久未刊刻,至道光三年(1823)龙万育始为刊行。有收入上海古籍出版社《顾炎武全集》的校点本。

明崇祯十二年(1639),顾炎武参加科举考试失败,"感四国之多虞,耻经生之寡术",于是退而读书,历览二十一史以及天下郡国志书、一代名公文集,间及章奏文册之类,进行深入研究。至康熙元年编成《天下郡国利病书》,以求一条救国救民的道路。近人张元济称此书"无非欲诏示后世,使凡有国有家者知此(指兵防、赋役、水利等与国计民生有关的)数事,推而至于其他"(跋)。

《天下郡国利病书》是一部历史地理学名著。原册数无次第,清乾隆中,黄丕烈据原书所标省府,厘定前后,排定册次:第一册北直隶上,第二册北直隶中,第三册北直隶下,第四册苏上,第五册苏下,第六册苏松,第七册常镇,第八册江宁庐安,第九册凤宁徽,第十册淮安,第十一册淮徐,第十二册扬州,第十三册河南,第十四册原厥,第十五册山东上,第十六册山东下,第十七册山西,第十八册陕西上,第十九册陕西下、四川,第二十册四川,第二十一册浙江上,第二十二册浙江下,第二十三册江西,第二十四册湖广上,第二十五册湖广下,第二十六册福建,第二十七册广东上,第二十八册广东中,第二十九册广东下,第三十册广西,第三十一册云贵,第三十二册云贵、交趾,第三十三册交趾、西南夷,第二十四册九边、四夷。今本已残缺,第十册全佚。全书内容大体可分为六类。

一、地形图。书中辑录大量地图、地形图、海防图、边防图,如凤阳府图、和州城图、华亭县图、宜兴图、淮南水利图、太湖图、凤阳皇陵图、密云形势图、遵化关隘图、昌平、边防图等。

二、山川。如北直隶大名府记有白马山、狗脊山、天台山、金沙山、洪洋山、鸡鸣山、白云山、龙光山、沙河、滑河、濮水、高鸡泊、龙窠河等。

三、兵防。顾炎武很重视各地兵要地理,对各地的形势、险要、卫所、城堡、关寨、岛礁、烽堠、民兵、巡司、马政、草场、兵力配备、粮草供应无不详尽辑录。特别是东南沿海抗倭斗争有详细记载。

四、水利。资料辑录集中于黄河、长江、淮河等大江大河的河工,运河、胶莱河等漕运河航运,主要农作物产区的农田水利。对前人水利著作也详细摘录,如元王仁发《水利集》、单锷《吴中水利书》、明郑若曾《太湖图》、《淮南水利考》等名著无不在搜罗之列。

五、赋役。记载了"一条鞭法"实行和影响,苏松地区农民沉重负担,山西、四川、南直隶、浙等地盐额,江南土地分配,赋税征收方法,以及各地劳役。

六、屯垦。书中对农田基本建设、土地开垦资料也有辑录。如《新凤新书》的区田法,即有详细的摘录。

从所述内容看,讲求利病是贯穿本书的主线,它集中体现了顾炎武"经世致用"的学术思想。与《肇域志》相比,两者虽同出一部资料,但各有侧重,《天下郡国利病书》偏重郡国利病得失,《肇域志》侧重地理。然两书在内容上也有交叉,如《利病书》所录城池、市镇、风俗、赋役、屯垦、水利、漕运、兵防、马政、盐政等内容,也能在《肇域志》中找到;《肇域志》所录沿革、山川、古迹等也时见于《利病书》。两书在资料上可以相互补充,相互参证。

《天下郡国利病书》为研究明代历史提供了丰富资料,同时又因辑录了一些今已失传的或罕见的地方史志、碑刻资料,为后人书籍辑佚带来了方便,开创了后世利用、整理方志资料的先例。

有关《天下郡国利病书》的研究著作,有赵俪生《顾炎武〈天下郡国利病书〉研究》、洪焕椿《续补〈天下郡国利病书〉》等。

(巴兆祥)

七国考 董 说

《七国考》,十四卷。董说撰。版本主要有《四库全书》本、《守山阁丛书》本、振绮堂钞本、吴兴嘉业堂本及1955年中华书局排印本等。

董说(1620—1686),字若雨、月函,号俟庵、补樵。浙江乌程(今湖州)人。明崇祯诸生。清初剃发为僧后,又号南潜。另著有《董若雨诗文集》、《补樵书》、《梦石楼》等。传见《明遗民录》卷三三、《国朝先正事略》卷四七等。

《七国考》一书编载辑录秦、齐、楚、赵、韩、魏、燕七国的典章制度,分职官、食货、都邑、宫室、群礼、音乐、器服、杂祀、丧制、兵制、刑法、灾异、琐征十四门。所用体例略与"会要"相同。

战国时期,群雄割据,烽火连年,使典章文献百不存一。《七国考》将战国时期各割据国家的典章制度广为辑录,便于查考,在这方面起了有益的作用。所用材料,大致以《战国策》、《史记》为本,而以诸子杂史补其遗缺。其所援引,如刘向《列仙传》、张华《感应类从志》、《子华子》、《符子》、王嘉《拾遗记》之类,或文士之寓言,或小记之杂录,皆据为典要。但往往取材芜杂,错误甚多。如"奉阳君李兑"本是赵国人,但书中赵"职官"和燕"职官"却并出其人。而《月令》所载太尉、大酋之属,注者明曰"秦官",乃反遗漏,未免去取不伦。其他不足,尚有很多,如"既以七国为名,自应始自分晋以后,而秦之寺人,上引《车辚》;楚之两广,远征《左传》,则于断限有乖。《新序》载魏王欲为中天之台,许绾谏之,未必实有其事;即有之,亦议而未行。而《魏宫室》门中,乃出一'中天台'。《庄子》载无盛鹤列于丽谯,盖城厥之通名,非魏所独有。乃于《魏宫室》中,标目曰'丽谯'。《琴操》载韩杀聂政之父,乃古来之常制,非韩所创。乃于《韩刑法》中标一目曰'杀',亦嫌于苟盈卷帙。至于秦水心剑事,本见《续齐谐记》,乃云《白帖》。秦舍晋侯于灵台,本见《左传》,乃云《列女传》,亦往往不得其出典。观其前后无序跋,而《齐职官》门注'封君后妃附',乃只有封君而无后妃,殆说未成之稿,偶为后人传录欤?"(《钦定四库全书提要》)虽然《七国考》存在着不少缺陷,但所辑录的战国典章制度,仍不失是研究战国历史的重要史料。"春秋以前之制度,有经传可稽,秦、汉以下之故事,有史志可考。惟七雄云扰,策士纵横,中间一二百年,典章制作,实荡然不可复征。说能参考诸书,排比钩贯,尚一一各得其崖略,俾考古者有征焉,虽间伤芜漫,固不妨过而存之矣。"(《同上》)此说甚为公允。

1956年中华书局出版排印本,以守山阁丛书本为主,另以吴兴刘氏嘉业堂刊本参校,对董说书中引用错误或刊印错误者加以改正外,其余则分别附加校点者案语于原文下,便于参考。另外,原书或有名无篇,或有篇无名,排印本逐一加以罗列。同时,因原书本无目录,该本据正文篇目编排,刊载卷首,甚便查阅。1987年上海古籍出版社出版缪文远《七国考订补》。

(朱顺龙)

十国春秋 吴任臣

《十国春秋》，一百十六卷。吴任臣撰。书成于清康熙八年(1669)。有《四库全书》本、乾隆五十三年(1788)刻本等。中华书局1983年出版徐敏霞、周莹点校整理本。

吴任臣，字志伊，又字徵鸿、尔器，号托园。浙江仁和(今杭州)人。生卒年不详。清康熙十八年(1679)，应博学鸿儒试列二等。未几授检讨，充《明史》编修官。另著有《山海经广注》、《字汇补》、《托园诗文集》等。

关于十国史书，北宋初年有《南唐近事》、《蜀梼杌》、《吴越备史》等作，所记多限于一国一域。迨真宗后，始有路振、路伦编纂《九国志》、《十国志》，然二书散佚已久。今存《旧五代史》、《新五代史》，于十国记载十分简略。撰者出于补完这一期史书的目的，汇采诸霸史、杂史及小说家言，并证以正史，编撰了《十国春秋》。

《十国春秋》系纪传体五代十国史。计有唐二十卷，前蜀十三卷，后蜀十卷，南汉九卷，楚十卷，吴越十三卷，闽十卷，荆南四卷，北汉五卷。各部分皆涵本纪、后妃、世家、列传。《十七史商榷》卷九十八云：其为书之体，每得一人，即作一传。凡僧道及妇人立传，每篇只一二行者甚多。其后，《十国纪年表》一卷，《十国世系表》一卷，《十国地理表》一卷，《十国潘镇表》一卷，《十国百官表》一卷，使五代十国沿革、疆域、官制等全局如见，为本书最有价值部分。末为《拾遗》一卷，《备考》一卷。卷首有自序及魏禧序、周昂跋各一篇。

《十国春秋》自成书以来一向得到较高评价。《四库全书总目》云："仕臣以欧阳修作《五代史》于十国仿《晋书》例为载记，每略而不详，乃采诸霸史、杂史以及小说家言，并证以正史，汇成是书"，"其诸传本文之下，自为之注，载别史之可存者……其间于旧说虚诬，多所辨证……五表考订尤精，可称淹贯"。李慈铭、王鸣盛亦盛赞是书"采取极博，后之考据家，多不能知其出处"；《地理表》与欧阳氏《职方考》参观，则五代十国全局如见。至十国之官制，虽大抵沿唐，而一时增改，亦已纷冗不可爬梳；任臣为作《百官表》，甚便考览，尤其妙者也"。

该书资料来源,据作者自志,"无虑数百余种",包括作者向黄宗羲借阅的薛居正等《旧五代史》,此书后散佚。其他有《册府元龟》、《太平御览》、《资治通鉴》、《文献通考》、王应麟《玉海》、陶宗仪《说郛》、王溥《五代会要》、陶岳《五代史补》、尹洙《五代春秋》、陆游《南唐书》、钱俨《吴越备史》、乐史《太平寰宇记》、祝穆《方舆胜览》、王偁(一说王称)《东都事略》、《韦庄集》、《贯休集》等。因当时未及见徐铉《骑省集》等书,作者未能利用作于五代十国时一批碑志,故列传所叙史事缺漏颇多。书中颇右吴越而薄南唐,则是乡土观念所致。

关于《十国春秋》的论著,有徐敏霞《十国春秋点校说明》、郑颖《〈十国春秋〉校读札记》等。

(经　易)

绎史 马 骕

《绎史》,一百六十卷。马骕撰。成书于清康熙九年(1670)。同年初刻,光绪间有重刻本。另有武林尚友斋石印小本、《四库全书》本、商务印书馆《万有文库》本、中华书局点校本、齐鲁书社点校本等行世。

马骕(1621—1673),字宛斯,一字骢御。山东邹平人。清顺治十六年(1659)进士,以文望举为顺天乡试同考官。授淮安府推官。康熙八年(1669)补安徽灵璧知县。另著有《左传事纬》二十卷等,并辑成丛书《十三代纬书》,因卷帙浩繁,未能刊行而逐渐散失。生平事迹见《清史稿》卷四八一、《清史列传》卷六八、《国朝先正事略》卷三二等。

《绎史》属纪事本末类史书。记事时间上起太古,下至秦末,共六百多年间"君臣之迹,理乱之由,名法儒墨之殊途,纵横分合之异势,了然具焉"(《绎史·徵言》)。全书分五部分。(一)太古十卷纪三皇五帝事,有《开辟原始》、《皇王异说》、《太皞纪》、《炎帝纪》、《黄帝纪》等。(二)三代二十卷,纪夏、商、西周之事,有《禹平水土》、《夏禹受禅》、《少康中兴》、《武王克殷》、《周礼之制》等。(三)春秋七十卷,纪鲁十二公时事,有《齐桓公霸业》、《宋襄公图霸》、《郑穆公之立》、《晋文公霸业》、《楚庄王争霸》、《秦晋为成》、《诸侯弭兵》、《孔子类记》等。(四)战国五十卷,纪春秋以后至秦亡之事,有《三卿分晋》、《杨朱墨翟之言》、《周分东西》、《屈原流放》、《吕不韦相秦》、《秦并天下》、《秦亡》等。(五)外录十卷,纪天官、地志、名物、制度等,有《天官书》、《洪范五行传》、《地理志》、《食货志》、《名物训诂》、《古今人表》等。并有世系图三十七种、地理图八种、天象图十种、古物图八十五种、建制图八种、诸表四种、古文字摹印八种。

《绎史》体裁仿袁枢所创纪事本末体,"纪事则详其颠末,纪人则备其始终"(《徵言》),同时兼采编年、纪传各体之长,如外录十卷即依《史记》八书、《汉书》十志之例,因而有别于袁枢而自成一体。

撰者用意在于"载籍浩博,贵约束以刈其烦,群言异同,宜胪陈以观其备",因此史料赡博成为本书一大特色。《绎史》记事皆广征博引,此用古籍上至先秦遗书,下至梁陈著述,多达一百二十余种。在引用时秉汉学严谨之风,对古籍分门别类,斟酌去取。对经传子史除《论语》、《中庸》、《大学》、《孟子》四书因常人必读而不录外,其他如《周易》、《左传》、《老子》、《战国策》等可信古籍"或取其事、或取其文、或全录、或节钞",引用较多。对《山海经》、《竹书纪年》一类存疑的古书因其"文极高古"也有所引用。对诸纬书,引用较多,从中可知是时人们所获得的传闻及对历史事件的解释。对《三坟》、《六韬》等"近代之人依名附说"之书只是"姑存一二"。对汉魏以来记述先秦之事的如《史记》、《汉书》等因其"去古未远,采取详略不同",而隋以后的书籍则一概不收。另外,对于已佚古籍而仅留存于后人笺注之中的也有所收录。马骕对所用的每一段史料皆注明出处,同时把史载相类之事随文附注。对有异同讹舛以及依托附会的,并在条下进行疏通辨证。足见其著述态度之严谨,同时也增加了《绎史》的史料价值。

《绎史》于各篇之后,附以论断,综述全篇,阐发观点,多独到见解,是本书又一特色。如卷二十《武王克殷》篇末附论有曰:"木之颠也本自拔,墙之踣也基自坏,周盖辅本而扶基者,非覆本扣基者也。纣之无道,亿兆离心久矣,文武不兴,八百诸侯孰非伺隙而乘之者?"认为武王克殷是顺应时势之举,比较客观。在同一论中,对微子、箕子、比干三位商之谏臣的"忠君爱国之心"大加褒扬,并订正后人对这"殷之三仁"的误解,也颇合乎情理。

本书另一长处是附有多种插图表谱。马骕在《绎史·世系图序》中说:"夫图诚不可阙也。古者左图右史,盖史须繁文而后备,著之为图则皎若列眉矣。……骕纂《绎史》述太古以迄亡秦,为谱世系于简端,俾观者考究焉。若夫经制之详,疆理之法,天官地舆之形,名物器数之式,今昔异宜,因革殊规,非图莫显,则各附诸篇之中。"《绎史》各图表绘制精细,确实起到张显文意之作用。其中《地理图》、《建制图》为马骕独创,未见于以前史书。《地理图》展现了先秦的疆域沿革,《建制图》表明了商、周邦国都邑分封授田之制。

《绎史》以其取材宏富、考辨精审而成为清代史学名著之一。李清序对本书倍加推崇,将它与杜佑《通典》、郑樵《通志》相提并论。顾炎武亦誉之为"必传世之作"(《国朝先正事略·马宛斯先生事略》)。

(金 燕)

明季北略 计六奇

《明季北略》,二十四卷。计六奇撰。成书于清康熙十年(1671)。有清嘉、道年间北京琉璃厂半松居士木活字排印本,光绪十三年(1887)上海图书集成印刷局石印巾箱本,1936年商务印书馆铅印《万有文库》本和《国学基本丛书》本。上述诸本前虽通行,但因清廷删削窜改,均非原貌。近年发现两种抄本,一为杭州大学旧藏抄本,一为常熟曹大铁旧藏抄本。两本卷数与通行诸本相同,而内容多出二十三篇。以记事时间计,抄本始于明万历二十三年(1595),较通行诸本之万历四十四年提前二十一年。两种抄本中,曹氏本错讹之处较多,杭大本较完善。

计六奇(1622—约1687),字用宾,号天节子,别署九峰居士。江苏无锡人。诸生。少年家境贫寒。曾于清顺治六年(1649)和十一年两应乡试不第,遂放弃仕途,以教书、著述为生。另著有《明季南略》、《粤滇纪闻》、《金坛狱案》及《南京纪略》等。

撰者早年即留心晚明史迹,蓄意著史。历数年搜罗访求实地考察,所集资料已成规模,遂于康熙五年前后开始撰写是书。至康熙十年基本完成,以后陆续修订增补,至康熙二十六年(1687)前后大体完备。成书后因文禁未付梓,嘉庆、道光年间文网稍弛,才得以刊印。

《明季北略》(据杭大旧藏抄本),是记载晚明历史的一部重要史籍。体裁大致以编年为纲,杂用纪传、纪事本末体,卷末缀以"志异"。记事上起明万历二十三年(1595)努尔哈赤初起,下迄崇祯十七年(1644)清兵入关,记录前后计五十年间中国北方史事大略。内容包括明清关系、明末政治、农民起义等。全书六百七十四篇,另卷首有自序一篇。主要内容如下。卷一记万历二十三年至四十八年事,包括神宗崩、红丸案、清朝建元等大事,尤其对清之兴起及发展记叙颇详。卷二、三记天启元年至七年事,包括天启朝诸大事,如清军攻取沈阳、辽阳,魏忠贤乱政,袁崇焕守宁远等。卷四至二十记崇祯元年至十七年事,内容包括崇祯朝大事,如崇祯登基、明清战争、农民军起义等。卷二一分各传记崇祯十七年京师失陷后明朝殉难诸臣民,包括二十一文臣、七勋戚、二十八臣民和八烈女等。卷二二分各传记李自成攻占北京前后事及降于起义军的明廷诸大臣,后附有孔孟"讨贼文"一篇。卷二三为补遗,记李自成及大顺农民军始末,对李自成在京师活动记叙尤详。卷二四为五朝大事总论,记录了撰者对晚明政治形势的分析与评论,详叙了明末政乱的原因,同时评论了农民军的发展和明朝的灭亡。其特点在着重从主观方面,即从统治集团内部探寻朱明王朝灭亡原因,所论不无灼见。

《明季北略》虽有传闻失实之处,但记事范围广泛,取材丰富,加之多为作者遍访故老及亲自闻见,其史料价值珍贵。尤其是记载明末农民起义,取材广博,多为后世研究者引用。

有关《明季北略》的研究论著,除谢国桢《增订晚明史籍考》有关篇目外,张釜《计六奇与明季南北略》一文对此书版本、体例、编写过程及作者生平等作了研究。1984年中华书局初版的魏得良点校本(张釜文附于此书末),以杭大藏旧抄本为底本,参酌诸本及《明史》、《明进士题名碑录索引》等加以考订,为研究本书提供了方便。

(丁孝智)

明季南略 计六奇

《明季南略》，通行本十八卷，旧足抄本十六卷。计六奇撰。成书于清康熙十年（1671）。版本分通行本和抄本两类。通行本有北京琉璃厂半松居士木活字排印本（清嘉庆道光间印）、上海图书集成印刷局石印巾箱本（光绪十三年印）、商务印书馆铅印《万有文库》本和《国学基本丛书》本（1936年印），皆十八卷。各通行本均曾遭清廷删削窜改，内容和文字缺损之处较多。近年发现杭州大学图书馆和常熟曹大铁所藏十六卷足抄本各一部，较通行本多出《跋》、《纪事》、《志感》、《读书感》等四十二篇，另加避讳芟削文字近两万字。在两部抄本中，曹藏本因誊写不慎，错讹之处较多，不如杭大本完善。

作者生平事迹见"明季北略"条。

《明季南略》（据杭大藏本）系《明季北略》之续编，专记南明二十二年史事。上起明崇祯十七年（1644）福王南京登基建立弘光小朝廷，下迄清康熙四年（1665）洪承畴病死福建。所记内容以耳闻目睹与文献资料并重，包括南明军政大事、抗清战争与人物、农民起义及遗闻佚事等。记事方法大体采用以编年为纲，兼采纪传和纪事本末诸体。全书凡四百四十六条，书前有作者自序一篇。具体内容为：卷一至四记叙弘光朝在南京之活动。包括弘光登基、史可法等传檄天下勤王及清军南下、弘光出奔等二百四十多条。卷五至六记叙鲁王监国时期史事。内容涉及清军的继续南下，南明朝流亡江浙、鲁王监国及清军攻占杭州等活动。卷七至八记叙隆武朝大事。如隆武帝登基、清军进攻福建及隆武帝败奔江西等。卷九至十四记叙永历朝在广东、广西地区的活动，并涉及绍武朝之建立及活动。卷十五记叙吴三桂率清兵攻取云贵及永历帝被俘之事。卷十六摘要记载甲午、乙亥等年部分野志、史诗等，如张明正题诗金山、郑成功进入镇江、夏门大捷及洪承畴传等。

《明季南略》意在记录南明史志，作者身为明朝遗民，其思想倾向十分明显。书中对南明诸朝历史，如弘光、鲁监国、隆武、绍武、永历等朝，摘其要事，一一记录，尤其对抗清名将如史可法、张煌言、郑成功等人记载更为详细,甚至连张献忠,因其参与抗清而被作者详加记述。于此可见作者反清思想之一斑。该书被清廷列入《外省移咨应毁书目》和《禁书总目》,严禁刊行。后来虽文网稍弛,但刊行时也被大加删削,面目全非。

本书资料丰富,记事切近,虽有失实不确之处,但就其收集资料之广泛,记叙事情之博杂,无疑为后世研究者保存了大量的资料。近人李慈铭称:"予向嫌其所载多凭传闻之词,是非失实,然采取颇广。当时鼎革纷纭,沧桑百变,读此则已得其梗略。"(《受礼庐日记》上集)谢国桢也认为:"《明季南略》的作者生于明末,距甲、乙之际为时不远,或凭诸传闻,或出自目睹,虽间有歪曲事实之处,然较后人追记之书,去事实弥远者,犹可略存其真。"(《增订晚明史籍考》卷九)

《明季南略》记事多采诸野史杂志,故为后世保存了许多罕见书目及内容,如堵胤锡《十四朝史纲》,郑之珧《明书》、《鲈史》、《记难》、《椟庵文集》等,书中辑入部分亡佚的史料,如卷十三收黔阳郭象云撰《武冈播迁始末》全文、卷十六收江津程翰撰《孙可望犯阙败逃本末》全文,卷十二至十五引用《粤事记》等,这些均为极罕见而珍贵的资料。

有关《明季南略》的研究论著,除谢国桢、张崟作过考订(参见"明季北略"条)外,校点本有中华书局1984年初版的任道斌点校本,以杭大藏本为底本,参酌曹氏藏本、通行本及《明史》等,为研究南明史提供了方便。

(丁孝智)

永历实录 王夫之

《永历实录》，异名《永历实记》、《永历事记》、《大行录》。二十六卷（第十六卷已佚，实存二十五卷）。王夫之撰。约成书于17世纪70年代。有清同治四年《船山遗书》本、2009年北京古籍出版社校点本以及岳麓书社版《船山全书》校点本。

作者生平事迹见"周易外传"条。

本书虽名实录，实系纪传体史著，记载南明永历帝朱由榔在位十五年（1647—1663）间史事，由本纪、列传构成，无志、表。本纪仅一卷，以编年形式概括永历一朝大事。卷二以下皆为列传，构成全书主体。其中出现的人物共四百余人，立有专传者凡一百零八人；撰者另设"死节"、"佞幸"、"宦者"诸传，分别对忠义之士和奸邪之徒予以表彰和鞭笞。

《永历实录》以记载全面、翔实可信见长。明清易鼎后，故朝遗老于明季历史多有撰述，但大多失之零星片断或任意好恶。以搜罗明末遗闻著称的全祖望曾对此抨击道："明末纪述，自甲申以后，萤光爝火。其时著述者，捉影捕风，为失益多；兼各家秉笔，不无所左右袒。虽正人君子，亦有不免者。"（《鲒埼亭集·与史雪汀论行朝录书》）《永历实录》与这类野史不同，撰者着意网罗永历间史事，较全面地概括永历朝重要人物和事件的始末首尾，给阅者以完整的印象。与黄宗羲《永历纪年》得之传闻、多有漏略不同，《永历实录》所叙史事，不少得之亲历，列传中多人与撰者有直接往来，故记载较他书为充实细致。且撰者悬"实录"之鹄，试图摆脱主观情感的左右，于叙事论人时避免虚美隐恶，努力接近实事真相。故《永历实录》能鹤立于众多野史之上而奄有众长。清兴文字狱，大量涉及明末历史之书被销毁或篡改，《永历实录》因未刊刻行世而幸存下来。同治年曾刻《船山遗书》，虽删去若干"违碍"字句，仍基本保存了原书面目。

在《永历实录》中，农民起义军及其领袖占有一定地位。南明永历政权能维持十多年，与农民军联明抗清斗争有极大关系，高必正、李过等领导的大顺军和孙可望、李定国率领的大西军，曾给予永历小朝廷以最大的支持，壮大了抗清声势。王夫之对此有比较清醒的认识，故能在书中根据当时历史的客观形势如实叙述。书中为高必正、刘体纯、李来亨、李定国、郝永忠等十人立了专传，试图对农民军将领作出符合实际的褒贬。如在《高必正传》中，王夫之一反当时史家斥为"流寇"而不予记载的立场，备述其战功与言论，称赞他"折节戢其军，思自效纾国难"，对大顺军联明反清起了决定作用，并在永历朝中的上言及谋划中多有建树。在《李来亨传》中，则历述其显著战功，直至战败自焚，并将李来亨西山战役的胜败与永历朝的存亡联系在一起，揭示出农民军在南明政权中的重要作用。这些农民军将领的言论活动，皆借是书备载流传，而不见于其他史传。

《永历实录》尤其着意表彰为国捐躯的民族英雄和忠义之士，严责卖身求荣之徒，以弘扬民族气节。如瞿式耜、张同敞是当时著名的民族志士，王夫之为两人分立专传，对其英雄抗清及慷慨牺牲的情形详细刻画描述，颇为动人。书中还特设《死节列传》，记载侯伟时等十四名志士坚决抗清及殉难事迹，对卖身投敌、贪佞奸邪之人，则立《佞幸列传》予以斥责。

本书之失，在于详前略后。永历朝前六年间重要军政事件，记载可称完备；而自永历七年至十六年(1652—1662)，所记史事颇为简略，出现不少失载之处。此外，对一些人物的记述也存在失实之处。如《吴贞毓传》谓"梧州乱，上奔浔南，贞毓走，死于乱军"。永历帝去浔南事在永历五年，而吴在永历七年为孙可望所害，所载时间和死因皆误。又如大顺军将领郝摇旗(永忠)，与南明军队合力抗清，战绩显赫，后又参与组建夔东十三家军与清军奋战。而撰者在《郝永忠传》中对此不作记述，仅叙述其四处掳杀之为，"永忠从无一矢功，惟残毁内地，屠士民"。所记显然与史实相背。

《永历实录》虽存在前述阙失，但在总体上仍属信史，具备较高的史料价值，系研究南明历史的重要史著。清李慈铭对此书曾有论及(载《越缦堂日记》同治戊辰二月初四日条)，可资参考。

(张荣华)

读通鉴论 王夫之

《读通鉴论》,三十卷,末附叙论四篇。王夫之撰。约成书于清康熙二十六年(1687)。最早有道光二十年《湘潭王氏守遗经书屋船山遗书》本,同治四年曾氏刻《船山遗书》本。上海太平洋书店1933年铅印《船山遗书》本,系据上述两种版本及王夫之手稿和坊间刻本参校而成。中华书局1975年标点排印本三册,以曾刻本为底本,用衡阳刘氏和邵阳曾氏两种钞本的校勘记进行校补,并将清刘毓崧的校勘内容分附于书中,系目前最通行的一种版本。另有岳麓书社版《船山全书》校点本。

作者生平事迹见"周易外传"条。

《读通鉴论》是我国古代史论名著。全书虽以《资治通鉴》所记战国至五代间历史事件与人物为评论范围,但实际内容上伸至战国之前,下延至宋元明三朝,尤其是有明一代史实,几乎各卷皆有涉及。除叙论四篇外,包括秦史一卷、两汉史八卷、三国史一卷、两晋史四卷、南北朝史四卷、隋史一卷、唐史八卷、五代史三卷,共三十卷。作者《叙论》称其撰写目的非止于司马光《资治通鉴》"嘉善矜恶,取是舍非",主张得失皆可资鉴。"故论鉴者,于其得也,而必推其所以得;于其失也,而必推其所以失。其得也,必思易其迹而何以亦得;其失也,必思就其偏而何以救失。"并进而表明书中主要采取因而通之、引而伸之、浚而求之的方法,发挥"心得而可以资人之通"的见解。"编中所论,推本得失之原……因其时而酌其宜,即一代而各有弛张,均一事而互有伸诎,宁为无定之言,不敢执一以贼道。有自相跂鷔矣,无强天下以必从其独见者也。"

《读通鉴论》的内容主要反映在以下几方面。第一,提出了"理势合一"的历史观。他将唐代刘知幾、柳宗元等人运用过的笼统的"势"概念加以规定和阐扬,认为正像自然界演化过程有其固有之理一样,历史运动过程具有人的主观意志无法改变的必然之"势",并进而体现出当然之"理"。所谓"势",指历史变化发展的客观趋势;所谓"理",便是指这一趋势中所包涵的规律性。势、理不可分,"势因乎时,理因乎势","势之所趋,岂非理而能然哉!"撰者认识到人类历史是不断发展着的,其发展规律即表现在它的趋势中;他将势、理两方面结合起来分析,试图全面阐明历史运动是一个客观事实发展的必然过程。

这一历史发展观贯串于书中一系列具体论述中。如针对"三代盛世"的传统看法,撰者表示:"唐虞以前,无得而详考也;然衣裳未正,五品未清,婚姻未别,丧祭未修,狉狉獉獉,人之异于禽兽无几也。"通过揭示原始氏族社会生活状况,指出当时人类尚处于未开化状态,生活水平及社会制度都十分落后,根本谈不上所谓"盛世"。至殷周时代文明发轫,及秦汉时期的发展,中国社会才逐渐演进到文明昌盛时代,其盛况远非三代所可比拟。对于秦始皇时废分封制为郡县制,撰者认为是历史发展的必然趋势,符合历史进化规律,"郡县之制,垂二千年而弗能改矣。合古今上下皆安之,势之所趋,岂非理而能然哉?"后来汉初大封郡王,造成"吴楚七国之乱",西晋司马炎大封同姓王,"欲返古而召五胡之乱",都是违背历史规律的恶果。

第二,总结历代王朝政治的经验教训,试图从中找出明王朝灭亡的原因。书中对战国至五代的社会政治历史作出一系列剖析,并时常结合明朝历史加以评论,以引古鉴今,用古代史实论证明清易鼎的原因。撰者认为,风俗邪正与国事治乱密切相关。如西汉末年,"天下翕然信天命而废人事",使王莽得以假借天命而窃权,遂使西汉王朝走向灭亡。"惟至于天下之风俗波流簧鼓而不可遏……即令上无暗王,下无奸邪,人免于饥寒死亡,而大乱必起。风俗淫,则祸眚生于不测,亦孰察其所自始哉?"他认为西晋的灭亡并不单纯是"五胡乱华"所致,而主要归咎于"晋代吏民之相尚以虚浮而乐于弛也久矣……习于通脱玄虚之风……乱生于内而不可遏矣"。其次,撰者对历史上农民起义的原因和作用作了探讨,认为官吏贪暴、赋敛无度是逼迫农民铤而走险、揭竿而起的主要原因。而历代农民起义在推翻暴君统治、促成皇朝灭亡方面起了明显的作用:"陈涉、吴广败死而后胡亥亡,刘崇、翟义、刘快败死而后王莽亡,杨玄感败死而后杨广亡,徐寿辉、韩山童败死而后蒙古亡……其死亡也,乃暴君篡主相灭之先征也,先死以殉之可矣。"此外,书中还论证了历史上统治王朝的兴衰存亡与整个统治阶层的作为相维系,而非取决于君主一人的品性。"天子不成乎其为君,大臣不成乎其为臣,授天下以必不可支之形,而后不轨者公然轧夺而无所忌。""惟无所耻者,国家用之而必亡。"相反,昏君如有良臣辅佐,则国祚仍能得以延续。如"曹孟德推心以待智谋之士,而士之长于略者,相踵而兴。……迨于子桓之世,贾诩、辛毗、刘晔、孙资皆坐照千里之外,而持之也定。故以子桓之鄙、叡之汰,抗仲谋、孔明之智勇,而克保其磐固"。曹操的后代虽然无能,但借属下之力,终能在三国角逐中自立,反映了官僚集团在皇朝统治中的重要作用。撰者还结合明朝史实,对东汉、唐朝的宦官专权与朋党之争的由来及其恶劣影响进行专门剖析,以期对明朝社会政治的弊端作出批判。

第三,史学方法论的探索。撰者认为史学乃经世之学,著史应以讲明经世大略为职责。"所贵乎史者,述往事以为来者师也。为史者记载徒繁,而经世之大略不著,后人欲得其得失之枢机以效法之无由也,则恶用史为?"撰史应以"传信史"为宗旨,避免虚夸不实之辞,"史有溢词,流俗羡焉,君子之所不取"。更不能有颠倒曲直、混淆是非的"纤曲岿琐之说",否则,"其于世教与民生也,灾愈于洪水,恶烈于猛兽矣"。

《读通鉴论》是王夫之晚年史论的代表作。由于作者明确的反清立场,以及书中对"华夷之辨"的强调,故为清朝统治者所痛恨,将此书排斥于《四库全书》之外,即《四库未收书目》亦不著录。清末以后,随着民族主义思潮的高涨,此书又受到章太炎、谭嗣同等的褒扬,被充作驱除清廷统治的理论武器之一。

本书研究著作有李季平《王夫之与读通鉴论》(山东教育出版社,1982年)等。

(陈　墨)

宋论 王夫之

《宋论》,十五卷。王夫之撰。系《船山遗书·史类》中之一种。有《遗书》本和单行本。《遗书》本先出,其版屡绝。清同治初,曾国藩、曾国荃兄弟广为收辑王氏遗作,命刘毓崧、张文虎主校雠,在金陵刻书局刊行《船山遗书》五十六种,二百八十八卷,经史子集四类皆有。后其中史论两种(《宋论》及《读通鉴论》),因诵习者众,流传颇广,坊间多有翻刻,石印排印,不一而足,然皆自金陵刻本出,遂有单行本。今通行者,《遗书》本有同治本和民国本;单行本有《四部备要》本。金陵本虽校勘颇精,却仍有重大缺陷,凡触及当时政治忌讳者,或加改窜,或留空格。能补其不足者,惟民间流传的若干种钞本,如衡阳刘氏钞本,邵阳曾氏钞本等。

作者生平事迹见"周易外传"条。

本书是专评两宋史事之史论著作,体裁、观点与《读通鉴论》同,评论对象为史事而非史识、史德、史才、体例之类。全书十五卷,基本上以帝号为别,除末卷外,每帝一卷,其篇目依次为:卷一太祖,卷二太宗,卷三真宗,卷四仁宗,卷五英宗,卷六神宗,卷七哲宗,卷八徽宗,卷九钦宗,卷十高宗,卷十一孝宗,卷十二光宗,卷十三宁宗,卷十四理宗,卷十五度宗、恭帝、端宗、祥兴帝。每卷选择若干历史事件、历史人物,进行分析评论,于史实则略而不载。

《宋论》是王夫之史论的代表作之一,与《读通鉴论》齐名,学者论及往往两论并提,但就其价值言,显然逊色于《读通鉴论》。

与《读通鉴论》一样,在《宋论》中,王夫之亦有不少历史哲学的阐发。如其谓:"极重之势,其未必轻,轻者反之也易,此势之然者也。顺必然之势者,理也;理之自然者,天也。君子顺乎理而善因乎天,人固不可与天争,久矣。天未然而争之,其害易见;天将然而犹与之争,其害难知。争天以求盈,虽理之所可,而必过乎其数。过乎理之数,则又处于极重之势而渐以向轻。"(卷十)"天方授我,而我不知,力与天争,而天且去之矣。夫岂有苍苍不可问之天哉?天者,理而已矣;理者,势之顺而已矣。"(同上)这里,王夫之提出了历史事变的发展过程是一个必然之"势",在"势"之必然处,也就表现出当然之"理"。历史之"势",是社会运动的客观过程;历史之"理",便是这一过程所表现的规律性。此外,如其说:"时异而势异,势异而理亦异"(卷十);"势极于不可止,必大反而后能有所定"(卷八);"顺时中权"(卷七)等,均为其历史哲学之突出论点。

《宋论》的另一特点是"借古论今",笔锋常带感情,"然实为明人而发"(《刘毓崧《船山遗书》校勘记自序》)。如论北宋"朋党之争",其慨叹曰:"朋党之兴,始于君子,而终不胜于小人,害乃及于宗社生民,不亡而不息。宋之有此也,盛于熙、丰,交争于元祐、绍圣,而祸烈于徽宗之世。"(卷四)这里明指北宋"党争祸国",实为明万历以降炽烈的党争而发。又如论宋哲宗时"濮议"而对欧阳修不满,多所批评(见卷五),实为明嘉靖时的"大礼议"而发,批评欧阳修实即指摘张璁。至于贯穿全书的"夷夏之辨"观点、对北宋亡于女真、南宋灭于蒙古的感慨和愤懑,更是其亲身经历的传神写照。

就书论书,王夫之的许多论点亦属深刻,颇中肯綮,皆切于两宋之时弊,如认为宋积弱之势源于宋初对武将的猜忌和防范、赵普之佞、台省交哄、秦桧得势之因等,都很有见地,也反映了他的政治倾向。

本书与《读通鉴论》是很有影响的史著,尤对晚清影响更巨。梁启超在《中国近三百年学术史》中谓:"自将《船山遗书》刻成之后,一般社会所最欢迎的是他的《读通鉴论》和《宋论》。这两部自然不是船山第一等著作,但在史评一类书里头,所以说是最有价值的。他有他的一贯精神,借史事来发表;他有他的特别眼光,立论往往迥异流俗。所以,这两部书可以说是有主义、有组织的书……'攘夷排满'是里头主义之一种,所以给晚清青年的刺激极大。"

有关《宋论》的研究,有清刘毓崧的《船山遗书校勘记》,但其不足是避讳改窜。1964年中华书局刊行了舒士彦的标点校勘本《宋论》,此书在校勘时,利用了民间的钞本,补足和改正金陵刻本的空格和改窜,使《宋论》以其原有的面目出现;又《宋论》原本仅以帝号为卷序,点校本于每卷本中因其篇而标以一二三四等字,借代篇目,亦颇便读者。另有岳麓书社版《船山全书》校点本。

(徐洪兴)

罪惟录 查继佐

《罪惟录》，按是书《志叙》所称，原名《明书》。传本卷数不一，分别作一百二十卷、一百零二卷、九十卷等。查继佐撰。写定于清康熙十四年(1675)。稿本藏于仁和吴氏清来堂，后归吴兴刘氏嘉业堂。1931年张宗祥重为校订，作一百零二卷，1936年商务印书馆据此加注张元济校补，刊于《四部丛刊三编》行世。浙江古籍出版社1986年版方福仁点校本，作九十卷，分四册，为目前较好读本。

查继佐(1601—1676)，原名继佑，字三秀、支三，号伊璜、兴斋。浙江海宁人。明崇祯六年(1633)举人，寓居杭州西湖南屏授徒。清军南下时，投奔绍兴鲁监国，参加浙东抗清斗争，事败归隐故乡，拒不应聘入仕。后又迁居杭州，讲学于铁冶岭敬修堂，学者也称敬修先生。清顺治、康熙间，曾受迫害而两度下狱，死里逃生。出狱后更名左尹，号非人，别号东山钓史。一生著述颇富，惜大多散佚，仅有《鲁春秋》、《东山国语》、《国寿录》、《钓业》等数种传世。传见其门生沈起《查东山年谱》、《东山外纪》等。

《罪惟录》之作，始于清顺治元年(1644)，次年撰者因奔绍兴抗清而中止著书。兵败后返乡，至康熙十一年(1672)作成初稿。依其年谱所记，此书于康熙十四年写定。其间有文字狱，即庄廷钺《明史》案发，撰者也被牵连，故后来取《孟子·滕文公下》引孔子曰"罪我者其惟《春秋》乎"之义，隐去所作之书初名，并谓"若夫《罪惟录》得复原题之日，是即左尹得复原姓名之日"(卷首《东山自叙》)。当然，《罪惟录》的体例与《春秋》并不切合。本书材料来源，一部分为搜访所得，其叙称"耳采经数千人"，特别是明末及鲁王政权史实为撰者所亲历；一部分采自明修国史、实录和朱国桢《史概》、庄廷钺《明史》等。明末清初黄尊素、黄宗羲父子有《时略》、《续时略》两书，记嘉靖至崇祯朝史事，宗羲曾任职于鲁监国府，上述两书也可能为查氏所本。

《罪惟录》系纪传体断代史，所记明史及南明史，皆用明年号纪元。全书分纪、志、传三大部分。凡帝纪二十二卷，自明太祖至毅宗十六朝，其中英宗正统、天顺间记事分为两纪，南明福王立安宗纪,鲁王、唐王、桂王、韩王立附纪于后。撰者以此附记形式,反映了南明四王政权的地方性与合法性,合于历史实际;同时表明了抗清的立场和气节,这与清官修《明史》的记载角度完全不同。志三十二卷,不仅名目齐备,记述范围广泛,而且能针对明代政治、经济制度的特点,首创诸多志目,充分体现了撰者"经史致用",以待后人借镜的治史主张。如创立《直阁》、《锦衣》、《宗藩》、《九边》等志,撰述明代内阁制、厂卫制、分封制下的政治及边防之得失;创立《屯田》、《漕运》等志,撰述明代卫所制下的经济及经济中心的南移。其他各志内容也多有不同于前代之处,为后人研究明史提供了宝贵材料。这一特色也为清官修《明史》所不及。

列传皆类传,无专传,分作三十六类,共记二千余人。撰者叙称"欲以其言附《春秋》与《左传》为千古所奇",故注重于列传的总论及论赞中品评人物,并首创如《播匿》、《荒节》、《经济》、《乘时》等类传名目,以寓褒贬是非。有关明代燕王"靖难"、英宗"夺门"的记载,为本书的重点内容之一。所设《荒节传》皆记迎降之臣,《播匿传》则记"守节尽忠"、"流离逃匿"之士,而《乘时传》、《经济传》各含"逢君植党"和"经世济国"的褒贬之意。其目的在于弘扬正气,但这种编史手法并不足取。

关于明代"靖难"、"夺门"和明清易代之际的史事,多为清官修《明史》及王鸿绪《明史稿》、傅维麟《明书》所有意讳没,而《罪惟录》所记较为翔实,基本反映了这些史事的本来面目,可补他史之不足。另如记明末李自成起义的事迹,本书也基本能据事直陈,其识见远胜于同时期的官私载籍。

《罪惟录》的缺陷,主要是取材与记事有所失考,间有囿于见闻或自相抵牾之处。有的列传分类不尽允当,有的志文存在"文人写史"之弊。但其不失为有独特价值的史书,向与万斯同《明史稿》、谈迁《国榷》、张岱《石匮藏书》并称于世。

《罪惟录》曾沉埋二百余年,后世对此书的研究尚不足,主要可参见近人缪荃孙《艺风堂文漫存》、今人谢国桢《晚明史籍考》等书的相关部分。

(吴仁杰)

读史方舆纪要 顾祖禹

《读史方舆纪要》，一百三十卷。顾祖禹撰。成书于清康熙十七年(1678)。有康熙丙午(1666)本(仅五卷)、嘉庆辛未(1811)龙万育活字本、光绪己亥(1899)邹代过三味书室刻本、1937年商务印书馆《国学基本丛书》本、1955年中华书局排印本。中华书局本以《国学丛书》本为底本，参校光绪己亥本，末附校记。上海古籍出版社1992年影印上海图书馆藏该书稿本，而过去种种版本均是以抄本为母本刊印，此稿本曾经作者改订，与通行本有所不同，因此颇具校勘和使用价值。中华书局2005年出版贺次君、施和金校点本。

顾祖禹(1631—1692)，字景范，一字端正，别号宛溪。江苏无锡人。幼承家学，熟读经史。稍长，博览群书，尤嗜地理之学。清康熙十三年至十五年间(1674—1676)曾出游闽浙。北归后即为徐乾学延致，参与编纂《大清一统志》。晚年先后与阎若璩、黄仪、胡渭、刘献廷等学者共事相识，切磋学问。一生淡于名利，不求闻达。另著有《方舆书目》、《四书正旨》、《书经正旨》、《宛溪诗文遗稿》等。《清史稿》卷五〇六、《清史列传》卷七〇、《国朝耆献类徵》卷四一五、《无锡金匮县志》卷二一、《文献徵存录》卷三、《通艺阁文集》卷五有传。

撰者《总叙》称是书系受父遗命而作。自清顺治十六年(1660)二十九岁时开始编纂，"穷年累月，矻矻不休。至于舟车所经，亦必览城廓，按山川、稽里道，问关津，以及商旅之子、征戍之失，或与从容谈论，考核异同"。前后历经二十年，十易其稿，至五十岁时始告竣。生前仅其中《历代州域形势》五卷由无锡华氏刻印。

《读史方舆纪要》系中国历史地理学名著。全书共一百三十卷。前九卷总论自唐虞三代至元、明时期的历代疆域形势、政治区划及其沿革。余一百十四卷为全书主干，分叙明朝两京(直隶、江南)十三布政司(山东、山西、河南、陕西、湖广、四川、江西、浙江、福建、广东、广西、云南、贵州)及所属府、州、县之地理形势，内容涉及城镇、山川、关隘、桥梁、驿站等。最后七卷，六卷述川渎异同，阐论历代地理书中对河渠水利的记载；一卷述分野，胪列历代史志中有关星宿分野的见解。书前有自撰《总叙》三篇,叙述编纂目的及过程;有《凡例》二十六则,叙述卷次排列之义及全书要旨。并有魏禧、彭士望、熊开元、吴兴祚所撰序言。书末附录《舆地要览》四卷,有当时全国总图、各省分图、边疆分图以及黄河、海运、漕运分图。

本书在内容编纂上的特点,一是依靠历史文献资料研究地理。撰者一生只到过福建、浙江和北京等少数地方,因而主要依据书本知识编纂,"远追《禹贡》、《职方》之说,近考春秋历代之文,傍及稗官野乘之说,参订百家之志"(总叙)。撰者搜罗广博,取材慎重,考订精详,故此书并没有因未作实地考察而降低学术价值,且对前人记载中的错误多有匡正。如有关西南诸川的源流,曾作过实地考察的徐霞客未能纠正《大明一统志》的错误记载,而未身历其境的顾祖禹却能在此书中辨别清楚。又如汉代长安的昆明池系仿照昆明国叶榆泽(今云南洱海)而凿,晋朝学者却将滇池当作今洱海,这一误见流行了一千多年,直至顾祖禹撰写本书卷一一三《西洱河》条,方才将两者的关系弄清楚。

二是"以史为主,以志证之;形势为主,以理通之"(彭士望序)。是书不同于过去以疆域、建置沿革、山川、古迹、城池、风俗、职官、人物等为主要内容的舆地著作,而是"以古今之方舆,衷之于史,即以古今之史,质之以方舆,史其方舆之向导乎,方舆其史之图籍乎"(凡例)。将历史作为研究方舆的门径,而把方舆作为历史过程的图示。这种将时间与空间相结合,亦即历史与历史地理相结合的叙述研究方法,无疑为此书所首创。

三是具有明显的军事地理色彩。撰者痛感于明朝统治者不善利用山川险要作战,因而最后遭致亡国。故一反以往舆地志书偏重于名胜古迹的叙述。而于地势险易与古今战守攻取之宜叙述十分详尽。每叙一地,皆列其位置,述其沿革,随之从历史上穷源探本地阐论其军事上的价值。每省首卷,都以疆域和山川险要作为开端,而对各省形势及军事上的重要性,也都撰写总叙一篇加以说明。以至清末张之洞所撰《书目答问》,将此书归入于兵家类。

《读史方舆纪要》是清代最杰出的一部地理学著作,自问世后一直备受学者推重。江藩认为:"读其书,可以不出户牖而周知天下之形胜。为地理之学者,莫之或先焉。"(《国朝汉学师承记》)乾隆《无锡县志》称"自禹贡、职方、桑经、郦注而下,一大归宿也"。视此书为明朝以前我国历史地理学的总结。梁启超亦推崇此书"体裁组织之严整明晰,古今著述中盖罕其比"(《中国近三百年学术史》)。是书以其规模之宏大、取材之丰富、体例之完备、记载之翔实、考订之严密,至今仍属历史与历史地理研究领域的必备之典籍与必读之书。

日本学者青山定男编《〈读史方舆纪要〉索引》(1933年版),完整辑录了全书三万多条地名及相关词语,每条附注原书卷次及按1931年中国行政区划所在的位置,对使用本书颇有帮助。

(张荣华)

左传纪事本末 高士奇

《左传纪事本末》，五十三卷。高士奇撰。约成于清康熙二十九年(1690)。通行本主要有光绪间上海书业公所崇德堂排印本、高氏刊本、诸坊刻本，以及商务印书馆《国学基本丛书》本，中华书局杨伯峻点校本等。

高士奇(1645—1704)，字澹人，号江村。浙江钱塘(今杭州)人。清康熙时，官任额外翰林院侍讲、日讲起居注官等。高氏一生著述甚丰，有十几种与康熙帝活动有关的随扈著作，如《松亭竹纪》、《扈从东巡日录》、《塞外小钞》、《扈从纪程》等。另著有《春秋地名考异》。传见《清史列传》卷十和《清史稿》卷二七一。

南宋章冲曾将编年体的《春秋左氏传》改编为纪事本末体的《春秋左氏传事类本末》(刊行于宋孝宗淳熙十二年)。清初马骕又作《左传事纬》，比章书有所改进。高士奇在此基础上，著成《左传纪事本末》。该书取舍得当，编次条理，高于章冲书，较之马骕书则各有所长。韩菼在《左传纪事本末·序》中赞曰："盖先生经学湛深，雅负史才，在讲筵撰《春秋讲义》，因殚精竭慎，条分囊括，而为是书也，征远代而如在目前，阐微言而大放厥旨。事各还其国，而较《外传》则文省而事详；国各还其时，而较《内传》仍岁会而月计，足补故志。"评价极高。

《左传纪事本末》一书以周、鲁、齐、晋、宋、卫、郑、楚、吴、秦列国为序，类别《左传》旧文为五十三事。分别为：周四卷、鲁十一卷、齐七卷、晋十一卷、宋三卷、卫四卷、郑四卷、楚四卷、吴三卷、秦一卷和列国一卷。在编纂过程中，广泛参考《公羊传》、《穀梁传》、《国语》、《史记》及其他先秦、秦汉有关经史和典籍，于春秋大事基本载录无遗。在述写手法上，对陈、蔡、曹、许等国事则微而略之。在列国次序的排列及其落笔之轻重缓急上，均有独特见解。如《凡例》所言："首王室，尊周也。次鲁，重宗国也，春秋之所托也。次齐、晋，崇霸统也。次宋、卫、郑三国，皆为与国，其事多，且《春秋》中之枢纽也。次秦，志其代周，且恶之也。陈、蔡、曹、许诸小国，散见于诸大国之中，微而略之也。晋、楚之争霸，俱详晋事中，晋为主，楚为客也。"由此可见一斑。对史实加以补订考释,一曰"补逸",二曰"考异",三曰"辨误",四曰"考证",五曰"发明",为本书重要特点。《左传纪事本末·序》对此申之颇详:"左氏能传经之所无,亦时阙经之所有。又参以二传,每多不同;好语神怪,易致失实,而自啖、赵以来,多有舍传立说,独抱遗经以终始者矣。先生特为起例,皆袁(枢)氏所无有……于是乎不遗一传,曰'补逸'。经义微婉,寻涂自殊,既各专家,无取单行,于是乎不党一传,曰'考异'。文人爱奇,贪于捃拾;史家斥诬,须勇刊弃,于是乎裁传以存传,曰'辨误'。理所难明,每以旁曲而畅;辞所驰骤,要以根柢为安,于是乎错传以佐传,曰'考证'。好学深思,心知其意,申解驳难,惟其宜适,于是乎舍传以释传,曰'发明'。"《凡例》亦道:"三代、秦、汉之书,经史诸子,杂出繁多,且与《左氏》相表里者,皆博取而附载之谓之'补逸';其与左氏异同迥别者,并存其说,以备参伍,谓之'考异';其有踳驳不伦、传闻失实者,为厘辨之,谓之'辨误';其有证据明白、可为典要者,别而志之,谓之'考证';参以管见,聊附臆说,谓之'发明'云。"这五项是南宋袁枢以来各本末类书所无,乃高氏之创新。

除此之外,作者又于每篇末写了史事评论,概括地介绍了各篇的内容,有助于了解春秋史迹的演变。

(朱顺龙)

明史稿 万斯同

《明史稿》,三百十卷。万斯同撰,王鸿绪删改。成书于清康熙三十八年(1699)。有雍正元年敬慎堂刻本。北京图书馆另藏有三百十三卷本和四百六十卷本,撰人不详。台湾文海出版社于1962年据敬慎堂刻本影印。

万斯同(1638—1702),字季野,号石园。浙江鄞县(今宁波)人。南明鲁王监国时授户部主事。清康熙十七年(1678)拒应博学鸿儒科,次年以布衣参与撰修《明史》,不受俸,不署衔。后客死京邸。著作尚有《历代史表》、《儒林宗派》、《石园文集》等。《清史稿》卷四八九有传。

清康熙十八年开设明史馆后,由万斯同笔操全局,纂修官史稿每至,皆由其审定。历十余年而成五百卷。万斯同卒后,书稿经王鸿绪删削改编,纂成《明史列传》二〇五卷,于康熙五十三年进呈;后又取"志"、"表"、"本纪"之初稿,删改河渠、食货、艺文、地理等志,去功臣、戚臣、宦幸之表,改大臣上为宰辅、大臣中下为七卿,至六十一年(1722)冬,又删改本纪,合订成《明史稿》。

本书为纪传体明史,包括本纪十九卷,志七十七卷,表九卷,列传二〇五卷。本纪分叙明代十六帝大事,所占篇幅甚少,而尊重史实,如建文帝年号于成祖夺位后革除,本书则专立建文帝本纪一卷;英宗削泰帝号,情形与建文事相似,本纪中也处理得当。清钱大昕云:"其例有创前史所未有者。如《英宗实录》附景泰七年事,称郕戾王,而削其庙号,此当时史臣曲笔。今分英宗为前后两纪,而列景帝于中,斟酌最为尽善。"(《十驾斋养新录》卷九)

志七十七卷,区为天文、五行、历、地理、河渠、礼、乐、仪卫、舆服、选举、职官、食货、兵、刑法、艺文十五目。《天文志》三卷,比较系统地介绍了明太祖至崇祯年间仪象的发展和天文现象的变化。《五行志》三卷,专记"祥异"之事。《历志》十一卷,介绍明代历法中对于西洋新法的采用与创新;志文中除表以外还有图,与诸史不同;全志以大统历为主,附以回回历。《地理志》五卷,南北两京及十三布政使司各有总述,论其沿革,其后以府、州、县分述,并附都司、卫、所的设置沿革,内容详尽。《礼志》十四卷,分叙吉、嘉、宾、军、凶五礼,于明代政治及社会状况多有反映。《乐志》三卷，记述明代乐器、乐章之制，以礼为本，乐随礼行。《仪卫志》一卷、《舆服志》四卷，内容与礼制相关，记述较详，其体例仿《宋史》，较前史更为完善。《选举志》三卷，分述学校、科目及荐举、铨选、考察等；明初重荐举，永乐以后科目渐盛，志文中叙述较详；其夹叙制度与事例，便于阅读。《职官志》五卷，在诸志中颇具重要性，因太祖朱元璋罢丞相，成祖朱棣始设内阁，志文采取由朝廷至地方、由文及武、由内及边的方法，记述明代职官制度的重大变化；南北两京官署以北京为主，南京官署立于后，记述颇简；全志内容载内阁不详，而详于六部。《食货志》六卷，分叙户口、田制、赋役、漕运等，与王原《明食货志》内容基本相同。《河渠志》六卷，依旧史之例分河而记明代水利状况，内容着重于河工及漕运。《兵志》六卷，因明朝困于南倭北虏，军事至为重要，而形势所变又使军制屡更，其间沿革变化，志中记载详尽。《刑法志》三卷，分述律文、司法、厂卫等。《艺文志》四卷，出自目录学家黄虞稷之手，依四部分类法著录明代图书，经部书目九〇五种，史部一三一六种，子部九七〇种，集部一三九八种，共计四五八九种。

表九卷，其中诸王世表五卷，宰辅年表二卷，七卿年表二卷。无功臣世表三卷和外戚恩泽侯表一卷，比《明史》少四卷。"七卿年表"为本书首创，钱大昕云："盖取《汉书·公卿表》之意。明时阁部并重，虽有九卿之名，而通政大理非政本所关，则略之。南京九卿亦闲局，无庸表也。"(《十驾斋养新录·评〈七卿年表〉》)。七卿即吏、户、礼、兵、刑、工六部加上都察院都御史，为有明一代政体之本。另外《宰辅年表》初列左、右丞相，平章政事，左、右丞，参知政事，至洪武十三年(1381)革中书省并左、右丞相，左、右丞及参知政事，不再记述。

列传二〇五卷，构成《明史稿》主体。包括《后妃传》二卷，《诸王传》四卷，《公主传》一卷，《诸臣传》一四九卷，《循吏传》一卷，《儒林传》三卷，《文苑传》四卷，《忠义传》八卷，《孝义传》一卷，《隐逸传》一卷，《列女传》一卷，《方伎传》一卷，《外戚传》一卷，《宦官传》二卷，《佞幸传》一卷，《奸臣传》二卷，《流贼传》一卷，《土司传》十卷，《外国传》八卷，《西藏传》四卷。列传基本沿旧史体例，创新的有《阉党》、《流贼》、《土司》等传。读《阉党传》序文可知撰者对明亡之鉴的探讨。《流贼传》自唐赛儿起义论起，直至李自成、张献忠亡明。《李自成传》长达万余言，在列传中字数最多。在诸臣传中亦因类分卷，不尽以父子及孙等为传，其方法是因事而分。《郭子兴传》、《韩林儿传》虽为明建国前群雄，但与朱元璋关系不同，亦列为一卷。另外还多用以事附传的方法，如卷一八九《夏良胜传》，附与夏同下诏狱者万潮、陈九川、马衍瑞、姜友、徐鏊等人。

《明史稿》因为是《明史》稿本之一，专门研究它的著作不多，可参考有关《明史》研究的论著。也可参考陈守实《明史稿考证》一文(见《国学论丛》一卷一期，1927年)，柳诒徵《明史稿校录》(见江苏国学图书馆年刊四期,1931年)、《万季野明史稿流散目录》(见《国风半月刊》四卷六期,1934年),以及今人朱端强《万斯同与〈明史稿〉修纂纪年》(中华书局,2004年)。

(雷汉卿)

纲鉴易知录 吴乘权

《纲鉴易知录》，一百零七卷。吴乘权撰。成书于清康熙五十年(1711)，同年刊行。版本计有二十余种，其中扫叶山房石印本较为通行。中华书局1960年出版校点本。

吴乘权(1655—1719)，字子舆，号楚材。浙江山阴(今绍兴)人。早年屡试不第。二十四岁后投奔族伯福建巡抚吴兴祚，充作幕宾数十年。晚年则为浙闽总督范时崇延入幕府。另编撰有《古文观止》、《小学初筵》等。生平见《山阴州山吴氏族谱》卷末附传。

《纲鉴易知录》系编年纲目体通史，记事上起远古，下迄明亡。卷前有自序、发凡及吴存礼叙。全书一百八十七万字，内容分作四部分叙述。前编四卷，自盘古开天地至周威烈王二十三年(前403)，主要依据元金履祥《通鉴前编》和宋刘恕《通鉴外纪》纂辑；正编五十九卷，自战国迄五代末，主要以朱熹《资治通鉴纲目》为蓝本；续编二十九卷，叙列宋、元两代史事，主要采用明商辂《通鉴纲目续编》，明纪十五卷，主要依据清朱国标《明纪钞略》而辑成。在编纂形式上，前编与明纪部分称纲、纪，正续编称纲、目。撰者于正文之下时作注语，分别为"书法"、"发明"、"广义"、"音注"、"批"等。

《纲鉴易知录》荟萃旧有编年史籍，摘要删繁，"细加斟酌，事之原委，人之始末，起伏照应，明若观火"(发凡)，将上下数千年史事融汇于一编；历代重大政治事件，以及有影响的历史人物的主要活动和业绩，皆为是书所网罗。可谓疏理得法，内容简要。另外，撰者于书中所加注语。对历代人名、地名、文字音义等多有训释，虽无甚价值，但便于初学者阅读。

撰者长于删繁就简，但短于史实考辨，故对所据史籍记载中的舛误，往往因袭不改，以讹传讹。如清朱国标《明纪钞略》在叙述明初建文帝存亡问题时，照抄谷应泰《明史纪事本末》所述逊国出走的无稽之谈；是书亦不加辨析，全盘照录，并记述建文帝出走之事先后达三十九年之久。撰者正统观念十分浓厚，并于书中多有反映。在记载五代以前史事方面，是书完全以朱熹《资治通鉴纲目》中的义例、是非为标准。如在东汉末年的三国纪年问题上，是书不取《资治通鉴》以魏国年号纪年的合理做法,而是一如朱书,将正统归之于蜀,以蜀国年号纪年,并将魏、吴置为"二僭国"。

《纲鉴易知录》向以内容简明得体见称,清吴存礼曾誉之为"雅俗共赏"(叙)。作为清代的历史教科书,是书问世后长期起着引导初学者读史的津梁作用。

(陈　墨)

南疆逸史 温睿临

《南疆逸史》，五十六卷。温睿临编撰。约成于清康熙后期(1702—1722)，未刊。已知有三种钞本，卷数各异。1915年上海国光书局铅印出版四十六卷本。1959年中华书局据傅以礼长恩书室钞本断句，校以国光本，出版了目前最为完备的五十六卷本。另外，清道光时李瑶曾据另一钞本改编成《南疆绎史勘本》三十卷刊行，较为流行，但有损原作精神。

温睿临，字令贻，一字邻翼，号哂园。浙江乌程(今湖州)人。生卒年不详。清康熙四十四年(1705)举人，官至内阁中书。善诗文。除《南疆逸史》外，有《山响楼集》(其书室名山响楼)、《哂园文集》等。《碑传集补》卷四五、《颜李师承记》卷二有传。

明清易代之际，私撰南明史著及搜罗遗闻之风颇盛，明史馆就收集有大量这方面著作。与本书作者相交甚深的明史专家万斯同，当时正供职于明史馆，鉴于南明史事"纪载寥寥，遗缺者多"，劝温睿临趁"故老犹存，遗文尚在"(凡例)，修撰一书。在万的建议与帮助下，温睿临乘闲居京邸之时，以明史馆收集的史料及徐秉义所编《明季忠烈纪实》为基础，博稽野史，荟萃诸书，参考了《绥寇纪略》、《明季遗闻》、《幸存录》、《三垣笔记》、《弘光实录》等四十余种记述南明弘光、隆武、永历三朝史事的野史笔记，并"正其纰缪，删其繁芜，补其所缺，撰其未备"(凡例)撰成《南疆逸史》。

《南疆逸史》是一部纪传体南明史，其所以取名"南疆"，是因为南明各政权所占势力皆在南方而不及北土。书首有《自序》又《凡例》二十则。卷一至卷四为《纪略》(据中华书局本，下同)，分别记安宗(福王朱由崧，年号弘光)、绍宗(唐王朱聿键，年号隆武)、永历帝(桂王朱由榔)、监国鲁王(朱以海)的遗事。南明各朝君王位虽不终，亦自帝其地，各有政教，理当以正史体裁中的"本纪"来记载；为避清朝，且事不得其详，故称"纪略"。

卷五起为《列传》，记载南明时期的各类人物。若传主行迹众多，则列为专传，如卷五记史可法；若传主事迹较少，则以事以时合数人为一卷，如卷二一记瞿式耜、张同敞、何腾蛟、堵胤锡。诸传的顺序，先福王诸臣，次唐王诸臣，次鲁王诸臣，次桂王诸臣；有历事三朝者，则从其重要经历之所在。卷三三至卷三五为南明守土诸臣的合传,卷三六至卷三九为死于南明王事诸臣的合传,卷四十至卷四一为《隐遁列传》,卷四二至卷四四为《逸士列传》,卷四五至卷四七为《南明义士列传》,卷四八为《明宗藩列传》,卷四九至卷五三为《武臣列传》,卷五四为杂传,卷五五为《逆臣金声桓传》,卷五六为《奸佞列传》。列传中的人物有事逮崇祯的、其南渡之前的行事仅撮要数语,而将叙述重点放在南明时期。撰者在书中所作史论文字,以"逸记曰"形式在各卷卷末出现。

在《自序》中,陈述本书修撰宗旨:"土宇反复,攻守纷错,政令互易,兴亡、成败、得失之迹,不可泯也;忠佞杂陈,贤奸各出,奇才策士之谋略,武夫猛师之攻伐,老成正直之持论,诙诡欺罔之诡辨,与夫忠义奋发,凌霜犯雪之操,叛逆肆毒,狐媚虎噬之状,不可略也。"在记述南明史事的同时,温睿临探讨明亡原因,指出"服虚名不采实用"、"别流品不求真才"、"争浮文不念切效"为明之三大积弊,意在儆戒;并大力彰扬忠烈节义,痛斥叛逆奸佞,以示褒贬。本书列南明四王为纪,用南明纪元而不用清朝年号,表现出作者对故国旧都的怀恋,这在全书,特别是在史论文字中,都有所反映。

相较于当时众多的同类著述而言,《南疆逸史》算得上是一部写得比较成功的南明史。因成书年代距南明较近,书中资料的原始性又是后出的《小腆纪年附考》、《小腆纪传》等书所难以具备的。

清乾嘉年间学者杨凤苞曾撰有《南疆逸史十二跋》,对研究《南疆逸史》及有关南明史料极有帮助,向为治南明史者所重,中华书局本《南疆逸史》末附有此十二跋。

(王 浦)

明史 张廷玉等

《明史》,三百三十二卷。张廷玉等撰。成书于清雍正十三年(1735)。流行版本达十余种,其中较好的有清乾隆武英殿初刊本、开明书店二十五史本、商务印书馆影印百衲本、中华书局校勘标点本、上海古籍出版社《二十五史》本。中华书局1974年本以武英殿本为底本,并据《明实录》、《明会典》、《大明一统志》、《明经世文编》、《国榷》等书校勘,是目前使用较方便的读本。

张廷玉(1672—1755),字衡臣,号砚斋。安徽桐城人。清康熙三十九年(1700)进士,选庶吉士。历任检讨、侍讲学士、内阁学士等。五十九年授刑部侍郎。世宗即位(1722),升礼部尚书。雍正元年(1723)加太子太保,兼翰林院掌院学士,调户部。四年后历任文渊阁大学士、文华殿大学士、保和殿大学士,兼吏部尚书,加少保。设军机处时,张廷玉为其定规制,从此大学士充军机大臣。乾隆四年加太保。卒谥"文和"。先后充任《康熙实录》副总裁,《雍正实录》总裁,会典馆、明史馆总裁等。《清史稿》、《清史列传》、《碑传集》等书有传。中华书局出版有校点本《张廷玉年谱》。

顺治二年(1645),清廷下令开馆修纂《明史》,由冯铨、洪承畴等主持。当时政局未定,南明政权正与清朝隔江对峙,张献忠的大西政权也仍然存在;加上史料的匮乏和人力的不足,修史之事不久即中辍。康熙四年(1665)重开史馆后,仅成《清世祖实录》数十卷。直至康熙十七年开博学鸿词科,次年重开史局,《明史》的修纂方取得显著成绩。至雍正元年(1723),形成包括纪、志、表、传在内的稿本三百十卷,署王鸿绪撰《明史稿》,即今通行的《横云山人史稿》,其中大半内容实由万斯同手定。是年续开史馆,诏张廷玉等充任总裁官修订。时馆中旧稿已散失,张氏等人遂以王稿为蓝本,历十余年修改增损,并加论赞,至雍正十三年十二月纂成《明史》全书,乾隆四年(1739)正式刊行。自设馆修书至刊行问世,已历时九十五年之久。

《明史》系纪传体史著,记明太祖洪武元年(1368)至思宗崇祯十七年(1644)共二百七十七年之历史。计有本纪二十四卷,志七十五卷,表十三卷,列传二百二十卷,目录四卷。卷帙之巨,于二十四史中仅次于《宋史》。

本纪二十四卷,记明代十六帝之事,依编年形式分帝而述,简明扼要,堪称全史之纲。分卷颇以史事轻重为断,而不尽拘泥于时间长短。如太祖、成祖分别在位三十一年,二十二年,本纪各占三卷;世宗、神宗分别在位四十五年、四十八年,本纪则各占二卷,庄烈帝在位十七年,亦占二卷。本纪的一个明显缺陷,是未能给南明诸帝立纪。王氏《明史稿》尚有《三王传》,卷附于本纪之末,叙述南明福王、唐王、桂王之事,而《明史》则删去此传,将三王之事附见于各始封王之后,使南明历史被人为淹没。

志七十五卷,分天文、五行、历、地理、礼、乐、仪卫、舆服、选举、职官、食货、河渠、兵、刑法、艺文十五目。《天文志》三卷,展示明代天文学的发展,叙述天文仪器及天文现象的变化。《五行志》三卷,记自洪武至崇祯间所谓"祥异"之事,无甚价值。《历志》九卷,以大统历内容为主,有表有图,便于取览。《地理志》七卷,有南、北两京及十三布政使司之总述,有府、州、县之分述,并附都司、卫、所之设置沿革,内容详尽,亦间有漏误。《礼志》十四卷,于吉、嘉、宾、军、凶礼叙述较详,于官民之礼则过于简略。《乐志》三卷,《仪卫志》一卷,《舆服志》四卷,内容均与礼制有关,仿《宋史》体例分立而述。《选举志》三卷,分叙学校、科目以及荐举、铨选,其体例为制度与事例夹叙,使人易读易晓。《职官志》五卷,采取由中央至地方,由文职及武官,由内地及边疆的记叙方法。于吏、户、礼、兵、刑、工六部叙述详尽,并立宦官专篇,记述宦官二十四衙门及诸库、房、厂、提督等职。但对明代内阁作用及设置之突出,则有忽略之失。《食货志》六卷,系据王原《明食货志》增减而成,其中错误之处较多。《河渠志》六卷,依旧史之例分河而叙,着重于河工、漕运。《兵制》四卷,记明代军制沿革变化颇为清楚。《刑法志》三卷,首叙明代律文,次述法司及刑法执行情形,并详记厂卫之事。《艺文志》四卷,依经史子集排述,专收有明一代之书四五八九部,为研究明代学术所不可或缺。

表十三卷,其中《诸王世表》五卷,《功臣世表》三卷,《外戚恩泽侯表》一卷,《宰辅年表》二卷,《七卿年表》二卷。七卿指六部尚书及都察院都御史,为明代罢除宰相制后的政体之本。七卿表为前史所无,其创设反映了明代官制的特点。

列传二百二十卷,类目有后妃、诸王、公主、循吏、儒林、文苑、忠义、孝义、隐逸、方伎、外戚、列女、宦官、阉党、佞幸、奸臣、流贼、土司、外国、西域等。其中阉党、流贼、土司三传,是《明史》新增之目,为前史所未有。除以类分传外,其余未标类传之名的,亦多按内容性质以类相从,而未尽以父子及孙等为传。此外,以事附传之体例,亦多见于列传之中。

《明史》体例的整齐完备,是清代以来学者的公论。赵翼《廿二史劄记》卷三十一曾从五方面予以阐发。(一)排次恰当。《明史》立传,如有大事可记,虽为父子兄弟,亦单独立传;如事迹在同一时期,且主次清楚,则作合传。(二)编纂得当。《宋史》数人共事者,必各立一传,而传中又不彼此互见。《明史》则数十人共一事者,举一人立传,而同事者即各附一小传于此人传后;即使同事者另有专传,而此事不复详叙,指出"语在某人传后"。(三)附传得宜。如《夏良胜传》后附因谏止武宗南巡,而遭到责罚的一百四十余人的简况。《史可法传》后附文臣同死扬州之难者数十人略传,武臣则尽附于《刘肇基传》后。四、用心忠厚。对人物评议,事之功罪,轻重务得其平。如李东阳、张居正、熊廷弼、袁崇焕等人,功过互见,而立传多存大体;张辅随英宗北征,土木之难,逃归自缢,传中则称其死土木之难,盖张辅四朝勋德,故著其优而略去小疵。五、多载原文。诸臣奏疏,凡切中时弊者,多经采录。如蒋钦之劾刘瑾,沈炼、杨继盛之劾严嵩,杨涟之劾魏忠贤,皆照抄其奏疏原文。嘉靖中大礼之议,王澄等主考孝宗,张璁等主考兴献王,各有一是,则并存其疏,使阅者彼此参见。

具有较高的史料价值,是《明史》的另一长处。这是因为作者在史料的选择与史实的考订方面,都下过相当功夫。有明一代,保存了大量官私修纂史籍、政书、文集、笔记,以及众多的公文、奏疏、档案等,这些都成为清修《明史》的依据。纂修者在征引这些材料时务求真实得体,不确凿的材料一概弃而不用。一些流传较广的材料,虽非事实,《明史》则姑存其说,并指明其不足为信。遇记载不一而难定是非之处,则取存疑之法,"两造异同之论,一切存之,无轻删抹,而微其论断之辞,以待后人之自定"(顾炎武《与次耕书》)。如《恭闵帝本纪》记建文帝逊国之事:"宫中火起,帝不知所终。燕王遣中使出帝后尸于火中,越八日壬申葬之。"后又称"或云帝由地道出亡"。并著建文帝焚死、逃逸诸说。除存疑互见外,纂修者对明代史实亦多有考辨审订。如朱彝尊《史馆上总裁第四书》,专文考辨建文初燕王入朝之不可信、成祖备礼葬建文之说不可信、天下大师墓之不可信、《从亡随笔》之不可信、《致身录》之不可信。这些论证,均在修纂《明史》时被采纳。

《明史》的缺陷,首先表现在疏漏抵牾之处较多。如《于谦传》云"(朱)骥自有传",《孙铖传》云"(张)宗衡自有传",但上述两人在书中均未立传。《艺文志》体例限定不录前代著述,但所录邓名世《古今姓氏书辨证》四十卷,乃宋人之作。对明人著作也有不少漏误,一些已写入列传且注明卷数的书也未录入,如余祐《性书》三卷、娄谅《日录》四十卷等。顾起元《说略》三十卷,则误记六十卷。以至清代尚存的书,如夏尚朴《东岩文集》、湛若水《格物通》、陶宗仪《书史会要》、王圻《续文献通考》等亦缺而未录。此外,在表、志、传之中,亦有述史不一之处。如《诸王世表》记吴悼王允熥卒于永乐十三年,《吴王允熥传》则作永乐十五年卒。《徐光启传》记所进《日躔历指》一卷,《艺文志》作四卷。

如果说上述讹误多由众手成书、修纂日久的原因所致,则《明史》的真正缺陷在于有意掩蔽史实。如清之祖先女真部,于明代入朝进见、上贡、袭替、改授等活动甚多,均清代发祥后为明代之臣的明证。清统治者为表明祖先从未臣服过明代，不惜将自己祖先三百年间的历史全部删除。"于是女真之服而抚字，叛而征讨，累朝之恩威，诸臣之功过，所系于女真者，一切削除之。"（孟森《明史讲义》第一章）清入关后南明诸朝廷的活动，也是书中着意隐讳的史实。自弘光朝、隆武朝、绍武朝、永历朝至鲁王监国的二十年南明之史，《明史》皆予隐讳，不承认南明帝号，而将其事略述于诸王传中。

《明史》是二十四史中比较成功和完善的一部史著，自成书以来，对它的研究一直未中止过。清人钱大昕《十驾斋养新录》，赵翼《廿二史劄记》、《陔余丛考》，潘柽章《国史考异》等皆有专文考订质疑。全面考订《明史》之作，则以清末王颂蔚《明史考证攟逸》最早。此书系王氏将乾隆四十二年（1777）纂修官所作考证修订之本抄录，辑成四十二卷。其中校订了《明史》中的错字、倒字、衍文或脱文，以及年代、职官、地理和典章制度中的错误；考证出书中记述矛盾之处，并参照《明实录》等书增补了列传的不足。是书所考虽多细微末节，对阅读《明史》仍有一定的参考价值。

民国以后，有关《明史》研究与考证的代表作，有孟森《明史讲义》、谢国桢《晚明史籍考》、李洵《明史食货志校证》等书，及陈守实考证长文《明史抉微》等，皆为必读之作。而全面考订之作，则首推今人黄云眉《明史考证》。是书历三十年研治而成，凡二百万字。书前有《内容挈要》一篇，分纪、志、表、传剖析《明史》之修纂，扼要而有见地。作者于《明史》考证极为详尽，凡每段须考者，于每段文字后附考；每句须考者，则于句下附考。全书以考订文字为主干，其内容之详尽广博，迄今无出其右者。

《明史》的补编自清代即已进行，如刘廷銮《建文逊国之际月表》，黄大华《明宰辅考略》、《明七卿考略》等。今人之作，则有吴廷燮《明督抚年表》及蒋孝瑀《明史艺文志史部补》。吴著博采四百余种史料，详细记述每一督抚的置罢时间、迭换及在任行事；蒋著则为《明史·艺文志》之史部增补四千五百余种书籍。

有关《明史》内容的索引，最早出现的是1935年哈佛燕京学社出版的田继宗编《八十九种明代传记综合引得》。今人所编，有1965年台湾省图书馆编《明人传记资料索引》，1972年日本东京都大学编《明史职官志索引稿》，1981年日人野口铁郎编《明史刑法志索引稿》，1985年李裕民编《明史人名索引》等。此外，1975年中国历史地图集编辑组编《中国历史地图集》第七册中，列明代地图二十七幅，后附地名索引，对阅读《明史》，尤其是《地理志》及军事、治河设置等颇有裨益。

（张荣华）

雍正浙江通志 傅玉露等

《雍正浙江通志》,又称《乾隆浙江通志》。二百八十卷。傅玉露等纂。成书于清雍正十三年(1735)。有乾隆元年(1736)原刊本、嘉庆十七年(1812)修补重刻本、光绪五年(1879)墨润堂刻巾箱本、光绪二十五年浙江书局复刻本、1936年商务印书馆影印本(增索引)及1984年杭州古籍书店影印本等。2001年中华书局出版标点本。

傅玉露,字良木,号玉笥,又号阆木。浙江会稽(今绍兴)人。生卒年不详。清康熙进士。官至中允。著有《玉笥山房集》等。

本书编撰之前,已有明薛应旂修《嘉靖浙江通志》七十二卷、清赵士麟修《康熙浙江通志》五十卷先后问世。但两书或参订未详、纯驳互见,或掇拾旧闻、疏略过多,于体例和内容均不足称善。雍正七年(1729),清廷欲编纂《大清一统志》,下令各省编修通志,限期完成。浙江从雍正九年起设局修纂,至雍正十三年完成,主要修纂者先后有浙省总督李卫、郝玉麟、嵇曾筠,巡抚王同安、布政使王纮以及沈翼机、傅玉露等,始终参修者乃傅玉露一人。

《雍正浙江通志》是一部较完整记叙浙省历史的方志,卷帙浩繁,为《康熙浙江通志》的五倍有余。书前有郝玉麟、程元章、张若震、李卫、傅玉露、王纮、嵇曾筠序各一篇,及敕修部文、进呈表文、凡例、目录各一篇,另有卷首三卷,分录诏谕、圣制。全书分五十四门记载。在门类设置上,是书基本因袭《康熙浙江通志》成例,又删除帝王门,以建置门替换沿革门,将兵防门分为兵制、海防二目,另增设海塘、蠲恤、积贮、漕运、驿传、经籍、名臣、循吏、武功、介节等目,以孝友、义行为二目,儒林、文苑、隐逸为三目,较《康熙浙江通志》增十七门。

本书载述,侧重海塘、海防、人物、经籍、碑碣诸门,以显示地方特色。浙江十一府,滨海者六,以筑海塘为要政,海塘门以记清朝为主,资料多取工程档案、奏疏及府县志。浙江沿海兵防星罗棋布,海防门详载屯所、巡司、墩台、汛地及港口道里等。人物门比旧志增名臣、忠臣、循吏、武功、介节等目,皆有功德,事实确凿。经籍门十四卷,前十二卷以四部分类法载文献著述,后二卷记浙江省府县志源流。碑碣门多采自府县志及其他文献。

《雍正浙江通志》堪称清代地方史志中一部佳作,是浙江自有通志以来第一部材料最充实、内容最丰富的著作,其取材之广泛、考订之谨严,为他志所不及。《四库全书总目提要》称其"所引诸书,皆具列原文,标列出典。其近事未有记载者,亦具列其案牍,视他志体例特善。其有见闻异词者,则附加考证于下方"。清周中孚亦称其"兼综博搜,考证得失,参互同异。其征引原文,悉标列书目。至记载时事,仅依《大清会典》,采录科条章奏,以存实据。其或见闻异词,则加案语以申明之"。"盖变文以起例,依类以定名,其详赡胜旧志十倍,而体例亦较他志为善耳。"(《郑堂读书记补逸》卷十二)近人梁启超在列举各朝地方名志时,称此志为"斐然可列著作之林"(《东方杂志》卷二一,第十八号)。

《雍正浙江通志》不足之处是"过求赅备,繁复丛冗"。其最明显处乃人物部分划分过细,门类设置不当。如既设人物门,又设寓贤、方技、仙释、列女等,不仅琐碎繁杂,而且有违类属。更为不妥者,乃使一人之事分述于不同细目,查找不便,徒增麻烦。此外,也有裁剪史料不当及记叙不够全面等缺憾。故《四库全书总目》在称道其优点的同时,也指出其"考订事物,过求赅备,或不无繁复丛冗"。

有关《雍正浙江通志》的研究,主要有清何柏章《浙江通志订讹补遗》,近人王国维《浙江通志考异》,今人洪焕椿《浙江历史文献丛考》、《浙江方志考》,以及魏桥等《浙江方志源流》相关篇目。

(丁孝智　巴兆祥)

八旗通志

《八旗通志》,因清嘉庆元年(1796)续修《钦定八旗通志》,故是书亦称《八旗通志初集》。二百五十卷。清代官修。成书于乾隆四年(1739)。同年有武英殿初刊本。另有乾隆年间内府抄本两种,今藏北京图书馆。东北师范大学出版社1985年出版李洵、赵德贵等点校本,分八册刊行。

《八旗通志》系研究清代八旗制度的典制体史著。《四库全书总目》将其归列于史部政书类军政之属。全书近五百万字,编纂以八旗兵制为经,以八旗法令、职官、人物为纬,由志、表、列传三部分构成。志七十四卷,分为:旗分志十七卷、土田志五卷、营建志三卷、兵志八卷、职官志十二卷、学校志四卷、典礼志十五卷、艺文志十卷,分别记载八旗的建置、规制、驻防、旗地、府第衙署、官员职掌、教育、礼仪、诏诰诗文等。表五十四卷,分为:封爵世表八卷、世职表二十四卷、八旗大臣年表八卷、宗人府年表一卷、内阁大臣年表二卷、部院大臣年表二卷、直省大臣年表五卷、选举表四卷,详列清初以来世爵的承袭和职官的擢黜。列传一百二十二卷,分为:宗室王公列传十二卷、名臣列传六十卷、勋臣传十九卷、忠烈传十二卷、循吏传四卷、儒林传二卷、孝义传一卷、烈女传十二卷。志、表、传三部分体例各具特色,八志以事系人,八表以年系人,八传以人系事,三部分内容互相补充发明,各有侧重。卷首有乾隆御制序、雍正敕书、凡例、纂修官员职名及全书目录各一篇。凡例除撮述各部分内容概梗,并对所载时限加以说明:"今所纂辑,为八旗志书初编,于雍正五年十一月初八日奉旨纂修。初编所载,俱系奉旨以前之事。其自雍正五年十一月初九日以后八旗事宜,俱俟将来续修志书增入。近月奉旨俞允科臣永泰所奏,修至雍正十三年,以备五朝事实。今应于雍正十三年八月二十三日为止,其雍正十三年八月二十四日以后之事,俱俟次编续修。"

本书取材广泛,网罗全面。其中八志部分的资料来源,有宗人府、六部、国子监原档及八旗将军、都统、省府州县村卫的文册,以及诏诰上谕、奏疏、诗文等。八表部分的资料来源,有《玉牒》、宗人府的封册、诰命、世爵世职敕书及地方名宦册等。八传部分的资料来源,主要有《三朝国史功臣传》、实录、《六科史书》及各旗册籍等。书中据以采摘的大量八旗档案和地方文书,今已大多散佚,故是书史料价值弥足珍贵,不仅是一部八旗专史,亦为关于八旗历史的资料汇编。

八旗制度系清太祖努尔哈赤创立于晚明时期的一种军事社会组织,后发展为一套完整的制度,对清代社会产生过重大影响。现存有关史籍,以《八旗通志》内容最为完备,它对于八旗制度史乃至清史的研究,具有极为重要的参考价值。

(陈　墨)

爝火录 李天根

《爝火录》，三十二卷，附记一卷。李天根撰。成书于清乾隆十三年(1748)。有浙江图书馆藏吴兴刘氏嘉业堂钞本、《明季史料丛书》本等。1986年浙江古籍出版社点校本，系以嘉业堂钞本为底本，据丛书本等校勘。

李天根，原名大本，自号云墟散人。生卒年不详。祖籍江苏江阴，明亡后迁居无锡。江阴缪荃孙述其"一门风雅，高尚不仕"(《艺风堂文漫存·〈爝火录〉跋》)。另著有《云墟小稿》一卷，《紫金环》、《白头花烛》、《颠倒鸳鸯》三传奇等。其事迹附见于《江阴续志·李崧传》。

撰者以南明为明之残余，犹如爝火，因以名书。其序称："抽绎《明史》为经，摭拾野史为纬，讹者正之，伪者削之。"引用书目之多，有史籍一百十七种，各省通志、府县志十七种，文集、年谱二十种。卷首有自序、凡例、论略及引用书目，今点校本将论略和引用书目移于卷尾。

《爝火录》是一部编年体南明史。全书用清纪年，附南明年号。正编记事始自清顺治元年(1644)崇祯之死，止于康熙元年(1662)鲁王卒于金门，包括弘光、隆武、鲁监国、永历、绍武五朝历史。附记则编录郑成功父子事迹，下限止于清统一台湾(1683)。所据史料，以官修《明史》及御纂《通鉴纲目三编》两书为准，两书中所无、所略之事，则采用群书材料补述，以求其详。撰者对群书中有异说之处，经考核后附其说于本事之下，也是为详记南明史事。其中有关李自成事迹和弘光朝的制度、策略和遗闻，记载尤详，材料较多取自各书。

《爝火录》所引之书，依今人谢国桢《晚明史籍考》列为"未见诸书"的有十四种，谢氏未著录的有四十七种，两者共计六十一种，可见其留存的史料价值的宝贵。特别是撰者搜罗的奏疏、文檄、书牍、塘报等原始资料颇丰，有的是仅见于此书者，故实为研究南明史的重要史籍。撰者在《引用书目》的小序中称："欲知弘光、永历事者，观此足矣！"在保存南明史料的意义上，此说并不为过分，这也是《爝火录》胜于清徐鼐的同类书《小腆纪年》的特色所在。

有关《爝火录》的研究，可参见近人吴庆坻《补松庐文录》、今人谢国桢《晚明史籍考》等。

（郑 觉）

永宪录 萧奭

《永宪录》，萧奭撰。成书于清乾隆十七年（1752）。近人邓之诚藏有抄本，计四卷，另附续编不分卷。1959年中华书局出版朱南铣断句本，即以邓藏本为底本。卷前附萧奭原序，系邓之诚从别本《蕉廊脞录》中辑出；卷后有邓之诚跋，谓"杭州吴庆坻家有此书"，未得见，当时已散失，且"吴本尝遭水厄，阙字十之三四，想亦未必有以相胜"。另缪荃孙所编《古学丛刊》中有该书节本，一卷，有纲无目。

萧奭，原序末有"江都草泽臣萧奭拜手恭纪"句，知为江都人。余不详。

据撰者自序，书名意取"永遵成宪"。亦即记载清世宗宪皇帝（雍正）史事，从中知道宪皇帝宁人敷治，事事推本其父康熙，遵其成宪，三年无改于父之道，因此形成千古未有之盛美局面；而宪皇帝之所作所为，亦将垂法万世，世人将永遵成宪，不敢更张。但邓之诚认为书名另涵深意，从中可反映其对当朝政治的看法及修撰本书的用意所在。他认为既名"永宪"，理当编纂宪皇帝一朝之事，但原书仅至雍正六年八月为止（雍正位凡十三年；如果以"三年无改"为辞，只须编纂雍正继位后前三年史事即可，但原书所记却又不止三年。推其原委，雍正帝即位后屡兴大狱，雍正六年正好是诸狱株连大致结束的日期。《永宪录》于诸大狱所述极详，又以此为限断，似乎主要是想专将雍正的这一段政治迫害的秽史永远留给后人。因此"永宪"的意思也就成了永远让人记取宪皇帝的丑恶，"永宪者，永其恶也"（邓之诚跋）。

《永宪录》是一部编年体史书，所记上起清康熙六十一年（1722），下迄雍正六年（1728）。记载雍正执政后前七年间发生的大事，从胤禛夺嫡，阿其那、塞思黑、年羹尧、隆科多诸大案，到汪景祺、查嗣庭等文字狱，出兵平定青海等，都有详细的记述。所系时代，卷一为康熙六十一年；卷二分上下，为雍正元年；卷三为雍正三年五月至十二月，中缺雍正二年；卷四为雍正四年；续编为雍正五年元月至六年八月，中缺五年六、七月。萧奭将史事以年时月日编次，又用纲目之法，先举史事大纲，如有必要，而后具体展开说明。重大事件取材于邸钞、朝报、诏谕、奏折等，掌故琐事则据其所见所闻。

《永宪录》保存了当时的许多第一手资料。作者的编史目的客观上导致了其直书信史的行为,其结果是能使读者通过此书部分地不为官修史书所误导,因而有助于了解历史真实,本书原文钞录的一些上谕最能说明此类问题。出于政治需要,后来收入《清世宗实录》的部分上谕几经篡改,面目已非。《永宪录》中保存的上谕则出于当时人所记,尚不失真,因此颇具史料价值。邓之诚鉴于"官书所记与事实相去恒远",曾以本书"持校实录",发现"雍正上谕内阁一书上同于实录"(邓跋),即是一例。

《永宪录》在反映当时一些政治状况的同时,还介绍了许多相关人物、典制、逸闻等,近乎杂史。这部分内容相当丰富,因此有人并不把此书归入编年体史书类。这些记述,对正史或可拾遗补缺,以广闻见;或可互相发明,借资印证;或可考订是非,纠正舛误,都于清史研究有一定的参考价值。但本书所记史事有些失于考订,与实际大有出入;有些佚事内容以讹传讹,不可尽信。研究者利用之时,自当审慎对待。

今人李世瑜在《中国历史大辞典通讯》1983年第三期上撰有《有关〈永宪录〉的几个问题》一文,指出北京大学图书馆现藏有《永宪录》的李盛铎抄本,其内容比中华书局本多出十几万字,主要记述清代典章制度,因而此书的价值不仅在于反映雍正朝史事,更应为一部清代的政书;另外,本书作者应名"萧奭龄",他本作"萧奭",疑有脱字。

(齐　中)

日下旧闻考 窦光鼐等

《日下旧闻考》，原名《钦定日下旧闻考》。一百六十卷。窦光鼐等撰。清乾隆三十九年(1774)始撰。乾隆五十至五十二年刻版。有乾隆三十九年殿抄本以及内府刻本(分初印本、后印本两种)。北京古籍出版社1988年出版本书校点本。

窦光鼐(1720—1795)，字元调，号东皋。山东诸城人。清乾隆进士。乾隆十七年(1752)擢内阁学士，并入值南书房，充湖南乡试正官，提督河南学政。二十年授左副都御史，提督浙江学政。二十七年任顺天府尹，随移宗人府府丞。晚年累官至左都御史、上书房总师傅等职。另著有《东皋诗文集》、《省吾斋稿》等。事迹见《清史稿》卷三二二本传。

本书据清初学者朱彝尊《日下旧闻》考订补充而成。《日下旧闻》成书于乾隆二十年(1687)，辑录唐、辽、金、元、明的京师旧迹，详于皇家宫殿园林建筑，但于清代则记录较少。乾隆帝以昔日记载不足，遂下令增补朱彝尊《日下旧闻》。乾隆三十九年于敏中、英廉任总裁，窦光鼐、朱钧等奉旨编撰，历十余年而成《日下旧闻考》。

《日下旧闻考》书前有乾隆帝题词二首，及凡例、编校誊写人名录、表文、原序各一篇。全书分十八门。《星土》记载历代星象变化情况。《世纪》概述轩辕至明定都于北京的历史过程。《形胜》记录历代北京地理变化。《国朝宫室》记叙清代宫室沿革及布局。《宫室》记录辽、金至明宫室情况。《京城总说》综述北京城市布局及历代修建概况。《皇城》记北京皇城及其建筑布局。《城市》记北京城区内建筑、河流等分布状况。《官署》记京城内各类衙署分布。《国朝苑囿》记清代各类园林建筑，如南苑、西花园、圆明园等。《郊垌》记北京城郊建筑概况。《京畿》介绍北京周围各州县情况，包括通州、苏州、香河、霸州、昌平等地。《户牧》记清代京师地区土地人口分布状况。《风俗》介绍当地风土人情、方言习俗等。《物产》记北京及其周围地区各类物产。《边障》介绍拱卫京师的一些重要关隘，如长城居庸关、山海关等。《存疑》辑录一些尚待考证之事。《杂缀》辑录有关朝野细事及历代流品等事。

与《日下旧闻》相比较,是书新增《国朝宫室》、《京城总记》、《皇城》、《国朝苑囿》等门类,并将《官署》从《城市》中析出独立。内容除记载历代京师宫苑庙宇、名胜古迹,还涉及古碑残碣、残失古籍等,对清代在京大兴土木的情形记载尤详。

本书内容丰富、考订严谨,尤重视各类建筑及山川河流的变迁,对了解其兴废始末、历史现状提供了不可多得的第一手资料。《四库全书总目》评论此书"因朱彝尊《日下旧闻》删繁补阙,援古证今","履勘遗迹,订妄以存真,千古舆图,当以此本为准绳矣"。清李慈铭亦称此书"去取既精,摭实而谈,因视原书远胜"(《越缦堂读书记》)。

《日下旧闻考》堪称一部完备的北京史地资料汇编。其中不足之处在于偏重皇家宫殿苑囿及官署庙坛,对当时京城内外其他名人甲第、显士遗迹则缺乏记录。

(丁孝智)

东华录 蒋良骐

《东华录》,三十二卷。蒋良骐编。成书于清乾隆年间。初以钞本行世,至咸丰、同治年间始有刻本数种。通行本为中华书局1980年校点本。

蒋良骐(1723—1789),字千之,又字赢川。广西全州人。清乾隆十六年(1751)进士,授翰林院编修,不久充任国史馆纂修官。历任鸿胪寺少卿、太仆寺卿、通政使。另著有《下学录》、《京门草》、《覆釜纪游》、《伤神杂咏》等。《全州志》卷八有传。

《东华录》一书得名于国史馆址清宫东华门,系记载前清五帝六朝(清太宗分为天聪、崇德两朝)史事的编年体史料长编。记事上溯清代先世,下迄雍正十三年(1735)十一月。卷前有编者自序,称"谨按馆例,凡私家著述,但志爵里,不采事实,惟以实录、红本及各种官修之书为主。遇阄分列传事迹,凡朝章国典兵礼大政,与列传有关合者,则以片纸录之,以备遗忘。信笔摘钞,逐年编载"。

本书辑录了许多今本《清实录》未载的历史档案及其他文献著述。如所录顺治十二年十月给事中张文光请遇官员病故照品填给勘合疏;十八年四月吏部议复更定处罚士黑勒威勒事例疏;康熙三年四月定以马与临阵坠马人骑赏赉之例;附录七年八月兵部议复康熙三年八旗武职改归兵部题补例;十八年正月副都统纪尔他布等败刘国轩事等,均采自"红本",即经皇帝批示的大臣题本。书中不少史料,亦为后出的王先谦《东华录》所不载,"如顺治间言官因论圈地、逃人等弊政而获谴者,蒋有而王无。康熙间,陆清献论捐纳不可开而获谴;李光地因夺情犯清议,御史彭鹏两疏痛纠之,使光地无以自立于天壤,蒋录皆有之,而王录无"(孟森《读清实录商榷》)。

本书另一特点,在于保存了一批重要的原始文献资料。如顺治元年史可法答多尔衮书,系据原札录出;康熙元年永历帝致吴三桂书,为各种南明野史所失载,系从《清实录》中辑出;康熙二十七年御史郭琇疏劾权臣明珠,系从郭琇《华野集》中录出。并且编者所依据的《清实录》,系乾隆以前旧本,而非后来经清廷多方修改之本,故所录资料颇具原始性。

本书于编纂史料之际,亦间予考订,全书所存案语、夹注凡数十条。如顺治六年十月记:"壬辰申刻,京师地震二次,起东北,迄西南。"条下注:"以前灾异俱未录,书地震自此始。"反映出编纂方法的严谨性。

本书主要缺陷在过于简略,故难免有脱落疏漏、语焉不详之处。后出的王录对五帝六朝史实的记载,卷数多出整整五倍。但尽管如此,是书仍以其不可替代的原始性、可靠性等史料价值,一直成为研究清初历史的一部必备书。

中华书局1980年所出林树惠、傅贵九校点本,将蒋良骐与王先谦两种《东华录》互相校勘,还将蒋录通行刻本与乾隆间抄本作互校。此外还从嘉庆续修广西《全州志》卷八人物篇中,检出一篇蒋氏传记附于书末。近人孟森所撰《读清实录商榷》(载《明清史论著集刊》,中华书局,1959年)一文中有关论述,亦可参阅。

(张荣华)

四库全书总目 纪 昀等

  《四库全书总目》,二百卷。纪昀等编撰。写定于清乾隆末,一说乾隆五十四年(1789)。据《纂修四库全书档案史料》,乾隆六十年(1795)"校勘完峻,随加紧刊刻毕工",由武英殿入贮内廷四阁,又奏请照例"集工刷印"发至京城各书坊。后浙江布政使谢启昆等依杭州文澜阁本翻刻,是书遂广为流传。1965年中华书局以杭州本为底本,参校他本影印出版,并附有《四库撤毁书提要》、《四库未收书提要》及校勘记,为目前通行本。又有1997年中华书局出版的点校本等。

  纪昀(1724—1805),字晓岚、春帆,晚号石云。直隶献县(今属河北)人。清乾隆十九年(1754)进士,改庶吉士,授编修,迁侍读学士,因事遣戍乌鲁木齐。乾隆三十五年开释回京,复授编修,以学识渊博被荐为四库全书馆总纂官。在馆主持纂修《四库全书》,并致力于《四库全书总目》及《四库全书简明目录》的编撰。嘉庆初年,主办了四库馆最后一批空函书籍的续补事宜。官至协办大学士,加太子太保。著述另有《阅微草堂笔记》二十四卷、《纪文达公遗集》十六卷等。其事迹见载于清阮元《揅经室三集》卷五、江藩《国朝汉学师承记》卷六、李元度《国朝先正事略》卷二十,以及今人王重民辑《办理四库全书档案》等。

  四库全书馆开馆之前,乾隆三十七年(1772)的征书谕令中称:"将各书叙列目录,注系某朝某人所著,书中要旨何在,简明开载,具折奏闻。"(《四库全书总目》卷首)同年安徽学政朱筠奏请开馆校书,建议"每一书上,必校其得失,撮举大旨,叙于本书首卷";经由大学士刘统勋、于敏中等拟定,校书后"依经史子集四部名目,分类汇列,另编目录一书,具载部分、卷数、撰人姓名"(《办理四库全书档案》上册)。乾隆三十八年四库馆开馆于翰林院,正式确定各纂修官在校书的同时,为其经手的每种书籍撰述提要。各篇提要,由辑校《永乐大典》的戴震、邵晋涵、周永年等和校阅各省进呈书的姚鼐、翁方纲等分任,然后交总纂官纪昀、陆锡熊裁定,包括取舍、考订、修改、润色诸事。凡四部总序、分类小序,至每书提要的体例划一、归类成编,纪昀皆主其事,陆锡熊协同,另有总目协勘官任大椿、程晋芳等协助。乾隆四十六年《四库全书总目》初稿完竣后,因谕旨变动编次,并发生《四库全书》的撤改事件,故《总目》随《全书》复校,又经十余年改订才告写定。

《四库全书总目》是中国古代卷帙最巨的一部解题书目。定本《总目》的著录之书为三千四百六十一种,即收入《四库全书》的应刊、应钞各书,以每书提要作为著录内容列于所属部类;存目之书为六千七百九十三种,即未刻、未钞于四库而应存目各书,其提要皆以存目形式附于类末。著录与存目两者,合计为一万零二百五十四种,基本覆盖了乾隆以上尤其是元以上的历代要籍。《总目》卷首有乾隆帝历次谕旨、四库馆臣进书表、馆臣职名和《凡例》十七条。

本书编撰按四部分类,计经部十类、史部十五类、子部十四类、集部五类,共四十四类。类下再分子目,共六十六子目,如礼类下分周礼、仪礼、礼记、三礼总义、通礼、杂礼书;地理类下分宫殿疏、总志、都会郡县、河渠、边防、山川、古迹、杂记、游记、外记;谱录类下分器物、食谱、草木鸟兽虫鱼;词曲类下分词集、词选、词话、词谱、词韵、南北曲,等等。从而形成条理分明的三级分类体系。又集部中的"别集"一类,因收书甚多而以时代先后,自汉至清乾隆区别为六段,虽未标明子目,实则已暗分。

经史子集四部分类法,系《隋书·经籍志》确立的前代成法,《四库全书总目》虽以承袭成法为基础,但已考查了历代书目之得失和唐、宋以来著作之发展,因而于类目的设置和书籍的隶属方面多有改进。如新增门类,于史部中设"史评"一类,收录了唐刘知几《史通》及相关之著作;于正史、编年之后设"纪事本末"一类,收录了南宋袁枢《通鉴纪事本末》及继起之著作。又循名责实,将唐杜佑《通典》等典制书,不再依旧称"故事"之类,而归入改题的"政书"一类。全书部类的统属关系,也有所调整与归并,具体如《左传类对赋》、《孝经集灵》等由经部而分别改隶子部"类书"、"小说";《汉武帝内传》、《飞燕外传》等由史部皆改隶"小说"一类。又折衷前代目录学诸家之说,将"诏令"、"奏议"合并为一类,入于史部,以显示其事关国政,具有较高的史料价值。另如子部之墨家、名家、纵横家书籍甚少,"寥寥不能成类"而并入"杂家"一门;"农家"、"医家"两门,则以其"民命之所关"(《纪文达公遗集》卷八),而居于子部儒、兵、法三家之后的第四、第五位,改变了"退之于末简"的旧例。所以,《总目》的分类比较合理,较之前人各种书目更为严密、完善,代表了中国古典目录学划分知识体系的最高水平。至清末西学大量传入之后,《总目》的分类系统虽为新法逐渐取代,但其余响未泯,一直引作古籍目录研究的重要参考。

在乾隆朝汉学方兴未艾之时,《总目》选择了"条其篇目,撮其旨意"的解题方式,规定了提要的选述体制:"每书先列作者之爵里以论世知人,次考本书之得失,权众说之异同,以及文字增删,篇帙分合"(卷首《凡例》)。各篇提要在统一的体制下,吸取前代诸家长处,足以反映四库馆注重辑佚、辨伪、校勘、考证的学风。特别是《总目》善于因书而异,突出重点,或叙书籍源流,或论学术得失,或述篇章体例,使读者能得其大略。如《水经注》流传久远,刻写歧异,致篇简错乱,经注混淆,几不可卒读,故提要着重阐释该书经、注文辞的区分,充分利用了四库馆的辑校成果。又如《困学纪闻》,作者王应麟学承朱熹之绪,而能主张考据与义理并重,在宋学中不可多得,故提要着重评价其学术,称其"虽渊源亦出朱子,然书中辨正朱子语误数条","所考率切实可据,良有由也"(《总目》卷一一八)。由于解题有所侧重,切合所收书籍的实际情形,达到了稽古钩玄、指示门径的良好效果。又存目提要中留存了今亡佚之书的内容梗概,其全部数量约两倍于著录之条目,价值当更为特殊。

但提要于每书下仅注藏本,不注版本,是一个很大的缺陷。当四库馆底本遗失或所据版本抵换而馆臣又疏于检核之时,则解题中讹误遗阙之弊,便在所不免。对此,清末以来学者多有指出。另外于解题之文字中,固守儒学正统之见的偏向也颇为显露。这些都是利用《总目》时必须注意的。

本书集中论述各门学术的发展史,即"辨章学术,考镜源流"的部分,主要在于四部总序、分类小序及附注案语。《四库全书总目》囊括群书,于经史子集"四部之首各冠以总序,撮述其源流正变,以挈纲领",并于四部下所分四十四类之首"亦各冠以小序,详述其分并改隶,以析条目。如其义有未尽,例有未该,则或于子目之末,或于本条之下,附注案语,以明通变之由"(卷首《凡例》)。四部总序,重在阐述经学、史籍、诸子、文学的渊源流变,评论学术门户之争的是非,解说四部下分类的原则。分类小序,具体陈述学术流派演变,本类中书籍取舍及设立子目的理由。遇有言犹未尽之处,则于子目或每书下附加案语补述。如此,《总目》对中国传统学术作了一次系统总结,也兼及了古典目录学的图书分类理论。近人余嘉锡谓:《总目》"剖析条流,斟酌今古,辨章学术,高掘群言","自《别录》以来,才有此书,非过论也"(《四库提要辨证》序录)。因而这部官修书目被公认为清代学术的一大成就。

与《四库全书总目》相关联的书目提要,主要有清纪昀等《四库全书简明目录》(乾隆四十九年杭州刻本,1957年古典文学出版社重印)、邵晋涵《四库提要分纂稿》(光绪十七年刊《绍兴先正遗书》本)、姚鼐《姚惜抱书录》(光绪五年刊《惜抱轩遗书三种》本)、翁方纲《四库提要稿》(复旦大学图书馆藏钞本)、阮元《四库未收书提要》(道光二年刊《揅经室外集》本,1955年商务印书馆重编)、乾隆五十二年《四库撤毁书提要》(附于1965年中华书局影印本《总目》后)、姚觐元《清代禁毁书目(附补遗)》(1957年商务印书馆排印)、孙殿起《清代禁书知见录(附外编)》(1957年商务印书馆排印)、邵懿辰与邵章《增订四库全书简明目录标注》(1959年中华书局增订)等。

有关《四库全书总目》的研究著作,以近人余嘉锡《四库提要辨证》二十四卷(科学出版社,1958年初版,有中华书局、云南人民出版社重印本)用力最勤,此书为《总目》纠谬补阙,征引繁富,考订精审。另有胡玉缙撰、王欣夫辑《四库全书总目提要补正》六十卷、补遗一卷(中华书局,1964年;上海书店出版社,1998年),与上述余著同系利用《总目》的必读参考书。此外,崔富章的《四库提要补证》(杭州大学出版社,1990年)、李裕民的《四库提要订误》(中华书局,增订本2005年)、杨武泉的《四库全书总目辨误》(上海古籍出版社,2001年)等亦可资参考。魏小虎的《四库全书总目汇订》(上海古籍出版社,2012年)综录相关考订文字,分附各篇之下,为读者提供了便利。

(吴仁杰)

历代职官表 纪　昀等

《历代职官表》，清乾隆官修本七十二卷，道光黄本骥删改本六卷。官修本于乾隆四十五年（1780）由纪昀等四库馆臣奉敕编修。书成于乾隆五十四年。除库本外，有内廷武英殿刻本。删改本于道光二十五年（1845）由黄本骥在官修本基础上删编而成，有道光二十六年三长物斋丛书刻本。1965年中华书局上海编辑所将删改本校勘标点出版，1989年上海古籍出版社将官修本影印出版。

纪昀生平事迹见"四库全书总目"条。

黄本骥，字虎拟。湖南宁乡人。生卒年不详。清道光举人，官教谕。著有《圣域述闻》、《嵚山绀雪》等书，凡二十五种。传见《清史列传》卷七三。

《历代职官表》是一部以表的形式说明历代官制的工具书。历代的官制，其名称、建置、职掌、品级、员额的因革繁复，虽在二十四史、十通、会要等书中记述详备，但或因断代为书，不便检阅，或因疏漏粗讹，难裨实用。于是有必要就历代职官作一专门研究叙述。清乾隆年间编修四库全书的同时，统治者为继续控制知识分子，并为炫耀清朝典制隆盛，把修撰《历代职官表》作为又一项工程。本书由于搜采完备，体例明晰，客观上对古代官制作了一个总结。

《历代职官表》把清政府所设职官分成六十七个门类，相应列出六十七篇表。表以清代职官为纲，追溯历代沿革，以三代、秦、汉、后汉、三国、晋、宋齐梁陈、北魏、北齐、后周、隋、唐、五季、宋、辽、金、元、明等十八栏把各代的同类职官名称依次序列，归入清代此类职官名下。

官修本《历代职官表》的内容除表外，另有"清代官制"和"历代建置"二项。"清代官制"记叙全书六十七个门类中各类官员的员额、官阶和职掌情况。在"历代建置"中，修撰者罗列各代官制资料，附上按语，并加以考证，以记叙历代职官沿革情况。这两部分虽说是表的释文，但材料丰富，篇幅极大，成为官修本的主要内容。删改本《历代职官表》则删去官修本繁累的释文，仅于表前存写简略的有关清代官制的员额和品级的说明。

官修本《历代职官表》中有关清代的记叙,取材于《清会典》;清代以前诸记述,除引用各正史职官志和《通典》、《通考》等政书外,还搜罗了各种经书、杂史、类书、文集中有关记载,涉及书籍达二百余种,几乎囊括了历代关于官制的资料,虽不便查检,但很具资料价值,可以说是历代官制的总汇。

官修本《历代职官表》叙述较为完备审慎,但间有舛误之处,如隋代官制的六部,炀帝时作了较大更动,表文在这部分存在不少错误。删改本较官修本而言,虽明了显豁而便于使用,但改编较为粗糙,对官修本的错误多未予订正(无论是材料上还是校刻上的),而且因删改过程中误解原文,或改写简略失当失误,又产生了不少新的错讹。

清代以前,多以文字著述形式记叙历代官制的沿革情形。本书以表说明官制沿革,把历代职官归类比附于清代的职官之中,各代职官名称不同的,则按其职掌确定其隶属关系,从中可以看出清代某官相当于前代何官,也可以看出各代设官分职的变化情况。这是《历代职官表》体例可取的一面。其体例是为了美化清代官制的无所不备,客观上对当时人以本朝官制内涵为基点来理解历代官制的相关情状是有一定作用的。就学术角度而言,把历代职官名目穿凿附会于清代类似职官之下,每有牵强之失,如八旗都统是清代所设,但也追溯比附到北魏的南北部大人寺等。同时,某朝特有官职在《历代职官表》中就只得缺而不载,如汉督邮、南北朝典签等。即使是清代的职官也有不收的,如军机处。这些都是记叙缺损。

1965年中华书局上海编辑所出版的校点本,参照官修本及其他史志,对黄本骥删改本作了较系统的校勘补正,并附录瞿蜕园《历代官制概述》和《历代职官简释》二文,编制了全书索引。

(吕 健)

廿二史考异 钱大昕

《廿二史考异》，一百卷。钱大昕撰。成书于清乾隆四十七年（1782）。初刊于嘉庆二年（1797）。另有光绪二十年（1894）广雅书局本等行世。现通用商务印书馆1958年版本、江苏古籍出版社1997年《嘉定钱大昕全集》本及上海古籍出版社2004年方诗铭等校点本。

钱大昕（1728—1804），字晓徵、及之，号辛楣，又号竹汀居士，晚年称潜研老人。江苏嘉定（今属上海）人。清乾隆十九年（1754）进士，选翰林院庶吉士，散馆授编修。曾历充山东、湖南、河南乡试正考官，后又提督广东学政。乾隆四十年，丁父忧辞官归里，并以其母年迈不复出仕。先后主讲江宁钟山、太仓娄东和苏州紫阳书院二十余年。晚年潜心研究经史。另著有《元史氏族表》、《元史艺文志》、《三史拾遗》、《诸史拾遗》、《潜研堂文集》、《潜研堂金石文跋尾》、《四史朔闰考》、《恒言录》等二十余种。《清史稿》卷四八一、《清史列传》卷六八等有传。

《廿二史考异》系撰者仿司马光《通鉴考异》体例写成的历史考证著作。所谓"廿二史"，即明南北监本"二十一史"加上《旧唐书》一种，在"二十四史"中缺《旧五代史》与《明史》。又将司马彪《续汉书》八志从《后汉书》中析出，别立《续汉书》二卷，故总目实际列出二十三史。《旧五代史》清以前久佚，乾隆三十七年（1772）后，方从《永乐大典》中辑出；而是书先此五年编撰，因而未能载入。但辑本行世后撰者亦曾作研究，并于是书五代史各卷中有所征引。《明史》系乾隆钦定官史，不便摘发纠谬，故予剔除。除卷首撰者自序，全书依诸史先后顺序卷次考订。各史所占卷数不一，如《南齐书》、《梁书》、《陈书》、《北齐书》、《周书》等各一卷，《史记》五卷，《汉书》四卷，《后汉书》、《三国志》各三卷；唐以后七部正史计有六十卷，其中《新唐书》、《宋史》各占十六卷，《元史》十五卷，体现了撰者治史详近略远的原则。各史考订，兼涉纪、表、志、传内容。一般先列出原书子题，题下少则一条，多则数十条；每条先引所考原文，随即胪列证据，指陈纰谬，考究异同，判明是非。

撰者自序揭示考史宗旨："史非一家之书，实千载之书。祛其疑，乃能坚其信；指其瑕，益以见其美;拾遗规过,匪为齮齕前人,实以开导后学。"除文字校勘构成本书的基本特色,撰者还对训诂、天文、地理、典制、氏族、年代、金石、名物等治史的基本问题作出缜密的考订。在考订过程中,撰者一般先汇集正史有关证据,并以谱牒家乘、金石铭文、稗官野史等作参考印证;随后对众多取证材料作比较对勘,从中发现史实。如为了考订《宋史》,撰者征引了六十余种史籍,逐条疏通辨析。书中另有一种考证性的专文,即对某些具体历史问题,作独立成篇的专题研究,如卷九《汉侯国考》、卷十五《裴松之三国志注所引书》等。

"予尝论史家先通官制,次精舆地,次辨氏族,否则涉笔便误。"在《二十二史同姓名录序》中,撰者也表示:"史家所当讨论者有三端,曰舆地,曰官制,曰氏族。"这些论述实际上也表明了是书考证的重点与颇具价值之处。在地理方面,撰者以遍读明以前地理志书的功底,对历代正史《地理志》作了大量考订。如对《元史·地理志》,他认为"明初修史诸臣昧于地理",故在有关地名沿革的记载方面存在大量错误。例如唐代天宝年间曾改州为郡,十余年后重又恢复州名;但《元史》仅记载改郡为州,抹去了后一史实。宋代州下所附郡名,仅为封爵之用,州则仍属地方建置实体;《元史》却误将虚郡当作一级地方建置,亦无视州的存在。类似问题,书中皆一一作出纠正。对秦汉的郡国,两晋南朝的侨置州郡诸问题,书中亦有精确的考证。

在官制方面,是书多就各史正文加以考订,未能像《潜揅堂文集》、《十驾斋养新录》那样将各代官制上下贯串剖析,但在考证秦汉的尚书和中书,唐朝的三省六部等,以及纠正历代史家因不谙官制而造成的失误方面,亦颇多贡献。如撰者以《南史·王琨传》载"出为会稽太守,加都督,坐误竟囚,降为冠军"为例,指出《南史》作者并不通晓官制。他说:"《南齐书》本传:'出为督会稽、东阳、新安、临海、永嘉五郡军事,左军将军,会稽太守。坐误竟囚,降号冠军。'盖自晋以后,都督必带将军号,而军号又有高下之分。琨本以左将军督会稽五郡,坐事降号冠军将军,而督军如故。齐史所书本甚分明,今删去'左军将军'一语,而'降为冠军'之文不可通矣。予尝谓延寿似未通南北朝官制,故诸传删省多未得其要领,此类是也。"又如撰者考证汉代置九卿,而"官名无卿字,魏晋宋齐并因汉制",但《晋书》却多在官名上加一卿字,"皆唐初史臣不谙官制,随意增加,非当时本名"。

在氏族方面,撰者强调谱牒之学亦属史学,可与正史互相发明。魏晋南北朝时取士专重门第,至唐代虽已推行科举取士,但唐初敕修《氏族志》,欧阳修在《新唐书》中专设《宰相世系表》,说明门第观念对政治与社会仍未失去影响力。故读史对此不能不重视。是书充分运用谱牒学知识考订正史,对魏晋南北朝的门阀和谱系,以及辽金元三朝的族、姓等,颇多发微揭隐,并对历史人物的姓字、里居、官爵、年齿等作大量考订,所获颇多,且对后世产生重要影响。如是书卷八三《宋奉使诸臣年表》,即为近人撰作《交聘表》直接奠定了基础。另一方面,撰者认为在将墓志家传援入史书时须加慎择。他针对《宋史》诸传盲目追溯世系源流的弊端指出："史传之例,与碑志不同。文人诔墓,追溯得姓之始,胪举前代名贤,以表世阀。至于史家,宜有限断,高曾以上,事隔先代,虽谱牒分明,亦当芟汰。"诸如《宋史·陶节夫传》那样,"序陶氏而及东晋遥遥华胄,尤无谓矣"。

本书成就并不止于上述三方面。比如在年代方面,撰者曾潜心深究数学、天文学知识,并用以研读历代正史的天文律历志,精心布算,掌握古今推步之理。故是书对诸史律历志中有关岁星和太岁纪年、天干地支、置闰定朔等问题,颇能疏通疑难,刊正脱误。清阮元曾盛称撰者"天算之学,实能兼中西之长、通古今之奥。故上自《三统》《四分》、下迄《授时》《大统》诸家之术,并深究本原,各有论说"(《三统术衍序》)。在金石方面,撰者视金石文字较之书籍记载更为直接和原始,故广泛搜罗金石拓片、汉唐碑刻以及考古之物,以与文献资料相互印证,扩大考史范围。从而使得是书在考史方面取得比一般考据学家以史证史更为精博的成就,并且开创了后人所谓"二重证据"法的治史途径。

本书于遍考诸史之际,并对历代修史失误之因加以归纳总结。如分析官修《晋书》《宋史》《元史》内容出现自相矛盾之处,在于"修史不出于一人之手,志传之文不相检照,至于如此"。指出《宋史》记载多有失实,在于修史者随意饰美增恶,"史臣徒以门户之见,上下其手,可谓无识矣"。认为《元史》错谬屡出,主要在于主事者未能尽职,"宋景濂、王子元二公,可谓素餐而失职矣"。这些议论虽在全书所占比例甚小,但对后人研史不无参考之益,并且也体现出撰者本人的史学思想。

本书行世后,即备受学者推崇。阮元称其"所著《廿二史考异》皆实事求是,于天文、舆地、官制、氏族数大端,说之尤极精核"(《三统术衍序》)。本书被推为清代三大考史名著之一,清人周中孚曾谓《十七史商榷》"考证舆地典制,颇不减于竹汀,惟其好取事迹,加以议论,仍不免蹈前人史论之辙,且于宋、辽、金、元四史未及商榷,其书究难与竹汀抗衡"。而《廿二史劄记》仅限于引用正史本身的记载,"不能繁征博采以资考订"(《郑堂读书记》卷三五)。故是书之精博及其成就更胜一筹,至今仍属研史者不可替代的必读之作。

(张荣华)

十驾斋养新录 钱大昕

《十驾斋养新录》,二十卷,余录三卷。钱大昕撰。清嘉庆四年(1799)编定成集,以潜研堂刊本问世。通行本为商务印书馆1937年《国学基本丛书》本,此本1957年重印时,卷首附有撰者自订年谱及其曾孙庆曾新辑《年谱续编》。1983年上海书店据1937年影印本重版。另有1997年江苏古籍出版社《嘉定钱大昕全集》校点本及其后单印的校点本、2011年上海书店出版社校点本等。

作者生平事迹见"廿二史考异"条。

《十驾斋养新录》是钱大昕"随笔札记经史诸义之书"(阮元序)。他生平读书勤于笔录,每有所得辄为札记。晚年仿顾炎武《日知录》体例,增删厘定,汇成此编。"十驾斋"是钱大昕书斋之名,"养新"是其祖父房上的题篇,寓温故而知新之意,大昕用此以示不忘祖训。

本书类属学术札记,对经学、史学、音韵、金石、职官、姓氏、典籍、词章、术数、地理等均有精确考证。全书不分门目,编次先后大致以类相从。每篇之前均冠以标题。一至三章论经学,有《易韵》、《天道》、《论孟集注之误》等一百五十七条。四、五两卷论小学,有《说文举一反三之例》、《宋时俗字》等九十三条。六至九卷论史学,有《三史》、《宋季耻议和》等一百九十四条。十卷论官制,有《三公》、《大学士》等三十五条。十一卷论地理,有《江南》、《宋县名相同》等三十六条。十二卷论姓氏,有《郡望》、《唐人同姓名》等五十一条。十三、十四卷论典籍,有《国语》、《永乐大典》等三十三条。十五卷论金石,有《宋金官印》、《石刻诗经残本》等三十五条。十六卷论词章,有《王介甫诗》、《东坡学韩柳》等八十五条。十七卷论术数,有《圆径周率》、《反支》等三十二条。十八卷论儒术,有《五伦》、《名》等五十九条。十九、二十卷为杂考证,共八十六条。卷首有钱大昕自序、阮元序。

《十驾斋养新录》虽为读书笔记汇编,但并非信手钞书之作。梁启超在《清代学术概论》中提到:"钱大昕发明古无轻唇音,试读《十驾斋养新录》本条,即知其必先有百数十条之初稿,札记乃能产出。故顾氏(炎武)谓一年仅能得十余条,非虚言也。"钱大昕治学态度严谨,所录多为考订条款,且因其既通经史,兼通数理、金石,论证缜密精深,为本书一大特色。如卷二《孔子生年月日》一条,运用其历算之学对各典籍所载孔子生年月日进行考证以订其正误。又如卷八《西辽纪年》条,广引《辽史》、《元史》、《长春真人西游记》等书籍中有关史料,详细考订了各家续通鉴、续纲目中有关西辽纪年的记载之误。通过对史料的分析比较,指出误载之五"不可信",同时提出自己的见解,分析史家所以误载之原因,一是《辽史》本身记载有先后相牴牾之处,再是后人未加详尽考证而臆决附和所致。再如卷十一《避讳改郡县名》条,详列了自汉至明包括金朝为避皇室名讳而改的郡县名称,非有博闻强志之功夫不能为。

除考证之外,书中亦有不少议论条款,有对经义的阐发或对历史事件、人物的评价等。如卷八《宋季耻议和》条,表达了作者对宋理度两朝中战和之议的看法,认为"道学诸儒,耻言和议,理度两朝尊崇其学"以致不知审时度势而加速了王朝的灭亡,既是针对史实又是针对宋时道学的评论。尽管本书没有钩稽一代大事,失于烦琐细碎,但因其广博精深,仍不失其极高的学术价值,成为"学者必欲得而读之"的传世之作。

本书二十卷刊印后,钱大昕又把继续笔录所得另编一部,取名《养新余录》,作者去世后由其子东塾依照前录体例,编成三卷付印。

(金　燕)

续通典 嵇 璜 等

《续通典》,一百五十卷。嵇璜等编纂,纪昀校订。约成于清乾隆四十八年(1783)。传世版本有清武英殿本、《九通》本、《十通》本和民国商务印书馆《万有文库》本等。

嵇璜(?—1794),字尚佐。江苏江宁(今南京)人,徙无锡。清雍正七年(1729)举人,八年成进士,选庶吉士。年二十授编修。因随父嵇曾筠治水,献策有功,迁户部侍郎。后督修河堤,因治水功绩卓著,乾隆三十三年授工部尚书。《清史稿》卷三百十、《清史列传》卷二一等有传。

《续通典》为政书,体例基本仿《通典》,仅将兵典分为兵、刑二门。自前代正史、政书、类书及文集、奏议等,广辑酌引。全书除卷首凡例十四则外,分食货、选举、职官、礼乐、兵、刑、州郡、边防九典,按年编次,载记唐至德元年(756)至明崇祯十七年(1644)近九百年间,历朝政治、经济等方面的典章制度,尤详于明代事。在撰作上,仿杜佑《通典》之法,每卷首加按语,略述杜佑著述之观点及取材范围,然后说明本书体例。

杜佑《通典》之后,宋代曾命宋白续修,而书已不传。嵇璜所修《续通典》自各代正史之外,其他如《唐六典》、《唐会要》、《五代会要》、《册府元龟》、《太平御览》、《山堂考索》、《契丹国志》、《大金国志》、《元典章》、《明集礼》、《明会典》都参酌引用,以期无舛漏。《通典》所纂止于天宝之末,今续纂自唐肃宗至德以后迄于明季,按年编次,至五代因兵争而典章不完备,诸门细目中或有一代全阙者,如《五代史》只有司天、止方二考,其余都阙,便仍从略。如有可靠之事迹,便根据《五代会要》、《册府元龟》等书搜辑补载。《通典》自纪事而外,凡古今名贤议论有关典要的,一律甄收。《续通典》因循其例,凡唐宋元明人文集、奏议及《唐文粹》、《文苑英华》、《宋文鉴》、《元文类》、《历代名臣奏议》、《明经世文编》各书,选择立论精确可供考核者按类采入。

杜氏首列食货典,因为食为民之本。有土地方能有财货,故列田制、水利、屯田诸目;有人方能有田地,故列乡党、版籍、户口诸目。其余如赋税、钱币、漕运、盐铁各条,都与食相关联。考虑到历代沿革不同,杜佑《通典》诸细目内如土断之法起于晋南渡后,算缗之法起于汉孝武时,而后世史志中罕有其目,于是从删。至于茶课,至唐末而始兴,便类载于杂税之后。互市至宋、辽、金、元、明而受特别重视,就类载于平准、均输之后。其余诸典之或并或增,或删略,各随时代所有以待证实。杜氏选举典列于食货之后,职官之前,所谓欲行富教在于设职官,欲设职官在于得人才。后世选举之法不一。大约设科以取士,分铨以授官这一点未曾改变。杜佑《通典》于"历代制"之下复缀"杂议论"三卷,利弊得失之故,必博采众议,《续通典》仿其体例。如司马光、欧阳修、吕大临、真德秀、叶适之辈,其所议论选举之奏议都可做为衡量选举之尺度。元赵天麟《太平金镜策》、明王鏊《制科议》、归有光《三途并用议》,都能切中事宜,一律摭其要者采录于篇。杜氏职官典其前卷先叙官制之要略,以下又分门罗列,凡内外文武诸职各系以沿革情况。只因历代设官之制其称名各异,职掌范围不同。《五代史》无《职官志》,当时职官废置不常,从宰辅诸职而下没有可记述的。宋时官制已与唐有不同,辽之官号多用国语,金则有省有院有台有寺监诸职,元又增损不一。明革中书省,复大加更定。《续通典》仍以《通典》所列官名为目而以历代或有或无,或名虽异而实同,分叙于下,有条不紊。至于有明一代,宦官执政,国柄下移,爵以公侯荫及弟侄,十分紊乱。卷中宦官诸品秩,遵照圣谕从删,以示严肃。

杜氏礼典共一百卷,在诸典中最为详细。是因为帝王制作莫过于礼的缘故,所以因革损益以"礼"为最繁。杜氏原分类为吉礼、嘉礼、宾礼、军礼、凶礼,又采纳公私论述,分别编排于各目之后。认为吉礼莫重于郊庙,前代之主,凡遇大祀,多命有司执行。虽须考定仪文,但无妨于诚敬之本意。嘉礼莫重于冠婚朝贺。宾礼指天子诸侯之朝觐会同。军礼自田猎大射而外,天子亲征之典代不恒举,故杜氏于出师仪制之下只载各代扬兵讲武之事,《续通典》仍以阅兵之礼叙于卷内。凶礼自国恤而下,杜氏杂载群议最为详赡,本书则择其有关丧制者依类增入。

杜氏乐典于历代沿革之下复载十二律五声八音名义诸目。乐之声容节奏,本因朝代而不同。像十二律五声八音则亘古不易。声音之道至为微妙,非有夙悟神解者难以迅即掌握。宋大儒像司马光、范镇、朱熹、蔡元定之流都留心声律。至明则韩邦奇、黄佐辈并著有成书,往往托于空言。此书依杜氏《通典》原目而节采诸家之说以备参考。杜氏认为大刑用大兵,故列兵制于刑典之前。其所分诸目由叙兵收众以至气候杂占,多达一百四十余条。凡有合于兵法者,皆分为细目,不厌其详。此书所叙自唐季迄明,凡英君良将战阵之事迹以及兵家之议论也都分类编入,以合原书之体例。杜氏刑典于刑制之外,备列杂议及宽恕峻酷诸目,自序又云善用则治,不善用则乱,不在乎宽与峻者。自唐而降,刑制互有重轻,说者谓宋自仁宗以后法制不立,又有过宽之弊,明之律令颇为简当而广卫之兴,毒流海内,则用法与用人两失,此书总其得失,都详著于篇。

杜氏州郡典统以禹九州,但因自从州郡兴起后,禹之事迹难以深考,往往有一郡之地而错出于两州者。而且杜氏《通典》既以禹九州为纲而于九州之外州郡,仍然别为古南越郡府一卷,未免自乱其例。宋、辽、金、元迄明或分为路,或分为道,或分为省,各成一代之制,若仍分属九州,未免纷乱而且有割裂之嫌。此书则稍变其例,以代为纲。杜氏边防典分东西南北四裔,只因边外之地通阻不常,或同是国而名已递更,或同是地而境已兼并。所以《通典》所载诸部往往有见于前代史书而后代史书却无载的情况。辽、金与元起自塞外东北诸部,宋则白沟以北即属边防,明则边墙以外俨成敌国。此书并依时代据实记载。

《续通典》记载唐以下五朝史迹,对史书所载失当之处多有发明和增广,对辽、金、元三朝时事议论尤多。它取材于当时文书、著述,大多为第一手材料,是研究中国学术文化史所必备的参考文献。

(雷汉卿)

续通志 嵇 璜 等

《续通志》,六百四十卷(或谓五百二十七卷)。清乾隆年间三通馆大臣嵇璜等奉敕编撰。约成书于乾隆五十年(1785)。通行本有清武英殿本、《九通》本、《十通》本和民国商务印书馆《万有文库》本等。

嵇璜生平事迹见"续通典"条。

《续通志》包括本纪、后妃传、略和列传四个部分。其中本纪七十卷,后妃传十卷,略一百卷,列传四百六十卷。南宋郑樵《通志》记事上起三皇、下迄于隋,二十略中涉及典章制度之处至唐。《续通志》时间上与《通志》相衔接,本纪、后妃传、列传从唐初起到元末为止,因《明史》修于清代,已有纪、传,故明不再撰入;略始于五代,终于明末。此书卷首有《凡例》二十则,全书内容或述或作,编、撰并举。本纪、后妃传、列传系抄自诸史,但和《通志》相比有所增改。如于列传中增加孔氏后裔、贰臣、奸臣、叛臣、逆臣等传,而将游侠、刺客、滑稽、货殖等传加以删并,该部内容,无甚建树,故价值不大。略的门类与《通志》相同,分二十略:氏族略八卷,六书略四卷,七音略四卷,天文略六卷,地理略七卷,都邑略一卷,礼略八卷,谥法略三卷,器服略五卷,乐略三卷,职官略十卷,选举略四卷,刑法略八卷,食货略四卷,艺文略八卷,校雠略一卷,图谱略二卷,金石略四卷,灾祥略三卷,昆虫草木略七卷。二十略与《通志》相比,颇有长处:《通志》艺文略仅列书名和作者姓名,此书则增记其爵里等,著录比较详明;《通志》图谱略分为索象、原学、明用、记有、记无五篇,前三篇辨别源流,后二篇考订存佚,此书只分记有、记无二篇,每篇各区分为经学、史乘、天文、地理、政典、学术、艺事、物类八门,分类比较细致合理;《通志》金石略只举碑刻的撰人姓氏,碑刻所在的地点大半未详,此书以今有、今无分载,撰人姓氏,建立年代与现存地点都较清楚;《通志》昆虫草木略错误较多,此书作了修补与订正。

从总体上看,本书在某些方面比郑樵《通志》虽有所改进,但并没有新的突破,且其内容多与清代的另外两部续作《续通典》、《续文献通考》相重复。

(朱顺龙)

清朝通典

《清朝通典》,原名《皇朝通典》。一百卷。清乾隆年间三通馆奉敕编修。约成于乾隆五十二年(1787)。有武英殿刊本和清末浙江书局复刻本,均与《三通》合刊。1935 年至 1937 年上海商务印书馆《万有文库》二集有《十通》合刻本,其中《清朝通典》影印精装一册,为目前较通行之本。

本书内容,上起清太祖努尔哈赤天命元年(1616),下讫于清高宗乾隆五十年(1785)。其体例完全与嵇璜等《续通典》相同,共分九典:食货典十七卷、选举典五卷、职官典十八卷、礼典二十二卷、乐典五卷、兵典十二卷、刑典十卷、州郡典七卷、边防典四卷。卷首有《凡例》四则。其中细目,因古今沿革之不同,略有更改。如《食货典》中的榷酤、算缗,《礼典》中的封禅,清代以为这些乃前朝弊法而未予推行,所以一律删去。《兵典》中首述八旗,这种军事制度是清朝独有的,故十分重视。《州郡典》分省排列,因为清代幅员广大,超过前朝,如果再按九州叙述,已不再合适。故不以九州为纲,"凡直省新疆各地名因废增省,悉以见在者登载"(《清朝通典·凡例》)。这样更改部分细目做法是可取的。

《清朝通典》主要依据《清律例》、《大清通礼》、《皇朝礼器图式》、《中枢政考》、《大清一统志》、《满洲源流考》、《大清会典》等书中的材料删并编纂而成,资料丰富,内容充实,是研究清代建朝至乾隆中期一百七十年间社会典章制度的不可缺少的重要资料。

(朱顺龙)

清朝通志

《清朝通志》，原名《皇朝通志》。一百二十六卷。清乾隆年间三通馆奉敕编修。始修于乾隆三十二年(1767)，约成于乾隆五十二年。初有清武英殿本。现通行本有1937年上海商务印书馆《万有文库》二集《十通》合刊本，影印一册。

本书内容，上起清太祖努尔哈赤天命元年(1616)，下至高宗乾隆五十年(1785)。体例虽仿郑樵《通志》，却省去了本纪、列传、世家、年谱，仅存二十略。二十略名与《通志》、《续通志》同，计氏族略十卷、六书略三卷、七音略四卷、天文略六卷、地理略八卷、都邑略四卷、礼略十二卷、谥法略八卷、器服略六卷、乐略二卷、职官略八卷、选举略三卷、刑法略六卷、食货略十六卷、艺文略八卷、校雠略八卷、图谱略二卷、金石略七卷、灾祥略三卷、昆虫草木略二卷。卷首有《凡例》十二则，细目有删简或增补。《六书略》记有满、蒙、回等多种文字，《七音略》以汉、满、梵音翻切，配合十二谱，均有特点，大都录自四库全书目录。

《清朝通志》由于在体例上去本纪、列传及年谱，只留二十略，虽仿《通志》，却内容相差较大，故《四库全书总目》指出："名为《通志》，实与《通典》、《通考》为类。"从中可以看出，清代官修史书，并不完全是从实际出发，有时是硬套名目。当然，《清朝通志》也有不少可取之处：以嵇璜、刘墉等为首的三通馆撰修者，在卷首多作序言，或言本卷目的重要，或述本问题的梗概，或介绍其他典籍对此事的载叙，或发表评议，等等，可助后世读者理解清朝的制度；史料来源众多，并经过细心整理，所谓"举要提纲，务期简而不遗，核而不冗"。虽然繁简很难得当，原则是可取的；着重介绍了清朝经济、政治制度和政策，以及它们的演变，其史料有一定的价值。《清朝通志》与其他"二通"相比，也有不同之处，"大抵《通典》主于简要，《通考》主于周详"(《凡例》)，而它自身则"行文叙事与《通典》、《通考》两书实互相发明"。

(朱顺龙)

清朝文献通考

《清朝文献通考》，原名《皇朝文献通考》，省称《清文献通考》。三百卷。《四库全书总目》卷八一作二百六十六卷。清乾隆年间三通馆纂修。成书于乾隆五十二年(1787)。有清武英殿本、光绪二十二年(1896)浙江书局本、《九通》本、《十通》本等。民国商务印书馆《万有文库》本后附索引，较便于查阅。

乾隆十三年(1747)起敕修《续文献通考》，《清朝文献通考》原为其中的一部分。乾隆三十二年初编完成后，复以清朝一段析出独立成编，由嵇璜、刘墉为总裁，并经纪昀等校订而成。

《清朝文献通考》系记载清代前中期典章制度的资料汇编。记事上起1616年清建朝，下迄乾隆五十年(1785)。卷首有凡例十六则，全书分作二十六考：田赋考十二卷、钱币考六卷、户口考二卷、职役考五卷、征榷考六卷、市籴考六卷、土贡考一卷、国用考八卷、选举考十六卷、学校考十四卷、职官考十四卷、郊社考十四卷、群祀考二卷、宗庙考十二卷、群庙考六卷、王礼考三十卷、乐考二十四卷、兵考十六卷、刑考十六卷、经籍考二十八卷、帝系考七卷、封建考十卷、象纬考十二卷、物异考十卷、舆地考二十四卷、四裔考八卷。

《清朝文献通考》所列二十六考，除群祀、群庙两考系新增外，余均仍如同时期《续文献通考》原有分类，但子目内容有所增删。如田赋考增八旗田制，钱币考增银色银值、回部普儿，户口考增八旗壮丁，土贡考增外藩，学校考增八旗官学，宗庙考增崇奉圣容之礼，封建考增蒙古王公诸目，皆根据清代制度发展而增入。另外，市籴考删均输、和买、和籴，选举考删童子科，兵考删车战诸目，皆为清制所无而删除。

本书取材广博，凡档案、实录、国史、起居注、钦定诸书、省修诸志以及私人著述等，皆在采辑之列，将清代前期和中期主要行政制度及社会经济制度的资料大致网罗其中，故内容翔实，颇具参考价值，至今仍是研究清代前中期社会典章制度的必读之作。

（陈　墨）

十七史商榷 王鸣盛

《十七史商榷》，一百卷。王鸣盛撰。成书于清乾隆五十二年(1787)。有广雅书局本、《史学丛书》本、《丛书集成》本、2005年上海书店出版社黄曙辉点校本及2010年中华书局收入《王鸣盛全集》的校点本等。

王鸣盛(1722—1797)，字凤喈，号西庄，晚年改号西沚居士。江苏嘉定(今属上海)人。十六岁补诸生，清乾隆十九年(1754)进士，授翰林院编修。历任福建乡试主考官、内阁学士兼礼部侍郎、光禄寺卿。乾隆二十八年以母丧告归，迁居苏州，时年四十二岁。此后不复出仕，专以诗文著述为务。年七十六岁卒。另著有《尚书后案》、《蛾术编》、《西庄始存稿》、《西沚居士集》等。《清史稿》卷四八七、《清史列传》卷六八、《碑传集》卷四二、《国朝汉学师承记》卷三等有传。

《十七史商榷》系王鸣盛解官退居后始作，至八十岁时撰毕，前后历经二十四年。撰者在自序中对成书原委及经过作了叙述："尝谓好著书不如多读书，欲读书必先精校书。……二纪以来恒独处一室，覃思史事，既校始读，亦随读随校，购借善本，再三雠读。又搜罗偏霸杂史、稗官野乘、山经地志、谱牒簿录，以及诸子百家、小说笔记、诗文别集、释老异教，傍及于钟鼎尊彝之款识，山林冢墓、祠庙伽蓝、碑碣断阙之文，尽取以供佐证，参伍错综，比物连类，以互相检照，所谓考其典制事之实也。"

本书系考史著作，所论上起《史记》，下迄五代，共十九部正史。宋人习称十七史，为撰者沿用。全书凡一百卷，其中《史记》六卷，《汉书》二十二卷，《后汉书》十卷，《三国志》四卷，《晋书》十卷，《南史》合宋、齐、梁、陈书十二卷，《北史》合魏、齐、周、隋书四卷，新旧《唐书》二十四卷，新旧《五代史》六卷，以及《缀言》二卷"特论史家义例崖略"。撰者阐明是书"商榷"内容为"改讹文，补脱文，去衍文，又举其中典制事迹，诠解蒙滞，审核踳驳"(序)。概括而言，书中内容与主要成就有以下几个方面。

一、文字校勘与史实考正。此为全书重点所在。撰者以汲古阁本十七史为底本，参以明监本等其他刻本,除对校、本校外,并经常采用理校。所校文字包括诸史本文和注文,并于校勘文字时注意区分传写之误与史家之失。如卷二三《项它》条:"师古曰:高纪云项声,此(指《汉书·项籍传》)云项它,纪、传不同,未知孰是。考《高纪》于是役但书龙且,不言项声,师古云云不知何据,而南监版竟无此注,当是传写脱去。考其实,则当作项声,纪所以不言者,以传中可以互见。"书中考正史实,辨析纪传记载异同之处亦甚多。如卷三八《马融以班昭受汉书》条较完整地考证出汉代经史师法的传授情况,卷二七《班正史记误》条辨析了《史记》、《汉书》的记载出入,卷八六《魏徵传新旧详略互异》条很有见地地分析了新旧《唐书》的《魏徵传》之详略异同。

二、考证典章制度。本书有关地理、官制、兵制、礼制、赋税、刑律及科举学校等方面的考证文字,遍及十余种正史,其中以关涉地理和官制的篇幅居多。撰者于历代行政区划及山川江河位置方面用力颇多,如卷十七《县名相同》条全面考证汉代县名相同情形,卷七九《赤畿望紧上中下辅雄》条对隋唐以来行政区划方面冷僻典制的考证。撰者对古今官制的考订亦颇见功力。如卷十五《开府仪同三司》条,相当简洁地勾勒出"开府仪同三司"的官制来历及沿革;卷九六《附论赵宋官制》条,分析了唐宋官制的异同及宋季官制的演变状况。

三、纵论史事,评议人物。撰者虽于自序中申明"读史者不必横生意见、驰骋议论,以明法戒也",而书中仍不乏议论之辞。此虽贻人以不合体例、自相矛盾之讥,但其中亦时有有识之论,如卷二《项氏谬计四》条、卷六《司马氏父子异尚》条、卷五十《王导传多溢美》条等。

四、历史编纂学的讨论。书中对十九部正史编著得失多有考察,内容涉及史料来源、编纂体例、义例书法、卷次安排等许多方面。如卷一《史记所本》条叙述《史记》资料来源,卷九九《正史编年二体》条分析纪传体与编年体史书的演变,卷一百《补历代史表》条对史表的推重,等等。

《十七史商榷》以其考证成就而被推为乾嘉时期三大考史名著之一。清末李慈铭对此书褒扬有加,称"此书与钱先生《廿二史考异》、赵先生《廿二史劄记》皆为读史者之津梁"。"钱专考订,鲜及评论;赵主贯串,罕事引证;兼之者惟此书,故尤为可贵。"(《越缦堂读书简端记》)同时也对书中议论人物时意气用事,轻加雌黄之处有所讥讽。近人陈垣曾著文分析书中错讹之处,如《书〈十七史商榷〉第一条后》指出书中第一条的四处错误,并批评撰者谩骂古人,以骄横的态度攻击前人学术,《书〈十七史商榷〉齐高帝纪增添皆非条后》则驳斥撰者对《南史·齐高纪》批评的失当。今人林文锜、杜维运等有专文论析此书。

(张荣华)

续资治通鉴 毕 沅

《续资治通鉴》,原名《宋元编年》。二百二十卷。毕沅撰。成书于清乾隆五十七年(1792)。有嘉庆二年(1797)初刻本一百零三卷,嘉庆五年浙江桐乡人冯集梧将未刻的一百十七卷补刻完全。另有同治年间江苏书局印行本、1936年中华书局《四部备要》排印本、1957年中华书局校点本。

毕沅(1730—1797),字纕蘅,一字秋帆,自号灵岩山人。江苏镇洋(今太仓)人。清乾隆二十五年(1760)中状元,授翰林院修撰。历任翰林院侍讲,陕西按察使、布政使、巡抚,河南巡抚,湖广总督。撰有《经传表》、《经典文字辨正书》、《音同义异辨》、《史籍考》、《关中胜迹图记》、《灵岩山人诗文集》、《关中金石记》、《中州金石记》等,编有《山左金石志》、《三楚金石志》、《两浙金石志》、《河间书画录》、《经训堂法帖》等,校注有《山海经校注》、《墨子注》、《晏子春秋注》、《晋书地理志校注》、《新校正长安志》、《释名疏证》、《夏小正考注》、《道德经考异》等,多非其一人完成。事迹载《清史稿》卷三三二、《清史列传》卷三〇等。

自司马光《资治通鉴》行世后,续修者代不乏人。如宋刘恕《通鉴外纪》、金履祥《通鉴前编》、李焘《续资治通鉴长编》、李心传《建炎以来系年要录》、刘时举《续宋编年资治通鉴》、元陈桱《通鉴续编》,明薛应旂、王宗沐两家各撰有《宋元资治通鉴》;清初时,徐乾学邀集万斯同、阎若璩、胡渭等人编成《资治通鉴后编》,有后来居上之功。上述诸家之作虽各有阙失,要皆为毕沅续编打下较好的基础。特别是徐书,成了毕沅续鉴的直接依据。自乾隆三十七年(1772)起,毕沅延致一批学者编写,并就本书体例、内容、方法等,与钱大昕、章学诚、邵晋涵等人反复商讨。初稿编成后,复经邵晋涵审订,面貌大为改观。毕沅阅后"大悦服,手书极谢,谓迥出诸家续鉴书上"(章学诚《邵兴桐别传》)。是书先后四易其稿,历二十年始成,实际上是以毕沅为首的一批学者的集体编撰成果。

《续资治通鉴》系记录宋、辽、金、元四朝共四百余年历史的编年体史著,上起宋太祖建隆元年

(960),与《资治通鉴》相衔接,下迄元顺帝至正二十八年(1368),计字二百三十五万五千有奇。书前有冯集梧序、钱大昕致冯函以及章学诚《为毕制军与钱辛楣宫詹论续鉴书》、《邵兴桐别传》等文。

本书矫正了以往旧作中详宋、元而忽略辽、金的弊病,将宋、辽、金、元四史融为一体,不仅宋、元事在所宜详,且辽、金、夏史实一无遗漏,记录颇详。如卷十叙述宋辽战争期间双方备战情形,以及辽国君主治国特点,卷九二记载女真阿骨打称帝后金国兴盛情形等,对了解辽、金历史颇有裨益。是书对以往旧作中缺略内容颇多补充,很大程度上得益于撰者掌握资料的完备性。乾隆时代,随着《四库全书》的编纂,大量不易见到的遗文秘册得以流传。如李焘《续资治通鉴长编》五百二十卷本和李心传《建炎以来系年要录》,元以前绝少流传,徐乾学所见,仅一部一百多卷的李焘长编,内容多有缺损,故所作时有不完善之处。是书则能充分采用足本、秘笈,"宋事据丹棱、井研二李氏书而推广之,其辽、金二史所载大事无一遗落,又据傍籍以补其逸,亦十居三四矣;元事多引文集,而说部则慎择其可征信者"(章学诚《为毕制军与钱辛楣宫詹论续鉴书》)。

本书《考异》部分,系仿效司马光《资治通鉴》而作。并依胡三省例将考异文字分注于各条正文之下。凡一千五百余条,构成全书重要组成部分。考异中征引资料达三百余种,取材颇富,故而对宋人笔记与正史、文集中史实记载出入之处,对宋、辽、金、元各方记载的矛盾及详略不同之处时有胪列,并对以往旧作的考异之误有所纠正;在考证宋、辽外交关系时,还间或征引《高丽史》、《东国通鉴》等朝鲜文献,对深入考察这段史实颇有帮助。

本书虽以政事记载为主,对其间重要的经济变化、文化发展及对外关系,亦一一记录,避免褊狭之弊;较之司马光《资治通鉴》以政治史论述见长而于经济、文化为弱,在内容分布上似更趋合理。但全书史评部分缺如,对所载史事均不加评论。章学诚为此代毕沅申明的理由是"以为据事直书,善恶自见"。

《续资治通鉴》以综辑见长,但缺乏镕铸剪裁,引用史料多抄录旧史,甚至在吸取徐乾学书内容时,亦近乎原文入录。自卷一○三以下,各卷中凡分年处,均各冠年号,与其前体例不合。全书又依照乾隆《辽金元三史国语解》改辽金元人名,如改"忽必烈"为"呼必赉"等,虽于改译名下附注旧名,但时有漏注错记之处,或始见不注而注于后见,使用颇为不便。但本书在总体上能吸收前此众本之长而弥补其短,成为明清数百年间有关宋元编年史之集大成者。故清末张之洞于《书目答问》中称"宋、元、明人续《通鉴》甚多,有此皆可废"。

关于《续资治通鉴》刊印时所据稿本,以往学者皆据章学诚《邵兴桐别传》所云"其家所刻《续鉴》,乃宾客初定之本;君之所寄,公薨后家旋籍没,不可访矣",认为邵氏审订本已不见,今传本所刻者乃"宾客初定之本"。今人罗澍伟则谓此说不可信,认为今传《续资治通鉴》一书,即邵晋涵审订本(详见《中国史学家评传》中册《毕沅》一文,中州古籍出版社1985年)。对于这桩公案,目前尚无定论。

1957年古籍出版社点校本《续资治通鉴》,经校勘后列出其中讹误、遗漏、衍文、颠倒、重复等问题二千四百余条。1964年中华书局据此出新一版,至今仍属较完善的一种本子。

(陈　墨)

廿二史劄记 赵 翼

《廿二史劄记》,三十六卷。赵翼撰。成书于清乾隆六十年(1795)。有湛贻堂本、广雅书局本、西畬山馆本、《丛书集成》本、2008年凤凰出版社校点本等。

赵翼(1727—1814),字云崧(一作耘松),号瓯北。江苏阳湖(今常州)人。清乾隆二十六年(1761)进士,授翰林院编修。历任广西镇安知府、广东广州知府、贵州贵西兵备道等职。乾隆三十七年遭劾贬,遂辞官家居,专事著述讲学。另著有《陔余丛考》、《皇朝武功纪盛》、《瓯北诗钞》、《瓯北诗话》、《瓯北文集》、《簷曝杂记》、《唐宋十家诗话》等,合编为《瓯北全集》行世。今人编校有《赵翼全集》。《清史稿》卷四八五、《清史列传》卷七二、《国朝耆献类徵》卷二一二、《碑传集》卷五六等有传。

《廿二史劄记·小引》称:"闲居无事,翻书度日。而资性粗钝,不能研究经学;惟历代史书,事显而义浅,便于流览。爰取为日课,有所得则劄记别纸,积久遂多。"初稿完成,曾印行于世。后全集所收之本有清嘉庆五年(1800)钱大昕及赵翼助手李保泰的序文,内容亦有增补改订。如卷二八《金史》"金末种人被害之惨"、卷三六《明史》"明祖本纪"以下二十二目,皆为初印本所无,当补撰于此数年间。今本《廿二史劄记》目录一仍初刻本,故与正文互有出入。

本书析作三十六卷,以读书笔记体裁写就。具体卷目为:卷一至三《史记》、《汉书》,卷四、五《后汉书》,卷六、七《三国志》、《晋书》,卷八《晋书》,卷九至十二《宋齐梁陈书并南史》,卷十三至十五《魏齐周隋书并北史》,卷十六至二十《新旧唐书》,卷二一、二二《五代史》,卷二三《宋辽金史》,卷二四至二六《宋史》,卷二七《辽史》、《金史》,卷二八《金史》,卷二九、三十《元史》,卷三一至三六《明史》,凡五百七十八目。其时因《旧唐书》、《旧五代史》尚未列入"正史",故以"廿二史"名之。

著者《小引》揭示是书编排体例:"多就正史纪、传、表、志中参互勘校……至古今风会之递变,政事之屡更,有关治乱兴衰之故者,亦随所见附著之。"即以考述各史编纂体例等居先,附以评价历代人物与事件。所论各史编纂经历、史料来源、体例特点、编纂得失、史实正误等,约占全书三分之一篇幅。如"各史例目异同",概述由《史记》开创的纪传体中本纪、世家、表、书志、列传等例目之源流与特点,以及后来各史的改作或创新;并设专目评判各史书体例的异同得失,有"史记变体"、"薛欧二史体例不同"、"北史改编各传"、"辽史立表最善"等。对诸史所用资料进行考异、辨误、纠谬,则有"汉书移置史记文"、"宋书多徐爰旧本"、"史记自相歧互处"、"梁南二史歧互处"、"金元二史不符处"、"三国志误处"、"宋史各传错谬处"、"汉书增事迹"、"后汉书间有疏漏处"、"辽金二史各有疏漏处"等目,以期在确定史料真伪及其沿用的前提下,对史书记事作出辨析与订正。

书中论及历史事件或历代人物,多取特定历史阶段中重大问题为焦点,试图从中勾勒出该阶段社会状况。如评论汉代历史之"汉初布衣将相之局"、"汉初诸王自置官属"、"武帝时刑罚之滥"、"汉儒言灾异"、"汉时以经义断事"、"西汉外戚之祸"等,皆涉及当时重大社会问题。其具体论述方法则以归纳综述见长。如"九品中正"条目,以归纳之法汇集各项有关传载,阐述了九品中正制的起源、特征及弊端,以重现这一历时四百余年的重要制度。书中对历代人物之评骘亦不无特见,如对于旧史家向来毁多誉少的武则天,著者亦客观地揭示她纳谏知人的气度。是书末附《补遗》一篇,系著者将《御批历代通鉴辑览》一书改译《辽史》、《金史》、《元史》的人名、地名逐一钞出,注于旧译名之下,供人检阅。

《廿二史劄记》行世后,即为学人所推重。钱大昕作序称作者"持论斟酌时势,不蹈袭前人,亦不有心立异,于诸史审订曲直,不掩其失,而亦乐道其长"。梁启超评价此书"不喜专论一人之贤否,一事之是非,惟捉住一时代特别重要问题,罗列其资料而比论之,古人所谓'属辞比事'也"(《中国近三百年学术史》)。李慈铭于咸丰年间为此书所作题记称"此书贯串全史,参互考订,不特阙文误义多所辨明,而各朝之史,皆综其要义,铨其异闻,使首尾井然,一览可悉。即不读全史者,寝馈于此,凡历代之制度大略,时政得失,风会盛衰,及作史者之体要各殊,褒贬所在,皆可晓然",同时指出书中"漏略"之弊。但后来在《越缦堂日记》(同治九年七月初五日)中,李氏又指出:"常州老生皆言此书及《陔余丛考》,赵以千金买之一宿儒之子,非赵自作。"他认为赵翼"识见浅陋,全不知著书之体",以该书文义贯通而言,"自非赵所能为"。陈登原《国史旧闻》第三册亦移录李氏日记,视作可信之论。张舜徽《中国史论文集》中通过对清人谢启昆《树经堂文集》卷三《再答赵云松观察书》的分析,也怀疑《廿二史劄记》非赵翼所撰。今人一般不取是论,而以《廿二史劄记》为赵翼所撰,认为此书主要价值为初读廿四史之门径,并对书中史实失真与粗率疏阔之处多有批评。

有关《廿二史劄记》之校正研究,李慈铭曾作过眉批校语,今藏北京图书馆。闻陈垣有校订本,今不见,其研究见解散于原书批注及《史源学杂文》中。台湾学者杜维运所撰《赵翼传》中对此书有专论。研究此书的主要成果为今人王树民《廿二史劄记校证》(中华书局,1984年,2007年订补本),该校证本除文字校勘外,并参考前人校订成果,于是书内容漏略处作订误疏证,写成校证及符号删补者一千一百三十余条;同时不用乾隆时对辽、金、元三史的改定译名,一律采用旧译,删去互注之文,另编新旧译名对照表附书末。

(张荣华)

文史通义 章学诚

《文史通义》，《章氏遗书》本九卷。章学诚撰。始撰于清乾隆三十七年（1772），迄去世而未竟。道光十二年（1832）由其次子华绂初刻于开封，即"大梁本"，内篇五卷，外篇三卷。1921年嘉业堂刘氏刻印《章氏遗书》五十卷，其中《文史通义》增加内篇一卷，补遗八篇，篇目亦有不同。以后《丛书集成初编》本、《四部备要》本等均依此本刻印。1956年古籍出版社所出标点本，据《章氏丛书》本排印，并将1922年四川省立图书馆《图书集刊》所载《章氏遗书逸篇》附入，但未收内容不同的"大梁本"外篇三卷。中华书局1985年版的近人叶瑛《文史通义校注》十一卷、浙江古籍出版社2005年版的仓修良《文史通义新编新注》，便于初学阅读。

章学诚（1738—1801），字实斋，号少岩。浙江会稽（今绍兴）人。弱冠便好读史，后至北京师事朱筠，得交当世名士，相与究学。清乾隆四十一年（1776）任国子监典籍，两年后成进士。历主肥乡清漳、永平敬胜、保定莲池、归德文正等书院讲席，撰修和州、永清、亳州、常德、荆州等志。晚入毕沅幕，纂修《湖北通志》及《史籍考》，并协修《续资治通鉴》。常年为衣食所迫，未得安宁，但仍写作不辍，著述颇富。所著除《文史通义》、《校雠通义》外，大多散失。临终前将全部文稿委托萧山王宗炎代编，后刘氏嘉业堂据王氏编目加以补订，编成《章氏遗书》行世。生平见《清史稿》卷四九〇、《清史列传》卷七二，及近人胡适撰《章实斋先生年谱》等。

《文史通义》是史学理论名著。《章氏遗书》本分内、外两篇，内篇六卷，主要从不同角度探讨史学理论，并涉及经学和文论方面的研究，计有《经解》、《易教》、《书教》、《原道》、《原学》、《史德》、《史释》、《浙东学术》、《文集》等四十九篇；外篇三卷，主要以序言题跋、书信随感等形式阐述文史方面的学术见解，撰者有关方志编修理论的文字亦多集中于此，计有《州县请立志科议》、《亳州志人物表例议》、《与邵二云论修宋史书》、《记与戴东原论修志》、《家书》、《与陈鉴亭论学》、《报孙渊如先生》、《与汪龙庄书》等七十篇。

《文史通义》在史学理论上的贡献，主要在于系统探讨经、史关系问题，提出了"六经皆史"说。

章学诚认为:"六经皆史也。古人不著书,古人未尝离事而言理,六经皆先王之政典也。"(内篇一《易教》上)"盈天地间,凡涉著作之林,皆是史学,六经特圣人取此六种史以垂训耳。"(外篇三《报孙渊如书》)六经所以"皆史",在于它是先王的政典,而这些政典是用以"经纬世宙"的,故而六经的重要意义在于经世。据此章学诚提出了史学经世致用的主张:"史学所以经世,固非空言著述也。"(内篇二《浙东学术》)书中批评考据家脱离实际,反对宋学家空谈义理,皆由此主张而发。

从"六经皆史"的论点出发,《文史通义》对所谓"史学义例"作了探讨。首先是赋予史学以新的意义,认为唐、宋以来的史部著作,不过是史考、史选、史纂、史评、史例,均非"史学"。史学的重要特点在于它所具有的"义",或称"史意"、"义意",也即《春秋》笔削之义,"作史贵知其意"(内篇四《言公》上),"史所贵者义也"(内篇五《史德》)。基于此,撰者进一步发挥了唐刘知几"史才须有三长"即才、学、识的观点,"才、学、识三者,得一不易,而兼三尤难",于三者之中尤重史识,因为"能具史识者,必知史德;德者何?谓著者之心术也"(内篇五《史德》)。

"史学"须具"史意",而史家之作不必皆如此,因"史家又有著作之史与纂辑之史"的分别,章学诚以"撰述"、"记注"之异作出阐释。"《易》曰:筮之德圆而神,卦之德方以智。间尝窃取其义,以概古今之书籍。撰述欲其圆而神,记注欲其方以智也。夫智以藏往,神以知来。记注欲往事之不忘,撰述欲来者之兴起;故记注藏往似智,而撰述知来拟神也。"(内篇一《书教》下)"撰述"与"记注",亦即"著述"与"比类",两者虽相需为用,但前者更为重要,"吾于史学,贵其著述成家,不取方圆求备,有同类纂"(外篇三《家书》三)。根据这一重视创见的原则,章学诚对袁枢所创纪事本末体深加赞赏,认为它"因事命篇,不为常格"。并主张重视通古今之变而成一家之言的通史,认为编撰通史有免重复、均类例、便铨配、平是非、去牴牾、详邻事"六便",有具剪裁、立家法"二长"。他特别推崇《通志》,称赞郑樵"独取三千年来遗文故册,运以别识心裁,盖承通史家风,而自为经纬,成一家言者也"(内篇四《申郑》)。

章学诚还对实践中积累的方志学理论作出总结。他确定方志的性质是历史而非地理,一反向来以方志为地理书的观点。"地理之学,自有专门,州郡志书,当隶外史。"(内篇四《释通》)史的范畴可分为天下之史、一国之史、一家之史和一人之史四类,其中一国之史便是方志,专载一方。方志既属史书,其内容自应以记载地方历史文献为主。因而他反对戴震认为方志只应考地理沿革,不必记载文献的见解,并为此与戴展开辩论(见《遗书》卷十四《记与戴东原论修史》)。他强调指出:"若夫一方文献及时不与搜罗,编次不得其法,去取或失其宜,则他日将有放失难稽,湮没无闻者矣。"(同上)

在方志的编纂体例与撰写方法方面,章学诚也有独创之见。他主张方志编纂应仿效史书"三家之学",相应设置三书。"凡欲经纪一方之文献,必立三家之学,而始可以通古人之遗意也。仿纪传正史之体而作志,仿律令典例之体而作掌故,仿文选文苑之体而作文徵。"(《遗书》卷十四《方志立三书议》)并于三书之外另立"丛谈",记载考据、轶事、琐语、异闻等"稗野说部之流"作为补充。在方志具体修纂过程中,他提出乘二便:地近则易核,时近则迹真;尽三长:识足以断凡例,明足以决去取,公足以绝请托;去五难:清晰天度难,考衷古界难,调剂众议难,广征藏书难,预杜是非难;除八忌:条理混杂,详略失体,偏尚文辞,妆点名胜,擅翻旧案,浮记功绩,泥古不变,贪载传奇;立四体:皇恩庆典宜作纪,官师科甲宜作谱,典籍法制宜作考,名宦人物宜作传;归四要:简、严、核、雅(《遗书》卷十四《修志十议》)。此外,他还建议在各州县设立志科,主管积累和保存地方文献的事务,以便后世能续修方志,在全国范围内形成一套完整的修志制度。章学诚对方志学理论的总结,不少见解至今仍有参考价值。梁启超曾予以很高的评价:"方志学之成立,实自实斋始也。"(《中国近三百年学术史》)

本书的缺陷主要表现在作者站在遵守"时王之法"的政治立场上,维护程朱理学以及宣扬旧宗法伦理的倾向。在史学理论方面,书中一味否定断代史的作用,亦非允当之见。

《文史通义》集中反映了章学诚不同凡响的史学成就与学术造诣,堪称我国史学理论方面屈指可数的集大成著作之一。自清以降,研究、评论者颇不乏人,其中章炳麟、梁启超、胡适、钱穆、余嘉锡、吕思勉、周予同、钱锺书、张舜徽等各有建树,足资参鉴。较系统地予以论析的,则推美国学者倪德卫《章学诚的生平及其思想》、余英时《论戴震与章学诚》二书。

(张荣华)

西魏书 谢启昆

《西魏书》，二十四卷。谢启昆撰。成书于清乾隆五十六年（1791）。初刊本为乾隆六十年《树经堂集》本。后有光绪二十五年（1899）上海文澜书局《史学丛书》石印本，末增附录一卷。1938 年商务印书馆据《史学丛书》本排印，收入《丛书集成初编》。

谢启昆（1737—1802），字蕴山，号苏潭。江西南康人。清乾隆进士，官至广西巡抚。曾主修《广西通志》，另撰有《广经义考》、《小学考》、《树经堂集》、《树经堂遗文》等。传见《清史稿》卷三六五、四八九，《清史列传》卷三一，《国朝耆献类徵》卷一八五等。

北朝魏收所撰《魏书》，以东魏为正统，叙事详赡而不惜笔墨，对西魏则着意贬斥，不仅未给西魏诸帝立本纪，且对西魏军政大事极少提及，损害了《魏书》的完整性。谢启昆对此颇致不满，斥其"党齐毁魏，削孝武谥，名西魏帝；尊卑序失，过莫甚焉"。又以隋魏澹所作《后魏书》，虽以西魏为正统，"惜其书亡佚，而收之秽史独存，是以西魏之典故人物，阙焉无徵。用是慨然，搜集旧闻，述西魏书"（叙录）。先后搜罗正史、传记、类书、方志、金石等数千卷而撰成是书。

《西魏书》系记载西魏史事的纪传体史著，记事本纪部分始于孝武帝即位，列传部分始于孝武帝入关，全书下限止于宇文氏受禅（557）。卷一《帝纪》，依编年顺序概述西魏孝武帝、文帝、废帝、恭帝前后二十余年大事，"如永熙时大成乐成，大统间颁中兴永式，废帝末作九命之典，恭帝初立，萧詧为附庸，复三十六国、九十九姓等事，《北史》皆失载，殊失重轻，今并补入。至废帝时改天下州郡名，载《地域考》，纪则不书。西魏二十余年，日寻干戈，其胜负无关兴丧者，纪不书，以其事见于《大事表》"（叙录）。

卷二《封爵表》，分公、侯、伯、子、男五栏逐年记录；封爵年代失考者，则附于表末。此表内容对清万斯同《历代史表·西魏将相大臣年表》的阙漏之处有所补正。卷三《大事表》分永熙、大统、废帝、恭帝四栏逐年叙事。卷四《异域表》，分高丽、契丹、蛮獠、氐、吐谷浑、宕昌、邓至、稽胡、库莫奚、鄯善、高昌、波斯、嚈哒、蠕蠕、突厥八栏，逐年记载西魏对外交涉事略。"四夷朝贡，前史书之

本纪编年之末；其有不庭之讨者，载之列传。今并详《异域表》，以西魏时事迹甚少，不足立传。"（叙录）

卷五至卷十分别为《纪象考》、《仪制考》、《地域考》上下、《百官考》上下，考订西魏一朝的星象历律、礼仪制度、行政区划、职官制度及其沿革。撰者《叙录》称："西魏历年未久，而典制颇为明备。今参稽往籍，循流讨原，勒成四考。一朝制作，虽不得其全文，而巨目宏纲，略可观览。"

卷十一至卷二三为列传，计收一百零三人传略，附传六十一人。其中宇文泰一人之传占两卷，苏绰传占一卷，多则三十六人并为一卷。列传部分的编撰特点，一是不立类传名目，"仿《三国志》例，人以类从而已，贤否自见"。二是不漫为论赞，"凡列传必有他事足补正书之阙，及有足法戒者，始为论以著之，余则否"。三是"于一人之微，一事之细，亦所珍惜采录，而不忍遗者，以千余年文献放失之后，考古为难，义各有取，非必以果核药滓为贵也"。卷二四为《善见萧詧载记》，以"清河王世子善见，孝武臣也；梁王萧詧，魏附庸也，故并立传"（叙录）。书前有钱大昕序、姚鼐序各一篇，翁方纲书、毕沅书各一通，以及撰者叙录一篇书末附录一卷，收清赵翼《西魏书书后》一文，及撰者与赵翼讨论《西魏书》的来往书信三通。全书以乾隆六十年胡虔《跋》殿尾。

本书以西魏为正统，除纪、传外，尚有表、考，体裁较为严整完备；对所采史料的增益改更，均有所本，在资料排列方面亦颇显条理。钱大昕曾称赞是书："读其凡例，谨严有法，洵足夺伯起之席，而张涑水、考亭之帜矣。昔平绘撰中兴书，其体例当类此，而隋志不著于录，则唐初已无传。观察之书，不独为前哲补亡，而封爵、大事诸表，精核贯串，又补前史所未备。传诸异日，视萧常、郝经之续后汉书，殆有过之无不及也。"（钱序）

作为清代重编的一部魏史著作，《西魏书》的不足之处在于采摭不广，在史料上补益不多。此外，撰者为突出西魏的正统地位，将东魏孝静帝元善见列入传记，亦属不当。

（张荣华）

嘉庆广西通志 谢启昆等

《嘉庆广西通志》,二百八十卷。谢启昆主修。主要版本为清嘉庆六年(1801)初刻本、同治四年(1865)补刻本、光绪十七年(1891)再补刻本。另有翻印本数种。广西人民出版社1988年出版校点本。

谢启昆生平事迹见"西魏书"条。

本书计分典一:训典;表四:郡县沿革表、职官表、选举表、封建表;略九:舆地略、山川略、关隘略、建置略、经政略、前事略、艺文略、金石略、胜迹略;录二:宦绩录、谪宦录;传六:人物传、土司传、列女传、流寓传、仙释传、诸蛮传等。另有谢启昆所撰《广西通志叙例》一篇,凡二十四则,述论方志源流、性质、体例等,并对若干前人方志作了简要评价。

本书循"作志自以详备为宗,而又不敢以冗滥遗讥"之编纂原则,对清中叶以前广西史料极力囊括,为一方史料之总汇,足资考信。清初时郝浴曾主修《广西通志》四十卷,于康熙二十二年(1683)刻印;金鉷所主修之《广西通志》一百二十八卷,亦于雍正十一年(1733)刊行,《四库全书总目》曾予著录,并誉其"分析具载,指掌厘然,尤足为考稽之助"(卷六八)。但这两种通志在内容上均不及是书之丰赡详备。

本书对前人修志之长多所借鉴,如《叙例》谓"宋高似孙《剡录》,先贤各传,每事必注其所据之书。潜氏《临安志》徵引尤富,卝地志引书之例"。故是书采摘群书,"掇拾成编,期无疏舛,且详注书名于所引条下,则考古徵信之义如此。至文载及各旧志、府县志,类多冗鄙,今皆删润过半,而仍注原书之名,著所本也"。作者又以为宋人范成大《吴郡志》一书"以诗文分注各条之下,并例最善,今遵用之。艺文专载粤西人作述,以正著录之体。至游宦粤西者,据所见闻,专为纪载,别为下编"。此外,作者主张"志乘为地理专书,其要尤在郡县沿革",故所撰《郡县沿革表》颇为详审。凡此皆属深得修志体要之举。

本书于劝善惩恶之旨,特予条例明示:"岭南瘴疠之区,明以前贬谪于此者至多。其人或触怒权奸,或见倾群小,如袁恕己、刘贲、黄庭坚、秦观、吴时来、刘台之附,清风亮节,流配边隅,至今引以为重。旧志与《广东志》,皆有迁谪传者此也。今录附宦绩后。"

《嘉庆广西通志》系清代名志之一,刊行后颇受学界重视与称道,并迭经翻印,产生了很大影响。如阮元《道光重修广东省通志序》称赞是书"载录详明,体例雅饬",并表明"爰奏请开局纂修之,大略以《广西通志》体例为本而有所增损"。阮氏所总裁之《道光广东通志》及《道光云南通志稿》,在编纂体例上大多仿效是书。近人梁启超亦称是书"价值与章氏《鄂志》(指章学诚主修《嘉庆湖北通志》)埒,且未经点污,较《鄂志》更完好也。卷首列《叙例》二十三则,遍征晋、唐、宋、明诸家门类体制,舍短取长,说明其所以因革之由。诸志序例,或未能先也。故后之作者,皆奉为楷模焉"(《说方志》,《饮冰室文集》之四一)。何林夏有《嘉庆〈广西通志〉研究》(广西人民出版社,1995年)。

(张荣华)

道光广东通志 阮 元等

《道光广东通志》，三百三十四卷，首一卷。阮元修，陈昌齐等纂。始修于清嘉庆二十三年(1818)，道光二年(1822)成书刊刻。有同治三年(1864)重刻本和1934年商务印书馆影印本。

阮元生平事迹见"十三经注疏"条。

本书的修撰，早在明代已有渊源。明嘉靖十四年(1535)戴璟、张岳等修成《广东通志初稿》，嘉靖四十年(1561)黄佐等重修《广东通志》，此外，还有郭棐、王学曾等修纂的万历《广东通志》。清军入关后，为加强对广东地区的控制，也先后修有该省通志。清康熙十四年(1675)金光祖修成《广东通志》三十卷，雍正九年(1731)郝玉麟、鲁曾煜等修成《广东通志》六十四卷。但上述两部省志"或沿袭旧文失之冗蔓，或体例不一，彼此抵牾"。嘉庆年间，阮元等人奏请再次重修，后于道光二年成书。

本书记载上始秦汉，下迄清嘉道年间。取材广泛，内容丰富。全书分作二十六门，十九项。(一) 训典(卷一、二)，记载清朝诸皇圣谕、诏旨等。(二) 郡县沿革(卷三至九)，记载广东所属各地的历史沿革概况。(三) 职官(卷十至六二)，记载广东历代地方官吏任职情况。其中，对清代记载尤为详细。(四) 选举(卷六三至八一)，记载历代选拔官吏制度，对当地中举、中进士之人均逐一列表介绍。(五) 封建(卷八二)，记载历代在广东封王封侯者的情况。(六) 舆地(卷八三至九九)，记载当地疆域变化、户口状况及风俗、物产等。(七) 山川(卷一百至一一九)，分别记叙广东所属各地山川形胜和水利状况。(八) 关隘(卷一二〇至一二二)，分别记叙广东所属各地一些军事重地、关口要隘等。(九) 海防(卷一二三至一二四)，包括东路、中路、西路及图表、兵船、占验、水醒、水忌、风信等。(十) 建置(卷一二五至一五七)，包括当地城池、廨署、学校、坛庙、梁津等分布状况。(十一) 经政(卷一五八至一八〇)，记载当地铨选、禄饷、田赋、盐法、榷税、积贮、祀典、学制、兵制、邮政及船政等运行状况。(十二) 前事(卷一八一至一八八)，记叙清代以前各个时期的史事。(十三) 艺文(卷一八九至一九八)，包括经、史、子、集四类。(十四) 金石(卷一九九至二一五),记载当地碑刻、铭文等分布状况。(十五)古迹(卷二一六至二三〇),包括广东所属各地城址变化、署宅及寺观等分布状况。(十六)宦绩(卷二三一至二六一),记载广东或广籍的一些著名官吏事迹。(十七)谪宦(卷二六二至二六七),记叙历代在广东安置、流徙和编管的官吏事迹。(十八)列传(卷二六八至三三〇),包括当地主要官吏、名流、贤士、列女、耆寿、释老及个别蛮夷之人的传记。(十九)杂录(卷三三一至三三四),记叙前面各部类未记载或不能记载之事。

《道光广东通志》博采众长,剔除前志冗略之病,取材广泛,记事详核,体例完备,内容翔实,为现存六种《广东通志》中最佳本。问世以来,海内外推为善本,各地修志者,竞相仿此体例,足见其影响之大。

本书亦有不足之处,如对屈大均等人因其著述遭禁而不敢入志;对广东海图记载过略,各县分图则多仿照旧图;清代在当地的徭役征召则几乎未记等。

1982年广东人民出版社出版此书点校本,上海古籍出版社也以商务印书馆影印本为底本,将该志订讹补漏后再次出版。

(丁孝智)

畴人传（附续编、三编、四编） 阮　元等

《畴人传》，四十六卷。阮元撰。成书于清嘉庆四年（1799）。同年初刊。有1935年商务印书馆《国学基本丛书》本、2009年广陵书社彭卫国等点校本。

阮元生平事迹见"十三经注疏"条。

《畴人传》是中国第一部科学家传记集。记述自太古时代至清嘉庆年间天文、数学、历法等方面专门学者共二百八十人，其中包括外国学者三十七人。卷首有作者自序一篇、凡例十八则，并附清人谭泰撰《畴人解》。据此文解释，世代相传之业称为"畴"，家学渊源的科学家则为"畴人"，"是编以畴人传为名，义取诸此"（凡例）。

第一卷记上古、唐、夏、商、周时期的科学家，从黄帝时期的所谓"羲和占日，常仪占月"写起，列举了大章、箕子、商高、荣方等十七人。限于资料缺乏，叙述十分简略。卷二至卷四为西汉时期，所记的科学家有张苍、司马迁、刘向、扬雄、王亮、张衡、刘洪、郑元等。卷五至卷十一是魏晋南北朝时期，科学家较多，有高堂隆、陆续、葛衡、杜预、刘智、祖冲之、崔浩、张子信等。卷十二至卷十七记隋唐时期，有庾季方、张宾、袁充、王孝通、郭献之、徐昂等，并以重墨叙述僧人一行在天文历法方面的成就，占三卷之多。卷十八为五代十国，只录后晋马重绩及后周王朴。卷十九至卷二八记宋辽金元时期，有科学家沈括、苏颂、秦九韶、耶律楚材、许衡、郭守敬、李谦等。卷二九至卷四二是明清时期，"推步之法，由疏渐密，至国朝而大备"（凡例），因此对清代科学家记述颇为详尽，有刘基、徐光启、王锡阐、黄宗羲、梅文鼎、戴震等，其中梅文鼎占三卷。卷四三至卷四六，"依仿诸史传外国之例，凡古今西人别为卷第"，附说古今西洋学者三十七人。在简略追溯西洋历算学史上各主要科学家之后，着重记述了自利玛窦起陆续来到中国的西方传教士如汤若望、南怀仁、熊三拔等及他们在西学东传方面的作用。

《畴人传》各传多先记生平，再述成就。篇末附论，或阐述推究各家学说之原委流变，或分析比较各家学说之异同得失，皆言简意赅，不尚空谈。如《梅文鼎传》篇末谕中评曰："自徵君以来，

通数学者后先辈出,而师师相传,要皆本于梅氏,钱少詹目为国朝算学第一,夫何愧焉。"对于执西法以难梅氏的江永则评曰:"慎修专力西学,推崇甚至。……然守一家言以推崇之故,并护其所短,恒气注术辨,专申西学以难梅氏,盖犹不足为定论也。"《戴震传》的附论先略述了算学在历代的状况,最后说"盖自有戴氏,天下学者不敢轻言算数,而其道始尊",颂扬了戴震在恢复算学研究方面的贡献。

阮元认为"推步之要,测与算二者而已"(卷二五《郭守敬传》论),《畴人传》不仅记述各家学说要旨,对天算仪器记载尤为详尽。如卷二五对郭守敬所制作的各种测量仪器及推算方法不厌其烦地详加描绘,各部件的长短宽厚、各关节的衔接配合,"垛叠招差句服弧矢之法"的实际运用等等,认为这是"算造根本"。

撰者立意"网罗今古,善善从长;融会中西,归于一是",因而收录了三十七位西洋学者,认为西人"于推步一事,颇能深究"(凡例),在卷四五《南怀仁传》附论中进一步说:"西人熟于几何,故所制仪象极为精审。盖仪象精审则测量真确,测量真确则推步密合。西法之有验于天,实仪象有以先之也。不此之求,而徒骛乎钟律卦气之说,宜为彼之所窃笑哉。"以国朝要臣身份能有此言足见其对西学之重视。同时针对当时盲目崇尚西学而薄视中法的现象,指出"学者苟能综二千年来相传之步算诸书,一一取而研究之,则知吾中土之法之精微深妙,有非西人所能及者。彼不读古书,谬云西法胜于中法,是盖但知西法而已,安知所谓古法哉"(卷四四《利玛窦传》论)。然受当时认识水平之限,书中犹有对西学的苛求之辞。如凡例有"西法实窃取于中国"之言,对哥白尼"日心说"更指斥为"上下易位,动静倒置","离经叛道,不可为训"(卷四六《蒋友仁传》论),认为中国采用西学是"礼失求野之义"(卷四四《利玛窦传》论)。

撰者态度严谨,于书中所用史料,一求其广,"采录诸书,二十四史而外,出于文渊阁所储钦定四库全书子部天文算法类为多,其余见闻所及,时有纂修",二求其有征,篇末皆加注史料出处,以便后人检阅查对。另外,本书"专取步算一家,其以妖星晕珥云气虹霓占验吉凶,及太一壬遁卦气风角之流涉于内学者,一概不收"。

本书以其对历代天文算学诸家的详尽记载,显示出不可忽视的学术价值。并因其对推步之法的重视,而开道咸时代数学风气之先,对推动近代自然科学的研究发展作出了不可磨灭的贡献。

清道光年间,罗士琳撰《续畴人传》六卷,仍采前书体例。前二卷补阮书遗漏,自宋至清,如宋杨晖、金元好问、元赵诚等共十七人。后四卷续补阮书以后人物,列传二十七人,共四十四人。成书于清道光二十年(1840),阮元为之作序,统阮氏书共五十二卷,有光绪二十二年(1896)合刊本。

光绪十二年(1886),诸可宝撰《畴人传三编》七卷,仿阮、罗二书体例,专收清代学者,补遗及续补总一百二十八人。其中著名人物有吴任臣、李善兰、俞正燮、钱仪吉、冯桂芬等。并合阮元、罗士琳传,收录女子三人、西洋艾约瑟、伟烈亚力等十五人。

光绪二十四年(1898),黄钟骏撰《畴人传四编》,增补上古至清四百二十八人,其中西洋学者一百五十三人。

研究著作有中州古籍出版社出版的冯立昇《畴人传合编校注》等。

(金　燕)

元史本证 汪辉祖

《元史本证》,五十卷。汪辉祖撰。清嘉庆七年(1802)成书。现存版本,有嘉庆七年刻本、《绍兴先正遗书》本、嘉业堂刘氏刻本、中华书局《二十四史研究资料丛刊》姚景安点校本等。

汪辉祖(1730—1807),字焕曾,号龙庄、归庐。浙江萧山人。清乾隆十一年(1746),辟常州府(今江苏常州市)书记。三十三年举人,四十年进士,授宁远县(今属湖南)知县。四十四年,改知善化县(今湖南长沙市),辞任告归乡里。另著有《三史同名录》等。《绍兴先正遗书》本书后附王宗炎撰《汪龙庄行状》。

《元史本证》以《元史》各部分互校订正记载。据撰者称:"予阅《元史》数周,病其事迹舛阙,音读歧异,思愈略为厘正,而学识浅薄,衰病侵寻,不能博考群书,旁搜逸事,为之纠谬拾遗。因于课读之余,勘于原书,疏诸别纸;历四载,流览无间,刺取浸多,遂汇为一编"。内容包括《证误》二十三卷、一千八百余条,《证遗》十三卷、一千余条,《证名》十四卷、九百余条。卷首附自序和钱大昕序各一篇。

清钱大昕曾予《元史本证》以极高的评价,赞誉作者"平心静气,无适无莫,所立《证误》、《证遗》、《证名》三类,皆其自撼新得,实事求是,不欲驰骋笔墨,蹈前人轻薄褊躁之弊;此所以有大醇而无小疵也"。且"专以本史互证,不更旁引,则以子之矛刺子之盾,虽好为议论者亦无所置喙。悬诸国门以待后学,不特读《元史》者奉为指南,即二十三史皆可类推以求之"。今有中华书局标点本之校勘记,亦多引用。不过,就三部分而言,以《证名》部分最见功力,如将其与《三史同名录》中的有关《元史》部分合在一起,就可基本解决这后者的同名异译问题。其余《证误》、《证遗》两部分,亦于史文多有补正。至于其判断错误,毕竟缘囿于本书自校以及检索不周、句读偶失等在所难免。尤其是作者对各项制度了解有限,诸如行政建置演变,谬释者特夥。

有关《元史本证》的研究文章,有姚景安《元史本证点校说明》等。

(王 颋)

王荆公年谱考略 蔡上翔

《王荆公年谱考略》，二十五卷，杂录二卷，附录一卷。蔡上翔撰。成书于清嘉庆九年(1804)。有嘉庆间存是楼刊本、1930年燕京大学国学研究所重订排印本、1959年中华书局校点本。

蔡上翔(1717—1810)，字元凤，号东墅。江西金溪人。清乾隆进士，授四川东乡知县。后归田，撰成《王荆公年谱考略》一书。《光绪抚州志·文苑传》有其传。

在蔡氏之前，元初詹大和曾作《王荆文公年谱》一卷，内容十分简略。清顾栋高著《王荆国文公年谱》三卷，编纂史料虽颇具功力，但对王安石变法精神不能阐明，处理习闻诬辞时也缺少自己的见解。蔡上翔有感于这些不足，以王安石一代伟人，因行新法而遭后世诋毁，立志编纂新谱以正前非。遂以数十年精力，"所阅正史及百家杂说，不下数千卷。则因年以考事。考其事而辨其误，已略具于斯编矣"(自序)。

本书前有《自序》及《卷首》。卷首之一，迻录《宋史·王安石传》及《临川文集序》等前人序文七篇，前有《序言总论》予以评价；卷首之二，迻录宋黄庭坚、陆游及明清学人有关王安石传赞八篇，后附《传神总论》分别予以评价；卷首之三为《例略》。

全书正文采用编年体例，按年系事。卷一至卷二四分别叙述王安石自天禧五年(1021)至元祐元年(1086)间生平，卷二五为《实录考》上下。

谱后附《杂录》二卷。卷一为蔡上翔撰谱主《五伦考》及《原党》凡六篇，以及明陈汝锜论王安石、司马光文四篇，并附存是楼《书后》、杨希闵《案》语各一篇。卷二迻录明杨慎《丹铅录》驳王之文五条，并逐条予以反驳。《杂录》后有《附录》一卷，"附录存楼诸篇，以其有关于考略，而又不可以入谱中也"。书末有《节要附存》两卷，分别附载清杨希闵撰《年谱推论》、《熙丰和遇录》各一卷。

《考略》旨在恢复历史真相，故特重考证。撰者据事实以袪疑辨妄，于私家见闻及正史诸书对荆公之诬辞，一一考辨驳斥，力排众谤，以求真实反映王安石变法抱负及措施。在撰作体例上先按年代编排，然后罗列各家著作在某一时期的记载情况，然后对其一一驳正，使人既能了解各家材料的全貌，又能从材料中得出观点，信而有据，免于主观武断。如卷三载庆历五年王安石二十五岁时事，《邵氏闻见录》云："魏公知扬州，王荆公初及第，为签判。每读书至达旦，略假寐。日已高，急上府，多不及盥漱。魏公见荆公年少，疑夜饮放逸。一日从容谓荆公曰：'君少年，毋废读书，不可自弃'。荆公不答。退而言曰：'韩公非知我者。'魏公后知其贤，欲收之门下，荆公终不屈。故荆公《熙宁日录》中短魏公为多。"《考略》云："元祐修《神宗实录》，采入《邵氏闻见录》、《涑水纪闻》，皆谤书也。安石《日录》至绍圣初乃出，而兹犹必及之者，愈以见作伪者欲藉以实安石之罪，而不觉已自露其拙也。"是书由于内容充实，考证严密，至今仍具有较高学术价值。

（吕肖奂）

宋会要辑稿 徐 松

《宋会要辑稿》，又名《宋会要稿》。三百六十六卷。徐松辑。

徐松(1781—1848)，字星伯。直隶大兴(今属北京)人。清嘉庆进士，授编修。嘉庆十四年(1809)任全唐文馆提调兼总纂，《宋会要辑稿》在这时初成。次年至湖南任学政。后因事谴戍伊犁，受伊犁将军委托，纂修《新疆事略》十二卷。嘉庆二十五年释还。历任内阁中书、礼部主事、榆林知府等。另著有《唐两京城坊考》五卷、《唐登科记考》三十卷、《汉书地理志集释》十六卷、《汉书西域传补注》二卷、《西域水道记》五卷、《新疆赋》一卷等书。传见《清史稿》、《大清畿辅先哲传》、《续碑传集》等书。

宋代秘书省设会要所，据宋历朝实录、日历，以及中央六部和地方诸路监的档案材料，修会要十一种，即《庆历国朝会要》、《元丰增修五朝会要》、《政和重修国朝会要》、《乾道续四朝会要》、《乾道中兴会要》、《淳熙会要》、《嘉泰孝宗会要》、《庆元光宗会要》、《宁宗会要》、《嘉定国朝会要》、《国朝会要总类》(又名《十三朝会要》)，共三千余卷。为保守国家机密，当时严禁刻印，但官员中往往有抄本流传。南宋理宗以后，禁令放宽，李心传续修整理的《国朝会要总类》(一说即《十三朝会要》的节本)曾在蜀中刻版，由国子监控制发行。明初修《永乐大典》，将宋会要分抄入各韵，这时原书已残缺不全，约十存其七，至明中期时原本全部散佚。清嘉庆十四年(1809)，徐松从《永乐大典》中辑出此书，这时《永乐大典》已散失十分之一，会要被辑入时又十分草率，有不少重出、脱漏及混入他书篇章的地方，徐松原打算进行精细的校勘补正，然而终于壮志未酬身先卒。此后稿本几经易手，一度隶广雅书局，屠寄曾加以整理，方成职官一门便因故终止。民国初，稿本为嘉业堂购得，先后聘刘富曾、费有容进行整理，删并原稿并根据他书增入新资料，用十余年时间修成清本，其中职官类完全采用了广雅书局的成果，共计四百六十卷。1931年，北平图书馆购得徐辑原稿，对照清本进行研究，认为清本"分类隶事，颇多失检"，"杂引他书，不注所本"，因此，决定不取清本，于1936年将原稿本影印出版。1957年，中华书局再度影印，将线装四页合为一页，成精装八册,这便是当前的通行本。但刘富曾的清本有少数篇幅的确出自大典原文,而不见于稿本,则稿本已有部分佚失,因此清本仍有参考价值。

宋代官修本朝会要,是两宋典章制度的渊海。影印本将稿本分为二百册,其中帝系五册,后妃一册,乐三册,礼三十三册,舆服三册,仪制六册,瑞异一册,运历一册,崇儒四册,职官四十九册,选举十四册,食货四十三册,刑法八册,兵十五册,方域九册,蕃夷四册,道释一册,前附《影印宋会要辑稿缘起》一文。每类之下又分立各门,每门繁简不等,如职官类的黜降官一门就有十二册,而礼类吉礼祭西岳门仅二行。每门分成各条,其文也长短不等,每条之下,往往注出各种会要或各种引用书籍。全书已注出的征引书名约一百六十余种,分正编辑录之书和旁证参考之籍两部分,宋代的官书,如《三朝国史》、《九朝长编》、《十朝纲要》、《中兴礼书》等属前者,均归大字正文;而《玉海》、《文献通考》、《山堂考索》及《宋史》等书,则是修《永乐大典》时增入的旁证参考,此类均用小字旁注,或低一格列于本文之后。宋亡时,会要的官修原本为元人劫入燕京,后成为修纂《宋史》的重要史料来源。《宋史》诸志便脱胎于会要,虽然二者详略悬殊,但会要的基本轮廓仍大致保存在诸志之中。另一方面,本书中亦有《宋史》与会要并列者,如瑞异类虫灾门,正文大字均《宋史·五行志》,其注则为会要,这必然不是会要原文,或许是修大典时所为。因此,《宋史》诸志可与《宋会要辑稿》互为参校。

此书是研究宋史的重要史料书。它集中各类资料,按史实的性质分门别类进行排列,其中尤以礼、职官、食货类的篇幅为最大。特别值得重视的是,它记载了大量的经济史料,对于田制、田赋、水利、户口、矿冶、茶盐酒诸法、商税、农业生产技术和矿冶技术等记载甚详,是研究宋代经济史的重要史料。宋代的官制,素以头绪纷繁著称,会要于职官类分官职或官衙立门,又立考课、磨勘、职田、俸禄、避嫌、致仕、黜降、罢免等门,汇集了大量的原始史料,使后人得以翻检考索。

此书不仅记载当时的典章制度,而且保存了大量原始文件,一代之要政也往往随文附见,有些史料仅见于会要,或者他书简略,而详见于本书。宋代修《会要》,不仅为了修史,而且为了将文件档案分类处理,以供处理朝政时作为参考。故宋王应麟曰:"《会要》之书,典故尽在,所以弥缝律令之阙,相为表里。"(《玉海》卷五一)为此,宋臣僚往往征引《会要》作为政见的依据,或者据此考证当代的典故。作为宋史研究的原始材料,《会要》更具有无可替代的作用。

影印本《宋会要辑稿》由于未经整理,尚存在不少问题。据学者考证,影印本并非全是徐辑原稿,其中混入广雅清本及原辑稿副本,原稿又有部分散佚。已查出有五十四处较大篇幅的复文,如《免役》一门即重出三次,有同一事类或分或合未加整理者,如食货类已立宋漕运一门,其后复分立水运和陆运二门,其文大同小异,互有详略。至于抄写中的脱漏错误更比比皆是,使用时还需要注意。

有关的研究著作主要有汤中的《宋会要研究》(商务印书馆,1932年),分为《宋会要考略》、《俞正燮宋会要辑本跋考证》、《大典本宋会要辑订始末》三部分。近有王云海《宋会要辑稿研究》(河南师范大学出版社,1983年)和《宋会要辑稿考校》(上海古籍出版社,1986年),前者主要论述《会要》的撰修经过、体例和版本流传等;后者将稿本与《永乐大典》对校,加以校改和补充。又有蔡崇榜《宋代修史制度研究》(台湾文津出版社,1991年)、陈智超《宋代会要辑稿补编》(全国图书馆文献缩微复制中心出版),前者详细论述宋代各种会要的修撰经过;后者系根据删落的徐松原稿本部分编成,可与今通行本对勘。此外,还有几种辅助工具书:一为1970年日本东洋文库宋史研究会的《宋会要研究备要》,收录稿本的门目(标题)及其所在册数、页数,以及原载《永乐大典》的卷数和收录的年次等,使用甚为方便;二为1980年出版的台湾王德毅编《宋会要辑稿人名索引》;三为1982年日本东洋文库出版的《宋会要辑稿·食货索引》,为宋史研究者提供了方便。全书整理本将由上海古籍出版社出版。

(程 郁)

汉唐地理书钞 王 谟

《汉唐地理书钞》,五十二卷。王谟辑。成书于清嘉庆十七年(1812)冬。有嘉庆间金溪王氏刊本。中华书局1961年影印出版。

王谟(约1731—1817),字仁圃,又字汝上。江西金溪人。清乾隆进士,授知县。乞就教职,选建昌府教授,后告归。另著有《汉魏遗书钞》、《江西风土赋》、《江右考古录》、《江阳典录》、《豫章十代文献略》等五百余种,刊行一百零八种。《清史列传》卷六八有传。

《汉唐地理书钞》为辑录甚备的古代地理丛书。我国古代地理书大多为短篇零卷,易于散失。南齐陆澄曾经把《山海经》以下一百六十家的地理著作,按照地区编成《地理书》一百四十九卷,南梁任昉又增加八十四家,编成《地记》二百五十卷。但齐、梁时代所见地理书,到唐初仅存十之二。元、明以后,不但陆、任两家的辑本早已亡佚,连《隋书·经籍志》所录的地理书也十不存一了。王谟生当清朝中叶,受辑佚之风的影响,原想同黄奭、马国翰一样,辑刻一部《汉魏遗书钞》,分"经翼"、"别史"、"子余"、"载籍"四类,后来认识到地理书的至关重要性,在刻完"经翼"部分后便转向地理方面。因他当时已八十多岁,故未能将所辑地理书全部刻完。

王谟原计划将《书钞》定为三百八十种,分十二门。后来发刻时重行删订,改为前编四册,后编八册,第一册为天文星野及秦以前地理书二十六种,第二册为秦汉至隋、唐地理书二十四种,第三、四册有各省地理书一百九十九种,四册目录合计二百四十九种。四册中究竟刻成多少种,无法考定。光绪乙亥(1875)朱记荣编《目睹书目》时,已说"只见一、二册",其他学者和公私藏书目录里也未提及三、四册刻本。中华书局影印本以原刻一、二册为主,又从中国科学院历史研究所借得抄本互相比勘,增补未刻本二十种,其中六种属于第三册,十二种属于第四册。另有两种,依编排次序应属第一册,但仅见于初编的十二门目录,在重订本第四册目录中已删去,此次影印一并收藏。刻本和钞本共得七十种,为目前能看到的《汉唐地理书钞》较完备的本子。

七十种地理书包括:《河图括地象》、《张衡灵宪》、《甘石星经》、《大衍十二次分野图》、《荣氏遁甲开山图》、《括地图》、《地镜图》、《黄帝明堂图》、《荆山经龙首记》、《丹壶名山记》、《山书》、《古岳渎经》、《张子房赤霆经》、《郭璞〈山海经〉图赞》、《禹受地记》、《裴秀禹贡九州制地图论》、《扬雄十二州箴》、《尚书地说》、《四方令》、《郑氏诗谱》、《挚虞畿服经》、《周谱》、《周公城名录》、《唐勒奏士论》、《京相璠春秋土地名》、《古今地名》、《张华博物地名记》、《张氏土地记》、《皇甫谧帝五经界纪》、《秦地图》、《汉舆地图》、《应邵地理风俗记》、《袁山松郡国志》、《乐资九州要记》、《阚骃十三州志》、《黄恭十四州记》、《张勃吴地理志》、《王隐晋地道志》、《太康地记》、《刘澄之永初山川记》、《大魏诸州记》、《周地图记》、《陆澄地理书钞》、《任昉地理书钞》、《梁元帝职贡图》、《顾野王舆地志》、《虞茂隋区宇图志》、《郎蔚之隋州郡图经》、《魏王泰括地志》二卷、《梁载言十道志》二卷、《贞元十道录》、《贾耽郡国县道记》、《冀州图经》、《并州记》、《宋孝王关东风俗传》、《陆广微吴地记》、《山谦之丹阳记》、《纪义宣城记》、《盛弘之荆州记》、《郭仲产荆州记》、《荆州图副》、《鲍至南雍州记》、《习凿齿襄阳记》、《吴从政襄沔记》、《袁崧宜都山川记》、《黄闵武陵记》、《辛氏三秦纪》、《裴渊广州记》、《永昌郡传》。中华书局影印本另录麓山精舍辑本十六种于后。

《汉唐地理书钞》有以下几个特点。

一、考镜源流，辨别存佚。《隋书·经籍志》地理书凡一百三十九部，《书钞》按隋志书目次第钞辑，在每篇叙录中标明隋志某人撰，在某书几卷，计得所存约七十家。《唐书·艺文志》地理类六十三家，一百零六部，据言失姓名三十一家，《书钞》按隋志开列书目分别钞辑，凡已见隋志者则于叙录本书下注云"唐志同"或"唐志无"，若卷数不同则注云"唐志几卷"，亦有但见唐志者则注云："隋志无"。

二、广搜博讨，材料宏富。六朝时人注书多引诸州郡记等地理书，《书钞》将其一一辑出，以便互相参证。《山河别记》、《南海异事》及三吴、三峡等记与诸州图经数种，仅见于《太平广记》，《书钞》并未因其为稗杂小说而遗弃，也一一采录。《太平寰宇记》所引用地理书亦约百种以上，如韦昭《三吴郡国志》、陶夔《闽中记》、吴均《入东记》等，为隋、唐二"志"所不载，《书钞》也采录。

三、体例创新，纲举目张。《隋书·经籍志》和《唐书·艺文志》并以州郡、风俗、土产入地理，而以先贤耆旧列于杂传记，《书钞》将地理书采出别立一门，而以先贤耆旧诸传一并编入"风俗传"、"异物志"。全书十二门，有纲有目，有经有纬，纵横离合，可以验历朝气运盛衰者为纲，州居部次，类据群分，可以觇各方气候通塞者为目；山川疆域、星野风气不可得而变革者为经，都邑名胜，人物事迹有与时为变通者为纬。大致先纲后目，先经后纬，有条不紊。

《汉唐地理书钞》是古地理书的大全。书前曾燠序云："先生积数十年心力，衷集汉唐遗书，多至四百余种，起自洪荒，迄于唐季。内而畿甸，外而荒裔，凡有涉于山川井邑、风土民物、高文大册、残编坠简,以及浮屠老子之书,无不备载。又能自竖伟识,爬梳而剔抉之,撷其要领,芟其芜秽,部别而州分,星聊而绮错,上可以备金匮石室之求,下可以为学士大夫殚见洽闻之助,庶几博而且精者矣。"可算是对此书价值的最早评说。又有杨慎畛札一篇,多赞美之辞。

(吕肖奂)

考信录 崔 述

《考信录》,三十六卷,翼录十卷。崔述撰。清嘉庆以后分刻、合刻者甚多,有金华府学本、定州王氏《畿辅丛书》本、光绪初年聚珍版本、日本史学会本、上海古书流通处石印本、上海群学会铅印小字本、北平文化学社铅印大字本,上海亚东图书馆标点本等。1983年上海古籍出版社重排的顾颉刚编订《崔东壁遗书》本,系目前最完善的一种版本。

崔述(1740—1816),字承武,号东壁。直隶大名府大名县(今属河北)人。清乾隆二十七年(1762)举人。嘉庆初,选授福建罗源、上杭知县,后以老病告归,以毕生精力从事著述。前后著书凡三十四种,八十八卷。传见《碑传集补》卷三九,及胡适《科学的古史家崔述》等。

《考信录》是一部考证古史真伪的著作,以司马迁"载籍极博,犹考信于六艺"之意名其书。书分为四录。前录二种:考信录提要二卷、补上古考信二卷。正录五种:唐虞考信录四卷、夏考信录二卷、商考信录二卷、丰镐考信录八卷、洙泗考信录四卷。后录五种:丰镐考信别录三卷、洙泗考信余录三卷、孟子事实录二卷、考古续说二卷、考信附录二卷。翼录四种:王政三大典考三卷(三代正朔通考、经传禘祀通考、三代经界通考)、读风偶识四卷、古文尚书辨伪二卷、论语余说一卷。另有撰者自序,汪廷珍序及陈履和例言各一篇。全书考证内容包括三皇五帝、唐、虞、夏、商、周的历史,尧、舜、禹、汤、文、武、周公、孔子及其弟子和孟子等人的事迹。直接取材的古籍主要有《尚书》、《周易》、《诗经》、《左传》、《论语》、《孟子》、《国语》、《史记》、《汉书》等,其余涉及的古书为数更多。

本书名为治经,实为考证古史,通过考史实,辨材料,以史实为经,以文献为纬,"专以辨其虚实为先务,而论其得失者次之"(《提要》卷上《释例》)。撰者以为研究战国以前的历史,当以六经本身记载最为可靠;诸子百家之说、汉人传注及宋人之作中所记之事,六经不载者,皆须考其本原,辨其是非。"今为《考信录》,不敢以载于战国、秦汉之书者,悉信以为实事;不敢以东汉、魏晋诸儒之所注释者,悉信以为实言。务皆究其本末,辨其同异,分别其事之虚实而去取之。虽不为古人之书讳其误,亦不至为古人之书增其误也。"(同上)是书用以经证史的方法,通过对史事去取的严格择别,对上古历史和孔孟等人事迹,以及古代历法、礼制等作了系统考订,去伪存真,推翻了不少前人成说,并阐明了一些传说的演变过程。如提出《史记·孔子世家》出于汉人之手,其中亦有不足为信之处,《礼记·檀弓》为汉人所造等,皆前人所未及。《古文尚书辨伪》二卷,专辨其及孔传之伪,虽在阎若璩、惠栋之后,亦考辨精要,不乏独到见解。

本书考史论人,以实事求是为原则,以明辨是非真伪为务,避免先存门户之见。"今世之士,醇谨者多恪遵宋儒,高明者多推汉儒以与宋儒角;此不过因幼时读宋儒注日久,故厌常喜新耳。其实宋儒之说,多不始于宋儒。宋儒果非,汉儒安得尽是。理但论是非耳,不必胸中存汉、宋之见也。"(《丰镐考信别录》卷三)如对朱熹的评价便是一例。撰者指出,尊汉儒而攻朱者,"不知朱子之误沿于汉人者正不少也";尊朱者又谓朱熹完美无缺,"而不知朱子未尝自以为必无误也"。"惟其不执一成之见,乃朱子所以过人之处。学者不得因一二说之未当而轻议朱子,亦不必为朱子讳其误也。"(《提要》卷上)清汪廷珍为是书撰序,亦称赞其"考据详明如汉儒,而未尝墨守旧文而不求夫心之安也;辨析精微如宋儒,而未尝空执虚理而不核夫事之实也"。清末张之洞《书目答问》中亦将撰者归入"汉、宋兼采经学家"之列。

本书在考辨史实时,对史料加以具体鉴别和区别运用,对同一史实的不同史料,依其可信程度作出分类,列出经文、传文、备览、存疑、附录、附论、备考、存参等项目,并分别加以绎义。这一具体分析历史资料的方法,对后人建立史料学颇有启迪作用。此外,撰者在辨伪证误时,还注意从个别分散的现象,总结规律,提纲挈领。如归纳传文致误之由道:"传记之文,有传闻异词而致误者,有记忆失真而致误者。一人之事,两人分言之,有不能尽符者矣;一人之言,数人逆传之,有失其意者矣。是以《三传》皆传《春秋》,而其事或异,此传闻异词之故也;古者书皆竹简,人不能尽有也,而亦难于携带,纂书之时无从寻觅而翻阅也,是以《史记》录《左传》文,往往与本文异,此记忆失真之故也。此其误本事理之常,不足怪,亦不足为其书累。顾后人阿其所好,不肯谓之误,必曲为弥缝,使之两全,遂致大误而不可挽。"(《提要》卷上)

《考信录》的局限性,在于迷信经书,崇拜圣人,以六经作为鉴别他书、衡量真伪的标准。所谓"居今日而欲考唐虞三代之事,是非必折衷于孔孟,而真伪必取信于《诗》、《书》,然后圣人之道可明也"(自序)。如《提要》中以唐刘知幾疑经之作为非,即出于这一片面迂腐的见解。又如《洙泗考信录》中不信纬书、《孔子家语》、《孔丛子》等,颇为有识;但同时为维护孔子的圣人形象,又无端怀疑史实,以不伪为伪,认定《论语》中公山弗扰、佛肸叛公室而召孔子,孔子欲往等有损孔子形象的记载系汉张禹所加,并不惜引《韩诗外传》、《新序》、《列女传》三书作证,违背了自定的信经书不信传记、小说的原则。

总的来说，《考信录》虽存在尊经卫道的缺陷，但撰者鲜明地主张怀疑、辨伪、考信，瘁一生精力采究秦以前史实以求其真，对澄清上古历史事实及推动辨伪学的发展贡献颇巨；百年之后更以其疑古辨伪精神启迪后学，成为现代古史辨派形成的内在动力源泉之一。至今《考信录》仍是研究上古历史的必读之作。

有关《考信录》的研究评价，今人顾颉刚搜罗了清以来戚学标、王崧、陈澧、张之洞、康有为、梁启超、胡适、钱穆及那珂通世、冈崎文夫等中日学者凡三十七人的序跋、传状、论文计六十篇，附录于《崔东壁遗书》之后，可供参阅。

（张荣华）

重修大清一统志 穆彰阿等

《重修大清一统志》，又名《嘉庆重修大清一统志》。五百六十卷。穆彰阿等主修。成书于清道光二十二年(1842)。有道光二十二年进呈本、1934年商务印书馆《四部丛刊续编》本、1986年中华书局《中国古代地理总志丛刊》本、1987年上海古籍出版社影印本。

穆彰阿(1782—1856)，字子朴，号鹤舫，郭佳氏。满洲镶蓝旗人。清嘉庆进士。历任内务府大臣、步军统领、兵部尚书、吏部尚书、大学士、军机大臣等职。门生故吏遍及京内外，一时号称"穆党"。当权时，推行媚外政策，阻挠"禁烟运动"。道光帝死，被革职。

康熙二十五年(1686)清廷下令开馆编纂《大清一统志》，雍正、乾隆朝继续纂修，至乾隆八年(1743)告竣，凡三百四十二卷。乾隆前期，幅员日辟，政区日夥，户口日蕃，赋税日增，物土日盛，初修本《大清一统志》既不能满足需要，又"记载、体例、征引详略亦多未协"，"考稽失实，与凡挂漏冗复者，谅均在所不免"(乾隆四十九年本《大清一统志》卷首上谕)。乾隆二十九年敕纂《大清一统志》，并要求馆臣"随缮随进"，四十九年成书五百卷。嘉庆十六年(1811)，方略馆因续修《一统志》仍存在初修本不足之处，奏请重修。嘉庆帝委穆彰阿主持重修工作，历时三十四年始克成书。其所辑资料以嘉庆二十五年为断，故又名《嘉庆重修大清一统志》。

《重修大清一统志》是以全国为记载范围的地理总志。首有御制大清一统志序、穆彰阿奏折和凡例、皇舆全图、总目、目录。全书以嘉庆二十五年(1820)版图为据，首叙京师，次叙直隶、盛京、江苏、安徽、山西、山东、河南、陕西、甘肃、浙江、江西、湖北、湖南、四川、福建、广东、广西、云南、贵州、新疆、乌里雅苏台、蒙古二十二统部，以及青海、西藏等地区，最后附"外域朝贡诸国"。各统部先有总图、总表、总叙(内地统部叙分野、建置沿革、形势、文职官、武职官、税课、户口、田赋、名宦；边疆统部增叙属部、旗分、封爵、驿站、山川、土产等)，再以府、直隶厅、州分卷，各有图、表，分叙疆域、分野建置沿革、形势、风俗、城池、学校、户口、田赋、税课、职官、山川、古迹、关隘、津梁、堤堰、陵墓、祠庙、寺观、名宦、人物、流寓、列女、仙释、土产。边疆之部属略异，有属境、晷度、关邮、台站、营塘、卡伦、度漠驿站等门。京师及兴京所在的盛京,另有坛庙、宫殿、行宫、苑囿、官署等目。青海、西藏不称统部,无总图、总表、总叙、直叙各方面情况。

一统志创于元。《元统志》仅存辑佚本,《明统志》较完整。《重修大清一统志》较《明统志》具有如下优点。

一、内容、门类更加丰富全面。《明统志》各布政司下记二十一方面内容(京师、中都、南京增城池、坛庙、山陵、苑囿、公署等),是书有二十五类,较《明统志》多记了疆域、分野、城池、户口、田赋、税课、堤堰、关隘、津梁。其所缺的郡名、书院、封藩、关梁已并入相应的建置沿革、学校、人物、关隘、津梁等门中。各类目所统括内容也较丰富。《明统志》关梁仅记关隘、津梁,而本志不仅载桥、渡、津,而且记巡司、驿站、镇、卫、所、营、河泊所。全书所记人名、地名、制度名达十四万之众。

二、体例更趋合理。入志人物很多,为免淆乱重复,"名宦凡统辖全省及辖数府者载入统部,知府以下暨武职等官专管一郡一邑者,分载各府部,间有一人而各省俱载者,止就本省本任政绩记录,不牵叙别省别任之事,以清眉目。至'名宦'、'人物'二门,有一人而彼此互见者,'名宦'撮举政绩,'人物'历序生平,自不重复"(凡例)。援引各书,各个省均于首见条注明著者,后引不重载,"以归简易"(凡例)。

三、充分运用图、表。方志体裁很多,《明统志》注重志的运用,而忽视了图、表,全书仅有一幅简图,无一表。《重修大清一统志》卷首有皇舆总图,各省统部和府、直隶厅、州卷有分图。每卷都有沿革表,简明勾勒自秦迄清的政区变迁废析。

四、断限准确。一统志既名大一统,即应以本朝最强盛时为记载标准。明王朝在永乐时疆域最为辽阔,宣德后,渐内缩。《明统志》天顺中修,所反映的版图已非永乐全盛之貌。清经康熙、雍正、乾隆诸朝开拓、巩固,至嘉庆年间疆域最为稳固、辽阔。《重修大清一统志》以此为据,不仅体现清王朝盛况,而且包罗全国各地尤其是边疆地区的地理资料。

清一统志凡三修,三修皆朝廷开馆设局,聘集凤儒名贤而纂。虽同为官修,有名家荟萃,但条件、基础不同,三书质量各有高低。重修本对续修本作了较大调整、变动。一是充实资料。这时《平定两金川方略》、《平定准噶尔方略》、《西域图志》、《八旗通志》、《日下旧闻考》、《盛京通志》、《热河志》、《天下舆地全图》等书均已告竣,可供采择,使其资料更翔实丰富。二是增补门类。在统部增加税课,乌里雅苏台增晷度、山川、卡伦、台站,新疆增台站、营塘、卡伦、属境,盛京增关邮、城堡,蒙古增旗分、封爵、属部、驿站等门。三是补益内容。增益续修本断限后的府州学人数,西南土司裁汰承袭史实,新建或修葺的学校、城池、津梁、河工海塘、寺庙、陵墓等。四是完善体例。续修本志山川以四正四隅为序,常重复混淆。是书先东,次东南、南、西南、西、西北、北、东北;地势相接,条理分明。五是纠谬补脱。初修、续修本诸如宁国府陵阳山、昆山县秦驻山等讹误,重修本傍及群籍，一一考辨。二书漏载之瑷珲将军萨布素，是书补收入黑龙江名宦。

《重修大清一统志》内容丰富，资料详尽，考订精当，体例完备，是有史以来最完善的地理总志之一，是研究清代政治、经济、地理、文化的重要参考书。近人张元济谓："居今日而治舆地之学，欲求一官本且后出而可信者，宜莫如此书。"（《四部丛刊续编》本张跋）

（巴兆祥）

海国图志 魏 源

《海国图志》,魏源编撰。原书编成于清道光二十二年(1842)九月,共五十卷,当年刊行。道光二十七年增补为六十卷,咸丰二年(1852)再增补至一百卷。本书屡经刊刻,刊本甚多,尚有道光二十四年古微堂木活字本,光绪二年、二十二年上海书局石印本,光绪九年铅印本,在近代较为流行。其他各种翻刻本繁多,较精确的有同治六年郴州陈刻本等。今通行本有1999年中州古籍出版社点校本、2004年岳麓书社《魏源全集》点校本。

作者生平事迹见"古微堂集"条。

作者在自序中明确表明编撰此书的资料来源、特点和编撰目的:"《海国图志》六十卷,何所据?一据前两广总督林尚书所译西夷之《四洲志》,再据历代史志及明以来岛志,及近日夷图、夷语,钩稽贯串,创榛辟莽,前驱先路。……何以异于昔人海图之书?曰:彼皆以中土人谭西洋,此则以西洋人谭西洋也。是书何以作?曰:为以夷攻夷而作,为以夷款夷而作,为师夷之长技以制夷而作。"魏源认为鸦片战争中国之所以失败,就在于对"夷情"毫无了解,因此进退战守无不失措。为此他编撰是书,一方面力图引进近代世界地理知识,一方面也力图总结鸦片战争的经验教训,所以并非单纯的地理学著作,也是在国家面临空前挑战时图强御侮的方案。

《海国图志》全书内容可分为两部分,一部分是关于建设海防、图强御侮的方案;一部分是介绍世界各国的地理、历史概况。前一部分包括《筹海篇第一》、《筹夷章条第十四》、《夷情备采第十五》、《战舰条议第十六》、《火器火攻条议第十七》、《器艺货巾第十八》各篇。后一部分包括《各国沿革图第二》、《东南洋海岸各国第三》、《东南洋各岛第四》、《西南洋五印度第五》、《小西洋利未亚第六》、《大西洋欧罗巴各国第七》、《北洋俄罗斯国第八》、《外大洋弥利坚第九》、《西洋各国教门表第十》、《中国西洋纪年表第十一》各篇。

《筹海篇》是本书提出图强御侮方案的重点所在,分为《议守》、《议战》、《议款》三卷。《议守》集中分析中国海防的基本原则。认为在当时形势下,西方列强据有"船坚炮利"的优势,中国首先要立足于守,"不能守何以战? 不能守何以款?"应"以守为攻,以守为款"。而防守的原则是"守外洋不如守海口,守海口不如守内河"。防守的军队则"调客兵不如练土兵,调水师不如练水勇"。

《议战》分析了中国对付西洋强国的策略:"调夷之雠国以攻夷,师夷之长技以制夷。"前者要利用英、俄、法、美之间的矛盾,遏制主要敌国的英国。后者则主张学习西洋的"坚船利炮"以抵御列强侵略。"夷之长技三:一战舰,二火器,三养兵练兵之法。"作者批评:"广东互市二百年,始则奇技淫巧受之,继则邪教毒烟受之,独于行军利器则不一师其长技,是但肯受害不肯受益也。"建议在广东虎门外的大角、沙角建造船厂、火炮局,聘请法、美两国军官、工匠,选闽粤两省巧匠精兵学习,"工匠习其铸造,精兵习其驾驭、攻击"。同时在闽粤两省武试中增设水师科,并主张全面学习西洋技术,"有用之物,即奇技而非淫巧"。

《议款》集中分析了鸦片贸易兴起以来外交方面的经验教训。款,指议和订约。作者指出:"中国以茶叶湖丝驭外夷,而外夷以鸦片耗中国,此皆自古所未有。"认为鸦片战争之爆发在于外交失误,而战后议和时又没有向英方力争,以免除印度大米进口税及允许通商为条件,要求英国禁止印度输出鸦片。在议和时也没有"以夷款夷",利用法、美两国调停,导致一错再错。

《筹夷章条》与《夷情备采》汇辑了当时国内有关外交及海外情况的论述。《战舰条议》、《火器火攻条议》汇辑了有关舰船、火炮的论述。《器艺货币》汇辑了有关西洋技术、经济制度的论述。

有关世界各国地理历史部分,分别论述了亚洲、非洲、欧洲、美洲各国的地理历史概况。其中着重介绍英、法、美、俄列强的地理、历史、社会概况。根据新获得的资料,作者对这部分内容有很多补充,相当准确地描述了西洋及世界各国的情况。

《海国图志》是中国最早系统介绍世界各国地理历史的专著。对千百年来以中国为"天下"、为世界中心的传统观念是一个极大的冲击,深刻地影响了中国士大夫的世界观。本书根据鸦片战争经验教训而提出的"师夷之长技以制夷"的口号,具有深远的影响,直接影响了以后的洋务自强运动。《筹海篇》主张"用夷制夷"的外交方针也成为日后清政府的外交指导方针。直到19世纪80年代,本书仍是中国人了解世界形势最重要的依据,促进了中国走向世界的进程。

(徐永康 郭 建)

圣武记 魏 源

《圣武记》,十四卷。魏源著。成书于清道光二十二年(1842)。同年由古微堂家刻刊行。道光二十四年、二十六年两次修订重印。今通行本即为道光二十六年重订本。校点本有中华书局本与岳麓书社《魏源全集》本。

作者生平事迹见"古微堂集"条。

《圣武记》的编撰,是因鸦片战争失败发愤而作,目的在于探究本朝盛衰之由,寻求匡时之策。

《圣武记》是一部记述清王朝自开国至道光年间重大军事活动,颂扬盛世武功的清史著作。该书为纪事本末体裁,前十卷叙事,分述清初建国、平定三藩、绥服蒙古、戡定回疆、抚绥西藏、戡定金川等历史;后四卷则为作者的议论,对于练兵之方、整军之策、筹饷之法、应敌之略等都有论述。《圣武记》的主要贡献如下。

首先,历述清初武功,推求致知之理,以期重振清王朝的声威。魏源目睹清朝衰微,列强对中国进行侵略和瓜分的现象,故积极寻求富强之道。魏源分析清初建国之所以获得成功,是由于抓住了天时地利的条件,采取了恰当措施的结果。清当时以满族为核心力量,建立八旗兵制,用武力统一了女真各部,灭亡了明朝,统一了全国。可是,当它统一全国后,随着形势的变化,到康熙、雍正年间,已不完全依靠皇室的宗亲统兵,即所谓"不尽以天潢典兵",到了乾、嘉年间,更进而"宗族遂无专征之事"。不仅统兵的将帅出现了这样巨大的变化,就是军队的本身,也同样出现了巨大的变化。康熙年间平三藩之乱时,便转而依靠由汉族组成的绿营兵。

魏源为了告诫清廷"知武烈之不易,则知王业艰难,则不敢谓祖宗朝侥天之幸,以一旅取天下"。既然帝业始创维艰,一代政权来之不易,清室子孙们要保住祖宗基业,就须头脑清醒,找出国弱民困的根本原因,作亡羊补牢之举,以期改弦更张,重振国威。魏源指出清中叶以来政治上的因循敷衍之风,大声疾呼改革吏治。在《圣武记》中将清前后的情况进行对比,认为清初的统治政权之所以能够比较稳定,在于君主认清形势,老谋深算,制定政策,故收到了预期的效果。魏源从历述清前期的军事活动中,极力推求致治之理,目的是使日趋衰微的清王朝能重振声威,日益富强,以抵抗外国的侵略。

其次,重视边防,思患预防,激励人们反侵略的爱国斗志。魏源在道光二十四年第一次修订《圣武记》时,即将其重点放在论述有关新疆和俄罗斯这个问题上。关于俄罗斯问题,《圣武记》分两篇叙述,一为《国朝俄罗斯盟聘记》,一为《俄罗斯附记》。他说:"俄罗斯国,至明始大,其地袤络满洲、蒙古、新疆之西北境,与中国相首尾。"后来沙俄不断兴兵南下,侵占中国土地。经过侵略与反侵略的多次斗争,至康熙二十八年(1869)清俄签订了《尼布楚条约》。其后,帝俄多次东侵,但在清乾隆以前,由于识敌情,洞敌势,而且兵力尚可,所以帝俄的侵略企图没有全部得逞。

魏源在注视帝俄侵略的同时,对英国的侵略也非常重视,尤其是在鸦片战争前后,感到英国的侵略愈来愈凶恶。他深刻地分析了英国情况,不仅不同于俄罗斯,而且也不同于明代的倭寇。他认为英国侵略者以战舰火器,借索埠头通互市为名,以鸦片、耶稣教等毒害中华。因此魏源极力强调采用适当办法抵御外国资本帝国主义的侵略。

再次,《圣武记》在清史研究方面开拓了一条宽广的道路。魏源在编撰《圣武记》时,对方略、统志等官书的编撰体例和方法,进行了比较和研究,认为方略之体例,至乾隆而尽善。第一,在魏源看来,清廷臣僚们所编撰的官书,问题很多,突出的普遍的缺点是"两不收",其原因是由于分门各纂,互不相应。"如雍正中北路大军始驻科布多,继移察罕廋尔。乾隆中又移乌里雅苏台。此三地为历朝筑城屯兵控制西北重地。《一统志》成于乾隆平定新疆之后,乃于此三地,一字不及。"其原因是由于"图伊犁者,即以科布多之东属喀部,非伊犁将军所辖,及图喀部,又以此三地驻官军,非蒙古汗王所辖,故两不收"。第二,官书在体例方面也异常纷乱,人名地名在翻译时不统一。"如'昭莫多'一作'招摩多'。金川前编之'刮耳屋',后编作'噶尔依'。前编之'勒歪',后编作'乌勒图'。"第三,官书中所记载的资料往往互相矛盾,莫衷一是。第四,魏源批评清代学者知识面狭窄,惟知九州之内,至塞外诸藩,则若疑若昧,荒外诸服,则若有若无。因此在他们编著书时闹出了不少笑话,如著名学者赵翼说噶尔丹败于腊河,马尔赛不于归化城邀其归路等等。

由于魏源对清代所编撰的官书体例进行了详细研究,故在编撰《圣武记》时,决定采用纪事本末体,将清代数十件大事,叙述得清清楚楚。特别重要的是魏源在当时的形势下,一方面强调改革政治,学习外国的长处,一方面强调抵抗资本主义国家的侵略,捍卫祖国的独立和领土完整。

总之,《圣武记》总结了清前期的历史经验,以增强封建统治集团的信心。同时,《圣武记》也反映了清朝统治的日趋衰微,故魏源研究清史,着眼于武功,研究军事史,力图从军事方面总结经验,着重表彰清前期的"圣武",向清统治者献计献策,希冀清廷采纳,以改变被动挨打的局面。

《圣武记》问世不数年间,即风行海内,知识分子人有其书,影响所及,自鸦片战争至甲午战争,几十年间其势不衰。该书也传到了日本,为日本学术界所重视,在日本也产生过深远的影响。

由于受当时历史条件的限制,魏源只参考了经书、正史、实录、方略及地方志和各种私人著作,取材虽富,但由于对其中有些资料未能综合和分析,以至出现了不少错误。如白莲教起义史实在《圣武记》中占有很大篇幅,但主要事实都搞错了。

(唐兴霖)

元史新编 魏　源

《元史新编》，魏源撰。现存版本，有清光绪三十一年(1905)慎初堂刊本、江苏广陵古籍刻印社缩小影印本等九十五卷本。

作者生平事迹见"古微堂集"条。

《元史》一书，自其问世以来，由于制作仓促草率，质量不高，一直受到学者们的严厉批评。逮至爱新觉罗氏朝中叶，见有邵远平重作，是为《元史类编》。却因《元史》"世祖以前四朝失于荒陋，世祖以后七朝失于繁冗，太祖、太宗所平漠北、西域数十部无一传"，而《元史类编》体例不当，诸如"公主传以夫附妻颠倒，吕文焕滥厕功臣，留梦炎等不为立传"，作者因此立意再作。《元史新编》一书粗成于作者卒前的清咸丰六年(1856)，以后历为他氏收藏，至光绪二十三年，始由欧阳辅之、邹改之二人"凡八阅寒暑"予以校阅，魏光焘出资付梓。

《元史新编》全书内容包括：纪十四卷，列传三十二卷(缺遗逸、释老、群盗等三卷)，表七卷，志三十二卷。列传卷目或冠以分期，或别以生平事迹分类；曰：太祖平服各国、太宗宪宗朝平服各国、中统以后屡朝平服叛蕃、开国四杰、开国四先锋二部长、誓浑河功臣、开国武臣、开国相臣、开国文臣、平金功臣、平蜀功臣、平宋功臣、世祖相臣、世祖文臣、世祖言臣、治历治水漕运诸臣、平叛蕃诸臣、平南夷东夷诸臣、中叶相臣、中叶文臣、中叶言臣、天历交兵诸臣、元末相臣、元末文臣、元末言臣、至正讨贼诸臣等。表、志，则较《元史》新增氏族、艺文、外国等。此外，卷首具作者和魏光焘所作序。

毫无疑问，在众多重作《元史》的著述中，《元史新编》可以称得上是一部质量相对较好的作品。在写作体例方面，将列传划为开国、世祖、中叶、元末四个时期以类相从，乃是吸取了编年史之长处。在资料拣选方面，为其采用者有《元朝秘史》、《元典章》、王恽《秋涧集》、陶宗仪《南村辍耕录》、钱大昕《元史艺文志》等数百种；并首次利用域外资料考补西北边防舆地、沿革。在思想体现方面，"致用"的倾向十分明显，特别是钞法、治河等相关篇补正尤多。此外，正文间有小字夹注，便于读者明了作者文字的来由。

（王　颋）

历代名人年谱 吴荣光

《历代名人年谱》，十卷，附《存疑》及《生卒年月无考》一卷。吴荣光撰。成书于清道光年间。有咸丰间正文斋刊本、光绪间宝经书坊刊本、《国学基本丛书》本、1933年上海商务印书馆标点本（近年由中国书店影印）等。

吴荣光(1773—1843)，字伯荣，一字殿垣，号荷屋。广东南海人。清嘉庆进士。由编修擢御史，官至湖南巡抚兼湖广总督。生平好金石书画，又精历代掌故史事。另著有《吾学录》、《辛丑消夏记》、《筠清馆金文》。《清史列传》卷三八等有传，另参《吴荷屋自订年谱》。

《历代名人年谱》系中国历代大事纪要和有关人物事迹的总表。断自汉高祖元年（前206）至清道光二十三年（1843）。分四栏：干支纪年，年号纪年，时事和名人生卒。"时事"栏以历代正史本纪、列传所载为据，扼要记录该年史事和重要人物活动及其官职升降情况，清代此栏为登科录。"生卒"栏记名人生卒年月及谥号。

一般认为谱牒之学始自《大戴礼·帝系》篇。司马迁据此认为三皇五帝以来，都有年数可考，故作《五帝本纪》、《三代年表》、《十二诸侯年表》、《秦楚之际月表》、《汉兴以来诸侯王子侯者将相年表》。一般正史中之"纪"、"传"只用来记一人之事迹，"书"、"志"用来记述一朝的典章制度，言简意赅，惟独谱牒则依年分条叙述而系以生平事迹，间杂以议论，综观上下几千年之史事，逐条列举一国兴废存亡的缘由，都城之迁徙和置官分爵之异同。吴氏《年谱》本之于太史公作年表之例，纪元以大一统为正，以割据僭号附于其后；采集帝王本纪之要，荟萃史家列传的记载，删繁就简，书末系以名人生卒年月及谥法爵号，是读史者的津梁。

本书以表格的形式因年以记事，眉目清晰。附录一卷，记载存疑及生卒年月无考之历代名人。凡不详者用"约"或"一作"来处理。如前汉就有：刘子政，一作生于元凤四年甲辰，卒于建平元年乙卯。苏武，约年八十余，见本传。杜延年，约年五十余，见杜周传，等等。

《年谱》多为记载一人之事迹，能够比较完整地叙述某人之生平活动，吴荣光此书因为时代跨度很长,人物事迹繁多,其间朝代更替,典制变更,很难叙述详细,只能举其大要。所以《历代名人年谱》更准确些说是具有简略事迹之年表,作为年谱则有语焉不详之憾。

(吕肖奂)

顾亭林先生年谱 张 穆

《顾亭林先生年谱》,四卷,附录一卷。张穆编。成书于清道光二十三年(1843)五月。次年初刊。别有粤雅堂丛书本、嘉业堂丛书本、《丛书集成初编》本。并收入王云五主编《新编中国名人年谱集成》第七辑。

张穆(1805—1849),原名瀛暹,字石州,别署䒢斋。山西平定人。优贡生,博学善属文,通训诂天算舆地之学。久游京师,毕生专意著述,尤精边疆史地之学。另著有《蒙古游牧记》、《阎若璩年谱》、《䒢斋文集》、《䒢斋诗集》等。《清史稿》卷四九〇、《清史列传》卷七三有传。

谱前编者序称:"闻桐城胡雒君虔尝为先生撰次年谱,惜未之见。大兴徐丈松龛稽各书,依年排纂,已写有定本。会何太史绍基自金陵来,携有上元车明经守谦(号秋舲)所辑谱,互用勘校,车氏差强。盖车氏本之昆山吴广文映奎(号银帆),而吴氏又本之先生抚子衍生也。徐丈欲更事厘定,以出守榆林未遑。穆乃不自揆度,比而叙之。综两谱之异同,究大贤之本末。"是谱卷一记明万历四十一年癸丑五月二十八日顾炎武出生到四十一岁之事。卷二记四十二岁至五十六岁之事,卷三记五十七岁至六十六岁之事,卷四记六十七岁至七十岁之事。其中对谱主家世渊源、生平交往及著述皆有详细记载。如文中罗列顾氏著书之可考者,即有《日知录》、《音学五书》、《左传杜解补正》、《金石文字记》、《韵补正》等三十七种,反映出谱主于典章制度、郡邑掌故、天文仪象、河漕兵农、经史百家,音韵训诂之学皆有深入研究。晚岁治经又重考证,开清代朴学之先河。谱后附有全祖望所撰《亭林先生神道表》、《国史·儒林传》及何绍基《顾先生祠诗》各一篇,并辑录学人论及谱主生平、学术之有关材料多则,于后人研究谱主颇有裨益。

《顾亭林先生年谱》,系记载顾炎武事迹最丰富的一种。编者综合众家材料,广搜各类序、跋和墓表等,并利用自己所掌握的材料,以按语的方式纠正和补充徐、车二氏之不足。编者所参前谱均一一注明,如称"元谱"者,系指顾衍生原本,余皆标出姓名,而所叙己见则以"穆案"别之。如卷一"乙酉后,更名炎武"下注:"徐谱:阎百诗《与刘超宗书》作炎午。穆案:《山东通志》采先生文亦作炎午。"卷二"春,至金陵,卜居神烈山下"注:"元谱。穆案:《神道表》:先生侨居神烈山下,遍游沿江一带,以观旧都畿辅之胜。"卷四叙六十九岁时事说:"二月望,先生去汾州。"注:"元谱:去汾州日,别刘学使梅、汾州太守周西水于漆、州司马华伯华良骥。穆案:刘梅,字训夬,故城人,顺治戊戌进士。良骥,福建龙溪生员,时官汾州通判。"

记叙谱主晚年行事,多采其养子衍生口述。如卷四"统名《音学五书》"注:衍生云:《五书》刻于淮上,后为张力臣鬻于安溪李公"。又"《谲觚》一卷,《顾氏谱系考》一卷"注:衍生云:已上二种,潘稼堂刻,《谱系考》作《顾氏谱略》"。充分罗列各家材料以互相证发,为后人打下良好的研究基础,故至今仍不失为研究谱主生平与学术成就的重要参考资料。

清叶廷琯曾撰有《亭林年谱有沿误处》一文(载《吹网录》卷四),对编者沿袭车守谦编顾谱中讹误之处而未改正者,多有辨正。方东树有《书顾亭林先生年谱后》一文(载《柏堂遗书》续编五),旨在驳斥谱主"经学即理学"之论,并未述及是谱编纂得失。另《文澜学报》第二卷第四册《乡哲遗书之二》校本部分著有北平图书馆藏近人王国维校是谱粤雅堂本一册,亦可资参阅。

(雷汉卿)

林则徐日记 林则徐

《林则徐日记》,林则徐撰。林氏在官,每日均有所记,后有散佚。现已出版的日记,年代最早是清嘉庆十七年(1812),最晚为道光二十五年(1845)。光绪三年(1877)曾刊其中《滇轺纪程》一卷、《荷戈纪程》一卷,收入《林文忠公政书》。1961年中华书局出版《林则徐集·日记》,1985年中山大学出版社出版《林则徐奏稿·公牍·日记补编》。

林则徐(1785—1850),字元抚,一字少穆,晚号竢村老人。福建侯官(今福州)人。清嘉庆进士。道光十八年(1838)任湖广总督,同年底受命为钦差大臣,节制广东水师,前往广东禁烟。为了解西方情况,他组织袁德辉、梁进德等编译《澳门月报》等外文书报,主编《四洲志》。1840年任两广总督。鸦片战争爆发后,严密设防,使英军在粤无法得逞。十月因受诬害被革职。次年派赴浙江,协办海防。旋即遣戍伊犁,途中受命协办黄河大工。1846年被重新起用,署陕甘总督。次年授陕西巡抚,1848年调云贵总督,先后镇压西北和西南少数民族起义。1850年再度受命为钦差大臣,病死于广东潮州途中。著有《云左山房文钞》、《云左山房诗钞》、《林文忠公政书》等。生平见杨国桢《林则徐传》、来新夏《林则徐年谱》。

《林则徐日记》起自嘉庆十七年(1812),止于道光二十五年(1845)。道光二年以前的日记,是林则徐官翰林院、充江西、云南考官和浙江道员时所记。道光三年至十二年,他曾担任苏、陕、鄂、豫等省臬司、藩司和东河总督等,此时期日记所剩极少。道光十四至十八年,林氏历任江苏巡抚、署两江总督、湖广总督,其中道光十四、十五、十八三年日记完整,道光十七年缺不到一月。道光十五年乙未(1835)十月至十一月十则日记,记述了林氏赴嘉定、宝山、青浦、金山一带勘察水利简况,以及经过有关各县的水陆行程和闻见。其间下榻大东门敬业书院,曾课书院生员、童生题,商谈海塘经费事宜;又在金山大观书院,命生员、童生书题诗题。

虎门销烟前的日记,记述林氏曾向汉阳县郭镜堂、六安州牧田溥(小泉)等,先后吸取缉获鸦片毒品之经验。道光十九年及二十年八月至二十一年五月的日记,记述林氏在广东、浙江领导禁烟运动、反抗外国侵略,保存了大量有关鸦片战争的原始资料。如道光十九年二月,由洋商代交英领事义律递禀,英方应缴鸦片二万二百八十三箱。十八日邀集邓士云、陈其锟、蔡锦泉、张维屏、姚华佐等,商议如何有效地收缴烟土烟具。最终决定令英国副领事参逊,赴澳门传谕趸船,至虎门外龙门洋面垂缴烟土,并在大佛寺增设收缴烟土烟枪总局。同年二月廿八日至四月初八的二十多天为验收日期,消化烟土,从四月廿二始,至五月十一日,历时十八日。六七月间,连续提讯贩卖烟土许多案件,九十月中还接连处决勾通英国贩卖烟土的汉奸,并在靖海门外继续收缴焚销。并将道光时《钦定禁烟新例》、刑部奏定《夷人带卖鸦片新例》,抄附篇末。

道光二十二年七月至年底的日记为谪戍新疆途中所记,又名《荷戈纪程》,记述自西安启程,抵乌鲁木齐,辗转戈壁。其于山川阨塞、风土谣俗,尽情刻画,文多遒丽。途经戈壁大山头,见"此地附近有金矿,故多挖矿淘金之人及千户",记之甚详。清陈康祺《郎潜纪闻》卷一,曾以《荷戈纪程》,与倭仁《莎本行程》比美。

道光二十五年一个多月的日记,又名《乙巳日记》,记录林氏巡行南疆,勘察各城新垦地亩的情形,反映当地自然环境、生产和社会生活,表述了作者身处逆境尚忧国忧民的风貌。中山大学出版社推出的《日记补编》增加了《癸卯日记》与《乙巳日记》的大量材料,《乙巳日记》增加了五个多月的材料。如癸卯日记中,林氏提出"东南军务……当以舟师克敌"之议;以及他对"粤民……烧毁红毛公司馆",对达洪阿、姚莹"奉旨拿问",对耆英"作钦差大臣赴粤"等事关注之情,均说明他虽身处逆境,仍不忘救国御敌。在乙巳日记中,他对钱江"在广东领乡勇欲与夷战,当局罪之,发遣伊犁"表示不满和抨击;对"英夷占住福州城内之乌石山……官不能禁,主知伊于胡底"无奈喟叹;在喀什噶尔传唤"曾赴诸国念经"之人"译询卡外各国夷部"情形。在履勘南疆垦地期间,不惮险阻、不避疑嫌,深入考察屯政,同情当地"穷回"的记录,日记中都有详细的记述。这些日记对于我们了解南北疆的地理概况、交通路线和清政府在那里开发、管理、布防情形,特别是南疆各地的社会经济风貌和历史沿革,都有重要的参考价值。

《林则徐日记》中还有大量有关诗文书画的记载,有助于考察其具体作品创作年月,又可从中探求嘉道间文坛上有关人物。日记中涉及人名达千数,往往擅词章,为林氏所服膺。如焦山退院老僧巨超,号借庵,出诗钞相质,诗亦清隽。时姚鼐掌教钟山书院,吴锡麒长安定书院,蒋知节讲学广陵书院等,林氏一一抵谒,攸关文苑掌故。还有不少有关科举、书院掌故。如嘉庆二十一年八月,林氏典江西乡试,入闱后,凡拟题、书题、刻题、刷印、阅荐卷(十七天)、吊二三场卷比较、点阅落卷(四天)、磨对中卷、排名次,一直到缮草榜,均逐一缕载。日记还载录书院各类题目。道光十四年紫阳、正谊两书院之甄别,次年六月紫阳、正谊、平江、锦峰四书院之合试,有不少类似书院故实,均散见于日记中。《林则徐日记》及其《补编》所提供的嘉道间政治、军事、民政、水利、地理、学术诸方面的史料,还有助于订正某些史志记载之误。如林氏在新疆的贡献,《西北丛编》谓其"发明坎井之法",即与事实有出入;据乙巳日记,林初见"卡井"(坎井)时,仍不知其为何物,叹为"诚不可思议之事!"《新疆图志》称林氏"教民制纺车、学织布",亦属夸大失实。

有关《林则徐日记》的介绍可参见陈左高《中国日记史略》(上海翻译出版公司,1990年)。

(邹振环)

瀛寰志略 徐继畬

《瀛寰志略》，十卷。徐继畬著。成于清道光二十八年(1848)。有同年福州刊刻本。从19世纪70年代起，不断翻刻，版本很多。今通行2001年上海书店出版社校点本、2004年山西古籍出版社校点本。

徐继畬(1795—1875)，字健男，号牧田、松龛。山西五台人。清道光六年(1826)进士，选翰林院庶吉士，授编修，后历任广西浔州知府、两广盐运使、福建布政使等。1846年授广西巡抚，后改福建巡抚兼署闽浙总督。1851年回京任太仆寺少卿。次年奉命赴山西督办团练，防堵太平军。1863年在总理各国事务衙门行走，1866年授太仆寺卿，寻任京师同文馆大臣。有《退密斋诗文集》。

本书编纂于徐继畬在福建厦门遇到美国传教士雅裨理之后。道光二十三年末(1844年1月)起，作者从雅裨理处了解到许多外国历史和地理，并见到了"绘刻极细"的外国地图。徐继畬在此基础上，写成《瀛寰志略》。

本书是一部继《海国图志》后叙述外国历史、地理的书籍。全书不足十五万字，有地图四十二幅，以图为纲，较系统地介绍了世界近八十个国家和地区的地理、历史沿革、经济文化和风土人情。其成就可归结为以下几点。

首先，叙述世界各大洲各地区情况的资料比较准确。卷一、卷二分述地理基本知识和东亚、南洋及大洋洲的情况；卷三为印度及西域(今南亚和中亚)各国的概述；卷四至卷七介绍欧洲各国，包括英、法、意、俄、奥、普、希、比、荷、西、葡、丹、瑞典、瑞士等十余国；卷八叙述非洲情况，较简略；卷九、卷十介绍南、北亚和南、北美洲，重点是美国。当时世界上的各个国家，基本上得到了反映，内容包括方位、疆域、地形、山脉、河流、气候、特产、风俗及历史沿革等。书中征引西方各国资料，还引用了二十多种中国著作，如顾炎武《天下郡国利病书》、陈伦炯《海国闻见录》等，对各种记载中的某些差误作了考订或甄别。

其次，吸收近代地理科学概念，重视地图的作用。本书以四大洲和五大洋来划分当时的世界，已注意到大陆和海洋的区别，与当时中国文献中以"东南洋"、"西南洋"、"小西洋"、"大西洋"等观念相比，显然更科学些。在介绍各国时，首叙一洲的概貌，然后根据不同的地理位置将一洲划分为若干区域，各区之下再按国分述，这是近代地理概念的应用，尽管徐氏本人还没有认识到这类概念的价值。

徐继畬认为，"泰西人善于行远，帆樯周四海，所至辄抽笔绘图，故其图独为可据"（自序）。全书四十二幅地图，除日本与琉球一幅取自中国有关资料外，其余都是从西方地图册中钩摹的。在当时中国刊印的外国地图中，可以说是最好的。

第三，介绍西方民主制度，高度推崇华盛顿。本书近一半的篇幅介绍欧洲及北美，每个欧洲国家的面积、人口、收入和陆海军规模均有具体数字。特别是在叙述南洋、印度等有关史实时，详细叙述了这些国家和岛屿被西方殖民主义者征服的过程，认为是"古今一大变局"（凡例），反映出作者对中国处于欧美列强包围之中的忧虑。本书的重点是放在对资本主义民主政治制度的介绍上，对西方资本主义民主制度的形式、职能以及程序等作了系统的记载。在谴责土耳其等国的世袭君主专制的同时，对西方一些国家实行的"推择长官理事"的共和政体特别推重。从古罗马的贵族共和国，到波兰遗民的加拉哥维亚国，从土耳其统治下的突尼斯，到驱逐英国、西班牙统治后的南北美洲国家实行的选举制度作了介绍。

本书介绍了英国的上下议院、美国的众参两院及这两国的司法制度。对华盛顿率各部民众取得美国独立战争胜利后，废弃了分封制、世袭制，实行共和国、联邦制、选举制、任期制介绍得尤为详细，并用孔子的大同思想解释美国的民主制度。徐继畬对华盛顿高度推重："华盛顿，异人也，起事勇于胜、广，割据雄于曹、刘"，"泰西古今人物，能不以华盛顿为称首哉！"（卷九）

本书是一部中国人介绍各国史地的早期著作，它载有大量外部世界信息，对近代中国、日本产生了一定影响。日本在1859年就翻刻了此书，称己未版。1861年再次翻刻，称辛酉版。该书风行全日本，大有助其维新。19世纪60年代，中国随着洋务运动的兴起，本书的价值才为人们所共识。在戊戌变法前后，本书的流传达到了高峰，康有为、梁启超等都精读过此书，本书还在辛亥革命时期产生了影响。

有关《瀛寰志略》的研究著作，主要有何秋涛《瀛寰志略辨正》，丁日昌、薛福成二人分别辑续《瀛寰志略》，张煜南《海国公余辑录》，其中有《辨正瀛寰志略》、《推广瀛寰志略》各一卷。

（唐兴霖）

明通鉴 夏 燮

《明通鉴》,九十卷,又前编四卷,附编六卷。夏燮撰。始撰于鸦片战争前后,历时二十余年成书。清同治十二年(1873)初刻于江西宜黄县署,光绪二十三年(1897)湖北官书处重校刊印。另有光绪上海照石斋书局本。1959年中华书局据湖北官书处本标点出版。1999年岳麓书社点校本较通行。

夏燮(1800—1875),字谦甫(一作嗛甫)、季理,别号江上蹇叟,谢山居士。安徽当涂人。清道光举人,曾任青阳和直隶临城训导。1860年入两江总督曾国藩幕。不久,出任江西永宁、宜黄等县知县。另著有《中西纪事》、《粤氛纪事》、《述均》、《校汉书八表》、《明史纲目考证》、《明史考异》等。《清史稿》卷四九五有传。

《明通鉴》系专记有明一代史事的编年体史著。卷前有《义例》二十八则、《目录》以及《与朱莲洋明经论修明通鉴书》。全书内容分作三部分,前编四卷,记述元至正十二年(1352)至二十七年明太祖即位以前史事;正编九十卷,记述明洪武元年(1368)至崇祯十七年(1644)间史事;附编六卷,记述清顺治元年(1644)至康熙三年(1664)间南明福王、鲁王、唐王和桂王政权活动,至清兵攻占台湾为止。据撰者《义例》称,尚有《考证》十二卷,并仿司马光之例另编目录,但均未曾刊行。

本书承袭通鉴编年体例而有所变通。依史书惯例,"正统改元"须"先明授受",而元明清先后易鼎,皆借武力而成,与宋太祖受周禅全然不同。故撰者分别以三朝纪年叙述明史,前编"皆以元纪年,非关涉明事者不书"。所叙南明史事,则以清御纂《资治通鉴纲目三编》、《通鉴辑览》"仍存弘光年号于二年五月之前,乾隆间复奉诏附唐、桂二王本末于《辑览》后。今谨遵其例,列为附纪,于大清纪年下别书曰明,以存闰位也;不曰纪,以非帝不纪也。凡此皆取关涉明事者书之,亦别为卷目"。在易代纪元方面,撰者仿效御纂《通鉴纲目》,采用一岁两系的分注法。如洪武元年仍先系元至正二十八年,而于其下分注洪武元年,直至闰七月元亡后,始去元统。附编内容也"始纪顺治元年,其福王立于南都,仍从分注例,逾年五月始去明统"。

本书所据参考著述达数百种,涉及正史、实录、说部、文集又各种野史。对其中存有歧见、记载不一之处,撰者仿裴松之注《三国志》之例,"择野史之确然可信者,参之《明史》及《明史纪事本末》等书,入之正文,而以杂采稗乘疑信相参者,夹行注于其下"(《与朱莲洋明经论修明通鉴书》)。对于不可深信的史事记载,则仿司马光《通鉴考异》格式,另撰成《考异》,并依胡三省注《通鉴》之例,分条注于正文之下。撰者称是书"采野史者不过十中之一二,而其为世所传而实未敢信者,俱入之《考异》中;其正史有未敢信而删之者,亦入之《考异》中。《四库书提要》谓温公特创此例,自著一书以明其去取之故,故较之《三国志》裴注又加择焉"(《与朱莲洋明经论修明通鉴书》)。这一修史体例和方法是比较完善的。《考异》内容不仅对《明史》之记载时有纠正,并且保存了不少今已散佚的珍贵史料。

本书内容侧重于探究"有关一朝治乱之源",举凡政治设置、经济措施、军事形势、自然灾祥、礼乐祭祀等皆有记述。如对于明初朱元璋实施的严刑峻法,撰者罗列一系列史实予以揭露,指出"夫去杀期以百年,兴仁俟之必世。自古渐仁摩义之主,犹恐浃于天下,不能得之于其身,况积其威约之势而欲遗子孙之安,诚未见其可也"。对于明中期以后趋于激化的统治阶层内部争斗和各种社会危机,撰者往往大量援引臣僚奏疏予以说明。如卷五七引杨爵奏疏之语揭露夏言、郭勋等奸臣的暴虐肆恣,已成为"天下大忧"。卷六十引《资治通鉴纲目三编》所论,以反对嘉靖三十一年设立内府营之举,指出"区区内侍,即使简练有方,又岂足以厚拱卫而备寇警,徒使阉侍习兵,贻患来世。厥后魏忠贤遂有内操之事,盖实托昉于此"。此外,书中对明末官吏挽回危机的各种建议、举措等,也作了较详细的记载。

本书附编六卷专记南明一朝史事,使明代历史首尾具备,面目完整。撰者系统搜罗有关史料,记述了南明福、鲁、唐、桂四王政权的建立经过,农民义军和扬州、江阴、嘉定民众的抗清斗争,以及郑成功抵御清兵的史实;着重记载了南明各政权内部官僚集团如何尔虞我诈、相互攻击,导致被清兵逐一灭亡的情形,从中揭示南明王朝覆亡的必然性。如南京福王政权虽借史可法、高弘图等抗清派忠心扶助而得以建立,但福王在强敌压境之际仍追逐酒色,极为昏庸,而操纵政权的马士英、阮大铖之流更是倒行逆施,置国家民族存亡于不顾,"识者以是知南都之将亡也"。

大力表彰明末抗清志士事迹,也是《明通鉴》的一项重要内容。撰者认为:"甲申之变,正史语焉不详,所记殉难诸臣,亦多遗漏。宜博采《北略》、《绎史》、《绥寇纪略》及甲申以后之野史,必使身殉社稷之大小臣工,悉取而登之简策,以劝千秋忠义。"(《与朱莲洋明经论修明通鉴书》)故而广为搜寻明末抗清的事迹,特别是收集了当时禁书中的不少记载,在《明通鉴》中详加采撷,并对其中事迹突出者予以很高评价。如在附编中评论张煌言:"残明自福王以后,遗臣之死事者,楚、粤则何腾蛟、瞿式耜,浙、闽则钱肃乐、张肯堂,而煌言殿其后,遂以收有明二百七十年剩水残山之局,其所系岂浅鲜哉!"

《明通鉴》的缺陷,主要在于记事多以清朝官书为标准,在记载农民起义、国内各少数民族史实以及中外交往方面,时或有诬蔑和侮辱之词,颇显识见之陈腐与观点之谬误。这一点也表现在书中不少有关灾异、鬼神的迷信记载。此外,撰者借个人之力完成此二百万字之巨帙,所搜集的史料难免存在缺略之处。

《明通鉴》以其叙史完整、繁简适当及附有价值较高的《考异》而一直受到人们的重视,至今仍是研究明代历史的一部必备参考史著。

(张荣华)

文献徵存录 钱 林等

《文献徵存录》，十卷。钱林辑，王藻编。成书于清咸丰八年(1858)。有咸丰八年南通王氏嘉树轩刻本《近代中国史料丛刊》本、《清代传记丛刊》本、日本京都中文出版社1982年影印本等。

钱林(1762—1828)，字东升，号金粟。浙江仁和(今杭州)人。清嘉庆十三年(1808)进士。著有《玉山草堂诗集》。《清史稿》卷四八五有传。

钱林自嘉庆间入翰林院，始搜讨当代名流事迹，积二十余年之功力，撰成本书手稿十一册。卒后由门生王藻于咸丰年时编定。王藻序述此书编辑情形："(钱林)无间寒暑，搜讨极勤。或蝇头细字，或行或楷，随笔著录。间有涂抹至不可辨识。兹所记皆当代名流纪事，凡十一册，二十余年来未成书也。……咸丰初元，适陈硕甫渡江来访余，又以此书属之。朝夕盘桓，商榷此事，而迟延未果。值时势多艰，硕甫隔江还馆，又不能来。自叹齿危发秃，年七十矣。是书未付，剞劂将若之何？是年秋有崇川制艺汇存之刻，因辑崇川各家诗钞汇存。尚未峻事，即于其间竭昕夕之力，手自编次，并倩及门诸子暨儿子辈晨夜钞录，除理初、硕甫先已理成四册外，又编成六册，付诸手民。论当代文献，未敢云备，然亦无负先生勤勤纪事之意矣。题曰'徵存'，犹'汇存'之志也。"

《文献徵存录》为清代学术传记资料汇录，收清初至嘉庆、道光间学者四百六十余人之生平行实，重在记录各学者学术活动、学术思想及著述情况。其特点首先是搜罗广泛，记事详备，且重在介绍学术形成和发展过程。对儒士之佚事叙述较正史为详。

就人数而言，是书所载即多于《清史稿》。如卷一记孙奇逢，《清史稿·儒林传》在其后只附耿介一人，而是书则附传杜越、张木、耿介、魏一鳌、张果中、彭了凡、理鬯和、沈嘉客等人。卷二记黄宗羲，《清史稿·儒林传》只附弟宗炎、宗会，子百家，而是书则附有陈赤忠、董允蹈、杨开沅、靳熊封四人。就记事而言，是书多补正史之不足。如卷一记载毛奇龄行踪及所作《明河篇》即是。又卷七载武亿有《周礼名所由始考》，其中说："今为礼经之学者，宗于贾氏公彦之说，皆以设位言之，谓之'周官'；以制作言之，谓之'周礼'。其意固两存焉，信其可以兼名也。"书中还认为《周礼》名称始于春秋鲁成公、哀公年间,而最后由刘歆定下来。考证精博,是研究《周礼》著述年代及成书过程的好材料。

　　本书记载人物,往往将学术旨趣和人格追求相近者一并撮述。如卷一记孙奇逢及附录七人即属此例,孙奇逢"湛甚好书,然为人清心忌恶,能厉风节,所至多与其贤豪长者游",又说他"衣猒文绣,食甘糠粃",著有《读易大旨》、《理学传心纂要》等;杜越"教授生徒,束修一无所收。粗粝衣褐,苟完已足,恬于荣辱";耿介"寡交接,惟从孙奇逢游苏门……介论学专宗朱子,所著有《中州道学编》二卷,《中州道学补编》一卷,《理学要旨》、《孝经易知》、《理学正宗》";张沐"潜心理学,行为仪表,虽无高爵重位,隐然为中州儒宗",著有《溯流史学钞》、《诗经疏略》、《周易疏略》、《春秋疏略》等;张果中"老入苏门,依孙征君奇逢。高蹈远隐,不与俗人交接";理鬯和"家贫甚,孙征君奇逢常贻西华(按鬯和为西华人)令书,恤其老母幼孙,称为鲁连后一人也";沈嘉客"性孤迥,嗜洁;与德水侍御卢世㴶、临清孝廉汪大年友,倡和以相悦……容城孙奇逢尤相知好"。而同卷记徐枋及附录吴稽田、金孝章、王玠、杨益介、宋之盛、朱用纯、李洪储八人,基本上都是诗人,性格狂放不羁,都有诗集传世,和孙奇逢诸人笃好理学者的风格大不相同。

　　与《清史稿》列传、《清代名人传略》、《清代七百名人传》、《清代人物传稿》等传记相比,本书有其独特的学术价值,是研究清代学术思想史所不可缺少的资料。

(雷汉卿)

朔方备乘 何秋涛

《朔方备乘》,八十卷,凡例、目录一卷。何秋涛著。成书于清咸丰八年(1858)。

何秋涛(1824—1862),字愿船。福建光泽人。清道光进士。历任刑部主事、员外郎。曾主讲保定莲池书院。精西北史地之学,与张穆齐名。他于道光年间研究边疆史地,搜集资料,撰《北徼汇编》六卷,后增至八十卷并附图。咸丰八年(1858)进呈咸丰帝,赐名《朔方备乘》。另著有《一镫精舍甲部稿》、《王会篇笺释》、《校正元圣武亲征录》、《篆隶源流》等书,参与编纂《律例根源》,以及校补张穆《蒙古游牧记》等。《清史稿》卷四九〇、《清史列传》卷七三等有传。

《朔方备乘》是清代研究西北史地之学的重要著作。书中"圣训"及钦定诸书十二卷系抄录外,余多为何氏自撰。计圣武述略六卷,考二十四卷,传六卷,纪事始末二卷,记二卷,考订诸书十五卷,辨证诸书五卷,表七卷,图治一卷,共六十八卷。

本书取材广博。其中历代北徼诸国诸王将帅传、北徼事迹和沿革表、元代北方疆域考、乌孙部族考等均属古代北方历史,其余大部分为当代史地。作者治学严谨,考证详实。他自己说:"是书取材之处有四,一曰本钦定之书,以证传伪,二曰据历代正史,以证古迹,三曰汇中外舆图,以订山川,四曰搜稗官外纪,以资考核。"

本书现实性强,有鲜明的爱国抗俄倾向。何秋涛编撰《朔方备乘》时,正值沙皇俄国加紧侵华之际,他在凡例中明确指出:"是书备之处有八:一曰宣圣德以服远人,二曰述武功以著韬略,三曰明曲直以示威信,四曰志险要以昭边禁,五曰列中国镇戍以国封圉,六曰详遐荒地理以备出奇,七曰征前事以具法戒,八曰集夷务以烛情伪。"可见何秋涛编撰本书的主要意图在称颂清初武功,激励清统治者效法先王,认清边疆形势,总结经验,振奋精神,抵御外来侵略者。从这一要求和意图出发,何秋涛通过《朔方备乘》为人们提供历朝经营北方边疆的经验,以及北部边疆用兵地形和中外关系等必要知识。

本书不仅记载了历朝北疆用兵得失之故,以备借鉴,而且还为了昭边禁,防备和抵御沙俄的侵略,对从东北到西北的边疆沿革和攻守地形作了详尽考察。作者根据当时的形势,认为对中国北部边疆侵略威胁最大的是沙俄,因为中俄边界广袤万里,与中国北部边疆接壤的,除"哈萨克之外,惟俄罗斯为强国,然则边防所重,盖可知矣"。书中最有价值的部分便是有关中俄关系的篇章,如《北徼界碑考》、《俄罗斯馆考》、《雅克萨城考》、《尼布楚城考》等。

　　本书编撰方法自成一格。"兼方志外纪之体",与魏源《海国图志》颇相似,《海国图志》以东南沿海为主,而《朔方备乘》则专谈西北边防而集中于俄国的研究。书中不仅把前人对东北、蒙古、新疆的史地研究成果融汇一炉,而且把研究范围扩大到域外史地,对俄罗斯、西伯利亚及东欧等史地进行了研究。何秋涛将历史地理的研究与边疆地区各民族的历史、习俗、源流等方面结合起来,大大丰富了书中内容。本书集纪传、编年、纪事本末、考订、注释为一体,不仅适合其内容上广涉古今中外的需要,而且从各方面综合反映这一领域研究成果的特点,体裁上也显示出独创风貌。

　　《朔方备乘》在当时产生过很大影响,但也存在一些缺点。如书中一再"宣圣德",称颂清政府,对于清廷日益衰微的史实却避而不书,反映其封建正统史学思想。《朔方备乘》中于汉、唐、元时北方边疆情形皆有叙述,惟独不书明代关于北疆的事实,这显然是为了突出清朝的"功迈前朝"和明、清间关系的忌讳。

（唐兴霖）

初使泰西记 志 刚

  《初使泰西记》，又作《初使泰西纪要》。四卷。志刚著。成书于清同治六年(1867)十二月至同治九年十月。有两个版本。一名《初使泰西记》，题"避热主人编次"。前有一篇未署名的序，说同治十年借读志刚手稿，录寄小儿宜垕，后由宜垕订成刊本，至光绪三年(1877)为怀念死去的儿子宜垕，将此书刊行。另一刊本名《初使泰西纪要》，题"且园主人编次"，约于光绪十六年刊成，前有松龄序。两个本子都经过别人整理，前者比后者叙述得详细些，后者则比前者多出若干段落。此外，清末清河王氏印行《小方壶斋舆地丛钞》，《初使泰西记》亦被辑入，但少数几处文字有出入。近有中国史学会编辑的中国近代史资料丛刊《洋务运动》一书，曾选刊《初使泰西记》若干则，但作者署名误作"宜垕"。

  志刚，瓜尔佳氏，字克庵，满厢蓝旗人。生卒年不详。原为礼部员外郎，后考取总理衙门章京。清同治六年(1867)十二月，以军功花翎记名海关道总办章京奉旨派充使臣，与道衔候选知府孙家穀，并赏二品顶戴，偕同美国卸任公使蒲安臣前往西洋有约各国，办理中外交涉事件。同治九年正月蒲安臣病殁彼得堡后，作为使团首席代表与俄国、比利时、意大利、法国、西班牙等国外交部谈判，是年十月返回北京。同治十年署乌里雅苏台参赞大臣，同治十二年因病卸职。次年出任库伦办事大臣，光绪四年(1878)又因病卸职。

  蒲安臣使团初使泰西，是中国第一次向欧美国家派出自己的外交使节，在中国外交史上有着划时代的意义。《初使泰西记》是这个外交使团成员亲笔写下的出使日记。本书所记，卷一自同治六年十二月奉旨出使，至同治七年六月签订中美续约；卷二自同治七年游巴士顿(波士顿)后从纽约离美，至十二月在法国巴里司(巴黎)；卷三自同治八年正月在法国巴里司，至同治九年三月到比利时；卷四自同治九年四月在比利时，至十月回到北京。所记多系外事活动和政治经济方面的情形，除此之外，还记述了美、英、法、德、俄、意、西、比、荷、丹、瑞典等国的国政民情、工艺制造。既多史料价值，复有明智见解。

整理《初使泰西记》的,主要是谷世及辑校本,1981年作为"走向世界丛书"的一种出版。该本将《初使泰西记》、《初使泰西纪要》二书辑为一本,收入《小方壶斋舆地丛钞》中的数处多出的文字亦予辑入,并加了目录、小标题和附录四种,成为目前所见最完善的本子。

(夏林根)

法国志略 王 韬

《法国志略》，王韬编撰。初为十四卷，成于19世纪70年代初。清光绪十六年(1890)增订为二十四卷，同年由上海淞隐庐铅印出版。

作者生平事迹见"弢园文录外编"条。

《法国志略》系国别史，初稿据清丁日昌《地球图说》及旅法见闻等编述，增订本并采择日本冈千仞《法兰西志》、冈本监辅《万国史记》、高桥二郎《法兰西志》以及《西国近事汇编》等书刊资料。是书综合纪传、纪事本末诸编纂体裁，分别记载法国开国纪元、王朝递嬗、议院建置、外交策略、战争始末，以及疆域总志、巴黎志、郡邑志、藩属附志等；本"略古而详今，舍远而志近"(《弢园尺牍》卷三《上丁中丞》)之宗旨，并借鉴西方史著注重国势民情、民间琐事的长处，对法国古今重大史实作系统介绍。

《法国志略》对法国启蒙家及民主共和政体多有介绍揄扬。如卷五介绍孟德斯鸠、卢梭、伏尔泰等人思想著述："孟德士求著《万法精汇》，备论各国法律得失；如罗苏著书专述其生平所独得之创见，士大夫所刊诸书四方争传，王侯贵人、专门名家皆尊崇其书，以先见为快。""孟德士求、屋尔体、卢骚等大儒各立说著书，抨击政治，主张自立之说，欲以抑君威伸民权。读其书者，无不激昂奋励，以生一变旧政之心。"并对波旁王朝的专制统治大加抨击，推崇共和国的国会制，"国会之设，惟其有公而无私，故民无不服也。……盖上下两议院悉由公举，其进身之始非出乎公正则不能。若一旦举事不当，大拂乎舆情，不洽于群论，则众人得而推择之，亦得而黜陟之。彼即欲不恤人言，亦必有所顾忌而不敢也"。赞扬法国大革命后实行的民主制度措施极得民心，与王朝专制制度相比不啻有天渊之别。

本书于史实叙述之外，时以"逸史氏曰"的形式对有关史事提出撰者本人的观点和议论，其中不少内容涉及中西比较。如卷十六对中法"牢狱之制"作出比较，认为"其牢狱之制法极周详，刑无苛酷……在狱亦得以工作，视其所能，使之制造各物，或延艺匠教导，俾有一材一技之长，则出狱之后不至流为废民,诚良法美意也。……以视中国之牢狱,相去奚啻天渊矣!"

《法国志略》刊行后在洋务派官僚及维新人士中间流传颇广,"当今名公伟人,皆誉之不容口"。唐才常并于《湘学报》史学栏中将是书与黄遵宪《日本国志》一起作为必读之作。总之,《法国志略》对当时中国人了解法国历史、认识世界大势及探索自强自立之路都起了良好的作用。

(陈　墨)

小腆纪传 徐 鼒

《小腆纪传》,六十五卷,又补遗五卷。徐鼒撰,其子徐承礼改订补辑。成书于清同治八年(1869)。有光绪十三年(1887)刊本。1958年中华书局出版标点本。台湾明文书局将《小腆纪传》收入《清代传记丛刊》(附索引)出版。

徐鼒(1810—1862),字彝舟,号亦才。江苏六合人。清道光二十七年(1847)进士,选授庶吉士,后任翰林院检讨。道光三十年入清史馆任协修,开始系统研究南明史事。咸丰八年(1858)任福建福宁知府。另著有《小腆纪年(附考)》、《未灰斋文集》、《诗集》、《读书杂释》、《徐氏本支系谱》及《敝帚斋主人年谱》等。生平见《清史列传》卷七三、《碑传集补》卷二四。

清咸丰十一年(1861)前后,徐鼒仿《春秋》及朱熹《通鉴纲目》体例,编成《小腆纪年(附考)》。后又根据该书着手编写《小腆纪传》。据其子徐承祖称:"昔先大夫作《小腆纪年》既成,而作《纪传》,谓《纪年》一书取《春秋》、《纲目》之义,凡明季衰弱及诸臣贤否固在在可考,然读迁、固之史,其人其事必综其生平言行各予纪传,令观者得悉其毕生之善恶。此史家之例,而先大夫《纪传》之所由作也。"(《小腆纪传》徐承祖跋)事实上,徐鼒在编撰《纪年》时,已考虑编写一部并行史书之事。前者以年代为经,后者以人物为纬。故在《纪年》中,便已屡屡出现"甲申三月以前详《纪传》"、"学行详《纪传》"等字样。徐鼒撰写《纪传》之时,已年迈多病,临终之际嘱其子续成。徐承礼等虽曾表示要"甄综散亡,仿裴松之注《三国志》例,补纪传所未及,别为志表,无阙史裁"(《小腆纪传》徐承礼识),但种种原因,结果只将其父遗稿整理补订成书。全书只有纪传,并无志表。

本书系记叙南明时期人物行事的传记性史书。记叙时间上起崇祯十七年(1644)南明建立,下迄康熙二十二年(1683)清入主台湾。全书计纪七卷、列传五十八卷和补遗五卷,共记载五百二十余人。书前后有徐承礼、徐承祖识跋及补遗、考异各一篇。具体内容,卷一至七为《纪》,记载弘光、隆武、绍武、永历、监国鲁王之事。卷八以下为《列传》,构成全书之主体。共十六类。卷八《后妃》,记南明诸王后妃事。卷九《宗藩》,记蜀王至澍、襄王常澄、崇王慈爚、吉王慈煃等明王室后裔之事。卷十至四五《朝臣》,记史可法、高弘图、姜曰广、张煌言、左懋第等明末忠臣良将之事。卷四六至四八《义师》,记曾组织义师勤王将领凌骃、沈迅、刘孔和等事迹。卷四九至五一《忠义》,记为南明朝殉节官吏何刚、任民育、文震亨、陆培等事迹。卷五二《义士》,记为南明殉节之士民马纯仁、王台辅、许德溥等事迹。卷五三至五四《儒林》,记顾炎武、黄宗羲、陆世仪、王夫之等生平著述。卷五五《文苑》,记明末文士艾南英、张采、李世熊等事迹。卷五六至五七《遗臣》,记孔连运、吴牲、王心一等明遗臣之事迹。卷五八《遗民》,记徐逸度、张弨、归庄等明遗民事迹。卷五九《方外》,记明末方士僧道之事。卷六十《烈女》。卷六一《宦官》。卷六二《奸臣》,记南明误国大臣之事,包括马士英、阮大铖等。卷六三《贰臣》,记降清官吏方逢年、方安国、邓芝龙等。卷六四至六五《逆臣》,记左良玉、刘泽清、沙定洲等人之事。末五卷《补遗》,主要记前卷缺漏未记或记载不详人物之事,分《宗藩》、《列传》、《儒林》、《文苑》、《孝友》诸门,记载人物如辽王术雅、岷王禋洮和曾英、高世泰、万泰、万斯同等。

本书广采博收,叙事详赡简质,堪称南明史研究之佳作。有关南明历史资料十分庞杂,总计约三百余种之多。这些著作或错讹过多,或记之过略,都不同程度地存有缺陷。温睿临《南疆逸史》和李瑶之《绛史勘本摭遗》虽相对称善,但"纪次无法,详略失中"(《小腆纪传》徐承礼识)。夏燮《明通鉴》将南明一代史事纳入《明史》之例,虽贡献颇大,然而仅补六卷,未免单薄。针对上述诸多不足,徐鼒以《纪年》之编年方法,按时间顺序记完南明历史后,又以纪传之体裁,著成《小腆纪传》一书,以人物为核心,生动形象地勾勒出了南明历史之经纬。该书与《纪年》互为印证,资料完备,叙述简洁。近人梁启超称:研究南明史之著作,"惟徐亦才鼒之《小腆纪年》、《小腆纪传》最称简洁"(《中国近三百年学术史》)。

本书考订严谨,史料珍贵,对难以确定之资料,则取存疑之法。近人谢国桢评曰:"鼒生于道光之时,清朝文网渐弛,各家遗书渐出,乃尽其毕生之力,撰为是编。搜罗史料,极为完备,并加改订,辨其真伪,读南明掌故者,温晒园《南疆逸史》而后,当以是编(《小腆纪传》)较有系统,可供研究南明史乘之参考。"(《增订晚明史籍考》卷九)

对该书之研究,可参阅谢国桢著《晚明史籍考》有关篇目。

(丁孝智)

航海述奇 张德彝

《航海述奇》，四卷。张德彝著。有清光绪十七年(1891)王锡祺辑《小方壶斋舆地丛钞》上海著易堂排印本，1980年岳麓书社《走向世界丛书》本。

张德彝(1847—1918)，本名德明，字在初。祖籍福建，汉军镶黄旗人。清同治元年(1862)入北京同文馆，1865年随斌椿游历法、英、比、俄等欧洲十国。1868年在蒲安臣使团出访欧美时任通事。1870年崇厚因天津教案赴法道歉时充随员，目击巴黎公社壮举。1876年任驻英使馆译员。1884年充同文馆英文副教习。1887年又随洪钧到柏林使馆工作。1890年回国后任总署英文正翻译官，翌年任光绪皇帝的英文老师。1896年任出使英、意、比大臣罗丰禄的参赞。1901年至1906年间以记名道员衔任出使英、意、比大臣。从1867年起，陆续将海外的见闻写成游记，所著《航海述奇》等述奇八种达二百多万字。编著有《英文话规》等。生平参见《光禄大夫建威将军张公集》。

《航海述奇》系以日记体裁写成的欧游闻见录。书中记载最多的是关于西方的科技成就。如同治五年三月二十日，张德彝详细地描述了外国的火车，还介绍了车站待客、铁路交叉和火车头打转的情形。认为"此举洵乃一劳永逸，不但无害于商农，且裨益于家国。西国之富强日盛，良有以也"。四月十九日所记"铁裁缝"，即早期的缝纫机。四月三十日所记"印度擦物宝"，即当时流行的擦字橡皮。三月二十八日所记"肾衣"，即英、法发明不久的阴茎套。同治七年六月十三日起在纽约参观各种生产事业，对工业技术文明作了细致的报道。如印刷厂"列火机四架，每架中大轮，外绕六小轮，形似菊花。大轮敷墨，小轮置板，自刷自印，自行叠折而送出。在上者一人送纸，在下者一人接纸而已。一时可印二万余张，每日得十万，得洋银五千圆"。毛织厂"自洗绒至烙毡，皆用火机"，"纺线以一手可纺六十余条，极轻快"。农田机器，"有割谷器如车"，"车随行，则所割者自然成束而遗于地"；"打麦器形若巨箱，内含齿轮皮带"，"皮带随齿轮而转，自然粒出于左，而流入于仓矣。梃净壳飞，各有所在，精巧之至"。

其次以大量篇幅记载海外风俗。如最早看到的"古埃及王陵"和陵前的"一大石人头",即金字塔和狮身人面像;记述了法国"约在次年夏间""请天下郡国各将其土产、物色、器皿置于其内,以便民间壮观"的"考产厂",即1869年巴黎万国博览会场;以及伦敦每年二月和八月举行赛马会时的盛况。还记述了由于中西风俗不同而出现的趣事和感想。如同治五年在圣彼得堡,有一群俄国女郎见其留着辫发,错认作女子,高喊"中国姑娘",追上来想和其"携手交谈"。看到监狱管理文明,说是"饶有唐虞三代之风";见了小儿骑的自行车,谓系"武乡侯木牛流马之法,贻传西土"。认为"西俗好兵喜功,贵武未免贱文","洋女读书","针黹女红一切略而不讲"。所记欧美人居处很讲清洁卫生,"虽浴室、净房,每日必勤加洗涤",但对西人"将新闻纸及书札等字,看毕即弃诸粪壤,且用以拭秽,未知敬惜",大为不满。

再者是关于欧美时政的记述。如同治六年七月二十日记美国"分尊卑党"与"平行党"竞选总统:"'平行'者欲举二人,一名戈兰达,一名寇法斯。'分尊卑'者欲举二人,一名希墨,一名布蕾。"被认为是美国两党最早的中文译名。尽管张德彝脑子里仍盘踞着诸如"敬惜字纸"和"不孝为三,无后为大"一类陈腐观念,他对新事物仍进行了观察和作出记录,使《航海述奇》不仅记述了中外交往史上不少有趣的材料,而且还生动地记录了像张德彝这样一个不同于当时专攻八股的读书人,如何通过出使活动日益走向多样化世界的客观事实。

有关《航海述奇》的研究著作,主要有钟叔河《走向世界》(中华书局,1985年)第七章《张德彝航海述奇》。

(邹振环)

曾文正公手书日记 曾国藩

《曾文正公手书日记》,四十册。曾国藩撰。清宣统元年(1909)中国图书公司石印本。其中部分内容曾由清人王启原辑为《求阙斋日记类钞》二卷,收入《曾文正公全集》光绪二年(1876)刊本。1933年上海扫叶山房石印本《曾文正公六种汇刻》收入《曾文正公日记》二卷。岳麓书社版《曾国藩全集》收入了全部日记。

作者生平事迹见"曾文正公全集"条。

《曾文正公手书日记》起自清道光二十一年(1841)元旦,止于同治十一年(1872)二月三日,即曾氏卒前一日。前后约四十三年。王闿运作序。曾国藩缕列与太平军、捻军长期作战的基本情况,如咸丰五年,曾氏在湖口被太平军击败,退守南昌以后,连年军务棘手,"为之悲泣,不知所以为计"。日记一再称"平江各营俱全祁门,未得(李)次青实在下落,殊为凄咽","日内因徽防败兵、宁防败兵、楚军败兵,共不下二万人。纷纷多事,日不暇给,目力大坏","余五十生日,马齿虚度,颓然遂成老人",等等。将其心绪日劣、体质日衰情状和盘托出,从侧面反映出太平军的英勇善战。

咸丰十一年(1861)以后,曾国藩以两江总督节制浙苏皖赣四省军务,借助李鸿章、左宗棠、曾国荃等兵力,伙同英国戈登"常胜军"、法国德克碑"常捷军"夹攻太平军。但据先后数年日记所载,仍然不免时遭败挫。如"建德失守,心怦怦大为不怡,竟夕不能成寐"。"贼窜至铅山之吴坊湖坊……忧灼之至","贼破大洪岭而入……竟日惶惶不安"。其时还有大量记载涉及清军战前密谋策划、双方战况、人事名单等。同治初,曾国藩任钦差大臣,对捻军作战,亦屡屡败北。记及"闻捻匪张牛、任赖二股,均集于徐州城外。各军熟视而无如之何,焦灼无已","闻贼已于(同治五年五月)廿八日至赣榆,入江苏境,焦灼之至"。类此云云,堪证捻军善战奏捷,使曾国藩为之忐忑不安。而清军则缺乏斗志,称"又闻人言,淮勇近日骄惰骚扰,实不可用,大局日坏,而忝居高位,忧灼曷已?"凡此大小战役始末原委,可一一加以考见。

《曾文正公手书日记》也是研究曾国藩思想的重要资料,如道光二十一年十一月初一记到田敬堂家拜寿情景:"在彼应酬一日,楼上堂客,注视数次,大无礼,与人语多不诚,日日如此,明知故犯。"越日记其母寿辰,"不能预备寿面,意在省费也。而晡时内人言欲添衣,已心诺焉。何不知轻重耶!颠倒悖谬,谨记大过"。反映出其讲究修身是"多自刻责,词甚严者"。咸丰九年正月初八记道:"日内因久住建昌,无所作为,欲拔赴湖口,又恐闽贼来窜抚、建,进退两难,寸心终日纷扰,屡次占卜,亦智略不足,故不能审定全局,确有定计。"反映出在战争之中占卜迷信对这位湘军首领的影响。咸丰十一年正月十四日是道光忌辰,曾国藩参加过他的丧事,时值英法联军进北京之后,他感慨地写道:"淀园(指圆明园)被焚,圣驾(指咸丰)出狩滦阳,现闻有西迁之议,沧桑之大憾,臣子之圣痛。"这里清廷有西迁之议的记载是论其时政局变幻的重要线索。

　　日记中也保留有曾国藩的交游,文坛名宿如龙翰臣、朱伯翰、陈兰彬、倭仁、唐鉴、吴南屏、张廉卿、张文虎、张斯桂、汪士铎、邵蕙西、邓辅纶、孙鼎臣、莫友芝、窦垿、何绍基、汤海秋、李壬叔、柯竹泉等,相与析赏诗文,鉴赏书画及其他文物,治学鉴赏心得皆散见于日记中。此日记时时流露出真实内容,颇具特色,是近代史研究常征引之书。

　　有关《曾文正公手书日记》的研究著作主要有陈左高《中国日记史略》的有关章节。清王启原曾校编曾国藩《求阙斋日记类钞》,分类纂辑,便于检索。分类目次:卷上《问学》、《省克》、《治道》、《军谋》、《伦理》;卷下《文艺》、《鉴赏》、《品藻》、《颐养》、《游览》。

(邹振环)

光绪畿辅通志 李鸿章等

《光绪畿辅通志》，三百卷。李鸿章等修。成书于清光绪十年(1884)。版本有光绪十年原刻本等。

李鸿章生平事迹见"李文忠公全集"条。

最早的《畿辅通志》修于清康熙十九年(1680)，成书于康熙二十一年，凡四十六卷。雍正七年(1729)李卫等人奉旨重修，雍正十三年成书，凡一百二十三卷。同治十年(1871)李鸿章与翰林院编修黄彭年等奉旨再次重修，历十载于光绪十年告成。该志博采众长，不仅体例完备，内容也很丰富，除书前奏章、进表、职名、凡例、目录各一篇外，主要内容包括以下几类。

一、帝制纪(卷一至十五)。主要记叙有清以来皇帝或皇室的事迹，包括历朝清帝诏谕、宸章(有碑文、祭文、表序、诗序等)、京师、陵寝和行宫等。

二、表(卷十六至四五)。记载历代畿辅概况，包括府厅州县的沿革、封建、职官、选举等。

三、略(卷四六至一八二)。这类内容最多，大体包括：舆地类(记载畿辅所属各地区疆域沿革、山川形胜、关隘星象、风俗物产等)；河渠类(记载水道、治河、堤闸、津梁、水利、营田等)；海防类(包括图说、通商事宜等)；经政类(包括田赋、旗租、户口、禄饷、军营饷、盐法、钱币、仓储、漕运、河运、海运、榷税、恤政、祀典、学校、庆典、兵制、铨选、刑律、城池、公署等)；前事类(记载上古至清的畿辅史事)；艺文类(包括经、史、子、集和方志)；金石类(包括畿辅所属各地碑刻、铭文等)；古迹类(包括畿辅所属各地城址变化及署宅、陵墓、祠宇、寺观等分布状况)。

四、录(卷一八三至一九二)。记叙历代畿辅名臣事迹，如毛遂、王霸、廉颇、班彪等。

五、传(卷一九三至二九七)。分为列传和杂传两类，列传叙述历代当地臣僚、列女事迹；杂传则记载一些医士、百工、奇人、异士之事。

六、识余(卷二九八至三百)。包括拾遗、述异、方技、仙释四类。

《光绪畿辅通志》(据1934年上海商务印书馆影印光绪原刻本)，在前朝两部通志的基础上修订而成。取材广泛,考订谨严,从而形成显著特点。首先从体例来看,该志一改前朝通志体例,分全志为纪、表、略、录、传五大部类,另加识余作为补充。如此安排,既简明扼要,又浑然一体,为研究者提供了较好的参考目录。其次,从内容和史料来看,该志记叙清光绪朝以前各代史事,"据事以直书,期信今而传后",不仅广泛搜集材料,而且对所得资料详加考订,成为最负盛名的通志之一。

当然,也有人持有异议,如保定莲池书院张廉卿等认为,该志"失纂述之体,贻市簿之讥,篇不成文,无异档册"。但不管如何评价,从总体上看,该志仍不失为一部优秀之作,对研究京畿地区历史有着重要的参考价值。

1985年河北人民出版社出版了本书点校本。

(丁孝智)

光绪顺天府志 张之洞等

《光绪顺天府志》,一百三十卷。张之洞、缪荃孙等编纂。始修于清光绪五年(1879),至光绪十二年成书。有光绪十二年刻本、光绪十五年重校刻本和光绪二十八年补刻本等。1987年北京古籍出版社据光绪十五年本出版校点本。

张之洞生平事迹见"劝学篇"条。

《顺天府志》在明永乐年间和清康熙年间先后编过两部,但都已残缺不全。光绪五年(1879),顺天府尹周家楣等奏请设馆编修《顺天府志》,并聘请张之洞、缪荃孙任总纂。张之洞手订《修书略例》,主张"宜典核,宜征实,以地为主,古书宜备,今事有关土地、人民者详,余略。纪事须具首尾,具年月"。缪荃孙在编纂过程中严格遵循上述要求,并延请鲍恩绶、廖廷相、陈熹、汪凤藻、刘恩溥等任分纂,通力合作,晨搜夕讨。采用文字记载与实际考察相结合之方法,引证书目达四百七十二种。诸条材料均注明出处,叙事分门别类,有头有尾,力求准确无误。

本书三十五万余言,有前后序文四篇,序志、附录、引用书目参考表各一篇。全书内容分十志六十九目叙述。十志名目为:《京师志》十八卷、《地理志》十七卷、《河渠志》十三卷、《食货志》五卷、《经政志》十二卷、《故事志》七卷、《官师志》十九卷、《人物志》三十一卷、《艺文志》五卷、《金石志》三卷。

《光绪顺天府志》为记叙顺天府辖区的体例最完整、内容最丰富的地方史志。其贡献表现在下述两方面。

一、填补空白,存史资治。顺天府所辖两道、四厅、五州、十九县,自建都以来,虽历代均有方志问世,如元代《燕京志》、《析津志》,明代《北平图经》、《北平志书》、永乐《顺天府志》,清初康熙《顺天府志》等,或散佚殆尽,或残缺不全。而是书记事完整,内容丰富,凡有清一代大事,均记述详备。且对太平天国、英军入侵大沽口、火烧圆明园等事件均详加记述。不仅保存了珍贵史料,而且有爱国情感贯穿其中。

二、考证严谨，体例完备。本书编写伊始，张之洞亲定《修书略例》，规划体例。缪氏则条证件采，广征博引，而成一代宏著。清沈秉成序称："大凡修志者，萧规曹守，事半功倍，此则创纂也。盖自群经笺注、地理专书、正史别史、诸子文集，与夫图经、志谱、公牍、访册，于古若今，数十万卷中，探讨而出"，此为"纂志者之力也"。李鸿章序也称"其体例之善，文采之美，则九能三长，授简缀辞，极天下之选，以成一代之书，信今传后无疑也"。

该志还注重实用性，如用较多篇幅记叙顺天府区水道、水利等，此无疑与当年漕运发展有关。缪氏在序中称："官吏之废置，仓储之虚实，漕运之更变，学校典礼之制，钱法盐法之章，兵讯驿传之籍，编辑公牍，搜访故事，使人观其得失而补弊救偏。若至西北丛山……金铁之利，见于前史；硝矿之产，访诸土人。而今谨以煤著，无以地利之未尽，人谋之未藏乎？"可见编纂者利国利民之目的。近人梁启超将此志称为名儒精心结撰之作，"斐然可列著作之林者"（《东方杂志》卷二十一，第十八号）。

（丁孝智）

书目答问（附补正） 张之洞等

《书目答问》，七卷，或不分卷。张之洞编著。成书于清同治十三年(1874)。有光绪二年(1876)上海蜚英馆石印本、光绪五年王秉恩贵阳刻本、光绪二十三年新化三味堂校刊本、1922年扫叶山房石印本、1983年上海古籍出版社瞿凤起校点本等多种。2011年中华书局出版的来新夏等《书目答问汇补》、孙文泱《增订书目答问补正》汇录资料较为完备。

张之洞生平事迹见"劝学篇"条。

《书目答问》是同治十三年张之洞就任四川学政时，为答复"诸生好学者来问应读何书，书以何本为善"而编。编书的目的很明确，"此编为告语生童而设，非是著述"，"令初学者易买易读，不致迷罔眩惑而已"(《书目答问·略例》)。这是一部给初学者指示读书门径的工具书。

《书目答问》作为一部举要性质的目录书，共收录二千二百种左右的书，这些书经过选择，大多具有较高的学术水平和史料价值，其内容如下。

一、经部。内分正经正注、列朝经注经说经本考证和小学三类。

二、史部。内分正史、编年、纪事本末、古史、别史、杂史、载记、传记、诏令奏议、地理、政书、谱录、金石、史评十四类。

三、子部。内分周秦诸子、儒家、兵家、法家、农家、医家、天文算法、术数、艺术、杂家、小说家、释道家、类书十三类。

四、集部。内分楚辞、别集、总集、诗文评四类。

五、丛书目。内分古今著述合刊丛书、国朝一人著述合刻丛书两类。

六、别录目。内分群书读本、考订初学各书、辞章初学各书、童蒙幼学各书四类。后附劝刻书说短文一篇。

七、国朝著述诸家姓名略。内分经学家、史学家、理学家、经学史学兼理学家、小学家、文选学家、算学家、校勘之学家、金石学家、古文家、骈体文家、诗家、词家、经济家十四类。

此书分类方法大致依《四库全书》分经、史、子、集四大部,每部之中又分若干类。又别立"丛书目"和"别录目",以符合当时的图书实际。每一类中的书籍,以时代先后为次序,其中又分小类,但不另立名目,只在这一小类的末一部书下加一单引号,以资识别,实际起了分类的作用。每一书名下,注明作者姓名、版本出处、卷数异同。并择重要之书,加简单按语,如郝懿行《尔雅义疏》下注云"郝胜于邵",朱骏声《说文通训定声》下注云"甚便初学"等,以指示读书门径。此书收录多为重要书籍,实事求是,并不炫奇示博、以多为胜,又不追求宋元版本、嗜古好僻。所收版本以当时习见的为主,或单行本、或丛书本,取其不缺少误,可资参考。最后附载的"国朝著述家姓名略",分类列举清代著名学者的姓名籍贯,从中可以窥见清代学术文化的大概。其选择标准虽未必完全妥当,但也由此可见其匠心独运。因此,这是一部比较有裁断的书。书前有《略例》一篇。

《书目答问》也存在某些明显的不足。首先,由于编选者持正统与名教思想,对禁书、小说、戏曲以及一些所谓越轨的书,都弃而不收,使收录的范围受到限制;其次,在分类方面,也有某些失当的地方;最后,由于成书比较仓促,书名、作者、卷数、版本都有错漏之处。张之洞以后,王秉恩、江人度、周星诒、叶德辉、伦明等人都做过一些订正工作,但成就都不及范希曾的《书目答问补正》。

范希曾(1899—1930),字耒研,江苏淮阴人。1927年应南京国学图书馆馆长柳诒徵之邀入馆编目,开始撰写《书目答问补正》,三年后书成。《书目答问补正》依据原书体例,共补书一千多种,除一部分是原书当收而漏的外,绝大部分是1876年以后整理和研究我国古籍的新本、新著。同时又将清光绪以来文物、考古的新发现和新成果也补充进去。原书漏记的版本,1876年以后新刊的本子,以及原书未注明的作者、卷数等也一一作了补充。正误方面,将发现的原书中书名、作者、卷数、版本和内容诸方面的错误加以订正。范氏为此付出了辛勤的劳动。不过,由于范氏所用的《书目答问》底本仅仅是一个比较早印的原刻本,他既没有找到原刻的最初印本(上海蜚英馆石印本),也没有充分汇集各种版本包括后印本、重刻本以及叶德辉等人批注的过录本等进行全面仔细的核对和校勘,故而误漏之处仍不在少数。甚至出现重刻本已改正,而补正本仍误的;重刻本已补版本,补正本仍阙的情况。另外,对后附的"国朝著述家姓名略"原刻中存在的人名错误、字号脱落等毛病,也没有修正。但总的说来,《书目答问补正》仍不失为一部有较高学术水平的书目。该书有南京国学图书馆排印本,1963年中华书局重印。

有关《书目答问》的作者,由于清缪荃孙在其自撰《艺风老人年谱》中称,《书目答问》是他在张之洞门下时受命所撰。故颇有人以为书出缪荃孙之手。柳诒徵《书目答问补正序》中亦云:"文襄之书,故缪艺风师代撰。"对此,陈垣撰《艺风年谱与书目答问》一文,列举许多证据,驳缪氏代撰之说。

(石建邦)

筹办夷务始末

《筹办夷务始末》，凡清道光、咸丰、同治三朝，共二百六十卷。清官修。分别成书于咸丰六年(1856)、同治六年(1867)、光绪六年(1880)。编成后数十年藏之深宫，从未印行。至1929年故宫博物院始将《道光朝筹办夷务始末》影印出版，并陆续影印咸丰、同治两朝。中华书局于1964年、1979年分别将道光、咸丰两朝《筹办夷务始末》标点排印出版。

清赵昀述及本书编纂缘起："实录体例详谕旨而略奏章，取要义不取繁辞也。惟夷务之兴，方略既无成书，办理得失全在奏章，节去又漏事实。因与杜文正(杜受田)师细商，欲取当时一切陈奏，悉行钞录，不遗一字，亦不更一字，汇成一本，名曰《筹办夷务始末》，进呈乙览，以备检查。文正师然之，从容言于上。余因召对，亦详细指陈，遂奉命交馆办理。"(《遂翁自订年谱》咸丰元年条)三朝夷务编成虽不一时，取材范围则大致相同。凡内阁、军机大臣所奉谕旨，内外臣僚奏章，以及中外往来照会书札等有关清代外交事务者，均予录存，所载多为原始资料。

本书系清代道光十六年(1836)至同治十三年(1875)凡四十年中外关系的文献汇编。所辑史料，均编年纪月，按日详载。其中《道光朝筹办夷务始末》八十卷，由文庆等纂辑。起道光十六年，迄二十九年(1849)，集中辑录有关禁烟交涉和中英鸦片战争始末的奏文。《咸丰朝筹办夷务始末》八十卷，由贾桢等纂辑。起道光三十年(1850)，迄咸丰十一年(1861)，主要辑录《天津条约》、《北京条约》签订前后中外交涉及列强在华经商、传教活动等方面的史料。《同治朝筹办夷务始末》一百卷，由宝鋆等纂辑。起咸丰十一年，迄同治十三年十二月(1875年1月)，主要辑录总理衙门设立以来至同治末年的中外关系史料，其中有关英法支持清廷镇压太平军、开设京师同文馆、选派出洋留学生、设立江南制造局和福建船政局等方面的内容收录称详。

本书辑录的史料颇为珍贵，有不少系《实录》、《圣训》阙载而从未公开发表的皇帝亲笔密谕和臣僚奏章，皇帝在奏折文中句旁批语、批注、圈点、勒抹等也都保存原貌。这些机密资料对研究清统治者的见解主张等极具价值。如1860年英法出兵侵占天津后，钦差大臣桂良迫于威胁，答应英法公使带兵入京换约,并赔款付现。咸丰帝在其奏报文旁批道:"汝等在津,不能挽回于万一,一惟该夷是听,岂抵京反能挽回?拥兵换约,虽愚呆亦知其心藏叵测,别有要挟,桂良等尚在梦中邪!"(《咸丰朝筹办夷务始末》卷六十)并朱笔手谕密告亲王大臣,断然反对公使带兵换约及给予现款,"以上二条,若桂良等丧心病狂,擅自应允,不惟违旨畏夷,是直举国家而奉之。朕即将该大臣等立置典刑,以饬纲纪,再与该夷决战"(同上)。这些记载,有助于了解当时事变的内幕情形。又如1862年曾国藩为清廷委托李泰国在英购买兵轮船之事所上奏折,为《曾文正公全集》所缺收,幸而保存在《同治朝筹办夷务始末》卷二一中。

本书编纂上的缺陷,主要在于对奏折文书时作删节,使原文不全,给后人研究史实造成了困难。对各地官吏进呈的奏折,编纂者将原奏发出的日期删去,一律改成军机处收到或奉旨发出日期,造成时间上的模糊混乱。此外,各国照会及其外交文书,系研究当时中外关系不可或缺的一项重要资料,而编纂者往往以其"文义索解綦难"而予以摒弃,这一缺失在《道光朝筹办夷务始末》中表现得尤为突出。

总的来说,三朝《筹办夷务始末》以其内容的丰富性和珍贵性,一直被研究者视作不可缺少的参考资料,至今仍属了解和研究1836至1875年共四十年间中外关系的基本史源。1966年台湾中研院近代史所编辑出版《道光咸丰两朝筹办夷务始末补遗》,次年台湾银行经济研究室又编辑出版《筹办夷务始末选辑补编》,对是书辑录不全之处多有补充,可资考阅。

(张荣华)

郎潜纪闻 陈康祺

《郎潜纪闻》，初笔至四笔共五十三卷。陈康祺撰。其中《初笔》十四卷、六百九十五条，成于清光绪六年(1880)；《二笔》十六卷、六百十条，亦称《燕下响胜录》，成于光绪七年；《三笔》十二卷、四百十五条，亦称《壬癸藏札记》，成于光绪九年；《四笔》十一卷、七百零三条，亦称《判牍余瀋》，原是作者乙亥、丙子(光绪元年、二年)笔记，成于光绪十二年。该书的版本，前三笔有光绪年间初刻本和宣统年间扫叶山房本。前者无小标题，后者虽然增之，但舛误错讹之处较多。《四笔》在当时只有钞本。诸笔出版时间和地点，据《郎潜纪闻》卷首光绪丙戌秋作者自序称：初笔光绪庚辰刊于琴门，二笔辛巳刊于暨阳，三笔癸未刊于吴门，而四笔未刊行。

陈康祺(1840—?)，字绍士，号钧堂、盘园居士。浙江鄞县(今宁波)人。清同治十年(1871)进士。官至刑部员外郎。在京十年，受人排挤，遂投牒乞外，获准改官江苏昭文县(今常熟)知县。罢官后，侨居苏州，一心钻研学问，曾师法钱大昕、俞正燮等研习经史，尤熟于清代掌故。有《篷霜轮雪集》四卷。生平见《近代名人小传》。

《郎潜纪闻》是一部专记清代史事的笔记，资料多根据陈编旧籍，兼采耆老遗闻杂记、文苑士林故事、湘淮军诸制，辑录清代纪闻、掌故、佚事和风土人情等。各笔前后共附序和自序四篇，题识和跋各一篇。内容大体包括七类。

一、记叙文苑士林之事，其中或叙逸闻，或录诗文，或剖析学术之渊源，或品评书画之得失，此类数量最多，几乎各笔均有记载。

二、记叙官场宦海之事，对贪官污吏、阿谀小人抨击甚多，而对一些刚直不阿、廉洁清明官吏则倍加赞赏。

三、记叙清代典章制度，包括科举之制、湘淮军志、翰林规则、朝廷赐谥等，是研究清代政治制度的参考资料。

四、记叙社会状况，内容涉及清代经济、政治等各个方面，尤以反映清代社会问题为主，如二笔卷十记康熙间江南湖边人民无地交税;三笔卷五记清初废明末三大饷,但许多地区反而加重了负担,以此反映清代尖锐的社会矛盾。这些资料是人们研究清代经济的重要参考。

五、记叙内外战争,主要收录一些较为罕见的资料,可补正史之不足,如初笔卷七记闽浙水师攻剿蔡牵;四笔卷二记郑祖琛炮击英人及江南陈化成抗英纪略等。

六、记叙所谓圣君治国之道,此类资料记叙较少,且多为奉承之词。

七、记叙异闻趣事,资料多采自传闻,如初笔卷一记寿民寿妇;二笔卷二记命妇荣遇、四笔卷六记曲阜三颜等。

《郎潜纪闻》是研究清史的重要材料。刊行后,学者评价较高。南汇张文虎称此书"择焉必精,语焉必详,间有异闻辄加考正"(《郎潜纪闻》三笔张序)。郑崇敬对此书评价更高,称其"皆掌故渊薮,采摭之勤,网罗之富,所不待言。至于阐扬幽滞,考证得失,并存数说,不拘一家,则知幾《史通》病其踳驳,《容斋随笔》逊此精评矣。又其论断所施,和平严正,无一孔迂腐之见,以补翼名教为宗"(《郎潜纪闻》二笔跋)。民国时期出版的《笔记小说大观》称其"随笔记载,而成博赡精核,殆无其伦,洵为清代掌故之书"(《笔记小说大观·郎潜纪闻提要》)。

《郎潜纪闻》在民国时期已有人整理和考订,并将其前三笔收入《笔记小说大观》、《清代笔记丛刊》等书中。1983年中华书局将该书前三笔分两册校点出版,1990年将四笔校点出版,还对原刊本进行了订正。

(丁孝智)

出使英法日记 曾纪泽

《出使英法日记》，又名《曾惠敏公使西日记》等，略称《使西日记》。曾纪泽著。清光绪初年曾有私刻节本，以后屡有增益。版本有编入尊闻阁主辑《申报馆丛书》光绪七年(1881)排印本《曾侯日记》，光绪十七年、二十年、二十三年王锡祺《小方壶斋舆地丛钞》上海著易堂排印本，光绪二十三年无名氏辑《游记汇刊》湖南新学书局刊本，光绪十九年编入江南制造总局《曾惠敏公遗集》刊本，1985年岳麓书社校点本。

曾纪泽(1839—1890)，字劼刚。湖南湘乡人，曾国藩长子。清同治九年(1870)由二品荫生补户部员外郎。1877年父忧服除，袭侯爵。次年出使驻英、法大臣，补太常寺少卿。1879年转大理寺少卿。1880年使俄大臣崇厚因与沙俄擅订《里瓦几亚条约》被革职定罪，并被委派驻俄大臣，与沙俄谈判改约。1884年晋兵部右侍郎，与英国议定洋药税厘并征条约。1885年归国，帮办海军事务，旋为兵部左侍郎，奉命在总理衙门行走。另著有《曾惠敏公遗集》、《曾惠敏公奏疏》、《归朴斋诗钞》等。事迹见载于《清史稿》卷四四六。

曾纪泽出使日记已刊行的多是节本。最早约在光绪八年(1882)由沪人据曾纪泽初出洋时所写日记寄总理衙门后，私自刊行。该本起自光绪四年九月初一，止于光绪五年三月二十六日，其间缺日不多，后来被收入王锡祺《小方壶斋舆地丛钞》第十一帙，题作《出使英法日记》。江南制造总局于光绪十九年(1893)刊行《曾惠敏公遗集》，收有日记二卷。卷一为光绪四年的日记，于九月初一日之前，增加了七月二十七日奉旨出使、八月初四日拜吕宋公使、二十八日召对三天的记载。卷二从光绪五年起，于三月二十六日后又有所增加，但断缺也越来越多，光绪六年每月还各有数日或一日记载，八年以后则甚至一连几个月不见一记，至十二年十一月十九日回京召见结束。《小方壶斋舆地丛钞》再续编又将这二卷日记收入，题作《使西日记》，而在开卷处割取《大英国汉文正使梅君碑铭》中"光绪三年丁丑秋，以承袭侯封，来京觐谢"这样几句话，又在光绪六年六月离英赴俄时"加上"了几天简单记事。

《使西日记》约五万字,大多是交往或外交活动的简单实录。曾纪泽写日记不像郭嵩焘,极少表白自己,也不多谈论公事。1886年离英归国前曾以英文撰写发表在伦敦《亚洲季刊》上的重要论文"China, The Sleep and the Awakening",日记中竟无一字述及。后人只能据《新政真诠》中所录颜咏经、袁竹一的译文《中国先睡后醒论》来分析此文的出发点究竟为何。

曾纪泽手写日记原稿近五十万字,几乎是出版通行本的十倍。1965年台湾学生书局曾将"湘乡曾八本堂家藏手写本"之《曾惠敏公手写日记》影印出版,其中不少对文化史研究极为有用的资料为以前刊本所无。如手写日记中有曾纪泽半夜读英文小说的记载,光绪六年九月二十七日有读"英国名士遂夫特文章",恐怕是Swift(今译斯威夫特)在中文中首次出现;九年六月十三日"拜法国君党议绅喀萨尼亚克,即助余立言以驳政府,而被〔罚〕半月不入议院者也";十九日又有"法商米洛来谈极久,即前与堵布益排出越南东京之事,与法廷不合,余遣白德勒笼络之,使不为祟者也"。这些都可以作为曾纪泽九年五月二十九日《伦敦复左中堂》信中"惟得英法绅民及新报馆以口舌表我之情理,张我之声威,冀以摇惑法绅,倾其执政"一语的注脚。从手书日记的对照中可以发现《小方壶斋舆地丛钞》再续编的编者,越往后"节"得越多,光绪六年五月二十日至六月二十九日之间由于该编者也未见到曾纪泽手写日记,因而甚至闭门造车编写了那些天的简单记事。

有关曾纪泽出使英法俄国日记的研究著作主要有钟叔河《走向世界》(中华书局,1985年),其中第十六章《外交人才曾纪泽》,将台湾影印本手写日记和通行节本作了分年对比研究,正确估计了曾氏出使日记的历史价值。通行节本较好的有1981年湖南人民出版社的张立浩校点本。1985年岳麓书社又据台湾学生书局1965年影印版《曾惠敏公手写日记》,从光绪四年初至十二年底的九年日记由王杰成标点,定名为《出使英法俄国日记》,后附详细的人名索引,颇便研究者使用。

(邹振环)

日本国志 黄遵宪

  《日本国志》,四十卷,卷首一卷。黄遵宪撰。成书于清光绪十三年(1887)。初刻为光绪二十一年广州富文斋刊本。次年撰者进行增删修订,并撤去书前李鸿章批文及张之洞咨文,附以梁启超后序,于光绪二十四年刊行改刻本。同年上海图书集成局铅印本、汇文书局木刻本,以及光绪二十七年上海书局石印本均据改刻本重刊。1981年台湾文海出版社据上海图书集成局石印本影印,收入《近代中国史料丛刊续编》第十辑。2001年上海古籍出版社影印本。2005年天津人民出版社出版简体点校本。

  黄遵宪(1848—1905),字公度,别号人境庐主人。广东嘉应州(今梅州)人。清光绪举人。光绪三年(1877)随使日本为公使馆参赞,数年后调任驻美国旧金山总领事、驻英公使馆二等参赞及新领事等职。光绪二十年回国后,历任江宁洋务局总办、湖南长宝盐法道、署湖南按察使,协助陈宝箴推行新政。光绪二十四年被任命为出使日本大臣,因病未行。戊戌政变后遭弹劾回乡闲居。另撰有《人境庐诗草》、《日本杂事诗》、《上郑钦使禀文手稿》等。传见《碑传集补》卷一三、《碑传集三编》以及今人吴天任《黄公度先生传稿》(香港中文大学出版社,1972年)。

  "余观日本士夫类能读中国之书,考中国之事;而中国士夫好谈古义足已,有自封于外事不屑措意。无论泰西,即日本与我仅隔一衣带水,击柝相闻,朝发可以夕至,亦视之若海外三神山,可望而不可即。若邹衍之谈九州,一似六合之外,荒诞不足论议也者。可不谓狭隘欤!"(自序)撰者不满于国人当时研究日本的状况,期望通过提供真实的情况来改变人们对东邻模糊或错误的认识,并通过考察明治维新后日本实施的各项制度,为中国的维新变法事业提供借鉴。故赴日后不久,即着手准备撰作,先后参阅采择二百余种中、日文史籍及官方文书,并得到日本学者的各种帮助,历八九年时间始告成书。

  《日本国志》系典志体日本史,记事上始远古,下迄明治十三年(1883),前后共三千余年,其中绝大部分内容为明治维新后典章制度的研究，撰者申明："日本变法以来，革故鼎新，旧日政令百不存一。今所撰录，皆详今略古，详近略远，凡牵涉西法，尤加详备，期适用也。"(凡例)全书内容除卷首《中东年表》外，计分十二志：《国统志》三卷，《邻交志》五卷，《天文志》一卷，《地理志》三卷，《职官志》二卷，《食货志》六卷(其中户口、租税、国用、国债、货币、商务各一卷)，《兵志》六卷(其中兵制一卷，陆军三卷，海军二卷)，《刑法志》五卷，《学术志》二卷(其中汉学西学、文字学制各一卷)，《礼俗志》四卷(其中细目为朝会、祭祀、婚宴、丧葬、服饰、饮食、居处、岁时、乐舞、游宴、神道、佛教、氏族、社会)，《物产志》二卷，《工艺志》一卷。书前有薛福成光绪二十年序和撰者自序、凡例各一篇，末附梁启超光绪二十二年后序。

本书旁征博引，大量摘录日本官方发布的各类公报、法令、统计数字等原始资料，分门别类，细微周到，使日本一国之典章制度朗若列眉。同时，撰者以"事非表则不详"，广泛运用史表，在书中胪列了大量各种类型的统计表，为了解和研究日本提供了具体、精确的依据。如《地理志》中即附有府县沿革表、郡区町村表、岛屿表、港湾表、开拓使设置后北海道开垦地表等十八份统计表，《食货志》中附有户籍表、国税表、岁出入表、国债种类数目表、外国货币及金银块输出入超过表等三十五种。

本书一改旧史中以"天朝上国"自居的狭陋之见，代之以尊重日本民族、两国平等相待的撰史态度，对所涉官名、地名、事物，"皆以日本为主，不假别称"，"曰皇曰帝，概从旧称"(凡例)。撰者指出："史家旧学，尊己侮人；索虏、岛夷，互相谩骂。中国列日本于东夷传，日本史亦列隋唐为元蕃传；中国称为倭王，彼亦书隋主、唐主。譬如乡邻交骂，于事何益？"因而是书"谨遵条约睦邻国书称帝之意，参采中国、日本诸书，纪事务实，不为褊袒，曰皇曰帝，亦不贬损，所以破儒者拘虚之见，祛文人浮夸之习也"(《邻交志》)。在撰史形式上，撰者还模仿《史记》中"太史公曰"的史论形式，在各志的前后或中间，采用"外史氏曰"的形式夹叙夹议，论史论政，发表自己的见解；另外，在正文中也时加小注，对正文作补充、考订或分析。

贯串全书的核心精神是主张仿效日本变法自强，并用日本明治维新成功的经验来指导中国革新事业，以日本资产阶级取得的权益来表达中国民族资产阶级的要求。在政治上主张实行以议院制为基础的君主立宪制；经济上要求发展资本主义生产力和生产关系，保护和促进民族工商业；在思想文化上提倡积极输入和学习近代西方文化，发展资产阶级文化教育事业。

《日本国志》系近代中国人研究日本的集大成之作，刊行后引起颇大反响，不仅有力地推动了中国的维新变法运动，并在很长一段时间内成为国人了解日本的必读之作。受其影响，19世纪80年代以后的不少驻日官员或旅日人士，如姚文栋、陈家麟、顾原焜、傅云龙等人，也纷纷研究日本问题,并写出一系列新作。清末王先谦撰作《日本源流考》二十二卷,不仅大量转引是书记载,且大段摘录是书"外史氏曰"中的议论。直至二十年代戴季陶撰《日本论》一书,仍指出十万留日学生对日本的了解,主要依靠的还是《日本国志》。

今人对《日本国志》的研究,可参见吴天任《黄公度先生传稿》有关章节。

(张荣华)

能静居士日记 赵烈文

《能静居士日记》,一名《赵惠甫日记》,又名《赵知州日记》。五十四卷。赵烈文撰。其子赵宽少年时曾录副本,藏武进文献社,书多错字漏字,后经武进徐震校正,南京图书馆藏有抄本。1962年中华书局版《太平天国史料丛编简辑》选录该本自清咸丰十年二月至同治七年(1860—1868)的记事。台湾有原稿影印本。

赵烈文(1832—1893),字惠甫,亦字能静,号能静居士。江苏阳湖(今常州)人。曾三应省试不中第,遂放弃科举,充曾国藩机要幕僚。三十岁时,由上海经水路至安徽,时正值曾国荃攻天京,又出任曾国荃机要僚客,一切清方文书计划,多出其手。其所学期于有用,"未尝囿于桐城文派廉悍,雅洁自取法于古,为诗歌及长短言悉超绝"。晚年好金石文字、园林。生平事迹详见方怡《清故奉政大夫易州直隶州知州赵府君能静先生墓志铭》,载《碑传集补》卷二六。

《赵惠甫日记》起自咸丰二年(1852)正月,止于光绪十五年(1889),累三十七年勿辍。其中咸丰二年正月至六年六月的日记,又名《落花春雨巢日记》,所记太平天国史事甚详。如咸丰二年至四年记载广西、安徽、江苏、河南等地太平军骁勇善战,地主武装狼狈脱逃情况,都比较客观。述太平军典章制度也较为详备。咸丰五年,记其被曾国藩邀为幕客,偕龚自珍之子孝拱至江西,次年春辞别返里,于江西往返途中,除详述太平军战况外,沿途游历,多有绘述。

《能静居士日记》实是《赵惠甫日记》的后半部分,记事起自咸丰八年(1858)五月初四日,迄光绪十五年六月二十日。有关曾国藩与清廷内部存在的种种矛盾叙述详备。赵烈文与曾国藩经常聚谈评论,同治六年间几无虚日。历诋少帅(指李鸿章)、芸仙(指郭嵩焘)、季高(指左宗棠)、眉生(指李鸿裔)等。赵烈文交游甚广,记及者多达数百人,皆咸丰、同治、光绪间知名人士,有郭嵩焘、沈葆桢、黄赞汤、李元度、钱松、钱应溥、陈璚、方宗诚、窦墉、张维屏、欧阳晓岑、吴汝纶、薛福成,对于研究同光政坛、文坛的状况都是不可多得的参考资料。

日记对清军烧杀掳掠的暴行叙述也较真切,如连续载述的李世忠,以镇压太平军起家,极为专横残暴。同治二年十二月初九日的日记写道:"辛巳,阴。中丞见召,示以十一月十八、二十日内廷密寄。内云:曾保奏李世忠克复一折,已准与开复提督矣。曾具奏时,似尚未知李世忠在寿州下蔡跋扈情形,本日僧格林沁奏称云云。又吴棠奏淮北防患一折,内称李世忠盘踞滁六一带,奸淫掳掠,甚于寇贼;又淮北西坝之盐,被封数千余包。"对苏抚徐有壬三令纵火常州城的罪行也有揭露,如十二月初四日写道:"下午逃将大名镇总兵马得昭至,告徐抚欲守城者必尽焚城外民房而后可,徐抚遂出三令箭与之,首令居民装裹,次令移徙,三令纵火。马部兵以三令一时出,顷刻火光烛天,徐率僚属登城坐观,署臬司苏府朱钧痛哭下城。城外遂大乱,广潮诸人尽起,溃勇亦大至,纵横劫掠,号哭之声震天。自山塘至南濠,半成灰烬。"日记中还记述了暴虐统治下民不聊生的惨景。如同治二年正月十一日记道:"沿江野地,匍匐挑掘野菜草根佐食者,一望皆是。鸠形鹄面,鸟聚兽散,酸楚之状,目不忍视。而江北一带,俱属李世忠管辖,下至仪、六,上抵滁、和,环转数千里,一草一木皆有税取,民至水侧,掘蒲根而食,犹夺其镰劐,以为私盗官物。其稍有资本趁墟赶集者,往往为其兵勇凭空讹索,所有一空。民生之艰,诚不啻在水火。"

有关《能静居士日记》的一般介绍可参考陈左高《中国日记史话》(上海翻译出版公司,1990年)有关章节。

(邹振环)

越缦堂日记 李慈铭

《越缦堂日记》,李慈铭著。1920年商务印书馆有原稿影印本五十一册,1933年又有《日记补》影印本十三册。1988年,北京燕山出版社又出版了《荀学斋日记》影印本八册。2004年,广陵书社汇录影印。

李慈铭(1829—1894),初名模,字式侯,后改名慈铭,字㤅伯,号莼客,又号孟学斋、花隐生、霞川花隐等。浙江会稽(今绍兴)人。清光绪六年(1880)进士。官山西道监察御史。光绪甲午战败,感愤而死。生平通览四部,治学范围甚广。室名越缦堂、白华绛跗阁、湖塘林馆等。另著有《越缦堂读史札记》、《十三经古今文义汇正》、《说文举要》、《后汉书集解》等。《清史稿》卷四八六有其传。

《越缦堂日记》始于清咸丰四年甲寅(1854),止于光绪十五年己丑(1889),除偶有间断外,共达三十五年之久(《荀学斋日记》后集则自1889年至1894年)。李慈铭去世未久,其子李承侯受沈曾植敦促,计划刻印,后在蔡元培、缪荃孙、张岱杉、傅增湘等共同倡导下,征集印资,于1920年有原稿影印本问世。《日记》分《孟学斋日记》七册(附《籀诗掔定之室日记》)、《受礼庐日记》三册、《祥琴室日记》、《息荼庵日记》一册、《桃花圣解盦日记》十册、《桃花圣解盦日记》第二集十册、《荀学斋日记》二十册等。前有蔡元培《印行〈越缦堂日记〉缘起》和平步青《掌山西道监察御史督理衔道李慈铭传》。《日记补》分《甲寅日记》一册、《越缦堂日记》十二册。

《越缦堂日记》记载面广,其价值首推读书笔记。李慈铭一生的学问成就,从中可见轮廓。其中确有一些前人所未发的创见,往往能在短短数语中击中要害,又能触类旁通,剖析入微,而不流于琐屑的考证。作者虽偏好汉学,但并不拘泥于汉、宋门户之见,认为乾、嘉以后的汉学"皆博而失之琐,密而失之晦"(评《戴氏遗书》);而汉学家通病,则在于"爱博之过往者"(评《孔子集语》)。这些批评,都较持平。他认为《竹书纪年》等古佚书,借此以考证史事,自有可以参考之处,而"若欲即其事一一疏通之,则求合反离,未有不窒碍者"(评《竹书纪年统笺》)。这是较为通达的见识。

李慈铭读史札记尤见功力。平步青在《樵隐昔寱》中论列清代学者凡三百余家,最推崇越缦堂之明史研究,称其"所致力者,莫如史"。王存撰《徵刊日记启》,更肯定其所从事明史研究及学术价值,认为"乙部浩瀚,非无阙文。寻按缀集,时有订补,得失臧否,因事以明。而于明季遗闻,乡邦掌故,尤三致意焉"。在明史研究上,此《日记》极重视掌握并整理大量史料的艰巨工作。凡曾经眼的许多未刊稿,不论孤本名椠、断简残编,均置于兼收并蓄、等量齐观之列。如谓无名氏《国初人传》(钞本),实系乾隆中会稽人所撰。大旨主于儒林,而明之遗民为多。其体例有专传、合传、附传,有论。李慈铭不但对此种未刊稿多留意搜访,而且凡是值得浏览的史籍,皆循提要形式略事绍介,如对钱澄之《所知录》一书,先介绍作者,继而概括全书要点、成书背景、价值所在,谓"是录所记,较诸野史为确"。此《日记》注意明代史实的传闻异辞,如李世熊《寒支集》,详叙黄道周死于江宁后情况,不同一般史载,极见当日国事纷挈。或补明代史乘之阙失者,如弘光时工部侍郎刘士祯、隆武时兵部侍郎刘季矿之起兵经过及殉难史实,为《明史》及《明朝殉节诸臣录》所未载。或订正《明史》讹传者,如叙诚意伯刘孔昭之子永锡,于清兵下舟山时,偕英义伯阮骏应战而死之史实,订正《南疆逸史》谓甲午正月朱成功兵败于崇明,永钧战殁之误。或辨正南都亡时殉难人名,如工部尚书何应瑞,《南略》误作何瑞征,《明史·高倬传》漏列。这些对史书讹舛疏失之处的订误补阙,为辨正古书史实提供了重要的线索。

尽管《越缦堂日记》中包含不少有价值的史料,有许多学术创见,但由于李氏撰《日记》是立意给人看的,因此有些地方就不免做作和讳饰。鲁迅对此《日记》曾有这样的批评:"一是抄上谕。大概是受了何焯的故事的影响的,他提防有一天要蒙'御览'。二是许多墨涂,写了尚且涂去,该有许多不写的吧? 三是早给人家看、抄,自以为一部著作了。我觉得从中看不见李慈铭的心,却时时看到一些做作,仿佛受了欺骗。"(《三闲集·怎么写》)鲁迅的话确实深中《越缦堂日记》的弊病。即使其读书记中也不乏陈腐之见。如他对《诗经》各篇意旨的诠释,多泥于《诗序》和汉人的说法,往往迂腐可笑。他对龚自珍、魏源要求变革的进步思想,不但缺乏认识,而且有矜才使气,高自标置之处。

有关《越缦堂日记》的研究著作主要有:由云龙辑《越缦堂读书记》,分哲学思想、政治社会经济、历史、地理、科学技术、军事、语言文字、文学、艺术、宗教、综合参考、札记十二部分,辑录了各种材料,颇便检索,1959 年由商务印书馆出版。清文廷式曾为之手钞诠注。关于《日记》残缺部分下落,众说纷纭。一般认为光绪十五年以后尚存八册,为樊增祥携去。据苏继庼先生说,抗战前,见樊长女于北京旧书铺,始悉日记残稿,曾由樊氏收藏,并未焚毁;直至溘逝后,鬻于书贾。

(邹振环)

使西纪程 郭嵩焘

《使西纪程》，二卷。郭嵩焘撰。初刻于清光绪三年(1877)，刻板印行后激起满朝士大夫公愤，即遭毁板。后流传的重要版本有光绪中李世勖辑《铁香室丛刊》本。光绪十七年(1891)、二十年、二十三年王锡祺辑《小方壶斋舆地丛钞》上海著易堂排印本，一卷。光绪二十三年(1897)无名氏辑《游记汇刊》湖南新学书局刊本。1982年湖南人民出版社整理出版的《郭嵩焘日记》第三册中收入《使西纪程》原稿，钟叔河主编《走向世界丛书》中《伦敦与巴黎日记》(岳麓书社，1984年)亦附有《使西纪程》。

作者生平事迹见"郭侍郎奏疏"条。

郭嵩焘的日记起自咸丰五年(1855)，止于光绪十七年(1891)，共三十七年，几与洋务运动相终始。《使西纪程》是他出使英法日记的一部分，记录光绪二年(1876)十月十七日至十二月初八共五十天中经历新加坡、暹罗、波斯、土耳其、希腊、意大利、法国、埃及、摩洛哥等十八国的亲身感受，记述在西方科技影响下各地出现的新面貌。如香港学堂的新式教育，"罚当其罪，而法有所必行"的监狱，指出"西洋风俗以营商为重"，"以行商为制国之本"，从而得出了西方"富强之基之非苟然"的结论；认为只有摒弃"攘夷"之虚论，努力学习西方科技，得西洋立国之道，"相辅以致富强，由此而保国千年"；并认为"处今日之势，惟有倾诚以与各国相接，舍是无能自立者"。日记中还据实地考察，对《瀛环志略》中的误记和漏记之处，一一作了订补。

《使西纪程》是中国近代一部影响甚大的旅欧日记，郭嵩焘自视价值甚高，经本人整理后钞寄总理衙门。他在致李传相书中称："初议至西洋，每月当成日记一册呈达总署，可以讨论西洋事宜，竭所知为之；得何金寿一参，一切蠲弃，不复编录。"他原计划将日记陆续编出刊行，但《使西纪程》刻板印行后，这本两万多字的小册子竟激起了轩然大波。何金寿上疏劾郭嵩焘"有二心于英，欲中国臣事之"。李慈铭《越缦堂日记》也痛斥《使西纪程》"记道里所见，极意夸饰，大率谓其法度严明，仁义兼至，富强未艾，寰海归心。……迨此书出，而通商衙门为之刊行，凡有血气者，无不切齿。于是湖北人何金寿以编修为日讲官,出疏严劾之,有诏毁板,而流布已广矣。嵩焘之为此言,诚不知是何肺肝,而为之刻者又何心也!"以后郭嵩焘几成为封建士大夫"聚诃丛骂"的对象,直至他死后九年的 1900 年,京城搜杀"二毛子"时,还有京官上疏:"请戮郭嵩焘、丁日昌之尸以谢天下。"(《清鉴纲目》卷十五,光绪二十六年五月,郎中左绍佐奏)

有关《使西纪程》的研究著作主要有钟叔河《走向世界》(中华书局,1985 年)中《西方文明对郭嵩焘的影响》一章论及了《使西纪程》的形成、刻板与毁板,提出了是该书的刊行所引起的"物议"最终导致了郭嵩焘的从驻英法公使任上被撤回,指出《使西纪程》一事本身,便是封建末世解体的一个象征。周阳山等编《近代中国思想人物论——晚清思想》(台湾时报文化出版事业有限公司,1980 年)一书收入的吴鹏翼《中国现代化运动的异士——郭嵩焘的洋务观》也述及《使西纪程》。

(邹振环)

元史译文证补 洪 钧

《元史译文证补》,三十卷,其中十卷已佚。洪钧撰。清光绪十七年(1891)基本毕稿,而其整理校订并付梓则由好友陆润庠在二十三年完成。现存版本,有光绪二十三年刊本、《国学基本丛书》本等,其中第七、八、一三、一六、一七、一九、二〇、二一、二五、二八卷仅存目。

洪钧(1839—1893),字陶士,号文卿。江苏吴县(今苏州)人。清同治三年(1864)举人。七年,状元及第,授翰林院修撰。九年,出督湖北学政。光绪六年(1880),改督江西学政。九年,擢内阁学士。十三年,外任驻俄、德、奥、荷四国大臣。十六年,归国,改总理各国事务衙门大臣。另著有《洪钧日记》等。《清史稿》卷四四六有其传。

《元史译文证补》是证补《元史》的著作。写作所起,作者自序由《元史》"阅一年而即成,遗漏散失,讹舛实多",时人摭拾,如《元秘史注》亦"仅中土诸家记载,未睹拉施特史也",于是"百方购求,得多桑书,则译成英文者,又得具勒津、哀忒蛮诸人书,则译成俄文者","然后译以中土文字,稿经三易,时逾两年,而始成书,名之曰《元史译文证补》。证者,证史之误;补者,补史之阙也"。内容包括:纪三卷,太祖、定宗暨宪宗各一卷;表一卷,后妃公主一卷;传十四卷,术赤、拔都、忙哥帖林儿、阿八哈、阿鲁浑、合赞、合儿班答、阿里不哥、海都、哲别、木报达、刺奚各一卷,西域二卷;考释七卷,《元史地理志西北地附录释地》二卷、《西域古地考》三卷、《元世各教名考》、《旧唐书大食传考证》各一卷。卷首附有陆润庠《元史译文证补序》、《引用西域书目》。

《元史译文证补》主要取材于多桑《蒙古史》和拉施特《史集》的译本。此外,加以参照引用的有李志常《长春真人西游记》、赵珙《蒙鞑备录》、张德辉《纪行》、何秋涛《朔方备乘》、张穆《蒙古游牧记》等。由于该书译用了大量非汉文史料,为当时的元史研究开辟了一条新的道路;而其对记载的鉴别、考校,就是在所据的波斯、阿拉伯著作已多有原文或译本可供阅读的今天,仍然存在着很大的学术研究价值。

有关《元史译文证补》的研究著作,有田虎《元史译文证补校注》等。

(王 颋)

金史纪事本末 李有棠

《金史纪事本末》,五十二卷。李有棠撰。成书于清光绪十九年(1893)或稍前。现存版本,有光绪十九年刊本、光绪二十九年修订刊本、中华书局崔文印点校本等。

李有棠(1840—1909),字苾生。江西萍乡人。年幼补博士弟子员,后由本县优贡选授峡江县(今属江西)训导,未几,辞任乡居。清光绪二十九年(1903),缘江西学政吴士鉴上奏推荐,修撰此书,得朝廷嘉奖,特赏内阁中书衔。另著有《历代帝王正闰统总纂》、《辽史纪事本末》等。《民国昭萍志略》卷九有其小传。

《金史纪事本末》是以完颜氏朝诸政治、经济事件为主线进行叙述的纪事本末体著作。作者自述"尝取袁、陈诸家书傍皇周览,通贯累晷,独辽、金二代编著未闻",因而立志补此阙编。其书以事分卷,内容包括:帝基肇建、太祖建国、克辽诸路、燕云弃取(张觉、郭药师附)、太宗灭辽(辽主被俘后事及耶律伊都附)、太宗克汴、宋帝北狩(和议附)、张邦昌之僭、攻取中原、南侵江浙、规取陇蜀、刘豫之立、征抚西夏、高丽宾服、宗翰军谋(希尹事附)、宗望战争(宗辅事附)、舍音宗干辅政(韩企先事附)、熙宗刑政得失、达兰构乱、宗弼兵略、田瑴之狱、秉德唐古辩谋逆(乌达等附)、海陵淫暴、太宗子孙之戮(萧玉事附)、萧裕辞政、契丹诣部之叛、海陵南侵、李通奸佞(张仲轲、梁琉附)、完颜元宜之变、世宗致治、大定初宋人和战、世宗朝宰辅、河决之患、章宗嗣统、李妃干政(胥持国事附)、镐王郑王之杀、布萨揆侵宋更盟、卫王遇害、元人克燕、宣宗南迁、中原沦陷、群盗叛服、封建九公、宋人构怨、高琪用事(高汝砺附)、哀宗守汴、宋元克蔡、博索误国(承之附)、崔立之变、官奴之叛、南渡忠谏诸臣、末造殉节诸臣等,基本上包罗了金代各重大政治、军事事件。此外,卷首具《纪年表》、《帝系考》,卷末附《引用书目》、李有棠《校刻辽金纪事本末原叙》、李豫《重刊辽金纪事本末跋》等。各卷结构均由正文和考异两部分组成。前书"俱本正史",后者则"小注双行,分载每条之下"。

《金史纪事本末》引用书籍至为广泛,计有徐梦莘《三朝北盟会编》、李心传《建炎以来系年要录》、洪皓《松漠纪闻》、楼钥《北行日录》、岳珂《金陀粹编》、陆游《老学庵笔记》、王寂《辽东行部志》、赵秉文《滏水集》、元好问《遗山集》、陈桱《通鉴续编》、薛应旂《宋元资治通鉴》、钱大昕《廿二史考异》等四百余种以及雷希颜《胥鼎神道碑》、刘光国《霸州大城县学宫记》等时人碑铭文作近二十篇。该书按目纂辑,缕析条分,"文省于纪传,事豁于编年";特别是考异,既汇集了大量资料,又提出了本人见解,具有较高的参考价值。不足之处是典章制度未辟专题,摘取原文附系时间准确性不够。

(经 易)

辽史纪事本末 李有棠

《辽史纪事本末》，四十卷。李自棠撰。成书于清光绪十九年（1893）或稍前。现存版本，有光绪十九年刊本，光绪二十九年修订刊本，中华书局孟默闻、崔文印点校本等。

作者生平事迹见"金史纪事本末"条。

《辽史纪事本末》是以耶律氏朝政治、经济事件为经纬，叙述其历史沿革的纪事本末体著作。凡四十卷，每卷一题一事，依次叙述了太祖肇兴、坷克等之叛，东丹建国、赫噜佐命、韩延徽辅政、西北部族属国叛服、征抚高丽、舒噜太后称制、太宗嗣立、太宗克唐、石晋背盟、赵德钧父子构乱、鲁呼争立、世宗之立、萧翰谋逆、乌哲定变、刘汉之立、穆宗之暴、宋初和战、承天太后摄政、耶律隆运柄用、色珍战绩、休哥将略、澶渊之盟、西夏封贡、齐天萧后之诬、渤海延琳之叛、重元田子之乱、重熙增币之议、昭怀太子之诬、耶律伊逊之奸、金人起兵、天祚播迁、萧奉先误国、耶律伊都之叛、北辽魏王之变、李处温父子稔祸、奚酋僭号、张毂归宋、耶律达实之立等关系辽代兴衰的重大事件。除此之外，卷首列《帝系考》、《纪年表》，卷末附《引用书目》、吴士鉴及徐郙等关于《辽金史纪事本末》的两个奏折等。各卷结构，均由正文和考异两部分组成。前者采摭舍弃，"各从其类，均以正史为主"，后者"分载每条之下，以便观览，而资贸证"。

《辽史纪事本末》引用籍录颇广，计有叶隆礼《契丹国志》、李心传《建炎以来朝野杂记》、郑麟趾《高丽史》、富弼《奉使行程录》、孙光宪《北梦琐言》、王鼎《焚椒录》、孟元老《东京梦华录》、范成大《揽辔录》、厉鹗《辽史拾遗》、王鸣盛《十七史商榷》等六百余种及蒲察孟里《辽兴军染庄记》、张勖《滦州石城县姜将军斩蛟庙碑》等时人碑铭、文作近三十篇。该书按目纂辑，"区别条流，穷源竟委"，"博考群编，蔚为巨制"。不足之处是典章制度未辟专题、摘取原文附注时间准确性不够。

（经 易）

宋史翼 陆心源

《宋史翼》，四十卷。陆心源撰。生前未及刻印。清光绪三十二年(1906)由其子树藩初刻行世。1991年中华书局据初刊朱印本影印，并新附人名索引。

陆心源(1834—1894)，字刚父，号存斋，晚号潜园老人。浙江归安(今湖州)人。清咸丰九年(1859)举人。同治四年(1865)任广东南韶兵备道，六年调高廉兵备道。后奏调赴闽总办税厘通商善后诸局，署粮盐道。平生喜好藏书、著述，与当时常熟铁琴铜剑楼瞿氏、杭州八千卷楼丁氏、山东聊城海源阁杨氏，并称海内四大藏书家。光绪十四年(1888)进书国子监旧刻旧抄一百五十种，计二千四百余卷，附以所刻丛书三百余卷。另著有《仪顾堂集》、《皕宋楼藏书志》、《金石萃编续》、《宋诗纪事补遗》、《三史疑年录》等，合署为《潜园总集》。传见《碑传集补》卷十八。

撰者以《宋史》虽有四百九十六卷，但遗漏尚多，尝有意改编，"后虑卷帙重大而精力渐衰"，遂着力辑补列传部分。所依据的资料，有《续资治通鉴长编》、《建炎以来系年要录》、《历代名臣奏议》、《三朝北盟会编》、《东都事略》等史籍，以及地方志、学案和宋人文集中有关墓志或行状等，引书在四百种以上，可称繁富。

《宋史翼》系宋代人物传记汇辑。全书分作十一类传：《诸臣》十七卷、《循吏》五卷、《儒林》三卷、《文苑》四卷、《忠义》三卷、《孝义》一卷、《遗献》二卷、《隐逸》一卷、《方技》二卷、《宦者》一卷、《奸臣》一卷。卷前有光绪三十二年俞樾序、缪荃孙序各一篇。缪序称是书"积录应补之传至七百八十一人，附传六十四人，成四十卷"。

本书所列传记资料多为《宋史》所缺，足可称《宋史》之羽翼。元修宋史，多因袭宋代历朝国史旧文，缺乏搜集、剪裁之功。北宋历朝记注渐为完备，而南宋则因时局持续动荡不定，造成史传记载难以赓续。因而宋代史料一般详于北宋而略于南宋。而《宋史》缺陷亦在于此。如《宋史·文苑传》凡九十六人，其中南宋仅陈确义等十一人；《循吏传》凡十二人，皆为北宋人。而是书所传者，大半为南宋人，可补《宋史》之缺者甚多。其中《循吏》五卷收一百三十一人，人次超过《宋史》

十倍多;《文苑传》四卷凡一百零八人,亦超过《宋史》所收人次。

本书各传,皆注史料来源。如卷一《张泂传》末注"刘《公是集》,参《八闽通志》"。有的传记参稽史料达十余种,亦皆注明出处,可谓信而有据,为后人研究提供了很大方便。缪荃孙序称赞是书"事增文省,亦何让《新唐书》乎!此书与先生《宋诗纪事补遗》一百卷、《元祐党人传》十卷,皆天水氏一朝掌故之渊薮也"。

《宋史翼》也存在若干疏失之处,如说吴曾撰有《新唐书纠缪》,将吴缜误作了吴曾;奸臣《廖莹中传》不取宋人周密的《癸辛杂识》以及《志雅堂丛钞》中有关记载,却取晚出的《福建通志》等,皆属失检。此书系辑录大量有关资料排比而成,故称谓复杂,或以郡望代人,或仅称姓,有体例不一之弊。但总的来说,这些失误与全书价值相比较,毕竟属于微瑕而已。

郝新(熊国桢)的《〈宋史翼〉人名索引试补》(《书品》1993年第2期,也收入熊著《文化的积累与追求》,首都师范大学出版社,2009年)对中华版的《宋史翼》人名索引作了多条补正,可参考。

(陈 墨)

翁文恭公日记 翁同龢

《翁文恭公日记》，四十册。翁同龢撰。1925年商务印书馆据手稿影印出版。另有1970年台湾成文出版社排印本、1973年台湾商务印书馆影印本。1989年起中华书局陆续出版了陈义杰整理的六卷本《翁同龢日记》。2010年，上海古籍出版社出版了仲伟行编著的《〈翁同龢日记〉勘误表》。2012年，中西书局出版了翁万戈主编、翁以均校订的八卷本《翁同龢日记》。

翁同龢(1830—1904)，字声甫，又字叔平，号瓶生、瓶庐，晚号松禅。江苏常熟人。清咸丰状元。历任户部侍郎，都察院左都御史，刑部、工部、户部尚书，军机大臣兼总理各国事务衙门大臣，光绪帝师父。中法战争时，主张出重兵抗法。中日甲午战争时，他以强敌凭陵、国势浸弱，力主一战。《马关条约》签订后，愤于李鸿章割地求和，遂倾向变法图强。又以慈禧太后名为归政，犹事事掣肘，积极辅翊光绪帝筹谋新政。因属帝党，又是光绪的智囊，早为慈禧太后所忌恨，于诏定国是后四天(1898年6月15日)被开缺回籍。戊戌政变后，受到"革职永不叙用，交地方官严加管束"处分。卒谥文恭。书法自成一家，为世所宗。著有《瓶庐诗文稿》。事迹见载于《清史稿》卷四三六。

《翁文恭公日记》起自清咸丰八年六月二十一日(1858年7月31日)，止于光绪三十年五月十四日(1904年6月27日)。记叙了同光年间许多重要史事和作者本人的思想、活动，内容相当丰富，被誉为晚清三大日记之一。

日记中反映了一系列记主亲历的军政外交大事。如光绪九年所记，正值中法战争，翁同龢以主战称重，对主和派李鸿章颇致愤慨。日记中透露出在法军不利情势下，李鸿章仍一意屈辱，既对坚持主战者加以压抑，又搁置战电而不复，"癸未正月十五日。……法越事，合肥相国力主在宝胜通商，而视刘永福为眼中之钉，此可虑者也"；"四月初二日。法越事，自准红江各国通商后，杳无消息；且粤滇之兵亦未能锐进，合肥相亦无回电也"；"六月廿三日。张蔼卿未辞行，谈越事，深诋□□□(疑指李鸿章)，伪执畏葸，其尊人颇欲有为，而苦粤东之空虚,甚为难也"。

甲午战争后,清王朝割地赔款,耻辱深重。翁同龢对此极为忧虑,一再记述:"光绪二十一年正月初六日。上初至书房,孙光(家鼐)续假十日,余仍独值,已退。复召以读到五电,今番则南台尽失,海舰依刘公岛泊,而岛上击沉倭船两只,一鱼雷艇,一兵船,大局糜烂矣。焦灼愤懑,如入汤火。""三月廿日。数日无封奏,而电亦稀,惟李相频来电,皆议和要挟之款,不欲记,不忍记也。""廿五日。……得台湾门人愈应震、丘逢甲电,字字血泪,使我无面目立于人世矣!""七月初九日。晴。是日李鸿章到京请安,与枢臣同起。召见,上先慰问受伤愈否?旋诘责以身为重臣,两万万之款,从何筹措;台湾一省,送予外人,失民心,伤国体,词甚峻厉。鸿章亦引咎唯唯,即命先退。翰林院代递六十八人连衔折劾李鸿章。"

日记中还保留了不少宫内戏班之组织、来源、变迁,曲本之撰写,演出者人选及待遇等重要资料。如光绪廿一年六月廿六日记:"本朝不设教坊杂伎,其领于内务府者,曰升平署,皆中人也。乾隆时所制法曲,词臣等撰进,如张得天辈曾秉笔焉。嘉庆时,有苏扬人投身入内者,往往得厚赏。至道光时,一概屏绝,升平署遂封禁矣。咸丰季年,中官习戏者颇多,亦尝传民间戏班,在内供应。同治时,稍稍开禁,至光绪十七八年而大盛,闾巷歌讴,村社谐笑,亦编入曲,而各戏班排日可稽者数十人。其时廷臣听戏无外班,近年则专用外班,内官所演不过数出。典重吉祥,旧花样而已。即如此二日:一四喜,一同春,皆外班也。识此以见风气推移之速。"1938年燕京大学图书馆曾据手稿影印了翁氏《军机处日记》(即《翁文恭军机处日记》),记述了光绪九年二月初一至光绪十年三月十一日任军机大臣时日记。对当时人事调动、来往封奏,均作摘要,史料价值甚高。

陈左高认为,《翁同龢日记》最可贵之处,在于说真话、记真事、抒真感。涉及对立人物,尽管下笔谨慎,却仍能寻绎其内在含蓄及隐讳之处。如光绪二十一年闰五月初九日所记:"饭后,李莼客先生来长谈。此君举世目为狂生,自余观之,盖策士也。"按莼客系李慈铭号,早死于1894年,此处所记,疑指康有为,恐触时忌,乃借以代称。有时日记中故意空三格,或用笔涂去三字,似指李鸿章,意者出于回避时忌之缘故。1925年商务版影印本的张元济跋中写道:《翁文恭日记》"余受而读之,四十余年大事,粲然具备。小心寅畏,下笔矜慎。然记载所及,偶有一二流露之处,观微知著,益不能不叹公之遭际为可悲也"。据一些学者考证,翁同龢戊戌罢归后,为避免贾祸,曾将有关戊戌变法部分自行改缮,与历史真实不尽相符。但此书仍不失为研究近代史的重要参考资料。中国史学会主编的《中法战争》、《中日战争》和《戊戌变法》,也都选录日记的部分内容。

有关《翁同龢日记》的研究著作主要有陈左高《中国日记史略》的有关章节。1970年台湾成文出版社出版的赵中孚整理本,据影印手稿加以断句标点,1989年起中华书局出版的陈义杰点校本,在辨字和标点方面,纠正了以往的一些疏误和字句脱漏,并增入了《军机处日记》。

（邹振环）

缘督庐日记钞 叶昌炽

《缘督庐日记钞》，十六卷。叶昌炽撰。1933年蟫隐庐石印本，2007年北京图书馆出版社影印出版王季烈抄本。

叶昌炽（1847—1917），字鞠裳，晚号缘督庐主人。江苏长洲（今苏州）人。清光绪进士，选庶吉士，授编修。累官至翰林院侍讲、甘肃学政。在任学政期间，值敦煌秘室被发现，曾建议藩台将秘室中文物运往省城保存，未被采纳，致使大批文物被劫掠至国外。废除科举后，称病归乡里，著书终老。精于校勘之学，又嗜好碑版，访求逾二十年，藏碑至八千余通。著有《藏书纪事诗》、《语石》、《邠州大佛寺题刻考》，均考订精审。曾参与修《苏州府志》，并辑佚书多种。著有《奇觚文集》、《奇觚外集》传世。事迹见载于《碑传集补》卷九、曹元弼《叶侍讲墓志铭》。

《缘督庐日记》共四十三册，起自清同治九年（1870），迄于1917年作者逝世前七日。前后四十八年，偶有间断。记其朝野生活、读书心得，涉及时事内幕、人物臧否。后经王季烈节抄，由蟫隐庐印行。日记全稿现藏苏州市图书馆，由潘承弼捐献。

叶氏日记所记近代史事，从甲午战争至辛亥革命为止，耳闻目睹，言之凿凿。复历据邸钞、国史馆内幕消息、当事者陈述谈论、友朋函札传递实况，故翔实有据。单以戊戌政变史实而论，一是变法初期史实，二是政变后的见闻。如光绪二十四年九年八月初七："闻昨日拿问康水部，已远扬矣！崇金吾亲至南海馆，搜出书函百余封，门簿一本，获其弟及记室一人，僮仆三人。张樵野侍郎查抄讹传，惟恐康匿其邸。锡蜡胡同东西两头，逻卒络绎，因而误为勘产也。"越数日，记述了逮捕康党之前，后党如何布置："知莘伯（即顽固派杨崇伊）发难无疑义，并闻先商之王（文韶）、廖（寿恒）两枢臣，皆不敢发。复赴津，与荣中堂（即荣禄）定策，其折由庆邸递入，系请皇太后训政，并劾新进诸君植党营私，莠言乱政也。"叶氏分析政变之国际背景，环绕变法有关内幕秘辛，富具史料价值。如八月初七记道："子静（按即潘志俊）自津来，云：康梁变法，意在联英、日以自固。此次皇太后训政，俄国实为之主谋，故仓猝变发，而英、日未敢出而干预。此则京师所未闻也。""重阳日。……闻子丹云：皇上所幸珍嫔，皇太后禁之高墙，穴一窦，以通饮食。皇后系皇太后之侄女，不能有逮下之德，皇太后左右之，以是母子夫妇之间，积不相能。然则康、梁之案，新旧相争，旗汉相争，英、俄相争，实则母子相争。追溯履霜之渐，则又出于嫡庶之争。"日记还节录邸抄，保存大量戊戌变法史料。

叶氏通四部，擅金石，兼长文字声韵之学，每有心得，辄写在日记中。光绪辛丑(1901)七月廿四日记录了其金石方面的著述《语石》的撰写动机："阅《蕊珠卷》毕，碑额志盖，尚有知者。幢座像龛，无非扣槃扪烛，金石之学殆绝矣。此《语石》一书，所以亟欲出而问世也。"叶氏从事金石研究，得友助居多，以刻《灵鹣阁丛书》驰名的江标(建霞)，即为其不断提供研究条件。叶氏邃精版本，得力于转益多友，与李盛铎、吴大澂、缪荃孙、沈曾植、夏孙桐、徐乃昌、刘承幹等，过从频密，遍览珍藏孤本名椠，交流有关经验，寻找访求线索。

日记中有较多篇幅，缕述攸关访书、藏书、读书、校书等事，叶氏综论历代藏书的《藏书纪事诗》七卷，光绪廿三年正月十五日校毕，颇有增改："又增宋荣五宗一首，楼攻媿一首。近杨幼云一首，附以崇语铨、方伯明、姚翔卿，下添附(姚)彦侍方伯乔梓。"九年后叶氏以此和海外朋友，作为文化交流礼物。光绪卅二年，日本考勘家岛田君，将《古文旧书考》四册，宋本《寒山诗》、永和本《萨天锡逸诗》合一册，寄赠昌炽。叶即以《藏书纪事诗》一部相奉答。两人皆服膺钱曾、季振宜、钱大昕、顾广圻等人学术成果，称岛田"遍校内府书，校雠簿录之学，与鄙人同嗜我国钱遵王、季沧苇、钱竹汀、顾涧蘋诸家之言，皆肄业及之。楮印精恶，版幅宽广，行字之大小疏密，宋讳误夺，辨析毫芒，精湛无与为比"。日记排日纂事，有不少史事细节，多为正史所缺载。对于考察近代学术兴衰、政治得失均有很高的参考价值。

有关《缘督庐日记钞》的介绍见陈左高《中国日记史略》的有关章节；研究著作有王立民的《叶昌炽〈缘督庐日记〉研究》及金振华《叶昌炽研究》的有关章节。

（邹振环）

忘山庐日记 孙宝瑄

《忘山庐日记》,初名《梧竹山房日记》,又称《日益斋日记》。孙宝瑄撰。1983年上海古籍出版社有任琮标点本。

孙宝瑄(1874—1924),一名渐,字仲玙(一作愚或瑜),号忘山居士、寒松主人、移画斋生等。浙江钱塘(今杭州)人。父诒经是清光绪朝户部左侍郎;兄宝琦曾任清廷驻法、德公使及北洋政府内阁总理。其妻父李瀚章是李鸿章之兄,任清两广总督。孙宝瑄以荫生得分部主事,继得保补员外郎,历工部、邮传部及大理院等职。民国初任宁波海关监督。他笃志向学,穷研经史,傍及释道,对西方及日本新学之书多有涉猎,尤注重政治、哲学与历史,深受西方民主思想影响。著有《忘山庐诗存》等。

《忘山庐日记》始于癸巳年(1893)十一月,迄于1921年,每年一册,未尝间断。今仅存癸巳、甲午各一册,丁酉、戊戌、辛丑、壬寅、癸卯、丙午、丁未、戊申各一册。其余各册皆在抗战时散失。初名《梧竹山房日记》,后取释家"见道忘山"之义,易名为《忘山庐日记》。上海图书馆藏原合众图书馆过录本前有叶景葵序言,称孙宝瑄"凡新译东邦书,无不读,尤注重政治、哲学。于清代大儒,服膺梨洲与习斋,故留心时事,嫉朝政之不纲,主张民权,进为君主立宪。佩太炎之文学,而反对其逐满论,但未尝不主革命。尝读《明君》,谓如王振、汪直、刘瑾、严嵩、魏忠贤之跋扈,当时拥强兵如孙承宗者,倘兴晋阳之甲入清君侧,即并闇史黜之,交无愧于名教,病在胶执程朱之说,拘守名分太过云云,可知其思想进步之一斑矣"。

孙宝瑄生活的时代,历经中日甲午战争、马关条约、戊戌变法、日俄战争、辛亥革命,均就所见所闻,排日记事,并抒所感。他虽非直接参与戊戌变法的一员,但对维新变法持同情赞助态度。变法中不少人物都与孙宝瑄有交往,其间笔触较多的是张元济。对张元济所创的《外交报》赞扬备至,称"历年来留心国事者,莫不争先快睹。其报多载交涉文牍,及译东西人名论,要皆关系于国际者。而五洲之形势,如指诸掌焉"。辛亥革命前,有些志士为了推翻清朝,而殒身不恤。孙宝瑄以大量篇幅记所闻见,丁未(1907)日记不断叙写徐锡麟刺死皖抚恩铭后,清政府种种的倒行逆施。孙宝瑄认为革命力量已难遏止,有如"野火烧不尽,春风吹又生"。同年九月的日记连续记载各地人民群起反对外国侵占我国路权,抗议清政府丧权辱国的情况。如九月廿四日:"今日览报,称政府王大臣决意允英借款,以苏杭甬代表人力争之电词意太激,怒甚,将改为官办,未知确否。""十月二十五日。晴。迩来江浙人士开会,拒借款,粤人则为西江捕盗事亦开会,拒外人干预。我国民气,可谓大伸。"

孙宝瑄交游甚广,如章太炎、梁启超、谭嗣同、汪康年、夏曾佑、严复、张元济等,还有如英国李提摩太等,或讨论时事,或切磋学问,于日记中都有较详尽的记载,为研究近代史者提供了第一手资料。如戊戌变法失败后,张元济被"革职永不叙用",由天津抵达上海的时间仅见之于该日记。且因孙宝瑄置身上层官僚社会,日记中不乏官场腐败的实录。

孙宝瑄生活在封建制度面临最后崩溃,西方资产阶级新思想、新事物大量涌入之际,促使他多方搜求阅读西方及日本新学之书。从《天演论》到《民约论》,从《心灵学》到《男女交合新论》,从《百年一觉》到《社会学》,从《名学》到《万法精理》,举凡政治、历史、哲学、宗教、科学,无不涉猎,且在日记中多有论列。他还读了大量西方小说译本,并有许多评论。

孙宝瑄为作日记定下的"金科玉律"有三条:"一每日所作事,无论邪正善恶,皆直书,不得稍有讳饰。一日记中不许訾议人,亦不许无端赞美人。惟已没世者不在此例。一凡用他人之论说,精粹者亦可笔诸日记,但不得攘为己有,须冠以某某人曰字样。"纵观《忘山庐日记》,基本上是奉行了自己的规则。正如叶景葵在序言中所言:孙宝瑄"之论学、论政、论人、论事,皆平心静气,不执成见,不尚空谈。如苏、浙各省拒款筑路一事,此倡彼和,狃于路亡国亡之说,君独引各国已事为鉴,谓借款筑路,并非失策,可谓朝阳鸣凤。日记中于友朋酬酢、家庭琐屑,以及诙谐狎邪诸事,无不据实直书,绝无隐饰,盖君固以毋自欺为宗旨者也"。《忘山庐日记》不失为研究中国近代思想文化史的一份珍贵史料。

《忘山庐日记》引书多用节录,时有疏谬,1983年上海古籍出版社任琮校点本,尽可能查对原书,多所改正。并增附人名索引,为研究的检索提供了极大的便利。但校点本有残缺,丁文江、赵丰田所编《梁启超年谱长编》(上海人民出版社,1983年)、欧阳哲生整理《梁任公先生年谱长编》,中华书局,2010年)中皆录有《日益斋日记》数则,未见于校点本。

(邹振环)

我 史 康有为

　　《我史》，习称《康南海自编年谱》。一册。康有为自编。刊本有谱主附记谓"此书为光绪二十一年乙未前作，故叙事止于是岁"，知此书编成于1895年。清光绪二十二年（1896）以后三年记事，系康有为于1899年初流亡日本期间补作。有谱主门人罗孝高藏原抄本及丁文江副抄本等多种钞本，另有罗荣邦英译。今通行本为《戊戌变法》本（《中国近代史资料丛刊》之一，1953年上海神州国光社排印），系根据赵丰田藏抄本与康同璧藏抄本对校补充而成。1972年台湾文海出版社据以重印，并附康文佩编《南海康先生年谱续编》，载入蒋贵麟编《康南海先生遗著汇刊》。另有2007年中国人民大学出版社《康有为全集》本。目前最详密的研究为2009年三联书店出版的茅海建《从甲午到戊戌：康有为〈我史〉鉴注》。

　　作者生平事迹见"新学伪经考"条。

　　《我史》系撰者以年谱体裁自记治学、交游、著述、讲学、组织团会、办报、上书等方面经历。始于清咸丰八年（1858）谱主出生，迄于光绪二十四年（1898）变法失败流亡日本。书中自述治学经历及思想渊源之处颇多，为后人研究其思想发展提供了重要参考。如1879年条记其初受西学洗礼，"时时取《周礼王制》、《太平经国书》、《文献通考》、《经世文编》、《天下郡国利病全书》、《读史方舆纪要》纬划之，俛读仰思，笔记皆经纬宇宙之言。既而得《西国近事汇编》、李圭《环游地球新录》及西书数种览之。薄游香港，览西人宫室之瑰丽、道路之整洁、巡捕之严密，乃始知西人治国有法度，不得以古旧之夷狄视之。乃复阅《法国图志》、《瀛寰志略》等书，购地球图，较收西学之书，为讲西学之基矣"。

　　书中记事，以戊戌变法前后的活动为详，从一个侧面为戊戌变法史研究提供了基本史料。撰者叙述了撰写变法书籍、历次上书的经过情形及为开学会、办报纸所作的努力，如研究者多谓弹劾《新学伪经考》奏议作者系安晓峰，而是书1894年条则记其原委颇详："七月，给事中余晋珊劾吾惑世诬民、非圣无法，同少正卯，圣世不容，请焚《新学伪经考》，而禁粤士从学。沈子培、盛伯熙、黄仲弢、文芸阁有电与徐学使琪营救,张季直请于常熟,曾重伯亦奔走焉,皆卓如在京所为也。以电文'伯熙'字误作'伯翊',徐花农疑为褚伯约之误也。时褚方劾李瀚章,而予之奏实乡人陈景华贿褚为之。"清楚地表明弹劾者为余联沅(字晋珊)。

撰者于从事变法活动期间,为人代拟了大量奏折,已刊《戊戌奏稿》、《戊戌变法档案史料》等书收录颇不完整。是书则为此提供了许多线索,使人了解到作者为屠守仁、王鹏运、陈其璋、杨深秀、宋伯鲁、文悌、李盛铎、徐致靖、孙家鼐等所作大量奏折的具体情况,能够较全面地探索作者的变法思想。此外,书中记事多涉当政要人,不啻为后人研究清末政坛动态及光绪帝、翁同龢、李鸿章、张之洞、张荫桓、孙家鼐、李端棻诸人对变法的见解和立场,提供了一份重要依据。

本书内容,多系事后追忆补记,故记载难免有误,或语焉不详。特别是涉及奏折的写作与递呈,所系时间多有不确。对此,今人黄彰健《戊戌变法史研究》、孔祥吉《康有为变法奏议研究》等已从考订奏折写呈时间的角度,作了一系列纠正。另外,作者操纵变法"舍我其谁"的心态在书中间有表露,故对当时人事的评论也存在失实不当之处。但总的来说,《我史》一书不仅是研究作者思想变法发展的主要依据,也是研究戊戌变法史事的重要参考资料。

(张荣华)

日本变政考 康有为

《日本变政考》，又名《日本变政记》、《日本明治变政考》。十三卷。康有为撰。初稿成于清光绪二十二年(1896)年。有故宫博物院藏进呈本、《康有为戊戌真奏议》本、《康有为全集》本。

作者生平事迹见"新学伪经考"条。

撰者自叙是书乃为采鉴日本变法经验而作："日本文字政俗皆与我同，取泰西五百年之新法，以三十年追摹之，始则亦步亦趋，继则出新振奇，一切新法，惟妙惟肖……吾地大人众，皆十倍日本，若能采鉴变法，三年之内，治具毕张，十年之内，治化大成矣。"(《杰士上书汇录》卷一)撰者自1886年起即着手积累资料，甲午战争后获大批日文书，借女儿康同璧助译，始成初稿。所据资料，以指原安三《明治政史》为主，兼采坪谷善四郎《明治历史》、木村芥舟《三十年史》等书。

《日本变政考》系编年体史著，时限为日本明治元年(1868)至二十三年(1890)。大体依时间顺序，分条记载明治维新后日本法制、宪法、议会等方面的制度改革情形。其中卷一记明治元年，卷二记明治二、三年，卷三、四、五、六分别记明治四至七年，卷七记明治八至十一年，卷八记明治十二至十四年，卷九记明治十五至十七年，卷十记明治十八至二十一年，卷十一记明治二十二年，卷十二记明治二十三年。各卷大段摘译明治政府所颁法令、条例、章程或演说辞。撰者于各卷正文下，时以"臣有为谨案"形式附予长短不一的按语，辨析明治政府各项改革措施的特色及意义，评价其利弊得失，同时结合中国的实际情形提出具体的变法建议，"凡中国变法之曲折条理，无不借书发之"(《康南海自编年谱》第十三卷《日本新政表》)。除撰者自序外，依"职官、文学、游历、农事、工政、商业、矿务、邮电、航海、土地、户口、财赋、礼律、兵制、社会、交涉、杂事"等类，分别胪列二十三年间明治政府实行的变革措施，颇便查检。

有关明治时期日本官制改革的情形，是本书所占篇幅最多的内容。撰者通过史实的叙述，论证"日本变法，所以能有成者，以其变官制也"。而在诸项官制变革中，则突出了设立制度局的重要性，认为"专立此局，更新乃有头脑，尤为变法下手之法"。将开制度局视作日本变法一大关键。

其次,本书还着重介绍了日本推行新政之际如何破除常格、广集公议、任用维新志士的情形,强调"变法之始,首贵得人,君臣相得,有非常之任,然后有非常之功"(卷九)。此外,本书还叙述了日本明治政府以国家力量鼓励发展资本主义工商业的"殖产兴业"政策,为民族资产阶级争权利、谋利益,以及注重文化教育方面的改革,指出:"日本之骤强,由兴学之极盛。其道有学制,有书器,有译书,有游学,有学会,五者皆以智其民者也,五者缺一不可也。"

《日本变政考》在戊戌年间曾两次进呈光绪帝,对指导新政、推进维新变法事业起了不容低估的作用。由于撰者时或寓自己的政见于史实之中,往往不惜更改历史、曲解事实。如明治初年的纲领性文件《五条誓文》,系明治天皇颁布于1868年3月14日,撰者则将日期改为明治元年正月元日(1868年9月8日),并全面改动誓文的顺序与内容。为说动光绪破格提拔像他那样的"草茅之士",还特地制造样板:"三条实美、岩仓具视二人,首倡变法者,为开新之功,从草茅拔用者,为日本名相第一。"而事实上两人均出身贵族大臣之家,明治维新前已任高官,都不是草茅之士。此外,书中所介绍的明治维新主要局限于制度方面的改革,而对于明治政府与此并重的"国体"思想和神道主义则全然不予重视。

自张伯桢《万木草堂丛书目录》称《日本变政考》已在戊戌八月抄没,学界长期视此书为佚作。台湾学者黄彰健曾利用美国学者玛丽·赖特(Mary C. Wright)所摄《日本变政考》缩微胶卷,整理汇入《康有为戊戌真奏议》(台湾1974年版)一书,蒋贵麟曾据以辑入《康南海先生遗著汇刊》。但此底本并非原本,亦无第十三卷《日本新政表》。此书初次进呈本今已不见,第二次进呈本现藏故宫博物院。《康有为全集》第四卷所收《日本变政考》,即以故宫所藏为底本,并与《康有为戊戌真奏议》本参校而成,可称善本。黄彰健《戊戌变法史研究》和王晓秋《近代中日启示录》两书,各有专章分析此书。

(张荣华)

日本书目志 康有为

《日本书目志》，十五卷。康有为撰。成书于清光绪二十三年(1897)，翌年春由上海大同译书局梓行。有1976年台湾宏文书局《康南海先生遗著汇刊》影印本、2007年中国人民大学出版社《康有为全集》校点本。

作者生平事迹见"新学伪经考"条。

康有为自述本书编撰，在于使士大夫和官吏通过阅读日本新书，了解西方国家及日本迅速发展的情形，树立起彻底更张旧法的信念。他认为日本仿效泰西变法而骤强，积累了大量新书，这些书籍可充当中国变法的向导。自19世纪80年代以后，撰者通过多种途径购读日本书；甲午战争后，更是"大搜日本群书"。积十余年之力，遂"购求日本书至多，为撰提要，欲吾人共通之。因《汉志》之例，撮其精要，剪其无用，先著简明之目，以待忧国者求焉"(自序)。

《日本书目志》是一部著录日本人著译的介绍西学及有关明治维新书籍的书目。撰者将其所知日本新书分门别类，予以排列。全书除自序外，分作生理、理学、宗教、图史、政治、法律、农业、工业、商业、教育、文学、文字语言、美术、小说、兵书十五门，每门又分作若干类，各类所列书目，均由书名、册数、著译人名、售价四栏组成。计收著译、图籍凡七千七百余种。书籍分类的细致繁复，是本书一大特点。如卷六《法律门》收书四百五十种，具体分为帝国宪法、外国宪法、国法学、法理学、外国法律书、法律历史、法律字书、现行法律、刑法书、外国刑法、民法、外国民法、商法、外国商法、诉讼法、外国诉讼法、民事诉讼法、刑事诉讼法、治罪法、裁判所构成法、租税法、判决例、国际法、条约、府县州郡制、市町村制、登记法及公证人规则书、学事法规书、矿业法、特许书、军律书、法规杂书等三十二类。在卷五《政治门》下，不仅有政治学、行政学、政体书等类，还包括经济学、财政学、统计学、风俗书、社会学诸类；这些门类的划分固然有明显的不合理之处，同时也反映出康有为以"六经"范围"政治"概念的见解。

撰者在开列日本新书书名的过程中，随时以按语或解题的形式，阐述自己的维新思想，以为其倡导推行的新法张本。这类文字,构成了本书的一项重要内容。如在卷七之前,冠有一篇《农工商总序》,其中鲜明表达了效法近代西方国家,迅速发展资本主义经济的强烈愿望。在卷四《图史门》的按语中,撰者称赞西方民主政治在推动世界历史发展中起了关键作用,"百余年来,为地球今古万岁转轴之枢,凡有三大端焉:一自培根创新学而民智大开,易守旧而日新;一自哥伦布辟新地而地球尽辟,开草昧而文明;一自巴力门倡民权而君民共治,拨乱世而升平"。他认为外国史书中这方面的记载,完全可以为中国所借鉴,"我之自论不如,鉴于人言,可去忌讳,而洞膏肓,若鉴而用焉,皆药石也"。诸如此类的按语,在书中随处可见。在戊戌百日维新期间,康有为曾将此书进呈光绪帝御览。"戊戌八月、庚子正月,两奉伪旨毁版"(张伯桢《万木草堂丛书目录》),进呈本今已不见。

《日本书目志》是我国最早较全面地介绍日本图书的一部书目,也是研究康有为变法思想的重要著作之一。目前对是书的研究有孟昭晋《康有为的书目实践活动》(《图书馆杂志》1991年第4、5期)、日本村田雄二郎《康有为的日本研究及其特点——〈日本变政考〉〈日本书目志〉管见》(《近代史研究》1993年第1期)等。

(张荣华)

欧洲十一国游记 康有为

《欧洲十一国游记》,康有为撰。成书于1904年至1905年间。有广智书局初刊本、台湾文史哲出版社《康南海先生游记汇编》本、湖南人民出版社及岳麓书社《走向世界丛书》本、中国人民大学出版社《康有为全集》本等。

作者生平事迹见"新学伪经考"条。

据康同璧《南海康先生年谱续编》,康有为于清光绪三十年(1904)六月至十月先后游历意大利、法国、瑞士、匈牙利、丹麦、挪威、瑞典、德国、奥地利、比利时、荷兰、英国等欧洲十余国。是年底所作序文谓欧游目的"凡其政教、艺俗、文物之都丽郁美,尽揽撷而采别掇吸之,又淘其粗恶而荐其英华焉",充当遍尝百草之神农,寻找医治中国沉疴之"神方大药"。故政治与文化考察构成了撰者欧洲之游的主要目的。

《欧洲十一国游记》编次如下:编首《海程道经记》,第一编《意大利游记》,第二编《瑞士游记》,第三编《奥地利游记》,第四编《匈牙利游记》,第五编《德意志游记》,第六编《法兰西游记》,第七编《丹墨游记》,第八编《瑞典游记》,第九编《比利时游记》,第十编《荷兰游记》,第十一编《英吉利游记》。1905年上海广智书局出版编首及第一编《意大利游记》,末附《欧洲政制杂俗总论》、《中西比较论》、《物质救国论》三种。1907年出版《法兰西游记》,系撰者于光绪三十一年(1905)七月重游法国时所作。其余九编均未刊印问世,故是书实际仅出两种。现存撰者列国游记手稿二十余种中,有撰于1904年的瑞士、德国、英国、丹麦、挪威、比利时、荷兰游记,撰于1905年的法国游记,以及撰于1906年至1908年的奥地利、匈牙利游记。其中德、英、法三国游记篇幅较长,其他各种皆数千字。

《意大利游记》记载了撰者近两周时间内在那不勒斯、罗马、佛罗伦萨、威尼斯、米兰等地游历观感。撰者遍游各种古罗马文明遗址,认为"欲知大地进化者,不可不考西欧之进化;欲知西欧进化者,不可不考罗马之旧迹"。感叹"今欧洲以罗马为正统,学者必学罗马语言文字,熟读罗马史;

而遗宫颓殿,丹青器物,至今犹存,尤足动人之观感。……今中国既弱,文明政学皆僻于一隅,无关于天下。罗马之后继者,能发扬其光辉于天下,此则我中国后人之大耻也乎!"从中表达撰者在戊戌变法以后继续宣传中国必须向西方学习,迅速变法以改变落后状况的思想倾向。

"吾国人不可不读中国书,不可不游外国地,以互证而两较之。"《意大利游记》除了历述意大利古代文明成就及其现状之外,还记录了撰者有关中西比较的大段议论。比如在游览了罗马元老院遗址后,撰者试图从地理环境的差别来探讨中西政体相异的原因:"中国亘古乃无议院政体、民举之司者,国民非不智也,地形实为之也。……欧洲数千年时之有国会者,则以地中海形势使然,以其海港汊洉纷歧,易于据险而分立国之故也。分立,故多小国寡民而王权不尊,而后民会乃能发生焉。……广土众民则必君权甚尊,而民权国会皆无从孕育矣。"撰者进而强调,中国的君权大一统虽已延续了数千年之久,而欧洲议会制的出现不过数百年,但"天道后起者胜",推动欧洲国家走向强盛的议院制度,将来必定在世界大地通行,故中国应加以"移植",以尽早达到欧洲的富强程度。

《法兰西游记》全书包含三部分内容,第一部分为法国观感,记述游历埃菲尔铁塔、卢浮宫、拿破仑陵墓、蜡人院、国家戏院、路易十四故宫等处的情形,以及对巴黎市容和法国习俗的印象。第二部分为法国概况,记述法国的地理形势、人口土地、工业发展,以及自墨洛温王朝以来的创兴沿革,其中论及法国王权独盛的原因、拿破仑的历史功绩和中法文明的比较等。第三部分主要论述法国大革命。撰者分析了法国大革命的发生原因,对大革命造成的恐怖和破坏作用颇多渲染,以从中论证中国不当实行资产阶级革命,"无论其不应革命及革命不成,即使果成,此则吾国革命后之效果矣","奚待革命之成,而恐怖之期必至矣"。

《欧洲十一国游记》为研究康有为戊戌变法以后的思想见解、政治活动及其向西方寻找真理的历程提供了第一手资料,并且也是研究近代中西文化交流史的重要参考史料。1981年湖南人民出版社所出《走向世界丛书》本,系今人钟叔河根据广智书局初版本校点,并将两编游记分别析作五十节和一百十四节,每节各施加小标题,书后附人名索引、译名简释两种,颇便阅读。

(张荣华)

十一朝东华录 王先谦

《十一朝东华录》,原称《东华录》。六百二十四卷。王先谦编。成书于清光绪年间。有光绪十年(1884)上海广百斋校印本等。另有分朝梓行的刻本数种。1963年台湾文海出版社将是书与朱寿朋《东华续录》合并影印,署名《十三朝东华录》。

作者生平事迹见"皇清经解续编"条。

自蒋良骐《东华录》三十二卷行世后,王氏"病蒋氏简略,自天命迄雍正,录之加详"(《虚受堂文集》卷二《东华录序》),将蒋录内容扩充数倍,并仿其体例,纂辑乾隆、嘉庆、道光三朝实录,于光绪十年成《九朝东华录》,后又对潘颐福所辑《咸丰朝东华录》加以补充,并自辑《同治朝东华录》,合成十一朝。

本书系编年体清代史料长编,记事上起天命,下迄同治,凡二百四十八年。除编者序、跋外,全书计太祖朝四卷,太宗朝十八卷,世祖朝三十六卷,圣祖朝一百十卷,世宗朝二十六卷,高宗朝一百二十卷,仁宗朝五十卷,宣宗朝六十卷,文宗朝一百卷,穆宗朝一百卷。

本书取材广博,剪裁得当。编者自称:"凡登载谕旨,恭辑《圣训》、《方略》;编次日月,稽合《本纪》、《实录》;制度沿革纂《会典》,军务奏折取《方略》;兼载御制诗文,傍稽《大清列传》。"(《东华续录》跋)并采及《大义觉迷录》等书。书中内容,有为《清实录》所未载。如曾静案,"凡王录中之连篇累牍所涉曾案,《实录》中乃无一字,然则在《实录》中,世宗朝并未有此一惊天动地之大案也"(孟森《读清实录商榷》)。此外如咸丰朝铸大钱事等,皆不见于实录。是书卷帙浩繁,资料丰富,叙录详尽而善于剪裁,使全书详略允当而无冗杂之病。

本书亦仿蒋录,间作案语、夹注,对所辑资料进行考订,所涉及的内容更为广泛。如雍正十三年复设川陕总督、裁四川总督,夹注"因军务渐竣,仍照旧制";乾隆元年设博学鸿词编修、检讨等职,案语称"查照康熙年例,一等授编修,二等由科甲出身者授检讨,未中举者授庶吉士";类似考订,颇有助于了解清廷制度更动。又如乾隆二年记陈宏谋因事交部议处,夹注"寻降补天津道";

三十二年记以朱珪为湖北按察使,夹注"原任福建按察使"。这些注语对了解清代人事变动颇有益。编者还不时根据正文记载所需,罗列相关文献资料作为附录。如在乾隆十一年载《钦差大臣查阅各省营伍例》后,附录兵部有关奏疏。此外如书中所附清代历次策试题,有助于了解清代文化政策及教育情形。

本书缺陷在于记载有隐讳、篡改之处。如科场案、哭庙案、奏销案、圈地法、逃人法等重要史实,以及太宗、世祖、圣祖、世宗皇位继承之争等,在书中都被有意掩盖或更改。编者在资料的取舍方面,也带有一定的偏见。但总的来说,是书以其丰富的资料,较系统地反映了清代同治朝以前政治、经济、文化及内外政策的发展变迁,记录了清代社会由盛及衰的历史过程,成为清史研究必备的基本史籍。有关是书研究,可参阅近人孟森《读清实录商榷》。

(张荣华)

三国会要(附又一种) 杨 晨等

《三国会要》,二十二卷。杨晨撰。初刊于清光绪二十六年(1900)。先后有《台州丛书后集》本、《崇雅堂丛书》本、江苏书局本行世。1956年中华书局所出校点本,系以江苏书局本为底本作校勘整理,并施新式标点,为现今通行版本。

杨晨(1845—?),字定夔。浙江黄岩人。早年曾遍读群书,尤嗜史学。清光绪进士,入翰林,后任职史馆。杨晨一向欣赏陈寿《三国志》,还专门为此书撰有《校录》。光绪十二年(1886),利用史馆工作的闲暇,着手编纂《三国会要》。其内兄孙诒让和桂林唐景崇等参与商榷义例以及校订。书成后,曾以家刻本流行。因其同乡林丙修主掌书局,故是书归入江苏书局诸本会要一并刊出。

《三国会要》将魏、蜀、吴三国史事制度分为十五门九十六子目,并将琐闻轶事以杂录的形式附于相关门类。

卷一至卷二为"帝系",分别记载魏、蜀、吴三国各自的帝王谥号、后妃、亲属、宗室、外戚。卷三为"历法",总叙三国历法,不再细列子目。卷四为"天文",分成历象、占候二事。卷五为"五行",亦为总叙三国五行诸事。卷六至卷八为"方域",细分为总叙、形势、宫苑、渠堰、州郡,视三国具体情况,或分载,或合叙。卷九至卷十为"职官",计有公卿庶职、武秩、郡国官、封爵等。卷十一至卷十三为"礼",依吉、凶、军、宾、嘉五礼排列,为全书篇幅最长的一门。卷十四为"乐",卷十五为"学校",皆总叙三国时乐舞及各类学校的概况。卷十六为"选举",分载三国选拔人才的具体措施。卷十七为"兵",计有军制、兵政、舟师诸事。卷十八为"刑",总叙三国刑法。卷十九为"食货",记载屯田、钱币、盐铁等各项政令及其具体实施。卷二十至卷二一为"庶政",分载户口、风俗、使命、质任、贡献、归附诸事。卷二二为"四夷",简单叙述周边国家以及少数民族地区的概况。

与其他会要相比,《三国会要》的体例精当,内容比较完整。杨晨不仅参考其余各朝会要,还与孙诒让等人共同商榷义例,故全书门类详细,资料集中。该书编撰主要依据《三国志》以及裴注,但又刻意搜罗其他史籍,先后参考了《魏书》、《后汉书》、《续汉书》、《资治通鉴》、《通典》、《元和郡县志》等一百五十余种书,作者均能网罗旧闻,详加采录。所以,长期以来,杨晨的《三国会要》成为研究三国历史的重要参考书,为文史研究工作者提供了方便。《三国会要》原书卷首目录与各卷前的目录不完全一致,而各卷前所标的小目又与卷内各节前的小目互有出入,这些已由1956年中华书局本全部改正。

1991年上海古籍出版社出版由刘修明等校点整理的钱仪吉所著《三国会要》。

钱仪吉(1783—1850),初名逵吉,字蔼人,又字衎石,号新梧,又号星湖。浙江嘉兴人。清嘉庆进士,选庶吉士。历官户部主事、总办八旗现审处会典馆总纂、河南道御史、贵州道御史、刑科给事中等。后主讲广州学海堂、开封大梁书院。著有《经典证文》、《说文雅餍》、《补晋兵志》、《三国晋南北朝会要》、《皇舆图说》、《衎石斋记事稿》、《定庐集》、《刻楮集》等。事迹见载于《清史稿》卷四八六。

钱著《三国会要》四十卷,将三国时魏、蜀、吴史事制度分为统系、后妃储副公主宗室、天运、礼、乐、文学、选举、封建、职官、食货、民政、兵、刑、舆地、外域共十五门。由于原书稿本残缺,大部分均为抄写稿或草稿,无法得知原貌。其目录、统系、天运、礼、文学等门比较完整,选举、职官两门残缺严重,而兵、刑两门则有目无文,影响了后人对其的整体研究。钱氏在前人编纂会要的基础上,体例有所创新,门类有所扩充。如在"统系"中增加了世系图,在"舆地"中也有图表帮助注释,有利于后人理解。在"文学"中略举经师,"民政"中附钞希姓,都是徐天麟的《两汉会要》问世以来前人所未收录在各朝会要中的内容,而钱氏刻意追求的就是想进一步提高。

钱仪吉曾任会典馆总纂,专掌天文、舆地等事,加上还编过《皇舆图说》四十卷,这就使他的《三国会要》在天文、历象、舆地等方面内容详备精审。他采撷的材料除了《三国志》等正史外,涉及面相当广泛,计有《北堂书钞》、《艺文类聚》、《初学记》、《太平御览》、《玉海》、《华阳国志》、《唐六典》、《太平寰宇记》、《舆地纪胜》、《舆地广记》等书,从《隶释》中引"三字石经",从《永乐大典》中得到"魏都城图"、"金墉城图"等。钱仪吉还注意了地方志材料,从而充实了全书的内容。为了吸取乾嘉学派的成果,他还专门辑录了《三国志证闻》三卷,对《三国会要》一书极有帮助。所以,后人评论钱氏的《三国会要》是"博采见闻,旁罗散失","条系字缀,巨细毕赅"。杨晨作为后世之人,是看到这个稿本的,并吸收了稿本的内容,补充编排,刊行了他的《三国会要》。然而,杨氏却贬低钱著,称其"采录未广",未免有些扬己抑彼,有损学者的文德。

刘修明等校点整理的钱著《三国会要》,基本保持了原书体例和顺序,目录与文字相抵牾者,则据实际内容加以调整。全书以钱著目录为纲,若杨著可补钱著之阙的则予以辑录,可互见异同,相与参照;若钱著有目无文,可以杨著补充的,则照录杨文。凡补充的文字均标明"杨"字,极易辨识。原书中漫漶不清的附图均重新临摹,恢复原貌。

(薛明扬)

新史学 梁启超

《新史学》,梁启超著。初刊于清光绪二十八年(1902)《新民丛报》第一至第六号。后编入《饮冰室合集·文集》。有多种今人标点本。

作者生平事迹见"变法通议"条。

《新史学》分《中国之旧史》、《史学之界说》、《历史与人种之关系》、《论正统》、《论书法》、《论纪年》六章。主要内容是批判中国旧史学,倡导"史界革命"。他对旧史学的批判集中在三方面。

第一是批判以帝王为中心的正统史观。指出旧史家的最大错误是在于"不知朝廷与国家之分别,以为舍朝廷外无国家",最荒谬的莫过于争正统,言书法。指出所谓"正统"实际上是"君统",而"君统"的起源是由于"霸者",即专恃强力以统治天下人民的专制主义帝王,统治者捏造这种说法,用以压制和愚弄人民。

第二是对旧史学作用的批判。指出旧史学"知有陈迹而不知有今务",史学家不重当代史,"非鼎革之后,则一朝之史不能出现"。如司马光虽以"资治"为目的而编《通鉴》,"亦起于战国而终五代",不及于宋。对于清人而欲研究清史,竟无一书可以凭借。旧史家完全不知有今务,不知史学的作用是"使今世之人鉴之、裁之,以为经世之用也"。其原因是因为旧史家只"知有事实而不知有理想"。只单纯地记载事实,而不能说明历史事实的因果关系,不能指明历史的发展方向。旧史家"知有个人而不知有群体"的病端,使群体"所以休养生息,同体进化之状"显示不出来,使读者无法产生"爱其群、善其群之心","此我国民之群力、群智、群德所以永不发生,而群体终不成立"之根源。

第三是对旧史学编撰方法的批判。旧史学的弊端导致编撰方法上有两大病疾,首先是"能铺叙而不能别裁"。认为史书所取,多为无用的事实,如"某日册封皇子也,某日某大臣死也,某日有某诏书也"。诸如此类,"满纸填塞,皆此等邻猫生子事实"。其原因是因为这些史家只罗列事实,而不能选择和鉴别史料,不考虑所选择的史料对于人们社会生活的关系所产生的影响如何,致使

"吾中国史学知识不能普及","皆由无一善别裁之良史故也"。其次是"能因袭而不能创作"。认为中国二千年来的旧史家稍有创作之才者,只有司马迁、杜佑、郑樵、司马光、袁枢、黄梨洲六人。其他千百史家都是"公等碌碌,因人成事",模仿他人编撰体例,所以不可能有所成就。认为历代史书陈陈相因,独以政治史最为详明,直至黄宗羲《明儒学案》,方有独立的学术史。殊不知政治史、学术史之外,尚有文学史、种族史、宗教史等等可作,由于旧史家只知因袭而不能创作,致使这些方面的著作缺如。

本书还批判了专讲一字褒贬的所谓"书法",指出一个民族的进化或堕落,原因决不在一二人,个人不过"偶为其同类之代表";认为只要斥逐一二人,国家马上就会变好,"实为旧史家谬说所迷"。认为要讲书法,只能是研究怎样把历史写得对读者有鼓舞和借鉴作用,决不可专务褒贬个人,否则只会被专制者利用去愚民(《论书法》)。

在对旧史学进行了全面的分析批判之后,指出旧史学给读者带来了三大"恶果",一是难读,因为其数量"浩如烟海,穷年莫殚";二是"难别择",如果读史者不是有"极敏之眼光,极高之学识,不能别择其某条有用某条无用,徒枉费时日脑力";三是"无感触","虽尽读全史,而曾无有足以激励其爱国之心,团结其合群之力,以应今日之时势而立于万国者",不能适应时代的需要。

《新史学》在历数旧史学的四弊二病三恶果后,在《史学之界说》中提出了新史学观,一是要"叙述进化之现象",要运用进化论的发展观念来重新研究历史;二是"叙述人群进化之现象",认为历史发展的过程,并非"寻常之个人"的进步,而是"人格之群"的进化;三是"叙述人群进化之现象,而求得其公理公例者"。《新史学》首倡"史学革命"对中国近代史学的建立,起了筚路蓝缕、披荆斩棘的作用。尽管其运用于社会历史研究的是一种庸俗的进化论,中间还夹杂着《公羊》三世说的成分。

有关《新史学》的研究,有吴泽主编《中国近代史学史》第二编第一章第七节"梁启超前期的史学思想和建立资产阶级'新史学'的理论"等。

(邹振环)

水经注疏 杨守敬等

《水经注疏》，四十卷。杨守敬、熊会贞等合著。初稿成于清光绪三十年(1904)。有1955年科学出版社影印熊(会贞)氏写定稿本等。通行本为1988年湖北人民出版社《杨守敬集》标点本、1989年江苏古籍出版社标点本。

杨守敬(1839—1915)，字惺吾，晚号邻苏老人。湖北宜都人。清同治举人。光绪六年(1880)至十年(1884)任使日公使何如璋、黎庶昌随员时，致力搜集流于日本的中国散佚书籍，得唐宋善本，撰成《日本访书志》、《留真谱》、《古逸丛书》等。杨氏生平喜治目录金石之学，尤长于历史地理考证，与王念孙、段玉裁的文字学和李善兰的算学，合称清代三绝学。他精通舆地，善治郦学，一生中用于研究《水经注》的时间最多。在舆地方面的著述尚有《历代舆地图》、《水经注图》、《隋书地理志考证》、《汉书地理志补校》、《禹贡本义》等。生平事迹见其自述《邻苏老人年谱》。

熊会贞，湖北枝江人，卒于1936年。杨氏的得意门生，以毕生精力襄助其师撰著《水经注疏》和《水经注图》。杨守敬故世后，他在疏理考订方面的贡献尤大。

北魏郦道元撰《水经注》，历来影响很大。《水经注》辗转流传，出现了不少脱误，明清以来许多学者致力于此书的校释笺补，黄宗羲、顾炎武、顾祖禹、阎若璩、胡渭等都曾校刊此书。较为重要的注本有明朱谋㙔《水经注笺》、清全祖望《七校水经注》四十卷、沈炳巽《水经注集释订讹》、赵一清《水经注释》、戴震《水经注校本》等。杨守敬、熊会贞合著《水经注疏》汇集前人研究成果而又有所超越。

杨、熊两人认为，全祖望、赵一清、戴震三家考订《水经注》，疏漏之处不少。故发愤著《水经注疏》，在前人基础上，以数十年之力，广集群籍，荟萃诸家之学，成一家之言。杨氏认为，前人研治《水经注》尚多不足之处，谓："(全、赵、戴)三家皆有得失，非惟脉水之功未至，即考古之力亦疏，往往修洁之质而漫施手浣者，亦有明明斑疣而失之眉睫者。"又分析道："综而论之，此书为郦氏原误者十之一、二，为传刻之误者十之四、五，亦有原不误为赵、戴改订反误者，亦为十之二、三。"(《水经注疏要删》序及凡例)针对上述不足,杨、熊疏证《水经注》时,做了以下几项工作。(一)确定以朱谋㙔《水经注笺》为正文,对诸家的解释进行订正。(二)对郦氏征引的史实,皆一一考证文献,注明出典。(三)博采经、传、雅、记,相互参证,疏郦注之凝滞,并于古地名下标注今地。(四)利用地志、图经反复校勘,更正郦注本身的错误。该书的研究方法,虽然尚未摆脱旧郦学的窠臼,但是它在梳理和研究《水经注》方面,确实取得了超越前人的成就。因此,《水经注疏》问世后,得到了学者的高度评价。潘存誉其是:"旷世绝学,独有千古;大雅宏达,还我河汉。"(《邻苏老人年谱》)汪辟疆评价它:"抉择精审,包孕宏富","精语络绎,神智焕发,真集向来治郦注之大成也"(《明清二代整理水经注之总成绩》)。郑德坤论此书成就与特点有三。(一)"繁称博引"。(二)"细校郦书,据注作图,以相经纬。用胡林翼《大清一统图》为底本,与《水经注图》相对照,古地旧川,在今何属,一目了然。"(三)"详考郦注以后水道之变迁,足为修治水利者之参考。又按注作图,故东西南北及左右之考订,特为详密。"这些评价是切合实际的。

在撰著《水经注疏》的过程中,杨、熊查阅了难以数计的资料,"凡郦氏所引出典,皆标所出,批于书眉行间,凡八部皆满"。杨氏在世时,已著成《水经注疏》八十卷本,为了精益求精,他又与熊会贞欲将其删改为四十卷本。晚年时,白天他与熊会贞一起校对材料,脱上"置灯榻畔,在床执卷,再三审定,或通宵不寐"。治学之刻苦严谨,实为后世楷模。杨守敬谢世后,熊会贞遵从师嘱,闭门谢客二十年,将其大体整理就绪。熊氏故后,又经李子魁继续整理,才完成这部巨著。

该书初稿八十卷,因卷帙过大,刻镌不易,乃取其要者,于光绪三十一年(1905)先刻为《水经注疏要删》,宣统元年(1909)又刊《水经注疏要删补遗》及《续补》共四十卷。1955年中国社会科学院以熊氏全书稿交科学出版社影印出版,因未审校,颇多误漏。另有一种清稿本与此本稍异,由台湾印行,可互参阅读。

(朱顺龙)

中国历史教科书 夏曾佑

《中国历史教科书》,为《最新中学中国历史教科书》、《最新中国历史教科书》的略称。原书三册。夏曾佑编撰。1904年至1906年商务印书馆版。以后数次重印。1933年商务印书馆将本书改名《中国古代史》加以句读,列为"大学丛书"之一。1955年三联书店再版。2001年河北教育出版社列入《二十世纪中国史学名著》丛书再版。又有东方出版社2012年新印本。

夏曾佑(1863—1924),字穗卿,号碎佛,笔名别士。浙江杭州人。清光绪十六年(1890)进士,任礼部主事。对今文经学和佛学有精深的研究,曾与梁启超、谭嗣同往来论学。光绪二十一年居上海期间经常于《时务报》上发表文章,次年赴天津任育才馆教师。不久与严复、王修植等创办《国闻报》宣传新学,鼓吹变法。1899年出任安徽祁门知县,1902年任直隶州知州。不久因母丧居家,致力于中国古代史的编撰。1905年随五大臣出洋考察,1908年署理安徽广德知州。辛亥革命后,夏曾佑出任北洋政府教育部社会教育司司长,一度任北京图书馆馆长。后闭门谢客,以诗酒自娱度过余年。著作除《中国历史教科书》外,散见于各报刊,未曾结集成帙。

随着西方与日本新史学和近代治史方法的引进,面对民族、社会危机的加深,21世纪初史学界出现一股新编中国通史的热潮。梁启超《中国史叙论》和章炳麟《中国通史略例》都提出过编史的种种方案。光绪二十八年(1902)夏曾佑应商务印书馆之约,编写供当时中学堂用的历史教材。本书应用章节体例和进化观念编写,是具有近代意义的第一部中国通史著作。凡二篇、四章、一百七十节。书末附有引用书目及历史上重要人物名单,说明其籍贯、官爵封位。此书自上古写到隋朝,约为半部中国古代史,共计三十余万言。

《中国历史教科书》总结中国历史为三大期:自草昧至周末为上古之世;自秦至唐,为中古之世;自五代至清,为近古之世。上古之世又分为两个时期:一为太古三代(因无可信史料,又称传疑时代);二为化成时代(包括周中叶至战国时期,因中国文化在这一时期造成,故名)。中古之世分为三个时期:一为极盛期(包括秦至三国时期,此时中国人才极盛、国势极强,故名);二为中衰期(包括晋至隋,由于外族不断入侵中原并建立政权,而宗教亦大受外教影响,故名);三为复盛期(为有唐一代,因国力之强,略与汉等,而风俗不逮,故名)。近古之世分为两个时期:一为退化期,包括五代、宋、元、明;二为更化期,即清代二百六十年。本书以西方进化论为指导,采用历史分期法,把历史看作是一个进化发展的过程,打破了中国旧史以帝王将相家谱为主线,以王朝循环为阶段的传统,使人读后"有心开目朗之感","上下千古,了然在目"。

本书在编撰形式上,采用篇章节的编著体例,以时间发展为顺序,叙述历史演变递嬗。它着眼于历史发展的整体过程,胜于断代体;把本纪、列传和纪事本末作综合处理,优于编年史。另外,此书力求"文简于古人,而理富于往籍",较之传统的编年、纪传、纪事本末体裁,有所创新和突破。

本书在史料的运用上,注意考订分析,吸收当时考古学的成就,力图排除神秘、迷信的成分,表现了作者渊博的学识和严谨的学风。在内容上,特别注重"历代政体之异同,种族分合之始末,制度改革之大纲,社会进化之阶级,学术进退之大势"。夏曾佑自言写中古史,一是详于历代的兴亡,而略于一人一家之事;二是略举中国境内周边各族;三是写关于社会的宗教、风俗之类的变化。本书虽然展示了历史发展的各个方面,但所重仍在文化和宗教,经济较轻。夏曾佑认为"古今人群势行之大例,必学说先开,而政治乃从其后"。另外,此书过分地肯定个人在历史上的作用,认为孔子、汉武帝和秦始皇三人分别奠定了以后中国的礼教、境界和政治,后人无出其右。

夏曾佑自述编撰《中国历史教科书》的目的在于"足以供社会之需要",可见其书所求乃在经世救国,但写法上明显是进化论和今文经学相糅合的产物。其影响兼及以后章节体史书的广泛运用和20世纪20年代中期古史辨学派疑古史学的兴起。

(王　浦)

中国历史教科书 刘师培

《中国历史教科书》,原书三册。刘师培编撰。成书于 1905 年至 1906 年。有上海国学保存会原印本。收入 1936 年南桂馨编辑的《刘申叔先生遗书》。

作者生平事迹见"经学教科书"条。

《中国历史教科书》是以教科书形式撰写的中国上古历史。第一册记述原始社会至殷商时的历史,第二、第三册记述西周历史。书前有《凡例》。

《中国历史教科书》有如下特点。

一、以进化思想和西方社会学理论阐释中国历史。书中对中国古代社会的嬗递、宗法制及君主制的起源、唐虞夏商各代制度的变更等方面的分析,都贯穿以历史进化论的观点,并以西方社会学家的社会发展模式划分中国古代社会的发展阶段。撰者认为上古伏羲之时,中国社会"由渔猎时代进而至游牧时代";至神农之时,"由游牧易为耕稼"而后又进入"游牧耕稼并行之制"的社会;虞夏之际,改变了"知有母不知有父"的状况,"自女统易为男统",逐渐形成了家族制度和宗法制度,最终导致君主世袭政体的产生;至夏殷之时,君主制度趋于完备;周代的制度也因时因地多有变通。

二、以不同于传统史学的方法编撰史著。《中国历史教科书》论述的重点,在于历代政体之异同、种族分合之始末、制度改革之大纲、社会进化之阶级和学术进退之大势,对古代田制、财政、农器、商业、工艺、宫室之制、衣服、饮食、美术等都列有专课,这比之旧史,较全面地反映了历史进程的各个侧面,对中国旧史详于君臣而略于人民,详于事迹而略于典制,详于后代而略于古代的研著状况有一定的改变。另外,由于其教科书性质,编撰亦注重"繁简适当",以时间顺序叙述历史的演变递嬗,前因后果,使史著能有条贯而易于阅读。

三、对西周礼俗和典章的独到研究。作者详尽阐述西周的礼俗和典章成为全书内容的重点所在。论证夏代尚"忠"、殷代倡"敬"至周代崇"文"这一过程的演变,分析以祭礼为核心的各项等级严密的礼仪制度,指明礼的社会功能,即以礼治民的国策是"纳民于轨物之中",同时叙说了作为礼的基础的伦理法则。

四、印证"汉族西来说"。19世纪末,法人拉库伯里(Perrien de Lacouperie)的"汉族西来说"传入中国,在当时的学术界颇为流行,刘师培也受这种学说影响,认为"汉族初兴,肇基迦克底亚",本居于西方,后"逾越昆仑,经过大夏,自西徂东,以卜居于中土"。其迁徙主要路线有二:一由中亚西亚经天山北路,沿塔里木河至陕西、甘肃西部,沿黄河流域进入河南、山东;一由西藏入蜀,再陆续迁入内地或仍居于蜀。上古时代中西合而为一,汉族与巴比伦同出一源,皆来自西方,是世界上优秀的民族,与欧洲民族没有差别,后因汉族"生齿日繁"而与西方独立。作者擅长以字音推求字义等考证方法论证其观点,上述观点在当时有求得各民族平等独立的一种意图,但被考古发现和文献研究证明是错误的。

《中国历史教科书》系20世纪初出现的具有近代意义的历史著作之一,在冲击传统史学、启迪民智方面有一定的作用。

(齐 中)

西学东渐记 容　闳

《西学东渐记》，原名 My Life in China and America（《我在中国和美国的生活》）。容闳著。成书于清宣统元年(1909)，出版于美国纽约。1915年由恽铁樵、徐凤石译成中文，删去原书自序及附录，取名《西学东渐记》，由商务印书馆出版。1981年湖南人民出版社据旧译本校点排印，并补译原书自序一篇，收入《走向世界丛书》，系目前通行版本。

容闳(1828—1912)，字达萌，号纯甫。广东香山南屏镇(今属珠海)人。幼年入澳门教会学堂。清道光二十七年(1847)随美国教师勃朗先生(Rev. S. R. Brown)赴美，就读于马萨诸塞州孟松学校(Monson Academy)，历三年，考入美国耶鲁大学，至咸丰四年(1854)毕业，为中国最早的留美毕业生，自称"以中国人而毕业于美国第一等之大学校，实自予始"。次年回国，在上海宝顺洋行及广州美国公使馆等处任职。咸丰十年到太平天国天京(今南京)，向洪仁玕提出新政七策，但未被采纳。同治二年(1863)，由曾国藩委派赴美购置机器，筹建江南制造局。同治十一年至光绪元年(1875)，任留美学生监督，又任驻美副公使。光绪二十四年曾参与戊戌变法。1900年在上海参与组织民间团体"中国国会"，被推为会长。自立军失败后走避香港。1902年后定居美国，曾协助孙中山筹划武装起义。

《西学东渐记》是容闳用英文写成的回忆录。叙事起于幼年，止于光绪二十七年(1901)。全书共二十二章。(一) 幼稚时代。(二) 小学时代。(三) 初游美国。(四) 中学时代。(五) 大学时代。(六) 学成归国。(七) 入世谋生。(八) 经商之阅历。(九) 产茶区域之初次调查。(十) 太平军中之访察。(十一) 对于太平军战争之观感。(十二) 太平县产茶地之旅行。(十三) 与曾文正之谈话。(十四) 购办机器。(十五) 第二次归国。(十六) 予之教育计划。(十七) 经理留学事务所。(十八) 秘鲁华工之调查。(十九) 留学事务所之终局。(二十) 北京之行与悼亡。(二十一) 末次之归国。(二十二) 戊戌政变。容氏自序此书表达出他一生执着于西学东渐以振兴中国的主导思想："故续叙遣送幼童留美诸事，此盖为中国复兴希望之所系，亦即予苦心孤诣以从事者也。"全书叙事亦以此为主题。

第一、二章,回忆幼时生活及在澳门初受教育的情形。容氏自幼接受西式教育,道光十五年七岁时即入英教士所立的西塾。道光二十一年入马礼逊学校,深得校长布朗喜爱,于道光二十七年随布朗赴美。

第三至五章,描写在美期间生活、学习经历。除了写其学习刻苦、生活艰辛之外,作者多落笔墨于表达其对故国的一片挚爱之情。在进耶鲁大学之前,容闳曾拒绝接受他当时所在预备学校提供的资助,因为接受资助的学生必须先填志愿书,保证毕业后以传教士为业。容闳在修业期间对祖国非常关心,立志"以西方之学术,灌输于中国,使中国日趋于文明富强之境"。

第六至十二章,叙述自咸丰五年学成归国到同治二年初的种种经历。在目睹了清政府腐败现状后,撰者曾转而同情太平军。书中记载了对太平军的实地考察及感想。咸丰十年容闳来到太平天国天京,与干王洪仁玕交谈甚投机,于是提出建议七条,涉及军事、行政、金融、教育诸方面,对太平军之希望颇高。但建议未被采纳,其通过太平军以实现报国之志的希望遂告破灭。

第十三至二十一章,记述从同治二年到光绪二十三年间,为实现"维新中国"之志而殚精竭虑,但终究事与愿违,救国计划一一破产的曲折经历。首先是协助曾国藩筹办江南制造局,并受命赴美采办机器。但容闳始终念念不忘西学东渐之志,"第予自念今兹所任购办机器之事,殆为一种应经之阶段,或由此将引予日夕怀思之教育计划,以渐趋实行之地也"。同治九年后,容闳选派幼童留美的教育计划终于得以实行。首期四批,每批三十人,留学期限为十五年。容闳亲任留美学生监督,但由于保守派官员吴子登、陈兰彬等横加阻碍,"教育计划"终未能实行到底。光绪七年,一百二十名留美学生全部被撤回。容闳毕生理想所寄之事业告吹。此后,容闳又曾向中央政府提出"银行计划"、"铁路计划"等建议,但无一不遭挫。一连串的失败使容闳对清政府彻底失望。"予救助中国之心,遂亦至此而止矣。"流露出归国学子虽竭尽努力而报国无门的深深痛苦。

最后一章简略叙述其由对政府的失望而走上了与康有为、谭嗣同、唐才常等谋求变法维新的道路。本书反映了容闳一生的思想和活动,一定程度上代表了当时留洋归国、立志报国的知识分子的思想和遭遇。

(金 燕)

光绪朝东华录 朱寿朋

《光绪朝东华录》,亦名《东华续录》。二百二十卷。朱寿朋编。成书于清宣统元年(1909)。同年上海集成图书公司排印出版,共六十四册。1958年中华书局据集成公司本断句整理重排,改为按年分册,下列卷数,分装五厚册出版。1963年台湾文海出版社将本书与王先谦《东华录》合并影印刊行,名曰《十二朝东华录》。

朱寿朋(1868—?),上海人。清光绪二十九年(1903)进士,授翰林院编修。辛亥革命后任国务院秘书,后任职于驻外使馆。

《光绪朝东华录》系编者仿蒋良骐、王先谦《东华录》体例,辑录德宗光绪一朝史料而成的编年体史料长编。记事起自清同治十三年十二月(1875年1月),迄于光绪三十四年九月(1908年10月)载湉(光绪)卒,溥仪(宣统)立,凡三十四年,四百六十余万言。光绪朝已步入有清一代覆亡前夕,处于新旧时代交替之际。是书所辑朝章国典、兵政大礼等方面的资料,对这一时期内政、外交及经济生活和种族矛盾等众多方面均有较详尽的叙录。

《光绪朝东华录》成书于清《德宗实录》编纂之前,故与蒋良骐和王先谦主要取材于清实录的《东华录》均不相同,所依据的材料主要来自邸抄、京报、谕折汇存和个人文集及当时报刊记载,较后出的《德宗实录》篇幅多出四分之一,其中不少训谕、奏议等为《实录》所未曾采入。但《实录》中亦有一些训谕等内容为是书所无。

是书所收各类资料,往往全文移录,而未予删削摘要。故而在保存史料原貌方面,较其他几种《东华录》略胜一筹;但同时也使全书显得有些杂乱,在纂辑体例的规范性,以及叙事的宽广和系统性方面,不如其他几种。

《光绪朝东华录》的纂辑出版,标志着在官修历朝实录之外,又有了可称完整的从太祖到德宗的私修编年体史料长编。是书以丰富的内容,为研究光绪朝政治、经济、文化、军事、外交及民族关系等方面的发展状况,提供了许多颇具价值的史实,至今仍属清史研究的基本史料之一。今人陈恭禄曾评价《光绪朝东华录》"价值在其他《东华录》之上"(《中国近代史资料概述》,中华书局,1982年)。

(张荣华)

光绪政要 沈桐生

《光绪政要》,三十四卷。沈桐生辑,董沅、董润校。成书于清宣统元年(1909)。有同年上海崇文堂刊本,以及台湾文海出版社《近代中国史料丛刊》影印本。

沈桐生,生平事迹无考。据该书《凡例》,曾为光绪朝政务处官员。

《光绪政要》一书之内容,本为董澜湄(生平无考)搜辑官书报章、私家著述,"积久成帙",后由沈桐生"斟酌体例,芟削繁芜"(凡例),遂成一综录光绪一朝政事的编年体史料汇编。该书体例略仿《通鉴纲目》、《御批通鉴辑要》、《东华录》等,以谕旨为纲,奏疏为目,按年月编排,起始于清同治十三年(1874)十二月,迄止于光绪三十四年(1908)十一月,年各为卷,各卷首按月列有目录大纲以备查阅,每月下分列各种奏疏上谕,奏疏后如有朱批处理意见者,皆照录。凡重大之内政外交,选取有介绍事件经过之上谕奏疏。如关于光绪二年夏的皖南教案,即选辑两江总督沈葆桢之有关奏疏详介教案及查办经过。如缺乏此类概述性文件,则作者在收录有关事件第一份文书之时,另文详述原委,以备阅者研读有关谕旨奏陈时对背景有一充分了解。如有关中英滇案的文件辑录、处理方式即依此法。因政务处曾有每月汇编政要之奏,故沈桐生成书后即定名《光绪政要》。

此书编辑目的为"备一朝之实录",使"我全国人士熟审朝章国故,通晓时务外情",故举凡光绪年间所举办要政,皆搜罗详尽,内容十分广泛。全书除《凡例》外,内容可大致分为六类。

一、战争。作者认为诸政中"惟战事最关紧要,最形繁杂",而光绪一朝,恰边患不止,从甲申法越之役至甲辰日俄之战,皆为重要事件,因而有关之上谕、奏疏,收录颇多,凡涉及历次战争"启衅原因、防守机宜、接仗胜负、媾和谈判"等,作者均特别加以"博采旁搜"、"俾资考镜"。此外,这一时期,边疆地区在列强挑动下叛乱叠起,各地农民起义和反洋教运动也此起彼伏。作者对于发生地点、起衅原委、战争进程、善后事宜、相关交涉均作交待并辑录相关上谕和奏报。

二、对外交涉。清末至光绪年间,被迫开放已成定局,随着外敌入侵的进一步加深及西学日盛之风气,中外交涉日益频繁,涉及面也日益扩大,以致大部分日常政务均与之有关。书中大量辑录了总理衙门及此后的外务部和地方督抚有关中外交涉、签订不平等条约等内容的奏疏及相应谕旨。

三、洋务运动。光绪一朝伴随着洋务运动达到顶峰又日益走向衰亡的整个过程。其不仅关系当时一切重要之军务、政务,更扩大至整个社会教育、文化、经济观念的变革。书中有关清廷创办洋务的谕旨,各地有关洋务举措、后果、争议等内容的奏疏也占据了较多篇幅。

四、变法维新。书中选辑的戊戌维新资料,如光绪二十三年十一月康有为上书请发愤革旧图新折,二十四年正月请开制度局折及四月光绪颁布定国是诏,谕派康有为督办官报诏等等,内容涉及维新变法之起因、过程及失败各方面。立宪运动中的有关出国考察报告、政府变革之朝廷谕旨、内外臣奏议,也多有提及。

五、宫廷内务。包括两宫垂帘听政、光绪大婚、亲政、慈禧六十大寿等活动的有关记载,其文体多为诏书。

六、其他政务。此类记载比较零散,涉及赈灾济民、整饬吏治、添设行省、派驻使节、变通考试等军、政、经、文各个方面。

光绪一朝内政外交涉及面很广,每月的奏章积年日久,极为浩繁,作者不可能每见必录,而需予以选择。故"凡名臣章奏择其有关政要者无不详悉登载","草野条陈遇有嘉谟谠论间采一二",凡奏议千篇一律、大同小异者节取一二,而例行公事,无关宏恉之陈奏则概从删削。因此,作者在编录时虽力求详尽,全书却无赘冗之感。

但由于受辑者思想的局限,本书对史料的选择也存在一定缺点。作者将自认为"无关宏旨"者"概从删削",不少有价值的史料被删而不录。如作者认为辛丑年间"内外臣工遵旨奏议变法千篇一律",若研究者关注的是变法内容,则确如作者所言"节取一二足以觇时政"(凡例),但若欲考察其时变法一事在众官僚中赞同比例、程度、偏重如何,则必然无由知详。

《光绪政要》作为记叙光绪朝三十四年间政事的一部重要史书,体例清晰,资料丰富,尤其是对一些重大事件,诸如中法、中日之战和庚子之役等,记载尤为详尽,为研究清季历史提供了较为丰富的资料。研究者无论是欲总览光绪一朝大政,还是就某一事件作专题研究,此书都是重要史料来源之一。

(单 弘)

清实录

《清实录》,全称《大清历朝实录》。四千四百八十四卷。清历朝史官编。民国初年,故宫博物院将其中修改后废置不用的《太祖武皇帝实录》、《太祖高皇帝实录》、《太祖实录》影印出版。1930年辽宁通志馆将《满洲实录》影印问世。1932年辽海书社亦将《宣统政纪》出版。1934年至1936年伪满洲国期间,日本东京大藏出版股份有限公司根据沈阳崇谟阁本将全部《清实录》影印出版,凡一千二百二十册。台湾所藏清代历朝实录正本,于1964年由华联出版社影印行世,其中缺《宣统政要》。另有1988年中华书局影印本。

《清实录》系清代历朝的官修编年体史料汇编。全书除总目、序、凡例、目录、进实录表、修纂官等五十一卷外,计有《满洲实录》八卷(有绘图,汉、满、蒙文字合书)、《太祖实录》十卷(有汉、满、蒙三种文字)、《太宗实录》六十五卷、《世祖实录》一百四十四卷、《圣祖实录》三百卷、《世宗实录》一百五十九卷、《高宗实录》一千五百卷、《仁宗实录》三百七十四卷、《宣宗实录》四百七十六卷、《文宗实录》三百五十六卷、《穆宗实录》三百七十四卷、《德宗实录》五百九十七卷,以及《宣统政纪》七十卷。

《清实录》内容主要是选录各时期上谕和奏疏,皇帝的起居、婚丧、祭祀,巡幸等活动亦多载入。已编成的十二朝实录,篇幅不等,若干种之间相差颇为悬殊。各朝实录记事细目多寡不均,但主要类别大体相同,举凡政治、经济、文化、军事、外交及自然现象等众多方面的内容皆网罗包纳,篇幅较《明实录》多一千四百余卷,字数多一倍半,可称巨帙。

《清实录》全书体例相同,在时间上前后衔接。各朝实录均依凡例所确定的准则,按年、月、日逐一叙录,结构比较严谨规范,史实记载在时间上也清楚明了,便于查索。但因叙事严格按照发生发展变化的时间顺序,分别记于不同时日,乃至不同卷目,遂造成记载前后割裂的情形。一件完整的史事,往往被年、月、日分割成不少碎片,使得一事而隔越数卷,首尾难稽。

作为官书,《清实录》的编纂因受朝廷干预影响而造成失实之处较多。编成之后,借"体例不合,用字不妥"而重新改写之事屡有出现。如《太祖实录》初修于崇德元年,康熙二十二至二十五年重修,至雍正十二年至乾隆四年又作三修;《太宗实录》初修于顺治九年,康熙十二至二十一年重修,雍正十二年至乾隆四年三修;《世祖实录》于康熙六年至十一年初修,雍正十二年至乾隆四年重修。这三次尚属公开宣布的大规模修改,其余个别窜改之处亦颇可观。使得所录不实,成为各朝实录的通病。近人孟森曾指出:"改《实录》一事,遂为清世日用饮食之恒事,此为亘古所未闻者。""《清实录》为长在推敲之中,欲改即改,并不似前朝修《实录》之尊重,亦毫无存留信史之意。"(《明清史论著集刊》第六一九至六二一页,中华书局1959年版)相较而言,《清实录》前三朝改动比较严重,以后各朝则比较少。

有意隐没史事、删除史料,也是《清实录》的一个明显缺陷。如曾静一案,在《世宗实录》中一字不载。又据《雍正起居注》二年十一月初九日记载:怡亲王允祥、舅舅隆科多面奉上谕,明年抚远大将军年羹尧来京前,吏部通知两江总督查弼纳、闽浙总督觉罗满保等督抚来京会议。同月二十二日记礼部侍郎写迎年羹尧仪注,降一级处分。次年五月二十二日记载雍正自责对年羹尧"宠信太过,愧悔交集,竟无辞以谕天下,惟有自咎而已"。这些记载皆应为实录所采入,但在《世宗实录》中却全数隐去,以掩盖雍正的过失。

总的来说,《清实录》作为官方原始史料汇集,以其繁富的内容和严谨的体例,提供了反映清代社会各方面状况的大量史料,不失为清史研究的基本史源和重要读物。有关研究可参阅近人孟森《读清实录商榷》等。

中华书局出版《清实录》影印本,鉴于伪满洲国期间日本影印本多有新添篡改之处,故未据以为底本。其《满洲实录》采用原上书房藏本;太祖至穆宗十朝实录采用原皇史宬藏大红绫本,其中缺者以原乾清宫藏小红绫补本配;《德宗实录》与《宣统政纪》采用定稿本。全书分六十册印行,每册有分册目录,并新增中缝,标明朝年、卷数,系目前底本最珍贵、内容最完备的一种版本。

(张荣华)

清会典

《清会典》,原称《钦定大清会典》。清官修,凡五次。《康熙会典》一百六十二卷,成于清康熙二十九年(1690);《雍正会典》二百五十卷,成于雍正十一年(1733);《乾隆会典》一百卷,成于乾隆二十八年(1763);《嘉庆会典》八十卷,成于嘉庆二十三年(1818);《光绪会典》一百卷,成于光绪二十五年(1899)。今通行本为《光绪会典》,光绪间内府刻本。另有上海书局、商务印书馆、成都存古书屋等刊本行世,并以《万有文库》本流传较广。

《清会典》系记载清代典章制度的断代史书。上起清崇德元年(1636),下迄光绪二十二年(1896)。其中康熙、雍正两种会典,将具体实行的事例分散附载于法典条下。至《乾隆会典》后,将法典与事例一分为二,别立乾隆《钦定大清会典则例》一百八十卷。嘉庆时改"则例"为"事例",编成《事例》九百二十卷,别立《图说》一百三十二卷。光绪时编成《事例》一千二百二十卷,《图说》二百七十卷。

本书体例因于《明会典》,"以官统事,以事隶官",即以职官为纲,分项列述。如《光绪会典》分设如下纲目:宗人府、内阁、军机处、吏部、户部、礼部、兵部、刑部、工部、理藩院、都察院、通政使司、大理寺、翰林院、詹事府、太常寺、太仆寺、光禄寺、顺天府、奉天府、鸿胪寺、国子监、钦天监、太医院、侍卫处、奏事处、銮仪卫、八旗都统、前锋、护军、步军诸营、内务府、总理各国军务衙门等。于各官衙项下,均详其编制、官员、职掌及因革等。各《事例》亦均按会典纲目,依年系事,具体说明某一机构在不同时期的演变状况。《图说》则绘制礼制器物、乐器、冠服、舆卫、武备、天文、舆地诸图,并附加说明。三者互相补充发明,譬犹会典为骨架,事例、图说其血肉,遂成会典史籍之完整体裁。

《清会典》网罗广泛,内容丰富,"凡职方、官制、郡县、营戍、屯堡、觐享、贡赋、钱币诸大政于六曹庶司之掌,无所不隶"(《乾隆会典》卷首《御制序》)。故至今仍属研究清代行政机构、政治法规及典章制度的基本史源。所附诸图,对研究清代宫廷及官吏服饰器物、典礼器皿、武器装备、天文仪器、地理形势等,亦颇具参考价值。

《清会典》缺陷主要在于未能融会贯通,五种会典均非纵述清朝一代典制,同一纲目散布各处,致使搜检不便。

（陈　墨）

清史列传

《清史列传》,八十卷。编纂者不详。有1928年上海中华书局排印本、1987年中华书局点校本。

其稿本来源有三:一是出于清国史馆纂修的《大臣列传》稿本中六百多篇传,另有近一千二百篇传可能亦出自散佚的《大臣列传》稿本;二是小部分钞自《满汉名臣传》,连同与《国朝耆献类徵初编》重出的相加在一起,共有四百二十六篇传;三是大部分钞自清李桓《国朝耆献类徵初编》,单与《清史列传》相同的有一千二百七十八篇传,连同与《满汉名臣传》重出的加在一起,多至一千六百四十九篇传,占全书半数以上(见王钟翰《清史列传点校序言》)。

《清史列传》系清代人物传记类编。记录自清开国功臣费英东、额亦都起,至清末李鸿章为止的二千八百九十四篇传记,其中正传收二千零十九人,附传收九百六十余人。全书析作《宗室王公传》三卷;《大臣传》六十一卷,其中《大臣划一传档正编》二十二卷、《大臣传次编》十卷、《大臣传续编》九卷、《大臣划一传档后编》十二卷、《新办大臣传》五卷、《已纂未进大臣传》三卷;《忠义传》一卷;《儒林传》四卷;《文苑传》四卷;《循吏传》四卷;《贰臣传》二卷;《逆臣传》一卷。无序跋。

与其他各类清代传记相比,是书叙载人物详明,年月首尾俱备,颇便考索。即以《清史稿》列传而言,虽收录宏富,所记人物间有《清史列传》所阙者,但大多叙事简略,记时不详,史料参考价值明显不及《清史列传》。此外,是书对《清实录》亦多有补阙纠谬之处。如《张鹏翮传》录有康熙三十八年(1699)四月一疏,即为《清实录》失载;《朱士彦传》录有传主道光六年(1826)八月复奏,中有"原参各款,有并无其事者,有事出有因而未尽实者"之句,被《清实录》误删为"原参有因而未尽实等语",若非是书存录原奏,则无从明了奏文原意。总而言之,《清史列传》内容虽皆系转录,因所据《大臣列传》多半已佚,故不失为研究清代人物事迹的第一手资料。

中华书局所出王钟翰点校本,系以1928年排印本为底本作标点分段,并以《大臣列传》现存稿本及《满汉名臣传》、《国史列传》、《国朝耆献类徵》等与是书互校,同时参校以《大清历朝实录》等有关史籍档册,是目前较为完善的一种本子。

(张荣华)

碑传集（四种） 钱仪吉等

《碑传集》、《续碑传集》、《碑传集补》、《碑传集三编》共四种，清钱仪吉、缪荃孙和近人闵尔昌、汪兆镛编。1987年上海古籍出版社缩版合印，分为二册，名为《清碑传合集》。1988年上海书店影印本，分为五册。有中华书局版校点本。

《碑传集》，初名《百家徵献录》、《五百家银管集》。一百六十四卷。钱仪吉编。清道光三十年(1850)完稿，光绪十九年(1893)江苏书局刊本。

钱仪吉生平事迹见"三国会要(附又一种)"条。

清道光初，钱仪吉有感于当代人物史料搜寻不易，广搜流传民间及散见于各种资料的碑传行状和地志别传，历时三十年，采集资料达五百六十余家，编成《碑传集》一百六十卷。光绪间，经浙江布政使黄彭年重为厘订，去其重复不当，删除原编附存奏议杂文之见于《皇朝经世文编》者，并将各类人物按科目、行事、生卒先后编次。

《碑传集》包括后金天命至清嘉庆共二百年的二千零二十多人。末附存文及集外文，载卒于道光间人物若干。内分宗室、功臣、宰辅、部院大臣、内阁九卿、翰詹、科道、曹司、督抚、河臣、监司、守令、校官、佐贰杂职、武臣、忠节、逸民、理学、经学、文学、孝友、义行、方术、藩臣、列女等二十五类，既按人物的性质分类，又在每一类中以时间顺序有系统地编排，颇便查考。在具体编法上有如下特点。(一)凡传主一人，作者不同，而有多种碑传者都尽量收录，如张伯行凡十一篇，汤斌凡八篇。(二)传主虽同属一人，由于所记内容不同，采用互见法。如张伯行入部院人臣互见河臣，张鹏翮入宰辅互见河臣。(三)原文凡属合传，传主不止一人，尽量编在一起，以保持原文本来面目。而在目录上再分列各传主姓名，以便检阅。(四)为容纳更多的资料，除收录整篇碑传外，还采用附录法与节录法。(五)在碑传之外，还附存奏议、杂文。案语有的放在篇末，有的放在篇前，大多则以夹注的形式出现，内容可分为增补史实，纠正谬误，条其异同，发隐阐幽，考辨作者，发表政见六种。

《碑传集》中的文字都是当时人记述的,一般比较真实,而且还叙述生活细节,能补正史之不足。例如《清史稿》的《马骕传》附于《张尔岐传》之后,而《碑传集》所收施闰章《马骕墓志铭》叙述较《清史稿》详细得多。因为是私家撰述,取材自由,多方搜集,随遇随录。正史漏列的一些重要人物,也可以在《碑传集》中找到其事迹,如补收明朝大臣的传就有十五篇,《逸民传》九十一篇。钱仪吉在序中强调,《碑传集》"可以考德行,可以习掌故,故不徒飞文染翰,为耳目之玩已也"。他列举事实,指出考习朝章国故,实有裨于经世致用。如道光三年,户部以嘉庆二十一年江西漕项奏销册中有里民津贴粮米之款,按部例无有,且无人知道此事来龙去脉,曾议将此款解归户部备作他用。后钱仪吉从收集到的墓志资料中知道,江西多山溪,漕运道险困难,故康熙三十八年特令设立里民津贴夫船费,若将此款归部,地方运费不足,必然又会向百姓重新摊派费用,从而加重他们的负担。对此,他不禁叹道:"旧章之当博考,而文字之益为无穷也。"

《续碑传集》,八十六卷。缪荃孙编。清宣统二年(1910)成书。江楚编译书局版。

缪荃孙(1844—1919),字炎之,一字筱珊,晚号艺风。江苏江阴人。清光绪进士。初入淮安丽正书院,后在张之洞所办的精心书院掌教。此后历任京师学监、翰林院编修、江楚编译书局主任等职。曾主讲南菁、泺源、钟山等书院。创办过江南图书馆和京师图书馆。著述繁富,尤精于金石碑帖、版本目录学。著有《南北朝名臣年表》、《近代文学大纲》、《艺风堂文集》、《金石目》、《读书记》、《藏书记》、《清学部图书馆方志目》等,刻有《云自在龛丛书》、《藕香零拾》、《烟画东堂小品》、《劝雨楼丛书》等。事迹见载于《碑传集补》卷九夏孙桐《艺风先生行状》。

缪荃孙在《续碑传集序》中称,此书编撰始于光绪辛巳(1881),历时三十年。书分八十六卷,叙述道光至光绪四朝人物有一千一百十一人。除自撰十余人传外,征引姚莹、李元度、冯桂芬、曾国藩、李鸿章、屠寄等三百五十九家著述及《吉林通志》、《畿辅通志》、《淮安府志》、《顺天府志》等十六种志书。全书分宰辅、部院大臣、内阁九卿、翰詹、科道、督抚、河臣、监司、守令、校官、佐贰杂职、武臣、忠节、藩臣、文学、孝友、义行、列女等二十二类,将《碑传集》的曹司、方术易为曹属、艺术类,藩臣后添列客将一目,收华尔、法尔第福、咭乐德克、戈登四人,列女中又添列"辨通"一目,将道学分为经学与理学二目,改儒林为儒学。收入了不少正史中难以查考的人物,对于了解清末的朝政时事、社会活动、文化掌故、遗闻轶事,均有重要的参考价值。

《碑传集补》,六十卷,卷末一卷。闵尔昌编。1923年燕京大学国学研究所铅字排印本。

闵尔昌(1872—1948),字葆之。江苏江都人。清末入袁世凯幕府。民国成立后任北京总统府秘书。1927年张作霖任军政府大元帅时,辞职。后任辅仁大学中国文学系讲师等。著有《雪海楼诗存》、《江子屏年谱》、《雷塘词》、《王伯申年谱》、《王石曜年谱》等。事迹见载于《国史馆馆刊》1967年二卷一期中金毓黻《闵尔昌传》。

民国初年,闵尔昌发现有不少清末人物为《碑传集》与《续碑传集》所遗漏,且"碑版状记晚出滋多",于是花了十年时间收罗各种资料,"道咸以上元人并录存焉。衍石取舍素称谨严,其文多为当时所弃置,未可知也"。《碑传集补》一书是补《碑传集》和《续碑传集》两书的缺遗,故所叙述的人物自清初以至民国,共七百八十六人,其中有许多都是《清史稿》中所没有的,所收人物史料或为钱、缪二书未收的碑传,或为清季以来新增的碑传。如清初的魏耕、朱之瑜、吴炎、潘柽章、归庄、吕留良;戊戌变法时的江标、徐仁铸、文廷式、杨深秀、刘光第、杨锐、谭嗣同、林旭。《畴人传》十七篇,收有罗士琳、李善兰、华蘅芳、徐寿。《党人传》十八篇,收有唐才常、邹容、徐锡麟、秋瑾、林觉民、陶成章,"集外文"中的杨守敬、詹天佑、刘师培等。所收活跃于19世纪50年代上海学界文坛的管嗣复,曾与英国传教士合作译出西医论著多种,又与美国传教士裨治文改译《联邦志略》,然生平不见于诸种传记。《续碑传集》所收方东树《管异之墓志铭》、方宗诚《管异之先生传》中简略地提及了他的生平与著述。《碑传集补》卷五一所录吴怀珍《书管小异》一文,对于了解管嗣复的生平和思想都有重要的参考价值。

《碑传集补》分二十六类,与《碑传集》相比,"缺宗室、功臣、藩臣、客将四目,其理学、经学从衍石之旧,仍分为二。复以鄙意增使臣一目者,纪晚近始设之官也。增畴人一目者,用阮文达罗茗香例也。增党人一目者,志革命所由起也。增释道一目者,衍石已采秦小岘之诗僧、野蚕碎琴传于附存文矣,释老列传又前史例也。列女中辨通一目无之,增母仪一目者,依刘子政例也"(《碑传集补序》)。闵尔昌本人虽未撰写碑传编入书中,但他写了大量案语,增补传主的姓名、字号、里贯、仕履及事迹;考订传主的生卒时间及地点;增补考订传主的著作情况;力图弄清史实,纠正原碑传中所记及所涉及的一些著作中的谬误,对一些真相未白的近事加以分析,发表己见,或条其异同,留待后人再考。在案语中对史料来源,编纂体例及刊印情况作一些必要的说明。以上三书有台北文海出版社1973年影印本、江苏广陵古籍刻印社1984年影印本。

《碑传集三编》,五十卷。汪兆镛编。1938年编成。1978年香港大东图书公司据稿本影印,1980年台北文海出版社影印版。

汪兆镛(1861—1940),字伯序,号憬吾,自号慵叟,晚号今吾、清溪渔隐。原籍浙江山阳(今绍兴)人,出生于广州城北天官里,遂以广东番禺人为里贯。早年攻读经史于学海堂,为东塾陈澧高足。居澳门多年,长期从事著述,有《孔门弟子学行考》、《补三国食货、刑法志》、《晋会要》、《元广东遗民录》、《碑传集三编》多种。事迹见载于《碑传集三编》附录中张学华《汪兆镛行状》、张尔田《汪兆镛墓志铭》。

《碑传集三编》共收录四百十四人,刊印时附录编纂者碑传一人。全书分十六类,"将经学理学统入儒林,文章辞赋诸家统入文苑。文苑之次,增入算学"。同时增设"使臣",不设"党人",而改立"独行"。除收入民国间不少人物外,还补充了前三种不曾收入的碑传行状,如陈宝琛《严复墓志铭》、陈衍《林纾传》、许崇熙《叶德辉墓志铭》、钱基博《徐寿传》等,都深受研究者的重视。汪兆镛《自叙》认为,清代私家撰述以《碑传集》为"最善"。缪荃孙"复为赓续,同光以前文献足征矣"。他决定"本两家宗旨,续为之编,网罗放失,期于光宣以来数十年政治之迁流,人才学术之隆替,可以考镜"。编辑基本上是本"订讹"、"补遗"、"参证"、"续纂"等方面搜辑材料。其次是传主虽续编或补编重见,但所收碑传却有所增益或不同。如续编收冯桂芬、顾云、蒋敦复等所撰张国梁传状,三编则收何曰愈所撰家传,其中记张国梁之死的具体情况有所不同。黄以周,续编收缪荃孙所撰墓志铭,三编收章炳麟所撰传。与补编相比,翁同龢三编比补编增加了孙雄撰的别传及张元济所撰日记跋,认为张"了然于当时情境,虽非碑传,亦当附录备考"(《三编自叙》)。以日记跋来与碑传相参证的方法是汪氏的独创。传主相同而分类不同,所收碑传亦有异同,如张勋,补编入"集外文",三编入"督抚",三编补收陈毅所撰神道碑及钱振锽所撰别传。汪兆镛本人所撰碑传,收入《碑传集三编》中的共四篇,即《李广田遗书记》、《严崇德家传》、《王舟瑶家传》,但三编没有写案语与夹注是一大缺点。

《碑传集》四种,共收录清代人物四千五百余名的七千三百余篇碑传文献。在此之前,尽管有过几种清人传记,如钱林等的《文献徵存录》、江藩的《汉学师承记》和《宋学渊源记》等,但所收人物范围有限,远不能反映社会各类人物的情况。《碑传集》四种的编行,可补正史之不足,其中有关人物的生卒年、历官次序、亲友关系的记载较为可信,虽有隐恶扬善的缺点,但其文献价值不容低估。

(邹振环)

清代编

语言文字类

音 韵

五方元音 樊腾凤

《五方元音》,二卷。樊腾凤著。成书于清顺治十一年(1654)至康熙十二年(1673)间。原本已佚,增订本有北京大学藏《新纂五方元音》宝旭斋刻本、年希尧《重校增补五方元音全书》本和上海锦章书局石印年希尧本。

樊腾凤(1601—1664),字凌虚。河北尧山(今隆尧)人。嗜学不屑时艺,闭户潜修韵学。曾谓:"自梁迄明,如《玉篇》《广韵》《集韵》《正韵》诸书出,而后学若有皈依,然总未有计及五方者。"因撰《五方元音》一书,而与同邑太学生魏大来往复参订而成。

《五方元音》是在兰茂《韵略易通》的基础上分合删补而成的一部平民识字课本,同时,此书在音理和分类上又深受邵雍《皇极经世》和乔中和《元韵谱》阴阳术数学说的影响。此书分韵十二,并用"天、地"等作韵目,这十二韵包含着三十多个韵母。兹将韵目和主要韵母排列如下:

天 an 人 en 龙 ong 羊 ang 牛 ou 獒 au 虎 u 驼 o
蛇 e 马 a 豺 ai 地 i, ei

值得注意的是,《韵略易通》收 m 尾的侵寻、缄咸、廉纤韵在此书分别并入收 n 尾的天、人两韵,说明此时 m 尾已消失。

此书又列声母二十个:

梆 p 匏 p' 木 m 风 f 斗 t 土 t' 鸟 n 雷 l 竹 tʂ 虫 tʂ' 石 ʂ 日 ʐ
翦 ts 鹊 ts' 系("丝"字省写)s 云 j 金 k 桥 k' 火 h 蛙 w

虽然与《韵略易通》一样列二十个声母,但是实际上此书为十九声母。因为《韵略易通》"文晚"是无母(微母)字,而此书则把"文晚"归入蛙母,这就证明已经把微母归并到影母去了。只是它把 j、w 分为二母,所以才有二十之数。另外,此书以"京、根、坚、干"同隶金母(见母),说明当时见母尚未分化为 k 和 tɕ 两套声母。

此书列声调五类：

上平、下平、上声、去声、入声。

其中入声字配在阴声虎、驼、蛇、马、豺、地六韵中。入声字改配阴声韵，说明当时入声可能只剩？尾，或者甚至连？尾都已消失。

此书又按等韵图的格式，把每一韵排成一个图，以声母为经，开合齐撮为纬。十二张图合起来称为《韵略》。但图中上下四栏排列无序，有先开后齐者，有先齐后开者，其内容又往往不能与韵书部分相合，显得十分草率。

《五方元音》于清雍正五年(1727)经过年希尧的增补，改名为《重校增补五方元音全书》。在此之前，康熙四十九年(1710)，年氏曾刻印过一个增补本《五方元音》，改动不多，比较接近樊氏原本。年氏以后，又有赵培梓将《五方元音》重加修订，改名《剔弊广增分韵五方元音》。此书十二韵未变，但每韵下都注明了诗韵的韵目字；二十声母改用了旧三十六字母中的字，这样原书的面目大变，语言学上的价值也就不大了。

有关研究《五方元音》的著作，有李清垣《〈五方元音〉音系研究》(武汉大学出版社，2008年)。赵荫棠的《中原音韵研究》(商务印书馆，1936年)、陆志韦的《陆志韦近代汉语音韵论集》(商务印书馆，1988年)、李新魁的《汉语音韵学》(北京出版社，1986年)、叶宝奎《明清官话音系》(厦门大学出版社，2001年)等书中亦有涉及。

（王　立）

音韵阐微 李光地等

《音韵阐微》，十八卷。李光地、王兰生等奉敕纂修。成书于清雍正四年（1726）。有光绪七年（1881）淮南书局重刊本、《四库全书》本等。

李光地（1642—1718），字晋卿，号厚庵。福建安溪人。清代文字音韵学家。曾任督学，后升任文渊阁大学士。除编修《音韵阐微》外，又与张玉书、陈廷敬等奉诏编纂《佩文韵府》，另著有《榕村全集》、《榕村续集》等书。

王兰生（1680—1737），字振声，一字信芳，号坦斋。直隶交河（今属河北）人。自幼聪颖好学，康熙三十五年（1694）应童子试，背诵朱子《易本义》和《小学》而一字不漏，得督学李光地赏识，拔为第一，入县学为诸生。从李光地学习，曾助修《朱子全书》，校勘《性理精义》、《周易折中》等书，并与方苞、魏廷珍等人编纂历法、律吕、算法诸书。

《音韵阐微》依照诗韵一百零六韵分韵，唯文与殷、吻与隐、问与焮、物与迄、迥与拯、径与证各韵，均稍隔开，因为这些韵在《广韵》中本来并不同用。各韵之字又依开、齐、合、撮四呼分开，每呼之字又依三十六字母顺序分开。字义训释，引《说文》、《广韵》等书，比较简略。

《音韵阐微》的最大特色是对于反切进行改革，这是受启发于满文拼音方法，正如此书"凡例"第一条云："盖反切上一字定母，下一字定韵，今于上一字择其能生本音者，下一字择其能生本韵者，缓读之为二字，急读之即成一音。此法启自国书十二字头，括音韵之源流，握翻切之窍妙，简明易晓，前古所未有也。"作者并称这种拼音方法为"合声相切"法。此书的改革分正例和变例两种。其正例之一谓："凡字之同母者，其韵部虽异，而呼法开合相同，则翻切但换下一字而上一字不换。""由此以推，凡翻切之上一字皆取支、微、鱼、虞、歌、麻数韵中字。"（"凡例"第二条）此条之意谓反切上字，开口用歌、麻韵字，齿齐用支、微韵字，合口用鱼、虞韵字，此数韵之字韵尾无鼻音尾，拼切时可避免障碍。其正例之二谓："凡字之同韵者，其字母虽异，平仄清浊相同，则翻切但换上一字而下一字不换。故翻切之下一字用影、喻二母中字。"（"凡例"第三条）此条之意谓反切下字用影、喻二母中字,此二母字为零声母字,拼切时亦可避免障碍。其变例之一为"今用",即"本母本呼在支、微、鱼、虞、歌、麻数韵中无字者,则借仄声或别部之字以代之","本韵影、喻两组无字者,则借本韵旁近之字以代之"。其变例之二为"协用",即"借邻韵影、喻两母中字以协其声者"。其变例之三为"借用",即"借邻韵非影、喻两母中字者"。以上变例,无非是本母本呼之字未必能在支、微、鱼、虞、歌、麻韵中寻得,影、喻两母字也未必能见于本韵,因而必须借用他声、他母、他韵之字。

《音韵阐微》对于反切作了重大的改良。改良的反切,用当时官话音拼切是十分顺口的。如:"公",旧韵书作"古红切",此书作"姑翁切";"巾",旧韵书作"居银切",此书作"基因切";"牵",旧韵书作"苦坚切",此书作"欺烟切";"萧",旧韵书作"苏雕切",此书作"西腰切"。

《音韵阐微》有两个明显的缺点:(一) 按照正例,反切上、下字往往无法找到,必须使用变例,以致合声反切在全书三千八百八十四个音中只占百分之十三左右,而"今用"、"协用"、"借用"等却占有百分之七十左右。变例大大多于正例,说明此法实在窒碍难通。(二) 作为注音的手段,应该符号简单,读音统一,但这是反切法永远无法做到的。反切法的这种缺点是汉字本身不适用标音造成的。

有关研讨《音韵阐微》的著作,有罗常培《汉语音韵学导论》(中华书局,1956 年)、王力《汉语音韵学》(中华书局,1956 年)、林庆勋《音韵阐微研究》(台湾学生书局,1988 年)等。

(王　立)

古韵标准 江 永

《古韵标准》,四卷。江永撰。成书于清乾隆三十六年(1771)。有《粤雅堂丛书》本、《守山阁丛书》本、《贷园丛书》本等。

江永(1681—1762),字慎修。安徽婺源(今属江西)人。清代经学家、音韵学家。少年时即研习古代经籍注疏,凡古今制度、钟律舆地,无不探赜索隐,测其本始,而于天文、地理之术尤精。读书好深思、比勘,学问以考据见长,开有清一代皖派经学研究之风气。一生科试不利,屡试不中,二十一岁中秀才后,仅在三十四岁时补过廪生,以授徒讲学终其身。著有《周礼疑义举要》、《礼书纲目》、《律吕阐微》、《乡党图考》、《读书随笔》、《近思录集注》、《音学辨微》、《四声切韵表》、《古韵标准》等。

以往学者,如宋吴棫、明杨慎、陈第、清顾炎武、柴绍炳、毛奇龄等人的韵书"最行于世,其学各有所得"(《四库全书总目》),但除顾氏以外,多不区分时代,而把《诗经》、《楚辞》与汉魏、六朝,甚至唐宋等不同时代的韵文相提并论,混为一谈;或失于以今韵部分求古韵,故"拘者至格阂而不通,泛者至丛脞而无绪"(同上)。江永有见于此,认为必须确定一个标准,即以《诗经》三百篇押韵为研究古韵的主要依据,称之为"《诗》韵",并以经传、骚体、诸子等周秦以下韵文为佐证,谓之"补考"。标准确定以后,才好跟后代的声韵相比;有原有委,亦可参校异同,明其流变。《古韵标准》之命名就是此意。

《古韵标准》卷首有"例言"一篇,叙述作者对于古音研究的理论认识,以及对于前辈古音研究得失的评价。又有"《诗》韵举例"一篇,归纳《诗经》用韵之例,如连句韵、间句韵、一章易韵、隔韵、三句隔韵、四声通韵、三句见韵、四句见韵、五句见韵、隔数句遥韵等。

《古韵标准》分古韵平、上、去声各为十三部,即东、脂、鱼、真、元、宵、幽、歌、阳、耕、蒸、侵、谈(举平以赅上、去)。与顾氏十部的不同在于:分顾氏的真部为真、元两部;分顾氏的萧部为宵、幽两部;分顾氏的侵部为侵、谈两部;把侯韵和虞韵的一半从顾氏的鱼部中析出,归入幽部。另外,分入声为八部,即屋、质、月、铎、锡、职、缉、盍。顾氏入声虽未独立,实际入声有四部,江氏增加了四部。书中每个上古韵部的开头,先列《广韵》韵目,其一韵歧分两部的,则注明分某韵;如果韵本不通,而有字应当归入此部的,则注曰别收某韵;四声不同的,则注曰别收某声某韵。又每个字下均作小注,而每部的结尾又为之总论。

《古韵标准》一书的价值主要如下。

一、精于音理、注重审音。江永不仅研究上古音,还研究中古音,关于等韵学的力作《音学辨微》中有"辨四声"、"辨字母"、"辨七音"、"辨清浊"、"辨开口合口"、"辨等列"等论述,说明深通音理,这对于他的古韵研究有很大帮助。由于懂得音理,所以他在《古韵标准·例言》中曾批评陈第说:"五百字中,有不必考,亦有当考而漏落者。盖陈氏但长于言古音,若今韵之所以分、喉牙齿舌唇之所以异、字母清浊之所以辨,概乎未究心焉。"又由于他懂得音理,所以他能够根据语音的敛侈,即元音开口度的大小来区分真元两部、幽宵两部和侵谈两部(真、幽、侵为敛,元、宵、谈为侈),而批评顾炎武"考古之功多,审音之功浅"(《古韵标准·例言》)。

二、主张"数韵共一入",强调语音的系统性。江氏云:"除缉、合以下九部为侵、覃九韵所专,不为他韵借,他韵亦不能借,其余二十五部诸韵,或合二三而共一入。"(《四声切韵表·例言》)江氏是从语音系统性的观点来看入声的,因此他的入声既可属阴声韵,也可属阳声韵。这种"数韵共一入"的理论,实为以后戴震的阴、阳、入三分说的先河。

三、具有进步的语言史观。顾炎武在古音学上有复古思想,他曾说:"天之未丧斯文,必有圣人复起,举今日之音而还之淳古者。"江永批评了这种思想,并以日用器具作比喻说:"譬犹窑器既兴,则不宜于笾豆;壶斛既便,则不宜于尊罍。……若废今人之所日用者,而强易以古人之器,天下其谁从之?"(《古韵标准·例言》)江氏在当时就已经具有这种进步的语言史观,是十分可贵的。

江氏把侯韵和虞韵之半从鱼部中析出,这是正确的,但他把这两韵又归入幽部,则不妥。以后段玉裁让侯部独立,自成一部,才完全做对了。

顾炎武曾创"古人四声一贯"说,认为"上或转为平,去或转为平、上,入或转为平、上、去"。(《音学五书》)江氏批评说:"入声与去声最近,《诗》多通为韵,与上声韵者间有之,与平声韵者少,以其远而不谐也。韵虽通,而入声自如其本音,顾氏于入声皆转为平、为上、为去,大谬。"(《古韵标准》卷四)江氏的批评是正确的,可惜他后来还是依从顾氏之说。

有关《古韵标准》的研究著作,有王力《汉语音韵学》(中华书局,1956年)、周斌武《汉语音韵学史略》(安徽教育出版社,1987年)、《清代古音学》(中华书局,1992年)等。

(王 立)

声类表 戴 震

《声类表》，十卷。戴震撰。成书于清乾隆四十二年(1777)。有《戴氏遗书》本、渭南严氏《音韵学丛书》本。

作者生平事迹见"原善"条。

关于上古汉语的韵部，戴氏初分十三部，与江永所分大体相当。以后，乾隆三十八年(1773)改定《声韵考》时，始改为七类二十部，过了两年又改为九类二十五部，至此，戴氏确立了自己的古韵学说。乾隆四十二年五月，戴氏集诸家大成，精研烂熟，以五天时间著成《声类表》，但未及编写例言，书成二十天后以劳累病逝。

《声类表》是一部以等韵图的形式来表现上古音系的著作。戴氏分古韵为九类二十五部，即（括号中是传统名称）：

一 { 一、阿(歌) 二、乌(鱼) 三、垩(铎) }　　二 { 四、膺(蒸) 五、噫(之) 六、亿(职) }　　三 { 七、翁(东) 八、讴(侯) 九、屋(屋) }

四 { 十、央(阳) 十一、夭(宵) 十二、约(药) }　　五 { 十三、婴(耕) 十四、娃(支) 十五、戹(锡) }　　六 { 十六、殷(真) 十七、衣(脂) 十八、乙(质) }

七 { 十九、安(元) 二十、霭(祭) 二十一、遏(月) }　　八 { 二十二、音(侵) 二十三、邑(缉) }　　九 { 二十四、醃(谈) 二十五、䍃(叶) }

书中每卷展示一类韵部，每类韵部之中又分开口、合口，开合口之下又分内转、外转和重声、轻声。其所谓内转是指中古的一、二等韵，所谓外转，是指中古的三、四等韵；其所谓重声，相当于黄侃所说的古本音,所谓轻声,相当于黄侃所说的今变音。戴氏列图的具体做法是:每一图之首注明"开口内转重声"、"合口外转轻声"等字样,然后以横行标明本韵部所辖中古韵部的韵目,如"歌、哿、箇"之类。每一韵目之下分为两竖行,一行列清音声母字,一行列浊音声母字。然后又以横行分五栏,第一栏列见组字,第二栏列端组字,第三栏列照组或知组字,包括日母字,第四栏列精组字,包括疑母字,第五栏列帮组或非组字。各图的次序是先开口,后合口,先内转,后外转,先重声,后轻声。在"重声"、"轻声"之后,有时又标明"古音",这是指某些字中古不同韵部,在上古则属同一韵部,如中古尤韵字的一部分上古属之部,但中古尤韵和之韵不是同一韵部,所以在这部分尤韵字前注明"古音"。图中,入声既配阴声,又配阳声,如职部德韵"祴、刻、餩、黑"等字既配之部咍韵,又配蒸部登韵。

《声类表》对于古音学的贡献主要有:(一)首先提出阴、阳、入三分的理论,并以入声为阴阳通转的枢纽。《切韵》以入声韵配阳声韵,顾炎武鉴于上古去入相近者甚多,而将入声韵改配阴声韵,戴氏受江永"数韵同一入"之说的启发,始将入声韵全部独立,这是符合上古汉语语音系统的创造,并对后来孔广森的"阴阳对转"说具有直接影响。(二)根据阳声韵与阴声韵相配的原则,从段玉裁的第十五部(脂部)分出祭部,并使之与阳声韵元部和入声韵月部相配。在谐声时代,祭部字属于入声字,到《诗经》时代,祭部逐渐由入声变为去声,这一过程一直延续到《切韵》,因而《切韵》祭泰夬废四韵有去而无平上。戴氏让祭部独立,是一大发明。(三)首先开始探索古音音值的拟测。戴氏的九类二十五部名称全用影母字来代表,其用意是影母字韵母前无辅音声母,正好用来代表上古韵母的音值。

《声类表》的不妥之处有:(一)把歌部(收入中古歌、戈、麻韵)看成是阳声韵,而与鱼部、铎部相配,这是不合理的。歌、戈、麻三韵之字从上古到中古始终是阴声韵字。(二)对于上古声母缺乏深入研究,因而图中声母基本上就是中古三十六字母,知组归端、照组一分为二等古声母现象都没有反映出来,而把疑母列于精组之中,把日母列于禅母之前,更为不经。

有关此书的研究,可参阅李新魁《汉语等韵学》(中华书局,1983年)、陈新雄《古音研究》(台湾五南图书出版公司,1999年)等。

(杨剑桥)

六书音均表 段玉裁

《六书音均表》，五篇。段玉裁著。成书于清乾隆四十年(1775)，有经韵楼原刻本。

段玉裁(1735—1815)，字若膺，号茂堂、懋堂(曾字乔林、淳甫，又号砚北居士、长塘湖居士、侨居老人)。江苏金坛人。清代著名的音韵文字训诂学家、经学家。十三岁补诸生，究心于小学之书。乾隆二十五年(1760)为举人，至京师拜戴震为师。后以教习任贵州玉屏县知县，旋调四川，署理富顺及南溪县事，寻任巫山县知县。四十六岁时，以父亲年迈告病东归，居苏州枫桥，闭户不问世事三十余年。一生著述甚丰，计有《古文尚书撰异》、《毛诗故训传定本》、《诗经小学》、《周礼汉读考》、《春秋左传古经》、《汲古阁说文订》、《六书音均表》、《说文解字注》、《经韵楼集》等三十余种。事迹见《清史稿》卷四八一、《清史列传》卷六八。

乾隆二十五年(1760)，段玉裁进京赴考，见到了顾炎武的《音学五书》，"惊怖其考据之博"(《六书音均表·序》)，深为折服。二十八年，他拜戴震为师，从戴氏那里得知江永(慎修)的《古韵标准》及其主要内容。三十二年段玉裁在《古韵标准》的启发下，细心绅绎《诗经》三百篇的用韵，发现顾炎武、江永的古音研究尚有不足，遂提出了支脂之三分、真文分部和侯部独立等著名观点，开始作《六书音均表》("均"为"韵"的古字)，以全面阐述自己在上古音研究方面的观点和成果。初稿于乾隆三十五年二月撰成，以后又根据戴震的意见，并在朱云骏的帮助下，对初稿进行了全面修订，终于在乾隆四十年九月告成，前后历时积八年之久。

《六书音均表》共分五篇。第一篇"今韵古分十七部表"，列出每一个古韵部所包含的《广韵》韵目，以及分部的理由和各韵部的界限；第二篇"古十七部谐声表"，根据"同谐声者必同部"的原则，列出每一个古韵部所包含的声符；第三篇"古十七部合用类分表"，把十七部分成六类，按声音的同异近远关系依次排列，并指出同类韵部和相邻韵部可以互相谐声、假借和通用；第四篇"《诗经》韵分十七部表"，按照古韵十七部胪列《诗经》韵谱；第五篇"群经韵分十七部表"，按照古韵十七部胪列《诗经》以外的先秦韵文韵谱。书前有戴震、钱大昕等人的序，以及段氏与戴震的来往书信。

《六书音均表》是清代三百年的上古音研究中一部划时代的著作。它在古音学上的重大贡献主要如下。

一、支脂之三分、真文分部和侯部独立。顾炎武分古韵为十部，江永以幽宵分立、真元分立、侵谈分立，发展为十三部。段玉裁在此基础上，把顾、江两氏的支部再析为支、脂、之三部，把江氏的真部再析为真文两部，把江氏归入幽部的侯部独立出来，将古韵部发展为十七部，使古韵研究更为细密准确。戴震曾经赞誉说："大著辨别五支、六脂、七之，如清真蒸三韵之不相通，能发自唐以来讲韵者所未发。今春将古韵考订一番，断从此说为确论！"(《戴东原先生来书》)

二、古韵十七部的有机排列。段玉裁根据《诗经》押韵的合用分用情况，把十七部分成六类，依次排列，并说："同类为近，异类为远；非同类而次第相附为近，次第相隔为远。"(《六书音均表·古今韵说》)这实际上是按照主元音和韵尾的相近相承，来排列韵部，不但解释了上古诗文中押韵的合用分用现象，而且为后人构拟古音音值打下了坚实的基础。

三、同谐声者必同部说。在段玉裁之前，宋徐蒇在《韵补·序》中已经讲到："音韵之正，本诸字之谐声有不可易者。……'浼'为每罪切，而当为美辨切者，由其以'免'得声。"他朦胧地提出了谐声跟韵部之间的关系；以后，江永也曾说到"熨蔚从尉，沸费从弗"(《四声切韵表·凡例》)。但作为一个原则，明白而坚定地肯定下来，则始于段玉裁。由于这一个原则的建立，古音学家才有可能通过同声符字(谐声字)的联系，来确定那些不见于韵脚的汉字属于上古什么韵部，才有可能建立系统的、科学的谐声原则和假借原则，才有可能把上古音研究推进到谐声时代而取得一系列重大突破。

四、古无去声说。段玉裁认为上古无去声，到魏晋时代，上、入声多转而为去声，平声多转为仄声。这一论述大致上是可以成立的。因为从汉藏系亲属语言的声调看，古藏语没有声调，说明直到藏语分化出去之时，汉藏母语尚未产生声调；古黎语只有平、上、入声，说明三千多年前黎族由大陆移往海南岛时，大陆已有平、上、入声，而去声尚未产生。因此，汉语的声调完全有可能是从无到有、从少到多逐渐产生和发展起来的。

《六书音均表》不足之处是：（一）在古韵分部中，未能照顾到语音的系统性，虽然真文分部是正确的，但是没有能够同时把与真文两部有对转关系的脂微两部分开，虽然侯部独立是正确的，但是没有能够同时把侯部的入声也独立出来。（二）古韵十七部虽然能做到有机的排列，但从总体上说，还是一种机械的线性的排列。实际上，之部字既能与幽部字合韵，又能与脂部字合韵，但是段玉裁列之部为第一部，脂部为第十五部，将它们隔得很远。同时，由于是线性排列，因此他又不得不专门提出"古异平同入"说，认为之部(第一部)与蒸部(第六部)同入、鱼部(第五部)与阳部

(第十部)同入等等,这种说法远不如戴震的阴阳对转说来得合理。(三) 不承认上古有方音。戴震曾经指出:"五方之音不同,古犹今也。"《诗经》三百零五篇,产地包括现今甘肃、陕西、山西、山东、河南、河北、湖北等省,在这样一个大范围中,方音不可避免。尽管历史上有孔子删《诗》之说,但方音不可能完全被删改掉。

有关《六书音均表》的研究著作,主要有王力《中国语言学史》(山西人民出版社,1981年)、《清代古音学》(中华书局,1992年)、洪诚《中国历代语言文字学文选》(江苏人民出版社,1982年)、陈复华和何九盈《古韵通晓》(中国社会科学出版社,1987年)、杨剑桥《汉语现代音韵学》(复旦大学出版社,1996年)等书的有关章节。

(杨剑桥)

诗声类 孔广森

《诗声类》，十二卷。孔广森著。有《顨轩孔氏所著书》本、渭南严氏《音韵学丛书》本、《皇清经解续编》本、中华书局1983年重印本。

孔广森(1752—1786)，字众仲，一字㧑约，号顨轩。山东曲阜人。他是孔子的后裔，祖父袭封了衍圣公的名号，父亲曾任户部主事等职。孔广森自小聪明，十七岁考中举人，十九岁考中进士，选为翰林院庶吉士，散馆授检讨。生性恬淡，沉湎于著述，不愿与达官要人来往。后因家境艰难而陈情归养，从此不再做官。其父因著书被人评讼，他奔走借贷，赎出父亲。不久，祖母、父亲相继去世。接二连三的灾变，使他心力交瘁，过度哀伤而卒，年仅三十五岁。孔广森受业于戴震、姚鼐门下，经史训诂，六书九数，无不贯通。他跟戴震学六经，尽得其学，著有《大戴礼记补注》十四卷、《礼学卮言》六卷、《经学卮言》六卷、《曾子十二篇读本补注》一卷。尤精春秋公羊之学，著有《春秋公羊通义》十一卷。数学方面，著有《少广正负外内篇》。他工于骈体文，著有《仪郑堂骈俪文》，又擅长篆书、隶书，江潘《汉学师承记》说他"书入能品"。

《诗声类》作于何年，无考。但此书最初由孔广森的弟弟孔广廉刊于乾隆五十七年(1792)，则其著述必在此前。

《诗声类》是一部研究《诗经》的韵书，我国最早的一部韵书是魏李登的《声类》，所以孔广森把他这本韵书叫做"诗声类"。

孔广森分上古韵部为十八部，把《诗经》韵字分别归入这十八部，并以每部所列韵字中的第一字作为该部的韵目。这十八部又分为阳声韵、阴声韵两类，即：

阳声韵九部：原丁辰阳东冬缀蒸谈

阴声韵九部：歌支脂鱼侯幽宵之合

书中一至六卷为阳声韵，七至十二卷为阴声韵。卷一开始部分有叙论，谈对古音的认识，列出了十八部韵目。书末有后记一篇。

作者所谓阳声韵，就是指以鼻音收尾的韵，所谓阴声韵，就是以元音收尾的韵。他指出这十八部之间相互有一定的关系，即阳声韵与阴声韵之间两两相配，如原部与歌部相配，丁部与支部相配，一直到谈部与合部都相配。这些相配的韵部之间分别可以相互对转。阳声韵九部和阴声韵九部不是任意排列的，而是相近的韵部排在一起，如原与丁相近，丁与辰相近。这些相邻的韵部有的可以相互通用，它们是：丁辰通用，冬缌蒸通用，支脂通用，幽之宵通用。因而上古窄韵是十八部，而宽韵则可合并为十二部。他说"十二类取其大同"，十八类"乃又剖析敛侈清浊毫厘纤眇之际"。《诗声类》各韵部不仅罗列《诗经》韵字，而且辨析出这些韵字的声符，排列在每部的开头，使读者可以根据同声必同部的原理，以简驭繁，掌握本部所有的字。

作者在每个韵部中都讲明《广韵》中哪些韵与本韵部对应，由此可以得知其上古十八韵部与中古韵部的关系：

《诗声类》	《广韵》
一、原	元、寒、桓、删、山、仙
二、丁	耕、清、青
三、辰	真、谆、臻、先、文、殷、魂、痕
四、阳	阳、唐、庚
五、东	东、锺、江
六、冬	冬
七、缌	侵、覃、凡
八、蒸	蒸、登
九、谈	谈、盐、添、（咸）、（衔）、严
十、歌	歌、戈、麻
十一、支	支、佳，入声麦、锡
十二、脂	脂、微、齐、皆、灰，入声质、术、节、物、迄、月、没、曷、末、黠、镨、屑、薛
十三、鱼	鱼、模，入声铎、陌、昔
十四、侯	侯、（虞），入声屋、烛
十五、幽	幽、（尤）、萧，入声（沃）
十六、宵	宵、肴、豪，入声（觉）、药
十七、之	之、咍，入声职、德
十八、合	入声合、盍、叶、缉、（帖）、洽、狎、业、乏

如果将此与当时的段玉裁《六书音均表》中的古韵十七部相比，孔广森所定的上古韵部有以下

特点。

一、冬从东锺江中分化出来,独立为一部。

二、真臻先与谆文殷魂痕合并为一部。

三、合盍洽狎业乏从覃部分出,缉葉帖从侵部分出,另外组成为合部。

四、把《广韵》中的入声全部归到阴声韵。

作者在第一卷叙论中阐述了对古音的看法,认为上古韵到中古韵变化比较大,但语音变化是有规律可循的,上古韵系统可以重建。谈到如何重建上古韵时,他说:应该"《唐韵》以为柢,《毛诗》以为正"。他还谈了自己研究古韵的经过:"窃尝基于《唐韵》,阶于汉魏,跻稽于二雅、三颂、十五国风而释之,而审之,而条分之,而类聚之,久而得之。"当然,谐声偏旁也十分重要,"盖文字虽多,类其偏旁,不过数百,而偏旁之见于《诗》者,固已什举八九,苟不知推偏旁以谐众声,虽遍列六经、诸子之韵语,而终不能尽也"。一言以蔽之,他研究上古韵的方法是:归纳《诗经》押韵系统和汉字谐声系统,以今音上推古音。这实际上是继承了顾炎武的上古音研究方法。

孔广森之前,已有不少人研究了上古韵部,从顾炎武十部到段玉裁十七部,古韵分析已相当精密,然而孔广森正是在这样的情况下做出了新的贡献。其主要贡献有两点:一是将东、冬分立,一是提出了阴阳对转说。他在《诗声类》卷四、卷五中将从冬、中、农、宫、宗、衆、戎、梦等声符的字,独立为冬部,并指出这些字在《诗经》韵中不得阑入东部,在秦汉以前的其他韵文中与东部的界限也很严,而且东部每与阳部通,冬部每与侵蒸通,甚至到了魏晋时代冬、东两部依然有别,所以东、冬不得合为一部。东、冬分部深受段玉裁的称许,后来学者一般也都同意此说。阴阳对转说是孔广森论上古韵部的最精彩的部分。开阴阳对转先河的应是戴震,他的九类二十五部以阴阳相配,已经有对转的痕迹,段玉裁《六书音均表》也有"异平同入"之说,但他们都没有像孔广森那样明确地、系统地提出阴阳对转的概念。所谓阴阳对转,就是指主要元音相同的阴声韵和阳声韵之间可以相互转化。孔广森阴阳对转的情况如下:

歌与原对转	鱼与阳对转	宵与绥对转
支与丁对转	侯与东对转	之与蒸对转
脂与辰对转	幽与冬对转	合与谈对转

其中,除了合谈不能算阴阳关系,宵绥对转不合理、幽冬关系比较模糊外,其他六类对转关系都是正确的,有大量事实可以证明。作者认为入声是阴阳对转的枢纽,如:"之"为平声,转为上声"止",再转为去声"志",再转为入声"职",然后由入声"职"转为阳声"证"、"拯"、"蒸"。孔广森的阴阳对转说丰富了我国传统语音学理论,对于研究古音的发展以及古文献中通假现象都有重要

意义。

不过,《诗声类》也有一些缺点,如囿于方音,认为上古没有入声。此说实难成立。虽然古代声调问题尚无定论,但学者一般都已确认古代有入声。另外,段玉裁已将真谆分为两类,而孔广森再将真谆合为一类,未免欠妥。又,以宵与缎对转,以合为阴声与谈对转,也是不妥的。

《诗声类》后附有《诗声分例》一卷,专门分析《诗经》各诗用韵的位置、韵数、韵距,如"偶韵例"、"末二句换韵例"等。这是继江永《诗韵举例》而作的,但比江书更加详密。它列通例十门、别例十三门、杂例四门,所举句式有一百三十多条。《诗声分例》既对读《诗声类》有参考作用,也有助于了解《诗经》的韵读规律。

研究《诗声类》的著作,有王力《清代古音学》(中华书局,1992年)、陈新雄《古音研究》(台湾五南图书出版公司,1999年)等。

(沈榕秋)

切韵考 陈 澧

《切韵考》,六卷,附《外篇》三卷。陈澧撰。成书于清道光二十二年(1842)。有成都书局1929年版、中国书店1984年影印本,广东高等教育出版社2004年版罗伟豪校点本。上海古籍出版社2008年出版黄国声主编《陈澧集》收录《切韵考》、《切韵考外编》。

陈澧(1810—1882),字兰甫,一字兰浦,号江南倦客,因书斋名"东塾",世称东塾先生。广东番禺(今广州)人。清代学者、音韵学家。陈氏先世居绍兴住墅村,祖父官迁广东,遂侨居番禺。自幼喜读书,九岁能诗文。曾问诗学于张维屏,问经学于侯康,凡天文、地理、乐律、算术、古文、骈文、填词、篆隶真行书无不精习。道光十二年(1832)举人。咸丰元年(1851)任河源县训导,到职仅二月,因见"盗贼遍地,当事者不问",遂告病还家。为广州学海堂学长数十年,晚年又主讲菊坡精舍,从学者甚众。一生著述丰富,计有《东塾读书记》二十一卷、《声律通考》十卷、《汉志水道图说》七卷、《东塾集》六卷、《忆江南馆词》一卷、《切韵考》六卷(附外篇三卷)、《汉儒通义》七卷、《说文声表》十七卷、《水经注提纲》四十卷、《水经注西南诸水考》三卷、《弧三角平视法》一卷等,凡十五种。《清史稿》二六九卷有传,《岭南学报》四卷一号有《陈东塾先生年谱》。

《切韵考》一书是陈澧从二十八岁至三十三岁,费时五年,于1842年才写成的。近年来曾发现此书原稿残卷一册,里面都是用窄纸条抄录的《广韵》反切校语,分条编号,黏装成册。其中文句涂改甚多,颇与现行刻本不一致,但主要是改变行文叙述的方法,而与内容观点无涉。于此可见,陈氏著作态度之谨严。

《切韵考》六卷,第一卷"序"和"条例",叙述著作目的和考证方法;第二卷"声类考",校定《广韵》反切用语,得四百五十二个反切上字,分别系联而得四十声类;第三卷"韵类考",校定《广韵》反切用语,并以韵部为单位,系联反切下字而考得韵母的类别;第四卷"表上"、第五卷"表下",以韵部为单位,仿照等韵图表,列出《广韵》二百零六韵每一韵部中的所有小韵,平上去入四声相承,凡同一声类者列在同一纵行,凡同一韵类者列在同一横行;第六卷"通论",探讨音韵学上的某些理论问题。《外篇》三卷,第一卷"切语上字分并为三十六类考",叙述《广韵》四十声类与传统三十六字母的异同;第二卷"二百六韵分并为四等开合图摄考",按照等韵学的方法,重新排列《广韵》二百零六韵的开合四等,以指明等韵的原委和得失;第三卷"后论",探讨等韵学上的某些理论问题。

陈氏著《切韵考》的目的,是为了探究孙叔然、陆法言的"切语旧法",也就是为了探究陆法言《切韵》的声韵系统。原来在陈澧之前,古音学家都以为守温三十六字母就是中古声母,就是《切韵》和《广韵》的声母系统,他们热衷于上古韵部的归纳分析,对于《广韵》的韵母系统也缺乏研究。陈澧在历史上首先提出这一课题,对于认识《广韵》的声韵系统,认识《切韵》音系的性质,是具有重大意义的。

陈澧所处的时代,《切韵》残卷尚未发现,因此他是从《广韵》入手,来探究《切韵》的声韵系统的。但《广韵》为做诗押韵服务,诗韵并无了解声母的需要,即使对于韵母也只要求韵腹、韵尾相同相近,而对于韵头则并不介意,因此,《广韵》并不明确提出它的声母系统,它的二百零六个韵部也不能跟韵母系统相提并论。针对这一困难,陈氏首创反切系联法以考证《广韵》的声韵。反切系联法的根据是"切语之法以二字为一字之音,上字与所切之字双声,下字与所切之字叠韵"(《切韵考》卷一),其具体办法有正例三条,即同用、互用、递用,变例二条,即又音和互见。所谓同用,是指两字的反切上字或反切下字相同,则它们的声母或韵母必定相同;所谓互用,是指两字互为反切上字或互为反切下字,则它们的声母或韵母亦必相同;所谓递用,是指乙字做甲字的反切上字或反切下字,丙字做乙字的反切上字或反切下字,则甲、乙、丙三字的声母或韵母亦必相同。所谓又音,是指同一个音的两个反切,其反切上字声母必定相同;所谓互见,是指平上去入四声相承的韵部,其包含的韵母可互相参见。

陈澧运用反切系联法,最后确认《广韵》声类四十,韵类包括四声在内共三百十一类。与宋人三十六字母比较,四十声类的不同点在于明母和微母合而为一,照穿床审四母以及喻母一分为二,而三十六字母的帮滂並、非敷奉亦与反切上字的分合不同。与《广韵》二百零六韵比较,三百十一韵类的不同点在于某些韵以开合口之不同区别为两类,如唐韵,某些韵以洪细之不同区别为两类,如东韵,某些韵以开合洪细之不同区别为四类,如庚韵,还有一些韵则表现出重纽的区别,如支韵。

陈澧发明的反切之学,其意义不仅在于探明《广韵》的声韵系统,更为重要的是,它启发了后人科学利用韵书以外的反切系统的方法,从而为汉语音韵学增加了大宗材料来源。韵书主要为诗文押韵而作,相近的韵母往往在同一韵部之中,声母的表示也不明确,而反切用语正可以补充韵书的这些不足,反切和反切系联法的价值就在于此。

陈澧在反切系联过程中,也颇有欠精密之处。后人检查的结果是,如果严格依其正例,则不仅帮滂并明与非敷奉微、端透定泥与知彻澄娘、照穿床审喻应当一分为二,就是陈氏未加区分的精清从心、见溪疑影来晓也应一分为二,这样,《广韵》的声类当是五十一类;如果加上变例,则帮滂并当与非敷奉合并,端透定泥当与知彻澄娘合并,这样,《广韵》的声类又当是三十三类。陈氏不免有自乱其例之嫌。究其本源,他之所以不能严格遵循自立的体例,还是因为他受传统三十六字母的束缚,不敢过于逾越已有的规范。

陈澧的反切之学有两个根本的缺陷:第一,所谓"又音",既可能是同音异切,即读音相同而反切用语不同,也可能是同字异读,即同一个字具有两种以上的不同读音。陈氏根据"又音"来合并反切上字的类别,其方法本身就有了一个很大的漏洞。而陈氏所谓的"互见",是以相承四韵中某一韵的情况来范围另一韵,如果相承四韵所反映的韵母整齐划一,自然不会产生错误,但如果相承四韵所反映的韵母不整齐划一,那么就容易得出错误的结论。第二,反切上字的类别是否绝对等于声母的类别?《广韵》的反切有一个明显的分组趋势,即反切下字有一、二、四等与三等之别,反切上字就也有一、二、四等与三等之别。这种对于反切上字用语的挑选,显然是为了拼切得更加和谐。显然,反切上字的这种分组并不代表声母的类别,它只代表同一声母音位的各个条件变体而已。因此,陈澧系联的结果只是反切上字的类,必须在此基础上,加以音位学的考察,方能得到真正的声母的类。同样,反切下字的类别也应该运用音位学加以检验。

反切系联法有一个前提,即必须保证反切用语没有讹误。对此,陈氏创立了三个条例:(一)切语用字偶疏说,即指一韵之内开合两类字分用甚明,其间偶有以开切合,或以合切开者,陈氏以为这是切语用字之疏,不能因其相通而合为一类。(二)切语借用字说,即指《广韵》中有以他韵字切本韵字者,有一韵中以他类字切本类字者,陈氏以为这是因为本韵或本类无字,或虽有字而冷僻不可用,乃借用他韵或他类字,凡借用字亦不可与他韵他类合为一类。(三)韵末增加字说,即指《广韵》同音的字必定不会分立两个反切,如果一韵之内有两条切语同为一音者,其一必为后人所增,增加字多在韵末,字多隐僻重见,凡增加字一概摒弃不用,以免扰乱反切系联。陈氏的这三个条例基本上是正确的,它们不仅对于反切系联法大有裨益,而且在韵书的校勘上有重要的参考价值。

除了阐明反切系联法以外,《切韵考》对于汉语音韵学还有许多重要论述。例如关于"等"主乎声还是主乎韵的问题。古人有所谓以声母分等者,其实声母跟等第并非一对一的关系,一个声母可以在好几个等第出现,依据一个字的声母并不一定能确认这个字的等第;而一个韵母必定在一个等第出现,依据一个字的韵母必定能确认这个字的等第。陈澧指出:等,"古人但以韵分之,但以切语下字分之,而不以上字分之"(《外篇》卷三)。这是完全正确的。

不过,陈氏在作出这些重要论述的同时,也暴露出他排斥等韵、一味尊崇中国古法的片面观点。例如他说:"溯等韵之源,以为出于梵书可也,至谓反切为等韵,则不可也,反切在前,等韵在后也。"(《切韵考》卷六)其实,虽然反切的形式是依据于汉语的双声叠韵和二合之音的原理,但是反切和音义一类书风行于汉魏之际,这跟当时的文人学士通晓佛经和梵文拼音原理不可否认是有紧密的联系的。陈氏又批评《四声等子》、《韵会》等书对于三十六字母和二百零六韵的归并,认为:"字母之法至此荡然矣","如曰新奇,亦何足为新奇乎!"(《外篇》卷三)这样一味以隋代陆法言旧法为准,蔑视宋元以来韵书、韵图的发展,反而降低了《切韵考》一书的价值。

关于《切韵考》研究著作,有周祖谟《问学集》(中华书局,1966 年)、杨剑桥《汉语音韵学讲义》(复旦大学出版社,2005 年)等有关章节。

(杨剑桥)

音学十书 江有诰

《音学十书》,又名《江氏音学十书》,十一卷,附书二卷。江有诰撰。成书于清嘉庆道光年间(1796—1850)。有清嘉庆道光间刊本、民国十七年(1928)上海中国书店影印嘉庆道光本、1957年四川人民出版社据渭南严氏《音韵学丛书》原版重印本等。

江有诰(?—1851),字晋三,号古愚。安徽歙县人。清代著名音韵学家。从少年时代起学习就十分刻苦,二十二岁补为博士弟子。同辈中大都埋头科举,独江氏潜心研究文字音韵之学,闭门著述,寒暑无间。江有诰治古音学之初,只见到顾炎武的《音学五书》和江永的《古韵标准》。他认为江永之书能对顾氏《音学五书》有所补益,但其分部"尚多罅漏",所以,将古韵初分为十八部。不久江有诰得段玉裁《六书音均表》,见自己和段氏持论多合,更觉自信。于是以段氏所分为本,对古韵重加梳理。最后又采纳了孔广森东冬分立的意见,遂定古韵为二十一部。晚年重点钻研文字之学,著《说文六书录》、《说文分韵谱》、《说文质疑》、《说文更定部分》、《说文系传订讹》、《经典正字》及《隶书纠谬》等书,对"六书"及经典文字的正误颇有独到的见解。

江氏的主要音学著作,全部汇于《音学十书》之中,这十种书是:《诗经韵读》四卷;《群经韵读》一卷;《楚辞韵读》一卷(附《宋赋韵读》一卷);《先秦韵读》二卷;《廿一部韵谱》(未刻);《汉魏韵读》(未刻);《谐声表》一卷;《入声表》一卷(附《等韵丛说》一卷);《四声韵谱》(未刻);《唐韵四声正》一卷。

《音学十书》卷首有段玉裁的《江氏音学叙》及段玉裁、王念孙与江氏往来论韵的信件,另附有《古韵廿一部总目》、《古音凡例》、《古韵总论》等材料。从《音学十书》的目录及葛其仁《江晋三先生传》的记载看,江有诰当另有《音学辨讹》、《唐韵更定部分》、《唐韵再正》等音学著作,惜今皆不传。

《音学十书》比较全面地反映了江有诰对上古语音系统的认识,也大致代表了清代古音学的研究水平。

《诗经韵读》等四部"韵读",把先秦所有的韵文都搜集在一起,一一注明韵脚及其所属韵部。这样既便利了读者,又使读者能更清楚地看见古人的韵例,使人知道其二十一部的分立是证据确凿的。这样巨大的工作是前人没有做过的。如《诗经韵读》卷一"周南·桃夭"篇:

  桃之夭夭,灼灼其华(音花)。之子于归,宜其室家(音姑,鱼部)。

  桃之夭夭,有蕡其实。之子于归,宜其家室(脂部)。

  桃之夭夭,其叶蓁蓁。之子于归,宜其家人(真部)。

江氏在《诗经韵读》等书中的注音,凡言"音某"、"某某反"的,是指该字的古代读音;凡言"叶某某反"、"叶音某"的,是指此时临时改读某,而古本音另有某声。这仅仅是为了便利今人诵读,并非认为古字音无定读,因此这里的"叶音"与六朝唐宋人的"叶音说"含义不同。江氏二十一部的排列顺序是从古韵通用合用的疏密远近之中总结出来的,较之前人泥于《唐韵》次第或仅凭主观意志排定更为合理和实用。《诗经韵读》对韵文合韵的处理也较严谨。作者认为,并不是所有的韵都可以随便合用,合韵必须是音韵次第相近(读音相近)的韵。在《诗经韵读》等书中,相邻的两韵合用称为通韵;隔一部合用称为合韵;隔两三部合用称为借韵。隔四部以上就不能合用。作者认为,如果相隔很远的韵也能合韵,那就失去了分别部居的本意。

  《谐声表》一书,按照"同声必同部"的原则,以古韵为主,汉韵和《说文》声符为辅,将一千一百三十九个声首分别归入二十一部之中。谐声表的好处是可以将先秦典籍中的绝大部分字分别归入各韵部之中,这是仅仅依靠先秦韵文来系联所达不到的,因为《诗经》等韵文的入韵字仅一千多个。段玉裁也做过谐声表,但那是按照他的十七部做的,随着分部的细密,已不太适用,而且段氏有些声符的归部不太妥当。本书对段氏的谐声表作了一定的调整和补充,成为后代学者研究上古韵部归字的重要参考材料。

  作者在对谐声偏旁的分析研究中发现,各部的平、上、去三声相承,其字的偏旁谐声无不吻合,唯有祭、泰、夬、废四韵不与平、上两声发生关系。因此断定这四韵没有平、上两声。根据这个方法,江氏又撰写了《入声表》,对入声的分配进行了调整,纠正了前人在入声分配问题上的种种谬误。除偏旁谐声外,还从一字两读、先秦韵文中平入合韵这两个方面来考察入声的归属,将入声或独立、或与阴声韵相配。《入声表》每表以四声相配,这就等于给先秦语音系统作了韵图,使人们得以看见上古语音系统的全貌,从而推知语音演变的脉络。《入声表》还是拟测上古音音值的重要依据,因为要正确拟测上古音音值,得有两个基本条件:(一)对中古音音值的正确拟定;(二)对上古语音系统的有条理的排定。江氏的《入声表》正是一幅较有条理的上古语音系统图。《入声表》后还附有《等韵丛说》一书,用等韵学原理来辨今音的"讹误",其目的还是为古音学服务。这种以古为正的思想固然不正确,但作者在书中声称:越是僻乡之处保留古音越多,却是极有见地的。

《唐韵四声正》反映了作者对上古声调的看法。江有诰起初主张古无四声,后来经过反复研究,又认为古人实有四声,只不过古四声并非完全等同今四声。他批评《切韵》的编者未能审明古训,把当时的声调错误地当作古声调来分析,所以有将古甲声之字"误收"入乙声中去的;有一字古有二三声而仅收一声的。作者就是针对这种情况撰成《唐韵四声正》一书,在"古诗必同调相谐"的思想指导下,排比大量先秦两汉的韵文材料,将《唐韵》中字调与上古不同者一一指出。仿顾炎武《唐韵正》之例,每一字大书其上,博采三代两汉之韵文分注其下,以证明古人早有四声之说。作者还认为,古韵并不是每一部都具备四声的,有的只有平、上、去而无入;有的只有平、去而无上、入;有的只有去、入而无平、上;还有的只有入声而无平、上、去。这种认识比起将入声看作是平声之附庸的看法来,无疑是一种进步。但是作者在古声调问题上起码犯有两个错误:(一) 以古为正的思想;(二) 将同调相谐的规律极端化。

《音学十书》在古音学史上占有重要地位,作者被人称为古音学的集大成者。这是因为:第一,在清代古音学家中,他最深入、最全面地作了研究,既总结了前人的研究成果,又能用大量的材料来说明问题。第二,江氏兼有考古与审音的能力,能用等韵原理来分析古韵。

有关《音学十书》的研究著作,主要有王力《中国语言学史》(山西人民出版社,1981 年)、陈复华和何九盈《古韵通晓》(中国社会科学出版社,1987 年)、《清代古音学》(中华书局,1992 年)、杨剑桥《汉语现代音韵学》(复旦大学出版社,1996 年)、乔秋颖《江有诰古音学研究》(黄山书社,2009 年)等。

(孟 进)

等韵一得 劳乃宣

《等韵一得》,劳乃宣著。成书于清光绪九年(1883),有上海蟫隐庐丛书本。

劳乃宣(1843—1921),字季瑄,号玉初,又号矩斋,晚年又称韧叟。浙江桐乡人,生于河北广平县外祖家。清同治四年(1865)中举人,1871年中进士。1873年在河北保定通志局任编纂工作,1878年后,历任河北临榆、南皮、完縣、吴桥、清苑等县知事。1900年,义和团入京,劳氏回到南方,主持南洋公学、浙江大学堂。后入两江总督幕府。1908年,被清政府召回北京,授以四品京堂候补,任宪政编查馆参议、政务处提调。宣统年间,召撰经史讲义,钦选资政院硕学通儒议员,任江宁提学使,京师大学堂(北京大学前身)总监督,兼学部副大臣。辛亥革命后,隐居涞水。后应德国人之请,主持尊孔文社,著《共和正解》,主张复辟。1917年张勋复辟,授劳氏法部尚书,以衰老辞不赴任。

劳氏是清末著名音韵学家,也是文字改革的先驱。1900年,王照在北方推行一种拼音文字——官话字母,影响很大。但它只能拼写北方话,在南方难以普及。1905年,劳氏在官话字母的基础上,增加六个声母、三个韵母和一个入声符号,使之能拼写下江官话,称为"宁音谱"。又在宁音谱的基础上,增加了七个声母、三个韵母和一个浊声符号,拼写吴语,称为"吴音谱"。1906年这两个韵谱分别以《增订合声简声谱》、《重订合声简字谱》书名出版。1907年,劳氏又出版了阐述王照官话字母的《京音简字述略》,还出版了包括京音、宁音、吴音、闽广音四谱的《简字全谱》,这个全谱包括了全国几个主要的方言区。劳乃宣认为文字的难易关系着教育的普及和国家的富强,所以极力推行合声简字。他的合声简字在江浙一带得到了广泛的传播,据说当时一般的妇女、文盲也能以简字看报写信。

劳乃宣五十岁写成《等韵一得》,此前经过了三十多年的积累。他七八岁时就开始玩一种叫射字的游戏,通过这种游戏不仅明白了文字的声、韵、调,而且对语音学产生了浓厚的兴趣。从此专心研究音韵学,有时独自思索,有时与志同道合的朋友探讨,有时发些古怪的声音,以致逗得家人发笑。他又做了大量的收集工作,所谓"虽国书梵经俗曲稗官之言,穷乡僻壤殊言异域之语,苟有涉于音韵者,皆所不遗"。就这样,他的造诣越来越深,并写下了一些韵谱。1883年,客居天津,有两位朋友向他请教等韵学。他出示了自己所写的韵谱,二人从中领悟颇多,便劝他写书。于是在这年制订出了十个韵谱,并将过去与别人讨论的内容收录成篇,合成了这部《等韵一得》。1913年又作补篇,以补书中之不足,并对原书有所订正。

《等韵一得》分内、外两篇。内篇专列韵谱,有字母谱、字母简谱、字母分配古母谱、韵摄谱、韵摄简谱、韵摄分配韵部谱、母韵合谱、四声谱、四声分配韵部谱、四声清浊举隅谱,共十个韵谱。外篇论述字母、韵谱、四声、双声叠韵、反切、射字、读法以及杂论等。

"字母谱"是个声类表,将声母分为喉音、鼻音、舌音、齿音、唇音五类,舌、齿、唇音又各分为轻重两类,所以共有八类。鼻、舌、齿、唇音又各分戛、透、轹、捺四类,计有二十九类。二十九类又各分清浊,共有五十八类。其中去掉有音无字者二十二类,剩下三十六类。这三十六类与宋元等韵学家三十六字母相当。劳氏的喉、鼻、重舌、轻舌、重齿、轻齿、重唇、轻唇音所区别的是发音部位。戛、透、轹、捺音区别的是发音方法。戛音是不送气塞音和塞擦音,透音是送气塞音和塞擦音,轹音是擦音和边音,捺音是鼻音和半元音。"字母简谱"把声类概括为轻音与重音两类,并把清浊字母合为一谱。"字母分配古母谱"是把他所分的五十二个字母与中古三十六字母相对照,注明其属于三十六字母中的哪一母。

"韵摄谱""韵摄简谱"是关于韵母的,他将韵母分为喉音一部、喉音二部、喉音三部、鼻音部、舌齿音部、唇音部等六部。喉音一部分阳声、阴声、下声三类,其他各部都只分为阳声、阴声两类,阳声、阴声、下声三类以下又分开、齐、合、撮四呼。所以全部韵母分为五十二个。若不计四呼,只有十三摄。所谓阳声,指的是开口度最大的元音;阴声是开口度较小的元音;下声是开口度最小的元音。喉音一部指的是单元音韵母,喉音二部是以 i 元音收尾的韵母,喉音三部是以 u 元音收尾的韵母。鼻音部是以舌根鼻音收尾的韵母,舌齿音部是以舌尖鼻音收尾的韵母,唇音部是以双唇音收尾的韵母。劳氏五十二个韵母中实际存在的只有三十七个,另十五个韵母是可能存在而实际上不存在的。他用两个汉字合起来表示这十五个韵母。又将五十二个韵母与中古音的韵类比较,作成"韵摄分配韵部谱",而"母韵合谱"是在声韵分谱之后,将声母、韵母拼合而成的一部等韵图。

他在"四声谱"里,将声调分平、上、去、入四声。鼻、舌、齿三部配有入声韵。至于喉部,他说:"喉一部即以其平、上、去本音短言之为其入声,其阳声、阴声之入与鼻部阳声、阴声之入同;喉二部、喉三部各以其平、上、去本音稍转之为其入声,喉二部之入与舌齿部之入同,喉三部之入与唇部之入同,喉一部之入则独为一声,与各部俱不同。""四声分配韵部谱"是拿他所分的十三韵摄分配在平、上、去、入四声之内,与中古的韵类相比照。"四声清浊举隅谱"是将韵母配以平、上、去、入,韵母之内再分清浊两类,列出所辖之字,并注明其属于中古三十六字母中哪一母。

《等韵一得》不同于古代韵书,它是一部专论音理的等韵学著作,也是清代最晚出的一部等韵学著作,此书水平超出了以前同性质的著作。《等韵一得》论音理的原则是"考人声自然之音"。作者不局限于某一方音,而是博采各地方音,综合分析,以求基本的语音的构成形态。他认为审音"必集南北之长,乃能完备。即口吻不能全得其音,亦当心知其意,乃不为方音所囿也"。我国等韵学到了晚清,已有从古代等韵中摆脱出来,走向一般语音学的倾向,《等韵一得》就是其中的代表。

由于《等韵一得》的宗旨不在整理古音,而在研究活的语音,所收集的是当时各地方音材料。所以,我们可以从《等韵一得》中了解清代语音系统概貌。虽然其系统难免还有守旧的倾向,但从总体上看,还是比较合乎清代语音实际的。

作者在本书中把汉语音节分"三纲",即声母、韵母、声调。"三纲"之下又分为"七界"。所谓七界,即"某音一也,清浊二也,某类三也,某部四也,阴、阳、下声五也,四等六也,四声七也"。"某音"指决定声母的发音部位,"清浊"指决定声母的性质,"某类"指决定声母的发音方法,"某部"指决定韵母的发音部位,"阴、阳、下声"指决定韵母的主要元音,"四等"指决定韵母的介音性质,"四声"指决定音节的调值。可见他审音的角度还是相当全面的,但由于当时没有音标,没有现代物理学和生理学的科学方法,在语音描写时,只能用他自己的一套方法,或用自然声音比拟,或用某种方音说明,或用反切方法合成等,这往往不太精确。

劳乃宣在《等韵一得》中阐述了他对语音的观点。认为语音是发展变化的,所谓"古今之音,随时而变","诸方之音各异"。但他还认为语音是个辗转相生的系统,一切声音源于"阿","婴儿坠地啼声曰'阿',为人生发声之始,故'阿'为元音之元",由这"元"可以派生出无数的音来。这种说法未免失于主观。

研究《等韵一得》的主要论著,有李新魁《汉语等韵学》(中华书局,1983年)、耿振生《明清等韵学通论》(语文出版社,1992年)、李新魁和麦耘《韵学古籍述要》(陕西人民出版社,1993年)、何九盈《中国古代语言学史》(北京大学出版社,2006年)等。

(沈榕秋)

训 诂

助字辨略 刘 淇

《助字辨略》,五卷。刘淇著。有清康熙五十年(1711)卢承琰初刻本、乾隆四十四年(1799)国泰重刻本、咸丰五年(1855)杨以增海源阁本、1925年杨季常重刻杨树达校勘本、1939年开明书店章锡琛校注本。

刘淇,生卒年不详。字武仲,一字龙田、卫园,号南泉。河南确山人,寓居山东济宁。著作有《周易通说》、《禹贡说》、《助字辨略》、《堂邑志》、《卫园集》等。国泰《助字辨略》序说他"博闻强记,生平喜著书,性恬淡,不妄与人交,然亦以此见重于世,当世士大夫无不知者"。《清史稿》卷四八四、《清史列传》卷二七一有传,附见阿什坦之下。

《助字辨略》是一部专门研究虚字的著作。所谓虚字,主要属于语法范畴,但是作者主要不是从语法学的角度,而是从训诂学的角度研究虚字的,因此,这部著作的性质仍属于训诂学的范围。

《助字辨略》收录的虚字总数达四百七十六个,从时代来说,上自先秦,下迄宋元,时间跨度极大,从搜集的范围来说,包括经、传、子、史以及诗词小说中的各种用例,范围也相当广泛。所收字条按照诗韵(即平水韵)排列,分为上平声、下平声、上声、去声、入声五卷。刘淇把所收四百多个虚字的用法分为三十类,即:(一)重言;(二)省文;(三)助语;(四)断辞;(五)疑辞;(六)咏叹辞;(七)急辞;(八)缓辞;(九)发语辞;(十)语已辞;(十一)设辞;(十二)别异之辞;(十三)继事之辞;(十四)或然之辞;(十五)原起之辞;(十六)终竟之辞;(十七)顿挫之辞;(十八)承上;(十九)转下;(二十)语辞;(二十一)通用;(二十二)专用;(二十三)仅辞;(二十四)叹辞;(二十五)几辞;(二十六)极辞;(二十七)总括之辞;(二十八)方言;(二十九)倒文;(三十)实字虚用。运用正训、反训、通训、借训、互训、转训等六种方法加以训释。

《助字辨略》是中国古代语言学史上研究虚字的重要著作,它比清代另一部研究虚字的专著《经传释词》还早大约一百年。《经传释词》专在疏通经义,而《助字辨略》采及唐宋诗词,范围更加广泛。杨树达指出:"此书与王氏《释词》相较,自有逊色。然亦有精审过于王氏之处。……如《左传·宣十二年》:'训之于民生之不易。'此书训于为以,最为精核。……《公羊传·隐二年》:'前此则曷为始乎此? 托始焉尔。'何休云:'焉尔,犹于是也。'王氏《释词》从其说。刘氏则云:'此焉尔亦语已辞。若以为于是,则"纪子伯者何? 无闻焉尔",宁可作于是邪!'《庄子·德充符篇》:'子产蹴然改容更貌曰:子无乃称。'王氏《释词》云:'子无乃称,犹子无称是言也。'而刘氏则云:'乃字合训如此,言无为如此称说也。'此二事衡校两家,刘氏之说皆胜于王氏。"(《助字辨略跋》)张世禄说:刘淇"当时已经很注意于虚词所表示的意义是语气和关系两方面的现象,各种虚词就是用来表示各种不同的语气和关系"(《古代汉语》)。

当然刘淇对于虚字的认识也有许多局限,他主要从训诂角度研究虚字,就不能充分地揭示虚词的语法意义。他对于虚字与实字的区别,在理论上也还不能作出比较明晰的阐述,对助词的分类也有不甚妥善之处。

关于《助字辨略》的研究,可参看赵振铎《中国语言学史》(河北教育出版社,2000年)、孙良明《中国古代语法学探究》(商务印书馆,2002年)等。

(黄志强)

佩文韵府 张玉书等

《佩文韵府》，正集和拾遗各一百零六卷。张玉书、陈廷敬、李光地等奉敕编。正集成于清康熙五十年(1711)，拾遗成于康熙五十九年。有康熙五十年内府刊本、光绪八年(1882)上海点石斋石印本、商务印书馆《万有文库》影印本、上海古籍书店1983年影印本等。

张玉书(1642—1711)，字素存，号润浦。江苏丹徒今镇江人。清顺治十八年(1661)进士，历任编修，侍讲，内阁学士，刑部、兵部、户部尚书。曾多次视察黄河、运河工程，多所建议。所作古文辞，春容典雅，称一代大手笔。卒赠太子太保，谥文贞。著有《文贞集》十二卷。《清史列传》卷十、《国朝先正事略》卷七有传。

陈廷敬(1639—1712)，字子端，号说严。山西泽州(今晋城)人。清顺治十五年进士。官至文渊阁大学士，兼吏部尚书。生平好学，与汪琬、王士祯等切磋诗文，皆能得其深处。著有《尊闻堂集》、《午亭文编》等。《清史列传》卷九、《国朝先正事略》卷六有传。

李光地生平事迹见"音韵阐微"条。

《佩文韵府》是分韵编排的语词总集，主要是供作诗检韵选字之用。此前，宋元之际阴时夫曾编有《韵府群玉》，明凌稚隆编有《五车韵瑞》，这两本书都是摘录大量典故和词藻，分别编排在各韵之中。张玉书等在这两本书的基础上，考订讹误，增补脱漏，从康熙四十三年(1704)至康熙五十年，历时八年，终于编成卷帙达一万八千多页的巨著，并以康熙皇帝的书房"佩文斋"命名，为"佩文韵府"。以后，又有王掞、王项龄等奉敕增辑《韵府拾遗》，以补《佩文韵府》之未备，从康熙五十五年至康熙五十九年，历时四年而成。

《佩文韵府》的分韵依平水韵一百零六韵。传统的说法，平水韵是指宋江北平水人刘渊所编的《壬子新刊礼部韵略》，但此书成于宋淳祐壬子年(1252)，分一百零七韵。据钱大昕《十驾斋养新录》卷五考证，刘渊之前，另有金人平水书籍王文郁所编的《平水新刊韵略》，此书成于金正大六年(1229)，分韵正是一百零六。又据张世禄《中国音韵学史》考证，谢启昆《小学考》载《山西通志书目》录有毛麾《平水韵》一书,毛氏于金大定十六年(1176)授教书郎,是王书又在毛书之后,则后代谓所平水韵,或当始于此。与《广韵》二百零六韵比较,平水韵合并韵部达一百个,这可能反映了南宋和金代汉语语音的实际变化。到明清时代,平水韵成为做诗用韵的标准,因此又称"诗韵";《佩文韵府》以此分韵,正是符合当时的实际需要的。

《佩文韵府》每一韵内韵字的排列,依字的难易程度为次,易识的常用字置于前,难认的罕见字列于后。每一韵字先以反切注音,后加注释,反切依《广韵》。在每一韵字下,收列大量语词,所有的语词末字相同,有类于今天的倒序词典。语词分为三类:第一类是"韵藻",分别收列双音节、三音节和四音节的语词。语词包括词、词组、典故、成语等,按其出处经、史、子、集为序排列。每个语词下,都注明出处,间或还有注释和说明。这一类又用"增"字隔开,分成前后两个部分,前一部分系从《韵府群玉》和《五车韵瑞》中摘出,后一部分则是新增的,有时前一部分空缺,只有后一部分,就直接标上"韵藻增"字样。第二类是"对语",分别收列双音节、三音节和四音节的对偶的语词。第三类是"摘句",收列编者认为典范的五言和七言诗句。

此书这样编排,主要目的在于:(一)便利做诗时选择词藻。例如一东韵"风"字条"韵藻"载双音节语词有"山风、好风、馀风、国风、变风"等三百多个,大大开拓了选词造句的视野;又如一东韵"宫"字条"对语"载对偶的语词有"桂苑—椒宫"、"玉宇—珠宫"、"雁塔—龙宫"、"通明殿—广寒宫"、"李北海—米南宫"等二十个,于对偶句的制作也大有方便。(二)便利查阅语词的出处。例如查阅"弋绨"一词,可在八齐韵"绨"字条"韵藻"的双音节词语部分找到:

弋绨　　汉书文帝纪赞　身衣——　如淳注　弋,皂也。贾谊曰:身衣皂绨。

又如查阅"夜光杯"一语,可在十灰韵"杯"字条"韵藻"的三音节语词部分找到:

夜光杯　张正见诗　琴和朝雉操,酒泛———。

王翰凉州词　葡萄美酒———,欲饮琵琶马上催。

《佩文韵府》单字的释义是从字典韵书中抄录下来的,往往跟所收词语之间缺乏有机的联系。例如四支韵"菑"字释义:"《说文》:不耕田也,亦作甾。又东楚名缶曰菑。"其所收词语中"敷菑"、"发菑"等确是"不耕田"之义,但"一岁菑"乃开垦一年之田之义,释义有缺,而"东楚名缶曰菑"则收词中始终未见。《佩文韵府》所收的词语,有的是压缩或截取古代的诗文而成的缩略语,这种缩略语并无古代的用例,因此其成立与否尚属疑问,不过对于读者查检典故和史实却是提供了很大的方便。例如四支韵"炊"字条"嫂不炊"是截取《战国策》苏秦"去秦而归,妻不下纴,嫂不为炊,父母不与言"而成,又如六鱼韵"鱼"字条"剔骨鱼"是压缩《晋书》"吴隐之为广州刺史,帐下人进鱼每剔去骨,存肉,隐之觉其用意,黜之"的故事而成。

《佩文韵府》所收单字,正集大约为一万零二百五十二字,拾遗大约为一万零二百九十三字,全书所收词语约六十万个。这些词语,上自先秦典籍,下至明代文人著作,"囊括古今,网罗巨细"(御制序)。因此此书至今仍然是人们查阅古代词语、成语和典故出处的极为重要的工具书,对于语言学习和研究具有很重要的参考价值。

《佩文韵府》缺点有四:(一)卷帙过于浩繁,售价极高,在问世当时贫苦的读书人根本无力购置,平时携带也极不方便。因此后来便有《佩文诗韵》一书问世,删去了全部语词,只留下简单的注释。(二)引文多无书名、篇名,颇费查考。如"自东"引《诗经》"我来自东",无篇名;"南东"引李孝先诗、邵宝诗,无书名。(三)出处、引文和注释错误较多,使用时必须尽量核对原文。(四)所收语词全部都按倒序排列,如果知道语词的末字,只要按末字所在的平水韵韵目,即可顺利查得;但如果只知道语词的首字,不知道末字,则无法查检。不过,现在商务印书馆和上海古籍书店的影印本,书后附有四角号码索引,已经克服了这一缺点。

(杨剑桥)

别雅 吴玉搢

《别雅》，五卷。吴玉搢撰。常见的版本有清康熙年间(1662—1722)原刊本、清乾隆十年(1745)新安程氏督经堂精刊本、道光末(1849)小蓬莱山馆重刊本、卢文弨抱经堂校刊本。

吴玉搢(1698—1773)，字藉五，号山夫，晚年号顿研，又号钝根。江苏山阴(今淮安)人。少聪敏好学，八九岁即喜辨别古字。晚年廪贡生，授凤阳府训导。一生潜心研究金石、文字之学，除《别雅》外，另撰《说文引经考》二卷、《金石存》十六卷、《六书述部述考》六卷、《天发神谶碑考》一卷。此外，又有《六书叙考》十二卷，未刊行，今存有稿本。《清史稿》卷四八一、《清史列传》卷六八有传。清丁晏著有《吴山夫先生年谱》。

《别雅》，初名《别字》。此书的编纂，主要收录古代音义近同但字形不同以及假借通用的双音词和少数单音词，按平水韵编次，各注出处，为之辨正。这些词语大多出自经书、诸子、史传、汉代碑刻等，与一般的写法不同。比如：

> 从颂，从容也。注云：《史记·鲁仲连传》："世以鲍焦为无从颂而死者皆非也。"注音：从容。

> 扶於、扶苏、扶胥，扶疎也。注云：《史记》司马相如《上林赋》："垂条扶於。"郭璞曰："扶於，犹扶疎也。"五臣本竟作扶疎，疎乃俗字，故李善本改作扶疏。注引《说文》曰："扶疏，四布也。"《吕氏春秋》曰："树肥无使扶疏。"……《诗·郑风》"山有扶苏"……盖古於、疏、胥、苏皆相通，犹姑苏亦作姑胥。

《别雅》在注中除举出书证外，还往往指出"某与某二字相近，古通用"，"某与某一声之转，故多通用"，"某某音同，故两相假借"。作者认为，"古人形声相近之字多通用无别，此即假借转注之义。今人不知此理，始株守一字以为义。然日用寻常之字，其非本义而能假通用者不可胜数。""凡诸变体，其义则一，盖古人不惟借声，见形义相近者，时牵率书之。""凡形容之辞初无正字，皆假借同音之字书之。"这些意见大多是正确的。

此书虽多漏略,但对于研究文字的通转、音义的演变,仍有参考价值。《四库全书总目提要》推崇它为"小学之资粮,艺林之津筏"。此外,《别雅》资料丰富,它引用了焦竑《俗书刊误》、周伯琦《六书正讹》、方以智《通雅》的许多资料,其中受《通雅》的影响尤多。近人朱起凤的《辞通》也参考了《别雅》的内容和体例,而比《别雅》更为详尽。

后人研究《别雅》的著作,主要有清沂州日照许瀚的《别雅订》五卷,收入《滂喜斋丛书》,对《别雅》多有订正。另有魏茂林的《别雅集证》,可供参考。

(徐川山)

尔雅正义 邵晋涵

《尔雅正义》，二十卷。邵晋涵撰。此书于清乾隆四十年(1775)始具简编，又经十年增订，于乾隆五十年告成。有乾隆五十三年面水层轩刊本和《皇清经解》本(卷五〇五至卷五二三)。

邵晋涵(1743—1796)，字与桐，一字二云，号南江。浙江余姚人。史学家、经学家、训诂学家。清乾隆进士，入四库全书馆，授编修，累官至侍读学士。参加纂修《续三通》、《八旗通志》等书。从《永乐大典》中辑录《旧五代史》，曾辑《南部事略》，述南宋史事，未完成。著作有《尔雅正义》、《孟子述义》、《穀梁正义》、《韩诗内传考》、《方舆金石编目》、《南江诗文钞》等。《清史稿》卷四八一有传。

《尔雅正义》是训诂学著作。卷首有邵氏自序一篇，阐述撰写此书之缘起与宗旨。全书仍按《尔雅》分为十九篇。每条首列《尔雅》原文，次列晋郭璞注，再次列邵氏正义。邵晋涵作《尔雅正义》的起因是不满于宋邢昺的《尔雅疏》。他认为邢疏"掇拾《毛诗正义》，掩为己说"，虽间采《尚书正义》和《礼记正义》，"复多阙略"，所以他要另外撰写新的注疏。邵氏编撰《尔雅正义》的宗旨是：首先根据唐石经、宋刻本以及诸书所征引《尔雅》者审定经文，增校郭(璞)注；然后以郭注为主，兼采诸家，仿照唐人作正义的体例，"绎其义蕴，彰其隐赜"。本书采辑的旧注十分丰富，不但有散见于群籍之中的《尔雅》舍人、刘歆、樊光、李巡、孙炎各家注释的遗文佚句，并且广泛考稽了齐、鲁、韩三家诗，马融、郑玄的《易》注和《尚书》注。郭璞的《尔雅注》多半引用《诗经》为证，邵晋涵《正义》则"据《易》、《书》(《尚书》)、《周官》(即《周礼》)、《仪礼》、《春秋》三传、大小戴《记》与夫周秦诸子、汉人撰著之书，遝稽约取，用与郭注相证明"。概括起来，其阐述、证明《尔雅》训诂的材料包括两个方面，一是尽量搜罗各家旧注，二是广泛征引先秦以迄两汉的原始语言材料。因此，该书的基础是十分厚实的。在考释词义的方法上，邵晋涵认为"声音迭转，文字日孳；声近之字，义存乎声"，所以注重运用"因声求义"的方法，"取声近之字，旁推交通，申明其说"。另一方面，对于草木虫鱼的名称，则注重目验，凡是能够确知名实者，就"详其形状之殊，辨其沿袭之误"，凡是不能得到实物验证者,就"择用旧说,以近古为征",不为臆说。

《尔雅正义》在训诂学上的成就是很大的,对于郭璞《尔雅注》以未详而付诸阙如的地方,有许多阐发。例如《释言》:"邕、支,载也。"郭璞注:"皆方俗语,亦未详。"《正义》指出,根据《经典释文》,"邕"又作"拥"。而《左传·襄公二十五年》云:"陈侯免,拥社,使其众男女别而累,以待于朝。"晋杜预注:"拥社,抱社主。""抱社主"即"载社主","邕"是"拥"的假借字,所以《尔雅》说:"邕,载也。"又"支"与"榰"通,榰柱所以承载,所以尔雅训"支"为"载"。通观《尔雅正义》全书,这样的例子很多。

《尔雅正义》是清代学者为《尔雅》作疏的第一部著作,对后来的《尔雅》研究影响很大。黄侃说:"清世说《尔雅》者如林,而规模法度,大抵不能出邵氏之外。"

(钟敬华)

尔雅义疏 郝懿行

《尔雅义疏》,上、中、下三册。郝懿行著。成书于清道光二年(1822)。有节本和足本两种,节本有道光六年阮元《学海堂经解》本、道光三十年陆建瀛木犀香馆重刊本;足本有咸丰六年(1856)聊城杨以增据原稿重刻本、同治四年(1865)郝懿行之孙所刊《郝氏遗书》本、光绪十三年(1887)湖北书局据郝氏家刻重刊本、1983年上海古籍书店据《郝氏遗书》影印本。2010年齐鲁书社出版多卷本《郝懿行集》,收入了本书校点本。

郝懿行(1755—1823),字恂九,一字寻韭,号兰皋。山东栖霞人。经学家、训诂学家。清嘉庆四年(1797)进士,官户部主事。长于名物训诂考据之学,著述甚丰,主要有《尔雅义疏》、《荀子补注》、《山海经笺疏》、《晋宋书故》、《通俗文疏证》、《易说》、《书说》、《郑氏礼记笺》、《春秋说略》、《竹书纪年校正》、《证俗文》等。《国朝耆献类徵》卷一四八、《续碑传集》卷七二、《清史稿》卷四八二有传。

《尔雅义疏》一书是作者从嘉庆十三年(1808)五十二岁起开始撰写,历时十四年才告完成的。此书在清代研究《尔雅》的著述中较为晚出,因而能兼取诸家之长,蔚为大观,是研究雅学最为重要的参考著作之一。此书以晋代郭璞的《尔雅注》为底本,仍分《释诂》、《释言》、《释训》、《释亲》、《释宫》、《释器》、《释乐》、《释天》、《释地》、《释丘》、《释山》、《释水》、《释草》、《释木》、《释虫》、《释鱼》、《释鸟》、《释兽》、《释畜》19篇,每篇篇名之下均以双行小字解释篇名和本篇主要内容,每篇中各条以大字首列《尔雅》原文,次以双行小字附列郭璞原注,然后另起行以双行小字排列郝氏注文。

《尔雅义疏》成绩主要表现如下。

一、考释草木虫鱼鸟兽名物,其特点是十分注重目验,对于名物往往有着详细而准确的描写。例如《释草》"唐、蒙,女萝。女萝,菟丝"条疏云:"旧说菟丝无根,以茯苓为根,亦不必然。今验菟丝初亦根生,及至蔓延,其根渐绝,因而附物以生,盖亦寄生之类。"用亲身目验纠正旧说。又如

《释虫》"蜣螂,蜣蜋"条,郭璞注过于简单,仅说:"黑甲虫,啖粪土。"郝疏则云:"蜣蜋体圆而纯黑,以土裹粪,弄转成丸。雄曳雌推,穴地纳丸,覆之而去,不数日,间有小蜣蜋出而飞去,盖字乳其中也。《庄子·齐物论篇》云'蜣螂之智在于转丸'是矣。此有二种,小者体黑而暗,昼飞夜伏,即转丸者;一种大者,甲黑而光,顶上一角如锥,腹下有小黄子,附母而飞,昼伏夜出,喜向灯光,其飞声烘烘然,俗呼之'铁甲将军',宜入药用,处处有之。"描写比郭注详尽得多。

二、考证详细而精当。例如《释虫》"蜉蝣,渠略"条,郝疏先引《说文》、《方言》郭璞注、《夏小正》、樊光等诸家关于蜉蝣朝生暮死的说法,然后说:"今按此虫形状一如樊、郭所说。《淮南·诠言篇》云:'龟三千岁,蜉蝣不过三日。'《说林篇》云:'蜉蝣不食不饮,三日而死。'是蜉蝣虽短期,非必限以朝夕,说者甚其词耳。"郝氏提出蜉蝣生命期虽短,但不限于朝夕,这显然是正确的。又如《释丘》"丘背有丘,为负丘"条,郭璞注:"此解宛丘中央隆峻,状如负一丘于背上。"郝疏云:"'丘背有丘'者,背犹北也,言丘之北复有一丘,若背负然,因名负丘。古读'负'若'陪',二字义相通借。'陪'训贰也、重也,皆与'丘背有丘'义合。此自别为一丘,郭意欲为宛丘作解,盖失之矣。且此明言'丘背有丘',亦非中央隆高之义。"郝氏释"背"字意义正确,纠正了郭璞的错误。

《尔雅义疏》的缺点是,作者虽然主观上努力采用先进的以声音通训诂的方法,但是因为疏于声韵之学,尤其疏于古音之学,所以他所说的"音同"、"音近"、"双声"、"叠韵"、"声转"等等屡有错失。例如《释器》"嫠妇之笱谓之罶",郝疏云:"《诗·鱼丽》正义引孙炎曰:'罶,曲梁。其功易,故谓之寡妇之笱。'今按,孙义未免望文生训。盖'寡妇'二字合声为'笱','嫠妇'二字合声为'罶',正如'不来'为'狸'、'终葵'为'椎',古人作反语,往往如此,孙炎以义求之,凿矣。"其实"妇"、"笱"、"罶"三字上古分别在之部、侯部和幽部,"寡妇"二字不能合声为"笱","嫠妇"二字不能合声为"罶"。以苟取鱼,不劳身手,与寡妇拾取田中遗穗其功简易正同,孙炎所说并不误。清代王念孙对于郝氏的这些错误曾有删订,罗振玉辑为《尔雅郝注刊误》(上海古籍出版社,1996年)一书。

(杨剑桥)

广雅疏证 王念孙

《广雅疏证》，十卷。王念孙著。成书于清乾隆六十年(1795)。通行版本有：嘉庆元年(1796)王氏家刻本、道光九年(1829)学海堂《皇清经解》本、1978年中文大学出版社影印标点本(后附《广雅疏证补正》等)、1983年中华书局影印点校本、1983年上海古籍出版社影印嘉庆本(后附《广雅疏证补正》)、1984年江苏古籍出版社影印家刻本(后附《广雅疏证补正》)等。

王念孙(1744—1832)，字怀祖，号石臞。江苏高邮人。清代著名音韵学家、训诂学家。乾隆四十年(1775)进士，历任工部主事、御史、直隶永定河道等职。嘉庆四年(1799)，清仁宗亲政，首劾大学士和珅，天下比为凤鸣朝阳。早年师事戴震，受声音文字训诂之学。分古韵为二十一部，至(即质部)、祭(即月部)、缉、盍(即葉部)四部独立，侯部有相配入声，皆是其创见。在训诂学上，"就古音以求古义，引申触类，不限形体"，成就突出，影响巨大，是清代语言学主要代表人物之一，与段玉裁并称段王之学。主要著作有《读书杂志》、《广雅疏证》、《古韵谱》等。《清史稿》卷四八一、《清儒学案》卷一〇〇有传。

王念孙曾从戴震受音韵、文字、训诂之学，笃好经术，尤精于小学。他本潜心于《尔雅》、《说文》，因见邵晋涵作《尔雅正义》、段玉裁作《说文解字注》，遂不再为之，而将全部精力和学识投入《广雅疏证》的撰述。自乾隆五十二年(1787)秋动笔，至乾隆六十年(1795)秋冬间完成了九卷，第十卷则用其子引之稿。嘉庆元年(1796)正月，他为此书作序且付梓，不久便有刊本问世。初刻本卷首有王念孙、段玉裁的序；次为张揖《上广雅表》；再次便是对《广雅》的疏证，其十卷各分上下，故陈鳣称二十卷(《简庄缀文·广雅疏证跋》)；书后附王念孙所校隋曹宪《博雅音》十卷，初稿可能作三卷，故阮元称王书为二十三卷(《王石臞先生墓志铭》)。至于后世称三十二卷(《清史稿》)、三十三卷(《国朝耆献类徵初编》)，盖为"二十三卷"之误。

《广雅疏证》是一部系统整理、阐述《广雅》的著作。三国魏张揖的《广雅》一书，虽广收古代经传之训、诸子之注、辞赋之解、谶纬之记、字书之说，"周秦两汉古义之存者，可据以证其得失，其散逸不传者,可藉以窥其端绪",但因历经误抄、妄改、散佚,讹脱甚多,加之《广雅》原也有错误,故一般人很难释读。王氏父子以其丰富的语言积累,冲破了文字形体的束缚,以古音求古义,博考群籍,触类旁通,凡各种古训皆搜括而通证之。故其书不但补正了《广雅》的缺失与讹误,而且大大地丰富了《广雅》的内容,因而"学者比诸郦道元注《水经》,注优于经云"(《清儒学案小传》)。实际上,此书乃是王念孙借《广雅》一书以畅述其音韵、文字、训诂之学识的集大成之作,故阮元曰:"此乃藉张揖之书以纳诸说,实多张揖所未及知者,而亦为惠氏定宇、戴氏东原所未及。"(《王石臞先生墓志铭》)因此,它是清代语言学史上成就较高的小学要籍。

本书之篇章次序一仍《广雅》,对其训释,逐条加以疏证。其内容主要有以下几项。

一、补正《广雅》文字。共计"讹者五百八十,脱者四百九十,衍者三十九,先后错乱者百二十三,正文误入《音》内者十九,《音》内字误入正文者五十七"(见王序)。并详举其根据,如《释诂》"君也"条据影宋本纠正了各本"官"讹为"宫"之误;"大也"条据李善注《魏都赋》所引《广雅》补"浩漾"二字。

二、辨证张揖误采。张揖编辑《广雅》,搜罗甚为广博,但也有因误解而误收的。王氏不囿于"疏不破注"的传统戒条,对于"张君误采,博考以证其失"(王序)。如《释诂》"嗟、养、娱、惊、欢、酣、比,乐也"条,《疏证》云:"比者,《杂卦传》'比乐师忧',言亲比则乐,动众则忧,非训'比'为'乐'、'师'为'忧'也。此云'比,乐也',下云'师,忧也',皆失其义耳。"

三、纠正先儒误说。如《史记·李斯列传》:"阿缟之衣,锦绣之饰。"徐广《史记音义》解"阿"为"齐之东阿县,缯帛所出"。《疏证》在《释器》"绸、缟、緻、豰练也"条指出:"绸"字通作"阿",并引证古注,说明"阿、缟皆细缯之名,非以其出自东阿而谓之阿缟也",从而纠正了徐氏"望文虚造而违古义"之失。《疏证》一书屡云"解者失之",多属此类,值得注意。

四、揭示《广雅》体例。张揖之书,虽自有条例,卷首却无"凡例"以著明之。王氏对其条例时有所发,如《释言》"漠,怕也"条下说"《广雅》属辞之例皆本于《尔雅》";《释言》"訇也"条则论及该篇内无连举三字而加以解释的惯例;《释器》"簧,第"条下指明该篇凡一器有两个名称的,就写作"某谓之某",有三个名称以上,便依次写录,用一个"也"字总承之。另外,《广雅》也承袭《尔雅》惯例,用一个多义字来解释一组包含几类不同意义的字,《疏证》对此也有陈说。如《释诂》"有也"条下云:"甙、或、员、方、云为有无之有,仁、虞、抚为相亲有之有。"

五、疏证《广雅》的训释。这是《疏证》最主要的内容,绝大部分的篇幅即是对《广雅》各条义训的疏通、证明、阐发。如《释诂》"二也"条下证明"乘"在古有二的意义,说:"《方言》:飞鸟曰双,雁曰乘。《周官·校人》:乘马。郑注云:二耦为乘。凡经言乘禽、乘矢、乘壶、乘韦之属,义与此同也。"

六、兼涉同源探求。《疏证》不仅疏通、证明《广雅》的训释,而且多处阐发作者对同源词的探讨。如《释诂》"微也"条下《疏证》多举例证,然后云:"凡言几者皆微之义也"、"凡言眇者皆微之义也"、"凡言蔑者皆微之义也"。有时即使未明言"凡言×者皆×之义",也多有对同源词作探讨的,如《释诂》"大也"条中疏证"般"字时所举的"胖"、"幋"、"鞶"、"磐"等。

七、校正曹宪音释。隋曹宪所作《博雅音》,通行本散入卷中,王念孙将其抽出附于书后,且作了认真仔细的校订。

《广雅疏证》之贡献,不仅在上述几项具体工作,更在于研究方法之革新。段玉裁序其书云:"小学有形、有音、有义,三者互相求,举一可得其二;有古形、有今形、有古音、有今音、有古义、有今义,六者互相求,举一可得其五。……怀祖氏能以三者互求,以六者互求,尤能以古音得经义,盖天下一人而已矣。"王念孙自序亦云:"窃以训诂之旨,本于声音。……今则就古音以求古义,引申触类,不限形体。"王氏父子能冲破字形的束缚,由形得音,由音求义,这就摆脱了传统的语文学方法,真正从语言学的角度来研究书面文献了。

除以上所述外,该书还有两个优点。

一是博考典籍,取证宏富。作者不但对唐以前的文献作了普遍的考察,而且对唐以后的类书、字书、注释之作也广为采揽。如方以智的《通雅》、顾炎武的《左传杜注补正》等,而《释草》以下各篇的疏证,甚至"得之目验"而后成,如《释草》"芍也"条。

二是实事求是,态度严谨。如《释诂》"正也"条《疏证》乃考"诸书无训集为正者",然后才下结论说"集当为准"。《释诂》"生也"条下王引之说:"遍考经传及唐以前书,无以'字'为许嫁者。"

本书的缺陷是:(一)体例不尽完善。《疏证》对《广雅》之文字并非都作疏证,其中有浅显而不必作解者,但也有因不知而阙如者,而王氏于两者未加分辨。如《释诂》"大也"条中"博"、"巨"、"廣"等固浅显而不必作解,但"滙"、"勜"、"勛"、"䎸"之训为大,似乎不能不加疏证,如其不知,宜加"未详"。(二) 使用术语不尽精确。如《释诂》"小也"条《疏证》云:"靡麼古同声。"而"微也"条却说"靡与麼声近而义同"。"声同"、"声近"混用不分。(三) 疏证校订或有失误。如《释诂》"道也"条,王氏见"诸书无训鲁为道者",于是认为"鲁"字当在下文"纯也"条内,是"后人传写误入此条耳"。其实,"鲁"同"旅","旅",途也,亦即道也,《广雅》本不误(参俞樾《广雅释诂疏证拾遗》)。(四) 征引典籍或有疏漏。如《礼记·月令》:"处必掩身。"《释诂》"障也"条下《疏证》征引时夺"身"字。

《广雅疏证》成书后,王念孙仍未中止其研究工作,他或在书上加眉批,或另写墨签夹入书中。光绪间,黄海长得王氏手批本(缺第八、第九两卷),便将王氏之补正单行刊出,此即光绪庚子(1900)所刊《广雅疏证补正》,未全。后来罗振玉又得王氏手批本,且有八、九两卷,便重加抄录,刊入《殷礼在斯堂丛书》,现中华书局等影印本即据后者影印。此《补正》出于王念孙之手,十分可贵。后来的学者如俞樾撰《广雅释诂疏证拾遗》一卷(《俞楼杂纂》卷三十三)、王树柟撰《广雅补疏》四卷(《陶庐丛刻》)、王士濂撰《广雅疏证拾遗》二卷(《鹤寿堂丛书》)、张洪义撰《广雅疏证拾补》(稿本)、陈邦福撰《广雅疏证补释》(《中国学报》一、二册)、黄侃撰《广雅疏证笺识》(《训诂研究》第一辑)、蒋礼鸿撰《广雅疏证补义》(《文献》第七、八辑)等等,皆对王书有所补正。至于周祖谟、裴学海等许多学者都有关于《广雅疏证》的专题论文,对该书的成书、体例、内容、成就、缺点及其在中国语言学史上的地位等等,都有所探讨和论述。另外,钟宇讯对该书作了点校,指出了该书误字十余处,且把王念孙作过补正的地方加圈标出,甚有益于读者(见中华书局影印本)。而江苏古籍出版社的影印本则编制了词目索引附于后,便于读者查检。近年的研究著述,有赵振铎《读〈广雅疏证〉》(载《中国语文》1979 年第 4 期)、徐兴海《〈广雅疏证〉研究》(江苏古籍出版社,2001 年)、胡继明《〈广雅疏证〉同源词研究》(巴蜀书社,2003 年)、张其昀《〈广雅疏证〉导读》(社会科学文献出版社,2009 年)、薛正兴《王念孙王引之评传》(南京大学出版社,2009 年)等。

(张　觉)

读书杂志 王念孙

《读书杂志》，正编八十二卷，馀编二卷。王念孙著。正编在王念孙生前于清嘉庆十七年（1812）至道光十一年（1831）陆续刊行，馀编为王氏遗稿，由其子王引之于道光十二年整理刊行。有王氏家刻本、同治九年（1870）金陵书局刊本、1985年江苏古籍出版社据家刻本影印本。

本书是王氏校读古代经籍所作的札记，其中也有一些是其子王引之和其他学者的意见。正编包括《逸周书杂志》四卷、《战国策杂志》三卷、《史记杂志》六卷、《汉书杂志》十六卷、《管子杂志》十二卷、《晏子春秋杂志》二卷、《墨子杂志》六卷、《荀子杂志》八卷及补遗一卷、《淮南子杂志》二十二卷及补遗一卷、《汉隶拾遗》一卷，馀编分上、下两卷，上卷是校读《后汉书》、《老子》、《庄子》、《吕氏春秋》、《韩子》、《法言》的札记，下卷是校读《楚辞》和《文选》的札记。

本书集中体现了王氏在校勘学和训诂学上所取得的成就，这些成就主要如下。

一、利用文字、音韵、训诂、校勘学方面的知识，校正古代经籍中讹误、脱文、衍字等错误共4890余条。如《史记杂志·鲁仲连邹阳列传》"反外"条云："'食人炊骨，士无反外之心。'念孙案，'外'当为'北'，'北'，古'背'字。言虽至食人炊骨，而士卒终无反背之心也。《齐策》作'士无反北之心'，是其证。隶书'外'字或作'外'，形与'北'相近，故'北'误为'外'。《汉书·刘向传》'孝文皇帝居霸陵，北临厕'，《张释之传》'北'误作'外'，《方言》'燕之北鄙'，今本'北'误作'外'，是其证。"又如《管子杂志·小称》"出如莒时"条云："'使公毋忘出如莒时也，使管子毋忘束缚在鲁也，使宁戚毋忘饭牛车下也。'念孙案，上二句当依《群书治要》作'使公毋忘出而在于莒也，使管仲毋忘束缚在于鲁也'，'在于莒'与'在于鲁'对文，'莒'与'鲁、下'为韵，今本'出而在于莒'作'出如莒时'，则失其韵矣。《艺文类聚·人部七》、《太平御览·人部一百》引此并作'在莒'，《吕氏春秋·直谏篇》作'出奔在于莒'，《新序·杂事篇》作'出而在莒'，皆无'时'字。"又如《史记杂志·范雎蔡泽列传》"持国秉政"条云："'吾闻先生相李兑，曰"百日之内，持国秉政"，有之乎？'念孙案，'政'字后人所加，索隐本出'持国秉'三字而释之曰：'案《左传》云：国子实执齐秉。服虔曰：秉，权柄也。'据此,则'秉'下本无'政'字,'持国秉'即'持国柄'也。《绛侯世家》'许负相条侯曰:"君相三岁而侯,侯八岁为将相,持国秉。"'是其明证矣。后人不知'秉'为'柄'之借字,故妄加'政'字。"王氏所作的校勘大多信实可靠,有的并被后来的考古发现所证实。如《战国策·赵策》"左师触詟愿见太后",王氏谓"触詟"当是"触龙言"之误,1973年湖南马王堆汉墓出土的帛书"触詟"正作"触龙言"。

二、充分采用以声音通训诂的方法,辨明通假字,纠正前人误训。如《史记杂志·乐毅列传》"以身得察"条云:"'臣窃观先王之举也,见有高世之心,故假节于魏,以身得察于燕。'念孙案,'察'读为'交际'之'际','际',接也。言假魏节使于燕,而以身得见先王也。'际'与'察'古同声而通用(《淮南·原道篇》'施四海,际天地',《文子·原道篇》作'施于四海,察于天地')。"又如《馀编上·庄子》"培风"条云:"《逍遥游篇》'风之积也不厚,则其负大翼也无力。故九万里,则风斯在下矣,而后乃今培风',《释文》曰:培,重也,本或作'陪'。念孙案,'培'之言'冯'也,'冯',乘也。风在鹏下,故言负;鹏在风上,故言冯。必九万里而后在风之上,在风之上而后能冯风,故曰'而后乃今培风'。若训'培'为'重',则与上文了不相涉矣。'冯'与'培'声相近,故义亦相通。《汉书·周缏传》'更封缏为鄜城侯',颜师古曰:鄜,吕忱音'陪',而《楚汉春秋》作'冯城侯','陪'、'冯'声相近,是其证也。"

三、总结、发明校勘学和训诂学的理论和方法。如《淮南子杂志》后所附《读淮南子杂志书》一文归纳总结经籍字句讹误的原因共有64种之多,《史记杂志》"索隐本异文"条提出"《史记》中古字多为浅学人所改"、"古书多假借之字"的理论,《汉书杂志》"连语"条提出"凡连语之字,皆上下同义,不可分训"的理论等。

此书的不足之处是间有主观武断,妄改古书,如《史记杂志·廉颇蔺相如列传》"廉颇、畏匿之"条以《文选》、《群书治要》注文所引为据,认为"今君与廉颇同列,廉君宣恶言,而君畏匿之"句中,"廉颇"当作"廉君","畏匿之"当作"畏之匿",其实《史记》行文多近于口语,背称"廉颇"也在情理之中,古人引书本不严格,类书尤其如此,不应一概引以为据,更何况"畏之匿"并不符合文言的语气。

陈雄根编《〈读书杂志〉资料便检》(香港中文大学出版社,1989年)以本书中有关文字训释、通用、讹误、古今字、异体字及特殊读音字例为主,取其要者分条辑录,为检索、利用本书提供了便利。关于此书的研究,可参看胡怀琛《读书杂志正误》(载《朴学斋丛书》),又裴学海《评高邮王氏四种》(载《河北大学学报》1962年第二期)、王云路《〈读书杂志〉失误举例与分析》(载《文史新探》,上海社会科学院出版社,1988年)、张先坦《〈读书杂志〉词法观念研究》(巴蜀书社,2007年)、薛正兴《王念孙王引之评传》(南京大学出版社,2009年)等。

(杨剑桥)

经籍籑诂 阮　元

《经籍籑诂》，一百零六卷。阮元编撰。成书于清嘉庆四年(1799)。有嘉庆十七年扬州阮氏琅嬛仙馆刊本、光绪六年(1880)淮南书局刊本、1936年世界书局影印琅嬛仙馆本。近年中华书局、上海古籍出版社分别出版过影印本。

作者生平事迹见"十三经注疏"条。

清乾隆三十七年(1773)，乾嘉学派的领袖人物戴震创议纂集古书传注，以便与陆德明《经典释文》相匹配，并补《康熙字典》之不足。可惜戴氏不久病逝。至嘉庆初年，阮元邀孙星衍、马宗琏分书纂集，但未及半而中辍。以后阮元督学浙江学政，遴选门下弟子及学界名流四十余人，分类编纂。他"手定凡例"，"分籍纂训，依韵归字"，并邀臧镛堂、方起谦等任总纂和总校，历时两年编成，于嘉庆四年初刊印行。以后又依韵再编《补遗》，附于每韵之后。

《经籍籑诂》按平水韵分部，每部一卷，共一百零六卷。每卷后均附《补遗》。书前有王引之、钱大昕、臧镛堂所作的《序》和《后序》。

此书是一部资料总集，取材宏富，收词范围极为广泛，囊括了唐以前所有经史子集本文中的训诂，如《左传》、《公羊传》、《逸周书》、《国语》、《论衡》等书中对某些字义的诠释；旧注，包括现存古注，如《诗经》的《毛传》、《郑笺》、《淮南子》高诱注，《后汉书》李贤注等，后人所辑古注，如《列子》张湛注，《论语》何晏集解等；训诂专书，包括现存古书，如《说文解字》、《尔雅》、《方言》等，后人辑佚小学书，如《仓颉篇》、《字林》、《埤苍》、《声类》、《通俗文》等，凡此种种统于一字之下。因此"展一韵而众字毕备，检一字而诸训皆存，寻一训而原书可识，所谓握六艺之钤键，廓九流之潭奥者矣"(王引之《序》)。对同一经文，而因时间相隔，派别不同，训诂各异者，均一一择录，使诸家异说，彼此参见，择善而从；于传注不当之处，亦能博考而订正。臧镛堂称其为"经典之统宗，训诂之渊薮，取之不竭，用之无穷"，是为的评。

《经籍籑诂》条理分明，体例谨严。先按字抄录，再以《佩文韵府》分韵归字，《佩文韵府》所阙者,依《广韵》《集韵》补入。各字之下,分别各种古文异体。义项排列,先本义或声训,次引申义,再次为假借义。同一义项而各书重见或稍异者,备列不删。各义项下均注明出处,便于核对。所引书训,以经、史、子、集为序。而各部引书也各有次第,如经部以《易》、《书》、《诗》、《礼》、《春秋》、《孝经》、《论语》为序。子部则以《孟子》为首。所引两汉碑碣及古人姓字,均列于最后。《补遗》均低一格列于本字条下。

本书成书仓卒,采辑杂出众手,间有遗漏和误释之处,虽每字后有《补遗》,但错误仍然难免,引用时,宜核实原书,辨明字形、字义。

(陈 崎)

果赢转语记 程瑶田

《果赢转语记》,一卷。程瑶田著。原稿作于何时,尚待考证。此书是程瑶田殁后,由其同族侄儿问源于清光绪十年(1830)整理刊行的,书末有王念孙的跋。收在《安徽丛书·通艺录》中。

程瑶田(1725—1814),字易畴。安徽歙县人。受业于江永,读书喜深思。清乾隆三十五年(1770)中举人,选为太仓州学正,为人廉洁,为钱大昕、王鸣盛等人所推重。嘉庆元年(1796),举为孝廉方正。一生著述丰富,计有《丧服足徵记》、《宗法小记》、《沟洫疆里小记》、《禹贡三江考》、《九穀考》、《磬折古义》、《水地小记》、《解字小记》、《声律小记》、《考工创物小记》、《释草释虫小记》等。晚年双目失明,由孙辈据其口授作成《琴音记》。这些书都收在他的《通艺录》里。论著由今人辑为《程瑶田全集》。

《果赢转语记》是一本专门分析"果赢"一词演变的书。书中说:"《尔雅》:果赢之实,栝楼。高诱注《吕氏春秋》曰:穗,果赢也。然则果赢之名无定矣,故又转为蜾赢、蒲卢,细腰土蜂也。《尔雅》作果赢,又转为鸟名之果赢,又转为温器之锅镳……"下文接着引出了二百多个与"果赢"为一声之转的同源词。"果赢"这个词,古人常用来指称圆形的东西。如称瓜果之类,字变作"果蓏"、"栝楼"、"苦楼",称细腰土蜂,字变作"果赢"、"蒲卢"、"蛞蝼"等等。"果赢"是"肖物形而名之,非一物之专名",所以"果赢"有许多的同源词。

此书的开头说:"双声叠韵之不可为典要,而唯变所适也。声随形命,字依声立:屡变其物而不易其名,屡易其文而弗离其声。物不相类也,而名或不得不类;形不相似,而天下之人皆可以是声形之,亦遂靡或弗似也。"这说明程氏作此书的目的,不是为了专释"果赢"一词,而是为了藉此阐发音义通转的道理和事物命名的规律。

书中所举二百余例虽未必全部妥当,但不为字形所惑,而从声音出发,考求同源字,是这本书的精彩之处。王念孙在此书的跋记中称赞道:"盖双声叠韵出于天籁,不学而能,由经典以及谣俗,如出一轨。而先生能独观其会通,穷其变化,使学者读之而知绝代异语、列国方言,无非一声之转,则触类旁通,而天下之能事毕矣!"

关于本书的研究,可参阅胡奇光《中国小学史》(上海人民出版社,1987年)、任继昉《汉语语源学》(重庆出版社,1992年)的有关章节。

(沈榕秋)

经义述闻 王引之

《经义述闻》,三十二卷。王引之著。有清嘉庆二年(1797)初刊本,共二十八卷,乃非足本;道光七年(1827)京师寿藤书屋重刊本,增加《太岁考》、《春秋名字解诂》两篇,为通行之足本。另有学海堂本,系据道光本略去《太岁考》和《通说》而成,亦二十八卷,非足本。又有江苏古籍出版社1985年影印道光本。

王引之(1766—1834),字伯申,号曼卿。江苏高邮人。训诂学家。清嘉庆进士,官至工部尚书,卒谥"文简"。承绪其父王念孙音韵训诂之学,世称高邮王氏父子。在训诂上,注重以声音通训诂,创获良多,尤其注重虚词研究,有重大成就。著作另有《经传释词》、《字典考证》等。《清史稿》卷四八一有传。

《经义述闻》是从经学、小学和校勘学角度研究《周易》、《尚书》、《毛诗》等古代经典的著作,其中约有一半是记述其父王念孙关于经义的论说,故书名曰《经义述闻》,不过其中也有不少是作者自己的见解。书中凡王念孙之说,皆冠以"家大人曰"字样,而王引之之说,则或有"引之谨案"字样,或无此字样。

本书内容大多是随经文所作的训诂和校勘,其中卷一、卷二收《周易》之论一○六条,卷三、卷四收《尚书》之论一○五条,卷五至卷七收《毛诗》之论一五○条,卷八、卷九收《周官》之论九六条,卷十收《仪礼》之论七四条,卷十一至卷十三收《大戴礼记》之论二二一条,卷十四至卷十六收《礼记》之论二○二条,卷十七至卷十九收《春秋左传》之论二一六条,卷二十、卷二十一收《国语》之论一七一条,卷二十四收《公羊传》之论五四条,卷二十五收《穀梁传》之论六一条,卷二十六至卷二十八收《尔雅》之论二一八条。此外,卷二十二、卷二十三《春秋名字解诂》(上、下)两篇则是从训诂角度来解释春秋时期人名中名和字的语义关系;卷二十九、卷三十《太岁考》(上、下)两篇是辩证有关星历的二十八个问题;卷三十一、卷三十二《通说》(上、下)两篇论述"易"、"有"等四十一个字词的意义,又载王念孙古韵二十一部之说,以及有关训诂、校勘十二个问题的通论。

本书在传统语言学上的贡献主要如下。

一、对古代经典文献中大量字词的意义提出了新的令人信服的训释。如《诗经·魏风·硕鼠》"爰得我直"，毛传曰："直，得其直道。"王引之认为"直"当读为"职"，与上文"爰得我所"之"所"同义，证据是《左传·哀公十六年》"克则为卿，不克则烹，固其所也"，《史记·伍子胥传》作"固其职也"，《汉书·赵广汉传》"广汉为京兆尹廉明，威制豪强，小民得职"，颜师古注："得职，各得其常所也。"《左传·宣公十五年》"羊舌职"，《说苑·善说篇》作"羊舌殖"等。

二、对古代经典文献中大量讹误的字句进行了成功的校订。如《左传·僖公二十四年》："君若易之，何辱命焉？行者甚众，岂唯刑臣？"王念孙认为："'甚'亦当作'其'，言君若念旧恶，则行者其众矣。'其'者，将然之词，此时尚未有行者，不得言'甚众'也。"其文字上的证据是《释文》："一本'甚'作'其'。"

三、熟练地运用以声音通训诂、看上下文语境、比较同类句型等方法，并从理论上加以阐述。如王引之《经义述闻·序》引王念孙语曰："诂训之指存乎声音，字之声同声近者，经传往往假借。学者以声求义，破其假借之字而读以本字，则涣然冰释；如其假借之字而强为之解，则诘鞫为病矣。"又如《通说》"经文数句平列，上下不当歧异"条提出："经文数句平列，义多相类，如其类以解之，则较若画一，否则上下参差，而失其本指矣。"

本书也有一定的缺点，主要是轻言假借，臆改古书。如卷五"行役夙夜无寐"条云："《魏风·陟岵篇》'行役夙夜无已'、'行役夙夜无寐'。引之谨案，'寐'读为'沫'，'无沫'犹'无已'也。《楚辞·离骚》曰：'芬至今犹未沫。'《招魂》曰：'身服义而未沫。'王逸注并云：'沫，已也。'作'寐'者，假借字耳。"其实，"寐"完全可以按其本义，释为睡觉，一定要说成"沫"之通假，释为"已"，反而文义重复，与下文"行役夙夜必偕"不类。又如卷五"士贰其行，其仪不忒"条云："《卫风·氓篇》'女也不爽，士贰其行'，笺曰：'我心于女故无差贰，而复关之行有二意。'正义曰：'言我心于汝男子也，不为差贰，而士何谓二三其行于己也。'引之谨案，'贰'与'二'通，既言'士贰其行'，又言'士也罔极，二三其德'，文义重沓，非其原本也。'贰'当为'贰'之讹，'贰'音他得切，即'忒'之借字也。"其实，即使改"贰"为"贰"，文义仍有重沓，故王氏之改字缺乏证据。

研究《经义述闻》的著述，有何九盈《中国古代语言学史》（北京大学出版社，2006年）、薛正兴《王念孙王引之评传》（南京大学出版社，2009年）的有关章节等。

（杨剑桥）

经传释词 王引之

《经传释词》，十卷。王引之撰。成书于清嘉庆三年（1798）。有嘉庆二十四年王氏家刻本、道光九年（1829）学海堂《皇清经解》本、道光二十四年钱熙祚《守山阁丛书》本，以及1956年中华书局校印本和1984年岳麓书社黄侃、杨树达手批排印本。

乾隆五十五年（1790），王引之赴京城从其父王念孙学习经义，"始取《尚书》廿八篇绅绎之，而见其词之发句、助句者，昔人以实义释之，往往诘鞫为病"（自序），因此萌发了注释古书中虚词的念头。由于得到其父的指导，"发明意恉，涣然冰释，益复得所遵循，奉为稽式，乃遂引而申之，以尽其义类。自九经三传及周、秦、西汉之书，凡助语之文，遍为搜讨，分字编次"（《自序》），积数年之功力，至嘉庆三年始成此书。

《经传释词》收录虚词凡一百六十组，二百六十四字。以音同义近归组，以守温字母为序排列。从卷一至卷四是喉音声母字，卷一凡十组十六字，卷二凡八组十三字，卷三凡十二组二十二字，卷四凡二十二组三十八字。卷五是牙音声母字，凡二十三组三十九字。卷六是舌音声母字，凡十五组二十一字。卷七是半齿半舌音声母字，凡九组十一字。卷八是齿头音声母字，凡二十二组三十七字。卷九是正齿音声母字，凡二十五组三十七字。卷十是唇音声母字，凡十四组二十字。此书前有阮元《序》，书后有钱熙祚《跋》。

此书在编排上，先叙述各字的用法，再引例证说明。引用例证时，则先溯其原始，然后阐明其演变。如"谓"字条下，先引"家大人（王念孙）曰：谓，犹为也"，再引《易》、《诗》、《左传》、《国语》、《淮南子》、《韩诗外传》、《史记》等例证说明，再以"家大人曰，谓犹为（去声）也"、"谓犹与也"、"谓犹如也"，阐明"谓"字的遭变之道（卷二）。此书在取材范围上，只限于西汉以前的古籍，主要是上古经典著作，特别是《尚书》二十八篇。同时，对于各个虚词的通常用法，则因为是"常语"而一概省略，仅限于补前人所未及，正先儒所误解的部分。

《经传释词》的主要成就如下。

一、开创虚词研究的新局面。王引之之前,对于古书虚词的研究,前辈学者往往并不重视,认为虚词的作用只是"审辞气"、"通文法"而已。但王引之则提出虚字"不以实义解"的原则,认为"经典之文,字各有义。有字之为语词者,则无义之可言,但以足句耳。语词而以实义解之,则扞格难通。……善学者不以语词为实义,则依文作解,较然易明,何至辗转迁就而卒非立言之意乎?"(《经义述闻·通说》)王引之研究虚词,认为应当"窥测古人之意",还虚词以本来面目,正确地理解文意,而不是"舍旧说而尚新奇"(《自序》),明确地区分了虚词和实词的界划,表达了新颖的虚词研究的观念。

二、运用"因声求义"的方法,发先人所未发。王引之以家学庭训,用"因声求义"的方法,指出了一大批前代学者未曾发现的虚词,而且论证绵密,断制谨严,极富创见。如先儒认为"有"与古"又"同声,因而,"有"可通"又"。王引之认为,既然同声,应可互通,"今之学者,但读十有一月,十有二月之'有'为'又',而他无闻焉。俗师失其读也。'有'、'又'古同声,故'又'通作'有','有'亦通作'又'。……石鼓文:'㵎又小鱼。'《诅楚文》:'又秦嗣王。'并以'又'为'有'。"(卷三)再如"乡"与"向"(卷四),"盍"、"曷"与"何"(卷四)等,均为音同互通例。同时,此书又广引古注,发明先儒的晦义,如"为"(卷二)引赵岐注,"惟"(卷三)引郑玄笺,"思"(卷八)引毛亨传,"夫"(卷十)引刘瓛《孝经疏》、高诱《淮南注》等,将其虽注而未明的晦义,发明光大,为后世学者的探究,开辟了门径。

三、广参众说,正先儒所误解。在训诂学中,很早就认为实词易训,虚词难释,因此,对于虚词的注释,先儒所误解处是不少的。王引之利用汉魏以来,特别是清代诸家的研究成果,不为凿空之谈,不为墨守之见。既出于汉学门户,又不囿于汉学藩篱。凡前代累讼纷纭、久未决断者,则以是否合乎经义,是否"揆之本文而协,验之他卷而通"为标准,来作出决断。即使前辈学者,如顾炎武、惠栋、段玉裁等,也直言不讳,直指其误。如"不"(卷十)字条下,纠正了自《毛传》、《郑笺》以及《史记》、《汉书》以来的误解,认为"既误训,又乱其字之先后矣"。"夫"(卷八)字条下,纠正了郑注之误,凡此种种,不在少数。

四、揭示了训解虚词的方法。在此书中,王引之运用了多种方法来训解虚词,如:举同文以互证,举两文以比证,因互文以知同训,即别本以见义,因古注而后推,采后人所引以相证等。(钱熙祚《跋》)这些方法大多相当科学,也可以成为后世学者研究的借鉴。同时,王引之对虚词内部的区分,也进行了初步的探求。如"云"字条下,就有"云,发语词也"、"云,语中助词也"、"云,语已词也"(卷三)的区划。又将全书的语词,分为"常语"、"语助"、"叹词"、"发声"、"通用"、"别义"等六种。再如"不"字条下,提及语序问题(卷十);"于"字条下,阐述了单句各词之间、复句各分句之间的相承关系(卷一)等。同时,此书在释义中,也随文论及了一些同义虚词连用的现象。如"讵"字条下,论及"何遽"、"何渠"、"岂讵"、"奚距"、"庸讵"、"宁渠"等词(卷五);"其"字条下,论及"其可与"乃"、"曷"、"伊"、"克"、"堪"、"维"等连用(卷五);"焉"字条下的"焉乃"等(卷一)。这些现象都是前人所未论及而王引之首先提出的。

《经传释词》也有它的不足之处。例如:(一)断代较早。此书以"经传"为名,因此收词仅取九经、三传以及西汉以前的书面语。收词面既狭窄,释义和引证也不能更广泛和深入,所起的作用也有一定限制。加以对"常语"认为言浅义近,不须加以解释和辨析,使得它的应用范围不大,仅是在钻研较深的经传典籍时,才有助于参考。(二)偶有阙漏以及误解古书处,甚至在《经义述闻》中已论及的,此书也或有失载。而断句失误或误解古书处,也间有所见,即所谓"旧解非误而强词夺之者;亦有本非臆造,而不能援古训、比声音以自证者"(章太炎《王伯申新定助词辨》)。

《经传释词》刊行后,补正衍释的书,主要有孙经世《经传释词补》、《再补》;吴昌莹《经词衍释》等。研究著作有章炳麟《王伯申新定助词辨》、裴学海《经传释词正误》(均见本书中华书局本附录)、俞敏《经传释词札记》(湖南教育出版社,1987年)、程南洲《经传释词辨例》(花木兰文化出版社,2009年)等。

(陈　崎)

字诂义府合按 黄 生等

《字诂义府合按》,《字诂》一卷,《义府》二卷。黄生著,黄承吉按。成书于清道光二十二年(1842)。有咸丰元年(1851)黄必庆《梦陔堂全集》本、《安徽丛书》第三辑本、中华书局1984年包殿淑点校本。中华书局本附有词条四角号码索引,较便检索。

黄生(1622—?),字扶孟,号白山。安徽歙县人。明末诸生。明亡后冥然独处于山村溪舍之中,汲汲致力于文字声义研究,工吟咏,精训诂,为清代训诂学复兴之先导。黄生淹贯群籍,著述繁富,好以古人书名名其书,所著《字诂》即取晋张揖《字诂》之名。又曾作《论衡》七卷,亦取东汉王充《论衡》之名。所著有《一木堂诗稿》、《文稿》、《内稿》、《外稿》,所辑有《一木堂字书》四部、《杂书》十六种,所评有《古文正始》、《经世名文》、《文筏》、《诗筏》、《杜诗说》。然所著《一木堂集》,乾隆年间被销毁;所评、所辑诸书,亦多散失。仅存《字诂》一卷、《义府》二卷、《杜诗说》十卷。

黄承吉(1771—1842),字谦牧,号春谷。江苏江都(今扬州)人。黄生族孙。幼年读书聪敏,博综两汉诸儒论说,兼通历算,二十岁时补江都生员。与同里训诂学家江藩、焦循、李钟泗诸人切磋经义,交往甚密。清嘉庆十年(1805)会试中进士,任广西兴安知县。后以"文书过境失落,未能遽获",于嘉庆十四年为上官劾罢。回归故里后,发愤著述。其校证经史,钩稽贯串,每出旷识。著有《周官析疑》二十卷、《梦陔堂文集》十卷、《诗集》五十卷、《文说》十一卷。其《字义起于右旁之声说》(《梦陔堂文集》卷二)一文,是右文说史上的名作。

《字诂》一书取经史群书语词,考辨音义,订正讹误,侧重于文字形音义辨识,与颜师古《匡谬正俗》相类。《义府》一书,上卷论经,下卷论诸史、子、集,及宋代赵明诚《金石录》、洪适《隶释》、北魏郦道元《水经注》所载古碑和梁陶宏景《周子良冥通记》的词语,侧重于名物典制的考证。《四库全书总目提要》对此二书评价甚高,称《字诂》"于六书多所发明,每字皆有新义,而根据博奥,与穿凿者有殊",称《义府》"于古音古训,皆考究淹通,引据精确,不为无稽臆度之谈","虽篇帙无多,其可取者,要不在方以智《通雅》下也"。

《字诂义府合按》的特色主要如下。

一、阐发音理,因声求义。黄生研究学问,与顾炎武同时。顾炎武已深明考订文字,必先明音读的道理,黄生虽独处于闭塞的歙县山村之中,平时未能与诸学者有所切磋,又未见顾炎武所著之《音学五书》,然其声义相因而起的见识,正与顾炎武相类。《字诂》、《义府》中此类例子颇多,如"尔"字条认为古代"或借汝,或借乃,或借若,或借而,方土不同,各取其声之相近者耳"。又如"偻佝"条,认为:"偻佝,俯身向前也,此背曲之病。《庄子·列御寇篇》作痀偻。又字书偻佝,当即一义。又《左传》'臧会窃其宝龟偻句',此亦以其形名之。又《史记·滑稽传》:'瓯窭满篝,污邪满车。'污邪下地,则瓯窭为高地可知,此亦以其形名之。"

黄生还以声为义,探讨同源词命名的根据。如谓:"物分则乱,故诸字从分者皆有乱义。纷,丝乱也。雰,雨雪之乱也。衯,衣乱也。鹙,鸟聚而乱也。芬芬,乱貌也。"("纷雰衯鹙芬"条)又如谓:"疋,鸟足之疏也。䟽、䟽,并窗户之交疏也。梳、疏,并理发器也。鸟足开而不敛,故作疋字象之。疋有稀义,故窗户之稀者曰䟽,栉器之稀者曰疏,并从疋会意兼谐声。疏所以通髪也,故借为疏通之疏。因借义专,故去疋从木作梳以别之。"("疋䟽䟽疏梳"条)前一例还只是从形声字"声符相同则义得相通"的角度来研究字源,后一例则已不为字形所拘,进而从意义相因的关系来探究字源。

二、实事求是,引据精确,既不为凿空之说,又不迷信名儒传注,因而多正前人说解之误。如"施施从外来"条,根据《诗·王风》:"将其来施施。"毛传:"难进之意。"郑笺:"舒行之貌。"认为《孟子》"施施从外来",乃形容齐人醉归,倚斜偃蹇之状。而赵岐注为"喜悦之貌",朱熹因之,注为"喜悦自得之貌",均失之。其他如引《吴越春秋》,不为《说文》所拘而证"鄂不"即"鄂柎"("鄂不"条);引贾谊《过秦论》、陈琳檄文证《尚书·武成》"漂杵"当为"漂橹"("血流漂杵"条);以古音求"方舟"之义为"两舟相并"("方舟"条);以徽州妇人以线缴面毛谓之"耐面"而证"耐"为"留发去须鬓"("耐"条)等等,多有发明。黄生学有根柢,言必有据,其致力文字训诂考据,开启有清一代学者朴学研究之先。

三、考究字词本义,并推衍本义与引申义、假借义之间的关系。黄生在《字诂》、《义府》中抓住字词本义这一词义研究的关键,来揭示词义发展的规律。如《说文》释"好"字为:"爱而不释也。女子之性柔而滞,有所好,则爱而不释,故于文女子为好。"黄生指出,"若如所训,则文中'子'字为赘设矣"。他认为:"好",从女、从子,"盖和合二姓以成配偶,所谓好也。《诗》'君子好逑'、'妻子好合',乃其本义。借为凡相睦之称。《孟子》'言归于好',《左传》'修旧好',言和好如婚姻也。好为美德,故借为恶之对。人情慕好而恶恶,故转去声,为爱慕之义。《说文》但以去声为训,是以借义为正义,于上声之训遂阙。此其谬也。"("好"条)黄生谓"好"之本义为"和合二姓以成配偶",

"相睦"、"爱慕"、"爱好"为引申义,言之成理。又如"醜"条,黄生不仅指出其本义是"貌陋",引申义是"羞"、"恶",还指出"醜类"之义为假借义,乃音近"俦"而借用也,剖析甚明。

黄承吉的按语则对黄生之说从声音训诂的角度多加阐发。如"纷雾裕鸢棼"条按语云:"凡谐声字以所从之声为纲义,而偏旁其逐事逐物形迹之目,此则公已先见及之。""亹亹"条按语云:"以亹、勉为一声之转,为学者所罕明。……公学之精,正在此矣。"他在按语中不独点明黄生说解精当之处,且多所发挥。如由黄生"娄罗,别作觓缕,犹言委曲也"("娄罗"条),明言"诸字为一声,乃直诸字如一字",因而"委佗者即委蛇,而即逶迤、倭迟也。亦即委宛,而即倅宛、蜓蜿也",其说极确。

不过,由于黄生的古音研究远不及乾嘉学者那么精审,又因其潜处僻壤,与同时代学者鲜有切磋,故疏舛之处,时或有之。如古音"谁"在微部,"孰"在觉部,相去颇远,而黄生却谓"谁之入声为孰,故后又谓谁为孰"("畴咨"条);再如"乐"在药部,"角"在屋部,无从相通,而黄生却谓"角"与"乐"音相近而通借("栾"条)。至于引《王莽传》谓《诗·青蝇》之"蝇"当作"鼃"("苍蝇之声"条),引《三国志注》而不引《国语》释"九德"("九德"条)等等,均为失当之处。

研究《字诂义府合按》的著作,有沈兼士《右文说在训诂学上之沿革及其推阐》(见《沈兼士学术论文集》,中华书局,1986年)及李建国《汉语训诂学史》(安徽教育出版社,1986年)的有关章节。

(陈重业)

古书疑义举例 俞 樾

《古书疑义举例》，七卷。俞樾撰。成书于清同治七年(1868)。有同治十年《第一楼丛书》本、光绪年间宏达堂重刻本、民国长沙鼎文书社刊本、中华书局1956年《古书疑义举例五种》排印本。

作者生平事迹见"群经平议"条。

从王念孙《读书杂志》的以音韵通训诂，到王引之《经传释词》的虚词研究，汉语训诂学基本上还囿于字词的小范围内。俞樾则认为："夫周秦两汉，至于今远矣。执今人寻行数墨之文法，而以读周秦两汉之书，譬犹执山野之夫，而与言甘泉、建章之巨丽也！"(自序)因此，除今人所发明的文法之外，古人自有一套用词造句之例；不懂这种用词造句之例，正是"古书疑义所以日滋"(同上)的原因。为此，作者乃把汉语训诂学的研究推广到句、段，甚至篇章的大范围内，于是"刺取九经、诸子，为《古书疑义举例》七卷"，一方面是"使童蒙之子，习知其例，有所据依"(同上)，而在另一方面，也把汉语训诂学提高到了一个新的阶段。

《古书疑义举例》共诠释古书辞例八十八例。前四卷五十一例属于训诂学范畴，后三卷三十七例属于校勘学范畴。综其主要，前四卷大致可分为以下几点。

一、关于古书通假的辞例。如"上下文异字同义例"、"上下文同字异义例"、"以双声叠韵字代本字例"、"以读若字代本字例"等。

二、关于古书词汇的特殊表达法。如"倒序例"、"错综成文例"、"参互见义例"、"变文协韵例"、"语缓例"、"语急例"、"语词复用例"、"句子用虚字例"等。

三、关于古书句法的通例和变例。如"古人行文不嫌略例"、"古人行文不避繁复例"、"一人之辞而加曰字例"、"两人之辞而省曰字例"、"文具于前而略于后例"、"文没于前而见于后例"、"举此以见彼例"、"因此以及彼例"等。

四、关于古书字义的训诂问题。如"两语似平而实侧例"、"两句似异而实同例"、"以重言释一言例"、"以一字作两读例"、"实字活用例"、"称谓例"、"寓名例"、"助词用不字例"、"也邪通用例"、

"虽唯通用例"、"句尾用故字例"、"句首用焉字例"、"古书连及之词例"等。

五、关于古籍中的语法问题。如"倒句例"、"蒙上文而省例"、"探下文而省例"、"古书发端之词例"等。

六、关于古书中的修辞问题。如"美恶同辞例"、"高下相形例"、"以大名冠小名例"、"以大名代小名例"、"以小名代大名例"等。

后三卷大致可分为以下几点。

一、关于古书的误衍和误改。如"两字义同而衍例"、"两字形似而衍例"、"涉上文而衍例"、"涉注文而衍例"、"以旁记字入正文例"、"因误衍而错删例"、"因误衍而误倒例"、"据他书而误改例"等。

二、关于古书的误夺和误解。如"两文疑复而误删例"、"因误夺而误补例"、"一字误为两字例"、"两字误为一字例"、"文随义变而加偏旁例"、"不达古语而误解例"、"两字一义而误解例"、"两字对文而误解例"、"据他书而误解例"等。

三、关于错简和错分篇章。如"字句错乱例"、"简策错乱例"、"分章错误例"、"分篇错误例"等。

此书条例精密，援引详明，是一部总结性又富有启发性的训诂学名著，马叙伦誉为"发蒙百代，梯梁来学，固县之日月而不刊者也"（《古书疑义举例校录》）。此书一出，后世学者多有续补、校录之作，如刘师培的《古书疑义举例补》、杨树达的《古书疑义举例续补》、马叙伦的《古书疑义举例校录》、姚维锐的《古书疑义举例增补》等。

研究本书的著述，有周斌武《〈古书疑义举例〉札记》（载《中华文史论丛增刊·语言文字研究专辑》，上海古籍出版社，1982年），李建国《汉语训诂学史》（安徽教育出版社，1986年），许威汉《训诂学导论》（北京大学出版社，2003年）的有关章节，许威汉、金甲《俞樾〈古书疑义举例〉评注》（商务印书馆，2012年）。

（陈　崎）

尔雅释例 陈玉澍

《尔雅释例》，五卷。陈玉澍著。成书于清光绪十六年(1890)。1919年曾刊于《国故》杂志一至四期，另有1921年南京高等师范学校排印本。

陈玉澍(1853—1906)，原名玉树，字惕庵。江苏盐城人。训诂学家、经学家。其父陈松岩善治毛诗，陈氏幼趋庭训，读书辨志，博闻《诗》义。虽家境清寒，仍耽学乐道。著《毛诗异文笺》，极获王先谦称许，刊入《南菁书院丛书》第五集。以后随经学家黄以周精习小学，潜研经训。又以府学廪生，举光绪戊子科优贡，旋中本科举人。曾任盐城尚志书院山长、南京两江师范学堂教务长。所作诗文指陈时事，激昂慷慨，一抒反帝爱国之志。所著还有《毛诗异文笺》、《后乐堂诗文集》。生平史料见《续碑传集》卷七五。

陈氏以为，钻研经籍，应读《尔雅》；辨言观古，惟赖故训。《尔雅》一书，真可谓六籍之检度、百家之管钥。然其义例晦蒙，诂训为病，故即通达如刘向、刘歆父子，犹且叹息。清儒于诸经多有释其例者，而于《尔雅》却未之及；注《尔雅》者甚多，然于其释义之例亦皆未之及。陈氏遂从光绪十四年(1888)十月起，广涉《尔雅》今古注疏，历时二载，至光绪十六年九月，始成《尔雅释例》五卷。书成之后，曾邮寄黄以周。黄叹其精核，欣然作序，谓此书"标明纲格，统括大归"。然此书一直未得刊行。直至其侄陈钟凡考入北京大学，将此书遍谒方家，甚得好评。1920年，南京高等师范学校顾实从《国故》杂志读到此书，"诧为杰作"，遂将全稿付梓。因今本《尔雅释例》卷首有顾实《校印〈尔雅释例〉序》，黄以周《叙》，陈玉澍《自叙》，及陈钟凡《后叙》。

《尔雅释例》五卷，共得《尔雅》释义之例四十五条。

卷一：① 有假借无假借例，② 经文在上在下例，③ 上下皆经文例，④ 经有异文而《尔雅》并释例，⑤《释训》释《诗》例，⑥ 文同训异例，⑦ 文异训同例。

卷二：⑧ 训同义异例，⑨ 训异义同例，⑩ 相反为训例，⑪ 同字为训例，⑫ 同声为训例，⑬ 两句相承例，⑭ 转相训例，⑮《释地》四篇例，⑯《释草》七篇泛言例。

卷三：⑰《释草》七篇专释例，⑱《释兽》、《释畜》二篇例，⑲ 用韵例，⑳ 名同文异例，㉑ 文同义异例，㉒ 义同文异例，㉓ 文同形异例，㉔ 名同义异例，㉕ 名异义同例，㉖ 物异名同例，㉗ 名异物同例，㉘ 蒙上文而省例，㉙ 一字重读例，㉚ 因此及彼例，㉛ 举此见彼例，㉜《释鸟》、《释兽》、《释畜》言雌雄牝牡例，㉝ 语助例。

卷四：㉞ 衍文宜删例，㉟ 脱文宜补例，㊱ 错简宜正例，㊲ 上下互误例，㊳ 涉上下文而误例，㊴ 误以上文属下、下文属上例。

卷五：㊵ 形近致误例，㊶ 不当分而误分例，㊷ 不当合而误合例，㊸ 郭氏改经例，㊹《释文》改郭例，㊺ 附益例。

从全书看，卷一、卷二主要探究《释诂》、《释言》、《释训》三篇释义之例，卷三主要探究《尔雅》其余各篇之义例，卷四、卷五主要为校正《尔雅》脱衍误乱之例。但各卷分类不甚严密。

此书多有创见，使读《尔雅》者有条贯可寻，并可借此正确理解《尔雅》训释，而不为前人误注所惑。如"文同训异例"指出《释诂》、《释言》两篇，有同文异训而并列一处者，书中"辟，法也"，"辟，罪也"；"妃，合也"，"妃，匹也"，"妃，对也"，"妃，媲也"等皆是。以此例推之，则知《释诂》"宷，官也"，"采，事也"两条中之"宷"当作"采"。作者谓："宷训官，官又训事。宷即采也，官即事也。《书·尧典》：'畴咨若予采。'马注：'采，官也。'《史记·司马相如传》：'以展采错事。'《集解》引《汉书音义》曰：'采，官也。'《汉书·刑法志》注、《文选·嵇叔夜答何劭公诗》注并引《尔雅》'采、寮，官也'，字正作采。"

再如"文异训同例"指出《尔雅》有文虽异而实相通者，《释诂》有"皇、王，君也"，皇、王古字通；"京、景，大也"，京、景古字通；"笃、竺，厚也"，笃、竺古字通，等等。以此例推之，则知《释诂》"禧、诰，告也"之"禧"当作"祮"。作者谓："禧训福、训吉、训礼吉，从无训告者。……《说文》、《玉篇》并云：'祮，告祭也。'祮训告，与下文诰训告同。"

又如"相反为训例"指出《尔雅》有以反义词为训释者，《释诂》有"繇，忧也"，"繇，喜也"，"忧"与"喜"义反；"落，始也"，"落，死也"，"始"与"死"义反。以此例推之，《释诂》有"康，静也"，"康，安也"，《释言》有"康，苛也"，苛扰与安静义正相反。郝懿行不知此义，引"康谓之蛊"，谓康乃细碎之物，与苛细、苛扰义近，其说甚谬。俞樾不明此义，遂释康为抗，释苛为荷，此说亦迂曲不可通。

《尔雅释例》的不足之处有以下几点。

一、五卷中前三卷主要为释义之条例，后二卷主要是校勘之例证，如"衍文宜删例"，"脱文宜补例"，称为释义体例显为不妥。

二、条例过于繁杂，如"文同训异例"可与"训异义同例"合并。前文所举陈氏据"文同训异例"而作的推断，实际上他已同时在应用"训异义同例"。如不承认"训异义同"，则其推断根本不能成立。至于陈氏所言《释诂》、《释言》、《释训》以外诸篇之例，与王国维《尔雅草木虫鱼鸟兽名释例》(《观堂集林》卷五)相比，亦略逊一筹。

三、有些地方说解失当。如"语助例"认为《释训》"徒御不惊，辇者也"之"不"为语词，故《释器》"不律谓之笔"之"不"亦为语词。其实"不律谓之笔"条郭璞已注："蜀人呼笔为不律也，语之变转。"郝懿行亦曰："不律者，盖笔之合声。"近人林语堂《古有复辅音说》则将"不律谓之笔"作为上古有复辅音〔pl〕之例证，故"不"不当释为虚词。

研究《尔雅释例》的著述，有胡朴安《中国训诂学史》(北京中国书店，1983年)的有关章节，闻惕《〈尔雅释例〉匡谬》(载清华大学研究院《实学》第一、三、五、六、七期，1926—1927年)。

（陈重业）

文 字

康熙字典 张玉书等

《康熙字典》，原名《字典》，十二集四十二卷。张玉书、陈廷敬等奉敕编。成书于清康熙五十五年(1716)。最早为康熙年间内府刊本，另有共和书局石印本、上海鸿宝斋石印本、同文书局影印本、商务印书馆1935年铜版影印本(书后附王引之《字典考证》)。中华书局1958年影印本，书眉上方附列篆体，书后附《字典考证》，最便使用。

张玉书、陈廷敬生平事迹见"佩文韵府"条。

据《康熙字典》书前"御制序"和清圣祖康熙四十九年(1710)"上谕"，康熙认为以前的字书"《字汇》失之简略，《正字通》涉于泛滥"，"曾无善兼美具，可奉为典常而不易者"，因此，他要求编一部新字典，"爰命儒臣，悉取旧籍，次第排纂"，"命曰'字典'，于以昭同文之治"。从康熙四十九年康熙敕命廷臣张玉书、陈廷敬等三十人编撰此书，前后经过六年，至康熙五十五年成书。

《康熙字典》是我国第一部以"字典"命名的工具书，也是集历代字书之大成的古代官修字典。此书用子、丑、寅、卯等地支名为十二集，每集又分上、中、下三卷，加上书前的凡例、等韵、总目、检字及书后的补遗、备考等六卷，凡四十二卷。全书共立二百一十四个部首，按笔画多少排列，起于一画，终于十七画。每部所收字，也按笔画多少顺序排列。释字先音后义，在每字下先列《唐韵》、《广韵》、《集韵》、《洪武正韵》、《古今韵会举要》等韵书的反切，再分层解说字的本义。然后再列这个字的别音、别义或古音。所有说解(即义项)一般都引用古书来证释。所引书证，多具书名、篇名，依时代先后为次。在各音和义项间，都空一格并用"乂"字来分隔。

《康熙字典》在汉语辞书史上具有重要的地位，它继承了《说文解字》以降历代字书之优点，并孕育了二十世纪初的现代化汉语语文字典、词典的诞生。此书问世以后的二百多年间之所以一直执汉语字典之牛耳，是因为它具有以下几个特点。

一、收字极多，超过了它以前的任何字书。此书正文收字四万七千零三十五字，连同补遗、备考，共收单字四万九千多个。许多僻字、奇字、俗字，不见于其他字书的，在此书中往往都能查得。

这既利于读者查考,增强了字典的学术性和实用性,又保存了一批汉字的形、音、义资料。

二、注重解形和注音。此书对于汉字结构的分析,均以《说文》为依据,凡《说文》收列之字,都引证《说文》,不像有的字书那样任意分解汉字结构。对于注音,《康熙字典》不仅备载各书反切,而且标有直音,每字的末尾引有古韵材料,这对现代大型汉语词典采用现代、中古、上古三段标音,不能不说具有启发作用。

三、义项收录十分完备。此书不但汇集了《说文》、《玉篇》和《广韵》、《集韵》等字书、韵书中的义项,还从经、史、子、集四部中网罗了大量材料,以丰富单字义项,同时还注意收列新产生的词义及外来词词义,如"们"、"找"、"般"、"禅"等字的释义。

四、引例十分丰富。一般每字每义下均有例证,有的一义之下还不止一个例证,如"舟"字船义下,列有《易》、《书》、《世本》、《吕氏春秋》、《山海经》等多个例证。另外,以前的字书引用古籍,多但举书名或篇名,甚至仅言"某人之说"、"某氏之辞",极难查核,而此书则基本上全录书名和篇名。

五、其部首排列方式已成为后来大型汉语字典的定型。《康熙字典》虽沿用《字汇》、《正字通》两书二百十四部首,但由于《康熙字典》对后世的巨大影响,这种分部法遂为后来的《中华大字典》、《辞源》、《辞海》、《汉语大字典》等沿用,也为广大读者所熟悉。

《康熙字典》由于内容繁多,又限期毕功,加之成于众手,因此不可避免地存有若干错误。二百多年来,为其考订者代不绝人,仅清人王引之《字典考证》就指出其引书错误二千五百八十八条,近人王力《康熙字典音读订误》一书,订正此书注音疏误四千余处。约略而言,《康熙字典》的错误主要有:注音古今杂陈,然否不辨;字义解说,时有不确;词义排列,多有先后失次;引文错误或删节、断句不当,任意改动原文或与注疏相混;书名、人名、地名误注等。

有关《康熙字典》的研究著作,主要有王引之《字典考证》,刘叶秋《中国字典史略》(中华书局,1983年)、钱剑夫《中国古代字典辞典概论》(商务印书馆,1986年)的有关章节,王力《康熙字典音读订误》(中华书局,1988年)、李淑萍《康熙字典研究论丛》(文津出版社,2006年)等。

(徐祖友)

隶辨 顾蔼吉

《隶辨》,八卷。顾蔼吉撰。据其初刊于清康熙五十七年(1718),又以书前项䌹识语有"焉可不锓本而急传也"之语,很可能此书即成于康熙五十七年,书甫成,即付梓。有康熙五十七年项䌹玉渊堂原刻本和乾隆八年(1743)黄晟重刻本,前者有北京市中国书店1982年版、中华书局1985年影印本,影印本附有索引。

顾蔼吉,生卒年不详。字畹先,一字天山,号南原。江苏长洲(今苏州)人。曾以贡生官仪征教谕。精缪篆,工八分;又善山水,宗法元人,冲和雅逸,绰有风情。《国朝书画家笔录》卷一、《国朝画识》卷九、《国朝书人辑略》卷三有传。

《隶辨》一书,作者自谓"为解经作也",因"汉人传经多用隶写,变隶为楷,益失本真,及唐开元,易以俗字,名儒病其芜累"。于是"收集汉碑"、"锐志精思"、"积三十年之久"而后成书。

此书是仿宋娄机《汉隶字原》钩摹汉隶之文、以宋《礼部韵略》编次的体例,集以汉碑为主,兼收并蓄魏晋碑碣之隶字而成。就其内容性质而言,是一部隶字字典。

书前为作者自序和梓行者项䌹识语,概略介绍了此书的编纂宗旨、缀辑体例。全书八卷,其中正文五卷,"偏旁"一卷,"碑考"二卷,卷末附《隶八分考》和《笔法》各一篇。

正文以四声分卷,平声分上下二卷,五十七韵,其余上、去、入各一卷,分别为五十五、六十、三十四韵,合计二百零六韵。凡同韵之字,则隶于一韵之下。每字罗列汉代(也包括少量魏晋)碑碣中该字的隶书各体字样,字皆"出自手摹,谛审无差"。如卷一东韵"风"字,收集了《郙阁颂》、《衡方碑》、《曹全碑》、《华山庙碑》、《尹宙碑》、《夏承碑》、《孔耽神祠碑》、《杨震碑》、《绥民校尉熊君碑》中形体、风格各异的九个隶书"风"字,每字之下,除分别注出碑名外,又各引以碑语。一字而有异读者,则分系各韵之下。如"上"字,其读上声者,见卷三养韵,读去声者,则见于卷四漾韵。古文多通假字,凡字有通假者,则将借字系于本字之后。如卷四漾韵"峻"字下即收有通假字"骏"和"俊","骏"下注曰:"《羊窦道碑》:'危骏回远',《隶释》云:'骏即峻字。'……《诗·大雅》:'骏极于天',《释文》云:'骏又作峻,同。'""俊"下注曰:"《郙阁颂》:'克明俊德。'……俊与峻通,《书·尧典》'克明俊德',《礼记·大学》作'峻德'。"而穆韵又分别收有作为本字的"骏"与"俊",则与"峻"字无涉。每字的释文,除引前人书以作考证外,又多以按语之形式,提供有关字形演变以及讹体、俗字等知识。如卷三麌韵"羽"字按云:"《说文》作羽,隶省作羽。"由此可见一字之隶变。卷五麦韵"麦"字按云:"《说文》作麥,从来从夂,《广韵》云:'俗作麦。'"由此可见现在通行的简化字,往往采用古已有之的俗字。卷四震韵"龇"字按云:"《说文》龇从匕,俗作乱,非。"由此可见一字往往有讹体,但习非成是,讹体因而转成正体,如卷四线韵"羡"字即其例,《隶辨》按云:"《说文》羡从次,次读若涎,碑讹从次,今俗因之。"

卷六为"偏旁",将许慎在《说文解字》中确立的五百四十部首由篆而隶的演变、始"一"终"亥"作了说明,括其枢要,辨证精核。

卷七、卷八为"碑考",将所采汉代和魏晋碑碣三百六十余通,逐一介绍其存亡等情况。存者注今在某处,亡者引某书云在某处,俱有引证。以年代先后为次,条理颇为秩然,比较《汉隶字原》之"碑目"要详核得多。

《隶八分考》和《笔法》二篇采辑旧说,取《说文·序》、《汉书·艺文志》、《后汉书·儒林传》、《晋书·卫恒传》、《四体书势》、《唐六典》、张怀瓘《书断》七书中言及隶与八分者,以及蔡邕、钟繇之书论,录其文而各为之疏证,征引颇繁富。以其对研究隶书与八分之区别、隶书之法有一定参考价值,遂附《隶辨》以行世。

《隶辨》承《汉隶字原》之绪,在元明金石学中衰之后,为清代复兴时期石刻著录中篆字类书中搜集最完备的一部书。虽以《字原》为蓝本,由于将娄机之后续出之碑,如《鲁孝王刻石》、《曹全碑》、《张迁碑》等,尽为摹入,而且修短肥瘠不失本真,实足补《字原》之阙。《四库全书总目》谓《隶辨》自称采撷汉碑所有字,有不备者,始求之《字原》,"殆不足凭",又讥其"所引碑语,亦多舛错",固有言之成理处,如卷一东韵"通"字下引《汉成阳令唐扶颂》"通天之祐",而《唐扶颂》实无此语,盖以《隶辨》所载"受天之祐"句与前一行"通天三统"句适相齐而误抄所致,这是《隶辨》仅据《隶释》而未见原碑、征引又未加细检之确证。然而《四库全书总目》以不狂为狂者,亦不乏其例,李慈铭《越缦堂日记》、余嘉锡《四库提要辨证》论《隶辨》之得失,均有驳《提要》之错者。因之,《四库全书总目》所云亦未可视为的评。

(宜荣卿)

积古斋钟鼎彝器款识 阮 元

《积古斋钟鼎彝器款识》，十卷。阮元编撰。有清嘉庆九年(1804)自刻本(后收入《文选楼丛书》)、光绪五年(1879)湖北崇文书局翻刻本、光绪八年常熟抱芳阁翻刻本(后收入《后知不足斋丛书》)、1937年商务印书馆《丛书集成初编》本。

作者生平事迹见"十三经注疏"条。

阮元好古文奇字，每摩挲一器，拓释一铭，俯仰之间，辄心往于数千年前。他认为三代法物、商周文字之贵重，非定武片纸、世彩世函、麻沙宋板所能比；认为古器虽寿，然至三四千年出土之后必不能久，不如摹勒其铭为书，使之永传不朽。所以他想编纂一书以续薛尚功的《历代钟鼎彝器款识法帖》。其时，与他同好古文字的友人有江德量、朱为弼、孙星衍、赵秉冲等皆有藏器，各有拓本。他便把它们集在一起，加上自藏自拓的本子，经年累月，撰集成《积古斋钟鼎彝器款识》一书。

此书是研究清代所见古铜器铭文的专著。有阮元自序和朱为弼后叙。又有《商周铜器说》两篇、《商周兵器说》一篇。《商周铜器说》上篇论古铜器铭文之足重与九经相同。欲观三代以上的道和器，九经之外，舍钟鼎之属莫由得见。下篇论三代之时，钟、鼎为最贵重之器，又列举周代以前对于器的记载，汉代至唐、宋对于器的发现。《商周兵器说》论古兵器短小，后世变得长大，乃不得不然之势，和度量衡相同。正文著录商器一百七十三件、周器二百七十三件、秦器五件、汉器九十二件、魏器三件、晋器四件，总共五百五十件。除摹其文字外，并加以考释。

此书的不足之处在于：(一) 商周之分，漫无标准。如董武钟乃周器而入之商，木鼎乃商器而入之周，龙虎铜节乃周器而入之宋。(二) 真伪不辨。如嘉礼尊、甲午簋、天锡簋是宋政和年间所仿造的，却以为是周器。(三) 器名有误。如尢盉乃盘非盉，王长子钟乃钟铃之钟，非钟磬之钟。(四) 铭文摹写不准确。如宥父辛鼎从《宁寿鉴古》摹得，却误"宽"作"宥"。(五) 考释有误。如把曶鼎"匹马束丝"释作"所马龟丝"。

此书在古铜器铭文的研究方面,起了领导带头的作用。唐兰《古文字学异论》说自它刻入《皇清经解》以后,款识学盛行一时,成为汉学的一部分。胡朴安《中国文字学史》说以前研究金文学者,皆以此书为参考之本。

有关《积古斋钟鼎彝器款识》的研究著作,主要有郑业斆《独笑斋金石文考》、方濬益《缀遗斋彝器考释》、吴大澂《愙斋集古录》、孙诒让《古籀拾遗》、容庚《商周彝器通考》等。

(周伟良)

说文解字注 段玉裁

《说文解字注》，或称《说文解字段注》，简称《说文段注》或《说文注》。三十一卷。段玉裁注。成书于清嘉庆十二年(1807)。版本主要有嘉庆二十年经韵楼刊本、道光九年(1829)学海堂刊《皇清经解》本、同治十一年(1872)湖北崇文书局刊本、1920年上海扫叶山房影印本、1981年成都古籍书店影印本、1981年上海古籍出版社影印经韵楼本等。最便于阅读的是2007年凤凰出版社出版的许惟贤校点本。

作者生平事迹见语言文字类"六书音均表"条。

《说文》虽经徐锴通释、徐铉校订，但讹误尚多，加之该书多古言古义，一般人尚难释读。向来治《说文》者往往不能考其文理，通其条贯，得其要旨。作者有鉴于此，乃以数十年之精力，专治《说文》，从校勘入手，用多种宋刊本校订明末汲古阁翻刻的宋本，写成《汲古阁说文订》，以恢复大徐本之原貌。同时，为了"通古今之训诂，明声读之是非"，又精研古音，撰成《六书音均表》，订定古韵为十七部，以此来治《说文》。乾隆庚子(1780)去官后，便开始注释工作。先根据《说文》的体例和《尔雅》、《玉篇》、《集韵》等的训解以及各种古书所引《说文》的字句来校订大徐本和小徐本的是非，并以群籍所用字义来疏证解释《说文》的说解，于乾隆五十一年(1786)写成了长编性质的《说文解字读》，共五百四十卷(每部一卷)。段氏于周秦两汉之书无所不读，于诸家小学之书靡不博览而别择其是非，他治《说文》，根基充实，考据详博。故《说文解字读》写成，卢文弨便盛誉曰："自有《说文》以来未有善于此书者，匪独为叔重氏之功臣……而其有益于经训者功尤大也。"(《说文解字读序》)然而，段氏并不以此为满足，仍致力于由博反约，进一步提炼加工，终于嘉庆十二年写成了《说文解字注》。段氏由古音而治《说文》，则声音明；以群籍通《说文》，则训诂明；训诂声音明而小学明，小学明而经学明。这确非历来只辨字形而不知以字音、字义治《说文》者可比，故王念孙誉其书曰："千七百年来无此作矣。"(《说文解字注序》)该书刊本一经问世，便风行海内，《说文》之学由此而盛。

《说文》原为十四篇,又《叙目》一篇,共十五篇,徐铉校定时,将各篇分为上下,共三十卷。《说文解字注》之篇数承大徐本之旧,但因"十一篇上"注文较多,遂将该卷一分为二,故全书共三十一卷。书首有王念孙于嘉庆十三年(1808)写的《说文解字注序》,末有江沅于嘉庆十九年写的《说文解字注后叙》、陈焕于嘉庆二十年写的《跋》以及卢文弨于乾隆五十一年(1786)写的《说文解字读序》。其后还附有陈焕编的《说文部目分韵》以及段玉裁的《六书音均表》。

　　《说文解字注》是段玉裁的代表作,也是世所公认的解释《说文》的权威性著作。该书对《说文》的说解逐条进行校订、疏证,注释内容十分丰富,学术贡献是多方面的。

　　一、阐明《说文》之体例。许慎著《说文》,虽有一定的体例,但并没有另列"凡例"以昭示后人,段氏则潜心研究,归纳出《说文》的体例,在注中详加阐述。如"一"字条"凡一之属皆从一"段注:"凡云'凡某之属皆从某'者,《自序》所谓'分别部居,不相杂厕'也。"此明《说文》分部之例。又如一部"文五,重一"段注:"此盖许所记也。每部记之,以得其凡若干字也。凡部之先后,以形之相近为次;凡每部中字之先后,以义之相引为次。……"此明《说文》统计字数及列字次序之例。再如"元"字条"从一,兀声"段注:"凡言'从某,某声'者,谓于六书为形声也。……凡篆一字,先训其义,若'始也'、'颠也'是;次释其形,若'从某,某声'是;次释其音,若'某声'及'读若某'是。"此明《说文》形声字解释方式及一般说解程序之例。余如"一"字条明古、籀、小篆之例,"天"字条明声训、转注、会意之例,"吏"字条明"亦声"之例,"旁"字条明"阙"之例,"祜"字条明"上讳"之例,"斋"字条明"省声"之例,"禋"字条、"祝"字条明"一曰"之例,"纛"字条明"读若"之例等等。诸如此类的阐述,对读者深刻理解《说文》,无疑有重要的指导作用。且段氏为《说文》发凡起例,并非唯许是从,对于许慎的错误,他也勇于提出批评,如"哭"字条对《说文》"省声"的质疑便是其例,这对于读者正确对待许说很有启发作用。

　　二、校订《说文》之讹误。《说文》虽经二徐校订,但尚有讹误。段氏根据《说文》的体例以及宋代以前各书所引《说文》,对其大量讹误作了订正。如"上"字条大徐本作"⊥:高也。此古文上,指事也"。段氏据下文"帝"、"旁"、"示"诸字所从古文"上"作"二"而改"⊥"为"二"。又如"足"字条大徐本作"人之足也,在下,从止口"。段氏依《玉篇》改为"……在体下,从口止"。再如"藿"字条大徐本作"小爵也"。段氏据《太平御览》改"小爵"为"藿爵"。令人钦佩的是,段氏虽未见到甲骨文,也未见到《说文》古本,但他的许多修订却能与后来发现的甲骨文和其他古文字以及唐写本《说文》相合。如上部改"上"、"下"古文为"二"、"二",火部改篆文"樊"为"焚",皆与甲骨文吻合。"丌"字条段注云:"字亦作亓。"今湖北江陵望山二号墓、河南信阳长台关、山东临沂银雀山一号汉墓出土之竹简,都有"亓"字,与段注相符。木部"栅"字条段氏改"编树木也"为"编竖木也",与唐写本《说文》木部残卷相合。

三、疏证《说文》之说解。《说文》对文字的解释极为简练,二徐虽有案语,亦甚简略。段氏引证各种字书、传注之训解,以及古代典籍所用字义,对《说文》的解释作了较为详细的证明、疏解,以补充许说,推求许说之所本。如《说文》:"礼,履也。"段注:"见《礼记·祭义》、《周易·序卦》传。履,足所依也。引伸之,凡所依皆曰履,此假借之法。""禄,福也。"段注:"《诗》言'福'、'禄'多不别。《商颂》五篇,两言'福'、三言'禄',大恉不殊。《释诂》、《毛诗传》皆曰:'禄,福也。'此古义也。郑《既醉》笺始为分别之词。"由此可见,段氏的注释,对于阅读《说文》的训释、了解古代字义是大有裨益的。同时段氏在疏通《说文》说解时,并不局限于对许说之阐述,而往往能寓"作"于"述",将自己研究语言文字所得到的成果融入注中。这种成果主要有:(一)对于同义词十分精到的辨析,如"讽"字条对"讽"、"诵"的辨析,"牙"字条对"牙"、"齿"的辨析,"肉"字条对"肌"、"肉"的辨析等。(二)对于古今字的阐述。他认为古今字的分别只在于使用时代的不同("余"字条注);所谓古今,也只是一个相对的概念("谊"字条注)。这就把着眼于时间因素而区分的古字、今字与着眼于表意功能而区分的本字、借字严格地区别开来了。(三)关于字义的古今不同。《说文》多讲本义,只能明其本字。段注则多有兼及引申义与假借义,以明字义古今之变。如"眚"字条,许慎仅解其本意"目病生翳也",段氏则举例说明了其引申义"过误"、"灾眚"和假借义"减省"。(四)阐明古今用语的异同,如"堂"字条对"堂"、"殿"用法变迁的论述。(五)关于对同源词的探讨,如"力,筋也,像人筋之形"条注云:"像其条理也。人之理曰力,故木之理曰朸,地之理曰阞,水之理曰泐。"

四、标明各字之古韵。古韵者,唐虞三代秦汉之韵也。段氏作《六书音均表》,将古韵分为十七部,附于本书之后。他注《说文》,在每字之下都标明该字在古韵中所属的韵部。其所以这样做,不但是因为《说文》中所说的"某声"、"读若某"皆当以古韵读之,同时也是为了"俾形声相表里,因尚推究,于古形、古音、古义,可互求焉"("一"字条注)。例如《说文》:"元,始也。从一,兀声。"徐锴认为"兀"下不当有"声"字,改作"从一,从兀"。段氏则以古音"元"、"兀"相为平入,订正了徐氏的误说。又如《说文》:"岵,山有艸木也。"段氏由音求义,认为"岵之言瓠落也",故毛传"山无草木曰岵"之说为长,许说之"有"当作"无"。由此可见,大、小徐本皆只注明各字在中古时的反切,不过是为了规范当时音读而已,而段氏则用古韵来求古形、古义,他的历史观点已深入到语言研究的领域中来了。他在"禛"字条注中谓"声与义同原,故谐声之偏旁多与字义相近";在"艸"字条注中谓"义存乎音";在"像"字条注中论"于声得义",诸如此类,都是因声求义的理论结晶,值得重视。

五、详考引文之出处。许慎说解文字,有时还引经据典以证其说。对于这些引文,段注往往详明其出处;对许氏之误引,也往往加以指正。如《说文》"琥"字条引《春秋传》"赐子家子双琥",

段注:"昭公卅二年《左传》文。"《说文》"玠"字条引《周书》"称奉介圭",段注:"《顾命》曰:'大保承介圭。'又曰:'宾称奉圭兼币。'盖许君偶误合二为一。"

六、阐发许氏的文字学理论。许慎在《说文叙》中阐述对于汉字的起源及其流变的看法,论述了他的"六书"理论,段氏在注中对许氏的说法颇多阐发。

《说文解字注》的成就是巨大的,但也存在一些缺点和不足之处。其最大的毛病是改字太多。其中虽然有许多精审之处,但武断误改处也不少。例如《说文》"本,木下曰本,从木,一在其下"条,段注依《六书故》引唐本改作:"木下曰本,从木从丁。"把本来应是指事的"本"改成会意,不可信。其次,多有穿凿附会以证成许说之处。例如《说文》"用,可施行也,从卜中,卫宏说"条,段注:"卜中则可施行,故取以会意。"其实篆文"用"不从卜中,许慎、卫宏说毫无根据。此书写成之时,段氏已年过七十,精力已衰,讹谬之处,难以一一改正;而刊刻校雠之事,又属之门下,往往不能参检本书,难免有误。因此,段书刊行后,匡谬订补者屡见不鲜。其中较为著名的有徐承庆《说文解字注匡谬》、钮树玉《说文段注订》、王绍兰《说文段注订补》、冯桂芬《说文解字段注考正》、徐灏《说文解字注笺》、龚自珍《说文段注札记》、徐松《说文段注札记》等。1981年成都古籍书店影印本后附有卫瑜章的《段注说文解字勘误》,采集钮树玉、桂馥、王绍兰、冯桂芬、龚自珍、徐松等书中精确不易者,并附自己对段注的订正以及对各种订段著作中纰缪之处的纠正,便于阅览。

(张　觉)

说文解字义证 桂 馥

《说文解字义证》,又称《说文解字义疏》,略称《说文义证》、《义证》。五十卷。桂馥著。成书年代待考。清许瀚认为此书脱稿而未校,"真桂氏未成本也"(丁艮善《说文解字义证后记》),叶德辉则认为作者"自述作书本末,命名之旨,是首尾固已完具……固非未成之书也"(《郋园读书志》卷二)。此书卷帙浩繁,著者生前未能付梓,长期以稿本形式流传。清道光二十九年(1849)李璋煜获其遗稿,杨尚文出资刊入《连筠簃丛书》。有咸丰二年(1852)《连筠簃丛书》原刻本、同治九年(1870)湖北崇文书局重刻本、上海古籍出版社 1987 年影印本、中华书局 1987 年影印本、齐鲁书社 1987 年影印本。

桂馥(1736—1805),字冬卉,又字天香,号未谷。山东曲阜人。文字训诂学家。清乾隆三十三年(1768)以优行贡成均,充北京国子监教习,期满授山东长山训导。乾隆五十四年举人,次年成进士。嘉庆元年(1796)铨授云南永平县知县,调署顺宁县知县,卒于官。桂馥少年警敏,以古文自励,后与小学名家戴震交识,从其劝说熟读经传,专心治经。他认为"训诂不明则经不通"(《上阮学使书》),显然是受了戴震"通训诂,明义理"之说的影响。桂馥精于金石篆刻,擅书法,工汉隶,博览群书,尤精文字训诂之学。著述尚有《札朴》十卷、《缪篆分韵》五卷、《晚学集》八卷、《未谷诗集》四卷等。生平事迹见于《晚学集·桂君未谷传》、桂文灿《经学博采录》、《清史稿》卷四八一等。

乾嘉时代,朴学大显于世,一时间治《说文》者不下数十家,有关《说文》的著作达一百多种。在这种形势下,难免泥沙俱下,鱼龙混杂。正如桂馥所云:"近日学者,风尚六书,动成习气,偶涉名物,自负《仓》、《雅》,略讲点画,妄议斯、冰,叩以经典大义,茫乎未之闻也。"(《义证·附说》)为了匡正此风,桂氏从"通训诂明经义"的立场出发,埋首研究《说文》之学达三十余年,穷经博征,终于著成《说文解字义证》一书。

此书的写作宗旨,在于证明许慎《说文》一书的说解,替许慎所谓的本义搜寻古籍例证。因而此书"征引虽富,脉络贯通。前说未尽,则以后说补苴之;前说有误,则以后说辨正之。凡所称引,皆有次第,取足达许说而止"(王筠《说文释例·自序》)。这种述而不作的态度,意在"令学者引神贯注,自得其义之所归"(张之洞《说文解字义证·叙》)。

《说文义证》全书分为以下三个部分。

一、卷一至卷四十八,是对《说文解字》正文部分的疏证,是全书的重点所在。其体例是先以大字抄录《说文》原文,字头用篆体;然后参照古人疏解经传旧式,低一格用双行小字疏解。若所引古籍说法与《说文》不合,则在疏解前用顶格双行小字列出。又将徐铉新附字尽行删去,而搜寻古书中引用《说文》但今本脱漏的文字及说解,附在各部首之后,并将第一字用楷体书写,以与《说文》原文的篆体字头相区别。其义疏内容,先举例证明许慎所指明的字的本义,然后广引群书讨论许慎的说解。所引古籍可与许慎说解相发明的,或数义,或十数义,依次罗列,详为收录。凡许慎引用《诗经》、《尚书》、《左传》等书,又为之注明篇名,有异文者并注明异文。同时,凡二徐本有讹误者,并吸收前人研究成果,及用《广韵》、《玉篇》等校正之。

二、卷四十九,是对许慎《说文叙》、许冲《进书表》的疏证。全用双行小字随文作注解,以申明许慎之意。

三、卷五十。卷上为《附录》,主要搜集古籍中有关《说文》学的师承关系的资料,说明《说文》对后代字书的影响。卷下为《附说》,主要辑录了有关《说文》的版本、校勘材料,并提出自己的一些观点。例如认为《说文》所收九千三百五十三字和说解并非许慎始创,"盖总集《仓颉》、《训纂》、班氏十三章三书而成"。认为许慎"亦声"之例有"从部首得声曰亦声","或解说所从偏旁之义而曰亦声"两种情况等。

《义证》一书,是乾嘉学派的重要著作,其最大的特点就是例证材料极其丰富。丰富的例证材料对于字义的阐明非常重要,唯有例证材料丰富了,字的真正含义也就清楚了。例如《说文》:"拉,摧也。"桂氏云:"摧也者,《史记索隐》引同,《一切经音义》七引作'败也'。馥案:本书'摺,败也','搚,摺也,一曰拉也。'《玉篇》:'拉,折也。'引《左氏传》'拉公干而杀之'。《史记·齐世家》:'使力士彭生抱上鲁君车,因拉杀鲁桓公。'《汉书·邹阳传》:'范雎(睢)拉胁折齿。'索隐:'摺音力答反,《应侯传》作"折胁摺齿"是也。'《前秦录》:'王猛曰:臣奉陛下之神,击垂亡之虏,若摧枯拉朽。'《南中志》:'猰所触,无不拉。'馥案:猰,獏也。"由此可见,此书与段玉裁的《说文注》性质是大不相同的,段氏述中有作,勇于论断,近乎主观,桂氏述而不作,一意胪列,近于客观。正如张之洞所说:"窃谓段氏之书,声义兼明,而尤邃于声;桂氏之书,声亦并及,而尤博于义。……夫语其得于心,则段胜矣;语其便于人,则段或未之先也。"(《说文解字义证·叙》)因此,桂氏之书实在是一本很有用的文字训诂资料书,完全可以跟段玉裁的《说文注》相媲美。

此书的缺点是"引据之典,时代失于限断,且泛及藻绘之词,而又未尽加校改,不皆如其初旨"(丁艮善《说文解字义证后记》)。例如艸部"芡"下引苏辙诗:"芡叶初生绉如縠,南风吹开轮转毂",又引《寰宇记》"汉阳军出芡仁",从文字学来说,实在没有必要。同时桂氏又墨守《说文》,凡许慎说解有误,则桂馥例证就陷于牵强。例如《说文》:"爲,母猴也。"桂氏云:"母猴也者,陆机云:楚人谓之沐猴。馥谓沐、母声近。"其实,"沐"、"母"声近并不能证明"爲"训母猴。

有关《义证》的研究著作,有沈宝春《桂馥的六书说》(台湾里仁书局,2004年)、孙稚芬《桂馥研究》(人民出版社,2010年)以及王力《中国语言学史》(山西人民出版社,1981年)、黄德宽和陈秉新《汉语文字学史》(安徽教育出版社,1990年)等书的有关内容。

(纪大庆)

说文释例 王 筠

《说文释例》,二十卷。王筠著。成书于清道光十七年(1837)。有道光十七年刊本、光绪年间(1875—1908)莲池书院重刊本、光绪九年(1883)成都御风楼重刊本、1936年上海世界书局影印本、1983年中国书店影印本、1983年武汉古籍书店影印本、1987年中华书局影印本等。

王筠(1784—1854),字贯山,号菉友。山东安丘人。清道光元年(1821)举人,官山西省乡宁县知县。少喜篆籀,及长涉于经史,擅《说文》之学,为清代《说文》四大家之一。著有《说文释例》、《文字蒙求》、《说文解字句读》、《说文系传校录》、《夏小正正义》、《弟子职正音》、《正字略》、《蛾术编》、《禹贡正字》、《读仪礼郑注句读刊误》、《四书说略》等书。《清史列传》卷六九有传。

王筠三十岁开始研究《说文》,二十多年以后,"于古人制作之意,许君著书之体,千余年传写变乱之故,鼎臣以私意窜改之谬,犁然辨皙,具于匈中"(自序)。当时段玉裁的《说文解字注》已经风行天下,但因体裁所拘,段氏之书不可能系统详尽地阐述《说文》的体例。王筠指出:"观其会通,则《说文》通矣;枝枝叶叶而雕之,则《说文》塞矣。宋元人好訾《说文》,今人好尊《说文》,乃訾尊虽异,病根则同,皆谓其为零星破碎之书也。"(卷一)他认识到《说文》全书是一个有机的整体,并非七拼八凑而成,因此必须从《说文》全书的体例入手,方能"明许君之奥旨"(《说文解字句读》序)。于是他"条分缕析,为之疏通其意",从道光十七年三月至十一月,历时二百多天而作成《说文释例》一书。

《说文释例》共二十卷,卷一至卷五,讨论"六书"的定义、体例等问题,如认为六书的次第应以象形为首,形声有亦声、省声、两借等变例;卷六至卷九,讨论文字的各种异体和孳乳形式,如或体、重文、区别字、累增字等;卷十至卷十二,讨论《说文》列字的次第、说解的形式等,如指出重叠部首为字者必在本部之末,同部之字则先近后远,先实后虚,先美后恶,许慎说解必先字义,而后字形等;卷十三至卷十四,讨论双声叠韵和《说文》一书的脱字、讹字、衍文、改窜等问题,如认为许慎于会意字,必列于主意所在之部,后人检之不得,辄增于从意所在之部,成为重出之字;卷十五至卷二十,讨论一些未能确定的问题,以及附录偶得之见。其体例大多每卷先出论述之题,低三格作一概述,然后详论和分论,每卷之末又附补正。书前有清潘祖荫序和作者自序。

此书对于《说文》体例的总结和阐发是空前的,人们公认它是独辟门径,不依傍于人,称其作者为许慎之功臣,段、桂之劲敌。例如关于《说文》的部首问题,首先许慎确立部首的原则是什么?王筠指出"部首本无深义,只是有从之者,便为部首耳。……亦有无从之之字而为部首者,则必象形、指事字也"(卷一)。就是说,部首的确立,以有无部属字为标准。绝大多数部首都有一定数量的部属字,如木部有四百余字,金部有二百余字,而个别部首没有部属字,其中有的是象形字,如"能、燕",有的是指事字,如"三、才"。其次,部首的次序。徐锴认为五百四十部都是以义相连,段玉裁则认为部首以形之相近为次,王筠指出:"许君自叙曰同条牵属、共理相贯,此谓部首之大纲,以义为次也。又曰杂而不越、据形系联,此谓部首之细目不能据义者,以形相系而济其穷也。"(卷一)《说文》"旻、目、䀠、眉"部首相次,意义都跟眼睛有关;"尸、尺、尾、履"部首相次,则是字形都跟"尸"有关;即使五百四十部始"一"终"亥",也跟阴阳五行之义有关。可见王说较为全面、正确。再次,部属字的归部原则。王筠指出:"许君之列文也,形声字必隶所从之形,以义为主也;会意字虽两从,而意必有主从,则必入主意一部,此通例也。"(卷九)形声字当然入意符之部;会意字有两个意符,当入主要意符之部,如"秉",从又持禾,入又部不入禾部,"间",从门从月,入门部不入月部。王氏关于《说文》体例的阐发,对于《说文》一书的校勘、订补具有重要的价值。例如他指出,《说文》"箭,矢也"当作"箭,矢竹也"。因为部属字的次序是"实相近者相尔(迩)也"(卷九),今竹部前六字皆竹名,"筍"以下九字为竹身之物,如竹皮、竹篾、竹节,而竹制器物当在部末,"箭"在前六字,当是竹名,"筱"下云"箭属,小竹也"亦可证。又如他指出,《说文》"日"下云"从口一,象形","从口一"三字为衍文,因为说从某某,当是会意,与象形矛盾。在王氏之后,有江沅的《说文释例》(1851)、张行孚的《说文发疑》(1883)、陈瑑的《说文举例》(1887)、张度的《说文补例》(1896)、陈衍的《说文举例》(1919)等许多阐释《说文》体例的著作出现,这不能不归结为王筠的首创之功。

《说文释例》一书的可贵,不仅在于阐发许书的体例,而且在于努力探讨汉字的形体结构及其演变规律。此书不限于孤立的单字研究,而且能够把形体上有关的字联系起来,分析它们孳乳繁衍的规律,从而提出了"文饰"、"籀文好重叠"、"分别文"、"累增字"等现象和概念。例如作者指出:"一、二、三之古文弌、弍、弎,弌从弋声尚合,二、三亦相沿从之,盖嫌笔画太少,加此饰观耳,已与后世防作伪者近矣。"又指出"豆"的籀文为"豊",是"因便加几,取繁缛耳"。这些论断,对于研究汉字形体的演变、古文字字形的增饰,都有重要意义。又如作者提出:"字有不须偏旁而义已足者,则其偏旁为后人递加也。其加偏旁而义遂异者,是为分别文。……其加偏旁而义仍不异者,是谓累增字。"(卷八)王氏的这一理论,揭示了汉字孳乳变易的规律,为文字学上的重大发明。同时，王氏又能大量引用金文等古文字资料来订正《说文》，阐明汉字演化规律。例如《说文》"車"的籀文作"蘶"，王氏指出，《积古斋》吴彝作䡅，左两田为两轮，右两横卧的人字为两马，可见今本乃传写之讹(卷五)。又如他说："《积古斋》颂鼎、颂壶、颂敦皆曰'王各大室即立'是'位'字；又曰'颂入门立中廷'是'立'字，一器而两义皆见焉。盖古人不行谓之立，因而所立之处亦谓之立，以动字为静字也。后乃读于备切以别其音，遂加人旁以别其形耳。"(卷八)"立"与"位"本为一字，后代一分为二。王筠利用古文字资料的研究方法，比起以许书证许书的方法更为科学，对于后人是深有启发的。

《说文释例》虽然取得了重大的成就，但也存在着一些缺点。这些缺点主要是：(一) 关于六书的分类繁琐芜杂。汉字造字在前，六书理论产生在后，用六书来解释汉字的构造，多有不通。对此作者不考虑改变六书之说，相反想方设法，曲为之解，致使正例、变例极为繁琐芜杂，几令人无法卒读。(二) 寻求许书的体例有失穿凿。许慎作书，有本无深意者，王氏刻意求之，不免穿凿附会。例如他说："凡言'读与某同'者，言其音同也；凡言'读若某同'者，当是'读若某'句绝，'同'字自为一句，即是一字分隶两部也。"(卷十一)事实上，王氏的这一说法在许书中例外太多，并不能成立。(三) 过信体例，臆改原文。许书虽有体例，但贯彻并不严格，要以不妨碍内容之阐述。王氏则往往臆改原文，以迁就体例。例如他认为不成字就不会出现在许慎的说解中，而以为《说文》"番"字下"田象其掌"一句为后人所增，因为"田非字"；"罩"字下"从吅甲"，"甲"也是后人误增，因为"甲既非字，安得言从"？(卷十一)但是许慎说解中的非字现象颇多，修改过频，恐非许氏原貌。此外，作者关于某些文字、金文的诠释有误，某些字音的判断也不确，这些都是读者应该注意的。

有关此书的研究著述，有胡朴安《中国文字学史》(商务印书馆，1937年)、王力《中国语言学史》(山西人民出版社，1981年)、魏励《评王筠〈说文释例〉》(载《中国语文》1983年第6期)等。

(杨剑桥)

说文通训定声 朱骏声

《说文通训定声》,十八卷,附《柬韵》一卷、《说雅》十九篇、《古今韵准》一卷。朱骏声撰。成书于清道光十三年(1833)。初版刊于道光二十八年。有同治九年(1870)刊本、光绪八年(1882)临啸阁续刻本、1983 年武汉古籍书店影印本、1984 年中华书局标点影印本等。

朱骏声(1788—1850),字丰芑,号允倩。江苏吴县(今苏州)人。清代著名文字训诂学家。十三岁通《说文解字》,十五岁为诸生,师从钱大昕。钱氏奇其才,曾云:"吾衣钵之传,将在子矣。"(朱镜蓉《说文通训定声跋》)嘉庆二十三年(1818)中举,官黟县训导。于学无所不窥,擅词章,精天文、数学,于文字训诂之学尤倾其心力,为清代《说文》四大家之一。毕生勤于著述,撰有《说文通训定声》、《夏小正补传》、《经史答问》、《天算琐记》、《六十四卦经解》、《离骚补注》、《小学识余》、《岁星表》、《诗传笺补》、《春秋经传旁通》、《大戴礼校正》、《论孟悬解》、《淮南书校正》、《数度衍约》、《轩岐至理》等近七十种,大多亡佚,现刊行的仅有《说文通训定声》十八卷和《传经堂文集》十卷。生平史料见于其子朱孔彰《皇清敕授文林郎国子监博士衔拣选知县扬州府学教授允倩府君行述》、《清史稿》卷四八一。

乾嘉时代,古音学的研究已很发达。钱大昕《说文答问》一书,以经典中的通假字来考证本字,段玉裁建立的"同声必同部"的理论及王念孙分古韵为二十一部的主张,对朱骏声都有很大的影响。朱氏认为不明"六书"则无从识字,不知古韵则"六书"也无从通晓,且《说文解字》和《尔雅》都略于转注、假借,因而依照段玉裁"同声必同部"的理论,并参考王念孙的古音学说,以声为经,以形为纬,"专辑此书,以苴《说文》转注、假借之隐略,以稽群经子史用字之通融"(朱骏声《上〈说文通训定声〉奏呈》)。

在《说文通训定声》一书中,朱氏将《说文》中形声字舍形取声,共得一千一百三十七个声符(朱氏称为"声母"),归纳为十八个韵部,一个韵部为一卷。十八部的名称取自《易经》卦名,依次为(括号中为传统名称):丰(东)、升(蒸)、临(侵缉)、谦(谈葉)、颐(之职)、孚(幽觉)、小(宵藥)、需

(侯屋)、豫(鱼铎)、随(歌)、解(支锡)、履(脂质)、泰(祭月)、乾(元)、屯(文)、坤(真)、鼎(耕)、壮(阳)。书前附有总目,每卷卷首附有检字。全书之前另有:(一) 关于"说文"、"通训"、"定声"、"转注"、"假借"的阐述;(二)《凡例》,共二十一例;(三)《声母千文》,将《说文》近一千个声符字,"略依条理,夗次其母,仿梁周兴嗣体,集为四言";(四)《说文六书爻列》,参考《说文》大徐本和小徐本,将书中所收字依六书分类。指事、象形、会意、形声用许慎定义,转注、假借则推翻许说,改用己说。此外还有朱骏声《上〈说文通训定声〉奏呈》、礼部关于此事的奏章、咸丰皇帝的批文、罗惇衍序、作者自叙、朱镜蓉后叙及附文、谢增跋文。

此书体例如下。

一、每卷前有检字目录。卷目下用双行小字注明对转的入声韵部(朱氏称为"分部")情况及与其他韵部的旁转关系(朱氏称为"转")。声符字用方框标明,下列其孳衍字,有异体字(朱氏称为"旁注字")的用小字标明。目录末尾注明本卷所收字数,异体字及《说文》不录之字(朱氏称为"附存字")的数字用双行小字注明。

二、正文卷目下用双行小字注明本卷所收声符数。另行低一格,用大字楷体注明每一声符字下孳衍字字数,及"凡某之派皆衍某声",下用双行小字注明反切。每一字上用小字旁书所属的一百零六韵韵目,字下注有篆文。说解用双行小字,对于其中的转注、假借、别义等项均予以文字说明,并用方框标识。其中"重文有移置者"、"分为正篆者"、"有正篆当为重文者","皆下其字一格为识"(《凡例》)。

三、卷末附存《说文》不收的字。每字下用双行小字注明所出现的典籍。

此书说解的内容可分为三个方面:

一、说文。主要立足于字形,说明其与字音、字义的关系,讲解文字的本义。此部分以"宗许为主,谊若隐略,间予发明,确有未安,乃参己意"(《凡例》,下同),即基本上以许慎的说解为基础予以补充发明及例证,重在厘订历代讹误。所谓"说文",实际上包括了六书中指事、象形、会意、形声四类字,因"象形、指事谓之文,会意、形声谓之字,但称说文者,文可统字也"。此外"字有与本谊截然各别者,既无关于转注,又难通以假借",则定为"别义"。别义包容了《说文》中的"一曰",绝大部分属于字的另一个本义。

二、通训。着重说明字义的引申和假借。朱氏认为"数字或同一训,而一字必无数训。其一字而数训者,有所以通之也,通其所可通,则为转注;通其所不通,则为假借"(《说文通训定声》卷首)。但此处的转注、假借已非许慎所说的"建类一首,同意相受,考老是也"、"本无其字,依声托事,令长是也"。朱氏认为:"转注者,体不改造,引意相受,令长是也;假借者,本无其意,依声托字,朋来是也。凡一意之贯注,因其可通而通之,为转注;一声之近似,非其所有而有之,为假借。"(《说文通训定声》卷首)因此朱氏的转注,实质是指词义的引申;假借则指同音通假。又认为假借从声音上分析,有同音、叠韵、双声、合音四种类型,从作用上分析则有同声通写字(同音通假)、托名标识字(专有名词)、单辞形况字、重言形况字(叠音字)、连语(联绵字)、助语之词、发声之词等。此外古籍中凡以同音字为训者亦详列于各字之下,标注为"声训"。

三、定声。主要用上古韵文的用韵证明字的古音。上古韵文限于先秦以前,凡同韵相押为"古韵",邻韵相押(朱氏称为"双声")为"转音"。所谓同韵、邻韵,都是指朱氏的古韵十八部而言。

《说文通训定声》一书对于我国语言研究的贡献有四:(一)摆脱字形束缚,采取韵部排列法,以便因声求义,清楚地展示同声符的形声字之间和同韵部的文字之间的语义关系,使汉字研究进入了形、音、义相结合的阶段。(二)突破了自许慎《说文解字》以来字义研究仅讲本义的局限,认识到了引申义和假借义的重要性,揭示了词的多义性和词义的孳生发展事实,开始全面解释词义。(三)批判了许慎的转注说和假借说,重新定义,自成一家之言。(四)搜集经史子集中的大量故训并加以科学的研究,使之系统化。

《说文通训定声》的主要缺陷有以下几点。

一、认为除专有名词、叠音字、联绵字外,凡假借都有本字。实则造字初期,文字较少,同音假借往往是本无其字,本字反而是后起的。例如作者以为"或"字借为域国义,本字为"國","魚"字借为打鱼义,本字为"漁"。事实上"國"字是后起的区别字,"漁"字的初义也还是鱼,而不是打鱼。朱氏之说与文字发展的历史是不相符合的。

二、转注、假借、别义、声训四者之间划分标准不一,有交叉现象。例如"屋"字转注栏引《周礼·司烜氏》:"邦若屋诛。"注:"谓夷三族。"并说字亦作"剭",这就应该归入假借。朱氏因为《说文》不收"剭",不好说"屋"是"剭"的假借,于是归入转注。又如作者以为"能"字本义为熊属,有别义"三足鳖"。事实上,这里的别义正是本无其字的假借。又如作者以为"方"的本义为并船,而把《游天台山赋》"方解缨络"归为声训。事实上"方解缨络"之"方",原注:"将也。"正是假借。

三、对《说文》修订不尽妥当,关于"省声"的说法尤多臆测。如"隶"字,《说文》:"及也,从又从尾省。"本来并不错,朱氏改为"尾省声",反不符合古文字史实。又如"宋"字,《说文》:"从宀从木,读若送。"朱氏改为"松省声",不知有何根据。

《说文通训定声》的校勘著作主要有朱孔彰《说文通训定声补遗》,研究著作主要有朱镜蓉《〈说文通训定声〉后叙》附文、马叙伦《说文解字研究法》、王力《中国语言学史》(山西人民出版社,1981年)、胡朴安《中国文字学史》等书的有关内容。所论及的中心问题是朱骏声的转注说及假借说正确与否,声符系联对语言学研究的影响及意义等。

(纪大庆)

铁云藏龟 刘 鹗

《铁云藏龟》,六册。刘鹗著。成书于清光绪二十九年(1903)。有1903年抱残守缺斋石印本、1931年上海蟬隐庐石印本等。

刘鹗(1857—1909),字铁云,别署洪都百炼生。江苏丹徒(今镇江)人。小说家、甲骨学者。少年时精于算学,著有《弧角三术》和《天元勾股细草》。又通医学,以科举不第,行医于上海、扬州一带。清光绪十四年(1888)黄河决口,刘鹗以精通河工之事,投效河工,治河有功,晋衔知府,著有《治河七说》等。光绪二十三年数度上书朝廷,主张建铁路、开铁矿,以富国强民;又应外商聘请,主办山西矿务。光绪二十六年八国联军侵华,京津乏粮,刘鹗购取太仓储粟赈济饥民,活人无数。光绪三十四年以私售仓粟罪被逮问,流放新疆。翌年病卒,终年五十三岁。

刘鹗博识多藏,举凡书画碑帖、钟鼎彝器、泉布印玺、瓦当乐器以及甲骨泥封,均广为搜罗。曾自名其室为"抱残守缺斋",名所著小说为《老残游记》。又将其所收藏,选辑编次为《铁云藏龟》、《铁云藏陶》、《铁云泥封》等,另有后人辑注《铁云诗存》四卷。

光绪二十五年(1899)殷墟甲骨出土后,王懿荣率先收藏。翌年,八国联军入京,王氏死难,其所藏甲骨部分约千余片转入刘鹗之手。约与此同时,有方药雨从范维卿处购得甲骨三百多片,也转让给刘氏;刘鹗又请赵执斋"奔走齐、鲁、赵、魏之郊凡一年",代为收购三千余片;又遣第三子大绅亲往河南搜得千余片,总计得甲骨共五千片以上。光绪二十八年罗振玉在刘鹗家初见甲骨,叹为"汉以来小学家若张、杜、扬、许诸儒所不得见",力劝刘氏编印成书,并代为撰序。光绪二十九年刘氏就其所藏,选拓了一千零五十八片,辑为《铁云藏龟》六册,刊行于世。

《铁云藏龟》是我国第一部甲骨文资料的选编,书前有吴昌绶《序》、刘鹗《自序》和罗振玉《序》。本书的最大贡献,在于首先刊布了殷墟甲骨文,从而引起了世人的注意。书中对于甲骨文字的辨识,主要见之于吴昌绶的《序》以及刘鹗《自序》中。其《自序》云:"龟板可识者,干支而已。如甲申、乙酉、丙寅、丁卯、戊午、己亥、庚戌、辛丑、癸未。"这是对于甲骨文中最易辨识的干支字的最早论断。又云："钟鼎凡有象形者,世皆定为商器,此于车、马、龙、虎、犬、豕、豚皆象形也。"这些考释也是最早的有关甲骨文字的辨识。尤其可贵的是,甲骨文的"犬"、"豕"二字形体近似,关键的区别在于尾形笔画是否上卷,刘鹗能够正确释读,表明他已掌握这一特点。其《自序》又云："观其曰'问之于祖乙'、'问之于祖辛'、'乙亥卜祖丁十五牢'、'辛丑卜厌问兄于母庚',祖乙、祖辛、母庚以天干为名,实为殷人之确据也。"这一论断为甲骨学上的不刊之论。

从《自序》来看,刘氏已认出单字五十余,正确的约有四十字。数量虽然不多,但对于滥觞期的甲骨学,已作出了较大贡献。

有关《铁云藏龟》的研究论著,有孙诒让的《契文举例》(1917)、严一萍《铁云藏龟新编》(台湾艺文印书馆,1975年)。续补《铁云藏龟》的编著,有罗振玉的《铁云藏龟之余》(1915)一卷、叶玉森的《铁云藏龟拾遗》(1925)一卷和李旦丘的《铁云藏龟零拾》(1939)一卷等。陈梦家《殷虚卜辞综述》(科学出版社,1956年)、王宇信等《甲骨学一百年》(社会科学文献出版社,1999年)、赵诚《二十世纪甲骨文研究述要》(书海出版社,2006年)对本书有较详细评论,可参看。

(陈　崎)

契文举例 孙诒让

《契文举例》，上、下二卷。孙诒让著。成书于清光绪三十年（1904）十一月。有1917年罗振玉《吉石盦丛书》本、1927年上海蟫隐庐翻印本。

孙诒让（1848—1908），字仲容，晚号籀庼，一作籀高。浙江瑞安人。经学家兼文字训诂学家。其父太仆公衣言以翰林起家，诗、古文雄杰一时。孙诒让少承家学，好六艺古文。清同治六年（1867）举浙江乡试，报捐刑部主事，后五赴礼闱未第，遂淡于仕进，一意古学，家居著述。晚年，曾主持温州师范学堂，任浙江教育会会长。光绪二十九年（1903）朝廷以经济特科征，不赴。光绪三十四年（1908），礼部奏徵为礼学馆总纂，亦不赴。五月，病中风而卒。治学兼包钱大昕、段玉裁、金榜、王念孙四家，其明大义、钩深穷高，巍然为有清三百年朴学之殿。所著尚有《周礼正义》、《墨子闲诂》、《名原》、《古籀拾遗》、《古籀余论》、《札迻》、《周书斠补》、《大戴记斠补》、《尚书骈枝》、《述林》、《六历甄微》、《大篆沿革考》、《九旗古谊述》、《温州经籍志》等。其中大多已刊行，未刊之遗书今藏杭州大学。生平事迹见《清儒学案小传·籀庼学案》、《清代朴学大师列传》、《清史稿》卷四八二、《碑传集补》卷四一等。

光绪二十九年八月，刘鹗选所得甲骨拓片为《铁云藏龟》。孙诒让得之，叹曰："蒙治古文、大篆之学四十年，所见彝器款识逾二千种。大抵皆出周以后，赏鉴家所椠楬为商器者，率臆定不能确信。每憾未获见真商时文字，顷始得此册，不意衰年，睹兹奇迹，爱玩不已，辄穷两月力校读之，以前后复重者，参互审绎，乃略通其文字。"（《契文举例叙》）遂撰成《契文举例》，以原稿寄呈端方。端方卒，遗藏散出。王国维得是书于沪肆，因寄罗振玉，罗据稿本影印，于民国六年（1917）首刊于《吉石盦丛书》中。

《契文举例》是最早系统研究甲骨文的专著。全书共分十篇：月日第一。"龟甲文简略，多纪某日卜，故今存残字，亦日名最多"，此篇专释龟甲文中表示日名的干支之字等。贞卜第二。"龟文记卜事，日名下多继之云某贝"，因以归为一类。其中孙氏云："刘所谓'问'，皆当为'贝'，实

'贞'之省。"更正了刘鹗"凡称问者,有四种:曰哉问,曰厌问,曰复问,曰中问"的"四问"之说。卜事第三。释龟甲所纪占卜之事,粗窥占卜之法。鬼神第四。释殷商祭祀之礼法。卜人第五。"龟文简略,纪日以外,间有及人名字者,多纪占卜之人,亦有为其人而卜,若大卜八命之与者,今并录之,得廿余人。"官氏第六。占卜之人为卜官,因汇为一篇,释官级,并指出,"古称官府多云氏,如'大史'称'大史氏'"。方国第七。此篇专释国名,初考商都,兼及方国。典礼第八。"龟文简略,多纪琐屑小故,然间有称述典礼者",孙氏援据古书,与龟文所记之礼对照,辄多与礼经符合。文字第九。此篇专释龟甲文字,篇幅为全书的一半。"龟文奇古,出于商代,或篆体娄变……或增易殊别……或减省点画",孙氏研究龟文着重形义的考释、阐述,如识"祖甲"、"祖乙"的"祖",龟文皆作"且",即是一例。杂例第十。论龟甲文字书写之规律,如"卜以占吉凶,而龟文中绝不见吉凶字"。以上一至八为上卷,九至十为下卷,书前有自序。

孙诒让辨认甲骨文字一百八十五字,筚路椎轮,无旁人条例可作参照,因自称"今就所通者,略事甄述,用补有商一代书名之佚,兼以寻究仓后籀前文字流变之迹"(《契文举例叙》)。实质上,此书所释之字,并与《说文解字》、金文相互印证,与《尚书》、《周礼》、《仪礼》、《诗经》相互校读,故实际识得之字为当时之最,比刘鹗大为进步,而考释精到之处甚至有为后人所未能超越者。例如孙氏释"ᠱ"为"羌",并引《诗经·商颂·殷武》证明羌为商代西方民族,但后来罗振玉释为"羊",郭沫若释为"岺",反而不正确了。

当然,孙诒让著成此书时,还只有《铁云藏龟》可供研读。甲骨材料不多,拓本不清,且多残缺不通,孙氏于读不通处强意解释,论断难免粗糙,例如他释"王"为"立"、"兽"为"获"、"止"为"正",不知"母、女"二字通用等。由于不识"王"字,以致不知甲骨为殷王室之遗物,误以为"祖乙、祖辛、祖丁"为商代诸侯臣民之名号。所以罗振玉评论说,其书"得者十一,而失者十九"(《丙辰日记》),首创之艰难于此可见。

研究《契文举例》的论著有萧艾《第一部考释甲骨文的专著——〈契文举例〉》(《社会科学战线》1978年第2期)、赵诚《二十世纪甲骨文研究述要》(书海出版社,2006年)等。

(曹勇庆)

名原 孙诒让

《名原》,二卷。孙诒让著。成于清光绪三十一年(1905)。版本有清末孙氏家刻本、民国上海扫叶山房影印本、1986年齐鲁书社影印戴家祥校点本。

孙氏既潜心于金文、甲骨文,又惜仓颉所造旧文不可复睹,故欲以商、周文字辗转变易之迹,上推书契之初轨,因略摭金文、甲骨文、石鼓文、贵州红岩古刻,与《说文》古、籀互相勘校,揭其歧异,会最比属,以明古文、大小篆沿革省变之原,成《名原》二卷。

此书除叙文外,分上、下二卷,共七篇。书首为孙氏光绪三十一年十一月叙,述其写作《名原》之缘由、所据材料及大致体例,同时亦阐发了他对于古文字原始形体变化的看法。其言曰:"书契初兴,形必至简。逮其后,品物众而情伪滋,简将不周于用,则增益分析而渐繁。其最后,文极而敝,苟趣急就,则弥务消多,故复减损而反诸简。其更迭嬗易之为,率本于自然。而或厌同者异,或袭非成是,积久承用,皆为科律,故历年益远,则讹变益众。""通校古文、大小篆,大氏象形字与画缋通,随体诘诎,讹变最多;指事字次之;会意、形声字,则子母相检,沿讹颇尟。"此皆作者经验之谈,值得重视。

上卷共三篇。第一篇"原始数名",探寻数字"一"至"十"的原始写法及其变迁,兼及"贰"等古文字之考释。第二篇"古章原象",探求古代服章之初文。据《夏书·益稷》,古以日、月、星辰、山、龙、华虫、宗彝、藻、火、粉米、黼、黻为天子服饰图案之十二章,认为"古文字与画缋同原","十二章亦原始象形文字也"。此篇除述及"日"、"月"、"星"、"山"、"龙"、"藻"外,对"黼"、"黻"、"火"、"米"诸字之原始形体及其变体作了详细的探讨。第三篇"象形原始",探求原始之象形字。作者将象形字之演变分为三个阶段:其初制,全同绘画,此原始象形字;后或改文就质,或删繁成简,此为省变象形字;最后整齐之,以就篆体,为后定象形字,《说文》所载是也。此篇寻文讨义,参互钩核,对甲骨文、金文中之象形字作了考释,以见原始象形字之面貌;更以省变、后定之象形字,稽考异同,以推究其先后流变之迹。

下卷包括其余四篇。第四篇"古籀撰异",探讨古文、籀文之讹变。盖因古文、籀文于周、秦间屡经变乱,多失其本旨,许慎已不能尽释;而《说文》所录古、籀重文,又经后人传写臆改,其弊尤夥。此篇以金文、甲骨文校核《说文》所载古、籀,指出其舛误、辨正其异旨,以求近古之形,以明讹变之迹。第五篇"转注揭橥",论述以形符转注字旁以揭示其义类的转注造字法。作者认为,制字之初,字数尚少,凡名称未有专用字表示的,则依其义类,诂注其旁,以揭示其义,其后递相沿袭,遂成正字,此转注之所以成字也。故凡形声并合之字,无不兼转注。如"江"、"河"即注"水"于"工"、"可"之旁以成字者。转注法以形明义,其例广无畔岸,故古文偏旁,多任意变易、增益。此篇略举金文中之转注字,说明注文以相揭示之造字法,以期推而广之,而识奇诡而不载字书之文字。此篇所释,皆奇诡而罕见之字。第六篇"奇字发微",考释金文、甲骨文中形体奇异之字。盖金文、甲骨文多形体奇异之字,考释家或率从盖阙,或强以他字附会之,然悉心推校,其形义可说者尚多,此篇略摭金文、甲骨文与《说文》殊异而合于字例者,详加考释。第七篇"说文补阙",补充《说文》遗阙之字。盖自金文、甲骨文发现,古文繁出,许多习见之字,《说文》咸未甄录。此篇就新考定之古文,甄其形声确可推绎、合于经诂之例者,略举以补《说文》之遗漏。

自来小学之证经释字,率奉《说文》为职志,孙氏钩深穷高,以甲骨文、金文辗转变易之迹,上推书契之初轨,补正《说文》之讹阙,其志则大,其事则难。其论虽未能全备,也不无臆想误测,然总而观之,则其论可取者多,其方法、体例,亦开古文字学研究之新路,所以为后世所重。

《名原》成于作者之晚年,作者故世后,其弟季芃仓卒付梓,写官既不知古文,校者又以不识篆、籀、金文而阙之,故初刻本不仅有讹、倒、衍、奇,且墨丁满纸,难以卒读。1922 年,戴家祥得孙氏犹子孙莘农所传校补本,后又过录马衡所校,补正其讹阙数百字。1986 年齐鲁书社影印出版了戴氏之校点本,《名原》一书始得完备。其校点虽未尽善,如《叙》第一页"而叵复识别况","况"字实应从下读;"古文有'载'市",实应标为"古文有'载市'"。但其校点,大有功于《名原》则无疑义。戴氏又撰《斠点〈名原〉书后》一篇附印于书末,所述《名原》之成书、流传及校点情况甚详,可供参阅。

关于《名原》的研究著作有叶纯芳《孙诒让〈名原〉研究》(台湾花木兰文化出版社,2007 年)、王更生《籀庼学记——孙诒让先生之生平及其学术》(台湾花木兰文化出版社,2010 年)中的相关章节等。

(张　觉)

语　法

马氏文通　马建忠

《马氏文通》,十卷。马建忠著,成书于清光绪二十四年(1898)。有清光绪二十四年至二十五年(1898—1899)上海商务印书馆初版本、光绪二十八年(1902)绍兴府学堂本、光绪三十年(1904)上海印书馆本、1929年商务印书馆《万有文库》本、1933年商务印书馆印行杨树达刊误本、1954年中华书局印行章锡琛校注本等。

作者生平事迹见"适可斋记言记行"条。

马建忠所处的时代,正是帝国主义列强瓜分中国之时,许多爱国志士探求富国强兵之道,形成了一股教育救国、科学救国的思潮,马建忠也深受这股思潮的影响。他对比了中国和西方的语文教学方法,认为"西文本难也而易学如彼,华文本易也而难学如此"(后序),原因就在于西方教授语法,而中国没有语法著作。由于中国没有语法著作,所以"四千余载之智慧材力,无不一一消磨于所以载道、所以明理之文",也就无暇学习自然科学和社会科学,与西人相角逐之时,"其贤愚优劣有不待言矣"(同上)。为了改变中国语文教学的落后面貌,使人民在年富力强之时就能学习更多的科学知识,马氏乃积十余年勤求探讨之功,写成了《马氏文通》一书。

《马氏文通》全书共十卷,卷一是正名,卷二至卷六论实字,卷七至卷九论虚字,卷十论句读。书前有作者的《序》《后序》和《例言》。从内容来说,"是书所论者三:首正名,次字类,次句读"。(例言)其中,正名是对于书中字、词、次、句、读等概念作出界说,以为全书论述的基础,所以此书实际上分成字类(词法)和句读(句法)两大部分。

此书的字就是词,字类就是词类。字分为两大类,即实字和虚字。作者指出,"凡字有事理可解者曰实字,无解而惟以助实字之情态者曰虚字"(卷一),可见作者是从意义角度区分词类的。实字又分五类,即名字、代字、动字、静字和状字。作者指出,"凡实字以名一切事物者曰名字"、"凡实字用以指名者曰代字"、"凡实字以言事物之行者曰动字"、"凡实字以肖事物之形者曰静字"、"凡实字以貌动、静之容者曰状字"(同上),可见这五类实字大致相当于今天所说的名词、代词、动词、形容词和副词。虚字又分四类,即介字、连字、助字、叹字。作者指出,"凡虚字以联实字相关之义者曰介字"、"凡虚字用以为提承展转字句者统曰连字"、"凡虚字用以煞字与句读者曰助字"、"凡虚字以鸣人心中不平之声者曰叹字"(同上),可见这四类虚字大致相当于今天所说的介词、连词、语气词和叹词。

此书的句指句子,词指句子成分。词有七种,即起词、语词、止词、表词、司词、加词和转词。作者指出,"凡以言所为语之事物者曰起词"、"凡以言起词所有之动、静者曰语词"、"凡名、代之字后乎外动而为其行所及者曰止词"(同上),可见起词、语词和止词相当于今天所说的主语、谓语和宾语。作者又指出,"惟静字为语词,则名曰表词","表词不用静字,而用名字、代字者,是亦用如静字"(同上),则表词相当于今天所说的形容词谓语和名词谓语。作者说,"凡名、代诸字为介字所司者,曰司词"(同上),"外动行之及于外者,不止一端,止词之外,更有因以转及别端者,为其所转及者曰转词","内动之行,虽不经达乎外,至其行之效有所于归者,则为转词"(卷四),则司词就是现在的介词宾语,转词相当于现在的间接宾语和动词涉及的某些状语和补语。在介词结构中,介词宾语对于介词来说是司词,对于动词来说则是转词。至于加词,则有两种:(一)"介字与其司词,统曰加词"(卷二),这是指介词结构充当的状语或补语;(二)"凡名、代、动、静诸字所指一,而无动字以为联属者,曰加词"(同上),这是指同位语。

此书的读是指主谓结构的词组和复句的分句,即所谓"凡有起、语两词而辞意未全者曰读"(卷一);此书的顿是指句中的短暂停顿,所谓"凡句读中,字面少长,而辞气应少住者,曰顿。顿者,所以便诵读,于句读之义无涉也"(卷十)。根据"中国文字无变也"(卷七)的特点,本书又在字和词的相应关系上建立了位次理论。作者指出,"凡名、代诸字在句读中所序之位曰次"(卷一)。次有六种:(一)"凡名、代诸字为句读之起词者,其所处位曰主次"(同上);(二)"凡名、代诸字为止词者,其所处位曰宾次"(同上);(三)"凡数名连用而意有偏正者,则正意位后,谓之正次"(同上);(四)"凡数名连用而意有偏正者,偏者居先,谓之偏次"(同上);(五)和(六)"凡名、代诸字,所指同而先后并置者,则先者曰前次,后者曰同次"(卷三)。由此可见,主次和宾次是一对概念,主次指主语位,宾次指宾语位;正次和偏次是一对概念,正次指偏正结构中的中心词,偏次指偏正结构中的前加修饰语;前次和同次则是同一概念的两个位次,包括表语、同位语等。这三对概念实际上包含两重含义,一指名、代诸字在句读中的句法关系,一指名、代诸字在句读中的前后位置,因此正次可以是主次或宾次,前次或同次可以是主次、宾次或偏次。

《马氏文通》的科学价值首先表现在它的语法体系十分完整而系统。它从词本位的理论出发,把汉语的词分为九个词类,这九个词类大体上是合理的,发展到现代语法学,也不过是把数词从静字(形容词)中分出来,另立一类量词,以及名词分出方位词、动词分出趋向动词等附类而已。

它以起词和语词总括一切句子成分,认为其他句子成分都是分别属于起词和语词的,这种析句方法在一定程度上反映了语言的层次性。它对各种语法结构和语法规律都作出了详尽而周密的描述。全书先讲词法,后讲句法,卷二讲名词和代词,卷三就讲位次,因为只有名词和代词才有位次现象,卷四讲动词,卷五就讲坐动和散动,因为坐动和散动是动词的运用,卷十讲句读,先从分析句和读的成分开始,分别讨论起词、语词、止词、转词、表词等,再进而论述顿、读和句,组织严密,次序井然。

其次,此书的价值还表现在,它在模仿西方语法和继承古代研究成果的同时,在收集分析大量语言材料的基础上,发现和总结了汉语特有的许多语法规律。例如作者根据汉语的特点,首创划分出介词和助词这两个词类,他说:"泰西文字,若希腊、辣丁,于主、宾两次之外,更立四次,以尽实字相关之情变,故名、代诸字各变六次。中国文字无变也。乃以介字济其穷。"(卷七)汉语没有西方语言那种"格"的形态变化,而是用介词来表示"格"的变化所表达的语法意义。他所确立的五个介词,除"之"以外,其余四个"于、以、与、为",至今仍然是语法学界公认的介词。作者又说:"泰西文字……凡一切动字之尾音,则随语气而为之变。……惟其动字之有变,故无助字一门。助字者,华文所独,所以济夫动字不变之穷。"(卷九)拉丁语的语气是通过动词的形态变化来表达的,汉语的语气则是通过助字(语气词)来表达的。马氏所列举的助字"也、耳、矣、已、乎、哉、耶、欤"等,也至今为人们所沿用。又如作者在详细考察语言事实的基础上,发现了古代汉语的六种被动表示法:(一)加"为……所"表示被动;(二)加"为"表示被动;(三)加"于"表示被动;(四)加"见"表示被动;(五)加"可"或"足"表示被动;(六)外动词单用表示被动。(卷四)其中除五、六两种外,其余四类都为后人所接受。

《马氏文通》的价值还在于书中收录了大量古汉语例句,总计大约有七千至八千句。对于这些例句,马氏的分析解释未必完全恰当,但他并不回避矛盾,而是把所有的现象都一一罗列出来,这就促进后人去思考、去解决,从而推动了研究的深入。例如他说:"'吾'字,按古籍中用于主次、偏次者其常,至外动后之宾次,惟弗辞之句则间用焉,以其先乎动字也。若介字后宾次,用者仅矣",而"'我'、'予'两字,凡次皆用焉"(卷二)。他的这些话引发了后人关于"吾"、"我"是不是上古汉语格的变化的许多讨论。

由此可见,《马氏文通》是中国第一部科学的系统的汉语语法著作,正如梁启超所说:"中国之有文典,自马氏始。"(《论中国学术思想变迁之大势》)在《马氏文通》以前,中国没有语法学。虽然章句和句读之学在汉代就已经产生,但是当时的学者大都是从修辞上着眼,而不重视语法的分析。以后元代卢以纬的《语助》、清代刘淇的《助字辨略》、王引之的《经传释词》、俞樾的《古书疑义举例》等虽然都专门讨论了虚词,但它们都是逐字为训,并没有构成语法体系,因而只能称为语法学的萌芽。马氏此书则完全突破了传统小学的框框,揭示了语言内部的语法构造,勾画了古汉语语法的轮廓,破除了"汉语无语法"的谬论。因此,《马氏文通》的诞生标志着汉语的语法研究已经脱离了传统训诂学的范畴,而卓然成为一门独立的生气勃勃的学科。《马氏文通》问世以后,对于汉语语法学具有重大的影响,此后,无论是描写古汉语语法的《中等国文典》、《国文法草创》,还是描写现代汉语语法的《新著国语文法》、《国语文法概论》,一直到现代的许多光辉著作,都或多或少地继承了马氏的语法体系而加以发展变化。八十多年来,我国语法研究取得了巨大的进展,这跟《马氏文通》的历史功绩是分不开的。

不过,由于创业的艰难和历史的局限,《马氏文通》也有许多缺点和错误。首先,由于此书出版于马氏逝世前两年,作者生前来不及对这部三十万言的巨著进行最后的校订,因而此书在术语、引例和解释等方面,都有许多前后不一致和分析欠准确的地方,从而引起后人的许多批评、指责和争论不休。例如此书前后共出现六个位次名称:主次、宾次、偏次、正次、前次、后次,但是马氏又云:"次者,名、代诸字于句读中应处之位也。次有四:曰主次,曰偏次,曰宾次,曰同次。"(卷三)没有提及正次和前次,那么此书究竟有几个位次,就成为后人的疑问之一。同时,作者在卷一中指出:"凡名、代诸字为句读之起词者,其所处位曰主次",可见主次只限于起词;可是作者在卷三中又说:"凡句读中名、代诸字之为止词、起词者,皆为主次,已详于前",则主次又出现于止词。对此杨树达《马氏文通刊误》认为"止词"系"表词"之误,但也有人认为这里的止词是指兼语而言。又如关于司词,马氏在卷一中指出:"凡名、代诸字为介字所司者,曰司词",可见司词是对介字而言的;可是他在卷三中又提出了"象静后之司词",认为《论语·为政》"言寡尤,行寡悔,禄在其中矣","寡"是静字,"尤"和"悔"是其司词。可见这种司词并不指介词所司的成分,而是指补足静字之意的成分,相当于动字的止词或转词。因此这种司词跟介字后的司词实在是同名异实,不宜互相混淆的。

其次,此书往往从意义出发来研究语法。研究语法不能不顾意义,但是不能离开语言的组织功能来谈意义。例如马建忠根据有解、无解来区别实字和虚字,也就是根据意义上的差别来区分实字和虚字,他说:"义不同而其类亦别焉,故字类者,亦类其义焉耳。"(卷一)但是既然虚字是"无解"的,那么虚字义如何根据意义来进行再分类呢?马氏把意义作为区分词类的标准,而且把词的词汇意义和结构意义这二者混同起来。当他说"无字无可归之类,亦类外无不归之字矣"的时候,是根据词的词汇意义而言的,以孤立的字为对象,拿意义作标准,自然认为字有定类;可是他又说:"字无定义,故无定类。而欲知其类,当先知上下之文义何如耳。"(卷一)这时则是根据了词的结构意义,即当词进入句子以后,获得了不同的句法意义,所以又认为字无定义,故无定类了。马氏未能分清这两种意义,所以弄得自相矛盾,难以自圆其说了。又如根据马氏关于次的定义,次是跟名、代诸字在句读中的位置有关,但马氏在对同次进行解说时,却说表词与起词所指同一,所以归入同次(卷三),这时他又根据意义来判断次了。事实上,从句中位置看,表词跟起词是根本不能同一的。

更为严重的是,在马建忠的眼光中,希腊语法也好,拉丁语法也好,汉语语法也好,"其大纲盖无不同"(后序),"各国皆有本国之葛朗玛,大旨相似,所异者音韵与字形耳"(例言),于是他就用西文"一定不易之律","以律夫吾经籍子史诸书"(后序)。因此,此书的理论依据是拉丁语语法,其语法体系是根据"西文已有之规矩"(后序)建立起来的。例如《孟子·公孙丑下》"我欲中国而授孟子室",马氏以"孟子"为转词,"室"为止词,而《孟子·滕文公上》"后稷教民稼穑",马氏则以"民"和"稼穑"为两个止词(卷四)。这就令人大惑不解了。实际上这是马氏以拉丁语法以律汉语的结果,因为在拉丁语法中,告言义的动词可以带两个受格宾语,而授予义的动词只能带一个受格宾语和一个与格宾语,与格宾语就相当于马氏的转词。马氏对于西方语法的这种生搬硬套,不但严重地束缚了自己的手脚,大大影响了他对于汉语语法特点的分析和研究,而且开了后来研究者的模仿之风。例如在汉语中,动词、形容词也可以做主语和宾语,名词、代词和形容词也经常起到副词的作用,为了维持词在意义上的类别和跟句子成分的对应关系,马氏把这种现象统统算作"假借"。这种词类假借说,是作者在模仿西方语法遇到困难时的一种变通的办法。事实上汉语的词在造句中的功能是多方面的,而非单一的,完全没有必要因为它们所处的位置与西方语言不同,而认为其中一些词类假借为其他词类。在古代汉语中,词类假借说(又称词类活用)应该真正严格限止在个别词的临时性灵活使用上,如果某一词类能够大量出现在某一句法地位上,那就不应该视为假借和活用。又如作者关于次的理论兼指名、代诸字在句读中的句法关系,而起词、止词等也表示名、代诸字在句读中的句法关系,因此次就不可避免地要和起词、止词等句子成分的概念有许多重合,这样,除了因为名词修饰语马氏未立词名,所以偏次尚属有用之外,其余的次和词就是徒然多立一套名目了。马氏之所以在词之外又立有次,其原因又在于模仿西方语法在句子成分之外又有格。但是西方语法的格有其形态的标志,汉语没有,汉语只有位置一途,则次和词的相重就是必然的了。

最后,此书使用的许多概念和术语,如字、词、句、读等,往往与中国传统语文学中的含义不同,而文中又不能不用传统语文学的含义,这样新旧名称掺杂互用,鱼龙混杂,往往使读者不明所以,难以卒读。例如卷一界说九:"《论·公冶》:'回也闻一以知十,赐也闻一以知二。'又《学而》:'巧言令色,鲜矣仁。'又《泰伯》:'焕乎其有文章。'也、矣、乎三字,今以助一字而已。故同一助字,或以助字,或以助读,或以助句,皆可,惟在作文者善为驱使耳。"这里第一、四两个"字"为文字之字,第二、三两个"字"则相当于今天所说的词。

历史上关于《马氏文通》一书的研究，可以分成三个阶段。从 1898 年至 1935 年为第一阶段，这一阶段主要是对马氏此书的质疑、刊误和补正，但内容多限于具体的局部的问题，代表作有陶奎《文通质疑》(附《文通要例》后，华新印刷局，1916 年)、杨树达《马氏文通刊误》(商务印书馆，1931 年)等。从 1935 年至 1950 年为第二阶段，这一阶段比较注意从理论上、语法体系上分析、研究马氏的得失，特别是严厉批评了马氏之书对于西方语法的机械模仿和生搬硬套，代表作有何容《中国文法论》(独立出版社，1942 年)、陈望道等《中国文法革新论丛》(上海学术社，1940 年)等。从 1950 年至今为第三阶段，在这一阶段中，学者们开始全面而科学地研究、评价马氏此书，既充分肯定它的历史功绩，又详细而深入地指出其理论和体系上的种种弊端、谬误，此外对于马氏的思想、马氏此书的作者，也多有探讨，有关这方面的主要材料收集在张万起编辑的《马氏文通研究资料》(中华书局，1987 年)一书中。此外可以参看吕叔湘、王海棻《马氏文通读本》(上海教育出版社，1986 年)，王海棻《马氏文通与中国语法学》(安徽教育出版社，1991 年)，侯精一、施关淦主编《〈马氏文通〉与汉语语法学》(商务印书馆，2000 年)，姚小平主编《〈马氏文通〉与中国语言学史》(外语教学与研究出版社，2003 年)，宋绍年《〈马氏文通〉研究》(北京大学出版社，2004 年)等。

(杨剑桥)

方　言

通俗编 翟　灏

《通俗编》，三十八卷。翟灏撰。成书于清乾隆十六年(1751)。有仁和霍氏无不宜斋刻本。1958年商务印书馆据无不宜斋刻本排印，附有四角号码索引。本书另有十五卷本，清乾隆中刻入《函海》丛书，系是书初定之本，光绪本《函海》增作二十五卷。

翟灏(1736—1788)，字大川，晚年改字晴江。浙江仁和(今杭州)人。乾隆十八年举乡试，次年成进士，历任衢州、金华二地府学教授。平生博览群书，精心考证，尤致力于训诂。又曾"往来南北十许年，五方风土，靡所不涉"(周天度《序》)。著作除有《通俗编》外，还有《尔雅补郭》刊行，另有《周书考证》等书稿未刊。事迹见《碑传集》卷一三四、《清史列传》卷六八。

本书辑录、解释历史文献中的俗语和方言词汇共五千多条，并考证其源流。其内容分为以下三十八类：天文、地理、时序、伦常、仕进、政治、文学、武功、仪节、祝诵、品目、行事、交际、境遇、性情、身体、言笑、称谓、神鬼、释道、艺术、妇女、货财、居处、服饰、器用、饮食、兽类、禽鱼、草木、俳优、数目、语辞、状貌、声音、杂字、故事、识馀。

本书取材范围相当广泛，包括经传子史、诗文词曲、小说、字书、诗话、艺谈、佛经等等，所以条目和资料非常丰富，为同类著作之首。作者对每一条目都追溯语源，引书证释，并对许多成语和词语还能说明其流变，所以本书对词源研究很有参考价值。如卷五"后来居上"条，作者引《汉书·汲黯传》："陛下用群臣如积薪耳，后来者居上。"颜师古注："或曰积薪之言出曾子。"本书收录的很多词语对于研究古代名物制度、文化艺术、民间风俗也有参考价值，如"揭帖、吊卷、工尺、山歌、海盐腔"等。

本书的主要缺点有三：一是引用文献常随意删节或出处不详，如卷二十六"瓦罐终须井上破"条引用《汉书·陈遵传》有关材料，仅截取原文头尾，中间删去五句。又如卷二十四"打官司"条仅释为"元人《抢盒妆曲》有此三字"，未引原文原句，作者也不详。二是许多条目只引用文献，不释义，或释义不全面。如卷二十四"告示"："《荀子·荣辱篇》：'仁者好告示人。'《后汉书·隗嚣传》：

'腾书陇蜀,告示祸福。'"今按"告示"有动词和名词两种用法,作者所引两例都是动词用法,实际上名词用法早见于元、明时代的文献。三是分类失当,不便检索,如将"周而不备"列入"地理"类,"道理"列入"文学"类等。

清代梁同书编有《直语补证》一书,辑录《通俗编》所遗漏的词语,或虽同举一语而征引不同的文献材料。《直语补证》有《频罗庵遗集》本和《昭代丛书》本,1958年商务印书馆出版的《通俗编》后附有此书。2013年中华书局出版了附有《直语补证》的《通俗编》校点本。同年东方出版社也出版了《通俗编》校点本。

(游汝杰)

吴下方言考 胡文英

《吴下方言考》，十二卷。胡文英著。刊于清乾隆四十八年(1783)。有乾隆年间留兰堂刊本、北京中国书店1980年影印本。另有徐复《吴下方言考校议》(凤凰出版社，2012年)本。

胡文英，字绳厓。生卒年未详。江苏武进(今常州)人。撰《吴下方言考》近三十年，于乾隆二十五年质之同乡钱铸庵，钱氏击节叹赏而为之序，二十三年后才得以付梓。

胡文英编撰此书的目的，是集录吴语词汇，考本字，明训诂，以证释古书。钱序也指出此书证明吴下的街谈俚谚，"尽为风华典雅之音"，称作者"一字一句，皆援古证今，必求意义之所在"。这样一来"习见以为无文者有文，无义者有义"。

本书所谓"吴下方言"、"吴中方言"或"吴语"是指今苏州一带方言或泛指苏南吴语。其取材原则是收录吴下方言中"人所未能通晓"的词语，间亦采录燕、齐、楚、粤等方言与吴语参校证明。全书分十二卷，共收词语九百九十三条。编排次序以平水韵为准，以平、上、去、入四声为序，卷一至卷六是平声，卷七是上声，卷八是上声、去声各半，卷九是去声，卷十是去声、入声各半，卷十一、十二是入声。有的韵字数太少就附于他韵之下，如冬韵附于东韵之下。多音节词根据最后一个字所属的韵来归类。如"花黄"归入卷二江韵。每条先出词目，后引用古籍说明源流，最后是作者的释义。对词目中较生僻的字，则用方言同音字注音，偶尔也用反切注音。用字以见于《说文》者为主。"有宜用古字者，概仍其旧。"所引古籍遍及字书、韵书、义书、史书、诗词等，以唐代以前之书为多，宋元以后之书为少。例如："氅音旁，唐李绵云：智永禅师，有秃笔头数十氅。案氅，瓨音潭也，吴中谓之氅。"(卷二)

本书的价值有以下几方面。

一、提供了许多清代吴方言口头常用的词语，可以作为清代吴方言词典来使用。

二、对吴方言词语的源流考证有所贡献。如："媻婆音摊爿，《玉篇》：'媻婆，无宜适也。'案媻婆，散置也，吴中谓物散置者曰媻婆落爿。"(卷五)

三、对吴方言本字的考证有所贡献。如："㧚，《广雅》：㧚，击也。案㧚，掌人颊也。吴中凡掌人颊曰㧚。"（卷五）

四、有助于了解古今方言的流变。如："言音洼，扬子《方言》：'沅澧之间，使之而不肯答曰言。'案言，途遇而不肯言，其人有急事也。吴中人谓猝遇相讯，彼不久言者，则目之曰失头言脑。"（卷二）

本书考证本字，忽略古今音韵地位的比较和联系，有的所谓本字，难以确信。如："措，（音）闸。《史记·梁王世家》：'李太后与争门措指。'按：措，谓门扇所夹也。吴中谓忽然被夹伤曰措。"今据《集韵》，措，侧格切，追捕也。声母是清音，而吴语"闸"是浊声母，音义皆不能密合。

《吴下方言考》是清代方言学"分类考字派"的代表作品，后出的较优秀的同类作品有杨恭桓所著《客话本字》。

（游汝杰）

拍掌知音 廖纶玑

《拍掌知音》，全称《拍掌知声切音调平仄图》，以略称《拍掌知音》行世。一卷。廖纶玑著。有梅轩书屋藏本、《方言》季刊1979年第二期影印本。《凡例》上、中、下三页，正文十八页，每页两图，共三十六图。影印本《凡例》缺下页。

廖纶玑，生卒年未详。连阳(今广东连州)人。

本书的成书年代约在《戚林八音合订》之后，即清乾隆十四年(1749)以后。《戚林八音合订》中的《戚参将八音字义便览》例言有"打掌与君知"一句，大约就是本书书名中"拍掌知"三字的来历，"打"字今闽语多用"拍"字。本书是现存较早的闽南泉州音韵图。

本书是类似《切韵指掌图》的等韵书。正文前有《凡例》，说明图例、如何读图及用图练音。正文包括三十六张等韵图，即单音字表。每图左端竖列列出十五个字，即"柳边求去地颇他争入时英文语出喜"，分别代表"十五音"，即十五个声母。每图上端列出"上平、上上、上去、上入、下平、下上、下去、下入"八个调类。每图右上角"柳母"和"上平"的交会处列出"音祖"或"字祖"，即韵母，用合体字表示。每图皆有一个韵母，共三十六个韵母。凡声韵调交会有音有字处，即选一字填之；无字处用圆圈表示；同字同声同韵异调处用"ヒ"表示，见附图。

李荣《廖纶玑〈拍掌知音〉影印本序》、黄典诚《〈拍掌知音〉说明》(均载《方言》季刊1979年第二期)，对本书有所考证。

据黄典诚考证，本书各图是闽南泉州音文读系统的单音字表。图中所列只有极少数白读系统的字音。今闽南话文白读的界线不易划分清楚，本书可以作为研究闽南话文白异读问题的重要参考。黄典诚又据本书韵图拟测了当时泉州话的三十六个韵母和十五个声母，指出韵母逢"止、遇、假、果、蟹、效、流"七摄没有入声；逢"咸、深、山、臻、江、曾、梗、通、宕"九摄都有入声，并且m/p、n/t、ng/k相配，跟中古音系一样。声母不分浊鼻音和浊口音，即n/l、m/b、ng/g不分。

与本书同类的闽南漳泉音韵书还有《汇音妙悟》、《雅俗通十五音》，但较为晚出。

附图：《拍掌知音》第十五、十六图。

十五图

	上平	上上	上去	上入	下平	下上	下去	下入
柳	○	○	○	ヒ	○	○	○	○
边	靶	把	○	ヒ	琵	○	豹	○
求	巴	假	○	ヒ	○	○	驾	○
去	家	○	他	ヒ	○	○	○	闸
地	○	○	查	○	○	○	○	○
颇	○	○	○	ヒ	○	○	○	○
他	○	○	沙	ヒ	○	○	诈	○
争	○	○	鸦	ヒ	○	○	○	○
入	○	○	○	○	○	○	○	○
时	○	○	○	ヒ	○	○	亚	觅
英	○	○	○	ヒ	○	○	讶	○
文	○	○	○	○	牙	○	钞	○
语	○	○	○	○	柴	○	○	○
出	差	○	○	ヒ	霞	○	○	○
喜	○	○	○	○	下	○	○	○

十六图

	上平	上上	上去	上入	下平	下上	下去	下入
柳	辣	摆	○	ヒ	来	○	赖	○
边	○	改	○	ヒ	牌	○	败	○
求	该	楷	○	ヒ	○	○	屆	○
去	开	夕	宰	ヒ	○	○	慨	○
地	獃	○	○	ヒ	台	逮	代	○
颇	○	○	○	ヒ	○	○	派	○
他	○	台	腮	ヒ	材	待	泰	○
争	○	笛	挨	ヒ	○	豸	载	○
入	○	○	○	○	○	○	○	○
时	○	○	蔼	○	埋	○	晒	○
英	○	○	○	ヒ	呆	○	隘	○
文	○	○	○	○	栽	○	○	○
语	○	○	采	ヒ	颏	○	碍	○
出	○	○	海	○	○	○	蔡	○
喜	○	○	○	○	蟹	○	害	○

（游汝杰）

续方言 杭世骏

《续方言》,二卷。杭世骏著。有清《四库全书》本、嘉庆年间艺海珠尘本、《道古堂外集》本、《丛书集成初编》本等。光绪二十二年(1896)刊刻的《道古堂外集》本是善本,书后有章太炎识语。

杭世骏(1688—1773),字大宗,号堇甫。浙江仁和(今杭州)人。清雍正二年(1724)中举,乾隆元年(1736)召试博学鸿词,授翰林院编修,校勘武英殿十三经、二十四史,纂修三《礼》义疏。擅长作诗。著述丰富,主要有《续礼记集说》、《石经考异》、《史记考证》、《三国志补注补》、《晋书传赞》、《北齐书疏证》、《词科掌录》、《道古堂集》等。

《续方言》分上、下两卷,无序跋。从全书内容看,作者旨在辑录唐代之前经史志传、字书词书中的古方言词,以补充扬雄《方言》之不足。全书辑录古方言词五百二十二条,大致直接引用原文原意,不另作说解。所引以见于《说文》、《方言》郭注、《尔雅》郭注、《释名》、《礼记》的为多。如:"周谓潘曰泔。《说文》。""如,即不如,齐人语也。隐元年《公羊传》。""江东呼刻断为契断。郭注《释诂》。"全书依《尔雅》体例编次,但不标明类目。

《四库全书总目》评价此书:"其搜罗古义,颇有裨于训诂。惟是所引之书往往耳目之前显然遗漏,如《玉篇》引《仓颉篇》云'楚人呼灶曰廗'、《列子·黄帝篇》注引何承天《纂文》云'吴人呼瞬目为眴目'、《古今韵会》引魏李登《声类》云'江南曰辣,中国曰辛'……又如书引《说文》'秦晋听而不闻,闻而不达,谓之晔'、引《史记集解》'齐人谓之颡,汝南淮泗之间曰颜'诸条,本为扬雄《方言》所有,而复载之,亦为失检。"所评甚是。

本书是清代第一部博采众籍,增补《方言》的著作,有助于了解唐代之前的古方言词及其词义和分布地域。但是因为不作古今方言词的比较,所以不能从中看出方言词在地理上的历史演变。就此而言,其价值不如《方言》郭注。有的条目解说方言词的读音,从中可以了解古代方言的若干语音特点,这对于方言语音史研究颇有价值。如:"秦人犹、摇声相近。《礼记·乐记》注。""周秦之人读至为实。《礼记·杂记》。""汝颍言贵,声如归往之归。《释名》。"

清程际盛《续方言补正》上卷辑录《续方言》未及者共一百零三条,下卷校正《续方言》共有六十七条,可作阅读本书的参考。

（沈榕秋）

恒言录 钱大昕

《恒言录》，六卷。钱大昕撰。作者生前未刻板，清嘉庆十年(1805)扬州阮常生据原稿和乌程张鉴补注刻入《文选楼丛书》内，阮氏刻板时还加上自己的注。此书另有《潜研堂全书》本、商务印书馆据文选楼本排印的《丛书集成》本、1958年商务印书馆重校排印本。另有江苏古籍出版社1997年版《嘉定钱大昕全集》中的校点本。

作者生平事迹见"廿二史考异"条。

本书是收录常言俗语并考证其源流的著作。全书按词义分六卷十九类，即卷一：吉语、人身、交际、毁誉；卷二：常语、单字、叠字；卷三：亲属称谓；卷四：仕宦、选举、法禁、货财；卷五：俗仪、居处器用、饮食衣饰；卷六：文翰、方术、成语、俗谚。共有八百多条，大部分是双音节词语。卷二中的"单字"是单音节词，卷六多四字格成语或民间谚语。

本书对每一条目都引用古代文献，溯其源流，如："道貌：《庄子·德充符》：'道与之貌，人与之形。'"(卷一)"费用：《荀子》：'孰知夫出费用之所以养财也'。"(卷四)"矬：《广雅》：'矬，短也。'《通俗文》：'侏儒曰矬。'"(卷二)作者一般不注音，也不另行释义。所收词语间或有方言色彩，如："瘂与忽同，吴中方言，睡一觉谓之一忽。林酒仙诗'长伸两脚眠一忽，起来天地还依旧'是也。按《说文》：'瘂，卧惊也。'《广韵》：'瘂，睡一觉也。'瘂与忽同音，常用瘂字为正。"考证方言本字和词源较详确。本书所收的一般双音节词和双声叠韵的双音节词相当丰富，还注意搜集和排比近义词。如"吉祥、吉利"，"快乐、快活"，"长久、长远"等。

《恒言录》较《通俗编》为晚出，体例更谨严，取材更精审，分类更合理，释义更深入。在引证的详确方面，也超过《通俗编》。如："耳边风：《南齐书·武十七王传》：'吾日冀汝美，勿得勅如风过耳，使吾失气。'杜荀鹤诗：'万般无染耳边风。'"《通俗编》只引杜荀鹤诗，《恒言录》补引《南齐书》，以见其流变。

本书经张鉴和阮常生作注后，内容丰富不少，后来又有陈鳣编《恒言广证》一书，补注原书的许多条目和张、阮两家的注。《恒言广证》于嘉庆十九年(1814)成书,本无刻本,商务印书馆根据陈氏手稿整理排印,和《恒言录》合装成一册,即《恒言录·恒言广证》,1985年出版。又钱大昕之弟钱大昭著《迩言》六卷,近人罗振玉著《俗说》一卷,可与《恒言录》相补益。

(游汝杰)

方言藻 李调元

《方言藻》，两卷。李调元撰。有清道光五年(1825)李朝夔补刊《函海》本、《方言藻》和《粤风》合刊本。

作者生平事迹见"雨村曲话"条。

据《自叙》，作者少时读唐宋诗词，对其中方言俗语词汇，执义理以求之，常索解不得。后沉潜而玩，反复比证，而得通解。乃将此类语词摘而汇之，以使人知道古人诗文中的"里巷鄙俚之言，亦未尝无所本"。

全书辑录唐宋时代诗词中所见的方言俗语词汇共一百零五条，举历代诗词和经传子史中的用例相互比证会通，并一一释义。释义的方法大致有二，一是先录诗文用例，后释义，如："只，杜子美诗：'寒花只暂香。'又云：'只想竹林眠。'又云：'只道梅花发。'只，俗言也。"二是先释义，后举诗文用例，如"翻嫌"条："翻，反也。李义山诗：'本以亭亭远，翻以脉脉疏。'又云：'千骑君翻在上头。'"间或略作考证，说明用法和音读，如："这，蜀主王衍《醉妆》词：'者边走，那边走。'毛晃云：'凡称此个为者个，多改用这字。这乃迎也。'按：这，音彦，今借作'者'，读作'者'去声。韦縠《才调集》载无名氏诗云：'三十六峰犹不见，况伊如燕者身材。'唐诗用'这'字始此。"

本书是第一本用实例比证会通法解释诗词中的方言俗语的著作。诗词中的方俗语词，尤其是虚词或词义较虚的词语，颇难释义，引用实例互相比证，其义自明。如"争"条："争，俗作怎，方言如何也。李义山诗：'君怀一匹胡威绢，争拭酬恩泪得干。'姜夔《长亭怨慢词》：'书郎去也，怎忘得玉环分付。'"本书篇幅不长，一共只有十二页，但本书开创的研究词义的方法，为张相《诗词曲语辞汇释》、徐嘉瑞《金元戏曲方言考》等继承，对后世学者影响颇大。

本书名为《方言藻》，实则大都只是口语或俗语词汇，并不一定是方言词汇。全书指出使用地域的只有两处，即"真成"(宋人方言)、"得能"(吴人方言)。有的条目引例太少，甚至只引一例，致使词义不能显豁。例如:"大都,李山复诗:'大都为水也风流。'"有引例,而不作解释。又如:"径须,径犹直也。杜子美诗:'过客径须愁出入。'"虽然有释义,但是只引一例。

(游汝杰)

越谚 范 寅

《越谚》,三卷,附《賸语》二卷。范寅著。成书于清光绪四年(1878)。有光绪八年谷应山房原刊本、1932年北京来薰阁重版本。2006年,人民出版社出版了侯友兰等的《〈越谚〉点注》。

范寅(1827—1897),字啸风,号扁舟子。浙江绍兴人,家居绍兴城外皇甫庄。"幼奉庭训,唯经籍制艺是务"(《自叙》),青年时代曾为衣食奔走四方。后曾中过副榜。

此书是辑录清代浙江绍兴方言俗语的著作。书首有《自叙》和《例言》各一篇。《自叙》略述生平经历和编撰本书的宗旨,认为《方言》旧载已渐异,因欲就口习耳熟者,辑录南蛮新谚,并引证经史子集、唐诗元曲、通俗编、传灯录、六代同文、百家稗说等,以考求源流。《例言》说明"所录各谚以昔之山阴、会稽两县城乡之语为断"。1932年北京来薰阁的重版本附有周作人写的跋,提到范寅编此书时,曾招集近地孩子唱歌,以便记录。

此书正文分三卷,上卷语言,中卷名物,下卷音义。

上卷前有一短论,讨论语言文字之由来。所收条目多为谚语,分为十八类,即述古、警世、引用、格致、借喻、占验、谣诼、隐谜、事类、数目、十只、十当、头字、哩字、翻译禽音、詈骂讽刺、孩语孺歌和劝譬颂祷。其中除"述古"、"警世"两类是见于典籍的书面语外,其余各类所收大多是民间口头俗语,如"雨落拖被絮——越背越重"。"隐谜"相当于歇后语,"十当、十只、头字、哩字"四类分别收列含"当、只、头、哩"这四个字的俗语。

中卷分类收列名物词语,共二十四类,即天部、地部、时序、人类、神祇、鬼怪、疾病、身体、屋宇、器用、货物、饮食、服饰、禽兽、水族、虫豸、花草、竹木、瓜果、谷蔬、臭味、形色、技术和风俗。对简明易晓的词不注音、不释义,如"肩胛"。对较难的词,除注音外,还略加释义,如:"瘖,(音)垒,皮外起小粒。"注音的方法除用同音字外,还有注声调和注反切两种。注声调的如:"发斋,(音)贪去声。脸病浮肿。"注反切的如:"鞋楦,(音)所券切,喧去声,鞋木胎也。《说文》'楥'。"

下卷音义,分十类,即一字六音、四同一异、两字并音、叠文成义、字音各别、北方口音、重文叠韵、单辞只义、声音音乐和发语语助。前六类主要分析字音,后四类收录重叠形式的形容词和"呼其音而不得其文"的单音词、象声词和语气词。所收重叠形式的形容词颇多,如"上上落落"、"元元本本"、"肉妠妠"、"卤渧渧"。

正文后有附论六篇:《论雅俗字》、《论堕贫》、《论涨沙》、《论潮汐》、《论古今山海变易》、《论见闻风俗高卑》。

《越谚》三卷辑成后,作者又增辑《越谚賸语》,与《越谚》合刊。《賸语》分上下两卷,正文前有写于光绪七年(1881)的序。上卷补收"妇孺常谈不成句者",下卷补收"成句而学士雅言者"。

《越谚》的优点是注重口头词语的记录,忠实于清代绍兴一带的口语,例如书中"妇孺常谈为文人所猥弃者"亦一概收录。为了如实记录口语,不拘文雅,土音俗字也毫不改避,如下卷所收的合音字"嗭"(勿顽)。在同类著作中,《越谚》是最接近现代方言志的要求的。《越谚》是清代方言学"分类考词派"的代表作品,它对研究清代绍兴方言有重要的参考价值。

(游汝杰)

清代编

文学类

文献纂辑

列朝诗集 钱谦益

《列朝诗集》,八十一卷。钱谦益纂辑。有清顺治九年(1652)毛晋汲古阁初刻本。后因此书在清代长期被禁,至1910年,才出现由神州国光社翻印的线装排印本,而该本又缺误甚多。1988年,上海三联书店据汲古阁原本影印其书,列为《诗歌总集丛刊·明诗卷》,惜缩版过小,不便阅读。本书目前的通行本,是2007年中华书局版许逸民、林淑敏标点本。

钱谦益(1582—1664),字受之,号牧斋,自称蒙叟、绛云老人,晚又号东涧遗老。江苏常熟人。明万历三十八年(1610)进士。崇祯初官礼部右侍郎,以争权失利,革职南归。南明弘光时,复任礼部尚书。已而降清,出任新朝礼部右侍郎管秘书院事,充修《明史》副总裁。钱氏家富藏书,学识渊博,在明末清初文坛上是一位声名卓著的诗人兼学者。著作除本书外,尚有《初学集》、《有学集》、《投笔集》等,并曾笺注《杜工部集》。

《列朝诗集》是一部明代诗歌总集。其编纂的经过,最早可以追溯到明代天启初年钱谦益与友人程嘉燧共同选编明诗的经历。当时两人计划以元好问的《中州集》为蓝本,"以诗系人,以人系传",编一部具有明代诗史意味的总集,但仅选录了约三十家诗,便各以事而中辍。直到顺治三年(1646),程嘉燧已去世三年,钱谦益才再一次展开编选工作,并于顺治六年完成本书的初稿。次年,钱氏藏书之所绛云楼遭火灾,图籍尽逢厄运,本书书稿因先期交付刊刻,得幸免于难。此后钱氏又数加增补,最终于顺治九年由汲古阁刊出全书。书名原题《国朝诗集》,因为朝代已易,所以刊本改题今名。

全书以"集"分部,集下分卷,卷中以人系诗,人各有小传。每卷卷首均有诗人目录,卷中某一诗人之作后,间有"附见"诗人诗作若干,所附者必与前此正文所列之人或诗有关。一卷之后,间又有"补人"、"补诗"若干。其编排之次,见于全书卷首《列朝诗集诠次》,各集顺序、卷数及内容分别为:"乾集"二卷,收"圣制"与"睿制"(即明代诸皇帝及十八王之诗);"甲集前编"十一卷,收自明太祖元末起事至洪武建国间的诗人诗作;"甲集"二十二卷,收洪武建文两朝诗人诗作;"乙集"八卷,收永乐至天顺间诗人诗作;"丙集"十六卷,收成化至正德间诗人诗作;"丁集"十六卷,收嘉靖迄崇祯间诗人诗作;"闰集"六卷,收僧道、香奁、宗室、内侍、青衣、佣书、无名氏、集句、神鬼、外夷之作。综计全书八十一卷,收录诗人一千八百余家,有明一代诗坛的代表性人物,大致网罗于其中,基本上达到了钱氏编纂此书显一代诗歌源流且"借诗以存其人"的目标。

在明诗总集的编刊历史上,《列朝诗集》是一部具有鲜明个性的总集。这首先表现在它对明代纷纭复杂的诗派的评价方面。与前此大部分明诗总集推崇或随大流赞同前后七子的文学主张不同,《列朝诗集》通过书中的小传,对前后七子的复古主张进行了相当激烈的攻击。如丙集李梦阳小传云:"献吉以复古自命,曰古诗必汉魏,必三谢;今体必初盛唐,必杜;舍是无诗焉。牵率模拟剽贼于声句字之间,如婴儿之学语,如桐子之洛诵,字则字,句则句,篇则篇,毫不能吐其心之所有,古之人固如是乎？天地之运会,人世之景物,新新不停,生生相续,而必曰汉后无文,唐后无诗,此数百年之宇宙日月尽皆缺陷晦蒙,直待献吉而洪荒再辟乎？"虽然批评中不乏曲解李梦阳以复古为革新理论原旨的地方,但由此对前后七子及其追随者在倡导"复古"过程中产生的偏弊作一番清算,在清初诗坛依然浓重的复古氛围中却并非一无益处。

与前一个特征相关联,《列朝诗集》与其前出现的大部分明诗总集不同的又一方面,是从明末已经流行起来的文献学家的总集模式,再一次回到选学家的总集模式;不是力求客观完整地汇辑文献,而是着意用主观的眼光去筛选编者自认为优秀的作品。书前虽未明标选诗标准,但从全书选诗所重及小传所示,仍然可以发现钱氏对于摹拟、俗套、僻涩、伪道学等一类诗作的极端鄙视,而惟于写"真"纪"实"之作情有独钟,即所谓"使后之观者,有百年世事之悲,不独论诗而已也"。这一选诗标准由于有钱氏本人相对较高的艺术鉴赏水准为基础,因而在具体实施时,使《列朝诗集》不仅收辑了从诗歌艺术上论确为名家名作的篇章,而且录入了一批从不同角度生动反映明代社会现实的作品,如袁介《检田吏》、王九思《卖儿行》、沈一贯《观选淑女》等。《列朝诗集》全书,因此在一定程度上也确实以概括的形式具备了明代诗史的价值。

此外,《列朝诗集》是以钱氏绛云楼所藏明集为基础,又广泛借阅明末清初藏书家所藏有关图书,几经反复,精心校勘而选成的(其中像闰集"外夷诗"的朝鲜诗部分,还取自曾亲赴朝鲜采诗的吴明济的《朝鲜诗选》;而在选辑女子诗作时,又事先作了周密的辨伪工作,如"铁氏二女诗"小传中即条列数首非女子诗作而为前人误为闺秀诗者),因此本书从明诗版本上论,又具有较高的存真性与可信度,从而对后人阅读明人别集而言,也具有较高的校勘价值。

但也因为《列朝诗集》是一部颇有个性的明诗总集,它的选学家的眼光致使它难免阿私之好,丁集过分称誉编者挚友程嘉燧,选其诗多至二百十五首,即其例。另外编者对于前后七子的过分排斥,也在一定程度上影响了全书"诗史"价值,而遭到后世学者的责难。清代王士禛在所著《居易录》中即说:"牧斋訾謷李、何,则并李、何之友如王襄敏、孟大理辈而俱贬之;推戴李宾之,则并宾之门生如顾文僖辈而俱褒之。他姑勿论,《东江集》予所熟视,诗不过景泰、成化间沓拖冗长之习,由来谈艺家何尝推引,而遽欲扬之王子衡、孟望之上,岂以天下后世人尽聋瞽哉?"

本书编纂于明清易代之际,特殊的时代也造就了本书从形式到内容均具有某种特殊的寓意。本书体制上是仿《中州集》而编的,但正编(除卷首乾集和卷末闰集外)仅从甲集编至丁集,而并未像《中州集》那样编到癸集。其中之意,见于钱氏自序,所谓"癸,归也,于卦为归藏,时为冬令,月在癸曰极。丁,丁壮成实也,岁曰强圉。万物盛于丙,成于丁,茂于戊。于时为朱明,四十强盛之年也。金镜未坠,珠囊重理,鸿朗庄严,富有日新,天地之心,声文之运也",即曲折地表现出钱氏期待朱明再茂于戊,归结至癸的用心。书中所选,像曾棨的《敦煌曲》、《龙支行》等,充满故国之思,钱氏借题发挥之意,也颇明显。而正是因为本书中存在着这类与清王朝正统思想背道而驰的东西,乾隆间它跟钱氏的其他著作一并遭到禁毁。前此康熙间钱氏族孙钱陆灿曾辑本书小传部分为《列朝诗集小传》一书(现有上海古籍出版社1983年排印本),因也极为罕见。

然而《列朝诗集》对后世明代文学研究的影响仍颇巨大。清代以来官方或民间论及明诗的文字,其主流倾向即源于本书。《明史·文苑传》及四库提要中的许多评价,也阴取其说。而近代以还研究者对明代文学的基本看法,大都也出自本书。

研究本书的论著,有容庚《论列朝诗集与明诗综》(《岭南学报》十一卷一期,1950年)、朱东润《述钱谦益之文学批评》(载《中国文学论集》,中华书局,1983年)两文中的有关段落,潘冬梅《文本·作者·性别——浅议〈列朝诗集·闰集〉香奁部分的编选与时代》(《中国文学研究》2005年第2期)、许蔓玲《钱谦益〈列朝诗集〉文学史观研究》(台湾花木兰文化出版社,2007年)等。

(陈正宏)

宋诗钞 吴之振等

《宋诗钞》,吴之振、吕留良、吴尔尧合辑。有清康熙十年(1671)吴氏鉴古堂刻本、清乾隆《四库全书》本及民国三年(1914)上海商务印书馆以吴氏本为底本的影印本。目前的通行本,是中华书局1986年出版的四册校点本和上海三联书店1988年刊行的一册影印本,前者以商务影印本为底本,后者据商务影印本重印。

吴之振(1640—1717),字孟举,号橙斋,别号黄叶村农。浙江石门(今桐乡)人。以贡生授中书科中书,著有《黄叶村庄集》。

吕留良(1629—1683),字庄生,号晚村,又名光纶,字用晦。亦石门人。明亡散财结客,图谋恢复,以此受人攻讦而更名行医。清顺治十年(1653)就试,成秀才,已而愧悔,自此不再应举。康熙间,有欲以"隐逸"荐举之者,即削发枕上,以出家示拒绝之意,因又更名耐可,字不昧,号何求老人。平生崇奉程朱理学,晚年隐居讲学,门生甚多。著作传世有《吕晚村先生文集》、《何求老人诗稿》、《吕晚村先生论文汇钞》等多种。殁后因私淑弟子曾静谋反事发,被剖棺戮尸,著作亦遭禁毁。

吴尔尧,号自牧。之振之侄。生平事迹不详。

《宋诗钞》是吴之振、吴尔尧叔侄与吕留良合作选辑的一部宋诗总集。其之所以要选辑宋诗,是由于他们不满于明代嘉靖、隆庆以还诗坛过于崇唐诗而贬宋诗的风气,同时考虑到宋人诗集至清初零落已甚,不加搜集则无以保存文献,也无以使时人及后人得见宋诗的真精神。其书始撰于康熙二年(1663)夏,时吴氏叔侄与吕氏同读书石门水生草堂,因有斯举。而黄宗羲、高旦中二人适亦于此时来访吕留良,故参与了他们"联床分椠,搜讨勘订"的工作。但后期补缀校勘诸事,则主要由吴氏叔侄二人完成。至康熙十年,吴氏鉴古堂又刻印了该书。

本书卷首有康熙十年秋吴之振序,序中着意阐发嘉靖、隆庆以还诗坛所崇之唐诗,实非唐诗精华,后代黜宋诗者,亦皆未见真宋诗的观点,标举"宋人之诗,变化于唐,而出其所自得,皮毛落尽,精神独存",而痛斥尊唐黜宋之说"犹逐父而祢其祖","何异狂国之狂其不狂者"。序后有"凡例"六条,缕述前人所编宋诗总集收诗太少之失,而谓本书宗旨在"宽以存之"。具体做法是:"先出初集,以见崖略";同时"皆以成集者入钞,其不及五首以下无可附丽者,或虽有集而所选不满五首者,皆以未成集例,另作一编,附全集后";而在择人择诗方面则"于一代之中,各家俱收;一家之中,各法俱在",同时"不著圈点,不下批评,使学者读之而自得其性之所近"。

由于雍正六年(1728)曾静谋反事发,涉及当时已故的本书编者之一吕留良,吕氏著述成为禁书,故实际上《宋诗钞》仅有初集,吴氏亦未再续辑。因此今天所能见到的《宋诗钞》,本题为《宋诗钞初集》。这一初集的"目录"共列了一百家宋诗,而其中有十六家有录无书,所以其实全书共收宋诗八十四家。这八十四家大致依诗人生活年代前后排列(末四家为僧人与妇女),依各家别集为题,标为"某某集钞"。大致一人一集,亦有一人多集者,如杨万里即有《江湖集》、《荆溪集》、《西归集》、《南海集》、《朝天集》、《江西道院集》、《朝天续集》、《江东集》、《退休集》九集。各家诗前皆有辑者所撰诗人小传,记述诗人生平,评论诗歌风格,考订别集源流,而诗间偶亦有以他种资料校勘宋诗的记录文字。综计初集录诗一万两千余首。

《宋诗钞》辑于清初文坛承继晚明余波,对宋诗尚不甚重视,宋人别集大量散佚之时,因此它最大的成绩,是为学界保存了一整批宋代文学资料。尽管它仍只是一种选本,尽管它只出版了初集,但是它的"宽以存之"的择诗标准,客观上使得许多宋人作品免遭毁弃的厄运。书中所录,像宋末谢翱的晚年未定残稿《晞发近藁》,便是辑者亲属从苕上潘氏抄得的,所收多为谢氏传世别集《晞发集》中未收的近体诗。又如南北宋之际孙觌的《鸿庆集》,明嘉靖间常州有人欲刻之行世,但以孙氏曾为奸臣万俟卨撰写墓志铭,时人谓其人"有罪名教,其集不当行",故不得刻板。本书辑者从文学史的角度出发,亦访得这一稀见宋集,选了不少诗收入本书中。

作为一部宋诗总集,《宋诗钞》的另一项成绩,是尽管初集只选刻了八十四家,但由于择人广泛,使得本书基本上比较完整地勾勒出了两宋诗歌的发展轮廓及各种诗风。收入本书的诗人,不仅苏舜钦、梅尧臣、欧阳修、王安石、苏轼、黄庭坚、陆游、杨万里等大家无一遗漏,即"永嘉四灵"、宋末遗民诗人、三孔氏《清江集》等等不十分著名的诗家及其作品也颇加采纳。书中虽对于诗作未加评点,但通过小传,辑者展现宋代诗人特长,指摘其不足,也不乏精辟之见。如苏轼传谓:"子瞻诗气象洪阔,铺叙宛转,子美之后,一人而已。然用事太多,不免失之丰缛,虽是其学问所溢,要亦洗削之功未尽也。而世之訾宋诗者,独于子瞻不敢轻议,以其胸中有万卷书耳。不知子瞻所重不在此也。"于人云亦云之际,能有此独立见解,诚为有识。

《宋诗钞》的不足,主要在其本意存宋人诗集,而力不能胜,复改为选钞,结果进退失据,造成择诗的不精与不当。对一些卷帙较大的诗集,所钞即时常有钞前多钞后少之弊;有些诗集甚至只取前半部中的诗,后半部一首不选,未免粗疏草率过甚。此外,可能是由于急于刊布,书中对有些明知须加考辨的作品不加考辨,如《参寥诗钞》小传谓"杭本多误集他诗,今未及与析",亦降低了本书的学术价值。

鉴于《宋诗钞》的这些不足,清代即有学者谋补辑宋诗以继其书。其刊行者为管庭芬、蒋光煦合辑的《宋诗钞补》,共补录了八十五家的两千七百余首诗作,其中十六家为《宋诗钞》原阙者,余亦多为《宋诗钞》已选及,而尚可补漏的诸家。其书有民国四年(1915)上海商务印书馆排印本,今通行本《宋诗钞》两种后亦皆附印了《宋诗钞补》。

研究本书的论著,有《四库全书总目》卷一九〇本书提要,曹济平为《中国大百科全书》"中国文学卷"所撰本书提要,日本汤浅幸孙的《由宋诗钞编选者留存的史料》("宋詩鈔の選者たち人によって史を存す",《中国文学报》第二十号,1965年),以及房日晰《〈宋诗钞〉二误》(《江海学刊》2002年第4期)等。

(陈正宏)

词综 朱彝尊等

《词综》,朱彝尊选辑,汪森增辑。有清康熙十七年(1678)汪氏裘杼楼所刻三十卷本,和康熙三十年在前三十卷本基础上再加增刻的三十六卷本。以三十六卷本最为流行,其目前的通行本,有1970年代中期中华书局据原本影印之本,和1978年上海古籍出版社出版的校点本。又《四部备要》收有本书三十八卷本,实为三十六卷本另加清代王昶再补辑的二卷而成;《四库全书总目》称《四库》本为三十四卷本,而检影印文渊阁本,实仅有三十卷,盖四库馆臣据原三十卷本录入,而《总目》误记卷数,致有此讹。

朱彝尊生平事迹见"经义考"条。

汪森(1653—1723),字晋贤,号碧巢。浙江桐乡人。康熙间为拔贡生,官户部郎中。著有《小方壶存稿》,辑有《虫天志》、《名家词话》、《粤西诗载》、《粤西文载》、《粤西丛载》等。

《词综》是一部唐宋金元四朝词选集。其选辑的时间,最早约在康熙十一至十二年间(1672—1673),时朱彝尊首倡其事,先辑成唐迄元词选十八卷,以示汪森;数年后复增至二十六卷,而汪森又为之增益四卷,合成三十卷,由汪氏裘杼楼刻行,时在康熙十七年。书成后,朱彝尊入都为官,无暇补辑。汪森则以其挂漏尚多,续加搜选。在周筼、沈进等的协助下,复成补遗六卷,于康熙三十年附刻于原本之末,其本即今所通行的三十六卷本。

在朱彝尊、汪森选辑本书之前,合选宋元词的词总集有明代常熟吴讷的《宋元百家词》,但仅有传钞本,流布甚稀,朱氏等也未见全书。五代迄宋之词,虽有《花间集》、《草堂诗余》、《花庵绝妙词》等传世,但或选收作品较少,或选编水准不高,未能尽显词这一与诗并驱的传统文学体裁发展的脉络与成就。朱彝尊是清初浙西词派创始人,本身词学造诣颇高,汪森亦精研词理,因此无论是从汇辑文献还是张扬词学而言,《词综》的选刊都是得其人而逢其时的。

本书卷首有康熙十七年汪森撰"序"、嘉善柯崇朴撰"词综后序",康熙三十年汪森撰"补遗后序",以及朱彝尊撰"词综发凡"。全书三十六卷,前三十卷为原编,依作者时代之次排次,卷一为唐词,卷二、三为五代十国词,卷四至二十五为宋词,卷二十六为金词,卷二十七至三十为元词。各卷以人系词,人各有小传,传中多引诸家评语。每人之词,则同一词调作品相连排列,第二首即标"又"字。词末间记本事,或考校异同。卷三十一至三十六为补编,其中前三卷为"补人",即补前编未收的作者之词,卷三十一、三十二为宋人,卷三十三为金元人;后三卷为"补词",即作者已见前编登录,此另补录前编未收的作品,卷三十四至三十五为宋词,卷三十六为宋金元词。综计全书前后两编共收录词作两千两百五十三首(卷十一宋王十朋《点绛唇》于卷三十一重见,故实收两千两百五十二首),词家六百五十九人(不包括无名氏)。

作为一部通代的词选集,本书最鲜明的特点,是以选录词家词作数多少的形式,体现编者的词史观与词学倾向。书中选词,单人数量超过三十首的共有八位,其中前四位依次是:周密五十七首,吴文英五十七首(正编周选五十四首,吴选四十五首,故次周于吴前),张炎四十八首,辛弃疾四十三首。四人皆是南宋作家。余下四位依次是:周邦彦三十七首,王沂孙三十五首,温庭筠三十三首,张先三十首。其中王氏亦为南宋词人,周、张二家时代在北宋,温氏则为晚唐人。可见本书在诸代词之中,最为推崇的是南宋词。这与朱彝尊在"词综发凡"里所说的"世人言词,必称北宋。然词至南宋始极其工,至宋季而始极其变"正可互相印证。又"词综发凡"云南宋词家中,"姜尧章氏最为杰出,惜乎《白石乐府》五卷,今仅存二十余阕也"。而《词综》卷十五收姜夔词二十二首,卷三十五又补一首,则姜词可谓几乎全部收录于书中。而再看卷十五姜夔小传下引诸家评语,其实际涉及姜词风格而又较易把握的,主要就是张炎的"白石词,不惟清虚,且又骚雅"一语;而卷二十一张炎小传下引仇仁近评语,又有"叔夏词,意度超玄,律吕协洽,当与白石老仙相鼓吹"的话,可见本书作者所推崇的南宋词,又主要是其清虚雅正、讲究词律这一路。而这亦正是以朱彝尊为代表的清初浙西词派最推崇的词风,因此《词综》也可以说是浙西词派"家白石而户玉田"词学风气的最集中的表现。

从文献纂辑的角度看,由于本书所收词家词作数量均超越了前代几种著名的词选集,而书中所选,除突出推崇南宋词,强调清虚雅正、词律工整外,也注意到不同风格流派的存在,因此总体上全书又呈现出一种比较完整地反映词从初起发展到元代的丰富而复杂的面貌。历代公认的名篇,亦大致网罗于其中。像卷六选苏轼词十五首,虽人多为婉约之作,却也没有遗漏著名的豪放之词《念奴娇·赤壁怀古》;卷十三选辛弃疾词三十五首,也同样注意收录《破阵子·为陈同甫赋壮词以寄之》、《永遇乐·京口北固亭怀古》等一批并非"清虚"之词。

书中于词后或考辨版本,或评说词语,或引旧籍述说本事,亦颇有可观处。如卷一吕岩《梧桐影》词末,引《竹坡诗话》更正"别本"首句"落月斜"当作"落日斜";卷十一汪藻《点绛唇》词后,谓"晓鸦啼后,归梦浓于酒"句《草堂诗余》改"晓鸦"为"乱鸦","归梦"为"归兴","便少意味";卷十三黄公度《青玉案》词尾,据黄氏本集,论词之寓意,等等,皆辞简意切而能帮助读者深入理解词意。

本书的不足,是个别词机械地据词调断句,有弄巧成拙之失。如卷六苏轼《念奴娇·赤壁怀古》词末注谓"'小乔初嫁'宜句绝,'了'字属下句,乃合",即以不识《念奴娇》下片二、三句有作上五下四之例所致。此外,书中于一些词的作者归属,亦有误定处。如卷十九吴文英名下所收《绕佛阁》,实为周邦彦作品,其词既收于《清真集》卷下,又有陈西麓和韵词可作旁证;卷八米芾名下录《满庭芳·与周熟仁试赐茶甘露寺》一词,而不知其见收于《淮海居士长短句》卷中,乃秦观之作,皆其例。

但本书从总体上看依然不失为一部优秀的词选集,因此自清代以来,它在文学研究界尤其是词学界具有非常广泛而又深入的影响。一些著名的词学家,不论是浙西词派还是非浙西词派的,都曾从中汲取理论的养料;进入二十世纪,它依然是词学研究者必读的入门书之一。

研究本书的论著,有《四库全书总目》本书提要和丁绍仪《听秋声馆词话》有关章节、李庆甲为上海古籍出版社出版的校点本《词综》所撰"前言",以及诸葛忆兵《〈词综〉编纂意图及其价值》(《江海学刊》2001年第2期)、于翠玲《〈词综〉与〈乐府补题〉的关系——兼论浙西词派咏物词的演变》(《西北大学学报》2005年第2期)等。

(陈正宏)

明诗综 朱彝尊

《明诗综》，一百卷。朱彝尊纂辑。有清康熙间刻白莲泾印本、康熙间刻雍正间朱氏六峰阁印本、康熙间刻乾隆间印本等多种版本。雍正、乾隆间印本较常见，而乾隆本已略有删节。又有《四库全书》本，通行者为影印文渊阁本，虽卷数同为一百卷，而卷中于原书所收诗人诗作随意删略，不可据。本书目前的通行本，是中华书局2007年版点校本。

《明诗综》是继《列朝诗集》之后面世的又一部大型明诗总集。其编纂年代，据容庚《论列朝诗集与明诗综》（载《岭南学报》第十一卷第一期）考证，约在康熙三十八年至四十四年间（1699—1705），而其搜集材料的工作，则早在康熙三十八年以前已经展开。其辑纂缘起，据朱氏《曝书亭集》卷三十三《答刑部王尚书论明诗书》，是有感于钱谦益所编《列朝诗集》于明诗"不加审择，甄综寥寥"，故欲纠其失而"补《列朝》选本之阙漏"。其书初名《明诗观》，以八卦分编，至康熙四十一年（1702）顷始改今名，而附以"诗话"。又本书正文每卷卷端题下均列一位"辑评人"姓名，统计全书所列有顾嗣立、汪森、汪立名及朱氏从子、从孙等数十人（有的"辑评"不止一卷），可见朱氏编纂此书，曾得到众多学者的协助。

本书卷首有康熙四十四年朱彝尊自序，简述其书收录范围与编纂形式，末称其所作乃"成一代之书，窃取国史之义，俾览者可以明夫得失之故"。序后为"家数"（即分卷目录）。全书一百卷，部分卷又分上下。其编次，与《列朝诗集》相似，也是首帝王（卷一），中依时代前后排列诸家（卷二至八十二），后分乐章、宫掖、宗潢、闺门、中涓、外臣、羽士、释子、女冠尼、土司、属国、无名子、杂流、妓女、神鬼、杂谣歌词诸类（卷八十三至一百），统计收入三千四百余家。各家名下也有小传，但小传与《列朝诗集》相比稍简略；而小传后（也有小部分是在诗人全部诗作后）又条列诸家品评该诗人诗作之语，并附朱氏本人所撰论说该诗人的"诗话"，是本书标新立异的地方。

本书的长处，一是"或因诗而存其人，或因人而存其诗"（朱氏自序语），辑录诗家数量较多；尤其是补辑了《列朝诗集》所阙漏的诗人诗作与广录明末诸家及明遗民作品，从文献征存角度说功不可没。例如明初浙江嘉兴乡绅王镛(传嘉兴王店之名即因此人居该地而得)和广东新会诗人黎贞(乃明初著名文人孙蕡弟子)的姓名与诗作在《列朝诗集》中均未见登录,本书则在卷四中收录了王镛诗一首,在卷十四中收录黎贞诗一首,后者甚至是朱氏远游岭南时从借得的钞本中选录的;又如因为编纂时代稍前,《列朝诗集》于黄道周、陈子龙、夏完淳、瞿式耜等明末著名诗人以及陈恭尹、屈大均等明遗民诗人的作品皆未选收,而本书则多有收录。二是纠正了《列朝诗集》的一些明显失误,为后人研究明代作家提供了更为准确的史料。如钱谦益所撰的孙蕡小传(见《列朝诗集》甲集第二十一),谓蕡"洪武三年中进士"。本书则考出洪武三年(1370)但下科举之诏,而实未尝会试,明初士子举于乡者例称乡贡进士,钱氏乃误认此种乡贡进士即后来之进士。(卷十)同时对《列朝诗集》扬抑过当的某些诗人,本书亦在一定程度上做了纠偏的工作。像程嘉燧的诗,在钱谦益笔下被推崇过分。本书即引六朝人语"欲持荷作柱,荷弱不胜梁",指出程诗实未堪承当如钱氏所言的美誉,故于卷六十五中选其诗八首,数量大大少于《列朝诗集》。三是本书小传后条列的诸家评语,保留了十分丰富的明代文学批评史料,其中除王世贞、钱谦益等批评家之说多见征引外,朱氏自撰的"诗话"亦颇有可观处。如卷七十四曹学佺小传后"诗话"缕述"明三百年,诗凡屡变"及闽、粤两地诗歌自身的发展流变,即足成一家之言;而卷九十七首"诗话"特别注意到"明以贾客而称诗者众",并将商人能诗者归类登录,亦不为无见。

本书的不足,一是过于讲究面面俱到,因此反而不能如《列朝诗集》那样给读者留下比较鲜明的"诗史"印象。二是择诗的标准显得过于正统,追求四平八稳,结果有些能代表诗人个性的作品反而未能选入。如卷二十七唐寅诗仅选其集外题绝句八首,选择的标准是这些诗"饶有风致,未如乞儿唱莲花落也",但从中却看不到唐寅诗最突出的蔑视凡俗、放浪不羁的风貌了。

《明诗综》得《列朝诗集》被禁之便,在有清一代相当流行。但是自乾隆时起,它也屡遭删略,形虽存而质已损。先是书中所收的金堡、陈恭尹、屈大均三家诗被剜版开了天窗,涉及钱谦益姓名处被删被改;之后书虽被收入《四库全书》,而书中内容却被四库馆臣莫名其妙地漏钞许多(有的甚至整卷未钞)。其流行一代的盛景下屡遭不幸的经历,与《列朝诗集》的长期被禁,都是清代文化统治极端专制,文学总集命途多舛的最佳例证。

有关本书的研究论著,有容庚的《论列朝诗集与明诗综》相关部分等。

(陈正宏)

全唐诗 曹 寅 等

《全唐诗》,九百卷。曹寅等奉敕编刊。有清康熙四十四年至四十六年(1705—1707)扬州诗局原刻本(上海古籍出版社1986年出版有该书影印本)、《四库全书》本、道光十年(1830)江西彭年刻本等。目前的通行本,是中华书局1960年出版的据扬州诗局本校点的排印本。

曹寅(1658—1712),字子清,号楝亭。祖籍辽阳,本为汉族,后世改入满洲正白旗,为"包衣"人("包衣"是满语音译,意谓家奴)。他是《红楼梦》作者曹雪芹的祖父。历官苏州织造、江宁织造、两淮盐御史等职,深得康熙帝器重,康熙六次南巡,五次驻跸江宁织造府,他曾四次接驾。家富藏书,能诗词,尤以精刻图书擅名。著作传世有《楝亭诗钞》、《文钞》、《词钞》及《居常饮馔录》等。

唐诗的汇辑,自明代以来即有吴琯、钱谦益、季振宜、胡震亨等数家,其中季振宜所辑七百十七卷《唐诗》和胡震亨所辑一千零三十三卷《唐音统签》完成于清初,在当时尤称巨制。康熙帝玄烨执政后,为了炫示其文治之盛,也有纂辑钦定版《全唐诗》之意。由于当时季振宜《唐诗》已有钞本进呈内府,胡震亨《唐音统签》已陆续刊行数集,所以到康熙四十四年清世祖第五次南巡时,便下圣旨,命当时接驾的曹寅主持重新编刊《全唐诗》的工作,并颁发季振宜原编《唐诗》一部,为其工作底本。

从康熙四十四年三月十九日起,在曹寅的统领下,十位在籍翰林官彭定求、沈三曾、杨中讷、潘从律、汪士铉、徐树本、车鼎晋、汪绎、查嗣瑮、俞梅被招至设在扬州的诗局,从事《全唐诗》的编校。由于编校工作主要以季振宜《唐诗》和胡震亨《唐音统签》这两部质量颇高的现成唐诗总集为基础,许多部分是照录原书,所以仅用了一年半左右的时间,到康熙四十五年(1706)十月初一日,新的奉敕编纂的《全唐诗》便完成了。

这部钦定版的《全唐诗》共收录了两千两百多位诗人的四万八千九百余首诗作,共九百卷,装印成十二函一百二十册(今通行本不再以函分而统以卷计)。卷首有康熙四十六年四月十六日康熙帝所撰"御制全唐诗序",其后有"全唐诗凡例"二十三则。正文卷一至卷九为帝王后妃之作,卷一〇至卷二九为郊庙乐章和乐府;卷三〇至卷七六六为全书主干,依诗人前后世次收录姓氏里贯可考的唐五代诗人之作;卷七六七至卷七八四为有姓名而生平不详者之作,卷七八五至卷七八七为无名氏之作;卷七八八至卷七九四为联句,卷七九五至卷七九六为仅存残句者之作;卷七九七至卷八〇五为名媛之作,卷八〇六至卷八五一为僧侣之作,卷八五二至卷八五五为道士之作;卷八五六至卷八六七为仙神鬼怪之作,卷八六八为诸家"梦"诗,卷八六九至卷八七二为谐谑诗,卷八七三为判诗;卷八七四至卷八八一依次为歌、谶记、语、谚谜、谣、酒令、占辞、蒙求;卷八八二至卷八八八为补遗,卷八八九至卷九百为词。全书以人系诗,人各有简略小传。诗中间有校语,多以"一作某某"标示。

　　《全唐诗》是中国文学研究史上第一部以"全"为称号的断代诗歌总集,又是唐诗总集编刊史上流传最广、影响最大的一部汇纂型总集。而究其流传广、影响大的内在原因,主要是它汲取了季振宜、胡震亨两家唐诗总集之长,同时又在一定程度上纠正了两书的部分失误。从体例上说,前此的许多唐诗总集在诗人的编次上多依照初、盛、中、晚"四唐"的分段来安排,如吴琯《唐诗纪》、胡震亨《唐音统签》,即其例。《全唐诗》则不依其例,而在全书主干部分完全取时代前后排次诗人,这实际上是采用了季振宜《唐诗》的体例。《唐音统签》所收各家诗集,几乎全部依诗体进行了重编,遂使原本面貌,不复可寻。《全唐诗》则大多依旧本编入,这也是利用了季本之长。而从具体编校内容方面看,《全唐诗》又对《唐音统签》的辑逸、补遗与考证成果多有采纳。如季氏、胡氏书均以唐高祖《赐秦王》一诗(原载《册府元龟》)作为开卷第一首诗,但胡氏因诗中有"五宿连珠见"一句,而唐初无五星联聚之事,疑其出于伪托。今本《全唐诗》即依其说,删去了该诗。

　　本书也对季振宜《唐诗》、胡震亨《唐音统签》的失误作了订正。如季书将六朝人陈昭、沈氏、卫敬瑜妻、吴兴神女等诗误作唐人诗收入,本书即作了刊正。胡书将本非诗歌的道家章咒、释氏偈颂也收进书里,本书概行删除。也有唐人别集本已有误的,如曹邺诗集中有实为六朝人吴均所作的《妾安所居》、刘孝胜的《武陵深行》之类,本书也经过考辨而加以剔除。以上这些长处,加上康熙敕撰的"身份",使本书后来居上,成为唐诗总集的通行之本,唐代文学研究者的必备之书。

　　但由于本书编纂时间甚短,编者为赶进度而多照录成书,且时删略季、胡二书的考证、校勘之辞,这部声名远播的《全唐诗》也存在着明显的缺点。今人归结其为误收漏收、作品作家重出、小传小注舛误、编次不当、其他五大点(参见通行本《全唐诗》前的"校点说明")。而名为"全唐诗"实不"全"的问题尤为突出。所以自清代以来即不断有学者(包括日本学者)从事本书的补遗辨证工作,其中比较著名的即有日本上毛河世宁《全唐诗逸》(已收入排印本《全唐诗》)、王重民《补全唐诗》、《补全唐诗拾遗》和《敦煌唐人诗集残卷》,孙望《全唐诗补逸》,童养年《全唐诗续补遗》(以上五种除王氏《拾遗》刊于《中华文史论丛》1981年第四辑外,余四种后集为《全唐诗外编》,1982年由中华书局出版),张步云《唐代逸诗辑存》(《文学遗产》1983年第二期)等多家。1992年,中华书局又出版了陈尚君辑校的《全唐诗补编》三册,该书除收入经过陈氏修订的《全唐诗外编》外,别有陈氏所辑《全唐诗续拾》六十卷。

研究本书的论著,除上已述及者外,1949年以前发表的还有刘师培《读全唐诗书后》(载《刘申叔先生遗书》第四十册《左盦集》卷十一)、《读全唐诗发微》(载上书第五十三册《左盦外集》卷十三),岑仲勉《读全唐诗札记》(载1947年《中央研究院史语所集刊》第九本),李嘉言《全唐诗校读法绪余》(《国文月刊》1941年第九号,1943年第十九号),朱希祖《全唐诗之来源及其遗佚考》(1944年《文史杂志》三卷九、十期)等。60年代出现的有关论著,以小川昭一《全唐诗杂记》(日本京都1969年版)和丰田穰《全唐诗纠谬》、《全唐诗纠谬续》(分别刊于日本《斯文》第二十五编七至九号,与第二十六编八至十二合并号)较为著名。70年代后期至80年代中期,中国内地与台湾又均有多篇论文发表,其代表作为刘兆祐《御定全唐诗与钱谦益、季振宜递辑唐诗稿本探微》(台湾《幼狮学志》1978年第十五号)、《清钱谦益季振宜递辑唐诗稿本跋——兼论御定全唐诗之底本》(台湾《东吴文史学报》1978年第三期),季瀞《两种〈全唐诗〉》(北京《故宫博物院院刊》1979年第二期),周勋初《叙〈全唐诗〉成书经过》(《文史》第八辑,1980年),以及张忱石《〈全唐诗〉"无世次"作者事迹考索》(《文史》第二十二辑,1985年)等。进入90年代,又出现了杨建国《〈全唐诗〉一作校正札记》(《北京大学学报》1990年第一期)、佟培基《〈全唐诗〉无考卷考》(《河南大学学报》1991年第二期)、胡可先《〈全唐诗〉刊刻年表》(《徐州师范学院学报》1993年第四期)、陈尚君《〈全唐诗〉误收诗考》(收入所著《唐代文学丛考》,中国社会科学出版社,1997年)、尹楚彬《〈全唐诗补编〉补正》(《文学遗产》2002年第1期)、金程宇《〈全唐诗补编〉订补》(《学术研究》2004年第5期)等论文。

有关本书的工具书,主要有张忱石编《全唐诗作者索引》(中华书局,1983年),史成编《全唐诗索引》(上海古籍出版社,1990年,包括"作者索引"与"篇名索引",吴汝煜、胡可先《全唐诗人名考》(江苏教育出版社,1990年),陶敏《全唐诗人名汇考》(辽海出版社,2006年)等。

(陈正宏)

元诗选 顾嗣立

《元诗选》,顾嗣立选辑。分初集、二集、三集、癸集四部。其中初、二、三集三部均由顾氏秀野草堂刊行,现各存清康熙三十三年(1694)、四十一年、五十九年年刻本。目前的通行本,是中华书局1987年出版的校点排印本。癸集刊于顾氏身后,有嘉庆三年(1798)席氏扫叶山房刻本,另有2001年中华书局刊吴申扬点校本。

顾嗣立(1665—1722),字侠君。江苏长洲(今苏州)人。年少才隽,好学能诗。康熙四十四年(1705)应诏赴京,参与《御选四朝诗》的编纂。康熙五十一年赐进士,授翰林院庶吉士。复以散官改授知县,因病返乡。除本书外,还撰有《昌黎诗集注》,编有《诗林韶護》。

《元诗选》是顾嗣立选辑的一部大型的元代诗歌总集。在顾氏选辑本书之前,元诗总集传世的,已有偶桓《乾坤清气集》、蒋易《皇元风雅》、宋绪《元诗体要》、孙原理《元音》、顾瑛《草堂雅集》、曹学佺《石仓历代诗选·元诗选》等多种。但或是选录诗人诗作数量过少,或是选录诗多而诗人局限于编者友朋,或是虽量多而编纂粗略,遗漏大家,均不能较全面地反映元诗发展的实况。顾嗣立有感于此,因自康熙三十年(1691)起,在友人俞犀月、金亦陶、徐大临及其八兄顾汉鱼的协助下,致力于元诗的选辑,并于康熙三十三年首先完成本书初集。之后奔走南北,抄撮搜辑元人别集,至康熙三十九年由京师返乡,合所搜辑及同时著名学者朱彝尊提供的家藏元人别集,复选辑成二集。康熙四十四年应诏入京与修四朝诗,得尽窥内府所藏元集秘本;十年后获给假之机,又穷搜遍访南北藏书家所有,合编成三集及癸集。这样终于在康熙五十九年基本完成全书。初、二、三集三部在顾氏生前已印行,癸集则由顾氏门生席守朴及席氏之子席世臣整理补辑,至嘉庆三年(1798)方最终成书。

《元诗选》初集卷首有康熙三十二年(1693)宋荦序及康熙三十三年顾嗣立自撰"凡例"十三条。据"凡例",本书形制乃仿元好问《中州集》之例,意欲与《中州集》同样"寓史于诗,而犁然具一代之文献"。故全书总体上亦以天干为序,分甲、乙、丙、丁、戊、己、庚、辛、壬、癸十集。但由于实际选辑时有资料获取方面的限制,故成书时以初集为中心,而以二集、三集及癸集补充初集。具体而言,是初集之部包括"卷首"和甲至壬集九集两部分,其中"卷首"所录为元文宗和元顺帝两家帝王诗,"甲集"至"辛集"八集,基本上依诗人时代前后之次选录,"壬集"则为道释及闺秀等之作。二集、三集两部也各分甲至壬集(但实际丁集无诗,故为八集),所录为初集未选之家,亦各以诗人时代前后为序,而于目录中注明"以上入甲集"之类,所谓"入甲集",即所选之家当补入初集中的甲集之意。初、二、三集所选均为有别集存世的元诗人的作品,而癸集所录,则为"诸家选本止存四五首者,与夫山经地志、稗官野史所传"之作。癸集同样再分甲至癸十集,其中"癸之甲"至"癸之辛"八集同样依诗人时代为次,"癸之壬"集收释道、香奁等作品,而"癸之癸"则专录已知为元人而具体时代不详者之作。综计初集"卷首"二家,正文一百家附十三家,二集一百家附七家,三集一百家附十六家,癸集两千三百二十五家,得全书共收录元诗人两千六百六十三家。各家名下先列一较详细的小传,之后依别集选诗,除别集之外,时亦据选本录入佳作。

从宏观的角度看,《元诗选》的长处是既重视凸现元诗大家的诗歌特征,又注意充分展示元诗的丰富多样,从而使本书成为一部全面反映元诗风貌的总集。本书的主干是初、二、三集三部,在此三部之中,编者置元代诗坛的领袖人物于十分突出的位置。除元好问录诗四百四十五首(初集甲集),而元氏是否当归为元人后人仍有争议外,书中所选各家,收诗较多的依次为:虞集(初集丁集,三百八十三首)、杨维桢(初集辛集,三百六十七首)、萨都剌(初集戊集,三百零三首)、袁桷(初集丙集,二百九十六首)、马祖常(初集丙集,二百六十七首)、成廷珪(二集戊集,二百六十三首)、柯九思(三集戊集,二百六十一首)、傅若金(二集戊集,二百六十首)、张翥(初集戊集,二百五十九首)等。前三部分的这种安排,与癸集选人多而各人录诗少的现象适成互补的态势,使本书既具备了广阔的反映面,同时又重点突出。总集编纂中采用这样比较独到的形式,是前所罕见的。

从微观的角度论,本书的特点是重视诗作版本的考辨与诗人生平的考索,为元诗研究提供了比较可信的材料。本书的主干部分都是"从全稿录入,而不止以选本为凭"的,这首先保证了书中所选来源的可靠。但编者并不以此为满足,而进一步考证各家别集中存在的讹误,以期提供更为可信的材料。如初集戊集录元代著名诗人萨都剌之诗,而于萨氏小传之末,据元人所编诸集,详考《雁门集》所载《车簇簇行》、《凌波曲》等多首诗实非萨氏之作;初集庚集卢琦小传中,指出卢氏别集《圭峰集》内所收诗"大半见萨天锡集中;亦间有陈众仲、同宽甫诸作","兹特芟其重见他集者,采而录之",等等,皆其例。元诗人生平,向少汇纂而加以考辨者,本书则于所录诸家,一一细致分辨。如二集辛集梦观道人大圭小传考出同时有另一号梦观名守仁者,而《石仓诗选》误合二人为一人;癸集"癸之丁"状元同同小传辨蒙古人中另有一同同,官江西廉访使,与此官翰林待制者非一人;又二集庚集郭翼小传据朱珪《名迹志》所载卢熊撰郭翼墓志,考证郭氏卒于元至正间,并指出《列朝诗集》所记郭氏洪武初尚在世之误;三集己集王都中小传据元人章嘉所撰《本斋王公孝感白华图传》,辨《元史》所记王氏幼年事迹之错讹,诸如此类,又充分表现了编者的认真态度与本书的学术价值。

本书是一部元诗选本,在提供文学史料的同时,编者亦力图探索元代诗歌的发展脉络。初集丙集袁桷小传中的如下一节,便表现了顾嗣立对元诗历史变迁的基本看法:"元兴,承金宋之季,遗山元裕之以鸿朗高华之作振起于中州,而郝伯常、刘梦吉之徒继之。故北方之学,至中统、至元而大盛。赵子昂以宋王孙入仕,风流儒雅,冠绝一时。邓善之、袁伯长辈从而和之,而诗学又为之一变。于是虞、杨、范、揭,一时并起,至治、天历之盛,实开于大德、延祐之间。"又由于编者意欲承继《中州集》之例,"寓史于诗",而"于诸家集中,凡有义关风化、事涉纪载者,在所亟收"(凡例),所以书中所收之诗,颇不乏史料价值较高的纪实作品,如郝经《青城行》(初集乙集)、李存的《伪钞谣》(初集己集)等等,记金元史事,又不仅有助于文学史研究,而更有益于金元历史的考察。

本书也有不足之处。主要是初、二、三、癸集四部分各自起讫,未能完全依时代之次重加编录,对清晰地展示元诗的发展脉络略有妨碍。同时书中所引个别材料,征信程度不高,如二集丙集邓文原《危太朴集八大家》诗末小注,引明人伪撰的题跋集《宝绘录》为据,即不免使人有白璧微瑕之憾。

但综合而言,《元诗选》仍是清人编选的诸种大型的前代诗总集中的一部出色之作。由于自清康熙以来元人别集又颇有佚失,因此这部大量选收元代名家作品的总集,同时又成为后人研究元代文学的必不可少的工具书。

研究本书的论著,有顾廷龙《顾嗣立与〈元诗选〉》(《大公报在港复刊三十周年纪念文集》,1978年)、柴剑虹《〈元诗选〉癸集西域作者考略》(《文史》总三十一期,1989年)、罗鹭《〈元诗选〉与元诗文献研究》(巴蜀书社,2010年)等。

(陈正宏)

明词综 王昶

《明词综》,十二卷。王昶辑。有清嘉庆八年(1803)原刻本。目前的通行本,有《四部备要》所收据嘉庆原刻本校刊的排印本,辽宁教育出版社1997年出版的王兆鹏校点本(列为《新世纪万有文库》之一种)。

王昶(1725—1806),字德甫,号兰泉,又号述庵。江苏青浦(今属上海)人。清乾隆十九年(1754)进士,由内阁中书,历刑部郎中、吏部主事、陕西按察使、云南布政使等职,官至刑部侍郎。工诗文,通经,兼好金石之学。著有《春融堂集》,选辑清代诗文词为《湖海诗传》、《湖海文传》、《国朝词综》三书,并编有《金石萃编》。

《明词综》是王昶晚年选辑的一部上继朱彝尊《词综》的明词选本。据卷首嘉庆七年(1802)王氏自序,其初辑此书的动因,是以朱彝尊、汪森合辑的《词综》不及明代词为憾,而感到"一代之词,亦有不可尽废者"。其时辑选明词的通代词总集,已有《御选历代诗余》,中收明词一百六十余家。王氏之友桐乡汪康古,又谓朱彝尊当日曾选明词数卷,未及刊行,稿本尚存某汪氏家。王昶因多方访求,终于嘉庆五年在杭州汪小海处获见朱氏未刊的明词选稿本。于是合其生平所选辑的明词与此朱氏未刊本为一书,排比纂录,而成《明词综》。

《明词综》全书十二卷,卷首有总目,各卷前又有分目,以人系词,综计共收录了三百九十位明代作家的六百零五首词作(卷二分目中有"章懋一首",检正文则未收,故不计在内)。其编次,前九卷大致依词人生活年代前后排列,卷十收生平不详者、无名氏与僧侣,卷十一、十二收女子,包括域外女子及"乩仙"、"女鬼"等假托之作。各家名下皆有简单小传,传下又时引前人著述中评论该家词风之语,其屡被引用者,为《古今词话》、《柳堂词话》、《乐府纪闻》诸作,间亦引及《花草蒙拾》、《词苑丛谈》、《静志居诗话》等书。各家名下收词,则依词调排次,同一词调选数首,则自第二首起题以"又"字。

本书于各家选词多为一两首,三百九十家中录词超过五首者已颇少见。依选词数排次,书中列前十位者为：陈子龙(十七首)、邵梅芳(十二首)、杨慎(十一首)、沈谦(十一首)、刘基(九首)、王世贞(八首)、施绍莘(八首)、僧一灵(八首)、杨基(七首)、叶小鸾(七首)，此下张肯、文徵明、冯鼎位、夏完淳、周筼、韩纯玉、沈宜修诸人入选词亦稍多。从这些作者的时代分布上看，偏于明初及晚明两段，而以晚明尤夥，这与本书王氏自序中"明初词人犹沿虞伯生、张仲举之旧，不乖于风雅。及永乐以后，南宋诸名家词皆不显于世，惟《花间》、《草堂》诸集盛行。至杨用修、王元美诸公，小令、中调颇有可取，而长调则均杂于俚俗矣"云云，适可互补，反映出王昶对于明词发展的基本评价。而书中所选词，大多为雅正精工、婉丽清空一路，亦可与序中"选择大旨亦悉以南宋名家为宗，庶成太史(指朱彝尊)之志"一语相发明，说明王氏选词的标准，是紧随浙西词派的论词主张，并在某种程度上更趋于极端的。像卷六陈子龙小传既引《古今词话》、《梅墩词话》等称赞陈氏词作"风流婉丽"、"妙丽"、"寄意更绵邈凄恻"，其下所选，如《江城子》("一帘病枕五更钟")、《千秋岁》("章台西")等，亦几乎完全是婉丽言情之作。而卷十僧一灵之词，虽无言情，要也不出"落花争似泪花红，只滴在分襟处"(《一落索》)的婉约风致。

本书的缺点，一是择词标准偏窄，同时又流露出过于浓重的乡土意识，入选词数最高的前两位作家陈子龙、邵梅芳均为青浦人，与王昶同乡，而邵氏词从明代文学史上看并无特殊的光彩，即其例。二是所录于原作颇有更改处，削弱了全书的文献价值。此外书中所附作家小传，亦时有讹误(一部分当是校刻不精所致)，如卷二将祝允明别集《怀星堂集》误作《怀里堂集》、卷八将孟称舜籍贯会稽误作乌程，卷九将钱澄之字饮光误作字敛光，亦当纠正。

但从总集编纂史的角度论，本书由于在收辑词家方面超过前此的《御选历代诗余》明词部分，又通过汇纂保存了朱彝尊明词选稿本(尽管书中未一一指明何者为朱氏原书所选)，客观上为当时已逐渐散失的明代词作作了一次初步的有所选择的总结，为后代学者研讨明代词提供了一个入门的初阶，所以它在中国文学研究史上依然有一席之地。

有关本书的研究论著，有曹济平为《中国大百科全书》"中国文学"卷所撰本书提要、王兆鹏为辽宁教育出版社刊校点本《明词综》所撰"出版说明"，以及张仲谋《明词综研究》(《中华文史论丛》第七十八辑，上海古籍出版社，2004年)、叶晔《清代词选集中的擅改原作现象——以〈明词综〉为中心的考察》(《中国文化研究》2006年第1期)等。

（陈正宏）

全唐文 董 诰等

  《全唐文》,一千卷。董诰等奉敕编纂。原稿现残存十九卷,全本有清嘉庆间内府刻本与钞本。目前的通行本,有中华书局1983年影印本和上海古籍出版社1990年影印本,二者均以嘉庆刻本为底本。

  董诰(?—1818),字雅伦,一字西京,号蔗林。浙江富阳人。名书画家董邦达之子。清乾隆二十八年(1763)进士,选庶吉士,预修国史、"三通"。以承家学善书画为高宗赏识,充四库馆副总裁,累迁内阁学士、军机大臣、户部尚书。嘉庆初和珅用事,砥柱其间,颇有贤声。嘉庆十七年(1812),晋太子太保。居官勤廉,能诗文。除本书外,又领衔辑纂《满洲源流考》、《西巡盛典》、《授衣广训》等。

  《全唐文》是有清一代继《全唐诗》之后由皇帝下诏敕令编纂的又一部唐代文献总汇。其纂辑始于嘉庆十三年(1808),成于嘉庆十九年,前后历时六载。为辑纂此书,官方组成了由时为文华殿大学士的董诰出任总裁官的庞大的编辑班子,先后预其事者多达八十八人。其中实际主持编辑的,是总纂官徐松、法式善、孙尔准、胡敬、陈鸿墀诸人。

  与康熙间官修《全唐诗》取胡震亨《唐音统签》、季振宜《唐诗》作蓝本相类似,嘉庆间编纂《全唐文》也有一个重要的文本基础,那便是内府旧藏的一部《全唐文》。这部内府旧藏《全唐文》据考是雍正、乾隆间海宁陈邦彦所辑,陈氏故世,书稿散出,先为平湖藏书家陆烜收得,继转入两淮盐政苏楞额之手,最终由苏氏进献给清廷。其书一百六十册,曾经嘉庆皇帝御目,被判"体例未协,选择不精"(见今本《全唐文》卷首"御制"序),而事实上自嘉庆十三年(1808)清仁宗下诏重辑《全唐文》起,陈邦彦所辑的这部《全唐文》稿本即被发给修书馆臣,成了纂辑新书的重要依据。正是在陈辑稿本的基础上,经过诸文臣广搜四部典籍加以补充修订校勘,才有了流传至今的《全唐文》。

  今本《全唐文》一千卷,卷首有嘉庆十九年(1814)"御制全唐文序"、诸臣进书表、"编校全唐文诸臣职名"表、"凡例"三十则及"总目",各卷卷首又有篇名目录。全书总计收录了唐五代三千零三十五人的各体文章两万零二十五篇。正文以人系文,作者排列顺次,是先唐及五代十国诸帝后王妃(卷一至卷一百三十),次普通作者(卷一百三十一至卷九百零二),次释氏(卷九百零三至卷九百二十二)、道流(卷九百二十三至卷九百四十四),次闺秀(卷九百四十五),又次有姓名未详时代者(卷九百四十六至卷九百五十九)与"阙名"者(卷九百六十至卷九百九十七),而殿以宦官及"四裔"(卷九百九十八至卷一千),排次细则悉依《全唐诗》成例。各家名下皆有小传,一家之文依文体分类编次,文末不注出处,但部分来源不同的篇章与录自石刻的碑铭文间有双行小字校记、说明或案语。

作为一部汇聚一代文章的大型总集,《全唐文》的价值首先自然是它搜辑相关文献面广量大,为后来研究者提供了十分丰富的唐五代文史资料。从书中所收作者人数看,三千余家里有别集流传至今的不过二百家左右,其余原有别集后来散佚及本无别集的唐五代人的文章,正是通过了《全唐文》的辑录,而得以较好地保存下来。又从《全唐文》的文献来源看,除了陈邦彦的旧辑本,馆臣还较多利用了《文苑英华》等前代总集与《永乐大典》、地方志、石刻、佛道二藏等旧典进行辑佚补充。由于《永乐大典》今已大部分散失,清中叶尚存世的唐人文章石刻完好无损流传至今者数量也已不多,《全唐文》的传录,由今日看去又是一项集存唐五代易散失篇章的颇具远见的举措。像李商隐的文章,除《樊南文集》外,馆臣又从《永乐大典》辑得二百余篇,而载录这二百余篇李商隐文的《永乐大典》原卷已几乎全都亡佚了,《全唐文》的补辑成果,对唐代文学研究而言便显得十分珍贵。

《全唐文》的又一价值,是利用前人的研究成果,通过较全面的校核,对唐五代文章的作者归属作了审慎的甄辨;同时对有不同版本的部分篇章进行了较细致的校勘,既存真,也存异。例如杨炯的《彭城公夫人尔朱氏墓志铭》与《伯母东平郡夫人李氏墓志铭》,旧被收入《庾子山集》,误为北朝庾信之作。康熙间钱塘倪璠撰《庾子山集注》,考证此二文实为唐人杨炯所撰,《全唐文》便采纳了这一考证成果,将两篇墓志铭收入卷一百九十六杨炯名下。当作者归属未能确定时,书中又有案语加以说明。如卷四百三十七李勉名下收有《厨院新池记》一文,题下小注云:"谨案:是篇一作李华。"至同一作者同一篇文有不同版本,书中或转录异文于篇末,或于文间出校语,要在提供可资比较的完备的原始素材。如卷十三唐高宗《改元宏道大赦诏》别有异本载于《道德真经广训》卷二,卷一百九十八骆宾王《上梁明府启》通行本与《永乐大典》本文字互异,书中便以小字注文的形式,在两文之末转录了各自的别一版本全文;而卷五百八十七柳宗元《湘源二妃庙碑》"咸执牡聿"句下,又出校语"《大典》作笔,《英华》作律";卷七百九十二秦贯之文间小注,或曰"一作某字",或曰"疑"(盖指某字有疑问),诸如此类,都反映出编纂者的谨慎与求实态度。

此外《全唐文》馆臣为唐五代作者所撰小传,也不无其独到的价值。尽管各篇小传不过是平实地记录各家行迹,而不对所撰文章风格作评论,但有关作者行实的考异,仍略有可述之处。如卷五百十三收录了李演作于贞元十一年(795)的《东林寺远法师影堂碑》,李演小传正文仅"贞元时人"数字,但正文下案语,则考证李演之名见于《唐书》者有四位,其中有两位(江安元王祥九世孙,与从李晟收京攻朱泚立功者)"时代相合",虽未最终确证作碑者究为两人中的哪一位,却提示了进一步考索的线索。又如卷一百七十七记王勃年二十八卒而注引《新唐书》作卒年二十九,卷三百四十五张巡小传称巡"邓州南阳人"而复引《旧唐书》、《太平寰宇记》均作"蒲州河东人",主一说而仍存异说,也是值得称道的小传撰写方法。

《全唐文》所具有的这些价值,在一定程度上可以说是乾嘉时期朴学发达学风谨严的自然成果,因而从总体质量而论,本书明显超过了前此编纂的《全唐诗》。但是如果用一更高的学术标准去衡量,《全唐文》仍存在着不少缺点与失误。其中最严重的,一是不注出处,使后来研究者无从复核;一是虽以"全"为名,而实际仍颇有遗漏。后者又有主客观两方面的情形。从主观上说,嘉庆皇帝敕纂《全唐文》的本意是"屏斥邪言"、"以正人心",所以《全唐文》有由于文章本身不合"雅正"而有意删去不录的情况,如陈邦彦旧辑本《全唐文》中本有《会真记》、《柳毅传》、《霍小玉传》等小说体文,至今本《全唐文》,即因其"事关风化"、文辞"诞妄"而被删落不登。从客观上看,尽管《全唐文》编纂时广泛利用了四部文献及石刻文字,但由于馆臣修书专心不够,已用文献仍有搜辑未净的情况。如《道藏》一书部帙不小,而馆臣仅用一个月时间粗阅检录,其成果便可想而知。此外本书在作者姓名、正文重出与互见、文词脱讹等方面也存在不少问题,详情可参见中华书局本《全唐文》卷首"出版说明"与陈尚君《唐五代文章的总汇——〈全唐文〉》(载《古典文学知识》1996年第三期)。

由于《全唐文》存在如上的缺失,清代以还即不断有学者为作补遗与校正。著名的有晚清藏书家陆心源纂《唐文拾遗》七十二卷、《唐文续拾》十六卷,补辑唐文近三千篇。又清代学者劳格撰有《读全唐文札记》、近人岑仲勉续作《续劳格读全唐文札记》,对《全唐文》原书中存在的缺失加以纠正。以上陆、劳、岑三家著述均已收入上海古籍出版社影印本《全唐文》第五册,可参阅。而相关成果最新出者,为陈尚君辑校的《全唐文补编》(中华书局,2005年)。

今人研究《全唐文》的论著,除上已述及者外,还有马宗霍《读全唐文日札》(《师声》第一期,1947年6月),傅璇琮、张忱石、许逸民《谈〈全唐文〉的修订》(《文学遗产》1980年第一期),汤一介《读〈全唐文〉札记一则》(《文献》第十五辑,1983年),葛兆光《关于〈全唐文〉的底本》(《学林漫录》第九辑,中华书局,1984年),叶树仁《〈全唐文〉研究》(《古籍整理研究学刊》1993年第一期),阎现章《〈全唐文〉编纂的动机与特色》(《北方论丛》1994年第五期),陈尚君《述〈全唐文〉成书经过》(《复旦学报》1995年第三期),李建国《〈全唐文〉隋唐之际作者在隋所作文考》(《学术研究》2006年第1期)等。

(陈正宏)

全上古三代秦汉三国六朝文 严可均

《全上古三代秦汉三国六朝文》，七百四十一卷。严可均辑。原稿现存一百五十余册，藏上海图书馆。全书有清光绪二十年(1894)黄冈王氏广州刊本。目前的通行本，是中华书局1958年据王氏广州刊本为底本出版的影印本。也有不止一种的标点排印本。

严可均(1762—1843)，字景文，号铁桥。浙江乌程(今湖州)人。弱冠出游南北，足迹半天下。清嘉庆五年(1800)考取举人，道光二年(1822)出任建德县教谕，后因疾辞职返乡，专事学问。平生喜文字校雠之学，对《说文》及唐石经、先秦诸子等均有较深入的研究。著作除本书外，尚有《铁桥漫稿》、《说文声类》、《唐石经校文》等多种。

《全上古三代秦汉三国六朝文》是严可均纂辑的一部汇总唐代以前文章的总集。严氏之所以纂辑此书，与嘉庆十三年(1808)开始编纂的《全唐文》有直接关联。时清廷初设全唐文馆，严可均以位卑而未得身厕馆臣之列，但因其对金石之学颇有研究，馆方仍委以补辑王昶《金石萃编》所未收的唐碑，备《全唐文》之用的任务。严氏既将有关碑文录呈全唐文馆，同时考虑到唐以前的文章尚无一较完备的总集，因开始专力纂辑本书。经过九年的努力，完成初稿。又花了十八年的功夫，拾遗补阙，抽换整理，终成此作。但其书在严氏生前并未付梓。直到光绪五年(1879)，才有蒋氏刊行其《编目》一百三十卷；十三年后，复有黄冈王毓藻以广雅书局为依托，集合数十位学者八次校勘，方将此部大书刊刻行世。

本书卷首有刊刻者黄冈王毓藻序、严可均自撰"总叙"及"凡例"十四条。正文分十五集，集下分卷，依次为："全上古三代文"十六卷、"全秦文"一卷、"全汉文"六十三卷、"全后汉文"一百零六卷、"全三国文"七十五卷、"全晋文"一百六十七卷、"全宋文"六十四卷、"全齐文"二十六卷、"全梁文"七十四卷、"全陈文"十八卷、"全后魏文"六十卷、"全北齐文"十卷、"全后周文"二十四卷、"全隋文"三十六卷、"先唐文"一卷。各集以人系文，各家排次，则以皇帝、后妃、宗室诸王、国初群雄、诸臣、宦官、列女、阙名、外国、释氏、仙道、鬼神为序。每家文前先列该人小传，下依文体分类编排,一般是赋、骚在前,杂著殿后,书、启、序、赞等在中间。综计全书共七百四十一卷(据卷首"总目",书末有"韵编全文姓氏"五卷,但刻本注云"原缺",故此五卷不计),收录了近三千五百位唐以前作者的流传至清代中叶的几乎全部文章。

作为一部汇总唐以前文章的总集,本书的特色,首先在收罗作品相对来说比较完备。书中所录,不仅为各家的单篇完整文章,同时也包括了佚经经文、子书佚文及佚子书、史序史评及佚史之论赞、文章残句及已佚文章篇名等。如"全上古三代文"卷四录《韩非子》佚文,卷五录孙子《兵法》佚文;"全汉文"卷三十九录刘向《说苑》佚文;"全后汉文"卷四十七录崔寔《四民月令》重辑本;"全晋文"卷一一七录《抱朴子内篇》佚文,等等,对于后人全面了解、研究这些名著均颇有助益。而像"全后汉文"卷二十四班固文中录已佚失之《白绮扇赋》题,"全隋文"卷四录炀帝杨广已佚失之《归藩赋》、《神伤赋》题,诸如此类,则又为考察有关作者的文学活动提供了珍贵的资料。

本书的另一个特色,是所收绝大部分作品均注明出处,有些还注多个出处,并相应地作了不少文字校勘及作者归属考证的工作。如三国曹魏时曹丕所撰《典论·论文》,见收于本书"全三国文"卷八,即主要以《北堂书钞》卷一百所录为底本,校以《三国志》注、《艺文类聚》;另据《太平御览》卷五九五、《北堂书钞》卷六十、《艺文类聚》卷一百补录三条佚文,而得出"此三条,疑当在前半。《文选》删落者尚多也"的结论。又如汉代文学家扬雄所撰《蜀都赋》,见收于本书"全汉文"卷五十一,文末出处列三种,即:"《古文苑》韩元吉本,又章樵注本,又略见《艺文类聚》六十一。"而文间双行小字校语又颇不少,其中多据《文选》注、《太平御览》校改补足本文,而遇文意未详处,亦有注明"疑某字"或"未详"者。再如东汉名作家蔡邕的《霖雨赋》残句,因为《艺文类聚》编录时列于曹植同题赋之后,仅题"又《愁霖赋》",而未署作者名,后人因多将其编入曹植集中;本书据《文选》注两处引及蔡邕《霖雨赋》,文字皆与《艺文类聚》所载相同,判定此赋残句实出蔡邕手笔。凡此均显现出编者的审慎与本书所具备的比《全唐文》更为严谨的学术风格。

但由于主要以一人之力编就,加上编纂原则存在某种程度的偏颇,本书也有不少明显的缺陷。从作品的收录范围看,由于追求"全",不少集中编录了显然非该时代或该作者的文章。这在"全上古三代文"部分尤为突出,如明知《神农书》之类显系后人伪托,而仍全篇照录于炎帝名下(卷一);《笛赋》末已注"此赋用宋意送荆卿事,非宋玉作",但仍以"隋唐以前本集有之,误收久之",而认为"不必删耳",径列于宋玉名下(卷十)。从编排体例论,各集中作者排次由于主要依照各人身份,而不是依照年辈,故一时代文章发展脉络甚不清晰,像"全晋文"中东晋王羲之列于卷二十二,远在西晋陆机(卷九十六)、潘岳(卷九十)之前,便颇不合理。至书中某些文章张冠李戴、无中生有、重复叠出,亦不乏其例,中华书局影印本"出版说明"已揭示数端,可参阅。

从中国文学研究史的角度看,严可均所辑的这部卷帙浩繁的《全上古三代秦汉三国六朝文》,

其有益后来学者的功绩仍是值得充分肯定的。在严氏汇辑本书之前,有关的总集,已有明代梅鼎祚的《文纪》、张溥的《汉魏六朝百三名家集》两种。但梅著不录赋,张书考证颇疏,失误不少,并且从"全"的角度看两者皆不如本书,因此严氏在前人的基础上进一步汇辑,使唐代以前的文章尤其是文学作品有了一个比较完备的总集,这对于清代中叶以来学界从事中国文学尤其是汉魏六朝文学的研究,无疑产生了重要的影响。同时由于迄今为止更新更全的唐以前文章总集尚未诞生,故本书又成为今人研究汉魏六朝文学所必备的一种资料书。

研究本书的论著,有章太炎《全上古三代秦汉三国六朝文校评》(《历史论丛》第一辑,齐鲁书社,1980年)、姚大荣《辩严铁桥辑三古至隋全文攘美之诬》(《中国学报》第四期,1913年)、刘盼遂《三家补严铁桥全上古三代秦汉三国晋南北朝文辑目》(《国立北平图书馆馆刊》五卷一期,1931年)、陈启云《读严可均全上古三代秦汉三国六朝文》(香港《新亚生活》一卷三期,1958年)、张岩《严可均〈全上古三代秦汉三国六朝文〉编次得失平议》(台湾《大陆杂志》二十一卷八期,1959年)、钱锺书《管锥编》(中华书局,1986年)第三册论"严氏辑集"部分、程章灿《论〈全上古三代秦汉三国六朝文〉之阙误》(《南京大学学报》1995年第一期)、王菱《严可均辑桓谭〈新论〉佚文商议》(《四川师范大学学报》2001年第4期)、赵逵夫《论严可均〈全上古三代文〉之失与〈全先秦文〉的编辑体例》(《西北师大学报》2004年第5期)以及踪凡《严可均〈全汉文〉〈全后汉文〉辑录汉赋之阙误》(《文学遗产》2007年第6期)等。自2004年至2013年,三秦出版社陆续出版了韩理洲主持纂录的《全隋文补遗》、《全北齐北周文补遗》、《全北魏东魏西魏文补遗》、《全三国两晋南北朝文补遗》。

本书的相关工具书,现有两种,一是1932年燕京大学图书馆引得编纂处编纂的《全上古三代秦汉三国六朝文作者引得》,一是中华书局1965年出版的《全上古三代秦汉三国六朝文篇名目录及作者索引》。

(陈正宏)

作品笺注

毛诗传笺通释 马瑞辰

《毛诗传笺通释》,马瑞辰撰。最早的版本,是清道光十五年(1835)学古堂刻本,今流传甚罕。至光绪十四年(1888),广雅书局对此书重新翻刻,并改正了原版中的一些讹误,后收入《广雅书局丛书》中;同年,王先谦主持刊刻《皇清经解续编》,并重刻了此书。民国二十五年(1936),又有中华书局排印的《四部备要》本。目前的通行本,是陈金生据广雅书局本所作的整理点校本(中华书局,1989年)。

马瑞辰(1775—1853),字元伯。安徽桐城人。清嘉庆十年(1805)进士,选翰林院庶吉士。散馆,授工部营缮司主事。官至工部员外郎。归田之后,历主江西白鹿洞、山东峄山、安徽庐阳书院讲席。咸丰三年(1853),太平军攻陷桐城,马瑞辰被执而死。

《毛诗传笺通释》,是马瑞辰一生中最重要的一部著作,也是清代研究《诗经》诸多著作中较为著名的一部。据书前马氏自序,可以知道他撰成此书,历时十六年。马瑞辰生活在道、咸年间,其父马宗梿精通训诂及地理之学,与乾嘉时期的著名学者邵晋涵、王念孙等以学问相切磋,又曾助阮元制定《经籍籑诂》之凡例,是一位博综群经的大儒。瑞辰幼承庭训,学问方面颇得其父之精,且能直接或间接地得到乾嘉学风遗泽的熏染,而成人以后,又能同胡承珙等治经同道相互勉励,故经学大进。更为重要的,是他能兼通今古文,避免了治经者固有的门户之见。这样,就为他系统地研究《诗经》,及完成通释《诗经》毛传、郑笺的本书,打下了良好的基础。

本书共三十二卷。书前有道光十五年马瑞辰自序,序后为全书的目录,目录之后为马瑞辰自定例言七条。卷一首列"杂考各说",这可以说是马氏此书较有特色的地方。在此卷中,马瑞辰撰写了《诗入乐说》、《鲁诗无传辨》、《毛诗诂训传名义考》、《诗谱次序考》等十九篇字数虽不长却考证详赡的文字,对前人有关《诗经》研究的诸多颇有疑义之处,一一加以考释。卷二至十六为"国风",卷十七至二十三为"小雅",卷二十四至二十七为"大雅",卷二十八至三十为"周颂",卷三十一为"鲁颂",卷三十二为"商颂"。本书的体例是将每篇中欲加解释的经文列出,下引《毛传》和

《郑笺》对此句经文文字及句意的诠解,然后以"瑞辰按"的形式,逐一对《传》、《笺》进行疏释,并指出孔颖达《正义》对《传》、《笺》的误释。

马瑞辰在《毛诗传笺通释》中充分发挥了其在文字、音韵、训诂上的长处,并总结出一些独特的疏释方法。《毛诗》属古文经学,其文字大多为古音和古义,马瑞辰根据这个特点,提出了"以古音古义证其互讹,以双声叠韵明其通假",即通过文字的声音来探求它的本义的方法。比如《召南·羔羊》"委蛇委蛇"句,《毛传》释"委蛇"为"行可从迹也",《郑笺》释此二字为"委曲自得之貌"。马瑞辰认为"委蛇"二字叠韵,且云"毛公以为行有常度,故云行可从迹,从迹即踪迹也"。然后又引《毛传》于《鄘风·君子偕老》中释"委委"为"行可委曲从迹也"来证明,从而指出两处《传》文义合,故《郑笺》进一步引申解释为"委曲自得之貌"。这段疏释,首先从声音入手,而后较为客观地分析了《毛传》、《郑笺》的释文。又如《召南·行露》"谓行多露"句,对其中的"谓"字,马瑞辰认为可能是"畏"字的假借。其理由是,《诗经》中凡是碰到上句用"岂不"、"岂敢"起首的,下句多用"畏"字,如《大车》篇"岂不尔思,畏子不敢",《出车》篇"岂不怀归,畏此谴怒",《绵蛮》篇"岂不惮行,畏不能趋"等等;又《释名》释"谓"为"言得敕不自安,谓谓然也"。由此,马瑞辰提出"谓"即"畏"之假借,而"谓行多露"正是说"畏行道之多露"的意思。马氏的这段论述,言之凿凿,确然有据。

《毛传》作为西汉时期古文经学派解释《诗经》的著作,十分简略。至东汉末年郑玄为之所作的《笺》,是对其进一步笺释的著作。唐初,孔颖达奉敕所撰的《毛诗正义》,又对《毛传》及《郑笺》分别加以更详细的疏释。马瑞辰认为,《正义》的疏释多宗魏王肃的注说,虽然是在申明《毛传》,然而往往在《毛传》本旨的理解上产生误解,这样反将《毛传》弄得不明白了。同时,他又认为郑玄在笺释《毛传》时,往往采三家诗说并加以己见。因此,马瑞辰觉得有必要对《毛传》及《郑笺》的本旨进行发明,对两者在解释上的失误之处及《正义》疏释上的错误,进行补正。比如《召南·采蘋》"有齐季女"一句,《毛传》训"齐"为"敬也"。马瑞辰指出,"齐"字是"齎"字的省借,而《说文》训"齎"为"材也",《广雅》释"齎"为"好也",且《左传》中晋国国君称齐女为少齐,三家诗和《玉篇》都以"有齐"为描写季女的容貌美好,从而证明了《毛传》解释上的错误。他还指出,《毛传》致误之由,是因为《毛诗》古文省借所造成。又如《邶风·静女》"俟我于城隅"句,对此句中"城隅"二字,《毛传》释为"以言高而不可逾",《郑笺》释作"自防如城隅"。马瑞辰认为,《传》、《笺》的解释均不妥。他引《说文》释"隅"为"陬",《广雅》释"陬"为"角",从而指出"城隅"即"城角"的意思。为了进一步说明问题,他又引贾逵疏证的郑注《考工记》来证明,指出"俟我于城隅",乃"诗人盖设为与女相约之词"。此外,《周南·关雎》"窈窕淑女"句,关于"窈窕"二字,《毛传》释为"幽闲",即谓女子仪容之好,幽闲窈窕然。《郑笺》亦云:"幽闲,处深宫贞专之善女。"也是专指幽闲贞专之善女。而孔颖达《正义》称"窈窕"为"淑女所居之宫形状窈窕然"。马氏指出,"窈窕"在某些地方可作深义解,然而在此诗中,则不取深义,孔颖达之疏显然是错误的。

本书也存在一些缺陷。马瑞辰虽然对《传》、《笺》及《正义》中的一些错误进行了认真的疏释,但对《小序》则采取了"笃信"的态度,对诗旨的理解也不能超越《小序》之藩篱。又其引用古书来证明自己的观点时,往往断章取义或不核对引文,这一点,陈金生在整理点校是书时于说明中已详言及之。

但综而论之,马瑞辰的《毛诗传笺通释》考证切实、引征广博,纠正了《毛传》、《郑笺》及《正义》中的许多错误,提出了自己独到的见解,有不少超出前人的水平,洵为清代研究《诗经》众多著作中较为出色的一部。

有关《毛诗传笺通释》的研究专著有王安硕《马瑞辰〈毛诗传笺通释〉通假字研究》(花木兰出版社,2011年)等,论文除陈金生为本书点校本写的整理说明外,尚有王晓平的《马瑞辰〈毛诗传笺通释〉的训释方法》(《文史》第二十五辑,中华书局,1985年)等。

(眭　骏)

诗毛氏传疏 陈奂

《诗毛氏传疏》，陈奂撰。此书最初的版本，为清道光二十七年(1847)至咸丰九年(1859)吴门南园陈氏扫叶山庄刻本。光绪九年(1883)吴门陈氏校经山房成记重刻本，是《槐庐丛书》主编朱记荣与徐子静等人将原刻中的误字校正后的一个翻刻本，较原刻为佳。光绪十四年，又有王先谦主持刊刻的《皇清经解续编》本。民国二十四年(1935)，商务印书馆将此书重加排印行世。目前的通行本，是北京中国书店1984年据原刻影印本。

陈奂(1786—1863)，字硕甫，号师竹，晚号南园老人。江苏长洲(今苏州人)。诸生。少从著名学者江沅治古学。后读段玉裁《经韵楼集》，知段氏邃于经学，遂师事玉裁，得段学之衣钵。游京师，复与高邮王念孙、王引之父子及郝懿行、胡承珙等著名学者缔交，众人皆重其学问。陈奂笃于师友之谊，其师段玉裁刻《说文解字注》，他承担了主要的校订工作；其友胡承珙撰《毛诗后笺》未成而卒，他从《鲁颂·泮水》以下，为之补成完帙。咸丰元年(1851)，举孝廉方正。陈奂一生勤于著述，除本书外，尚著有《师友渊源记》、《宋本集韵校勘记》及《三百堂文集》等。

两汉时期曾盛极一时的经学，在清代又得到了复兴，形成了以古文经学和今文经学为代表的两大流派。陈奂主古文经学，他的《诗毛氏传疏》是对《毛诗故训传》进行系统研究的一部著作。据书前自序所述，此书始作于嘉庆十七年(1812)师从段玉裁时，完成于道光二十年(1840)。陈奂撰写此书的缘由，是他有感于前此研究《诗经》的学者，大多"兼习毛、郑，不分时代，不尚专修"，对郑玄为《毛传》作《笺》的本旨以及郑玄的笺释多采今文鲁、韩二诗的说法的事实，既未能有一个清楚的认识，对"毛义之简深"，也就"不得其涯际"。因此他本着恢复《毛传》面目的宗旨，秉持"专尊《毛传》，独信《小序》"的原则，决定排除郑《笺》的影响，一意为《毛传》作疏。

陈奂依照《毛诗故训传》，将全书分为三十卷。前有他自撰序言一篇。序后有他自定的凡例十条。卷一至十五为"国风"，卷十六至二十二为"小雅"，卷二十三至二十四为"大雅"，卷二十五至二十八为"周颂"，卷二十九为"鲁颂"，卷三十为"商颂"。每卷起首，先将该卷总的章句数标明，然后每篇之前又将各篇的章句数列出。(这种做法,是陈奂遵照孔颖达《毛诗正义》所采取的体例,与《毛诗诂训传定本》在每篇之后列出章句数不同。)其后列"小序",用以阐释该篇的诗旨。诗篇正文以章句的形式分开,每句经文以单行文字列出,下则为"毛传",字体较经文略小,亦单行书写。"毛传"后才是陈奂的"疏",以双行小字书写,对传文进行疏释。

本书的第一个特点,是对《毛传》中所有的脱误、衍文以及笺语混入传文中者,能——疏释指出。比如《周南·葛覃》,《毛传》在解释"害澣害否,归宁父母"时,有"父母在,则有时归宁耳"一句。陈奂认为此九字是郑玄的笺语误窜入传文之中,理由是郑玄《笺》中所有的"言常自洁清以事君子"一语,只是解释了"害澣害否"一句,而"父母在则有时归宁耳",正可以解释"归宁父母"一句;同时陈奂又引郑玄笺释《泉水》篇时有"国君夫人,父母在则归宁"以证,说明两处的笺释相合。陈奂的这段论证,理由充分,考证细密,可谓的论。又如《邶风·燕燕》"颉之颃之"一句,《毛传》称:"飞而上曰颉,飞而下曰颃。"陈奂引段玉裁《毛诗小笺》,认为《传》文中的上下字当互易,因"颉同页。页,头也,飞而下则头抢地。颃同亢。亢者,颈也,飞而上则亢向天"。他又引《说文注》来证明,从而指出"《传》文当是颉、颃二字之互讹"。陈奂此说,先从字形入手,又加以合乎情理的解释,的确是一种比较高明的判断方法。

本书的又一特点,是在《传疏》中总结了《毛传》的疏释方法。这些方法有的是关于文字音韵方面的,如《周南·关雎》"左右流之"一句,《毛传》释"流"为"求"。陈奂在《传疏》中说:"古流、求同部。流本不训求,而诂训云尔者,流读与求同。其字作流,其意为求。凡依声托训者例此。"从这段话里,可以看出"依声托训"是《毛传》的训释方法之一。这些方法也有涉及篇章意义的。陈奂认为《毛传》释诗,不是将诗割裂开来进行理解,而是能照应上下文及全篇意义的连贯。比如《周南·桃夭》篇共三章,《毛传》对其中每一章首句的解释颇有特点,第一章首句中的"灼灼"二字,《毛传》释为"华之盛也",第二章首句中"蕡"字,《毛传》云:"蕡,实貌。非但有华色,又有妇德。"第三章首句中"蓁蓁"二字,《毛传》释为"至盛貌",又补充说"有色,有德,形体至盛也"。《桃夭》实际是一首咏少女新婚的作品,陈奂认为《毛传》以"华喻色,实喻德,叶喻形",每章解释既不雷同,又能注意到彼此间的联系与承接,实为一种严谨的释诗方法。

在此基础上,陈奂也在本书中对《毛传》未加解释的地方进一步加以疏释,并就《诗经》的一些语词现象作了较细致的归纳。如《周南·葛覃》"言告言归"一句,《毛传》只解释了第一个"言"字为"我",而对第二个"言"字未加解释。陈奂在《传疏》中说:"诗叠用'言'而义别。'言归'之'言'与'言告'之'言'不同义。'言告',我告也;'言归',曰归也。此篇及《黄鸟》、《我行其野》、《有駜》皆作'言归',《南山》、《东山》、《采薇》皆作'曰归',《黍苗》作'云归'。'言'、'曰'、'云'三字同义,若皆训'言'为'我',则辞义俱絮矣。"他接着又说:"全诗'言'字,有在句首为发声,若《汉广》之'言刈其楚'之类是也；有在句中为语助，若《柏舟》'静言思之'之类是也。"这段话，可以说概括了"言"字的各种用法，有助于读者比较准确地理解原作。

在完成本书以后，陈奂又撰写了《毛诗说》一卷、《毛诗音》四卷、《毛诗传义类》一卷及《郑氏笺考征》一卷，以分类归纳的方式发明《毛诗》之旨。这四种篇幅较小的著作皆附在《传疏》之后，后人遂将它们称作"陈氏毛诗五种"。

本书的缺点，是陈奂囿于古文经学之藩篱，过分推崇《毛传》及《小序》，对《毛传》中不一定正确的地方，也往往曲加维护。这是阅读本书须注意的一个问题。

但总的来说，陈奂《诗毛氏传疏》引据该博，考释周详，不愧为清代研究《毛诗》的集大成之作。尤其是它从文字音韵入手，对《毛传》所作的再度诠释工作，为后人进一步探讨《诗经》原旨提供了不少富于启发性的成果，故其书至今仍为《诗经》学界所重视。

有关本书的研究评论文字，可参阅夏传才《诗经研究史概要》(中州书画社，1982年)之"清代《诗经》研究概说"章节。又向熹《诗经语言研究》(四川人民出版社，1987年)中，亦有对陈著的介绍。

（眭　骏）

诗经原始 方玉润

《诗经原始》，方玉润撰。有清同治十年(1871)陇东分署刻本、民国四年(1915)云南图书馆刻《云南丛书》本、民国十三年上海泰东书局据《云南丛书》本石印本。目前的通行本，是李先耕据陇东分署本所作的整理点校本(中华书局，1986年)。

方玉润(1811—1883)，字友石，一字黝石，自号鸿蒙子。云南宝宁(今广南)人。少卓尔不群。然屡次参加乡试，皆不第。清咸丰、同治间，以诸生佐曾国藩幕。后因军功，为曾氏保以知县，分发陕西，借补陇州州判。在陇州十八年，卒于任。方氏一生勤于著述，曾打算刻一部《鸿蒙室丛书》作为自己著作的总汇，并拟目三十六种，然大多未能付梓。刊刻行世的，除本书外，尚有《鸿蒙室文钞》、《鸿蒙室诗钞》、《星烈日记汇要》、《鸿蒙室墨刻》及《风雨怀人集》等。

《诗经原始》是方玉润晚年在陇上写成的一部《诗经》笺注评点本。据方氏自撰日记及本书自序，此书当成于同治八年(1869)至同治十年间。在方玉润之前，《诗经》研究作为一门专学，从秦至清，历二千年而始终未尝断绝。尤其是清代，经学复兴，《诗经》研究的著作亦蔚为大观，形成了《诗》古文经学与今文经学两大派。前者像陈启源《毛诗稽古编》、马瑞辰《毛诗传笺通释》、陈奂《诗毛氏传疏》，后者如冯登府《三家诗佚文疏证》、陈乔枞《三家诗遗说考》等，并以考据见长，在文字、音韵、名物、辑佚、校勘等方面取得了可观的成果。但这些著作大都恪守经学传统，而对《诗经》的艺术成就，颇少涉猎。只有崔述、姚际恒等少数几位学者曾尝试对《诗经》从文学的角度进行认识和理解。方玉润的《诗经原始》，则是以探明《诗经》本旨为目标，突破了今古文学派的藩篱，完全从文学的角度对《诗经》进行全面诠释的一部著作。

本书凡十八卷，前有同治十年辛未(1871)方氏自序，序后为"卷首"二卷。"卷首上"为方氏自撰凡例十条及《诗无邪太极图》、《大五国舆地图》、《大东总星之图》、《七月流火之图》、《公刘相阴阳图》、《豳公七月风化之图》、《诸国世次图》、《作诗时世图》；"卷首下"为"诗旨"，乃方氏"集《虞书》以来说《诗》之当理者"，并且逐条加以自己的案论，以便读者观览。卷一至八为"国风"，卷九至十二为"小雅",卷十三至十五为"大雅",卷十六至十七为"周颂",卷十八为"鲁颂"及"商颂"。每卷各篇先列篇名,下有方氏自撰小序。然后是诗歌正文,每篇诗歌不论短长,皆联属而成,不分章节排次。天头处有眉评,经文行间夹有旁批。诗篇正文后是方氏对该篇的总评。总评之后间有"附录",多引清姚际恒之说且加以案语。再后为"集释",乃方氏集各家对经中文字、名物、制度的解释。末为"标韵",方氏用今韵将经中韵字标明。每卷结束,尚有方氏对此卷各篇的总结。

本书的特点之一,是其体例颇为新颖。首先,每篇标题下皆有其自撰的小序。一般的古文或今文学《诗经》学者,或遵《毛序》,或用三家诗序,而方氏认为这些所谓的序都是后人伪托,于是本孟子"以意逆志"之训,寻释诗意,自为之序。他的这种做法,颇为独特,所新撰的小序也大多能突破旧序的限制而自创新解。其次,对《诗经》每篇诗歌不分章节排次。此前的研究《诗经》者在辨析每篇诗歌的过程中,往往分章离句。方氏则认为"读诗当涵泳全文,得其大意,乃可上窥古人义旨所在",并指出分章离句之病在于"往往泥于字句间,以致令诗首尾不能相贯",也就客观上妨碍了读者全面理解整篇诗歌。故方氏一面将整篇诗歌联属而成,另一方面又仿汉、魏乐府"一解"、"二解"之例,在每个章节下细注明画,努力做到诗意的连贯,以期"使学者得以一气读下。先览全篇局势,次观笔阵开阖变化,后乃细求字句研练之法",从而使"读者之心思与作者之心思自能默会贯通,不烦言而自解"。此外,方氏一反正统释经家之陈见,将他们不屑使用的眉评、圈点用于每篇诗歌中。方氏认为这样的做法,不仅仅是形式上的修饰,而是"用以振读者之精神,使与古人之精神合而为一",有助于读者欣赏原诗的佳处。

方氏此书的又一个特点,是在内容上能破除门户之见,独树异帜。比如,历来言诗家分尊《序》(《毛诗序》)、尊《传》(《诗集传》)两派,且互相攻讦。清姚际恒《诗经通论》亦热衷于两者之辨。方氏认为,这种纷争是徒劳无益的。他从文学本身的角度出发,指出读《诗经》,应该"务求得古人作诗本意而止"。因此,他在本书撰写中持"不顾《序》,不顾《传》,亦不顾《论》,唯其是者从而非者正"的原则。在这样的原则指导下,他对《诗经》题旨的解释,往往有出人意表之处。如《召南·江有汜》,《毛序》谓诗意是"嫡不以媵备数,媵无怨,嫡亦自悔"。方氏不同意《毛序》的说法,认为《毛序》之所以有上述的解释,是因为对此篇中"之子归,不我以"的理解发生错误。方氏指出所谓"之子",不一定即指嫡妇,亦可作为妇人对其丈夫的称谓,且引《卫风·有狐》中"之子无裳"为证;而"归"字亦非"于归"之意,乃是"还归"之意。通过分析,他指出此诗乃"江汉商人远归梓里而弃其妾,不相从","妾乃作此诗以自叹自解耳"。方氏的这段考述,虽然不一定完全正确,但从中可见其独辟蹊径的《诗经》研究方法。

《诗经原始》最大的长处,是不因袭前人从考据或讲学出发对《诗经》所作的研究结论,而是主要以文学批评家的眼光,从文学的角度对《诗经》加以理解。他指出,无论是考据派还是讲学派,在解释《诗经》时,"必先有一副宽大帽子压倒众人,然后独申己见",因此他们的"性情与《诗》绝不相类,故往往胶柱鼓瑟,不失之固,即失之妄"。他认为,研究《诗经》必须遵照"循文按义"这个原则,把《诗经》作为一个整体来认识理解。比如关于《周南·卷耳》的诗旨,《小序》认为是述"后妃之志",《大序》说是"后妃求贤审官"。方氏则提出"念行役而知妇情之笃也"的合理解释。同时他又在此篇的眉评中说:"首章因采卷耳而动怀人念,故未盈筐而置彼周行,已有一往深情之概。下三章皆从对面着笔,思想其劳苦之状,强自宽而愈不能宽。末乃极意摹写,有急管繁弦之意。后世杜甫'今夜鄜州月'一首脱胎于此。"这段眉评,不仅为读者指出了《卷耳》诗全篇在文学表现手法上的变化及其效果,而且将杜甫的名句与此诗进行比较,指出杜诗沿用了《卷耳》诗的创作技法。由此可以看出,方氏在评《诗》过程中,既注重诗歌整体上的艺术特色,又注意到了文学的流变。又如《周南·芣苢》的题旨,方氏一反《大序》、《小序》所谓"后妃之美"、"妇人乐有子"的说法,对此诗从内容和形式上提出了较为合理的解释。他说:"夫佳诗不必尽皆征实,自鸣天籁,一片好音,尤足令人低回无限。若实而按之,兴会索然矣。读者试平心静气涵泳此诗,恍听田家妇女三三五五,于平原旷野、风和日丽中,群歌互答,余音袅袅,若远若近,忽断忽续,不知情之何以移而神之何以旷,则此诗可不必细绎而自得其妙焉。"从这段话里,可以看出他在解诗时,强调"兴会",反对治经者一味"征实"的迂腐作法。这在当时的《诗经》研究界,无疑是一种带有突破意味的见解。

《诗经原始》也存在一些缺陷。主要是方玉润在《诗经》研究中,力图维护所谓"温柔敦厚"的诗教,因此对某些诗的题旨不免曲解。比如《召南·野有死麕》,历来研究《诗经》者,或以为"淫诗",或以为"刺淫"之诗,但都意识到此诗是描写当时男女相悦的情诗。方氏却认为此诗是写所谓"拒招隐也",显然与诗意不符。

综而论之,方玉润的《诗经原始》在清代研究《诗经》的众多著作中,能独抒己见,不受清代经学传统的束缚而自成一家之言,洵为清代《诗经》研究的出色之作。

有关本书的研究论著,有张明喜《方玉润诗论述评》(《昆明师院学报》1981 年第三期)、李先耕《谈方玉润的〈诗经〉研究》(《求是学刊》1987 年第一期)、吴培德《方玉润的〈诗经〉研究——〈诗经原始〉读后》(《云南民族学院学报》1988 年第一期)、盛广智《独抒己见、领异标新——浅评方玉润〈诗经原始〉的文学观》(《古典文学知识》1988 年第二期)、冯莉《方玉润生平事迹及著述辑证》(《宝鸡文理学院学报》2007 年第 3 期)、李晓丹《方玉润与〈诗经原始〉研究现状综述》(《湖北第二师范学院学报》2010 年第 4 期)等。

(眭 骏)

诗三家义集疏 王先谦

《诗三家义集疏》，王先谦撰。有民国四年(1915)王氏虚受堂刻本。目前的通行本，是吴格据原刻本所作的整理点校本(中华书局，1987年)。

作者生平事迹见"皇清经解续编"条。

《诗三家义集疏》是王先谦对鲁、齐、韩三家诗所作的一部辑佚与研究的著作。鲁、齐、韩三家诗是西汉时期诞生的三个治《诗经》的学派，荀卿的弟子浮丘伯传诗于鲁人申培公，后人遂将申培公所传的诗称为《鲁诗》，又将与之同时齐人辕固生、燕人韩婴所传的诗，分别称为《齐诗》和《韩诗》。三者虽各立门户，但都属今文经学派，在汉代曾极其兴盛，被立于学官，是当时学界公认的官方正学。而稍后出的《毛诗》，属古文经学派，仅在民间流传，未得立于学官。到了东汉末年，兼通今古文的经学大师郑玄为《毛传》作了笺释，使《毛诗》的地位逐渐提高。魏晋以降，郑学大兴，《毛诗》遂凌驾于三家诗之上。随着《毛诗》独尊地位的确立，三家诗因之渐次式微，《齐诗》亡于曹魏，《鲁诗》亡于西晋，《韩诗》亡于北宋。王先谦主今文经学，有感于三家诗之沦亡，遂"研核全经，参汇众说，于三家旧义采而集之"，又附上他自己的见解，于民国二年(1913)纂成此书。

本书卷首有王先谦自撰"序例"一卷。正文沿《汉书·艺文志》中三家诗卷数之旧，合邶、鄘、卫三国风为一卷，将全书分为二十八卷。卷一至十三为"国风"，卷十四至二十为"小雅"，卷二十一至二十三为"大雅"，卷二十四至二十六为"周颂"，卷二十七为"鲁颂"，卷二十八为"商颂"。每卷之前先列经文，经文之后为"注"，引三家诗说，其中引用鲁说最多，齐说次之，韩说最少。"注"后为"疏"，罗列《毛传》、《郑笺》及王氏之前各家典籍与学者的疏解。末则以"愚案"的形式，发表他自己折衷和融会诸说的意见。

《诗三家义集疏》在三家诗佚文遗说的辑佚方面，下了很大的工夫。自北宋以后，对三家诗遗说进行辑佚和考证的学者不乏其人，远者若南宋王应麟《诗考》，近者如清代乾嘉时期范家相《三家诗拾遗》、冯登府《三家诗遗说疏证》以及嘉道间陈寿祺、陈乔枞父子的《三家诗遗说考》等，都在这方面作过不少探索工作,取得了一定的成果。但这些成果尽管"有斐然之观",却都存在"散而无纪"的缺点。而王先谦的这部书,举凡唐、宋以前之经、史、子、集及字书、韵书、类书等,倘有三家诗说见存者,大多为其所征引;唐、宋以还,特别是清代学者的研究心得,亦被他大量钩辑引证。其于三家诗佚文之采用,多本乎陈寿祺、陈乔枞父子的《三家诗遗说考》;其于三家诗中有关文字声韵、名物地理的考证上,尤多征引戴震、惠栋、钱大昕、段玉裁、王念孙、王引之等乾嘉学者的见解,并加以自己的融会;其于康乾以来古文派诗说的著作如陈启源《毛诗稽古编》、陈奂《诗毛氏传疏》、马瑞辰《毛诗传笺通释》等,不因自己主今文说而摈之弗用,亦多所引述,折衷其同异,令全书内容更为充实。王先谦虽在"序例"中称自己"用力少而取人多也",然而他的确为后人提供了迄今为止最为完备的三家诗读本。

从文学作品笺注的角度来看,《诗三家义集疏》亦有不少长处。首先,王先谦在对三家遗说广搜博考之后,又将三家诗与《毛诗》进行比较,参合两者之同异,并在此过程中提出了一些较为独到的见解。比如《周南·汉广》的诗旨,《毛诗序》认为是"德广所及也。文王之道被于南国,美化行乎江之域,无思犯礼,求而不可得也"。王先谦引《韩诗序》,认为此诗当作"说(悦)人"解,又引陈启源所云"夫悦之必求之,然惟可见而不可求,则慕悦益至"来进一步阐发诗义,从而否定了《毛诗序》的曲解。又如《鄘风·鹑之奔奔》,《毛序》及《郑笺》皆以为是"刺卫宣姜"而作,王先谦认为当是"刺卫宣公也",且引述杜预所注《左传》襄公二十七年赵孟赋《诗》事及《史记》、《列女传》皆无公子顽与宣姜私通之事等大量实证,令人信服地指出《毛序》的误说与三家遗说的正确。其次,他在疏释经文字句时,亦往往采用颇具卓识的疏证方法。如《召南·鹊巢》篇中起首的"维鹊有巢,维鸠居之"句,对"鸠"字的解释,《毛传》云:"鸠,鸤鸠。"《尔雅·释鸟》:"鸤鸠,鴶鵴。"晋郭璞为《尔雅》作注,认为"鸤鸠"为布谷。王先谦引崔豹《古今注》、严粲《诗缉》、李时珍《本草纲目》、毛奇龄《续诗传鸟名》、陈启源《毛诗稽古编》诸说,确认"鸤鸠"即"鸲鹆",俗称"八哥",且引乡谚"阿鹊盖大屋,八哥往见窝"以阐发诗义。这段论证引证精详,且能融入乡谚民俗,读来妙趣横生。

在这部书里,王先谦还从今文经学的角度,提出了一些有关《诗经》研究史的看法。如关于三家诗式微以至于亡佚的原因,历来的众多学者大都同意南宋文献学家郑樵的说法,即三家诗之所以被《毛诗》取代,是因为《毛诗》中的许多说法,俱可从《左传》、《孟子》、《国语》等先秦典籍中找到依据,而三家诗在发明诗旨时,往往自为之说,与旧的典籍不能相合,故而人们皆舍三家之说而遵从《毛诗》,从而导致了三家诗的失传。王先谦则不同意这种说法,他在本书中找出了一些例子,认为三家诗中也有与先秦古书相合的地方。用客观的眼光来衡量,郑樵与王先谦的说法,都是从一个侧面来看问题,似乎都不是很全面。但这种见解,却对后人全面理解《诗经》研究的历史颇有助益。

本书也存在一定的缺陷。如《召南·草虫》篇,从诗的字句上分析,当是大夫行役,其家人抒发思念之情的作品。但王先谦却遵鲁诗说,对诗旨作"诗人之好善道也如此"的解释,且称"与《说苑》好善道,义合","若妻见君子而心降,理固当然,何足称美?"王氏的这种解释,置诗本身的实际内容于不顾,足见其坚执今文经说之偏见。他还在"序例"中称《毛诗》为"巨谬",又将三家诗看成"圣经一线之延",也显然失之偏颇。此外,他在此书中虽为人们辨析出三家诗与《毛诗》的异同,但对三家诗之间所存在的差异性,却未能加以深入的分析。

但综而论之,王先谦的《诗三家义集疏》仍不失为一部较有特色的《诗经》研究著作。书中虽宗今文经学,而在辑佚、疏证的过程中,却取用了古文经学的一些常用方法,考证严密,论证充分,作为研究三家诗的集大成之作,当之无愧。

研究此书的论著,有张启成的《评王先谦〈诗三家义集疏〉》(《贵州社会科学》1995年第4期)、邹凤礼《〈诗三家义集疏〉评述》(《江苏教育学院学报》1998年第3期)等。

(眭 骏)

山带阁注楚辞 蒋 骥

《山带阁注楚辞》,蒋骥撰。有清雍正五年(1727)蒋氏山带阁原刻本、《四库全书》本等。目前的通行本,是1958年中华书局上海编辑所据雍正原刊本标点的排印本。

蒋骥,字涑疃。江苏武进(今常州)人。生卒年不详,清康熙、雍正时在世。年二十三,得头目之疾,毕生不痊,然至老未尝废学。著述颇夥,以束于举业,牵于疾病,多未获成编。平生精研《楚辞》,虽老于诸生逾三十年,无科第之绩,而仍以本书名传后世。

本书始撰于康熙四十七年(1708)。其撰述的动机,在蒋氏不满前人所撰《楚辞》注本多注重文词释义,而少涉及屈原生平事迹考订。由于撰注本书时蒋氏仍忙于制举之业,加上疾病,故其书时作时辍,至康熙五十二年方完成六卷初稿。康、雍之际,蒋氏又得见其他材料,复撰"余论"二卷。至雍正五年,才撰写后序,将本书正式付梓。

全书包括卷首一卷、注六卷、余论二卷、说韵一卷。其中卷首一卷,首列蒋氏康熙癸巳(五十二年)所撰"序"及雍正丁未(五年)所撰"后序"。继为"采摭书目",自中土经史子集四部著作,旁及利玛窦《天主实义》、《几何原本》、汤若望《西洋新法历书》等西人著述,凡六百四十余种,而于王逸以来诸家楚辞注本,亦一一列入。继列《史记·屈原列传》与唐人沈亚之所撰《屈原外传》,以明屈原身世大略。二传后为《楚世家节略》,以楚怀王、顷襄王二朝史事与屈原事迹相比照,以明"楚之治乱存亡,系于屈子一人"之旨。末为《楚辞》地图五幅,将其研究屈原行踪之结果,化为形象之图,以便读者观览。五图分别为《楚辞地理总图》、《抽思思美人路图》、《哀郢路图》、《涉江路图》、《渔父怀沙路图》。

注六卷为全书主干,卷首有"楚辞篇目"。与前此大部分《楚辞》注本不同,本书所收"楚辞",止于屈原赋,而不录宋玉《九辩》以下诸家之作。另采黄文炳《楚辞听直》、林云铭《楚辞灯》之说,定《招魂》、《大招》为屈原所撰。故六卷注所列楚辞,依次为《离骚》(卷一)、《九歌》(卷二)、《天问》(卷三)、《九章》(卷四)、《远游》、《卜居》、《渔父》(以上卷五)、《招魂》、《大招》(以上卷六),适成《汉书·艺文志》屈赋二十五篇之数。对于屈赋的创作时间,蒋氏也有推考,考订经过多载注及余论中,而于"篇目"末表其结论曰:屈原"初失位,志在洁身,作《惜诵》。已而决计为彭咸,作《离骚》。十八年后,放居汉北,秋,作《抽思》。逾年春,作《思美人》。其三年,作《卜居》。此皆怀王时也。怀王末年,召还郢。顷襄即位,自郢放陵阳。三年,怀王归葬,作《大招》。居陵阳九年,作《哀郢》。已而自陵阳入辰溆,作《涉江》。又自辰溆出武陵,作《渔父》。适长沙,作《怀沙》、《招魂》。其秋,作《悲回风》。逾年五月,沉湘,作《惜往日》。""若《九歌》、《天问》、《橘颂》、《远游》,文辞浑然,莫可推诘,固弗敢强为之说云。"这一结论的具体细节虽不无可商榷之处,但由屈赋推考屈原身世行踪的方法,却于后人颇有启发意义。

注六卷中,各篇正文首尾有蒋氏所撰简要叙论。正文中间夹小字,注某字今体及读音。注释则不以章句为断,而多分段落,于每一段落后,低格出注。注文释词与释句并有,而尤注重段落大意与段落间的联系。如卷一《离骚》自"悔相道之不察兮"至"岂余心之可惩"一段,蒋注即先云:"上既以自誓矣,又念杀身无益,不若退而自全。又于退息之中,转生一念,欲相君于四方。然其好修,卒不敢废也。"接着解释"相"、"延"、"惩"等一批字词的文意,而后特别点出:"民生四句,总承篇首至此之意而结之,以起下文,实一篇之枢纽也。盖始之事君以修能,其遇谗以修姱,其见废而誓死,则法前修。即欲退以相君,亦修初服:固始终一好修也。"最末联系下文,谓:"自此以下,又承往观四荒,而以好修之有合与否,反复设辞,而终归于为彭咸之意。"这种前后贯通的注解方式反映在《九章》各篇中,则又有了对屈原行踪的道里远近、年月先后等情况的特别关注。虽然割裂《九章》,谓之包括怀王、顷襄王前后不同时期作品的看法并无坚实的证据,谓屈原遭放逐于陵阳也是由于误读《哀郢》设问之语"当陵阳之焉至兮,淼南渡之焉如"所致,但蒋氏对屈原顷襄王时期在江南行踪的详细考订,无疑是近现代《楚辞》研究者将研究重点转移至屈赋与楚史关系探讨的前奏。

注六卷后所附《楚辞余论》二卷,则重在补充各篇注解所未详,讨论诸家《楚辞》注本的长短。卷首有一总论,列举《楚辞》注疏诸本名目源流。卷中所论,如考订《招魂》为屈原所作,发现旧传王逸所为《离骚序》与《九章》章句间的矛盾,及谓《九歌》专主祀神等等,皆颇具慧眼。即被《四库》馆臣讥为"颇涉轻薄"的"以少司命为月下老人"云云,检其全文,蒋氏本已自称之为"谑词",《四库》馆臣未免迂执;而蒋氏继云:"然《离骚》、《九章》,屡寄慨于媒理,或亦未必无当也。"此一提示实也不无价值。但《余论》卷下解《招魂》"哀江南"语中"哀江"为地名,则失之穿凿。

本书最后的《楚辞说韵》一卷,是专门讨论《楚辞》古韵的。蒋氏以为"古协音本于转音,转音本于方音",因制列韵表,对照《诗经》、《楚辞》,而表其通叶之迹。所得结论虽不尽可据,但在提供资料方面颇有功绩。

《山带阁注楚辞》是《楚辞》研究发展到清代出现的一部重要著作。作者从孟子"知人论世"的古训出发,在注疏林立的《楚辞》研究领域中独辟蹊径,通过对屈赋中所显现的屈原生平行踪的钩稽考证,进而提示楚辞与楚史间重要的关联,为《楚辞》研究拓展了新的方向,也向后来的研究者展示了文史结合探讨《楚辞》本旨的巨大潜力。尽管这部著作仍存在附会穿凿之误,但相比于其同时的同类之作,它仍是最为翔实的一部专著。

研究本书的论著,有《四库全书总目》本书提要、姜亮夫《山带阁注楚辞》提要(载所编《楚辞书目五种》,上海古籍出版社,1993年)以及黄建荣《王逸、朱熹、蒋骥三家〈楚辞〉训释原因初探》(《抚州师专学报》1992年第二期)等。

(陈正宏)

钱注杜诗 钱谦益

《钱注杜诗》，即钱谦益笺注《杜工部集》二十卷。有清康熙六年(1667)季氏静思堂刻本及后人复刻本。1958年中华书局上海编辑所据康熙原刊本标点排印，1979年上海古籍出版社又修订重印，书名均题《钱注杜诗》，是为本书目前的通行本。

作者生平事迹见"列朝诗集"条。

本书是钱谦益历四十年时间撰述的一部唐代大诗人杜甫(712—770)诗歌的笺注本，但在钱氏生前未曾刊行。钱氏夙好杜诗，早在明崇祯六年(1633)，就以友人卢世㴶编刻《杜诗胥钞》求序，而取平日读杜心得若干则，编为《读杜诗寄卢小笺》三卷；次年续成《读杜二笺》二卷，因合刻单行，后又收入所著《初学集》。由于《小笺》、《二笺》只笺注了杜甫的一小部分诗作，钱氏的另一密友程嘉燧便鼓励钱氏将全部杜诗均加笺释。钱氏也有感于宋代以来诸家杜诗注本歧误甚多，故取传世的吴若本为底本，为《杜诗笺注》之役。书未完稿而明亡，已而钱氏藏书楼绛云楼又遭火灾，其稿虽未亡而钱氏已心灰。适遇吴江诸生朱鹤龄正在辑注杜诗，钱氏即以己所笺本相授，助其撰"朱氏补注"一书。清康熙初，朱告钱书成将刊，钱未见其书即为撰序。未几得见朱书，方知所注与己往日所授大异。因函告朱，不愿列己名于该书卷首，且谓朱书须大改方可刊行。朱不依，钱氏因不得不以八十高龄重理旧业。稿成，题其书名为《草堂诗小笺》(此名刊本未曾采用)，别撰新序，冀与朱注两行之。但直至钱氏临终，钱注杜诗仍在不断修订中。康熙六年钱氏去世已三年，才由季振宜刊刻了由钱氏族孙钱曾最后整理定稿的钱笺《杜工部集》二十卷，即本书的最初刻本。

本书卷首除钱谦益《草堂诗笺元本序》、季振宜康熙六年序外，依次附录辑录唐宋二朝专论杜诗的《诸家诗话》一卷、钱氏自撰《注杜诗略例》一卷、前人《唱酬题咏附录》一卷、汇录杜诗诸集所附碑传序跋为一的《杜工部集附录》一卷，以及钱氏重订《少陵先生年谱》一卷。正文二十卷，前十八卷为杜诗，末二卷为杜文(文无笺注)。十八卷诗又分古、近体两大类，卷一至卷八为"古诗"，卷九至卷十八为"近体诗"。卷十八末并附"他集互见"、"吴若本逸诗"及"《草堂诗笺》逸诗拾遗"三种杜诗补遗。"古诗"、"近体诗"两大类中诗,则各依编年顺次排列,编年除确可考见具体创作年月者外,一般仅系某组诗的大致创作阶段,如卷一卷首"古诗五十五首",下题:"天宝未乱时并陷贼中作。"各诗笺注,首列原诗,继列注文,注末以"笺曰"(有时无此二字)标示笺文;或注文中本已有有关全诗的笺释,则注末不另作笺。

钱氏为杜诗所作笺注,一个最大的特点,是融贯唐史与杜诗两方面的内容,深入探求杜甫作诗时的隐曲之意。如卷二《洗兵马》笺曰:"《洗兵马》,刺肃宗也。刺其不能尽子道,且不能信任父之贤臣,以致太平也。"并检出杜甫从拾遗被贬为华州司功参军,以上疏救房琯一则史事,考证诗中"关中既留萧丞相"之"萧丞相"即指房琯。房氏为前朝故臣,以曾向玄宗建议诸皇子当分封大藩,为肃宗所忌恶,故乾元初遭贬。杜甫旧与房氏友善,故后流落剑外,拜房氏之墓,哭其旅榇,仍于封建之意多有赞辞。钱氏认为此乃杜甫"一生出处事君交友之大节,而后世罕有知者,则以房琯生平为唐史抹杀,而肃宗之逆状隐而未暴故也",所以他要特意表出之。又如卷九《冬日洛城北谒玄元皇帝庙》一诗,钱氏认为其主旨在讽谏唐代诸帝崇奉老子为其祖宗,于礼颇不合。其笺曰:"'配及'四句,言玄元庙用宗庙之礼为不经也。'碧瓦'四句,讥其宫殿逾制也。'世家遗旧史',谓《史记》不列于'世家',开元中敕升为'列传'之首,然不能升之于'世家',盖微词也。'道德付今王',谓玄宗亲注《道德经》及置崇玄学,然未必知道德之意,亦微词也。……"这样穷极微旨的笺注,前此的杜诗注家是不曾作过的。

与此相联系,钱注杜诗还善于用正史以外的材料,发掘杜诗名篇中未曾被阐发的意蕴。如卷一《哀江头》,旧说但以"避死惶惑"为解,钱氏则称:"此诗兴哀于马嵬之事,专为贵妃而作也。苏黄门曰:《哀江头》即《长恨歌》也。斯言当矣。"其笺"清渭剑阁"为寓意玄宗与杨贵妃,谓"'人生有情泪沾臆,江水江花岂终极',即所谓'天长地久有时尽,此恨绵绵无绝期'也",终则归结云:杜甫"兴哀于无情之地,沉吟感叹,瞀乱迷惑,虽缇骑满城,至不知地之南北,昔人所谓有情痴也。"这种以诗证诗,在众多注解中为杜甫名篇别作一解的笺释功夫,也别具一格。

另一方面,本书作为一部杜诗研究的专著,在探讨宋代以来杜诗研究的成败得失方面也颇有建树。这主要见于本书卷首钱氏所撰《注杜诗略例》。《略例》共七条,分别讨论了诸家注杜之本在编年、考证、笺注等方面的问题,综论了历代杜诗评论的长短。钱氏认为宋以来的杜诗注,大都芜秽舛陋,而仅有赵次公、蔡梦弼、黄鹤三家超出其上。但三家仍互有所失:"赵次公以笺释文句为事,边幅单窘,少所发明,其失也短;蔡梦弼以捃摭子传为博,泛滥踳驳,昧于持择,其失也杂;黄鹤以考订史鉴为功,支离割剥,罔识指要,其失也愚。"至于三家之外的注本,则错谬更多,钱氏归结为"伪托古人"、"伪造故事"、"傅会前史"、"伪撰人名"、"改窜古书"、"颠倒事实"、"强释文义"、

"错乱地理"等八个方面,一一举例证实。对于宋人说杜诗崇奉黄庭坚,元及此后评杜诗崇奉刘辰翁,钱氏也甚不满,以为"鲁直之学杜也,不知杜之真脉络,所谓前辈飞腾、余波绮丽者,而拟议其横空排奡,奇句硬语,以为得杜衣钵,此所谓旁门小径也。辰翁之评杜也,不识杜之大家数,所谓铺陈终始,排比声韵者,而点缀其尖新俊冷,单词只字,以为得杜骨髓,此所谓一知半解也。弘、正之学杜者,生吞活剥,以挦撦为家当,此鲁直之隔日疟也,其黠者又反唇于西江矣。近日之评杜者,钩深抉异,以鬼窟为活计,此辰翁之牙后慧也"。这些分析评价虽然因为多以批评的形式表现,而难免有尖刻之处,但衡之以杜诗研究史的实际,却颇有一针见血、切中要害之妙。加上前此的研究者还很少有从研究史的角度对笺注杜诗问题加以比较全面的检讨,钱氏的有关论点就更显现了其独特的价值。

当然,《钱注杜诗》本身也并非一无可议之处。由于钱氏着意探寻杜甫作诗心曲,所以对某些杜诗的笺注不免失之于凿。就此清人潘耒曾作眉批,辨驳钱注穿凿过甚处(见民国间上海国学扶轮社重印本书眉间)。但是,由于钱氏功底深厚,又采用了文史融通、考证绵密的研究方法,因而无论是从杜诗笺注的历史还是从中国传统文学作品笺释的历史上看,《钱注杜诗》均仍不失为上乘之作。

本书于后代学者的影响也颇大。清人释杜诗,多采其说。现代陈寅恪研究唐诗所采用的"诗史互证"方法,远探其源,或亦与钱氏的笺注杜诗不无关联。

研究本书的论著,有洪业《杜诗引得序》的有关段落(载上海古籍出版社 1983 年重印哈佛燕京学社引得编纂处所刊《杜诗引得》卷首,亦见中华书局 1981 年刊《洪业论学集》),以及彭毅《钱牧斋笺注杜诗补》(台湾大学文学院文史丛刊,台北,1964 年)、柳作梅《朱鹤龄与钱谦益之交谊及注杜之争》(1969 年台湾《东海学报》十卷一期)、许永璋《取雅去俗,推腐致新——略评〈钱注杜诗〉》(《草堂》1982 年第二期)、邓绍基《关于钱笺吴若本杜集》(《江汉论坛》1982 年第六期)、郝润华《〈钱注杜诗〉与诗史互证方法》(黄山书社,2000 年)与《从经学到诗歌诠释学——以〈钱注杜诗〉为中心考察》(《河南师范大学学报》2005 年第 2 期)、邬国平《以杜诗学为诗学——钱谦益的杜诗批评》(《学术月刊》2002 年第 5 期)等。

(陈正宏)

牧斋初学集诗注、有学集诗注 钱 曾

《牧斋初学集诗注》二十卷、《牧斋有学集诗注》十四卷。钱曾撰。有清康熙间玉诏堂刻本、日本明治十六年(1883)东京拥书城木活字本等合刊本。单行本《牧斋初学集诗注》，目前较通行的是上海古籍出版社 1985 年出版的钱仲联标校《牧斋初学集》所收排印本；《牧斋有学集诗注》又有春晖堂刊本，通行本则是上海古籍出版社 1996 年刊《牧斋有学集》所收排印本(亦钱仲联标校)。而所有《初学集诗注》、《有学集诗注》通行本皆是删节本。1973 年，三民书局出版了周法高编《足本钱曾牧斋诗注》，在二书乾隆年间影印本各卷之后影印配补台湾中研究史语所傅斯年图书馆藏玉诏堂刻本所附的墨笔《原注补抄》，系康熙五十八年竺樵抄自苏州陆穑水木明瑟园藏写本，其后并影印《投笔集笺注》二卷。2012 年，上海古籍出版社出版了卿朝晖辑校的最详备的《牧斋初学集诗注汇校》。

钱曾(1629—1701)，字遵王，号也是翁。江苏常熟人。明末清初著名学者钱谦益之族曾孙，大藏书家钱裔肃之子。少从钱谦益学诗，颇受器重。谦益辑《吾炙集》，标其诗于诸门生所作之首；又举绛云楼烬余图书及诗稿，付其藏传。承家学，好聚书，精鉴辨，名其藏书之室为也是园、述古堂，撰有《也是园藏书目》、《述古堂藏书目》。别选家藏善本，详为考录，著成《读书敏求记》四卷，其书在古籍目录版本学史上有颇为重要的地位。

《牧斋初学集》与《牧斋有学集》是钱谦益的两部诗文集，前者一百十卷，收钱氏在明代所写作品；后者五十卷，录钱氏入清以后之作。钱曾取两集中的诗部分加以笺注，而卷次及各卷题名仍保留原集之貌。计《牧斋初学集诗注》二十卷，包括"还朝诗集"、"归田诗集"各上下两卷，"崇祯诗集"六卷，"桑林诗集"、"霖雨诗集"各一卷，"试拈诗集"、"丙舍诗集"各上下两卷，"移居诗集"一卷，"东山诗集"三卷(其中卷二十又分上下)。《牧斋有学集诗注》十四卷，包括"秋槐集"、"秋槐支集"、"夏五集"、"绛云余集"各一卷，"敬他老人集"上下两卷，"高会堂诗集"、"长干塔光集"、"红豆集"、"红豆二集"、"红豆三集"各一卷，"东涧集"上中下三卷。在笺注《初学集》、《有学集》诗的过程中,钱曾得到了同为钱谦益门人的陆贻典(字敕先,号觌庵,亦常熟人)的帮助。僻事奥句,陆氏多为搜访出典。至书成,又有"苕南"为之"钞订","东海朱梅"为之"分校"(均见二书康熙本卷一正文首页署),玉诏堂主人为之撰序刊版(康熙本《牧斋有学集诗注》卷首有序,未署撰者名氏及年月,但据其中"钱遵王注其牧斋宗伯《初学集》诗二十卷,予为序而版行之;既复卒业其《有学集》诗注,而再序之如左"诸语,可推知撰序及刊版为同一人)。

《牧斋初学集诗注》与《牧斋有学集诗注》形式上都是先列原作,再另起行低格标所注名目,下为双行小字笺注,与钱谦益注杜诗类似,但少《钱注杜诗》每首诗注后那种综合的笺释与阐发,因而相应地其笺注在内容方面仍以常见的诠释个别古典为主。但由于钱谦益诗本身具有极强烈的时代感与个性特征,钱曾在诗学方面又曾得谦益指授,故笺注也有一些不同于其他笺诗家的特异做法。

特异之一是对原诗中涉及的晚明以还的历史事件与人物,花了相当多的笔墨加以解说。如《初学集》卷二"还朝诗集下"《送刘编修鸿训颁诏朝鲜十首》之六有"平壤城边战骨丛,更闻丽妇哭征东"句,钱曾注"征东",详述万历年间因日本平秀吉发动侵略朝鲜的战争而导致明朝东征逐倭役事的始末,一条注文即长达四千两百多字。《有学集》卷四"绛云余烬集"《哭稼轩留守相公诗一百十韵用一千一百字》,"留守"一目钱曾取出为注,备列钱谦益门人瞿式耜(号稼轩)行迹,于瞿氏奉南明王抗清事述说尤详,文字也有两千八百余。注文关涉时事而又极详细,其显而易见的长处是能由此保留一部分珍贵的史料;钱曾注诗又处于清初对晚明史事颇为忌讳的年代,这种详因而也就别具意蕴。

特异之二是不仅对原诗作必要的解说,同时也偶发感慨,而这种感慨又多与亡国之痛有关,既是钱谦益原诗中所可抉发的,也是注家本人的。如《初学集》卷七"崇祯诗集三"《奉酬山海督师袁公兼喜关内道梁君廷栋将赴关门二首》第二首末"白山好勒磨崖颂,衰晚何因借后车"句下,原有钱谦益自注:"袁(崇焕)自诡五年灭奴,颇以讲款为秘计。故有托讽之言。"钱曾随之再作注,除揭出天启间袁氏即有欲与建州(满清前身)讲款之议,至崇祯时复用其计,而终遭杀身之祸外,还特意点出原诗"委曲隐讽,望其有成,而又料其必无成也"的主旨,并感叹道:"嗟乎!楸枰在眼,无胜着以救残棋,徒令傍观者袖手嗟咨,而举棋者懵然不省,卒之戮及其身,毫无补于国家之大局,良可悲也已!"又如《有学集》卷一"秋槐集"《题金陵三老图》诗,钱曾注《金陵三老图》,在指出三老为闽中黄居中、越中薛冈、吴中张肇后,还特加说明云:"按图之作,在壬午,而薛先生之自序书年,在甲申。夫甲申之金陵,异于壬午之金陵。六代风流吐纳之地,前朝衣冠游冶之乡,生则咏歌于斯,没而魂气无不之也。高山流水,乘云化鹤,故冠以金陵书感也。"这种或于解说后引申出感慨,或寓感慨于解说之中的笺诗方式,对于更加深入地理解钱谦益创作于明末清初那个动荡岁月里的作品的原旨,无疑也是十分有益的。而从诗笺史的角度看,又从中可以发现钱谦益笺注杜诗的独到方式,一定程度上为钱曾继承下来,并施用于笺注钱谦益本人的诗。

特异之三是在笺注集中有关论诗之诗时,对钱谦益相应的文学主张作了更为明了的阐发。如《初学集》卷十七"移居诗集"有《姚叔祥过明发堂共论近代词人戏作绝句十六首》,是钱谦益评论明代诸文学家创作与文学思潮的一组诗作,诗虽以"戏作"为题,而实包含了钱谦益对整个明代文学的基本评价。钱曾为之撰注,即既指示诗中本事(主要是一些作家的生平与文学史实),也阐发并推衍诗的寓意。像钱诗原作第九、十两首均言及前后七子,但诗语简短,指斥之意尚不十分露骨。钱曾注则推进一步,在缕述前后七子的风云际会情状后,更直接排击曰:"自李梦阳倡为剽贼窜窃之学,而何景明之徒翕然从之,跻北地而排长沙,二百年以来,迷妄相仍,榛芜塞路,盖不独文章升降系之,而国运盛衰,胥于此有考焉。别裁伪体,岂细故乎?"(第十首注)并发出了"嗟乎!诗坛莠秽相仍,学者梦梦粥粥,等狂馨之拍肩。一则曰先七子,再则曰后七子。冥行擿埴,滔滔者天下皆是。良可憨也!良可惧也"的哀叹(第九首注)。这种排击与哀叹,从明代文学本身的发展看并不尽合史实与逻辑,但由钱谦益所辑《列朝诗集》反映的文学倾向看,却是颇得钱氏本人心曲的,因而钱曾对谦益原诗所作的这类阐发(尤其是将文运与国运相联系的看法),可以说是合乎原诗主旨与原作者思想逻辑的。因此它客观上为后人研究钱谦益的文学思想提供了一个有启发意义的视角。

除以上三个特异之处外,《牧斋初学集诗注》和《牧斋有学集诗注》在收录钱谦益诗方面又有其版本学上的特殊价值。用通行本《牧斋初学集》、《有学集》(传为钱谦益亲手削定)二集所收诗去校钱曾笺注本诗,可以发现二本互有去舍,文字亦不尽相同。如《牧斋有学集诗注》卷一有不录于通行本的《有喜三次申字韵示茂之》、《四次韵赠茂之》、《顾与治五十初度》,卷二有通行本所无的《次前韵代茂之》、《句曲逆旅戏为相士题扇》诸诗,从更完整地保存文献的角度论,便不无功绩。又如卷三《西湖杂感》第九首五六两句,通行本作"善舞猕猴徒跳荡,能言鹦鹉亦支离",诗意似仅指行为反复无常与鹦鹉学舌之人;钱曾注本则作"鹦鹉改言从靺鞨,猕猴换舞学高丽",其中痛斥投降满清者的旨意顿显,而这样的语句,很可能即是钱谦益原作的文字,通行本则为避忌而加以讳改。所以钱曾注本在笺注的特异之外,并有保留更多钱氏诗作原貌的特长。

总的说来,钱曾的《牧斋初学集诗注》与《牧斋有学集诗注》是清初笺诗之作中较有代表性的作品。在当代人注当代诗方面作了较有益的尝试,影响颇为广泛。其书在康熙时刊版,即有重印;至日本明治时期亦有翻刻,便说明了其为中外学界重视的程度。但清乾隆间钱谦益著作遭到官方的禁毁,钱曾注本自亦不能幸免于难。直到清末,才重见天日。

从一个较高的学术标准看去,钱曾注本《初学集》、《有学集》也有其明显的不足。主要是由于钱曾个人学养不够,一些注释尚有误注、漏注的情况;由于钱曾个人的偏见,对集中涉及柳如是诸人的文字,概不加以注释;又由于受清初外部环境的影响,有些涉及满清与明代交战的诗,未能以更为明晰详实的文字加以诠释,已注的部分,占全部诗作的份额又太少。

研究并纠补钱曾《牧斋初学集诗注》与《牧斋有学集诗注》的论著,有周法高《牧斋诗注校笺》(三民书局,1978年)及陈寅恪《柳如是别传》(上海古籍出版社,1985年)、周法高《钱牧斋吴梅村研究论文集》(台北编译馆,1995年)有关部分等。

(陈正宏)

庾子山集注 倪 璠

　　《庾子山集注》，十六卷。倪璠撰。有清康熙二十六年（1687）崇岫堂初刻本，以及《四库全书》、《湖北先正遗书》、《四部备要》等丛书本。目前的通行本，是中华书局1980年出版、由许逸民据崇岫堂原刊本点校的排印本。

　　倪璠，生卒年不详。字鲁玉。浙江钱塘（今杭州）人。康熙间中举人，官内阁中书。见闻博洽，长于史学，又性喜为骈文。与毛奇龄、尤侗、姚际恒等交游。著作除本书外，尚有《神州古史考》、《方舆通志（一作"俗"）文》、《补辽金元三史艺文志》、《武林伽蓝记》等。其中《神州古史考》卷帙浩繁，以无资付梓，仅刊浙江部分；余书亦多为稿本。

　　《庾子山集注》是南北朝时期著名学者庾信（513—581，字子山）诗文集的笺注本。庾信别集隋代即有史学家魏澹奉废太子杨勇之命为作注释，《新唐书》、《宋史》两家"艺文志"又著录张庭芳、崔令钦、王道珪各注《哀江南赋》一卷，然均已失传。至清代，则有胡渭为庾信诗文作注，而未及成帙；吴江吴兆宜采辑胡氏之说，复得昆山徐树榖等襄助，纂成《庾开府集笺注》十卷。其书成于众手，漏略在所难免。倪璠因此旁采博搜，重为注释，所成十六卷注本，即本书。

　　本书卷首采录明人张溥所撰序，题"张天如先生原序"。下依次为倪氏自撰"注释庾集题辞"、"庾子山年谱"、"庾氏世系图"，以及采自《北史》的"庾信本传"与出自《文苑英华》的北周滕王逌所制庾集"原序"。正文十六卷，依文体分置庾信作品，卷六以上为赋、诗、乐府、歌辞，卷六以下为表、启、书、连珠、赞、教、文、序、传、铭、碑、志铭。倪氏注释分两种，题下注及句注随庾信原作列于正文间，"总释"补充前注所未详，汇次于卷末（通行本已将"总释"各条提前置于正文各篇末）。

　　本书中倪氏笺注的特点，是对庾信入西魏后悲怀思乡之作尤加注意，索检旧典，引据时事，力求抉发庾氏当日隐衷。卷首倪氏"题辞"云："《哀江南赋序》称：'不无危苦之词，惟以悲哀为主。'予谓子山入关而后，其文篇篇有哀，凄怨之流，不独此赋而已。"持此基本看法，倪璠因于探索庾信心迹用力颇勤，其笺注不仅释辞，而且注事；不仅注事，更重释意。如卷四《奉和永丰殿下言志十首》第八首末有"还思建邺水,终忆武昌鱼"句,笺注即首引《晋书·五行志》所载吴孙皓时童谣"宁饮建邺水,不食武昌鱼"揭其出典,次说明庾信反用原典"不食武昌鱼"为"终忆武昌鱼",其显而易见的原因是"今子山羁旅长安,建邺、武昌,旧都旧国,皆可思也",而后再进一步点出其深一层的寓意,乃武昌在梁朝属郢州,庾信曾任郢州别驾,与湘东王论水战事,深得梁主所赏,"故武昌为可忆矣"。又如卷一《邛竹杖赋》以"岂比夫接君堂上之履,为君座右之铭,而得与绮绅瑶珮,出芳房于蕙庭"作结,注除引《史记》所载春申君客三千人蹑珠履赴平原君会,及《后汉书》所称崔瑗报兄仇后蒙赦而作铭自戒二事外,复阐发曰:"子山本赋杖,而引用好客报仇之事,喻已不能如黄歇豪侠之举,珠履满堂,又不能如崔瑗报仇之后作铭自戒,而悠悠无所用之,仅如竹杖扶老而已。意旨深长,假比发端以摅怀旧之蓄念,非徒赋邛杖也。"至于卷二《哀江南赋》笺注,则更是详举原典,比照梁代史实,逐段解说,必使读者洞澈赋文深意而后已。他如谓《竹杖赋》遣辞"可以观文人之寓意",称《伤王司徒褒》诗语有"微意","是其愧心之辞",亦可见倪氏于细微处考释作品旨意的特长。

倪注的另一特点,是不单随文而出注,同时也注意到原文的讹误,并对其作严谨的考辨。如卷十四《周柱国楚国公岐州刺史慕容公神道碑》有"板江白虎之碑,百代无毁"语,倪氏据《水经注》,考其实用汉陈留王子香卒枝江亭后有三白虎送丧之典,断定其中"板江"一词当作"枝江";同时又征引《后汉书·南蛮传》板楯蛮夷白虎事,说明其事不合于庾信碑中送葬事,从反面补证"板江"必为"枝江"之讹。类似的情形还有卷八《谢赵王赉丝布等启》。该启中"王褒至,又赐许赐、钱等"一段,《文苑英华》作"王褒至,又蒙许赐钱等",倪注据本启下有"既欣谷利,弥思青林"诸语,疑"许赐"与"谷利"等同为奴仆之名,而判《文苑英华》文误。又卷十六末《彭城公夫人尔朱氏墓志铭》、《伯母东平郡夫人李氏墓志铭》两篇,旧本云据《文苑英华》收录为庾信之作,倪璠重检《文苑英华》,发现二文前者无署名,后者仅署"前人",而均次于庾信诸铭后,因复考文中用语,有唐人年号及杨炯自称,故断其实非庾信所作,而为唐代杨炯之文。诸如此类,又显示了倪氏扎实的朴学功底。

此外本书"总释"部分,又多载录倪氏撰注前后的拟想与复核经过,反映出作为古典诗文笺注家的倪璠审慎的治学态度与一丝不苟的学风。如《谨赠司寇淮南公》诗中"小人司刺举,明扬实滥吹"至"遂令忘楚操,何但食周薇"一段文字,"总释"释其注解经过,即有"予初读此数语,以子山自述从梁使魏,屈节仕周之由"诸语及后来修正其说的理由;而《伤心赋》注"三珠两凤",本注已引《北齐书》崔陵兄弟为时称作"两凤连飞"作解(见卷一),"总释"仍云"意有未惬",并以庾氏为"南朝才士""未必引北齐之事"等为理由自驳其注,而叹"浅学未达一斑,敢窥全豹乎"。其余像《周柱国大将军纥干弘神道碑》"水上浮瓜"句下虽注"未详"(卷十四),"总释"却引《会稽典录》与《异苑》

提出一尝试性诠释,而道出本注"未详"缘由,在"恐臆见穿凿,故称未详。俟得其说,削札补之"。这种将注释过程及注后所存疑问和盘托出的笺注形式,前此颇少有人愿意并且敢于采用。倪璠以"总释"的形式用之,可见其书确有超越前代及他家笺注的特异处。

倪注的不足,是为追求通释庾信诗文的隐旨,有时不免迂解甚至曲解本文。就此《四库全书总目》及陈寅恪、钱锺书等学者已有指摘。但从总体上论,《庾子山集注》仍不失为清代前期笺注古典文学作品的成功之作,在继承钱谦益注杜诗时所取用的笺诗重笺寓意的方法,与借鉴胡三省注《资治通鉴》有所发挥的特点两方面,均达到了相当的水准。也正以此,其书出而吴兆宜注本"遂不甚行"(《四库全书总目》吴兆宜注本提要语),迄今研究南北朝文学,读庾信作品,亦必推其本为首。

研究评价本书的论著,有《四库全书总目》本书提要,以及陈寅恪《庾信哀江南赋与杜甫咏怀古迹诗》(收入所著《金明馆丛稿二编》)、钱锺书《管锥编》第四册相关章节等。

(陈正宏)

杜诗详注 仇兆鳌

《杜诗详注》，仇兆鳌辑注。有二十四卷、二十五卷两种版本，前者仅存清康熙三十二年(1693)仇氏进呈写本；后者除较前者多《杜文集注》一卷外，并有《附编》二卷，有康熙间刻本、《四库全书》本等。目前的通行本，是中华书局1979年出版的据康熙间刊二十五卷本点校的排印本。

仇兆鳌(1638—1717)，字沧柱，号章溪老叟。浙江鄞县(今宁波)人。康熙二十四年(1685)进士，选庶吉士，散馆授翰林院编修。康熙四十三年因本书受知于康熙帝，奉命纂修《方舆程考》，任总裁，升翰林院检讨。后历侍讲、侍读、内阁学士、礼部侍郎，官至吏部侍郎。

《杜诗详注》是仇兆鳌历二十余载撰辑完成的一部唐代大诗人杜甫(712—770)诗集注本。其初撰时间在康熙二十八年(1689)，仇氏时在翰林院任编修，未见信用，多有闲暇，便日以注杜诗为务。康熙三十二年夏，康熙帝传谕，"翰林诸臣所著诗古文章，抄录呈进，以备御览"。仇氏便将三年来辑注的《杜诗详注》二十四卷并卷首一卷缮写完编，装潢成帙，进呈康熙。此后他不断修订补辑，至康熙四十二年刊行了本书的初刻本。次年复得数家新注，略有补订。至康熙五十年致仕南归，终于完成包括一卷卷首二十五卷正文二卷附编的本书。

本书卷首有康熙三十二年仇氏自序、两《唐书》杜甫本传、"杜氏世系"、"杜工部年谱"、"杜诗凡例"二十则以及正文目录。附编包括上、下两卷，上卷为"诸家咏杜附录"、"逸杜附录"，下卷为"杜诗补注"、"诸家论杜"。正文先诗后文，卷一至二十三为诗，皆编年排次；卷二十四为"杜赋详注"，卷二十五为"杜文集注"。所据底本不专主某家，而参校各本，并间附校语。

仇氏为杜诗所作的详注，形式上是先将杜诗中的长篇分段，各段中每句下列出详尽之注文，段末叙该段文意，而列诸家有关本诗的综合考证与评论文字于篇末。所注力求完备，不避繁琐。引诸家注杜之说甚众，举凡宋代以来及至清前期的杜诗注本，几无不网罗其中。如明末王嗣奭所撰《杜臆》一书，向无刻本，抄本也甚罕见，仇氏则详为选录入本书，以存一代文献。

本书卷首原序中，仇氏称其注杜是"据孔孟之论诗者以解杜，而非敢凭臆见为揣测也"。所谓

"孔孟论诗者",即孔子"温柔敦厚,诗教也"及孟子"知人论世"二说。故仇氏之注一方面以求实证为务,另一方面也不忘探寻杜诗中切于"忠孝大义"处。如卷四《自京赴奉先县咏怀五百字》"穷年忧黎元"至"物性固难夺"一段注,即既广征《庄子》、《楚辞》、《韩诗外传》及陆机、谢灵运、宗炳、潘尼诗等十数条史料为句解,又于段末归结大义云:"此志在得君济民。欲为稷契,则当下救黎元,而上辅尧舜,此通节大旨。江海之士遗世,公则切于慕君而不忍忘;廊庙之臣尸位,公则根于至性而不敢欺。此作两形,以解同学之疑。浩歌激烈,正言咏怀之故。明皇初政,几侔贞观,迨晚年失德而遂生乱阶。曰'生逢尧舜君',望其改悟自新,复为令主,惓惓忠爱之诚,与孟子望齐王同意。"与此相应,本书对钱谦益笺注《杜工部集》中所发掘出的杜诗微旨颇不以为然。如卷六《洗兵行》(即《洗兵马》)篇末不引钱氏考证诸文,而备引朱鹤龄、沈寿民、潘耒等驳斥钱说之文,由君臣之理证杜甫本诗不可能有讥讽肃宗猜忌玄宗并忌玄宗旧臣之意。卷二《冬日洛城北谒玄元皇帝庙》篇末则虽引钱氏之考辨,别又征毛先舒语,谓"此篇钱氏以为皆属讽刺,不知诗人忠厚为心,况于子美耶"。这种辑注的偏向自与仇兆鳌本人所持立场甚有关联,而本书原为进呈御览之本,或于此点也不无影响。

从杜诗研究的角度论,本书与《钱注杜诗》仍有一脉相承的地方,这主要表现在对有关研究的历史情况的评析。卷首"杜诗凡例"二十则,其中前十六则实为杜诗研究的分类提要,它们分别讨论了杜诗的汇编、刊误、编年、分章、分段、注释体例、体裁依据、褒贬、伪注、谬评、历代注家、近人注本以及杜赋注解、杜文注释、诗文附录等项情况。以"近人注杜"一则为例,其云:"如钱谦益、朱鹤龄两家,互有同异。钱于《唐书》年月、释典道藏,参考精详。朱于经史典故及地里职官,考据分明。其删汰猥杂,皆有廓清之功。但当解不解者,尚属阙如。若卢元昌之《杜阐》,征引时事,间有前人所未言。张远之《会粹》,搜寻故实,能补旧注所未见。若顾宸之《律注》,穷极苦心,而不无意见穿凿。吴见思之《论文》,依文衍义,而尚少断制剪裁。他如新安黄生之《杜说》、中州张溍之《杜解》、蜀人李长祚之《评注》、上海朱瀚之《七律解意》、泽州陈冢宰之《律笺》、歙县洪仲之《律注》、吴江周篆之《新注》、四明全大镛之《汇解》,各有所长。卢世㴶之《胥钞》、申涵光之《说杜》、顾炎武、计东、陶开虞、潘鸿、慈水姜氏,别有论著,亦足见生际盛时,好古攻诗者之众也。"以上对入清以来杜诗研究者及其著述的罗列,对其中主要注本长短的介绍,即有存当世杜诗研究大概之功,而颇有助于后人了解清乾隆朝以前杜诗研究的盛况。又由于仇氏于有关情况的提要也以"详"为务,所以从某种程度上说做得比钱谦益更扎实而便于检核。

本书的缺点是贪多务繁,有时又有误征材料之病。就此《四库全书总目》及杨伦《杜诗镜铨》、浦起龙《读杜心解》等均有纠正;施鸿保并撰《读杜诗说》一书,专事纠检驳斥仇注之误,可参看。

《杜诗详注》的功绩,是系统地为研究者提供了迄清康熙朝为止,历代杜诗笺释的最详尽的资料。因此其刊出之后,即声名远播,至今仍为杜诗研究必备之书中较重要的一种。

研究本书的论著,有洪业《杜诗引得序》(载《杜诗引得》卷首,上海古籍出版社1983年影印民国间哈佛燕京学社引得编纂处所编本)中的有关段落,以及许永璋《略评〈杜诗详注〉》(《社会科学研究》1984年第1期),吴汝煜、谢荣福《杜诗仇注献疑》(《西北师院学报》1987年第2期),李天道《论仇兆鳌的批评观及其方法》(《青海民族学院学报》1989年第2期)等。

(陈正宏)

青邱高季迪先生诗集辑注 金 檀

《青邱高季迪先生诗集辑注》，金檀辑注。有清雍正间金氏文瑞楼原刊本，以及民国三年（1914）东吴浦氏影印文瑞楼本、民国二十五年中华书局《四部备要》所收线装排印本等。目前的通行本，是上海古籍出版社1985年出版的校点本，书名已改易为《高青丘集》。据其"前言"云，乃以文瑞楼本为底本；而除正文外，原本卷首所有序、例言、年谱等概移置书末"附录"之中，且"附录"所收又不止文瑞楼本原有者，故此通行本就整体而言，所反映的已非本书原貌。

金檀，生卒年不详。字星轺。原籍浙江桐乡，后移居江苏太仓，又迁寓苏州桃花坞。以诸生终身，却是清代康熙、雍正年间名振东南的藏书家。所筑藏书楼名文瑞楼，中储明人别集尤夥，有《文瑞楼书目》传世。其著作除本书外，尚有《文瑞楼集》《销暑偶录》等，并校刊了两种著名的明人别集《贝清江集》和《程巽隐集》。

《青邱高季迪先生诗集辑注》是金檀辑录、整理、注释的一部明初杰出诗人高启（1336—1374）的别集。高启字季迪，本号青丘子。清人崇奉孔子，避其名讳而改"丘"为"邱"，本书书名中高启之号因亦被改成了"青邱"。据本书卷首雍正六年（1728）金氏自序，其辑注此书的时间，是在康熙五十八年（1719）他校刊《贝清江集》《程巽隐集》之后。辑注的动因，是因为当时他"博览明初诸家，辄以高青丘先生诗，允为一代之冠"，而同时又深感高氏别集虽前人屡有编订，但诸本"时地之钩稽或略，字句之雠勘多疏"，十分需要有一个新的比较完整的读本。于是他"屡购诸本，校其讹字，因以次注释"，前后花了四年的功夫，才完成初稿。此后他又获得明永乐间朱绍编刻的《三先生诗集》，三先生即高启、杨基、包尼授，均明初名诗人。因于雍正七年（1729）再据以补辑高启"遗诗"一卷附后。

本书原本前有"卷首"一卷，中录雍正六年长洲陈璋为本书所撰序及金檀自序，下为诸家高启集的"原序"，以及本书"例言"十二条、"诗评"二十五则（皆明清人对高启诗的简评之语）、高启《凫藻集》所附洪武间李志光所撰"本传"、前人对高启像的"图赞"、金檀所编《高青邱年谱》与正文目录。"卷首"以后为《青邱高季迪先生诗集》正文十八卷。据"例言",卷内文字皆以明景泰间徐庸编刊的分体本《高太史大全集》为底本,而据别本补入《大全集》未收者。其中卷一为乐府,卷二为乐府、琴操、辞、三言、三四言,卷三至卷七为五言古诗,卷八至卷十为七言古诗,卷十一为"长短句体"(按此指杂言诗,非指词),卷十二为五言律诗,卷十三为五言律诗、五言排律,卷十四为联句、六言律诗、七言律诗,卷十五为七言律诗,卷十六为五言绝句、六言绝句,卷十七、十八为七言绝句。诗集之后,有"遗诗"一卷、《扣舷集》(高启词集)一卷、《凫藻集》(高启文集)五卷。最后是"附录",包括"书后"(皆明人跋高启集之文)、"哀诔"(皆高氏友人哀悼其亡故的诗文)和"群书杂记"(皆前人所记高启逸事)三部分。全书中有金檀注的部分,是诗集十八卷和遗诗一卷。注分题注和诗句注两类,均以双行小字排于题或句下;所注着重于出典,并且基本不阑入金氏本人的文字,而以引用原书原文为主。

本书的特点体现在以下两个方面。

首先是搜辑校录高启作品比较完整。本书虽以《高太史大全集》为底本,但于各诗体之后都仔细地补录《大全集》未收之作,像诗集卷十八七绝末,从《眉庵集》、《虎丘志》、《槎轩集》、《姑苏杂咏》、《金兰集》等高启本人或他家著作中补辑高氏七绝达五十一首,"遗诗"据《三先生诗集》补录高启古今体诗更多至一百零三首。不仅如此,本书对《大全集》中已收的作品,也作了校核。如诗集卷四《感旧酬宋军咨见寄》题下,金氏即有注云:"此诗五十韵,《大全集》中多脱讹,今从《铁网珊瑚》补正。"而当卷中所收作品有近似疑重出者时,金氏亦一一指出。如诗集卷五《读书所为锡山朱隐君子敬赋》诗末注曰:"此与卷四《读史》、《读书》二首似重。"又"遗诗"《白莲寺谒甫里祠》诗尾推测云:"此题诗已载十四卷中(按指诗集卷十四之《谒甫里祠》),疑此是原稿,存之。"凡此对于后人全面了解高启作品概貌,深入研究高启文学创作实况,均是十分有益的。

其次是本书的注释部分,虽然大都还是注普通的典故,但有一些诗注已注意到古典与今典在原诗中的并用现象,并就此作了初步的通释。像卷十四《吴城感旧》诗中有"赵佗空有称尊计,刘表初无弭乱心"一联,金氏注除分别引《史记·文帝本纪》和《季汉书内传》,笺释西汉南越王尉佗自立为帝,以及东汉末刘表于曹操、袁绍两方皆不佐助而按兵不动事之外,复引《明纪》中有关张士诚元末自称吴王,不应陈友谅之邀的两节文字,以说明高启诗所用的尉佗、刘袁两个古典的背后,尚有非常现实的今典,从而使读者得以明晰地理解原诗本旨。又如卷二《朝鲜儿歌》的题注和句注里,金氏也在揭示旧典故的同时,引述《元史·高丽传》、《元史纪事本末》等史料,努力说明该诗的本事及时代背景。值得注意的是,本书注释部分这类古典今典对释或并释的例子尽管尚不算多,但它们却是金檀在笺注高启作品时的一种主动的追求。书前"例言"第五条称:"诗中有用古事暗切时事者,必拈古事、按时事以并注。此比赋之有根柢,时恐牴牾,不敢少略。"即其证。

此外,书中"卷首"所置《高青邱年谱》,首有"小引"历述高启行踪大略,中依年而各分"时事"、"出处"、"著作"三部缕叙高启生活的时代背景、生平事迹与编年诗文,间有关于高氏生平大事的考证(如《年谱》洪武七年条考高启之死非因替魏观撰《上梁文》,亦非"因诗触怒"之类),与诗注参读,亦颇有助于读者研究高启其人其文。

　本书的不足,是对于高启诗作中的大量的本事与今典未能抉发,而典故注释的相当部分,又偏于常见者,以此一定程度上削弱了全书的学术性。

　但由于明人别集无论是在明代还是入清以后均鲜有学者加以比较详细的笺注,金檀所辑注的这部诗集依然有其独特的价值。它的出现,反映了清代前期部分学者对于文学史上不甚为人所重视的明诗,有不同凡常的独到见解。同时从古典诗歌释注的历史角度看,金檀笺释高启诗时采用的"拈古事、按时事以并注"的方法,理论上也成为从《钱注杜诗》的相关方式,过渡到现代学者重视古典今典并释的学术路径的桥梁之一,尽管就个别学者而言,这种过渡或发展并不一定以本书为中介。

(陈正宏)

渔洋山人精华录训纂 惠 栋

《渔洋山人精华录训纂》，惠栋撰。最早的版本，是清雍正间惠氏红豆斋刻本。目前的通行本，是民国二十五年(1936)上海中华书局排印的《四部备要》本。

惠栋(1697—1758)，字定宇，号松崖。江苏吴县(今苏州)人。幼即笃志向学，日夜讲诵，长遂通经史诸子之学。其祖父周惕、父士奇皆为饱学之士，栋之学得力于家传者尤多。又性爱典籍，得一佳本，不惜倾囊，或借读手钞，详加审阅，以故考古订误，均有发明。恪守汉儒治经之法，为乾嘉间汉学"吴派"之创立者。其一生著述颇丰，除注释此书外，尚撰有《易汉学》八卷、《周易述》二十三卷、《古文尚书考》二卷、《后汉书补注》二十四卷、《松崖笔记》三卷、《松崖文钞》二卷及《太上感应篇注》二卷等。

《渔洋山人精华录训纂》，是惠栋对王士禛《渔洋山人精华录》所作的一部集注。王士禛(1634—1711)为清初著名的诗人，《渔洋山人精华录》由其门人曹禾、盛符升编辑，其中萃取了王士禛已刊各部诗集中的精华，问世以后，风行一时。惠栋之所以为此书作注，首先是因为其家与王士禛的关系颇为密切。其祖父惠周惕就尝拜王士禛为师，恭执门生之礼，而惠栋自称为王士禛的"东吴小门生"，祖孙二人皆服膺王氏之学。又因为《精华录》问世后，仅有惠栋之友徐夔曾注释过《咏史小乐府》一卷、近体诗六卷，而全面地为之作注的却没有，故惠氏决定完整地为《精华录》作注。此注取"训纂"之名，是因为惠栋对一般注诗者所认为的"释事为注，释义为笺"及"附事见义乃谓之注，别之为笺"的说法不很赞同。照他的观点，只要能"明其事之本来，令读者讽咏涵濡而义自见"即可，如果"其事未明，猥欲凿空笺释，反复数十言，按之本文，未必皆诗人之意也"。所以他对于王氏诗作但注典故史实，而不加引申性的意义阐释；并仿效唐姚察注《汉书》之名，称其注为"训纂"，纂者即所谓"集也"，训者即"复古也"，也就是纂辑古人之书而成注之意。此注的撰成年代，据书中已引及《渔洋山人自撰年谱》(见卷一上《与周量过访苕文夜语共宿》诗注)，而该年谱乃王士禛之子于雍正九年(1731)交黄叔琳(见本书附录《答北平黄少宰书》)，惠氏又从黄氏处得到(见本书卷首"凡例"),则最后成书当在雍正后期。

惠栋这部训纂共分十卷,目次与《精华录》相合,只是将每一卷又分成上下两部分。书前首引钱谦益原序一篇。钱序之后为惠栋自撰训纂凡例十则,其中详述作注之体例。凡例后是惠栋注书时部分引用书目的名称,其中分"采用山人书目"计六十五种、"渔洋山人选各种诗文"计十八种、"采用王氏家集书目"计十二种、"采用惠氏家集书目"计十种、"惠栋自撰书采入训纂"计九种,又列"渔洋山人生平著述未见书"计八种。其后为目录二卷。正文之前,尚有惠栋据王士禛自撰年谱而加补注的年谱二卷,对王士禛一生行实颇有增益。正文卷端题"渔洋山人精华录训纂卷第几上(或下)",下题"小门生东吴惠栋定宇撰,同学诸子参"。其注体例与《钱注杜诗》相似,除题下注外,也是每篇诗先以大字照录原文,而后将诗中需解释的字词拈出,列于篇末,一一为之注释。有些诗篇注后又引有关史料说明该诗的写作背景。之所以采用这种方式,据惠氏称是因为"不欲以己文横隔前人诗句",故而依照"古时与经别行之遗意"的原则来进行注释。

《渔洋山人精华录训纂》从诗歌笺注的角度来看,有两个方面的优点:第一,王士禛的诗多为朋辈交游、舟车行役之作,从他的诗里,颇能反映顺治康熙间的政治风貌以及文人间的一些事迹及佚闻,号称当时的"诗史"。惠栋在注释中注意到了王士禛"诗可为史"的特点,因此悉意搜辑有关当代的事实,尤其注重于与王士禛交游的人物、特别是一些颇具材艺却名不见经传的布衣之士的生平考证。如卷五上《题徐半山山居图》篇末注"徐半山",其案语云:"《续图绘宝鉴》有僧半山,宣城人。徐当为半山俗姓,故诗云:'先生竟学道,自制水田衣。'又《渔洋集》载第二首云:'云中敬亭月,烟际宛陵舟。'则徐为宣城人,即半山僧也。"其中用王氏本人诗为内证,参以文献记载,将王诗中涉及的人物的生平钩稽出来,颇见惠氏的注释家功力。第二,王士禛的诗,又有好用一些特殊的典故,来状写个人内心的伤感情绪,以达到其所标榜的"神韵"境界的特征。读者不了解这些典故的内涵,读王诗便难免有不知所云之感。惠栋则凭借其渊博的学识,将有关典故一一揭示。如《秋柳》四首七律是王诗中的名篇,其用典的繁夥也是出了名的。像第二首("娟娟凉露欲为霜")中就出现了"中妇镜"、"女儿箱"、"板渚隋堤水"、"瑯琊大道王"、"永丰坊"等多个典故。惠栋则在参引前人注的基础上,对有关典故的原典出处作了比较完整的辑录,从而使诗的寓意得以彰显。

此外,惠栋的训纂所引的资料中,有一部分是惠氏自撰的书籍。这些著作大多都是对经史的补注及辨证,而惠氏本人所擅长的便是经学,特别是文字的训诂及考订校勘,故而从这些注中颇能见其心得。如卷五《冶春绝句十二首》中第六首"早有人家唤卖饧"句,惠栋释"卖饧"二字,即引其自著的《九经会最》,通过详细的考辨,将此二字的本义释明。又如卷二《又赋得甪里村》,对于甪里村之"甪"字,惠栋注曰:"诗三百篇至汉元以来,'角'字皆读为'禄'。故'角'亦作'禄',字随读变。吴之角里村,今人皆读为'禄',犹存先汉旧音。后人不学,改'角'为'甪',殊失古意。"这段考辨,言之凿凿,可见其小学功夫之精。

这部训纂完成之后,惠栋仍然觉得有些地方可作进一步的补充,但由于已经付梓,故原书中未将补注列入。直至乾隆二十二年(1757),才有卢见曾刊刻的惠栋补注的《渔洋山人精华录训纂补》十卷问世。

《渔洋山人精华录训纂》是清以来学者研读王士禛《渔洋山人精华录》时必加参考的一个注释本。虽然雍正年间又有金荣所撰《渔洋山人精华录笺注》十二卷面世,但金氏的笺注有许多地方都参考了惠注,且精审详博皆不及惠注。

(眭　骏)

王右丞集笺注 赵殿成

《王右丞集笺注》，二十八卷，附首、末各一卷。赵殿成撰。现存赵氏目耕堂钞本残卷十六卷，与清乾隆间赵氏原刊全本。《四库全书》、《四部备要》所收本书，皆出自乾隆本。目前的通行本，是上海古籍出版社1984年出版的以乾隆刻本为底本的校点本。

赵殿成，生卒年不详。字武韩，号松谷，室名目耕堂。浙江仁和（今杭州）人。以孝闻于乡里，母殁悲恸，右目为之失明；父病，割股和药以进。清雍正初，被举孝廉方正，以母亡未终制，坚辞不就。平居好学工书，与从弟赵昱（号谷林）、赵信（号意林）并有声于浙中。著作除本书外，尚有《古今年谱》、《群书索隐》、《临民金镜录》等。

《王右丞集笺注》是赵殿成撰著的一部唐代大诗人王维（约701—761，以官至尚书右丞，世称王右丞）所作诗文的笺注本。在赵氏之前，为王维作品作注作评的，有南宋刘辰翁（须溪）评点王维诗，和明代顾起经编撰的《类笺王右丞集》。但二家或非学术性的笺注，或仅简注诗而未及文，均不能说是较成功的王维作品笺注本。赵殿成正是有感于这种"诗注虽有数家，颇多舛凿；至于文笔，类皆缺如"的局面与王维在文学史上的地位颇不相称，因穷数年精力，搜辑王维作品旧本，重新为作注释，终于在雍正六年（1728）完成本书初稿。此后经过大约八年左右时间的修订，至乾隆初才定稿付梓。在撰写与修订过程中，赵氏颇得亲友协助。注释用书多假赵昱、赵信二从弟"小山堂"所藏，笺释则同郡王琦（字琢崖）贡献尤多，书中卷七《终南山》诗末引"王友琢崖"驳前人迂曲之解语，而谓"集中诸家曲说，刊削殆尽，洗清之功，实多得其益焉"；卷首"笺注凡例"称注中有关佛教典故多得王氏"寻章摘句以襄助"，致"因条数繁多，故姓字不及广载"，皆其证。赵氏亡子赵秉恕生前曾为乃父誊清本书初稿，并对笺注未及处有所阐述，如书中卷二《扶南曲歌辞五首》第三首下有"秉恕按"，指该诗前四句为《乐府诗集》所载而语辞有异，推测唐时乐曲多采名人句而擅改原字以合律，诸如此类，不为无见。凡此又说明这部历十数年而成的注本，其实是以赵殿成为主汇聚众智的产物。

本书卷首有乾隆元年(1736)赵殿成所撰"序"一篇及"王右丞集笺注例略"十四条。正文二十八卷,先诗后文,诗文之中,又各以体裁类聚。据卷首"例略",其中卷十四以前所录诗,皆出自刘辰翁评点本,卷十五"外编"诗,则录自他本;卷十六至卷二十七所录文,几全出于顾起经所编王维集,卷二十八"论画三首",则又源自前人著述与石刻。正文后附"卷之末"一卷,辑"弁言"、"诗评"、"画录"、"年谱"、"序文"五部文字。至正文中赵氏笺注的形式,是先列诗文,而以双行小字注文字校勘于文间;次低格大字列注释词条于正文后,各条目下双行小字列注释之辞,注中有赵氏本人按语,则以"成按"起首;最后若需笺释全篇或引他说作解、考辨,则另起行,亦双行小字列其文。

本书笺注部分的特点,据赵殿成自称,是"唯详且慎而已"(见卷末附"序文"中乾隆二年〈1737〉厉鹗序引赵氏语)。由"详"的一面看,赵注确有继承仇兆鳌《杜诗详注》的风格而比同时的王琦注《李太白全集》更为详尽的意味。这既表现在它不论原作语辞是否习见一概出注的基本体例上,也反映在其诠释地理、人名及其他名物制度的条目下不厌其烦地详征旧籍的文风上。这样的"详"对于一般读者来说或许不无益处,但成为一部学术著作的基本风貌,则难免有损其深度。像卷四《送张舍人佐江州同薛据十韵》诗注连"庐山"那样常见的地名都要详引《远法师庐山记》、《元和郡县志》、《太平寰宇记》等多种旧籍来作解,便显得冗繁。而卷二十《西方变画赞》注于题目中"西方"二字详为解说,独不置一辞于其中十分重要而又有待诠释的"变"字,又可谓详略失当。

但由"慎"的一面看,赵氏的笺注又确不乏精到处。卷首赵氏自序谓其撰著"不欲为空谬之谈,亦不敢为深文之说",衡之书中笺注,也非虚语。如卷二《瓜园诗》序中有"太子司议郎薛璩"之名,"薛璩"《唐诗纪事》作"薛据",引杜甫《喜薛三据授司议郎》诗谓薛、王、杜三人友善,且谓据与弟播、揔开元天宝间相继登科,终礼部侍郎云云。赵注则根据《杜工部集》,发现杜诗本作"薛璩",而《唐会要》、韩愈《薛君公达墓志铭》、《旧唐书》所载薛据行略均未言薛据曾为司议郎,因此断定薛璩与薛据必为二人,钱谦益《杜诗笺注》谓杜诗"薛三璩"当作"薛三据"是错误的。这样细致的考证便颇显赵氏不为空谬之谈、不人云亦云的严谨作风。又如卷三《送魏郡李太守赴任》诗末有"遥思魏公子,复忆李将军"一联,旧注多指魏公子为无忌,李将军为李广,赵注则详考地望,联系上文,征引典籍,认为魏公子、李将军乃分别指魏曹丕与李典二人,王维诗语"皆用魏郡事实也",其说亦新异而有据。而对于那些过于求奇出异的别解,赵氏又以分析的态度待之。像卷六《故人张谭工诗善易卜兼能丹青草隶顷以诗见赠聊获酬之》一首,其中"药栏花径衡门里"句,李匡义《资暇录》曲为解说,谓"药即栏,栏即药",并引汉宣帝诏"池䕝"说为证,断"药栏"当作"药兰"。赵氏即取《宣帝本纪》本作"池箛"及梁庾肩吾、唐岑参诗两方面证据相驳斥,而云"正不必过为创异之解也"。这自然又是赵氏"不敢为深文之说"的一个绝好注脚。

除了"详"与"慎",本书笺注部分还有一未为赵氏本人道出的特点,即是条注后所附赵氏笺释全诗的按语,时有点睛之效,而其同样崇尚实证的风格,又有别于前人的泛泛"评点"。如卷二《戏赠张五弟諲三首》,于末首注后又加按语综述曰:"前二篇,美张能隐居乐道,物我两忘,与己合志;后一篇,嗤张之钓弋山中,祇图口腹,与己异操。譬如李家娘子,才出墨池,便登雪岭,何一日之间黑白不均乎?题曰戏赠,良有以也。"其引人思索王维诗寓意,颇具用心。而卷六《寒食城东即事》以诗中有"秋千竞出垂杨里"一句,而于诗末加案语云:"欧阳永叔作《浣溪沙》词,有云'绿杨楼外出秋千'。晁无咎深美之,以为'出'字后人道不到。读右丞'竞出垂杨'之句,则欧公又落第二义矣!"寥寥数语,即又揭出文学史的一段公案,并从一个特殊的侧面,彰显了被笺的王维诗作的不凡。

　　因此从综合的方面来看《王右丞集笺注》,虽然毋庸讳言其有"捃拾类书,不能深究出典"(《四库提要》语),注释过于繁冗,以及笺文部分颇少发明等诸多缺点,但它因笺家治学态度的审慎而呈现的详确与求实的特长,仍使其不失为一部出色的古典诗文笺注本。而王维作品的新笺释本虽已出现,本书仍见重印,也说明了赵注在唐代文学研究史与古典文学笺注学领域自有其不可忽视的地位。

　　研究本书的论著,有《四库全书总目》本书提要,以及叶葱奇为通行本所作"校后记"(附上海古籍出版社本《王右丞集笺注》末)等。

(陈正宏)

李太白全集辑注 王 琦

《李太白全集辑注》,王琦撰。有清乾隆间宝笏楼初刊三十二卷本、乾隆二十五年(1760)宝笏楼增刻三十六卷本两种版本。目前的通行本,是中华书局1977年出版的以三十六卷本为底本的校点本。

王琦(1696—1774),字琢崖,号载庵。浙江钱塘(今杭州)人。与浙江著名学者齐召南、杭世骏友善。早鳏,杜门著述,时人谓其"有林处士之风"。精熟释典,同郡赵殿成笺注《王右丞集》,其中关涉佛教处,颇得王琦相助。著作除本书外,尚有《李长吉歌诗汇解》。

本书是王琦穷半生精力完成的一部集大成式的唐代大诗人李白(701—762,字太白)所撰诗文的笺注本。其特点有三,而以搜辑李白作品完备并详加注释居首。全书三十六卷,除卷首有乾隆己卯(二十四年,1759)齐召南、杭世骏序,未署年月赵信序,以及乾隆二十三年王琦自序,卷末有乾隆己卯王氏跋外,书内所收李白作品,卷一至卷二十五为诗,卷二十六至卷二十九为文,卷三十为诗文拾遗。其中诗部分取杨齐贤、萧士赟注本《分类补注李太白诗》二十五卷为底本;文部分内容依明嘉靖间郭云鹏辑刊《分类补注李太白诗》后所附五卷文,而形式参照清姑苏缪氏重刊昆山徐氏传是楼所藏宋版李白集,编为四卷;诗文拾遗一卷,则汇萧本所无而缪本所有诗九首,外加王琦本人辑自他书的李白集外诸作而成。卷三十一至卷三十六为"附录",依次辑录了有关李白诗文集和李白生平的"序志碑传"、李白同时人赠答诗文、后人题咏李白诗文、诸家评论李白作品语的"丛说"、王琦重编的"李太白年谱"以及旧籍记载李白逸事的"外记"各一卷。就搜辑李白作品的完备与汇聚论述、研究李白的相关文献的丰富而言,的确达到了前所未有的程度。同时更为引人注目的是王琦的注释,不仅遍及李白诗文,而且连附录的"序志碑传"与李白同时人赠答诗文也加了注。至其注释的详尽程度,用本书卷首赵信序的话说,是"详引博据,考索综核,殆仿李善注《文选》,不厌过于繁酿,即被'书簏'之名,亦所不顾"。这种宁详毋略的注释态度,自然与前此康熙间出版的仇兆鳌撰《杜诗详注》的注释风格不无关联。

本书的第二个特点,是善于利用前代学者的研究成果,加之个人的阐发辩驳,而给李白作品作一种比较切实的解说。清代以前李白诗歌的笺注本数量上虽远不如杜诗注本多,但从质量上论,像宋代杨齐贤原注、元代萧士赟补注的《分类补注李太白诗》、明代胡震亨的《李诗通》等,均为不乏精当之见的李诗笺注名著。王琦继杨、萧、胡三家后笺注李白作品,便颇注意吸收三家之长。例如《古风五十九首》之二"蟾蜍薄太清"一首,杨齐贤、萧士赟等注家均已指出该诗旨意与唐玄宗皇后王氏被废、武妃得宠有关,王氏注即采其说,而更据《旧唐书》开元十二年秋七月壬申有"月蚀既"事、己卯又有"废皇后王氏为庶人"条文,两相参照,加按语云:"太白此篇,首以月蚀为喻,是虽比而实赋也。"从而以更为切实的证据,说明了李诗的典出与寓意(卷二)。又如《凤笙篇》,萧士赟认为是首"游仙诗",王氏则联系上下诗句,断其"是送一道流应诏入京之作",谓萧氏"以游仙诗拟之,失其旨矣",其说也颇明快(卷五)。

王注的又一个特点,是其笺注李白诗文时不仅注重诠释文辞出典,同时也能考虑到作品本身的文学特性,通过笺注而在一定程度上呈现李白创作的艺术特色。像卷三注《战城南》中"匈奴以杀戮为耕作,古来惟见白骨黄沙田"两句时,便先引用王褒《四子讲德论》诸语,即所谓匈奴"其未耜则弓矢鞍马,播种则捍弦掌拊,收秋则奔狐驰兔,获刈则颠倒殪仆",指出李白诗句"盖本于此",然后又进一步赞赏李诗"锻炼之妙,更觉精采不侔"。言下之意,显然是要读者注意李白创作中擅长浓缩原典精华再造新意象的特长。而当检索出典与作品的文学性发生矛盾时,王氏又能从文学特征着眼,不作迂执之论。如著名的《清平调词》第一首第一句"云想衣裳花想容",宋人蔡君谟书"云想"作"叶想",清人吴舒凫据此便认定李诗原作"叶想",并为之寻出原典,称其语由梁简文帝"莲花乱脸色,荷叶杂衣香"脱化而来。王注一般来说颇重出典,但于此仍一针见血地指出,改"云"作"叶","便同嚼蜡,索然无味";而就蔡氏书作"叶想"事评论道:"此必君谟一时落笔之误,非有意点金成铁。"这种比较纯粹地从作品的文学性角度笺注诗句的例子,尽管在全书中所占份量不大,但由此已可见王注与仇注杜诗形式上虽均以"详"见长,其实质的差异还是明显存在的。

由于王琦辑注的这部《李太白全集》具有以上三个比较明显的特点,因此无论是在唐代文学、文学笺注学,还是中国文学研究史领域内,它都有颇为广泛的影响。它是迄今为止研究唐代文学尤其是唐诗的学者必读的一部著作。它与王琦笺注的另一部唐代著名诗人李贺诗集《李长吉歌诗汇解》同为清人笺注古典诗文作品的典范之作,而成为后来笺家效仿的对象。从中国文学研究史的角度看,本书既因其笺注的对象是中国古代最伟大的诗人之一的作品而分外受人注目,同时也因为其笺注前无古人式的详备,而使李白这位杰出诗人的作品更显光彩,它因此而获得"太白功臣"(本书卷首齐召南序中语)的美誉,是并不过分的。

本书的缺点,是个别笺注过于冗繁。如卷二十六《为宋中丞请都金陵表》中"划铜陵为金穴,煮海水为盐山"二句注,已引《汉书》"采山铜以为钱,煮海水以为盐"语为解,再加注"铜陵,出铜之山;金穴,藏金之窟"即无必要而反显冗赘。同样卷二十三《寻高凤石门山中元丹丘》诗下连"中天"、"穷谷"、"永夜"这样常见的词都要一一加注,谓其意分别为"半天也"、"深谷也","长夜也",也显得过于辞费了。

　　研究本书的论著,有《四库全书总目》本书提要等。

（陈正宏）

李长吉歌诗汇解 王 琦

《李长吉歌诗汇解》,王琦撰。最初的版本,是清乾隆二十五年(1760)王氏宝笏楼刻本。之后,又有光绪四年(1878)宏达堂据原本所作的翻刻本。目前比较通行的,是民国二十五年(1936)中华书局排印的《四部备要》本,及由蒋凡、储大泓点校的集王琦、姚文燮、方扶南三家评注李贺诗为一书的《李贺诗歌集注》本。

李长吉即被后人目为"鬼才"的李贺(790—816),我国中唐时期一位著名的诗人。其诗大多瑰丽奇险,且意境深奥,在当时便独树一帜,为韩愈等大家所称道。惜乎才秀命蹇,年仅二十七岁就与世长辞了。他死后十五年,才有其友人沈子明将他生前所编定的二百三十三首诗,请杜牧作序而行于世。这些诗歌虽为数不多,但由于李贺的诗用典奇僻且有些诗句艰晦难读,要了解诗中的大意,实需一部较全面的笺注评点本。而最早为李贺的歌诗作注的,是南宋孝宗时的吴正子,他的《长吉诗笺注》只是对诗中的典故略作疏解,不是很详赡。继他之后,南宋末年的刘辰翁又作了一部《李长吉诗评》。现在我们能看到的,是后人合吴氏笺注与刘氏评点而成的《笺注评点李长吉歌诗》。明嘉靖年间,著名文人徐渭也作了一部《昌谷诗注》;至万历中,董懋策将自己为李贺诗歌所作的注合徐氏注刊行于世。明末,尚有曾益、余光两人为李贺诗歌作过注解。清初,首为李贺集作注的是姚佺,其作名为《昌谷诗笺》。此外,又有合丘象升、丘象随、陈慥、陈开先、杨研、吴甫六人之辨注及孙枝蔚、张恂、蒋文运、胡廷佐、张星、谢起秀、朱潮远七人之评而成的所谓《昌谷集句解定本》。而其时较为著名的,当属姚文燮的《昌谷诗注》,这部注本着重于对李贺诗中有关史事的挖掘,虽有索隐过当、失之牵强之嫌,但行世以后,流布甚广,影响也较大。既然已有如此众多的注评本存在,王琦为何还要去作"汇解"呢?主要是因为各家注本虽互有特点,但都存在一些缺点。王琦的这部"汇解",就是要"集所见诸家笺注,删去浮蔓而录其确切者",并以己意辨别是非同异,达到去芜存菁的目的。据书前王琦自序来看,此注当成于乾隆二十五年。

本书共分正集四卷,外集一卷。前尚有卷首一卷,其中收录了各家序跋、正史野史内有关李贺事迹的记载,以及后人所作的诗评。书末还从《乐府诗集》里辑录了《静女春曙曲》和《少年乐》两首李贺逸诗,作为补遗。正文卷端题"李长吉歌诗卷第几",下署"钱塘王琦琢崖汇解"。每篇诗歌的正文以大字单行书写,注文则以双行小字的形式列于正文下方。注文又分题注与句注两种,题注主要是题下注,用以笺释与诗歌有关的人物、本事,及作诗的时间与地点;句注着重于文句的疏通、典故的注释及文字的校勘。

本书的特点之一,是对李贺诗中涉及的名物典故的笺释颇有特色。如卷二《申胡子觱篥歌》中"觱篥"二字,若不加以笺注,一般读者难明其意义。王琦首引杜佑《通典》曰:"筚篥本名悲栗,出于胡中,其声悲。"接着又引《文献通考》之说:"觱篥一名悲栗,一名笳管,羌、胡、龟兹之乐也。以竹为管,以芦为首,状类胡笳而九窍。所法者角音而甚悲栗,胡人吹之以惊中国马焉。后世乐家者流,以其旋宫转器以应律管,因谱其音为众器之首。至今鼓吹教坊用之以为头管。然其大者九窍,以觱篥名之;小者六窍,以风管名之。六窍者犹不失乎中声,而九窍者其先盖与太平管同矣。"通过王琦这段注引,阅者于觱篥之所属及功用便明晓了。又如同卷《宫娃歌》"寒入罘罳殿影昏"中"罘罳"二字,王琦在注释中,征引了《说文》、颜注《汉书》、崔豹《古今注》、段成式《酉阳杂俎》、郑玄《礼记注》、张揖《广雅》、刘熙《释名》、苏鹗《演义》、胡注《通鉴》等大量材料,将此二字的意义详赡而又清楚地揭示出来,有助于读者较好地读懂此诗。

又因为王琦的这部汇解,是在前此的诸家注本的基础上完成的,故而对诸家注本之优劣得失,能作出较好的判断。遇到前此注家中有价值的注文,他都能择善而从。如卷一《残丝曲》题注径引宋吴正子注文,又如卷四《公无出门》题注照录明徐渭注文。诸家注本所据原本因传钞刊刻,在文字上多有相异之处。王琦参校各个本子,对李贺诗歌的文字进行了系统的校订。在此过程中,他秉持了较为客观的原则,对意可两存及不能以己意断之者,则于注中作出如实的反映。如卷一《七夕》"更值一年秋"中的"更"字,他在注中说:"'更',曾本、二姚本俱作'又'。"对诸家注本中的文字确能明其是非者,辄作出精到的论断。如卷二《勉爱行二首送小季之庐山》"洛郊无俎豆,弊厩惭老马"句中的"惭"字,曾益本及姚佺本皆作"斩",曾益之注且谓"弊厩有老马,斩之以祖别"。明余光注释"斩"为"绝",即"无"之意。王琦指出这些注皆未妥,应从"惭"字为是。而此句当作"相送于洛阳郊野之地,无俎豆以饯行,即所乘之马亦非强壮。甚言贫窘之意"解。他的这段分析理由充分,确乎可信。

从诗歌笺注的角度来看,王琦的汇解具有很鲜明的特色。王氏博学好诗,对诗歌艺术深有研究,他的笺注有别于那些只知索隐钩玄的注家,又不同于那些单重征引典实而不知诗意的注者。他的注在笺释典故、疏通字句的同时,非常注意对诗歌内在的艺术风貌作一些分析,并且这些分析大多切中要害。如卷二《金铜仙人辞汉歌》"衰兰送客咸阳道,天若有情天亦老。携盘独出月荒凉,渭城已远波声小"四句,历来的注家多有见解,但都不如王琦之注为明白。王琦注曰:"本是铜人离却汉宫花木而去,却以衰兰送客为词,盖反言之。又铜人本无知觉,因迁徙而潸然泪下,是无情者变为有情,况本有情者乎?长吉以'天若有情天亦老'反衬出之,则有情之物见铜仙下泪,其情更何如耶?至于既出宫门,所携而俱往者,惟盘而已,所随行而见者,惟月而已。因情绪之荒凉,而月色亦觉为之荒凉。及乎离渭城渐远,则渭水波声亦渐不闻,一路情景,更不堪言矣。"从这段注文中可以看出,王琦对这首诗所含微意理解得很透彻,因而细细品味这段注文,实有助于读者体会出李贺诗歌的佳处。

当然,王琦的汇解也存在一些失误与不足。如卷一《李夫人》诗末王琦案语,谓本诗乃借汉武帝之李夫人为题,赋唐帝思念某已故宠妃事,"诗中并不用《汉书》李夫人传中一事",而事实上诗自第五句"翩联桂花坠秋月"以下,颇用《汉书·李夫人传》中事;又如同卷《秋来》诗末"恨血千年土中碧"句注,王琦仅译解文辞之义,而未指出其实际上用了《庄子》中苌弘死后血化为碧的典故,皆因未细考诗语所出而致其失。

但综而论之,王琦的这部汇解笺注详赡,校勘精审,评论得当,确为一部水平较高的注本,也是迄清代为止各种李贺诗注中最优的一部。

对王琦注本进行研究的论著,有尤振中《王琦〈李长吉歌诗汇解〉拾补》(《南京师院学报》1980年第4期)等。

(眭 骏)

吴梅村诗集笺注 程穆衡等

《吴梅村诗集笺注》，十三卷。程穆衡原笺，杨学沆补注。有清乾隆间保蕴楼钞本、嘉庆二年(1797)退轩钞本、嘉庆十六年黄丕烈士礼居钞本、民国十八年(1929)俞庆恩编刊的《太昆先哲遗书》所收排印本。目前的通行本，是上海古籍出版社1983年出版的影印本，该本以乾隆间保蕴楼钞本为底本。

程穆衡(1702—1794)，字惟淳，号迓亭。祖籍安徽休宁，父辈起徙居江苏太仓。清乾隆二年(1737)进士及第，授山西榆社知县，以忤上罢归。博闻多识，著述颇富，编撰有《娄东耆旧传》、《据梧斋麈谈》、《复社年表》、《舃吟集》等多种著作。杨学沆字瀍伯，号小铁山人，亦太仓人，生卒年与生平不详。

《吴梅村诗集笺注》是一部专为明末清初著名诗人吴伟业(1609—1672，号梅村)的诗歌作编年笺注的著作。据本书前后程、杨二氏所撰序跋及凡例，其编纂的起因与经过，是由于程穆衡早年即喜读吴梅村诗，雍正四年(1726)在友人穆坤的倡说下，开始了"有契于心，即笺其下"的初步工作。乾隆二年他考取进士入京后，笺稿略有散落。适其时梅村后人听说他正在笺吴诗，故向他征稿。于是程氏便将存稿稍加排纂，在乾隆三年(1738)完成本书初稿。这个初稿所用的吴氏诗集，是当时通行的分体之本。所以到乾隆二十九、三十年间，程氏又取原笺本"分散各类，依年排次"，完成了本书的定稿。但程笺的特征是"惟笺诗旨，不及诗辞"，"惟贵核今，无烦征古"，即专释本事与诗旨，而不注出典的，这对一般读者阅读大量用典的梅村诗而言，尚有不方便处，于是程氏的同乡杨学沆便拾遗补缺，捃摭吴诗用典出处，在乾隆四十六年完成了为程笺作补注的工作；由于杨注完成前，靳荣藩所撰的另一种梅村诗集注《吴诗集览》已经刊行，故补注中也采纳了靳书中有助于理解吴诗的若干文字；同时或许是出于对当时文字狱的恐惧，而将程笺原作中引用的稗史概加删削，改用官修《明史》之文。是即流传至今的程笺杨注本《吴梅村诗集》。

程、杨二氏笺注的这部梅村诗集，全书正文共十二卷，后附"诗余"一卷，亦有笺注；卷首有程穆衡原序(未署年月)、《娄东耆旧传》所收吴伟业传、"吴梅村诗笺凡例"十九条(乾隆三年程氏撰),以及杨学沆乾隆四十六年所撰"吴梅村诗笺补注弁言";卷末有乾隆十年(1745)、乾隆三十年程穆衡二跋,跋后另有杨学沆所录《梅村诗话》一卷,亦有杨氏跋。书内正文十二卷,依年月编次,各卷首页均题"古今体诗几首",下小字注时间起讫,如卷一题"古今体诗七十五首",下注"起崇正(祯)初至乙酉五月止",卷十二题"古今体诗七十八首",下注"起丙午讫末年作"之类。程穆衡所撰笺,诗题之下及诗句间、诗末皆有;凡原诗有原注者,则先引"原注",再列程笺,以"○"为间隔标志。题下笺多释诗题中涉及的人事及诗本事、题旨,句间笺有释段落大意的,也有单释本句微旨的,诗末笺则时点明诗人撰诗微旨及本诗的艺术特点。杨学沆补注,形式上仿惠栋《渔洋山人精华录训纂》之例,皆置于原诗之后,另起行低格排,大字列所注典故名,下双行小字为注文,注文一般无杨氏本人解说,但求原典出处,并稍引及原典文字。十二卷后所附诗余笺注一卷,于梅村词并未编年,而将相同词牌之作聚于一处,同调第二首及以下皆以"又"为题;其程笺杨注亦较诗部分要简略。

本书虽是程、杨二人前后努力的结晶,而从学术的角度看,其最有价值的部分,乃是程穆衡所作的诗歌系年及诗语笺释。杨学沆的补注虽对一般读者阅读梅村诗不无益处,但学术上的成绩并不十分突出。

程氏所作的吴诗编年,第一次将梅村诗按照大致的时间顺序加以排次,一方面比较完整地展现了吴伟业一生的诗歌创作历程,同时与笺证相配合,也从一个侧面生动地反映了明末清初所发生的天翻地覆的历史巨变,给予生活于此际的文人士大夫内心以强烈的刺激,以及当时巨变过程中的诸多活生生的场景。如卷一系《五月寻山夜寒话雨》于吴氏早年,笺云:"公少作已工炼如此。《镇洋县志》采陋人语,谓公少不能诗,诬妄实甚。"便为后人探索梅村早期的诗歌创作经历提供了材料。又如卷三中所收之作,其创作时间"起丁亥游越,尽庚寅",也就是吴伟业顺治四年丁亥(1647)至七年庚寅(1650)间写的诗,其中包括著名的歌行体长诗《鸳湖曲》、《听女道士卞玉京弹琴歌》、《汲古阁歌》,也包括了七律《鸳湖感旧》、《登数峰阁礼浙中死事六君子》、《题西泠闺咏》、七绝《观棋》(题下原注:"和钱宗伯。")等可与诸歌行体名作相参证的作品。依照梅村诗集分体本,这些诗作皆按诗体分置几处,无法看出其中的联系。程笺本则将其按年月排次于一卷之中,于是在浙西刚被清兵攻下后不久吴氏的这次出游杭、嘉诸地,其所见所闻与所感,便以十分触目惊心的面貌,呈现在读者面前。而这样的编年,对于深入地理解梅村诗中蕴涵的强烈的情感,无疑是大有益处的。

编年之外,本书的另一个也是更显著的业绩,是为梅村诗作了颇为精彩的笺释。程氏笺释的特点,可归纳为以下三个方面。

其一，不斤斤于片言只字的出典，而首先努力探寻诗作的真正本事与隐秘旨意。由于吴伟业诗创作于明清易代之际那样一个特殊的历史时期，吴氏又是一位才情学识兼长的人物，因此吴诗常以一种具有丰富的历史底蕴的形式，曲折地抒写身世之慨与家国之痛。这就对诠释吴诗者提出了很高的要求，借用当代著名学者陈寅恪的说法，即要能够透过诗里所用的"古典"，抉发诗实际表述的"今典"。在这方面，程穆衡能从大处着眼，所笺颇有创见。如卷四《仿唐人本事诗》四首，题笺定其"为定南王孔有德女赋"，并引《八旗通志》详述有德女四贞出处大节及其夫孙延龄与吴三桂之关系，而后指出四诗中除"第一首无可考"外，"二三四首于四贞为合"，便是有关本诗本事的最早考释文字，获得了后来学者的广泛赞同。又如卷五《读史杂诗》四首，由原文看均为题咏历史人物，似不及现实。程笺则于诗末一一抉出其实际所指，如第一首"东汉昔云季，黄门擅权势"，笺即指出其真正用意是"叹贼奄之多后福也"，并引《明史》为证，如此则吴诗借古讽今之意，昭然若揭。再如卷十《中秋看月有感》诗末之笺，引《三藩纪事本末》所载顺治十六年（1659）郑成功反攻不成，而为清兵夹击，终至大败，不得不还师事，指出吴诗作时"殆已闻'捷音'"，故有"暂息干戈"等语，如此则一首表面看来很平常的五律，其深切的题旨也就得到了较充分的展露。

其二，程氏认为"读古人书，贵寻条理"，所以他的这部笺稿，对于吴诗"段落""指画极清"（见本书卷首"凡例"）；也就是说，笺释的又一个重要特点，是注重对诗篇逻辑构成及这种构成产生效果的具体解说。如卷五《海狮》诗，题下笺云："此寓言也。我因结语而绎之，殆将出山而自叹欤？"然后对这首五古的起承转合，作了诸如"冒起"、"其慎守也既如此"、"其际遇也乃如彼"、"为此之故"、"竟误其生而亏体矣"、"点明本意"等诠解，并于诗末特地说明"此篇于六义为'比'"，尽管原诗内旨是否如程氏所言为"寓言"尚可讨论，而其对于本诗结构所作的这类笺释，对于读者全面理解本诗，则不无助益。又如卷二《琵琶行》，虽于整首的段落未加明确的划分，但在"瞿唐千尺响鸣滩"一句下笺云："自'初拨鹍弦'起至此，状音之高卑啴疾，皆与明亡事相映比，所谓十七年来事也。"这样的笺释，则不仅扼要地勾勒出诗中段落大意，并且更进一步注意到有关段落内部的形式的起伏变化与诗所表现的内涵之间的深刻联系，从而将对诗艺的笺释，推进到一个更新的层面。

其三，在对篇章、段落作比较深入的解说的基础之上，程氏偶尔也对个别重要的字句加以诠说，而所说多关涉梅村诗的整体艺术特征，而很少作简单的词语典故注解。如卷二《寿王子彦五十》中本有"纵解樗蒲非漫戏，即看饤馓亦风流"一联，诗人原注曰："善噉。"程笺于此，则先引《世说新语》袁粲叹王景文之辞，即所谓"景文非但风流可悦，乃饤馓亦复可观"，然后指出吴氏以此"对王子敬看门生樗蒲事"，"人徒谓工于体目子彦，不知皆用当家事精切也"，并指出："公（吴梅村）诗用古类然，聊著其凡。"这就不单将吴诗此联的原典勾稽了出来，更借此指示了梅村擅长以古典写今事、古今若合符契的出众之才。又如卷九《石榴》诗末有"刘郎花底拜红侯"一句，程笺曰:"按《前汉书》红侯名富,楚元王之后,向、歆之先也。此取榴、刘同音,而榴花多红,故假借用之。"此笺所释虽仅为一语之用,但梅村诗选字用词的考究,于此可见一斑。这从诗笺的角度看,均是成功之例。

此外值得一提的,是本书的笺释部分,有时也采用了以诗证史的方法。像卷十一《白燕吟》笺由原诗中的"探卵儿郎物命残,朱丝系足柘弓弹。伤心早已巢君屋,犹作徘徊怪鸟看",而推测"此似狷庵(按指本诗所述主人公单恂,号狷庵),亦株连海上之狱者",便给研究清初郑成功复明运动及其与江南士大夫的关系,提供了新的视点。

本书的不足,是个别诗作的系年及笺释有想当然排置、诠解之误,如梅村《七夕即事》四首,程氏系于顺治十七年(1660),编于卷十一,题笺云:"顺治十七年七月皇贵妃董氏薨逝,即端敬皇后也。是年贵妃先丧皇子。此诗前三章志其入宫之事,末章为帝子伤逝。"但据考证贵妃之子死于顺治十五年,且诗中所用花萼楼、岐王等事典,皆与伤皇子事不合,而当为伤帝之兄弟;其诗所咏,盖为顺治十三年清世祖弟襄亲王新丧,董妃册封暂停一事(参见孟森《清初三大疑案考实》之《世祖出家事考实》文中有关段落),即其例。此外,对于吴诗中诸如《圆圆曲》那样的重要作品,仅引有关史料述其一般本事,而不及梅村此诗的艺术成就,对读者而言亦是一大遗憾。

从中国传统诗歌注释的历史看,程、杨二氏合撰的这部《吴梅村诗集笺注》虽不无缺憾,而其在学术史上的重要地位仍是公认的。它将从宋代开始的重视抉发诗歌原旨的笺诗方法,推进到一个更具系统化,更为规范,同时也更为明晰的境界,对于近人笺注古诗重视以史证诗及以诗证史,起了相当重要的启发功效。由于吴梅村诗在此之前尚无人加以笺注,其后出现的诸家注本又多徘徊于注解出典的旧途,因此本书又成为吴伟业诗歌的研究历史上一部既有开山性质,又具经典意味的专著。

有关本书的研究论著,除前已述及的孟森之文,还有傅增湘《藏园群书题记》卷十七本书提要、潘景郑《著砚楼书跋》所收本书题跋,以及黄永年为上海古籍出版社影刊保蕴楼本所撰"前言"等。

(陈正宏)

曝书亭集诗注 杨 谦

《曝书亭集诗注》，杨谦撰。有清乾隆间杨氏木山阁原刊本。

杨谦，字子让。生卒年不详，约乾隆至嘉庆初在世。浙江嘉兴人。诸生。为人诚谨，颇具儒生风范。好读书，尤喜性理之学。除注是书外，尚撰有《梅里志》。

《曝书亭集诗注》，是清初著名诗人及学者朱彝尊（1629—1709）所撰《曝书亭诗集》的一个较为系统的注释本。据书前杨谦自撰凡例所称，其幼年的时候，父亲就教他读同乡前辈朱彝尊写的《鸳鸯湖棹歌》，并且亲自为他讲解诗中的典故和意义。但时隔未久，他的父亲就去世了。为了使父亲的遗教不致失坠，也为了使他本人十分欣赏的家乡先贤的诗歌为更多的读者所了解，杨谦便对朱彝尊的《曝书亭诗集》进行了认真的注释。从木山阁本中凡涉及王士禛处均将王氏之名刻作"士正"，而书内又避乾隆帝名讳看，本书的刊刻年代当不会晚于乾隆三十九年（1774），因该年王氏之名被第二次谕改为"士祯"了（参见《清史列传》王氏本传）。

杨谦此注共分二十二卷，序次与朱彝尊诗集原来的编排完全一致。前附有杨谦所录朱彝尊《竹垞文类》、《腾笑集》、《曝书亭集》中王士禛、魏禧、查慎行等人的原序。之后为杨谦撰写的凡例十七条，从中颇可窥见其注此书的缘起及体例。正集前尚附有陈廷敬所撰朱彝尊的墓志铭和杨谦所撰的朱彝尊年谱一卷。集中正文大字单行书写，注文及朱彝尊友人的和作皆小字双行排列。和作皆附于朱作之后。注文则分题注及句注两类，题注主要注释诗歌所涉及的人物、史事及有关用语之出处，句注则侧重于诗中典故的考释，偶尔亦有对某个字的音释。注文后间有杨谦的按语，补注或考释诗中的有关问题。

朱彝尊的诗素以博赡闻名，其诗根本经、史，少空疏浅陋语。而且朱氏的这部诗集是编年排列的，起自顺治二年（1645），终于康熙四十八年（1709），其中游历、酬唱、赠别之什为最多，涉及到许多顺康间名流的事迹及佚闻。根据这个特点，杨谦在注释朱诗时，广征博引，除常见之经史传注外，诸子百家以及稗官小说、山经地志中凡可用作参考的，罔不采录。其篇题注尤以考证与朱氏交游的友人生平见长,有些人物不见于正统史传,通过他所引用的注文,使这些人物的行实转晦为显。如卷一《简陈秀才》,杨谦于题注中先据原题注"光绎",引《槜李诗系》述解陈光绎的生平,又由《槜李诗系》所载陈氏"上巳浮觞,与王处卿联席,因摘论史汉数则,王遂以女字之。女亦能诗",进一步征引《石林文外》,将陈妻王氏"有林下风"一点揭出。这样再读朱氏《简陈秀才》诗原文,所谓"几日秦嘉去,应留赠妇篇。盘龙明镜好,双笑玉台前",其喻指陈氏夫妇感情融洽,又同为洒脱之人之意,便很明显了。像这样的释文,几乎贯串于整部诗集中,真可谓是一部内容丰富的朱氏友人生平考了。

另外,杨谦在注释过程中还援引了朱彝尊本人所著的书籍作为参证。如卷一《春晚过放鹤洲》诗之题注,全部征引《静志居诗话》中有关"放鹤洲"名称之由来的记载。又如卷十八《李高士延昰墓下作》之题注,杨谦引朱氏所辑《明诗综》及朱氏文集中之《高士李君塔铭》,将李延昰的生平事迹全面地反映出来。对于有些地方缺乏下注之资料的,杨谦秉持宁缺而不妄注的原则;对于某些诗篇无法找到他人载籍作为印证,而杨氏确实有所了解的,则用他自著的《梅里志》作为注文。如卷十五《送郑公培入粤》题注全引《梅里志》内的记载,将郑公培其人行实考证出来。

从文学作品笺注的角度而言,杨谦的注文对朱彝尊的诗颇有发明之处。首先,对朱诗中某些诗的编年作了订误。如卷三《和曹使君忆姚州酒歌二首》题注后的按语云:"曹倦圃有《姚州酒歌》三首,先生和歌亦三首。其三云:'往岁姚州酒初至,西陵市上鲙黄鱼。只今万里劳相忆,白堕春醪总不如。'此诗似作于客大同之时,编年有误。"他的这段考释指出了将原诗编列于顺治十五年(1658)为误。其次,他的注文中还引用了一些名流对朱氏诗歌的评论。如卷一《闲情八首》题注引《黑蝶斋小牍》云:"秀水朱十(彝尊)负异才,吴梅村游槜李,见其诗,评曰:'若遇贺监,定有谪仙人之目。'尝效俞羡长古意新声体赋《闲情诗》三十首,钱唐陆丽京(圻)诵之倾倒,作《望远曲》思胜之,不敌也。一序尤为计孝廉甫草(东)击节,辞多不录。"吴伟业、陆圻、计东皆当时知名诗人,他们对朱诗如此推崇,可见朱诗的确有一种超出俗作的意蕴。又如卷十五《论画和宋中丞十二首》之篇末注引清初著名诗人宋荦的评说:"先生平日论诗,颇不满涪翁。今诸什大段学杜,而高老生硬之致,正得涪翁三昧,信大家无所不有。"这段评说将朱彝尊诗不主故常的特征揭示了出来。

在杨谦注此书之前,已有江浩然《曝书亭诗录笺注》十二卷,其中的有些注已被杨谦所采用,但这些注文杨谦都未能予以标明,虽其自称江氏之书已行于世,故未予列名。但从注释引用他作所应持的不掠美的原则来看,他的此种作法,未免失当。

但总的来看,本书考据详明,评说得体,确为朱彝尊诗的一部较好的注本。

(眭 骏)

玉谿生诗笺注 冯 浩

《玉谿生诗笺注》，冯浩撰。最初有清乾隆三十二年(1767)冯氏德聚堂刻本。乾隆四十五年，冯浩对初刻作了一定的修订，是为德聚堂重校印本。目前的通行本，是1979年上海古籍出版社以重校本为底本排印的标点本。

冯浩(1719—1801)，字养吾，号孟亭。浙江桐乡人。乾隆十三年(1748)进士，由翰林院编修历官至御史。乾隆二十二年，丁母忧还里。服阕，以旧有心疾，遂杜门以著述为业。除笺注此书外，尚著有《樊南文集详注》八卷、《孟亭居士文稿》五卷、《经进稿》一卷及《诗稿》四卷。

《玉谿生诗笺注》是冯浩对晚唐著名诗人李商隐(约813—约858，字义山，号玉谿生)的诗集所作的一部整理笺注本。据宋蔡絛《西清诗话》记载，刘克注释过李商隐的诗；又明唐觐《延州笔记》也曾提到张文亮有义山诗注。但这两个注本均逸而无存。今天所能见到最早的注本，为明末释道源所作。这个注本征引虽繁，但存在冗杂寡要的弊病。因此，清初学者朱鹤龄在此基础上，"删取其什一，补辑其什九"，纂成《李义山诗注》三卷。此注在诗作年代的考订、字句典故的疏证及对诗歌意旨的探析上，都有不少独到的见解，但终究是草创之作，粗略失当，固所难免。继朱氏之后，大约在康熙至乾隆初年，又有程梦星、姚培谦两人对李商隐的诗歌做了注释，而较有特点的，当属稍后冯浩的这个注本。冯浩幼年初学诗，即效法商隐，但当时只是"爱其设采繁艳，吐韵铿锵，结体深密"的外观，而对其"旨趣之遥深者"，则未加深究；直至成人之后，偶然重拾义山之诗讽咏，动有微悟，于是"徵之文集，参之史书，不惮悉举而辨释之"，积以时日，纂成此注。

是书正文凡三卷。前有卷首一卷，包括钱陈群、王鸣盛、冯浩三篇序文，冯氏自订发凡十四则，新、旧《唐书》李商隐本传、冯氏撰李商隐年谱、商隐友朋赠诗及宋以来各家诗话对义山诗之评论。卷一、卷二为编年诗，卷三为不编年诗。每卷正文单行大字排列，注文则以双行夹注的形式列于正文下方。注又分题下注及句下注两种，题注主要诠释诗所涉及的时间、地点、人物以及本事等内容，句注则着重于诗中字句的疏通、典故的征引方面(注文的这一形式，至通行本中已经通改为篇末条注,不再有题注与句注之分)。笺文列于每首诗末,先引诸家的诗评,后为冯浩自己对诗的笺释。

冯浩这部笺注,首要的一个特点是将诗集原先的次第打乱,重加编排成三卷,前两卷编年,后一卷因无可考订而不编年。他之所以能这样做,是因为他撰写了一部《李商隐年谱》,对于李商隐的生平经历、诗文创作进行了较为周密的考订。虽然义山年谱创于朱鹤龄,徐树穀、程梦田又曾加考订,但错误及不明白的地方仍有不少。冯浩的这部年谱,以李商隐诗文为依据,同时又证以新、旧《唐书》等各种史料,参核排比,遂令商隐一生行实可以覆按。年谱既定,李商隐诗歌写作的基本年代,也因之大致有了较清晰的脉络。尽管前两卷编年诗中有少数诗作系因冯氏在史实的考辨上发生讹误,而导致了编排失次,但他的这种编排,从总的方面来看是可靠的,为后来李商隐诗歌研究者提供了一个颇为有益的参照。

其次,冯浩借鉴了朱鹤龄、程梦星、冯班、何焯等学者的有关注释,又加之自己所掌握的大量资料,因此他的注无论是在注字词用典上,抑或是对诗的考辨分析上,都显示出相对完备而详赡的特点。李商隐的诗素以词藻绵丽、用典精致闻名,他写的不少诗句都隐匿着令人费解的典故,故论者以"獭祭鱼"来形容。要注释好它,的确不是件易事。冯浩却能循难而入,为阅读李诗者辟出一条理解诗句的蹊径。如卷二七律《井络》末联"将来为报奸雄辈,莫向金牛访旧踪"注,冯浩首引《华阳国志》:"秦惠王作石牛五头,朝泻金其后,曰'牛便金'。蜀人悦之,使使请石牛,许之,乃遣五丁迎石牛。既不便金,怒遣还之,乃嘲秦人曰:'东方牧犊儿。'秦人笑曰:'吾虽牧犊,当得蜀也。'"次联系该诗第三联"堪叹故君成杜宇,可能先主是真龙",下按语曰:"蜀地恃险,自古多乘时窃据,宪宗时尚有刘辟之乱。诗特戒之,言先主尚不免与杜宇同悲,况么麿辈乎?"末引田兰芳之说:"足褫奸雄之魄而冷其觊觎之心。"此注不但将"金牛"这个典故笺释得很详细,而且对为何用此典作了准确的阐释,实在于此诗有发明之功。另外,冯浩的注在考辨上也比较精审。如卷一《安平公诗》,题下本有自注曰:"故赠尚书讳氏。"原编作集外诗,冯浩在题注中说:"为崔戎也。《旧书·纪》:'太和八年三月,以华州刺史崔戎为兖海观察使。六月,卒。'《崔戎传》:'赠礼部尚书。'义山为戎所知,在华随至兖,详年谱。诗作于九年,故曰'明年徒步吊京国'。《新书·宰相世系表》:'戎为博陵安平崔氏大房,封安平县公。'《戊签》讹'讳'为'韩'而疑之,何欤?"这段考辨不仅为读者说明了诗为谁而作,并进一步道明了李商隐与崔戎间的关系,还纠正了《唐音戊签》之误,十分精当。

另外,冯浩在笺注过程中,又颇注意对李商隐诗歌全文进行串讲,对李诗的艺术性作必要的点评,这也是有些只重考订征典而忽视诗歌作为文学样式之一所固有的艺术性的注本所不及的。如卷二《无题》"相见时难别亦难"一首笺曰:"首言相晤为难,光阴易过。次言己之愁思,毕生以之,终不忍绝。五言惟愁岁不我与。六谓长此孤冷之态。末句则谓未审其意旨究何如也。"于诗句逐句诠释,颇有助于读者完整地理解诗意。又如卷一《送千牛卫李将军赴阙五十韵》之篇末笺,首引田兰芳之评:"跳动激发,笔驱风云,人拟义山于少陵,于此信之。"接着又加自评:"语皆核实,字尽精湛,大气鼓荡,运重若轻。窃意追叙太繁,未免贪使才耳。"这两段分析,不但使读者看到李商隐此作艺术上的高处、佳处,又能指出其存在的不足,诚可谓知诗之论。

　　本书也存在着一些明显的不足。这主要表现在解释诗旨时,为了达到探明诗中"微言大义"的目的,往往强为解剖,以致附会穿凿。如卷二《无题》"来是空言去绝踪"一首,本是写得比较朦胧的情诗,冯氏却着意探究诗中的政治性寓意,谓其"与'昨夜星辰'二首判然不同,盖恨令狐绹之不省陈情也"。并依此曲解诗中的每一句,如"梦为远别啼难唤,书被催成墨未浓",被说成是"盖令狐促义山代书而携入朝"。如此笺诗,非但李诗之佳处不得彰显,反将读者引入了歧途。而像这样的例子,书中尚有不少。

　　对本书进行纠谬补正的论著,有张采田《玉谿生年谱会笺》有关部分等。

(眭　骏)

元遗山诗集笺注 施国祁

《元遗山诗集笺注》，十四卷。施国祁撰。有清道光二年(1822)南浔蒋氏瑞松堂刻本、道光七年苕溪吴氏醉六堂刻本、《四部备要》本等。目前的通行本，是人民文学出版社1958年出版的据瑞松堂原刻本校点的排印本。

施国祁(1750—1824)，字非熊，号北研。浙江归安(今湖州)人。早年与同里张鉴、杨凤苞并肄业于杭州诂经精舍，皆知名。以家贫，课徒谋生，后又为人主计市肆中。工诗文，善填词，而尤长史学。病《金史》芜杂，积二十余年，撰成《金史详校》。后因其稿篇帙繁众，乃以列举条目的形式，简写为《金源札记》三卷。又作本书及《金源杂事诗》。所居之楼题名"吉贝居"，著书其中。后楼遭火灾，稿多焚毁。传世别集《礼耕馆文集》等，所收多为追忆补录之作。

《元遗山诗集笺注》是一部专门笺注金代著名文学家元好问(1190—1257，号遗山)诗歌的学术著作。其撰注的时间，据本书卷首"例言"，在清嘉庆十四年己巳(1809)施氏寓宅遭火灾后。所谓"偶为友人怂恿，复聚书册，匆匆解注，七月而成"，从表面上看似乎证明了本书不过是一部在资料缺失情况下完成的急就章，但由施国祁长期研究金史的经历，参以本书实际的学术水准，可见这部笺注本仍不失为古诗诠释的一项重要成果。

全书正文十四卷并附首一卷、末一卷。首一卷包括"序例"、"传铭"和"年谱"三部分。"序例"除过录各旧本之序外，最主要的是载有施氏所撰本书"例言"十二则。在此十二则"例言"中，施国祁对元好问集的版本源流作了详细的考证，说明了其笺注所采的底本(康熙间华氏刻本)及诸校本，辨析了元诗的真伪及首数("凡一千二百八十首，续采八十一首，今补一首，总一千三百六十二首")，并列举了笺注的征引书目。"传铭"部分辑录了《金史·文艺传》里的元好问传与大德碑本《遗山先生墓志铭》二文并加以注释、考辨与补充。"年谱"则先列"世系"，继分"纪年"、"时事"、"出处"、"诗文"四栏，简要明晰地展示了元好问所处的时代及其生平大概，谱末复缀数段文字，评论元氏人品，考辨撰甘露碑事及师友少长年岁。正文十四卷，仍依底本分体排次原诗，笺注分题注、句注两类,题注次于题下,句注则于诗后另行起,以大字节取诗中相关文字为目;题注句注皆以双行小字排列。诗有原注,则原题注列于施氏题注前,以"○"相间隔;原诗注次于诗末,不另行排。书末所附一卷,包括明储瓘辑、清华希闵增"元遗山全集附录"和施国祁辑"元遗山全集补载"两部分,所录皆为元好问同时及以后祭悼、题咏、评价元氏其人其文之作。

在施国祁笺注元好问诗之前,已有过佚名所撰《遗山诗注》及曾巽初所撰《补注遗山诗》十一卷(见本书"例言"之九引《道园学古录》并推论),但都没有流传下来。清初查慎行、钱陆灿又都曾为元诗作评点,虽不乏新见(部分已被施氏引入本书),但一味评点,又不免失之空泛。施注晚出,而凭借自身专治金史之长,另辟蹊径,终于后来居上。综其特点,要有如下数端。

首先是十分注重元诗的系年,通过对诗中所涉及的时、地、人三者的精确考索,力图勾稽出其创作的背景与本事。例如卷八《壬辰十二月车驾东狩后即事五首》,施氏除在题注部分引《归潜志》、《金史·哀宗本纪》等,详述天兴元年十二月金帝被蒙古及宋兵所困而东奔归德与此后一系列史事外,还对各诗本事作了进一步的解说。像第三首有"白骨又多兵死鬼,青山元有地行仙"句,笺注即不仅指出"地行仙"典出《楞严经》,而且根据相关的金代史料,考出诗语实指当时临阵脱逃投奔南宋的枢密判官白华,因加案语云:"案枢判出归德之围城,就南阳之乐土,道路传闻如此,而音问绝无,故先生有'地行仙'之句。此诗定为指枢判之作。"与这种重视元诗时地人三者情状的特点相联系,施氏也颇为注意征引史料笺注元诗时在时间上的合理性。如卷二《曲阜纪行十首》题注,先据题名石考出其诗作于元好问五十六岁时,"为蒙古后乃马真称制之四年乙巳,去金亡已十年",继逐年排比金元两方相关史事,而曰:"惟金源兴筑本事,宜详元初记载,与先生纪行时事为近,故按年件志之。"末又对诗句注中之所以详征作于元诗之后的杨焕然《曲阜游记》作出解答,谓"至杨纪虽后七年,而规制与诗语尤合",故"于每诗下,节采其文,庶见遗山当日纪行游迹也"。这样也就使得笺注无论从实证的角度看,还是从逻辑的角度论,都具备了较为扎实的基础。

其次是通过文献征引的形式,尽可能详细地录载金代历史的第一手资料,以此去显现元好问诗作所蕴含的丰富的"别史"价值。与前代后朝的历史文献相比,金代文史资料传世相对较少,而元代脱脱等编的《金史》又颇多讹误。施国祁对金史研究下过颇多功夫,他以金史专家的身份来笺注元好问诗,也就自然地要注重史与诗间的那些契合点,借诗以存史。所以书中笺注部分,常可以见到大量征引金代史料的段落;而对于元诗中涉及的金代人物,施氏又不惜篇幅,博引各种文献,力求多侧面地凸现其人行事人品。如卷八《即事》涉及曹居一,题注即因"曹君文不多见",便将曹氏所作《李伯渊传》全文转录。由此引申,施氏也偶尔在笺注中对历史发一点感慨。如卷六《续小娘歌十首》之十"黄河千里扼兵冲,虢虢分明在眼中。为向淮西诸将道,不须夸说蔡州功","蔡州"注下施氏案语即称:"案先生不及见宋亡,而已料及此。宋王厚斋云:本朝以女真灭契丹,而中原之亡以女真;女真之将亡也,吾国又不鉴宣和,而用夹攻之策,不知春秋之义也。辅车唇齿之喻,两地孤臣有同嘅者乎!"即其例。

再次是对元好问诗作中特有的寓意作了合乎情理的抉发,并且采用同时或同一类目、题材及主题的元氏诗及元氏文互注的方式,使元诗的内容得到了更为广泛的诠释。前者如卷四《蟾池》诗,诗本以"老蟆食月饱复吐,天公一目频年瞽。下界新增养蟾户,玉斧谁怜修月苦"为始,而结以"从今见蟆当好看,爬沙即上青云端",辞旨颇晦。施注据多种文献,考得其实指金南渡后近侍局使,以金宣宗喜用近侍为耳目,伺察百官,而此辈多恣意妄为,故元好问赋此诗讥刺之。后者如卷九《感事》诗,诗末有"世间安得如川酒,力士铛头醉死休"语,笺注即引元氏本集卷三十九《答耶律成仲书》所称为蒙古相耶律楚材父作神道碑遭人谤骂事,而谓诗语是"极道悔恨之意",亦不为无见。至书中诗题注时聚引同书他卷中相关诗题,以"并是"一语作结,互相参证,向读者提供理解本诗的多种渠道,则又是前此古诗笺注本中不太多见的一种新形式。

《元遗山诗集笺注》所具有的这些特征,是清代乾嘉学派所倡导的朴学研究方法风行学术界后的自然产物。书中对史料全面征引的重视,对时地人三者精确关系的追考,无一不体现出乾嘉学派发展到后期越来越讲求考证的科学严密的独特精神。而这从中国文学研究史的角度看,对于现代学者笺注古诗时注重时地关系的精确,又似不无前导的意义。

但由于本书是一位史学家主要从史学角度出发撰作的古诗笺注本,故全书从总体上看笺史事有余,而阐发元好问诗的文学特性不足,尤其是一些诗作的笺注已将原作寓意抉发,却不屑再进一步作艺术的诠解,未将元诗意蕴完整呈现,不免可惜。

有关本书的评价文字,有周惠泉《金代文学发凡》(东北师大出版社,1994年)第六章中本书解题等。

(陈正宏)

苏文忠公诗编注集成 王文诰

《苏文忠公诗编注集成》,九十七卷。王文诰编撰。有清嘉庆道光间王氏韵山堂初刻本、光绪十四年(1888)浙江书局重刊本。1967年台北学生书局曾据韵山堂本出版影印本,其书在大陆不易得见。1982年中华书局出版的《苏轼诗集》,以本书诗注部分为底本,而于王氏案语略有删节,故仅可作为了解本书主干之初阶,不能据以评价王著之全体;又巴蜀书社1985年出版了《苏文忠公诗编注集成总案》一书,乃影印韵山堂本中除诗注以外的其余所有部分(主要是具有苏轼年谱性质的"总案"),其书于直观了解王书原貌颇有益处,惜未印诗注,又不免有缺失不全之憾。

王文诰(1764—?),字纯生,号见大,别署韵山堂、仇仙庐。浙江仁和(今杭州)人。一生游历遍南北,而两度客居广东,为粤府幕僚,历时最久。晚息影仇仙庐,以著述为务。能诗善画。著作以本书最为出名,另有《韵山堂集》《皋亭纪游集》等。

《苏文忠公诗编注集成》是一部以集注北宋著名文学家苏轼(1037—1101,卒后追谥"文忠")所作诗歌为主,兼考苏氏生平,评论已往苏诗研究的集大成式的专著。其前身是王文诰嘉庆三年(1798)即已完成初稿的《苏诗补注》。后因得见冯应榴《苏诗合注》,又获见史料较此前甚多,故"用其本汇诸注损益之",重加编次,至嘉庆十六年完成本书的主体部分——诗注初稿。嘉庆十八年(1813)息影闲居后,陆续增补撰述完成全书的其余部分。终于嘉庆二十三年撰成全书,重新定名为《苏文忠公诗编注集成》,并于道光三年(1823)刻成刊行。

《苏文忠公诗编注集成》全书共九十七卷,卷首有道光元年韩崶序、嘉庆十八年梁同书序、道光三年阮元序、道光三年达三序、嘉庆二十年王文诰自序,序后为"凡例"三十则,下为"诸家弁言"和王、施注诸家姓氏考,前者收宋以来注苏诗的诸家序文,后者乃就传世最著名的王十朋百家注本与施顾注本,历考其具体注家人名。再下为苏辙所撰苏轼墓志铭、《宋史》苏氏本传等资料。正文分五部分:主干为"编注集成",亦即苏诗集注,计四十六卷;与此主干相配的,为"集成总案",亦即苏轼年谱,共四十五卷;其后为"诸家杂缀酌存"一卷,"苏海识余"四卷,"笺诗图"一卷,它们分别辑录了宋人评苏轼的文字、王氏本人在诗注完成书未刻就时的补充解说,以及王氏自表笺注辛苦经历的"笺诗图"及诗。书中除引各家注文皆标"王注"、"查注"等字样外,凡王文诰自撰者皆标"诰案"字样,眉目较清。

在王文诰编注苏诗之前,苏诗注本已汗牛充栋,但各家编集之法不一,解说亦多歧义。王文诰乘后出见多之便,欲在此基础上成就一总结性的苏诗新注本,立意颇佳。他将本书的编撰宗旨设计为"编"和"注"两个主要方面。在"编"的方面,本书以清查慎行《补注东坡编年诗》五十卷的前四十六卷为基础,将其中第四十六卷的"今体诗"改题为"帖子口号词"、于查注本四十六卷以下诸卷苏诗,则析其真伪可靠与否,或入之于"总案",或径行删去;而将各本苏集中据考可定年月而又不见于查本之作,补入四十五卷的相应位置。在"注"的方面,本书以王十朋注本、当时所能考见的施元之注,以及查慎行注、冯应榴合注四家为择取的主体,此外诸家注则择善而从。为了使读者能比较流畅明晰地理解苏诗,书中征引各家注及排置王氏本人案语,不依照常见的依注家时代前后为次,而依所要注解的人事内容为序;同时为避免重复,王文诰在征引诸家注时又作了较多的删节。这一方面便利于读者的阅读,另一方面亦因此降低了其征引诸家原文的可信程度。

本书的长处,一在征引资料丰富,便利学者较快地掌握大量的苏轼研究信息;二是诗注与年谱互相照应,于知人论世,深入地抉发苏诗的意蕴颇有助益;三为对苏诗诸家注的批评,时能洞见底里,如对邵长蘅拼凑伪撰施注原本之事实,即指摘确当,发前人所未发。本书的缺点,是引述及自述文字时常过于繁琐,缺乏剪裁之功,故被今人讥为"夸大啰苏而绝少新见"(见钱锺书《宋诗选注》);此外论苏轼之为人,多采清代俗儒忠君报国之念为解,亦不免迂腐可厌。

研究本书的论著,有费海玑《读王文诰辑订苏文忠公诗编注集成》(《大陆杂志》三十五卷十一号,1967年)等。

(陈正宏)

王荆公诗文沈氏注 沈钦韩

《王荆公诗文沈氏注》,沈钦韩撰。现存稿本两部,一据著录题名为《王荆公集诗补注》四卷及《文集注》十四卷(其中《文集注》残存十卷),藏上海图书馆;一为《王荆公诗注补》四卷,藏南京图书馆。1927年,吴兴刘承幹取稿本倩成都王秉恩校勘排比,刊入《嘉业堂丛书》,书名及卷数为《王荆公诗集李壁注勘误补正》四卷及《王荆公文集注》八卷。1959年,中华书局又以《嘉业堂丛书》本为底本出版点校排印本,书名改题《王荆公诗文沈氏注》,是为本书目前的通行本。

沈钦韩(1775—1831),字文起,号小宛。江苏吴县(今苏州)人。天资明敏,为学甚勤,而年逾三十,方得入县学。清嘉庆十二年(1807)中举,后屡试进士不第。道光三年(1823),选授安徽宁国县训导。为学擅长训诂考证,兼工诗及古文辞,而尤嗜骈体。著作除本书外,尚有《左传补注》、《水经注疏证》、《韩昌黎集补注》、《苏文忠诗注补正》及《幼学堂集》等多种。

《王荆公诗文沈氏注》是沈钦韩对北宋著名政治家、文学家王安石(1021—1086)的诗文作品进行笺释的一部学术著作。王安石的诗歌,早在宋代即有李壁为之撰注,其本流传广泛,影响很大。但李注仍不免有缺失误漏,故沈氏在其基础上,对王安石诗歌作了进一步的补注;王安石的文章,则向无注本,沈氏的笺释,可谓创举。沈氏撰注的起始时间不详,据本书卷首自序末"既卒业,同郡黄主事丕烈,借书为多。惜乎仓卒就常选,来穷山,接鄙生。回忆邺侯插架,邈若霄汉也"数语,知道光三年(1823)沈氏至安徽宁国任县学训导时,其稿已定。

今通行本《王荆公诗文沈氏注》除卷首有沈钦韩未署年月"自序",卷末有刘承幹"跋"之外,正文分为"王荆公诗集李壁注勘误补正"(四卷)和"王荆公文集注"(八卷)两部分。前者四卷所补注的,依次为《王荆文公诗李壁注》中卷一至十七、卷十八至二十七、卷二十八至三十九、卷四十至五十中的王安石诗作。后者八卷所注释的,则是王安石诗文集《临川集》中卷三十八以下的部分,其中包括四言诗、骚赋、赞、书疏、内制、碑铭等,以文章为主;但《临川集》卷五十三至八十六所收的部分外制及表、议论、书信、记序等,则沈氏未注,故书中未载。诗补注与文注的形式,是均不录原文,而仅列篇题及须加注释的句子或小段落,然后加注;题注与各句、段注不连排;注文间有双行小字注,疑为本书校勘者王秉恩所撰。

沈钦韩笺注王安石诗文的特点,是不重在注解典故与字词意义,而重在从历史的角度,考实王氏的创作背景、师友渊源,及与作品相关的北宋典章制度的演变。沈氏读书,奉行"实事求是"的古训,故其撰著本书的方法,是"以志传为经,诸家文集稗乘诗话为纬,贯串同异,评驳是非,务取晓畅,不避烦冗"(以上均见本书"自序"),即注重实证。因为注重实证,所以书中对李壁以简单的推测注解王安石某些诗句的做法,颇加辨驳。像诗补注卷二注《顾林亭》诗末"不朽在名德,千秋想其余"两句,便对李壁原注所谓"(顾)野王无足称,公羞(当作善)言事理如此"的说法提出批评:"案本传载其事甚详,作诗自有体制,故略之,而未尝不叹想其名德。李所言,直未见史传而妄说。"李壁注中有时征引宋代制度而与王氏作品不合,沈氏在诗补注中亦加以仔细的分析与纠正。如卷三《次韵吴仲庶省中画壁》一诗,李氏原题注云:"(元丰)官制行,两省诸厅照壁,自仆射而下,皆郭熙画树石。"沈氏补注首先指出李氏此语本自《石林燕语》,并引《挥麈前录》,考得"郭熙画山水,名盛昭陵时",而推断"熙乃仁宗时画师,不应于元丰官制已行之后,犹仆仆为此役也",故判《石林燕语》的记载本身"恐误";然后又征引《宋史·吴中复传》,指出吴氏"官止于熙宁时",其与王安石唱酬,在仁宗时期,而"新省画壁,虽介甫(王安石字介甫)亦未之见矣",故"李注引此,尤误"。而对李壁未注或已注而不够详细的诗句,沈氏也加以补注。像卷一于《酬王詹叔奉史江东访茶法利害见寄》诗中"余知茶山民,不必生皆厚"两句下,即注云:"案改茶法事,李注详矣。然弛茶禁之后,其利弊未尽也。"而后引《宋史·食货志》嘉祐四年诏弛茶禁诸文,归结曰:"此诗言茶山之民,不必皆富,深恐征求无措,则逆料于未弛禁之先,可谓明识矣。"这些对李壁注或驳正或补充的成果,对于今人更准确更深入地理解王安石诗歌的创作背景与本旨,无疑是有助益的。

在具有独创性的文集注中,沈钦韩也贯彻了这种求实证的笺释方针。由于王安石的文章以政论性的应用文为主,文学性文章甚少,而沈氏又未注《临川集》中带有文学色彩的记序及书信体散文,故严格地说,本书文集注的主体部分不能算是对文学作品的笺注。但由于该部分注释征引了大量的史料,排比考索,对理解王安石其人及其身处的时代仍有相当的价值。如卷一注《上仁宗皇帝言事书》中"侥幸之人,不悦而非之"诸语,引《长编》而谓其"似指范文正(范仲淹)执政时事";卷二注《庙议札子》中"殆非所以顺祖宗孝心"句,考证礼制源流,而指出王安石"于礼文荒疏",故有"此老巫妪之见";卷五注《检校太尉赠侍中正惠马公神道碑》里"鄜州路驻泊兵马都总管"一衔中"驻泊"一语的意思,引《山堂考索后集》而论及当时军队戍边之制,诸如此类,于学界进一步考索王安石的生平、思想及北宋政治军事衍化实况,皆不乏启迪之功。

需要指出的是,沈钦韩本人对王安石的人品及其变法活动是持批评态度的,因此本书中有不少地方明显带有贬斥王氏的倾向。如文集注卷一注《上五事札子》,即云:"按荆公为相,兴法言利之奏,仅见于此。其他与诸正人角议,横身以要君,造膝诡辞,百计荧惑,为必行之具者,皆没而不著。盖既犯天下之不韪,及退居金陵,又欲为身名计,故所著《日录》,务自掩饰,归过于神宗,而奏议之关于新法者,尽削之。"这一说法中有关王氏奏议不载全集原因的讨论与史实是否符合姑且不论,但沈氏抱持一种极强烈的主观情绪注释王氏此文,无疑与其自奉的"实事求是"原则相违背,而在某种程度上有损于本书体制的严谨与科学。

(陈正宏)

靖节先生集集注 陶 澍

《靖节先生集集注》,陶澍撰。最初的版本,是清道光二十年(1840)陶澍外甥周诒朴取陶澍原稿雠校后刻于金陵的刊本。至光绪九年(1883),江苏书局又据原刻本重加翻雕行世。目前较为常见的,是《四部备要》本和1956年北京文学古籍刊行社出版的以道光本为底本的标点排印本。

陶澍(1778—1839),字子霖,号云汀。湖南安化人。清嘉庆七年(1802)进士,改翰林院庶吉士。散馆,授编修。历任江南道监察御史、山西及福建按察使、安徽布政使及巡抚,官至太子少保、两江总督。于总督任内,治河漕盐运,皆有殊绩,为道光朝著名循吏。卒于官,赠太子太保,谥文毅。澍虽官居一品,然仕不怠学,著述颇富。除集注陶诗之外,尚著有《黑水考》、《蜀輶日记》、《印心石屋诗钞》初二集及《文钞》等。

靖节先生即东晋文学家陶渊明(365?—427,卒后私谥"靖节")。陶渊明作为我国文学史上的杰出诗人及辞赋散文作家,其诗文集流布颇广,对他的集子进行编校、刊刻及注释的人,也非常多。最早为陶集作搜集编排的,是梁昭明太子萧统,他将陶集"粗为区目",编成八卷。之后,又有北齐阳休之所编的十卷本及北宋仁宗时的宰相宋庠所藏的"江左旧本"。以上诸本的面貌,今已不可得见。而从南宋直至明清,我们所能看到有关陶集的版本甚多,其中较好的有宋曾集刻本、元刻苏(东坡)写大字本、明万历中焦竑刻本及毛晋汲古阁本等。而其中最早的注本,当为南宋末汤汉《陶靖节诗注》四卷本,与之同时又有李公焕《笺注陶渊明集》十卷。至明正德年间,有何孟春注十卷本。入清,则有黄文焕、吴瞻泰、蒋薰等对陶集的注本。如此众多的刻本及注本,为陶澍参核考订、存精去芜而成此集注做了有益的资料准备。而陶澍于这部集注又用力甚勤,诚如其甥周氏序言所称"不知几寒暑而成是书"。据书前道光十九年(1839)春写定的凡例来看,很可能此集注为他的绝笔之作,因为他正是卒于是年夏。

陶注凡十卷,首有道光二十年庚子(1840)周诒朴序及目录。正文前有卷首一卷,末附《靖节先生年谱考异》二卷。卷首包括陶澍自定集注例言七则、《钦定四库全书提要》一篇,以及陶澍编辑的《靖节先生集诸本序录》和《靖节先生诔传杂识》,其中辑录了他所见到的各个本子的序评及有关陶渊明的正史或野史的记载。正文卷次按体裁分类编排,卷一为四言诗,卷二至四为五言诗,卷五为赋、辞,卷六为记、传、述、赞,卷七为疏、祭文,卷八为《五孝传》,卷九至十为《集圣贤群辅录》及《诸本评陶汇录》。其中卷八之《五孝传》及卷十之《集圣贤群辅录》均已被证实为伪作,而陶澍仍旧将其收入并为之注,是因为它们"究系六朝人之书,为后世类书之祖,足资考证"的缘故。每卷正文单行排印,注文以小字双行夹注的形式列于正文下方。每篇之后,间有引各家对此篇义旨的评说及陶澍自己对此篇进行考订的按语。

  本书的特点之一,是于注中对陶集的文字进行了系统的校订。自陶集问世以来,由于转相传写,导致各个本子之间产生了颇多异文。南宋《蔡宽夫诗话》就曾指出陶集"有一字而数十字不同者,不可概举"。面对这种情况,陶澍根据他所能见到的李公焕、何孟春、焦竑、何焯等诸家较为可靠的本子,参合其相互间之异同,择善而从。遇到义可两存的地方,只是客观地指出某本作某,而不强以己意判断,如卷一四言古诗《劝农》"熙熙令德"句中的"德"字,陶澍于句下注云:"汤本作德,各本作音。"对于集中某些字句确实可以通过校订明其是非者,则加以精细的考辨。如卷一《时运》诗中"山涤余霭,宇暧微霄"句,焦竑本作"余霭微霄",陶澍于注中指明其非,理由是"宇暧微霄"即《归园田居诗》"暧暧远人村,依依墟里烟"景状,如作"余霭微霄",则与"山涤余霭"词重意复了。陶澍的这段辨说,析理透彻,确乎可信。又如《赠长沙公并序》诗,旧本多作《赠长沙公族祖并序》。陶澍据明杨时伟及何孟春、何焯本之说,指出"族祖"二字为衍文,其理由是后人误读序文,将"长沙公于余为族,祖同出大司马"句之"族祖"二字连读,因而于篇题中妄加"族祖"二字,以期与序文相合。为了进一步说明,他又在篇末的按语中考订出渊明在辈份上为此长沙公之从父行,因此不可能有"族祖"之称。

  从文学作品笺注的角度来看,陶澍的集注非但在文字的考订及典故出处的注释方面有所发明,而且更为重要的是,其在篇中的有些夹注、篇末所引的诸家评论,以及自己所加的按语,较为深入地揭示了陶渊明诗文的内涵,有助于读者体会陶氏作品的艺术风貌。比如,卷二《影答形》诗,篇末陶澍引其父陶必铨《萸江诗话》云:"诚愿二句,亦是无如何之辞,非真欲仙也。细味此首,是正意。先生所存,岂六朝人所能望及。以是知先生非真好酒也。"初读此诗,从表面上看,是一首自叹运命不济而只能借酒以消忧愁的作品。通过这段注评,使读诗者对此诗所含之微意有了一定认识。又如卷六《桃花源记》,篇末评说首引唐康骈之说,谓桃花源实在鼎州桃花观,复引宋赵与旹、胡仔、洪迈诸说以驳康骈的结论,指出渊明所作此记,盖是一种寓言。尤以洪迈之说为明白:"窃意桃源之事,以避秦为言。至云无论魏晋,乃寓意刘裕,托之秦,借以为喻耳。"这些评注,一方面向读者展示了陶渊明作品研究历史上诸说纷纭的实况,另一方面也为读者指示了本书编注者所认为正确的看法,对于后人更好地研究陶集,无疑是颇有启发的。

另外,此书末尚附有陶澍所撰的《靖节先生年谱考异》二卷,对宋李焘、吴仁杰、张缜、王质等人所作的年谱及辨证,一一加以详细的考订,颇具发明之功。

陶澍的这部集注问世以后,遂成为学者研读陶集时不可或缺的一个重要版本。无论是从文字校勘,或是注释、评论、考订等方面看,其都不失为迄清为止对陶集最具发明的一部注本。

有关陶澍集注《陶渊明集》的研究论著,主要有孙钧锡《陶渊明集校注》(中州古籍出版社,1986年)和龚斌《陶渊明集校笺》(上海古籍出版社,1996年,2011年修订本)。这两部注本都是以陶澍注本为底本的整理笺释本,因此从某种角度说,它们也是对陶澍注本进行再研究的成果。

(眭 骏)

陆放翁先生年谱 钱大昕

《陆放翁先生年谱》,钱大昕撰。有清嘉庆八年(1803)李氏刊《潜研堂全书·孱守斋所编年谱五种》本、嘉庆十二年长沙龙氏家塾刊本等。目前的通行本,是1997年江苏古籍出版社刊《嘉定钱大昕全集》第四册所收标点本。

作者生平事迹见"廿二史考异"条。

《陆放翁先生年谱》是一部考录南宋大诗人陆游(1125—1210,号放翁)生平事迹和诗文作品的编年体传记。据钱大昕自编的《竹汀居士年谱》,本谱作于清乾隆三十三年(1768)。全文九千五百字左右,首尾无序跋。正文中除去五年未予系事、仅开列年份外,余皆出条记事。每年各事条之间空一格以示区分,不另起行。有的条下有小字双行注,一般注明谱主交游的姓名、某些地名的沿革及作者的考证按语。谱中不记与谱主无直接关系的时事。总的来说,这是一份简明的陆游年表。

《陆放翁先生年谱》的主要特点有三。首先,本谱将谱主视为普通人,并不因为他是那种忧国忧民的士大夫的典型,就忽略了他平凡的感情生活,而是试图多角度多侧面地展现谱主丰富细腻的情感世界,立体描述他一生的生活轨迹。例如,陆游和唐氏的爱情悲剧是陆氏生平中的重要事件,作者用相当的篇幅记录这段爱情及陆氏对唐氏的思念。像宋高宗绍兴二十五年乙亥(1155)条记"先生初娶唐氏,与先夫人为姑侄。伉俪相得,而不获于舅姑,遂至离异,改嫁同郡赵士程有年矣。是春,出游相遇于禹迹寺南之沈氏园,怅然久之,赋《钗头凤》词,题园壁间"诸事,交待缘起。光宗绍熙三年壬子(1192)条记:"是岁,偶过禹迹寺南沈氏园。四十年前尝题小词壁间。今园已易主,刻小阕于石,读之怅然,有'林亭感旧空回首,泉路凭谁说断肠'之句。"绍熙五年(1194)条记:"春日,作《沈园》诗,有'梦断香消四十年'之句。"开禧元年乙丑(1205)条又记:"十二月二日夜,梦游沈氏园亭,有'玉骨久成泉下土,墨痕犹锁壁间尘'之句。"作者不惜笔墨地记载有关事件,使读者感受到陆游对情人的挚爱和无限的思念之情。又如,对于陆游的晚年生活,年谱中抓住陆游甘于平淡而又始终激情不变的心态为主线,主要从两方面记叙这一段生活。一方面记录他抗金北伐的热情不减,经常在梦中梦到身先士卒、恢复故地。如淳熙七年庚子(1180)条记"五月十一夜且半,梦从大驾亲征,尽复汉唐故地。见城邑人物繁丽,云西凉府也,喜甚,马上作长句。觉,乃足之"。嘉泰元年辛酉(1201)条记"二月十四夜鸡初鸣,梦与故人查元章并辔行大道中,前望宫阙甚壮丽。元章言吾辈当同预大议论,遂与约勿为身谋,元章拊掌称善。既觉,作《清都行》"。另一方面,作者又如实记录陆游赋闲生活的清寒与寥落。如绍熙元年(1190)条记:"是秋,游秦望山,醉书石壁,作长句。又以十年间两坐罢,斥罪非一端,而诗为首,谓之嘲咏风月,乃以风月名小轩,且作绝句云'放逐尚非余子比,清风明月入台评'。"庆元二年丙辰(1196)条记:"六月二十四日夜分,梦范至能、李知几、尤延之同集江亭,诸公请赋诗记江湖之乐。诗成而觉,忘数字而已。"庆元六年庚申(1200)条记:"是春,贫甚,卖常用酒杯,作诗自戏。"诸如此类皆其例。谱中还写了陆游晚年寄情儿孙,对每一个孩子都呵护备至,以排遣愁思。如绍熙三年壬子(1192)条记"示元礼诗,有'见汝成童我眼明'之句",庆元六年庚申(1200)条记"是岁,第四孙元用将应举,有诗云'……汝能记吾言,并以告阿福(亦公孙)。闭门勿杂交,一经万事足'",嘉泰二年壬戌(1202)条记"新春,送子龙赴吉州掾,作诗有云'聚俸嫁阿惜,择士教元礼。我食可自营,勿用念甘旨'。……子聿以刚日读《易》,柔日读《春秋》,常至夜分,每听之,欣然忘百忧,作诗示之"等。通过这些记载,陆游形象与性格的各个侧面均得到充分的展示,作为大文学家的曲折的生活道路也得以清晰地展现在读者面前。

其次,本谱主要利用陆游本人作品为证,抓住最确凿有说服力的证据考录其生平。例如,淳熙四年丁酉(1177)条记本年五月陆游转官朝散郎,作者是根据该年四月己卯谱主撰《铜壶阁记》题朝奉郎,而五月丁未撰《彭州贡院记》时又题朝散郎的记载进行判断的,考证仅用三十字,言简意赅。又考订陆游卒年,作者主要以陆氏《题药囊诗》中"残暑才属尔,新春又及兹"之句与诗末题辞"嘉定三年正月后,不知几度醉春风"为依据,判定陆游当卒于嘉定三年(1210)。这些成果,或因证据确凿而成定论,或另辟蹊径而成一家之言,对后来的陆游生平研究均产生了广泛影响。

第三,作者引用资料时别具匠心,尽量选取既可以佐证谱主生平事迹,又能反映谱主思想情感的诗文作品,文体省净扼要,语言流畅生动,堪称年谱简编类著作中的上乘之作。如乾道元年乙酉(1165)条记本年七月陆游改任隆兴府通判,云"(陆游)自京口过金陵,雨中独游钟山。舟行大江,泊慈姥矶下,又夜宿阳山矶。将晓,大雨,北风甚劲,俄顷行三百余里,遂抵雁翅浦。皆有诗。入江西境,冒风自星子解舟,不半日至吴城山小龙庙,到隆兴任"。全段仅七十五字,一气呵成,不但清楚地交待了陆游赴任的行程,而且文辞间蕴含寓意,比较深入地表现了当时陆游明知不可为而为之的独特的精神面貌。又如乾道二年丙戌到乾道四年戊子(1166—1168)几年间是陆游生平的一个低谷阶段,本谱所引诗文恰如其分,与事件巧妙结合,文辞跌宕,使读者在充分联系前后事件的情况下,更深刻地体会陆游的心情,也更好地理解了诗意。

《陆放翁先生年谱》是清代乾嘉学者从事前代著名文学家年谱编纂的一个比较成功的范例。其主要价值,在于钱大昕在年谱编纂中,已开始有意识从多个角度反映谱主的生平事迹,在择取材料上也别具匠心,注意到展现谱主的个性与情感。尽管全谱尚有失之过略的缺憾,但其编纂的方法,依然为以后的年谱编纂提供了可资借鉴的地方。同时,从陆游研究的角度看,本谱的出现也为后人从事相关课题的研究打下了良好的基础。

在此附带介绍一下,与钱大昕同时代的学者赵翼亦撰有《陆放翁年谱》一卷,收录在《瓯北诗话》(有人民文学出版社1963年排印本)卷七中。该谱编纂的具体年代未详。赵谱主要参据《剑南诗集》、《渭南文集》、《家世旧闻》、《老学庵笔记》等作品,次其先后,考录谱主生平,并兼记时事。有些事目的系年与钱谱有出入。如赵谱记绍熙三十年陆游迁大理司直,兼宗正簿,三十一年在敕令所,迁枢密院编修官,三十二年自敕令所罢归。钱谱则记三十年除敕令所删定官,三十一年以敕令局罢归,冬除大理司直,兼宗正簿,三十二年迁枢密院编修官。二者所考陆氏历官不同。又如赵谱考订陆游卒年在嘉定二年,而钱谱云在三年,等等。此外,赵谱对正文条目大都注明出处,并附考证按语,形式上较钱谱显得严谨。但此谱所重在考订陆氏生平及仕宦沉浮,不太注意人物性格多面性的描述。因此从作家传记的角度看,钱谱似更胜一筹。

(吕海春)

鲍参军诗注 钱振伦等

《鲍参军诗注》，清钱振伦注，近人黄节补注。最初的版本，是民国十二年(1923)北京大学排印本。目前较为通行的，是1957年北京人民文学出版社据民国间原刊本所作的校订重排本。

钱振伦(1816—1879)，原名福元，字楞仙，一字仑仙。浙江归安(今湖州)人。清道光十八年(1838)进士。散馆，授编修。官至国子监司业。归田后，主讲于湖州安定书院。除注鲍诗之外，尚与其弟钱振常共同编注《樊南文集补编》等。工骈体文，著有《示朴斋骈文》。

黄节(1874—1935)，字晦闻，又字玉昆。广东顺德人。清末与章炳麟、邓秋枚等在沪创设国学保存会，刊印《国粹学报》。后入南社，以诗歌鼓吹革命。民国五年(1916)，任北京大学教授。后又曾任广东教育厅长。卸任后复回北大执教，兼清华研究院导师。除补注鲍诗外，还著有《汉魏乐府风笺》、《曹子建诗注》及《周秦诸子学》等。

鲍照(约414—466)是我国南朝刘宋时期著名的诗人，以官至参军，故世称鲍参军。明代都穆将他的集子编成十卷，遂成为鲍照诗文集的通行本。而对鲍照的集子进行系统地注释的，当首推钱振伦。从本书钱振伦自序里可以得知，他注鲍集是在完成《樊南文集补编》后开始的。所据的底本，是明张溥所编的《汉魏六朝百三名家集》中摘录的鲍照诗文。他将这些诗文编成文集二卷、诗集四卷，分别为之作注，并手钞成帙，而未及付刊。其成注的年代，大约在清同治七年(1868)左右。后黄节主讲于北大，也十分欣赏鲍照之诗，欲为之作注，得知钱氏早已对鲍集作过注释，遂借得钱氏手稿本，于钱注四卷诗集的基础上，为之补注，且录前人对鲍诗的评价作为"集说"附在每篇诗后。其书脱稿于民国十二年。

《鲍参军诗注》共分四卷。前有南齐虞炎《鲍照集序》、明张溥所录《南史》本传及所撰《题辞》、钱振伦注原序、黄节补注自序、黄节友人张尔田序。卷一卷二为乐府，卷三卷四为古诗及联句。卷末附鲍照之妹鲍令晖诗六首。每卷正文单行，钱注以小字双行的形式列于篇题和正文下方，着重注释鲍诗用典的出处，间亦注文字的音义。黄节的补注列于篇末，也采用双行小字的形式，侧重点是对钱注进行补充。补注后尚附有黄节采录的各家评说。

钱振伦原注的特点,是较为详赡地对鲍诗用典的出处进行了考订。凡是经、史、子、集中,与鲍诗文句有关者,皆为之详疏博考。而且对散见于各家选本中的鲍诗注文,也一一辑录。鲍照之诗有见于《文选》中者,即过录李善的注文。清人吴兆宜曾注释过《玉台新咏》,其中存在一些对于鲍诗所作的注文,钱氏亦采录于注文中。另外,清闻人倓尝注王士禛编《古诗选》,也有不少关于鲍诗的注文,钱氏于注文中悉数收入。钱氏原注虽博采众注,信而有征,但他的注文颇类似于李善的《文选》注,过于追求诗中字句之来历,而对文义之阐发却不是很多。

黄节的补注则注意到了这一点,在征引典实的过程中,不但对原注有所补充,而且于篇末的"集说"中,对鲍诗的意旨及其中所蕴含的艺术风貌作了细致的概括。如卷一《代结客少年场行》,钱氏于题注中引李善的注文,只将"结客"两字的出处注明,黄节补注引郭茂倩《乐府诗集》有关解题,将此作"轻生重义,慷慨以立功名",却"终而无成"的题旨揭示出来,颇有助于读者对此诗的理解。又如卷二《拟行路难十八首》之第四首:"泻水置平地,各自东西南北流。人生亦有命,安能行叹复坐愁!酌酒以自宽,举杯断绝歌路难。心非木石岂无感,吞声踯躅不敢言。"黄节在篇末引清王夫之的评语道:"先破除,后申理,一俯一仰,神情无限。言愁不及所事,正自古今凄断。"通过王夫之这段评说,将鲍照这首诗所欲表达的愁懑无奈的情绪清晰地展示出来。

总的来看,钱振伦注、黄节补注的《鲍参军诗注》,考证详实,注释精审,的确为一部鲍诗的较好注本。

对此注本进行研究的论著,主要是当代著名学者钱仲联在原注基础上整理校点的《鲍参军集注》(上海古籍出版社,1980年)。这个本子不但对原有的诗注有所补充,而且将原未刊印的文注也收入且加补注;另外,对黄节的集说亦有所增补。

(眭 骏)

专题研究

五代诗话 王士禛等

《五代诗话》，王士禛辑，郑方坤删补。现存原编和经过删补的两个系统的版本。原编十二卷的主要版本，有王氏原辑之传钞本、清乾隆十三年(1748)养素堂刻本等。删补本为清郑方坤所作，凡十卷，流传较广，主要版本有乾隆十五年杞菊轩刻本、《四库全书》本、《粤雅堂丛书》本、《丛书集成》本等。本书目前通行本，是1989年人民文学出版社出版的戴鸿森据删补本校点的排印本。

王士禛(1634—1711)，字贻上，号阮亭，别号渔洋山人。山东新城(今桓台西)人。清顺治十五年(1658)举进士，授江南扬州推官。康熙三年(1664)擢礼部主事，迁户部郎中。以文学知于上，改翰林侍讲，迁侍读，入直南书房。清朝汉臣自部曹改词臣，自士禛始。后累迁兵部督捕侍郎、左都御史、刑部尚书。卒谥文简。因避清世宗讳，卒后改名士正，后谕改为士禛。王士禛幼慧，资禀既高，学问极博，善诗文，取司空图所谓"味在酸咸外"和严羽所谓"羚羊挂角、无迹可寻"，标示"神韵"，继钱谦益后主盟诗坛，与朱彝尊齐名，并称为南北两大诗人。主要著述有《带经堂集》、《渔洋诗话》、《池北偶谈》、《古夫于亭杂录》、《香祖笔记》等。

郑方坤字则厚，建安(今福建建瓯)人，生卒年不详。清雍正元年(1723)进士。知直隶邯郸县，擢知景州，调河间同知，迁山东登州府、武定府知府。兖州饥，奉调治之，释贫民之夺富室谷而被诬为盗者百余人。旋以足病自免。方坤博学有才藻，好网罗文献。主要著述有《经稗》、《全闽诗话》、《国朝诗钞小传》、《岭海文编》、《蔗尾诗集》、《诗话醍醐》、《四六谈柄》、《却埽斋倡和集》等。

《五代诗话》是一部以述论五代十国时期诗歌为主的文学资料集。五代十国之文化，因其时政局动荡，受到很大的破坏，又时间较短，在宋明之际，殊不为人所重。欧阳修撰《新五代史》便不设《文苑传》、《儒林传》。关于《五代诗话》撰辑起因，士禛门人黄叔琳在十二卷本识语中云"彼五季之作者，呻嗄刺促，俯仰流连，宛有邻曹风人之思焉。承唐启宋，六十年中之诗可概付之无讥乎？吾师集诗学大成，裒次诗话，详人所忽，有微旨焉"。宋弼亦云"先生广览博采，俾五十余年之风雅荟萃于一,以补前人之阙;又其书颇与史事相表里,尤不可少者"(十二卷本宋氏识语)。可见欲补一代诗史之阙乃此书撰辑之旨。王士禛在《题记》中称:"予撰《五代诗话》十余年矣。下直之余,手不释书卷,日有所得,则以签记之,而部院事冗如蝟毛,不能随签随录,故散在诸书。而此二册,乃家居时所辑,寥寥未能成书。每一循览,辄为怅然,不知何年得遂此志也。辛巳四月请假后记,阮亭。"辛巳为康熙四十年(1701),据此王氏撰辑此书始于康熙二十年至三十年间。惜王士禛生前终未能遂愿完稿。仅以钞本流布于世。后黄叔琳及宋弼等因其原帙,芟其重复,以为厘订,略加编次,分十二卷,予以刻印。士禛原辑稿本存六百四十二条,黄、宋编订之刻本存六百三十二条,基本上保持了原本的面貌,而非如《四库全书总目》所云"弼所续入,务求其传,体例遂伤冗杂,殊失士禛之初意,而挂漏者仍复不免"。

然士禛原稿终为草创未竟之本,未臻完美。后乃有郑方坤删补之十卷本。郑氏在其《序》中云:"向闻渔洋先生有《五代诗话》秘本,未经镂版,见者绝希。近始于历亭朱氏处乞付钞胥。披览之余,知为先生暮年手辑,未及成书,不精不详,其有待于后人修润者,正复不少。不揣固陋,辄据此为稿本,复者芟之,舛讹者订正之,更援褚少孙补《史记》、刘孝标注《世说》之例,抄撮群言,增益其所未备。""是役也,涉笔于丁卯暮春,中以公事频烦,时复舍去,盖迄今岁夏五,而始裒然成书……乾隆十三年,岁在著雍执徐,皋月既望,晋安郑方坤书于棣州官署之杞菊轩。"丁卯为乾隆十二年(1747),郑氏删补此书历一年有余,次年书成。

经郑氏删补的《五代诗话》凡十卷,各卷目次为:卷一国主、宗室,卷二中朝,卷三南唐,卷四前蜀、后蜀,卷五吴越、南汉,卷六闽,卷七楚、荆南,卷八宫闱、女仙鬼、缁流,卷九羽士、鬼怪,卷十杂缀。卷首置牛运震、邱仰文、郑方坤、郑天锦四人之序文;又有郑方坤所撰《例言》一篇,述其删补之事及此书体例。后列引用书目及总目。此书体例大致以朝代先后为序,后三卷则以类聚之。各卷内以诗人立目。可知其借鉴了宋代《苕溪渔隐丛话》等诗话总集的编撰体例,便于读者检阅。书中采录之材料均注出处,存王士禛原辑者曰"原",由郑方坤所补者曰"补",以示分别。且此书虽曰诗话,实则诗、词并论,兼及它体。

《五代诗话》的一个特点是所录资料较为丰富。王士禛原辑本虽是一未定稿,但就整体规模而言,反映五代文学面貌仍是比较全面的。如通行本卷三南唐之部共收作家七十三人(包括无名氏),其中有四十七人已见王氏原辑本,而此四十七人中,南唐主要作家已大致罗列其间。由此可见王士禛原辑本在资料方面的价值。郑氏在王氏的基础上增删,自称"是书博采穷搜,最费日力,经再易稿乃成"(《例言》)。士禛原稿凡六百四十二条,郑氏删芟二百十六条,实存四百二十六条,又补入七百八十九条,通计一千二百十五条。书中所列作家四百余人。郑方坤所增补者,一为增列作家,如卷六之黄滔、卷四之欧阳炯、牛峤等。另一为增补材料,如卷四韦庄增补二十一条,卷五罗隐增补三十条等,使得此书在收录的材料方面有了较大的扩充。

除删汰重复者外,郑方坤所删芟士禛原辑者有二。一为非属诗者,如罗隐谢表、殷文圭启事等四六骈文,和凝之诊痴符、徐寅之献《过大梁赋》、太原草檄等。另一为非属五代之诗家,如方干、郑谷、唐球诸人为唐朝时人。这使书中所入资料的质量有所提高。

然从学术的角度来看,《五代诗话》还是有其不足之处的。此书是王士禛、郑方坤在游宦旅居的情况下纂成的,书中所收录之材料虽标明出处,然于诗家时代之先后及材料之原出,其实仍有许多未加考订与鉴别处,而致舛误与乖谬。如卷二有熊皦、卷七有熊皎,而熊皦、熊皎实为一人;敬新磨、唐朝美均为后唐庄宗李存勖之优伶,应入卷二中朝,书中却误列于卷三南唐;卷四之韩琮,亦当为唐人,郑氏失考而补入;卷一之李后主于围城中作长短句"樱桃落尽春归去"条及此下宋胡仔辨此词非后主作于围城时条,王士禛原辑为一条,注引自胡仔《苕溪渔隐丛话》前集卷五九,郑方坤则分列二条,且将胡仔原引之书目《西清诗话》改为《雪舟胜语》,殊为失当。另一方面,郑方坤还收录了许多后人吟咏五代之作,如苏东坡演《陌上花》、晁无咎撰《芳仪曲》、李淑题周恭帝陵、宋徽宗书白居易诗句及山谷"春来诗思何所似,八节滩头上水船"等,按例不应收入,然郑氏贪多务得,而致失于体例。同时一些较重要的书籍,如宋魏庆之《诗人玉屑》、辛文房《唐才子传》等,却没有采录,不能不说是缺憾。

但总的来看,此书于五代之诗话材料,采撷丰富,为研究中国古代文学者提供了可资参考的资料。

研究本书的论著,有《四库全书总目》本书提要、戴鸿森《五代诗话校点后记》(见《五代诗话》,人民文学出版社,1989年)等。

(林德龙)

宋诗纪事 厉 鹗

《宋诗纪事》，一百卷。厉鹗辑撰。有清乾隆十二年(1747)厉氏樊榭山房刻本、《四库全书》本等。目前的通行本，是上海古籍出版社 1983 年出版的据乾隆原刊本标点整理的排印本。

厉鹗(1692—1752)，字太鸿，又字雄飞，号樊榭，晚又号南湖花隐。浙江钱塘(今杭州)人。幼年丧父，家境贫寒，而苦读不辍。清康熙五十九年(1720)举人，后数次参加会试及制科未取，遂绝意仕进。曾馆于扬州马氏小玲珑山馆。与沈德潜、杭世骏等往来倡和，是清代诗歌中浙派及浙西词派的代表作家。熟习宋代文史，著作除诗文集《樊榭山房集》及本书外，尚有《辽史拾遗》、《东城杂记》、《湖船录》、《南宋院画录》、《增修云林寺志》等，并与人合撰《南宋纪事诗》、《绝妙好词笺》二书。

《宋诗纪事》是《唐诗纪事》之后又一部以"纪事"为名的大型断代诗歌研究著作。其撰辑始于雍正前期，成于乾隆十一年(1746)，前后历二十年。厉氏辑撰此书的动因，是有感于宋代"诗人之盛，视唐且过之"，而"前明诸公剽拟唐人太甚，凡遇宋人集，概置不问，迄今流传者，仅数百家"，故"欲效计有功搜括而甄录之"(见本书自序)。在辑撰过程中，厉氏主要利用了扬州马氏小玲珑馆丰富的藏书，并得到马氏兄弟马曰琯、马曰璐的协助。马氏祖籍祁门，后迁居扬州。马曰琯字秋玉，号嶰谷，曾衔候补主事，著有《沙河逸老小稿》，在《宋诗纪事》中承担了与厉氏合辑卷一至卷十的工作；马曰璐字佩兮，号半槎，曾衔候选知州，著有《南斋集》，在《宋诗纪事》中则与厉氏合辑卷十一至卷二十。同时马氏兄弟还以按语的形式，对书中所收诗人诗作进行了若干考订。全书辑成后，厉鹗因授梓乏资，特撰《征刻宋诗纪事启》募捐，以"捐十金而成一卷，谨录芳名；垂不朽以附古人，胜为佛事"相号召，今存乾隆原刊本卷二十一以下每卷首页除署"钱塘厉鹗辑"外，复有"某地某人勘定"一行，盖即"捐金十两""谨录芳名"的遗证(卷二十一以前则署"祁门马曰琯(或马曰璐)同辑")。

《宋诗纪事》卷首有乾隆十一年厉鹗自序。全书一百卷，收诗人三千八百一十二家。卷一为宋代帝后诗,卷二至卷八十一大致依时代先后录诸家诗,卷八十二、八十三分上、下卷录"无时代"而有名姓者之作,卷八十四以下依次为"宫掖"、"宗室"、"降王"、"闺媛"、"宦官"、"道流"、"释子"(有上中下三卷)、"女冠、尼"、"高丽"、"无名子"、"妓女",卷九十八、九十九、一百则分别录"乩仙、女仙"、"神鬼、物怪"诗与"谣谚杂语"。每卷以人系诗,人各有传,传后辑有关该诗人生平及创作史料,又次列所选诗,其中有事之诗后辑录有关史料纪该诗之事文字,各诗之尾并注出处。

本书与宋人计有功所辑《唐诗纪事》类似,除汇录一代诗人史料外,还重在以诗存人,不仅录有事之诗,亦录无事之作。其基本的编辑原则,是"有集者,存其本事之诗,更为补逸;无集者,采厥散亡之什,如获全编"(《征刻宋诗纪事启》)。所以书中对于那些名家作品,除辑录"有事"者外,还特别注意集外逸诗;而对那些影响较小又无别集流传者,则用力搜求其存诗,即片言单句,也悉加登录。如卷八范仲淹名下共辑诗十六题,其中前十三题录自《范文正公集》,大半有事可纪;末三首则分别辑自《湘山野录》、《方舆胜览》、《困学斋杂录》,乃集外诗。又如李唐为南宋名画家,其能诗则不为人知,本书卷四十四特从明人郁逢庆《书画题跋记》中辑出其题画七绝一首,使后人得以一窥其文笔。

本书的另一个特点,是在卷二至卷八十一大致依年排置诗人诗作的部分,将一些已成流派或在历史上有某种特殊因缘的作家汇聚在一起,以使读者便于参读而识当时文风世事。如卷六标"西昆体"之目,卷三十三题"江西派"之名,虽在局部不合全书依年编排之例,却以此变例,使得西昆、江西两种诗歌流派各自的前后发展得以清晰地凸现出来。遗憾的是这种有益的变例在书中未能很好地贯彻。像卷八十一连文凤名下注:"以下月泉吟社"。以后所录,当包括全部月泉吟社中人。而赵必𤩽小传已明写"月泉吟社第三十名",却以其身为"宗室",不置卷八十一而置卷八十五,便有碍于完整集中地反映诗社全貌。

本书从形制上看由于重在辑诗而颇有总集的意味,但书中时或可见的厉鹗与马氏兄弟所作按语,使本书同时具有断代文学研究著作的价值。这些按语以考订诗人生平与诗作归属为主,不乏深具功力之见。如卷七十五林景熙小传后引徐沁《金华游录注》记元初杨琏真伽发宋陵后林氏等人收掩陵骨谋葬事,即有厉鹗案语,辨郑明德《遂昌杂录》所称林氏函陵骨葬永嘉不确,以所传林氏《梦中诗》中"水到兰亭转呜咽,不知真帖落谁家"句与《癸辛杂识》、《辍耕录》记载相证,定其葬地当为兰亭,并指出《梦中诗》本非林氏之作,乃唐玉潜所撰,便颇精到。而卷五十一林外《题西湖酒家壁》诗下引《齐东野语》述其本事后,有马曰璐按语云:"《庚溪诗话》亦载此诗,以为必神仙语,不知为外诗也。陶宗仪又以为龙川蓝乔作,只数字不同。《西溪丛话》则以为终南仵磐监青州酒税题酒楼所作一诗,互异如此。"虽仅罗列传异之辞,却也可见辑者用力之勤。至卷二赵普《雪中驾幸敝庐恭纪》后厉鹗按曰:"此诗出近人陆氏次云选本,不知其何所据。且殷字是宣祖庙讳,普不应犯。姑存之,以俟考。"则又反映出辑者的细致与审慎。

此外值得注意的是,书中对于那些有集传存的诗人诗作,其选辑时又不尽遵循"有事"的原则,而常常显现出辑者个人的偏爱。如卷六十三严羽名下,所选诗几乎全非有事之作,而严诗的清幽境界,正与厉鹗的个人文学嗜好相类同。

《宋诗纪事》对于后来的断代文学研究具有两方面的影响。其一是推动了清代以来对宋诗的重新认识。明末清初钱谦益等人已开始对明中叶文坛过度鄙弃宋诗作理论上的反拨,至厉鹗则从资料方面为研究宋代文学提供了更为切实的基础。其二是完善了"纪事"体断代文学研究著作的体例。《唐诗纪事》名虽副实,但其类似诗话的体裁却未为更多的后继者所接受。近人所撰《元诗纪事》、《明诗纪事》等"纪事"体著作,其形式严整的小传、传记史料、诗作、诗纪事史料的排列顺序,均取自《宋诗纪事》,撰者以按语方式对史料进行考订,其形式也始于本书。因此从学术史的角度说《宋诗纪事》比《唐诗纪事》更具价值,似亦不为过誉之辞。

《宋诗纪事》的不足,在由于卷帙浩繁,征书未全,而有自相抵牾、开错书名、删改原诗的缺点,详见《四库全书总目》本书提要及钱锺书《宋诗选注》(人民文学出版社 1989 年版)"序"。其后清人陆心源续辑《宋诗纪事补遗》一百卷及《小传补正》四卷,今人孔凡礼又辑《宋诗纪事续补》三十卷(北京大学出版社,1987 年),二者虽对前书各有增补,但本身失误仍不少,陆书被钱锺书评为"是一部错误百出的书"(亦见前引"序"),孔书亦以疏失而遭论者纠弹(见周本淳《〈宋诗纪事续补〉疏失举例》,载《淮阴师专学报》1989 年第一期)。

今人研究本书的文字,除前已述及者外,还有钱锺书《宋诗纪事补订》(三联书店,2005 年影印本)以及上海古籍出版社 1983 年刊本书排印本前"出版说明",孔凡礼《〈宋诗纪事〉二误》(《文史》第十六辑,1982 年)及其《厉辑小传补正》(为所著《宋诗纪事续补》之"附录一"),王利民《〈宋诗纪事〉"朱张林联句"辨正》(《江海学刊》2001 年第 4 期)等。

(陈正宏)

全唐文纪事 陈鸿墀

《全唐文纪事》,陈鸿墀编纂。有清同治十二年(1873)方功惠刻本、1959 年中华书局上海编辑所刊行的标点本。目前通行的是 1987 年上海古籍出版社出版的排印本。

陈鸿墀(？—1837),字万宁,号范川。浙江嘉善人。清嘉庆十年(1805)进士,任翰林院编修、国史馆纂修、实录馆提调、武英殿协修等职。曾参与编纂《全唐文》,用力甚勤,然因性格耿介,忤权臣而落职。道光中,曾主讲粤东越华书院。他是清中叶一位较为知名的学者,治学严谨,除本书外,有《抱箫山道人遗稿》等。

《全唐文纪事》一百二十二卷,是一部研究唐人文章的专著。据书前同治十二年陈澧序,此书是陈鸿墀在参与编纂《全唐文》过程中,搜辑有关唐人文章的文献资料,加以考订而成,其目的是为了配合宋代计有功编撰的《唐诗纪事》,故仿其例命名。其成书约在陈氏罢馆去职之后、《全唐文》成书之时(《全唐文》成书于嘉庆十九年)。

本书前有陈澧序、凡例十八则、目录、征引书目。继为"卷首",中录康熙、雍正、乾隆、嘉庆四朝御制诗文集中论及唐人文章发展演变或品评文章优劣的文字。正文仿《世说新语》之例,分成体例、帝制、述德、纪功、典章、贡举、褒宠、贬斥、明达、闲适、体道、抒情、瑕疵、总序、总论等八十个门类,按类搜集相关的文献资料,或著文章的本事,或录名篇佳句,或纪历代评论之语。陈氏对其所引的材料均注明出处,对某些资料的真伪异同问题也作了信而有征的考订,附案语于引文之后(案语均低格以"鸿墀谨案"起首,颇便识别)。如卷一一三"总序一"在援引杜确《岑嘉州集序》一文之后,又加案语,其中采据《北梦琐言》、《文苑英华》等书的记载,论证所谓《招蜀客归》一文即是《招北客文》,《北梦琐言》将其文列为赋体,似不及《文苑英华》将其列为骚体更恰当;至于此文作者,则当为岑参,而非独孤及。诸如此类,大多内容简练,考订精当。本书最后附有同治十二年方功惠跋一篇。

《全唐文纪事》最大的特色,在于引用资料的丰富。作为一部研究唐人文章的专著,陈鸿墀旁搜博采,辑录了大量的原始材料,为后人的研究提供了线索,节省了翻检之劳。从资料的采撷看,本书表现出以下两个明显的特点。

第一,征引文献资料的范围十分广泛,且对有关资料作了归类与补正的工作。除正史传记、方志外,陈氏还注意到野史、笔记、小说、金石碑版与书籍题跋等诸多材料的重要性及可用性,凡其中有论及唐人文章的内容均加以采录。以王勃的名篇《滕王阁序》为例,在谈及这篇文章时,陈氏所引的材料即达十余种之多,而相当一部分材料的来源是历代笔记。在这些辑录的文字中,有涉论文章本事的,如五代王定保《唐摭言》、元辛文房《唐才子传》;有对文章词句加以辨证训释的,如宋俞成《萤雪杂说》、宋叶大庆《考古质疑》、宋陈善《扪虱新话》、宋王楙《野客丛书》;还有品评性的文字,如宋张俊卿的《山堂考索》等等,材料的内容颇为丰富。从这些研究文字中,一方面固可领略文章的风采;另一方面,又可以在原有基础上进行深入的研究。在此特别值得一提的,是陈氏还能注意到地下考古材料的价值。从书前的征引书目看,本书中引及的金石方面的书籍即有二十余种,而其中清代本朝学者的论著占了很大的比例,如武亿的《偃师金石遗文记》、王昶《金石萃编》、赵绍祖《金石文钞》、吴玉搢《金石存》、林侗《来斋金石刻考略》、顾炎武《求古录》《金石文字记》、钱大昕《潜研堂金石文跋尾》等。在当时金石学尚未臻于极盛的情况下,陈鸿墀能广泛征引此类材料,特别是重视吸收当时人的研究成果,这对后人的研究而言,颇有启迪之功。在书中,陈氏一方面征引那些将金石碑版的材料与流传的唐人文集相对校,订正唐文的异同真伪的文献记录,如《金石录》把石刻韩愈撰的薛公达墓志,与韩愈文集中所录此文对照,即发现有多处不同,如"集本云,曾祖曰希庄,父曰播,而阙其祖。石本乃云,祖曰元晖,果州流溪县丞,赠左散骑常侍。集本云,君执弓,腰二矢,挟一矢以兴。而石本作指一矢以兴。集本云,遗言曰,以公仪之子为己后。而石本作以公仪之子已已后我",从可信程度看,当以石刻为准,陈氏便在卷八十五"异同一"中完整辑录此段文字;另一方面也以有关记录为出发点,发表个人的见解,如卷九十二就宋王应麟《困学纪闻》所驳《唐书》"儒学传序"载文宗时张参等为五经石刻正讹事,以"今关中唐时石刻张参五经文字尚存,宋时贵蜀本而贱陕本,应麟或未之见耳"为说,论据确凿,结论因之亦颇明快。

第二,本书对于那些全篇已佚,仅存残句的断简残章及说部中收载的唐代文章也作了广泛的搜采,一定程度上为《全唐文》作了必要的补遗。如卷九十一"拾遗二"中收录了《云麓漫钞》中所载两封无名氏的书启。从文字看两启均写得绮丽细致,陈氏认为其文"不让李商隐手笔"。又如同卷收录多篇唐时刻于器物的铭文。若《露书》中记"陈尔鉴大参有古镜,青绿可爱。铭曰'赏得秦王镜,判不惜千金。非关欲照胆,特是自明心'。铭楷书似唐。或以为汉"。又像收《东观余论》中所载唐镜上的铭文,文云"仙山并照,智水齐名。花朝艳彩,月夜流明。龙盘五瑞,鸾舞双精。传闻仁寿,始验销兵"。这些文章虽已不知作者为谁,但从这些零句或单篇中,我们可以更进一步领略到唐人文章的风采。

  但是,本书也存在着不足。从体例安排看,本书没有采用《唐诗纪事》的"以人系诗,以诗系事"的编纂体制,从而造成两个问题。其一,本书前后共分八十个门类,但这些门类的划分标准却不划一,例如体例、典章、贡举等门类主要辑录有关唐代文章的体制发展、典章制度方面的材料;而忠烈、正直、节义等类收录的是关于唐代作家的品行、事迹方面的材料;酬答、托意、自述、游览、体物、感遇等涉及的是文章题材、体裁方面的内容。因此此书在分类上显得过于繁琐。其二,由于分类的限制,使得涉论一个问题的内容被人为地分割成几块,因而显得有些支离。如前所述及的王勃的《滕王阁序》,其征引的材料就归划在才藻、训释、瑕疵、评骘、名誉等门类中,这对研究者而言颇费翻检之劳。

  研究介绍本书的文字,有上海古籍出版社 1987 年刊本书排印本卷首的"出版说明"等。

(吕海春)

明诗纪事 陈 田

《明诗纪事》,陈田辑撰。有清光绪至宣统间陈氏听诗斋自刻本、民国二十五年(1936)商务印书馆"万有文库"第二集排印本。目前的通行本,是上海古籍出版社1993年出版的校点本。

陈田(1849—1921),字崧山,号黔灵山樵。贵州贵阳人。清同治八年(1869)以第一名举于乡。光绪十二年(1886)考取进士,选翰林院庶吉士,授编修。继改官御史,转给事中,以弹劾军机大臣奕劻、北洋大臣袁世凯,一鸣惊人。清亡不仕,寓居故都,以诗文自遣。著作除本书外,还有《黔诗纪略后编》、《黔诗纪略补》以及《听诗斋诗》等。

《明诗纪事》是一部"纪事"体的明代文学研究著作。始纂于光绪九年夏天作者旅居北京时,历十七载,至光绪二十五年方完成全编。其书分甲、乙、丙、丁、戊、己、庚、辛、壬、癸十签,自光绪二十五年秋起陆续刊行,至宣统三年(1911)刻至辛签。此后可能是由于作者生活贫困,刻资不足,壬、癸两签终未刊行。所以今天所能见到的本书,实是一部未全稿。

在陈田辑撰本书之前,明末著名学者毛晋已编过一部《明诗纪事》,但未见传本(见本书辛签卷二十八毛晋条下陈田按语)。而以总集的形式汇纂明诗,则在清初即有钱谦益的《列朝诗集》与朱彝尊的《明诗综》两部名作。尤其是《明诗综》,由于得清代禁毁钱谦益著作,《列朝诗集》在相当长的一段时间里名列禁书之便,流传更广。陈田身当清末辑撰本书,一方面是继毛晋之绝学,将有事可纪的明诗汇于一编。另一方面又有一个很明确的目标,即补《明诗综》所未备。甲签卷三刘基诗按语云:"此集以'纪事'为名,寻常共见之集,无事可纪,概所不录。若人为《诗综》所未采,与采而未备者,意在补遗,不从此例。"同卷孙炎诗按语又称:"此集凡《诗综》所采者,皆不录。若有事可纪,不嫌复出。"可见本书具有"诗纪事"与诗总集的双重特征。

本书现存的八签一百八十七卷,除甲签卷一卷二为帝王之诗外,甲签的卷三以下及以后各签在大部上依时代先后排列,而兼顾诗歌流派以及某些特殊的诗人群体,流派及群体中又大致依诗人所处年代前后列置。其中甲签三十卷,卷三及以下为明初人诗。乙签二十二卷,收建文至景泰间诗,而将建文靖难诸臣之作置于本签首卷。丙签十二卷,收天顺以后五十年之诗,但不包括李梦阳、何景明之作。丁签十七卷,收前七子及弘治至嘉靖前期大致归属于李、何一派的诗人诗作。戊签二十二卷,收编者认为不归属于李、何一派而时代大致相同的诗人诗作。己签二十卷,收以后七子为中心的嘉靖后期至万历前期之诗。庚签三十卷,收万历中叶至天启时诗,其中列"嘉定四先生"与"公安"、"竟陵"派主将各为单独一卷,而于天启间造作"奄祸"涉及"逆案"者,概摒不录。辛签三十四卷,收天启、崇祯两朝及明遗民诗,先"忠节",次"遗逸",而列一般士大夫之作于二者之后。统观八签,参以旧时总集常见编例,又可以推知本书未刊的壬、癸二签,很可能所收为明代僧、道、女子及外国之诗。

本书各签卷首均有陈田所撰之序,对签内所录某一时期或流派之诗加以简略的述评。签内各卷正文,以人系诗,各人名下有简略小传,传后条引各家论述该诗人生平或创作之辞,引文毕则编者多加按语,以"田按"为标志,或品评诗风,或考证生平,内容颇广泛。之后为所选该家诗作,而遇"有事可纪"之作,又时有"田按"。

从明代文学研究的角度去看本书,其较有价值的地方,除了为后人汇辑了大量诗歌原作以及前人评论外,还在于它以各签"序"的形式,连缀起了一幅明代诗歌流变长卷,并就此提出了一些比较独特的看法。如甲签序针对前人论明诗多谓"盛于弘、正,极于嘉、隆,衰于公安、竟陵"的观点,独倡明诗"盛于明初";庚签序将万历中叶以后诗坛对后七子的反动条分缕析,区别公安、竟陵派之失与其领袖人物的诗歌成就,兼述南北名家,以驳"万历一朝,无诗可采"之说,便显示了作者对于明代文学的宏观把握。

另一方面,作者又以"田按"的方式,对明代诗人诗作进行了大量的考辨,从微观的角度展示了其对明代文学研究的深入程度。这些按语有关作家生平的,如甲签卷二十潘仁小传及其下"田按",既据李文秀《黔宁集》与《云南通志》,考得潘氏字子安,和州人,指出朱彝尊疑潘伯济为其字之不确;据戴鹰阿《历阳遗音》得知潘氏流寓沔阳,而释《甘白集》有《送潘子安归沔阳序》一文之疑。乙签卷六王绂《寄潘子安》诗后,又据《洪武实录》,进一步证得潘仁乃随其伯父潘进宦游,故流寓沔阳。这些按语也有关于诗歌本事的,如己签卷一王世贞《江陵伎》诗后"田按",指出该诗所咏为辽王朱宪㸅事,并详述辽王始末,辨其晚年实无谋反之事,以显王氏之作用意,为"盖伤之也"。同卷王世贞《袁江流钤山冈当庐江小吏行》下,又详考王世贞之父受严嵩陷害而死的缘由,说明王氏有此"怨"诗实事出有因。

考辨之外,"田按"也对明代列朝诗人诗作加以品评,且时有传神切中之语。如丁签卷三谓王廷相"刻意学诗,麓漫之篇诚如昔人所讥,遇有合作,如游五都市中,动获奇宝"。戊签卷八论临朐四冯诗,云:"朱中立首推汝强(冯惟健)诗。王秋史谓汝威(冯惟重)为四集之冠。朱竹垞谓汝言

(冯惟讷)诗华整可观,其贾氏之伟节乎? 余谓终不若汝行(冯惟敏)之才气纵横也。"这类评语虽尚有不少以传统诗教为旨归,但加以梳理,可以为文学批评史的研究提供不少材料。

陈田的按语同时还反映出编者注意到明代文学与外部环境的关联及其相互影响,因而从内容上看本书又提供了不少超越单纯的文学领域的丰富史料。如作者对于文学与政治的关系即颇为重视,甲签卷六陶凯小传下"田按",继述陶凯在明初被论死事后,便录载了一份相当详细的"当时士之以文字受祸者"的名单。辛签卷十七姜埰小传后,又引《静志居诗话》所记明代廷杖与东西厂用酷刑镇压学士诸臣始末,而加按语,对始于明初、延至崇祯的"摧折正士"之举表示莫大的慨叹。至丙签卷五张弼《王中舍蕴和所画团扇》诗后"田按",考辨折扇题词不自成化间始,永乐间已有其事,则又从一个侧面反映了文学与艺术的特殊姻缘。

《明诗纪事》是近代中国研究明代文学的代表性著作,其中陈田所作的按语,从文学批评与考辨两个不同的角度,对明代诗人诗作进行了比较细致的研究,成为清初以来学者研究明诗的一个高峰,为后人展开相关研究提供了基础。而本书资料的丰富,又使它与《列朝诗集》、《明诗综》一道,成为至今仍为研究明代诗歌者必读的三部著名的明诗总集。

但本书也存在一些缺点,如未收明末名家张岱之诗,不收天启间阉党之作,从资料的角度看便有不完备之憾。由于编者陈田是黔人,故书中按语述及黔人处常常不惜篇幅,而于其他区域则时语焉不详,也失之偏颇。此外引各家论诗之语,凡《四库全书总目》论及者,一律置于首位,而所加按语,难免以《四库全书总目》为基准,亦是其不足。

研究本书的论著,有章培恒为本书标点本(上海古籍出版社,1993年)所写的"前言"等。

(陈正宏)

词苑丛谈 徐 釚

《词苑丛谈》,十二卷。徐釚辑撰。有清康熙二十七年(1688)丁炜刻菊庄印本、康熙二十七年丁炜刻蛾术斋刊本、《四库全书》本、《海山仙馆丛书》本、《丛书集成》排印本等。目前的通行本,有上海古籍出版社1981年出版的唐圭璋校注本和人民文学出版社1988年出版的王百里校笺本。

徐釚(1636—1708),字电发,号虹亭、拙存、枫江渔父。江苏吴江(今苏州)人。康熙十八年(1679)召试博学鸿词,授翰林院检讨。后归故里,以著书为事。善填词,早年著《菊庄乐府》,曾为朝鲜使者所称赏,而流传至海外。另有《南州草堂集》、《本事诗》、《菊庄偶笔》等著作。

《词苑丛谈》是徐釚辑撰的一部词学著作。始撰于康熙十二年(1673),成书于康熙十七年。关于《词苑丛谈》撰集的经过,徐釚在此书的自序中称"从无聊羁旅中,搜取乐章,可佐尊前酒边之所吐属者,拾残纸秃笔,随时随地书之","所钞撮群书,不下数百余种"。书成之后,他又与友人朱彝尊、陈维崧一起互相参订。朱、陈提出应将书中每条的出处注明,徐釚亦表赞同,然因时间既久,已无法一一追溯。

《词苑丛谈》卷首有丁炜、尤侗之序和徐釚自序并"凡例"一篇。丁、尤之序指出词的发展至清初已有颇长的历史,而词话的纂辑却与此殊不相称,认为徐书之撰填补了这一缺憾,"洵倚声之董狐矣",且其体例较之本事、纪事尤为缜密。

《词苑丛谈》十二卷,分门别类撰辑,卷次为:卷一体制、卷二音韵、卷三至卷五品藻、卷六至卷九纪事、卷十辨证、卷十一谐谑、卷十二外编。在"凡例"中,徐釚申述了此书各门类撰辑之旨要。现罗列于下,以明其宗。体制:荟萃前人之说,以考词之离合正变,"至气体互殊,代有升降,亦略为申论"。音韵:"若词韵向无定准,故其出入宽严,即宋人犹未免疵颣。今一以沈东江氏词韵略为则,而间采诸家之说,以备参考。"品藻:"余为搜讨名人绪论,以己见参之。"纪事:"余惟搜采逸事可传佳话者,庶足供麈尾闲谈。"辨证:"词虽小道,偶有寄托,然说分彼此,亦足贻误后人。予细加详考,归于画一。"谐谑:"里巷小词,未必无关风化。余间采打油、蒜酪诸体,使览者警省,非止冠缨欲绝也。"外编:"余因取仙鬼神怪,以及奇缘异耦,载在野史传奇者,遍为捃摭,以资谈柄。"

徐釚论词主张当抒真情,他引前人之说云:"予意所谓情者,人之性情也……凡词无非言情,即轻艳悲壮,各成其是,总不离吾之性情所在耳。"(卷四)同时他认为在词的演进上,以婉约体为正宗,豪放体为变体;然两者中,他更推崇豪放派之苏轼、辛弃疾,以其有性情,故赞同"有稼轩之心胸,始可为稼轩之词"(卷四)之说。在清初浙派词一统天下的词坛中,徐釚的见解的确不同凡响,并成为以后常州词派之滥觞。此外,徐釚研词多重实际,亦多精辟之见,如辨调名源起、论用事、主张咏物须神似等,又如论音韵门时称"至宫商叠配,清浊殊途,辨析毫芒,犹俟审音者"("凡例")等,均可见其持论之谨严。

在学术上,《词苑丛谈》之不足有二:其一,书中所采录之材料,多剪裁节取,不尽依原文而至失真。其二,此书之撰,乃徐釚于羁旅中随时随地采录,而未及注明出处,后虽欲补注,然已无法全部追溯,实为憾事。

研究此书的论著,有清《四库全书总目》本书提要、唐圭璋《宋词纪事》(上海古籍出版社,1982年)"自序"、吴文治《略论徐釚的〈词苑丛谈〉》(《江汉论坛》1981年第二期)、王百里《词苑丛谈校笺后记》(见《词苑丛谈校笺》,人民文学出版社,1988年)等。

(林德龙)

词林纪事 张宗橚

《词林纪事》,二十二卷。张宗橚辑撰。有清乾隆四十四年(1779)涉园张氏原刊本、嘉庆三年(1798)陈敬铭刻本等。1957年古典文学出版社用涉园张氏原刊本校订印行(并附人名索引),1959年中华书局上海编辑所又予重印,此本是目前的通行本。另有1982年成都古籍书店据陈敬铭刻本排印本。

张宗橚(?—1775),字咏川,号思岩。浙江海盐人。生活于康熙、乾隆年间。据《光绪海盐县志》记载,张宗橚曾祖惟赤,字侗孙,号螺浮,由进士累官给事中,好文辞,有《退思轩集》。祖父、父为康熙时之举人、拔贡,书香门第出身。张宗橚曾为太学生,性恬雅,不求闻达,惟以诗词自遣。"家有藏书,园林池馆之胜甲于一邑。先生乃得闭关养素,留意著述。"(见陆以谦《词林纪事序》)张氏早年受业于海宁许昂霄。许氏精于词学,撰有《晴雪雅词》、《词韵考略》等书。受其影响,张宗橚亦留意于词学,撰有《藕村词存》、《词林纪事》。

《词林纪事》为张宗橚晚年辑撰的一部"纪事"体的词学著作。据张氏之孙嘉穀撰本书卷尾之跋,知此书之辑始于乾隆三十一、三十二年间,至乾隆四十年(1775),历十余年,凡三易其稿而成。未及作序文、凡例,张氏便因病去世了。

《词林纪事》卷首有陆以谦《词林纪事序》,明此书纪事之体,称"纪事者何?有事则录之,否则,词虽工弗录。间有无事有前人评语,亦附入焉"。卷尾存张宗橚之孙嘉穀《词林纪事跋》,述张宗橚此书纂辑之经过及体例。全书二十二卷,目次为:卷一唐、卷二五代十国、卷三至卷十九宋、卷二十金、卷二十一至卷二十二元。书后附《乐府指迷》(即宋张炎《词源》下卷)、《词旨》(宋陆辅撰)、《词韵考略》(清许昂霄撰)。

全书各卷中按词家时代之先后为序,各家名下先列小传,继为前人著述中有关该词人之载记,下录有事可纪之词作,词作后录诸书有关该词本事之记录或评论;张宗橚于所录史料时加考证,所撰皆以"橚按"标示。书中广泛采录了自唐五代下逮金元之词人事迹、逸闻和词作之纪事、品藻、考订等资料,列词家凡四百二十二人,引书四百多种。"凡姓氏爵里后杂记诸条,或关出处大节,或涉文翰,兼有事涉烦琐者,俱用跳行细字,载于词前。若因词纪事,别书大字于词后。前贤所有评语及考订处,如一词数条者,不用跳行,以圈别之,俱用双行细字,附录于按语之前。"(张嘉毂跋)

此书于材料之编排脉络清晰,且张宗橚于词之作者、词人事迹、词之纪事、词作评说、词意诠释多有考辨,足资参考,为后人研究词家词作提供了很大的便利。如苏轼《念奴娇》(赤壁怀古)的版本与字调辨析等,即其例。又多采录本集失载之词作,如范仲淹之《剔银灯》("昨夜因看蜀志")、欧阳修《少年游》("栏干十二独凭春")等。

《词林纪事》在学术上之不足,是于所录之材料任意增删,致失原书本来面目;征引本事,不直取宋人载籍,而据明清人词书录入;且有误收或失收之事。

研究此书的论著,有刘永潜《〈词林纪事〉补正》(《艺文》第一卷第四期,1936年)、唐圭璋《宋词纪事》(上海古籍出版社,1982年)"自序"的有关段落等。

(林德龙)

第五才子书施耐庵水浒传 金圣叹

《第五才子书施耐庵水浒传》，七十五卷。金圣叹批点。别称"金批水浒"或"第五才子书"。传世版本不少，较早而又可靠的，是被称为原本的明崇祯十四年(1641)贯华堂刻本，以及清初刻本和顺治十四年(1657)醉耕堂刻本等。目前经过整理的本子中，以齐鲁书社1991年版刘一舟校点的《金圣叹批点水浒传》为佳，该书以贯华堂本为底本。

金圣叹(1608—1661)，本姓张名采，字若采，又名喟，号圣叹。曾顶金人瑞之名应科试，故亦名人瑞(或云人瑞是明亡后更名)。江苏吴县(今苏州)人。少年时曾补长洲博士弟子员，因行止狂怪不经而被革除学籍。后又应科试，以举拔第一补吴县庠生。一生未仕，以评书论文、设座讲学为业。性格滑稽诙谐，自题书斋为"唱经堂"。遗著除本书外，尚有诗集《沉吟楼诗选》及评点之作《贯华堂第六才子书西厢记》、《天下才子必读书》等多种。

《第五才子书施耐庵水浒传》是金圣叹对传统小说名著《水浒传》进行详细评点的一部小说研究著作。其撰著的年代，大约不会晚于明崇祯十四年，时金圣叹三十四岁。全书共七十五卷，卷次如下：卷一"序"三篇，卷二"宋史断"，卷三"读第五才子书法"，卷四收"古本"《水浒传》"原序"一篇，卷五至卷七十五为金圣叹自称"古本"的七十回《水浒传》正文及金氏对之的评点。

"序"主要从点评目的、题旨阐发和艺术特征分析的角度对《水浒传》进行概略批评，表明作者选择整理、批点《水浒传》的目的，在给人树立一个内容和艺术兼优的文学范本。"宋史断"分别引用《宋史纲》和《宋史目》各一段文字并对之进行评议，对梁山泊宋江三十六人的行为和结局作了否定性的总结。"读法"是引导读者如何阅读《水浒传》的一束提示性文字，重点在于揭示全书主旨，探讨该书在人物塑造和结构上体现出来的成就，是金氏批点《水浒传》的总结性观点。"原序"介绍创作的缘起、经过，一般认为出于伪托，并非《水浒传》作者所作。卷五至卷七十五，是经金圣叹重新整理后的一个新的《水浒传》版本及对之更为具体的艺术评点。

金批七十回本《水浒传》，从小说本文方面论，一般认为是经过金氏"腰斩"并改造过了的本子。金氏在"序"中自称,自己评点所依据的本子是"古本"。但据近世学者考证,金氏的批点本《水浒传》,实际上是以刊刻于万历年间的容与堂百回《忠义水浒传》为底本,截取原书的前七十一回加以改制而成的。这个本子卷首有题施耐庵撰序一篇,又将原百回本的第一回改为"楔子",第七十一回改为七十回,起于"王教头私走延安府",讫于"梁山泊英雄惊恶梦"。既没有百回本《水浒传》所有的梁山泊全伙受招安、征辽、征方腊的部分,也没有百二十回本《水浒传》所有的征田虎、征王庆的部分。金氏坚持认为《水浒传》不能以"忠义"称,因而就不该使宋江等人受到朝廷"招安",并断定百回本七十一回以后的部分是罗贯中"横添狗尾",不是施耐庵的原书本貌,所以一般认为托古改制本书的就是金圣叹本人。

除了"腰斩"《水浒传》,使小说结构发生了很大变化外,金圣叹还以自己的思想情趣和艺术标准对《水浒传》前七十回的内容、情节进行了改动。具体表现在:取消容与堂本中每回情节中插入的诗赞、诗证部分,使情节连贯不断;改动容与堂本中的题目,如容与堂本二十六回题目"郓哥大闹授官厅,武松斗杀西门庆"被改为"偷骨殖何九送丧,供人头武二设祭"等。在情节内容上也有变动,其中变化最大的,当属最后一回的"梁山泊英雄惊恶梦"。该回所写卢俊义惊梦的情节,纯是金氏为了结尾而重新编写的。

从文学批评的角度看,"金批《水浒》"的特点,是在借鉴前人批点小说的经验基础上,完善了评点小说的形式,开创了将序、读法、总批、夹批、眉批融于一体的文学批评样式。每回前的总批,或评点内容情节,或评点人物性格,或归纳总结创作方法,每回内的夹批和眉批,言简意赅地对情节、场景、人物动作进行评点。其理论贡献主要体现在以下几方面。

一、对小说与历史从文体上进行了区分。金圣叹指出,小说与历史最不同的地方,就是小说有虚构的权利,而历史却没有。他说:"七十回中许多事迹,须知都是作书人凭空造谎出来。"("读法"第二十一条)因而反对从小说中去寻找真人真事。在与《史记》的比较中,他又揭示了两种文体的互异性的特征,认为:"《史记》是以文运事,《水浒》是因文生事。以文运事,是先有事生成如此如此,却要算计出一篇文字来。……因文生事即不然,只是顺着笔性去,削高补低都由我。"("读法"第十条)

二、触及了中国文学批评理论中若干重要命题。虽然评点小说在金氏之前已经有人尝试过,但把艺术创作手法作为探讨的主要对象,对文学进行从主题、情节、人物、结构法则到字句锤炼全方位系统研究的,却是从金圣叹始。就《水浒传》的评点来看,他主要揭示了《水浒传》如下特征。

在小说的题旨分析上,金氏认为施耐庵"本无一肚皮宿怨要发挥出来,只是饱暖无事,又值心闲,不免伸纸弄笔,寻个题目,写出自家许多锦心绣口,故其是非皆不谬于圣人。后人不知,却于《水浒》上加'忠义'字,遂并比于史公发愤著书一例,正是使不得"("读法"第一条)。这一解说,与

《水浒传》中所体现出来的立场、态度,是有很大出入的。

在人物塑造上,肯定《水浒传》人物塑造的成就,以个性的鲜明性与真实性程度为标准,将《水浒传》人物分为"上上"、"上中"、"中上"、"中下"四等。金氏对人物描写的要求是:一要写出人物性格的特殊性(这是在中国文学批评史上首次运用"性格"这一术语)。他认为《水浒传》人物描写之所以能达到"写一百八个人性格真是一百八样"("读法"十七条)的成就,原因就在于作者注意到了书中人物性格的独特性,避开了雷同化的处理,使作品中的人物"人有其性情,人有其气质,人有其形状,人有其声口"(序一)。二要注意人物性格的丰富性。他认为武松这一形象刻画的成功,是作者多侧面描写的结果:"武松天人者,固具有鲁达之阔,林冲之毒,杨志之正,柴进之良,阮七之快,李逵之真,吴用之捷,花荣之雅,卢俊义之大,石秀之警者也。"(二十五回总评)三是要注意人物性格的真实性,不能太过。他分析林冲的性格时指出:"林冲自然是上上人物,写得只是太狠。看他算得到,熬得住,把得牢,做得彻,都使人怕。"("读法"第三十一条)。可见金氏对人物性格的要求是真实、适度,反对过分夸张。四要注意从对比中刻画人物,显出人物性格中的细微差别。他认为李逵、吴用形象的成功,很大程度上得益于宋江这一人物形象的反衬。五是要善于运用个性化的语言来展示性格,赞扬了《水浒传》不用之乎者也等字,"一样人,便还他一样说话,真是绝奇本事"("读法"十四条)的语言手段。在分析阮小七时说:"定是小七语,小二、小五说不出来,爽快奇妙不可言。"(十四回夹批)六要从细节动作中透出人物性格。对阮小二支使阮小七杀鸡这一细节的分析,表明金氏已经充分意识到了细节、动作和人物性格之间的关系。

在结构上,金氏对行文文法总的要求是精严。对如何实现文章结构"精严",金圣叹也作了一些探讨:一是要"有全书在胸而后下笔著书",不能"无全书在胸而姑涉笔成书"。他认为《水浒传》让晁盖、宋江分别在第十三回、第十七回才出现,正体现了作者的全盘结撰的特色。二是要注意照应,杜绝疏漏,要"左右相就,前后相合,离然各异,而宛然共成"。各种具体手法的运用要配合恰当,使文章起伏有致,衔接自然。在行文中要把握行文的节奏,避免情节的雷同,还要保持人物性格、动作的一致性。在考察《水浒传》具体的结构方法后,列举了"倒插法"、"夹叙法"等一系列创作手法,并对这十多种手法作了具体的解说,如"倒插法","谓将后边要紧字,蓦地先插放前边"("读法"第五十一条)。

经过金氏的精心评点,《水浒传》的卓越的艺术成就、文学价值越来越受到重视。同时由于经金氏改制过的《水浒传》版本广为流行,极大地提高了小说这一文学样式的审美地位。清人冯镇峦在《读〈聊斋〉杂说》中说:"金人瑞批〈水浒〉、〈西厢〉,灵心妙舌,开后人无限眼界,无限文心。"既评价了金氏的文学观点,又评价了他的文字风格,体现金氏文学批点对世人的巨大影响。

金氏卓然一家的评点,不仅提高了人们对小说这种文体的重视,而且成为后来毛氏父子评

《三国演义》、张竹坡评《金瓶梅》的榜样。金圣叹有关小说美学、创作手法的许多真知灼见,历来受到学术界的高度重视。

本书的缺点,一则表现为缺乏治学的严谨态度,诸如"腰斩"原著和任意改动情节内容的做法,失之轻率。二则体现为金氏在思想批评和艺术评论之间的不平衡,对《水浒传》思想意义的片面理解限制了他对原著更深入的阐释。此外,金批《水浒传》对《水浒传》成书过程和集体创作特征比较忽视,认定小说为施耐庵一人所撰,故在批评中所誉所毁都归于一人。就《水浒传》成书的真实过程来看,这也是不恰当的。

有关本书的研究论著,有孙楷第《跋金圣叹本〈水浒传〉》(收入所著《沧州集》,中华书局,1965年)、张国光《〈水浒〉与金圣叹研究》(中州书画社,1981年)、郁沅《金圣叹贯华堂本水浒传考评》(《古代文学理论研究》第一辑,1979年)等。

(谯进华)

脂砚斋重评石头记 佚 名

《脂砚斋重评石头记》,是清代署名脂砚斋等的一批人对曹雪芹所著小说《红楼梦》进行评点的一部著作。现存版本、卷帙不一的抄本十种:(一)甲戌本,现存十六回。每册书端题"脂砚斋重评石头记",第一回楔子述书名处有"至脂砚斋甲戌抄阅再评,仍用《石头记》"一句,故称"甲戌本"。(二)己卯本,现存四十回。每回卷端题"脂砚斋重评石头记",第二、三、四册封面书名下注"脂砚斋凡四阅评过",第三册书名下还注"己卯冬月定本",故称"己卯本"。(三)庚辰本,现存七十八回。每回卷端题"脂砚斋重评石头记",每册封面书名下注"脂砚斋凡四阅评过",其中第五、七、八册书名下复注"庚辰秋月定本"或"庚辰秋定本",故称"庚辰本"。(四)有正本。此本原题《国初抄本原本红楼梦》,书页中缝仍题《石头记》。卷首有乾隆时人戚蓼生所作序,故称"戚本"或"脂戚本"。1912年,上海有正书局石印发行,因此亦称为"有正本"。(五)王府本。此本题名《石头记》,卷首有后人抄配的程伟元序,八十回后又配录了续书四十回,共计一百二十回。此书七十一回总评后半版有"柒爷王爷"字样,相传出自清代蒙古王府,故称"王府本"或"蒙府本"、"脂蒙本"。(六)梦稿本。此本为百二十回乾隆抄本,题为《红楼梦稿》,故称"梦稿本",亦称"脂稿本"。此本第七十八回末有"兰墅阅过"朱批,兰墅为高鹗字,故又称"高阅本"。此本前八十回据脂本《石头记》过录,后四十回系从高氏一个初稿本抄录,并据高氏另一修改本校改,但此修改本仍非高氏最后付刻的定本,故其中部分文字与程高本不同。(七)甲辰本。题作《红楼梦》,目录之前,每回前后,每页中缝均标明"红楼梦"三字。这是首次以《红楼梦》题名而不称《石头记》的抄本。此本前有梦觉主人序,末署"甲辰岁菊月中浣",故称"甲辰本"或"梦觉本";又因此本发现于山西,故又称"脂晋本"或"晋本"。(八)己酉本,现存四十回。题作《红楼梦》,前有乾隆五十四年己酉(1789)舒元炜序,故称"己酉本"或"舒序本"。(九)列藏本。此抄本八十回,题《石头记》,1962年发现于苏联亚洲人民研究所列宁格勒分所。(十)靖藏本。此本为南京浦口靖应鵾祖传《石头记》,存前八十回,缺第二十八、二十九两回,第三十回残失三页。此书于1959年被发现,后迷失不知下落，书中大量批语经抄录得以保存。今人对如上十种抄本中的评语有辑录汇刊之举，其中辑录时间较早的，是俞平伯的《脂砚斋红楼梦辑评》（上海文艺联合出版社，1955年）。后出而较全的，是陈庆浩的《新编石头记脂砚斋评语辑校》一书（以中国友谊出版公司1987年所刊增订本为佳）。

《脂砚斋重评石头记》中的评语被称为"脂评"或"脂批"，一般指以脂砚斋为代表，包括作者周围圈子里的一些人的评语，署名者还有畸笏叟、常村、梅溪、松斋诸人。据考证，脂砚斋是与曹雪芹关系密切，曾参与《红楼梦》创作和修改的堂兄弟，其生年大约在1708年左右，比曹雪芹大六七岁，卒于1763年。畸笏叟是继脂砚斋后主要批书人，他是曹寅的后代，作者的长辈，曾对《红楼梦》的修改提出重要意见。常村即棠村，曹雪芹之弟，曾为曹雪芹旧著《风月宝鉴》作序。梅溪、松斋皆是曹雪芹的亲朋好友，生平不详（以上有关脂评诸家的说法并非定论，学界于此颇有异说）。

"脂评"是《红楼梦》研究的早期成果，其价值体现在以下三个方面。

一、"脂评"提供了研究曹雪芹家世生平的有关线索。脂评证实曹雪芹是清康熙织造曹寅的后裔，小说第五十二回写晴雯补裘至次日凌晨，宝玉"一时只听自鸣钟已敲了四下"，庚辰本在句下有双行夹批云："按四下乃寅正初刻，寅此样（写）法，避讳也。"说明曹雪芹在行文中避曹寅名讳。脂评还谈及曹雪芹的卒年："壬午除夕，书未成芹为泪尽而逝。"壬午为乾隆二十七年（1762）。但据曹雪芹生前好友敦敏《小诗代简寄曹雪芹》，及敦敏兄弟为曹雪芹去世所写的挽诗，曹雪芹卒于癸未，即乾隆二十八年。两说孰是，迄今未有定论。然而脂评的说法不容忽视。脂评涉及曹雪芹家世生平的材料比较零碎，有些事实还难以确认，但在有关曹雪芹材料相当缺乏的情况下，脂评所提供的线索是很有价值的。

二、"脂评"反映了《红楼梦》成书过程中修改增删的情况，透露了小说八十回后情节发展的大致轮廓。

曹雪芹创作《红楼梦》，"披阅十载，增删五次"。由于原稿本不存，后人无法知道修改的详细情况。脂评则保留了一些这方面的资料。如小说第十三回写到秦可卿之死，此回回前总评云："'秦可卿淫丧天香楼'，作者用史笔也。老朽因有魂托凤姐贾家后事二件，岂是安富尊荣坐享人能想得到者，其言其意，令人悲切感服，故赦之，因命芹溪删去'遗簪'、'更衣'诸文，是以此回只十页，删去天香楼一节，少去四、五页也。"据此可知今本《红楼梦》中的有关描写已经删改，而秦氏之死在原稿中本与贾珍有关。小说写秦氏死后，"贾珍哭的泪人一般"，批语云："可笑，如丧考妣，此作者刺心笔也。"贾珍在与人商议丧事时说："如何料理，尽我所有罢了。"批语又云："尽我所有，为媳妇是非礼之谈，父母又将何以待之？故前此有恶奴酒后狂言（指焦大醉骂"每日偷鸡戏狗，爬灰的爬灰，养小叔子的养小叔子"），及今复见此语，含而不露，吾不能为贾珍隐讳。"秦氏丫环瑞珠也卷入这桩情案,她在秦氏死后触柱而亡,脂批云:"补天香楼未删之文。"据脂评和小说第五回所提供线索,可知此回回目原为"秦可卿淫丧天香楼",写秦氏遗失发簪,为贾珍拾得,两人由此结私情。秦氏在天香楼更衣,贾珍闯入,两人淫媾时被瑞珠发现,秦氏羞惭自缢,瑞珠触柱殉葬。这段情节与今本秦氏染病而亡大不相同。

《红楼梦》原稿现存八十回,八十回以后在当时就已"迷失无稿"。小说第二十一回有批语云:"按此回之文固妙,然未见后三十回,犹不见此之妙。"第四十二回批语云:"今书至三十八回时,已过三分之一有余。"可知《红楼梦》原稿当为一百十回。脂评透露了后三十回情节发展、某些人物归宿的线索。如贾府被抄没治罪后,宝玉、凤姐曾下狱。小说第二十回李嬷嬷提到当日喝了一杯宝玉的枫露茶,茜雪因此被撵出绛云轩,眉批云:"茜雪至'狱神庙'方呈正文。……余只见有一次誊清时,与'狱神庙慰宝玉'等五六稿被借阅者迷失,叹叹!"第二十六回写到红玉与佳蕙的对话时,眉批云:"'狱神庙'回有茜雪、红玉一大回文字,惜迷失无稿,叹叹!"据此可知小说下半部有专回写狱神庙之事,可能有茜雪、小红探监,并营救宝玉、凤姐的情节。宝玉出狱后,与宝钗成婚,身边仅留麝月一人为婢,生活极其窘迫。第十九回写宝玉到袭人家"总无可吃之物",双行夹批云:"补明宝玉自幼何等娇贵。以此一句留与下部后数十回'寒冬噎酸齑,雪夜围破毡'等处对看,可为后生过分之戒。"诸如此类,情节与高鹗续书皆不同。

三、"脂评"对《红楼梦》的人物塑造、语言特色和情节结构有许多精辟的评论。脂评注意到小说在塑造人物形象时,打破了"恶则无往不恶,美则无一不美"的陈规,刻画了丰满复杂的人物个性。第十九回有关宝玉的两条批语:"写宝玉之发言每每令人不解,宝玉之生性件件令人可笑,不独于世上亲见这样的人不曾,即阅今古所有之小说传奇中,亦未见这样的文字。于颦儿处为更甚。其囫囵不解之中实可解,可解之中又说不出理路。合目思之,却如真见一宝玉,真闻此言者,移之第二人万不可,亦不成文字矣。""听其囫囵不解之言,察其幽微感触之心,审其痴妄委婉之意,皆今古未见之人,亦是未见之文字。说不得贤,说不得愚,说不得不肖,说不得善,说不得恶,说不得正大光明,说不得混账恶赖,说不得聪明才俊,说不得庸俗平(凡),说不得好色好淫,说不得情痴情种,恰恰只有一颦儿可对,令他人徒加评论,总未摸着他二人是何等脱胎,何等心臆,何等骨肉。"脂评指出:宝、黛是今古未有的新人形象,在他们身上体现了难以为世人理解的新思潮,因此也不能用传统的道德观念去评判他们的善恶美丑。脂评认为宝、黛等形象是曹雪芹的独创,但并非凭空臆造,而是从现实中提炼而成的艺术典型,所以人物的思想行为皆符合"至情至理",是生活真实与艺术真实的统一。另外,脂评还从人物的肖像描写、神情刻画、心理剖析等各方面总结了小说塑造人物形象的成功经验。

脂评对小说的语言艺术十分赞赏,认为小说中人物语言具有鲜明的个性,达到了"闻其声而知其人"的境地。如小说第八回写宝玉从薛姨妈处喝酒回来,问写好的三个字在哪里,晴雯笑道:"这个人可醉了。你头里过那府里去,嘱咐贴在这门斗上,这会子又这么问!我生怕别人贴坏了,我亲自爬高上梯的贴上,这会子还冻的手僵冷的呢!"甲戌本批道:"写晴雯是晴雯走下来,断断不是袭人、平儿、莺儿等语气。"第十九回写李嬷嬷要吃留给袭人的酥酪,一个丫头说:"快别动,那是说了给袭人留着的。回头又惹气了,你老人家自己承认,别带累我们受气。"脂批则说:"这等话语声口,必是晴雯无疑。"李嬷嬷赌气将酥酪吃了,又一个丫环笑道:"他们不会说话,怨不得你老人家生气。宝玉还时常送东西孝敬你老去,岂有为这个不自在的。"脂批道:"听这声口,必是麝月无疑。"脂批认为小说的叙述描写语言准确、鲜明、生动,全得之于炼字锻句之妙。第十四回有条批语说:"诗中知有炼字一法,不期于《石头记》中多得其妙。"如第三回写宝玉与黛玉初次见面,黛玉吃了一惊,心想倒像在哪里见过一般,宝玉则笑道:"这个妹妹我曾见过的。"脂批云:"黛玉见宝玉写一'惊'字,宝玉见黛玉写一'笑'字,一存于中,一发乎外,可见文于笔下必推敲的准稳,方才用字。"

综上所述,脂评在《红楼梦》研究方面取得了相当的成就,对后来的"红学"研究也有极高价值,但其中也有不少谬误之处。脂砚斋等人并不能真正了解小说的思想意义,认为"作者本意原为记述当日闺友闺情,并非怨世骂时之书",抹杀了小说鲜明的反封建倾向。脂评还夸大了小说中的虚无消极思想,第一回回前批语云:"此回中凡用'梦'用'幻'字,是提醒阅者眼目,亦是此书立意本旨。"有不少批语流露出浓厚的封建意识和陈腐观念,如"盖之人能以理自守,安得为情所陷哉?""知命知身,识理识性,博学不杂,庶可称为佳人。可笑别小说中一首歪诗,几句淫曲,便自佳人相许,岂不丑杀。"此外,脂评提出的"钗黛合一"说,也是对这两个艺术形象所作的错误的诠释。

关于脂评的研究论著,除前述俞平伯、陈庆浩两家著作外,还有胡适《考证〈红楼梦〉的新材料》(《胡适文存》),赵冈《脂砚斋与红楼梦》(《大陆杂志》二十卷第二、三、四期,1960年),伊藤漱平《关于脂砚斋和脂砚斋评本的札记》("脂砚斋と脂砚斋评本に关する觉书",连载于日本大阪市立大学《人文研究》1961年及以下诸年各期),郭豫适《红楼研究小史稿》(上海文艺出版社,1980年)第二章,孙逊《〈红楼梦〉脂评初探》(上海古籍出版社,1981年),王靖宇《脂砚斋批语与〈红楼梦〉:文学研究》("The Chih-yen-chai Commentary and the Dream of the Red Chamber: A Literary Study", in *Chinese Approaches to Literature: From Confucius to Liang Ch'i-ch'ao*, Adele Austin Rickett, ed., Princeton, 1978),俞平伯《记毛国瑶所见靖应鹍藏本〈红楼梦〉》(连载于《文汇读书周报》1998年4月4日至25日间各期)等多种。

(黄 毅)

红楼梦评论 王国维

《红楼梦评论》，王国维著。初刊于 1904 年的《教育世界》杂志第八至十三期。1905 年作者编纂所著文章合集《静安文集》，收此文于其中。目前的通行本，是上海古籍书店 1983 年影印的《王国维遗书》第五册中之《静安文集》所收本。

作者生平事迹见"静庵文集"条。

《红楼梦评论》是王国维早年撰写的一篇运用西方哲学美学观点评价中国古典小说《红楼梦》的论文。由于自 1901 年以后的数年间作者潜心研究西方哲学，1903 年夏至次年（即撰写本文的 1904 年）冬"皆与叔本华书为伴侣"（《静安文集》自序），所以本文的一个突出特点，就是几乎全部依据叔本华的哲学美学观点来立论，而成为《红楼梦》研究史上破天荒第一次从文学价值角度系统探索作品意义的论著。

全文分为五章。第一章"人生及美术之概观"，从宏观角度对人生以及美术（即 Art，今译"艺术"）的本质作了概括性的阐述。作者归结生活的本质为一"欲"字，谓"欲之为性无厌，而其原生于不足。不足之状态，苦痛是也"。因此人类的生活必与欲望和苦痛相伴，人类的知识因而亦必与人的利害相关联。但世上亦有一物可使人超然于利害之外，而忘却物我之关系，即美术。美有优美、壮美两类，这两类美均有使人离却生活之欲而进入到纯粹知识的境界，因而能令人忘物我之关系而获得快乐。作者由此总结说："吾人且持此标准以观我国之美术，而美术中以诗歌、戏曲、小说为其顶点，以其目的在描写人生故。吾人于是得一绝大著作，曰《红楼梦》。"

第二章"红楼梦之精神"，主要阐释《红楼梦》的中心在叙述主人公宝玉因生活之欲而受的苦痛及其解脱途径。王氏在该章中发挥第一章生活本质为欲的理论，进一步指出人类的男女之欲尤盛于饮食之欲，而其所受苦痛也远盛于因饮食之欲所遭受的苦痛。《红楼梦》一书的成就，在不仅提出这一问题，而且又解决了这一问题。解决的办法是自求解脱，且以出世为解脱之道而不走自杀之径。出世的解脱又可分为两类，一存于观他人之苦痛，一存于觉自己之苦痛。前者唯非常之人方能达到,是一种超自然的、神明的宗教性解脱,高百倍于后者自然的人类的美术性解脱,这也就是为什么《红楼梦》的主人公不是别人而是贾宝玉的原因。

第三章"红楼梦之美学上之价值"与第四章"红楼梦之伦理学上之价值"是互为关联的两个部分。王氏认为《红楼梦》是悲剧中的悲剧,而根据亚里士多德的理论,悲剧的功效,在"所以感发人之情绪而高上之",因此《红楼梦》的美学上的价值,亦与其伦理学上的价值相联络。分言之,则《红楼梦》的美学价值,首先在于其与中国人精神中的乐天、世间品格及其在戏曲小说中的大团圆结局描述完全不同,而具厌世解脱的精神。但与同具此种精神的《桃花扇》相比,《桃》剧是"他律的",《红楼梦》则是"自律的"。《桃花扇》是政治的、国民的、历史的;《红楼梦》则是哲学的、宇宙的、文学的,因而是彻头彻尾的悲剧。至其悲剧的类别,王氏又据叔本华的三分说,归其于第三类,即"由于剧中之人物之位置及关系,而不得不然者。非必有蛇蝎之性质与意外之变故也,但由普通之人物、普通之境遇,逼之不得不如是"。但正因其普通,所以这种悲剧的不幸似乎无时不会降临到一般读者的眼前,所以《红楼梦》是悲剧中的悲剧。至《红楼梦》的伦理学价值,则主要在于其合乎以解脱为唯一最高理想的伦理学原理。但王氏论述至此又感到叔本华哲学存在着极大的矛盾,其有关学说乃建筑在引经据典上而非有理论的根据。

第五章"余论"从理论的评论转至现实,检讨了晚清以来的《红楼梦》考据之学。文中归纳有关研究为两类,"一谓述他人之事,一谓作者自写其生平"。——驳斥其说,而引叔本华"美术之源出于先天"说,谓《红楼梦》所有种种之人物、种种之境遇必本于作者的经验之说断不可信。由此提出:"作者之姓名,与其著书之年月,固当为唯一考证之题目。"

作为20世纪初期发表的一篇小说研究论文,《红楼梦评论》在文学研究史上的价值是显而易见的。当人们普遍尚对《红楼梦》等传统小说的文学价值认识不足的年代,王国维从哲学、美学的高度全面肯定其文学上的出色成就,无疑为后来的小说研究开辟了方向。当一般的文学批评还处于比较散漫随意的"诗话"、"词话"体阶段时,《红楼梦评论》以其合乎近代学术研究规范与逻辑的论证形式面世,无疑也是开一代风气之举。即便单从《红楼梦》研究本身而言,《红楼梦评论》第五章中指出的晚清学人之误以及今后《红楼梦》研究的正确取径与方向,用后来《红楼梦》研究的发展历程去比照,也可见出王国维不凡的远见。凡此均说明《红楼梦评论》无愧于二十世纪中国古典文学研究中的一篇具有划时代意义的重要作品。

但这篇论文的缺点也是明显存在的。突出一点即是理论先行,用叔本华哲学美学观点去套《红楼梦》,且有时不免犯先前《红楼梦》批评中流行的附会的错误,如所谓宝玉之"玉者不过生活之欲之代表而已"之类。

研究本文的论著,有李长之《王国维文艺著作批判》(1934年《文学季刊》创刊号)的有关部分,日本伊藤漱平《关于王国维的〈红楼梦评论〉和〈教育世界〉杂志》("王国維の〈紅樓夢評論〉と雜志'教育世界'について",1962年《清末文学言语研究会会报》第一号)、叶嘉莹《王国维及其文学批评》(广东人民出版社,1982年)的有关章节,以及曾镇南的《评王国维的〈红楼梦评论〉》(《福建论坛》1984年第四期)、吴功正的《王国维的〈红楼梦评论〉》(《社会科学辑刊》1985年第六期)、日本井波陵一的《〈红楼梦〉的意义与王国维的评价》("〈紅樓夢〉の意義と王國維の評価",《滋贺大学教育学部纪要》第三十七号,1988年)等。

(陈正宏)

文学批评

闲情偶寄 李 渔

《闲情偶寄》，又名《笠翁偶集》，李渔撰。最早的版本是清康熙十年(1671)翼圣堂刻本，收入《笠翁一家言》，分十六卷。后雍正八年(1730)芥子园刊刻《笠翁一家言全集》，本书被合并为六卷，颇为流行。目前的通行本，是浙江古籍出版社1987年出版的《李渔全集》中所收由单锦珩点校的六卷本。2000年，上海古籍出版社出版了江巨荣、卢寿荣的校注本。

李渔(1611—1679?)，字笠鸿，一字谪凡，号笠翁，别署湖上笠翁、随庵主人、觉世稗官、新亭樵客等。祖籍浙江兰溪，生于江苏如皋。他在明末曾多次应乡试，均不第。入清后，绝意仕进，潜心戏曲和诗文创作，以刻书卖文为生。有自己的家庭戏班，并四处演出。著作除《闲情偶寄》外，还有小说集《十二楼》、《无声戏》(一名《连城璧》)，戏曲《笠翁十种曲》，诗文杂著《一家言》等。

《闲情偶寄》是一部有关日用平常的鉴赏性理论专著。作者著述此书的目的，是想以个人的生活情趣、审美原则为准绳，教给人们一套如何发现、培养生活中的声色之美、饮馔行乐、宫室营建等方面的怡情经验。其中关于戏曲文学的论述构成了中国古典戏曲文学理论的重要组成部分。

本书卷首有序两篇，凡例七则。正文部分依次为：卷一词曲部上(三类二十款)；卷二词曲部下(三类十七款)、演习部(五类十六款)；卷三声容部(四类十三款)；卷四居室部(五类二十三款)、器玩部(二类十五款)；卷五饮馔部(三类三十一款)、种植部(五类七十一款)；卷六颐养部(六类三十四款)。序与凡例介绍本书写作的意义、目的，体现作者"点缀太平"、"规正风俗"的意图。卷一、卷二阐述戏曲的创作理论和表演理论，卷三谈论装饰打扮的要领、标准，卷四至卷六罗列了园林建筑、家具古玩、饮食烹调、养花种树、医疗养生的经验和方法。集中体现李渔的戏曲文学观点的，是书中卷一与卷二前半两部分，即"词曲部"全文，其中包含了"结构第一"、"词采第二"、"音律第三"、"宾白第四"、"科诨第五"、"格局第六"六篇。

本书对中国戏曲文学的贡献，首先表现为第一次把"结构"列于"词采"、"音律"之上，并详细论述了"结构"的内容和方法。在李渔的结构论里,包含着"戒讽刺"、"立主脑"、"脱窠臼"、"密针线"、"减头绪"、"戒荒唐"、"审虚实"七个方面的内容。从此可以看出李渔的"结构"概念与我们今天理解的文章的组织形式不同,是指无定法可依的艺术思维和具体的针线缝合,既体现为一个虚构、结撰的过程,也体现为编剧过程中的一种方法和手段。"戒讽刺"着眼于戏曲创作的社会影响,主张剧作应劝善惩恶。"立主脑"中的主脑,既包含有编剧的创作意图,即"作者立言之本意"的含义,又指剧作中的主要人物与中心情节的设置。所谓"一本戏中有无数人名,究竟俱属陪宾,原其初心,止为一人而设;即此一人之身,自始至终,离合悲欢,中具无限情由,无穷关目,究竟俱属衍文,原其初心,又止为一事而设;此一人一事,即作传奇之主脑也",正可见李渔的"主脑论"主要是从情节生成的角度加以考虑的。"脱窠臼"、"戒荒唐"是对戏曲文学在题材选择上的要求。李渔认为传奇的故事必须是新的,"新即奇之别名",同时又不能为求新而流于荒诞不经。"密针线"、"减头绪"则主要是要求编剧的完整、紧凑与不枝不蔓。至"审虚实",又反映了李渔对戏剧文学的真实性和虚拟性关系的认识。在这两者之间,他更倾向于虚构,认为"传奇无实,大半皆寓言"。

本书的另一贡献,是从舞台演出的角度,对戏曲文学创作的语言特征作了比较深入的探讨。这主要表现在"词采"、"音律"、"宾白"、"科诨"几篇中。归纳而言,则有如下数端。

一是戏曲语言的通俗性与丰富性。李渔区分了曲文与诗文词采的不同特征,认为词曲应具街谈巷议式的直说明言的特点,反对在戏文中运用满纸皆书、过分深奥的语言。同时,李渔又指出戏曲语言必须丰富,要作家从各种渠道吸收语汇,上至经传子史、诗赋古文,旁及道家佛教九流百工之语,下至村野童蒙之言,都应广泛采撷。

二是戏曲语言的生动性和灵活性。李渔强调戏曲文学中语言的"机趣"。"机趣"即戏曲语言内在灵动性和形式的生动性、趣味性。他说:"机者,传奇之精神;趣者,传奇之风致。少此二物,则如泥人土马,有生形而无生气。"在提出"重机趣"的同时,又提出戏曲语言必须重尖新,"勿使有断续痕,勿使有道学气",要克服戏曲语言迂腐、板实的现象。

三是戏曲语言的性格化。李渔指出戏曲语言要注意行当脚色的区分,"生旦有生旦之体,净丑有净丑之腔",应该做到"说何人,肖何人,议某事,切某事"。而要做到这一点,就必须熟悉剧中人物的内心世界,因为"言为心声,欲代此一人立言,先宜代此一人立心"。这就把人物语言的选择与人物性格的刻画结合到一起了,并把戏曲言情与戏曲代言体的特征揭示了出来。

此外,词曲部的"格局第六"在讨论戏曲格局方面也颇有创获。该篇包括了组成传奇体制的"家门"、"冲场"、"出脚色"、"小收煞"、"大收煞"等方面。李渔认为戏曲的格局具有"有一定而不可移者,有可仍可改,听人自为改者"的固定性和灵活性共存的特点。因此他一方面要求在创作中遵守戏曲形式的"常格",另一方面又指出要据具体情况"通融运用"。在这种精神指导下,李渔分别对格局各部分提出了自己的见解。简言之,"家门"宜开门见山;"冲场"应该言简意赅地传达人物的一腔心事,还要凸显人物的精神特征;"出脚色"不应让主要人物出场太晚;"小收煞"宜紧忌宽,宜热忌冷,应讲求悬念;"大收煞"应自然而然,水到渠成,"有团圆之趣","无包括之痕"。

《闲情偶寄》中有关戏曲创作的这些论述,总体上说是继承了明代戏曲理论家王骥德相关理论的系统性特征,使中国古典戏曲理论更趋完善。其可贵之处在于始终把戏曲文学创作与舞台表演相结合,使剧本创作以"登场"为起点,体现了戏曲文学的独特之处,因而具有很强的实践性特色。时至今天,这些理论仍具极大的启发意义。

探讨本书中有关戏曲文学理论的论著,有朱东润《李渔戏剧论综述》(收入所著《中国文学论集》,中华书局,1983年),杨绛《李渔论戏剧结构》(《比较文学论集》,北京大学出版社,1984年),齐森华《李渔的戏剧理论初探》(《上海师大学报》1980年第1期),陈多、叶文尉《李笠翁的戏曲编剧理论与技巧》(《戏剧艺术》1981年第4期),张晓军《李渔创作论稿》(文化艺术出版社,1997年)有关章节等。

(谯进华)

历代诗话 吴景旭

《历代诗话》,吴景旭撰。有清抄本、《四库全书》本、民国三年(1914)刘承幹刻《吴兴丛书》本等。目前通行的读本,是1958年中华书局上海编辑所刊行的标点本,该本以《吴兴丛书》本为底本,分为上下二册。

吴景旭,生卒年不详,仅知其主要生活年代在明末清初。字旦生,号仁山。浙江归安(今湖州)人。明末诸生,笃学能诗。入清之后,在元人赵孟頫莲花庄故宅上构筑南山堂,终日吟咏自娱,一时名士如吴伟业、徐乾学诸人均与之交游。除本书外,另有《南山自订诗》传世。

《历代诗话》是一部考论先秦迄明代诗歌的专著。全书共分十集八十卷,以天干为目。其中,甲集六卷,专论《诗经》;乙集六卷,皆论《楚辞》;丙集九卷,专论赋体;丁集六卷,主论古乐府;戊集六卷,论汉魏六朝之诗;己集十二卷,前九卷论杜诗,后三卷录《杜陵谱系》;庚集九卷,论唐人诗歌;辛集七卷,皆论宋诗;壬集十卷,前三卷论金代诗歌,后七卷论元人诗歌;癸集九卷,专论明代诗歌。卷中体例,是每论一事,都先标一题目,而后引述相关史料及考证性的文字,广泛收录诸家旧说。至于吴氏本人的立论观点及考辨成果,则以"吴旦生曰"起首,另起一行排在该条正文之后。本书前后无序跋,据《四库全书总目》本书提要,原来的抄本中尚有修订的痕迹,很有可能是初定之稿。

《历代诗话》取材丰富,内容广博。其主要特点如下。

第一,本书着重于对历代诗歌作品的论释。在对有关诗作进行分析时,吴氏多采取以小见大的研究方法,每个讨论的问题开口不大,眼界却很宽。他能把诗歌中看似孤立的现象放在诗歌发展演变史的大背景中加以阐述,既广泛征采诸家杂说,又能借助丰富的文献资料,参以己意,触类旁通,或追本溯源,对问题作深入透彻的分析。如卷四十七"驱雁"一条,讨论唐代著名诗人王维《出塞》中"暮云空碛时驱马,秋日平原好射雕"及"玉靶角弓珠勒马,汉家将赐霍嫖姚"两句诗连续出现"马"字是否恰当的问题时,先引王世贞的观点,认为此诗中惟"两马字犯","或可稍改",又追本溯源,引鲍照的诗"秋霜晓驱雁"、"北风驱雁天雨霜"两句,及《洛阳伽蓝记》中"北风驱雁,千里飞云"一段,推测王维诗之原意,得出"沙碛自应驱雁,而马字仿佛雁字,以致传讹"的结论。吴氏在前人已有所质疑的情况下,细心探究,其观点自可备为一家之说。又如卷五十二"豆蔻"条,考杜牧诗"娉娉袅袅十三余,豆蔻梢头二月初。春风十里扬州过,卷上珠帘总不如"中"豆蔻"之意。吴氏先引诸家旧说,若刘孟熙认为"豆蔻花未大开者谓之含胎花",故此诗中"豆蔻"当指年虽少而已娠身;而杨慎则持相反意见,他以为本诗乃咏娼女之作,故而应是言其美而年少未经世事,犹如豆蔻中花之未开者。对于前人的争论,吴氏作了深入的分析,以《南方草木状》及《本草》中的说法相互印证,肯定刘氏之说的正确。但吴氏的研究并未在此打住,他引黄庭坚《广陵早春》"春风十里珠帘卷,仿佛三生杜牧之。红药梢头初茧栗,扬州风物鬓成丝",指出"豆蔻含胎"与"红药茧栗"当同出一意,不仅解决了豆蔻的问题,又解释了"红药茧栗"一典的含义。在此基础上,吴氏还广泛采录历代相关的诗句,如高续古《红药词》"红翻茧栗梢头",姜夔《芍药词》"茧栗梢头弄",张伯雨"胡姬正十五,芍药正含葩",杨廉夫"从今不带宜男草,豆蔻含胎恐太并"等,使读者对历史上与此两典相关的诗作有了更深一步的认识。再如卷七十二"鲤鱼风"一条,讨论明初诗人宋濂的诗句"秋林崖荔雨,春浦鲤雨风",首先引《提要录》称鲤雨风"乃九月风也";然后历征唐代李贺、李晔至明初郭奎诸家诗,说明"鲤雨风"一词,其实是指秋天之景,宋濂谓"春浦",显见用典有误。这一考证证据充分确实,但吴景旭又进一步发挥,试图探求宋濂失误之源。于是又引唐人佚名诗、李商隐诗,指出其中有"鲤鱼风"的句子,都曾被后人误认为是春景而引入各类杂记之中;而像唐庚、孙蒉等人诗中已出现误用此典的情况,由此证明宋濂不过是承前人之误而已。除此之外,吴氏在研究中还能将诗史互证,进行横向比较。如卷七十六"久雨"条,由沈周送程敏政罢官一诗中的"人从今日去,雨到几时晴"两句,及诗下注"因久雨,为言者滥及去位"之语,证明《明实录》所记弘治元年监察御史王嵩以"久阴不雨"为由,弹劾程敏政等人一段中的"久阴不雨"说,实有舛误,即是以诗证史之明例。凡此均可见吴氏在处理个别的细部的问题时,能以通观的眼光,竭力网罗资料,考辨源流,融会贯通,从整体上对诗歌及相关问题作一种放大细部的考究工作。

第二,吴氏对诗歌的诸多流派和历代名家也发表了自己的看法。例如,本书八十卷,对历代有影响的诗人无不论及;而对杜甫诗,更是专列一集,以十二卷的篇幅详细地加以论述,表达出对杜甫的推重,也可从中见到吴氏论诗的倾向性。又如卷五十一"半日闲"条,在讨论李涉《游鹤林寺》诗中"因过竹院逢僧话,又得浮生半日闲"一联时,便征引了历代诗话中与此诗相关的佚事趣闻,既论诗又论人,其言曰:"涉本爱竹,因登山而作此句,极韵事也。佛印犹是雅谑(苏轼访佛印于寺院,佛印有"学士闲得半日,老僧忙了半日"之语)。至作三日劳碌,乃以僧舍为邮亭,贵人俗甚,然亦僧自取耳(事见《竹坡老人诗话》)。"接着又举杜牧"家在城南杜曲旁,两枝仙桂一时芳。

禅师都未知名姓,始觉空门意味长"一诗的本事,与前面所引逸闻对照。同时吴氏对一些诗派的评价也比较公允融通。如其论明代前后七子时,肯定的成分较多,评价较好;同时对反对七子的公安派代表人物袁宏道也不乏好感,卷七十九"袭前"条谓:"当循声溯影之时,堆垛之风,中郎起而辟之,洒洒荡荡,眼膜顿洗,正不可少此打猛诨出也。其自谓不袭,与必欲指其袭,皆是习气未除。要之诗人工拙,全不在此,亦观其大段若何耳。"即大处着眼,充分肯定了袁氏的文学史地位。

此外,虽然吴氏本人绝少谈诗法,但在书中专列一卷(见卷六十)辑录元人论诗法之著作,如范梈《木天禁语》、揭傒斯《诗宗正法眼藏》、黄子肃《诗法》、杨仲弘《作诗准则》、傅若金《诗法正论》等,也体现出撰者论诗之倾向。像其选录的《木天禁语》中有一段文字云"以上气象,各随人之资禀高下而发","诗之气象,犹字画然,长短肥瘦,清浊雅俗,皆在人性中流出",又说"性情发于色,形于言,此诗之本原也"。从此处略可见吴氏对诗歌本质的认识,即承认诗是表达个人心声性情,抒发自我真情的。

《历代诗话》一书资料繁富,吴氏又能将诸家之说互相钩贯融通,并参著其得失。其广征博引之外,又不乏一己之创见,比较生动地显现了文学研究风尚在明末清初的嬗变之迹。同时书中的一些有关历代诗的见解,对于后代学者研究古代诗歌的发展变化亦颇有启迪之功。

研究本书的论著,有《四库全书总目》本书提要、蒋寅《清诗话考》(中华书局,2005年)下编相关部分等。

(吕海春)

原诗 叶 燮

《原诗》,四卷。叶燮撰。现存最早的单刻本,是清康熙间二弃草堂刻本。其书后又收入民国六年(1917)所刊《郋园先生全书》,列为《己畦文集》附录。另有一种不分卷本,乃去掉四卷本卷次而保留书中篇名,常见者为《清诗话》所收本。目前的通行本,是人民文学出版社1979年刊行的校点本(与《一瓢诗话》、《说诗晬语》合印一册);该本以《清诗话》本为底本,而校以《己畦集》所收者。

叶燮(1627—1703),字星期,号己畦,以寓居横山,时称横山先生。江苏吴江人。清康熙五年(1666)举人,九年中进士,曾任宝应知县,以伉直不附上官意罢官。晚年寓居吴县,以游历山川,著述讲学终其身。著作除本书外,尚有《己畦文集》、《己畦诗集》、《汪文摘谬》等。生平可参看蒋寅《叶燮行年考略》(《国学研究》第10卷,北京大学出版社,2002年)。

《原诗》是一部系统阐述作者独特的文学理论见解,并据之批评历代诗歌的文学批评专著。据卷首海宁沈珩序的署年,其书至晚在康熙二十五(1686)冬已经完成。书取"原诗"为名,意思是想借此对诗歌创作做"因流而溯源,循末而返本"的工作。全书分为内篇、外篇,内、外篇又各分上下卷,故为四卷。据沈珩序,"内篇标宗旨,外篇肆博辨";而通观全书,可知内篇重在阐释理论,外篇则多为以己之理论评论古今诗。至书内行文格式,则又多是以答人问的形式,先立主旨,然后层层剖析,步步辩说,显现出一种前此传统文学批评论著中罕见的系统性与比较严密的逻辑结构。

《原诗》的"内篇上"主要讨论了诗歌创作的基础问题。在叶燮看来,"诗之基",是诗人的"胸襟","有胸襟,然后能载其性情智慧聪明才辨以出,随遇发生,随生即盛"。"胸襟"具备之后,则第二步即为"取材"与"用材",而最终的归结,乃是"设色布采"。至在由胸襟到设色布采的过程之上更进一层,则又须有"变化"。以此"变化"为契机,叶氏颇费笔墨地特意讨论了诗歌中"法"的含义与价值。他强调诗有"死法"、"活法"之别,推崇那种"不可执"又能使人"通达无阻"的"活法"。

"内篇上"中最引人注目的地方,是叶燮提出界定诗歌创作客体规则方面的三个相互依存的概念:理、事、情。书中以草木为喻,解释曰:"譬之一木一草,其能发生者,理也;其既发生,则事也;既发生之后,夭乔滋植,情状万千,咸有自得之趣,则情也。"同时作者又在三者之上别举一"气"的概念,谓气的功能是对理、事、情三者"总而持之"、"条而贯之","三者藉气而行者也。得是三者,而气鼓行于其间,絪缊磅礴,随其自然所至即为法。此天地万象之至文也"。

与理、事、情三者相应,《原诗》的"内篇下"里又提出了属于诗歌创作主体方面的四大条件:才、胆、识、力。叶氏于此四者特别强调"识"的重要性,认为"四者无缓急,而要在先之以识";"夫内得之于识而出之为才,惟胆以张其才,惟力以克荷之";并从反面论证"无识而有胆"则为"妄","无识而有才"则易"是非淆乱,黑白颠倒","无识而有力"则"坚僻妄诞之辞,足以误人而惑世"。

也是在"内篇下"中,叶氏对其"内篇上"中言及的理、事、情三者中的"理"与"事",作了特别的阐述,以解问者提出的"情"于诗为当然之项,"理"、"事"于诗似未切要的疑惑。他用惯用的辩证语言,将"名言所绝之理"与"无是事"之"事"推为"至理"与"凡事之所出",因而断言:"惟不可名言之理,不可施见之事,不可径达之情,则幽渺以为理,想象以为事,惝恍以为情,方为至理至事至情之语。"就此他专门举出杜甫诗中"碧瓦初寒外"、"月傍九霄多"、"晨钟云外湿"、"高城秋自落"四句,加以详细而生动的诠解,以说明佳诗所具有的虚实相成、理事情兼具的特征。

《原诗》内篇中讨论的这些问题,有些前人已有论及,但从无建构如此系统而辩证的逻辑架构;有些则深得诗家三昧,触及了诗歌创作中常见的胶着与通灵、有无相生相克等具有普遍意义的话题,因此在中国文学批评史上具有重要的价值。

《原诗》外篇重在对具体作家作品及文学现象进行评论。如"外篇上"指出:"近今诗家,知惩七子之习弊,扫其陈熟余派,是矣。然其过,凡声调字句之近乎唐者,一切屏弃而不为,务趋于奥僻,以险怪相尚,目为生新,自负得宋人之髓,几于句似秦碑,字如汉赋,新而近于俚,生而入于涩,真足下败人意。"即一针见血地指出了清初诗坛某些人过于崇宋、走火入魔的弊端。又如"外篇下"言及晚唐诗,谓"论者谓晚唐之诗,其音衰飒然。衰飒之论,晚唐不辞;若以衰飒为贬,晚唐不受也",理由是"衰飒"之声,"俱天地之出于自然者"。这与叶氏在本书"内篇"中提出的诗歌"因时递变"之说互为照应,均显现了作者于文学的发展持一种通达的见解。

叶燮写作《原诗》,其当时直接的动因,可能是进一步从理论上系统地驳斥以汪琬为代表,较少考虑文学本身特点的有关文学主张。终清一代,《原诗》在学术界的反响并不大。至现代,其独特的价值才被发现,论者因有"清人之言诗者,未之能先也"(朱东润《中国文学批评史大纲》)的评价。其系统性的特长,亦得以为广大学者所认可,美籍华人学者刘若愚在所著《中国的文学理论》一书中,即将《原诗》称为"中文诗论中少数有系统的作品之一"。

《原诗》自然亦存在一些缺点。首先是其论诗的最终基点,仍建立在风雅名教的传统宗旨上,故某些议论难免迂腐。此外书中的逻辑建构,还不乏幼稚处,推理性的论述,亦偶显证据不足,因此一定程度上削弱了全书的理论深度。

有关本书的研究论著,有蒋凡《论叶燮及〈原诗〉》(《复旦学报》1984年第二期)、《叶燮〈原诗〉的理论特色及贡献》(《文学遗产》1984年第二期),王镇远《〈原诗〉写作缘起考》(《苏州大学学报》1991年第二期),蒋寅《叶燮的文学史观》(《文学遗产》2001年第6期),以及邬国平、王镇远合著《清代文学批评史》(上海古籍出版社,1995年),张健《清代诗学研究》(北京大学出版社,1999年)有关章节等。

(陈正宏)

渔洋诗话 王士禛

《渔洋诗话》,三卷。王士禛撰。有清康熙四十八年(1709)刻本、乾隆二十三年(1758)竹西书屋刻本、《四库全书》本、《清诗话》本等。以《清诗话》(上海古籍出版社,1978年排印本)本较为通行。

作者生平事迹见"五代诗话"条。

《渔洋诗话》是王士禛生前亲自编定的一部诗话著作。在撰著本书之前,王氏于所著《池北偶谈》、《居易录》、《皇华纪闻》、《陇蜀余闻》、《香祖笔记》等书中已杂记诗话数百条,还别撰有专论五代诗的《五代诗话》一书。但通代诗话专著则未曾写过。康熙四十四年(1705)王氏已归里,得杭州吴陈琰函,云欲撰"本朝诗话",向王氏征求所撰诗话。由于求稿颇急,王氏便撰录了"平生与兄弟友朋论诗及一时谈谐之语可记忆者"六十条相寄。到康熙四十七年秋冬间,王氏又在原稿基础上增加了一百八十余条,次年刊行,即流传至今的三卷本《渔洋诗话》。

《渔洋诗话》是王士禛运用其毕生主张的"神韵"说理论,对历代诗歌尤其是明末至清前期诗歌具体作品进行品评的一部著作。书中大量辑录了王氏认为优秀的其兄弟师友门生之作,并对有关作者的身世及佚闻作了比较生动的叙述。在此基础上,书中也对明清诗史及诗歌创作理论进行了研讨,提出了一些比较独到的看法。

王氏论诗颇宗《沧浪诗话》一系之说,这在书中多有反映。卷上有云:"余于古人论诗,最喜锺嵘《诗品》、严羽《诗话》、徐祯卿《谈艺录》,而不喜皇甫汸《解颐新话》、谢榛《诗说》。又云:弇州《艺苑卮言》品骘极当,独嫌其党同类,稍乖公允耳。"同书卷下则曰:"锺嵘《诗品》,余少时深喜之。今始知其踳谬不少。"接着就《诗品》上中下三品所列诗人等次不当,一一纠出。但这种前后异说的情形,在有关《沧浪诗话》的文字中便见不到。不仅如此,本书卷上还一反书中多谈具体诗歌及其作者的常规,大段征引了作为严羽"妙悟"说前奏的南宋姜夔的《白石道人诗说》中"三高妙"等语,并称"右论诗未到严沧浪,颇亦足参微言";卷下又将《二十四诗品》中"不着一字,尽得风流"等语,

《沧浪诗话》里"如镜中之花,月中之月"、"羚羊挂角,无迹可求"之评等诸家重妙悟之诗论并列展示,可见王氏对于该派理论的崇奉。至书中论述具体诗作,如举高启"白下有山皆绕郭,清明无客不思家"等为"律句有神韵天然,不可凑泊者"之类,更明白地显示出王氏"神韵"说与严氏《沧浪诗话》的实际关联。也正因此,书中于同时人评"神韵"诗论与禅悟联系的话语照录不误:"洪昇昉思问诗法于施愚山,先述余凤昔言诗大指。愚山曰:'子师言诗,如华严楼阁,弹指即现;又如仙人五城十二楼,缥缈俱在天际。余即不然,譬作室者瓴甓木石,一一须就平地筑起。'洪曰:'此禅宗顿、渐二义也。'"转录洪昇这样的结论,说明王氏对于这种关联是颇为自得的。

另一方面,《渔洋诗话》中对明清两代诗歌发展的大势也作了颇为扼要的述评。如卷上论"历下诗派"始盛于"弘正四杰"之边贡,再盛于嘉隆七子之李攀龙,而后式微;卷中论"东粤诗",于其地著名诗人及其代表作一一列出;卷下谓"闽派自林子羽、高廷礼后,三百年间,前惟郑继之,后惟曹能始,能自见本色"等,即从区域文学发展的角度,凸显了明代以来诗歌演化的轨迹。又卷下称明末七律有两派,一为陈子龙,一为程嘉燧,又分析两家渊源,谓"大樽(陈子龙)远宗李东川、王右丞,近学大复;松圆(程嘉燧)学刘文房、韩君平,又时时染指陆务观",也颇中款要。卷上所谓"余论当代诗人,目曰'南施北宋'。施谓愚山,宋谓荔裳。二君集皆经余删定"云云,则又反映出王氏对于当代文学的评品眼光。

此外,本书中也包含了一部分有关古代作家作品的考订文字,如卷下考证唐诗人刘眘虚生平,为《唐书》、《唐诗纪事》等所未载;辨《诗话类编》误载所谓高适改"一江"为"半江"诗句等,也为前人所未曾道及。凡此皆可见王氏读书之广博。但本书也存在着内容泛杂,又喜好自我吹嘘的毛病,《四库全书总目》曾摘示其芜杂内容数则,且谓之"未免露才扬己",不为无的放矢。

在此三卷本《渔洋诗话》之前,另有一种一卷本的《渔洋诗话》,所录为王士禛《古诗选》的五言、七言古诗凡例,收入清康熙间王晫、张潮所辑《檀几丛书》二集卷二十五,其书名本非王氏亲定,内容也实非诗话,王氏三卷本《渔洋诗话》卷首自序已辨其非。但王氏序谓"今南中所刻《昭代丛书》有《渔洋诗话》一卷"云云,《昭代丛书》中实无其书。当是《昭代丛书》与《檀几丛书》编者相同,皆为王晫、张潮,刊刻时间又相近,故王氏误记。

研究本书的论著,有日本船津富彦所撰《渔洋诗话杂考》(载《东洋学论丛》"东洋大学文学部纪要三三印度哲学科中国哲学文学科篇五",1980年3月)、赵晓华《王士禛〈渔洋诗话〉戊子手稿考述》(《文物》1995年第9期)等。

(陈正宏)

带经堂诗话 王士禛

《带经堂诗话》，王士禛原著，张宗柟纂集。有清乾隆二十七年(1762)南曲旧业刻本、同治十二年(1873)广州藏修堂重刊本等。目前的通行本，是人民文学出版社1963年出版的以同治本为底本、参校乾隆本的校点本。

王士禛在清代前期文坛上为一代宗主，其论诗主"神韵"之说，风靡一时，生前生后颇有追随者。张宗柟成年时，王氏已故，但由于张氏前辈曾与王氏交游，故其读王氏著述而情有独钟。张宗柟(1704—1765)，字汝栋，号含广，浙江海盐人。出身官宦世家，而屡试不第。至年五十余，始舍弃举业。平生甚好读王士禛著作，以编纂本书而成名。另著有《吟庐小稿》、《度香词》各一卷。康熙雍正之际，他得见王氏《渔洋诗话》新刊本，甚好之。自此凡遇王氏著作必加购藏，而对王氏书中论诗之语，尤为留意。后花溪许昂霄来张家任塾师，劝其分类汇纂王氏论诗语为诗话，张欣然接受其建议，数年搜辑，至乾隆二十五年(1760)纂成本书。书名中的"带经堂"，本是康熙帝御赐王士禛的堂号，张氏取以作书名，是为了有别于王氏手订的《渔洋诗话》。

《带经堂诗话》三十卷附"卷首"一卷，分八门六十四类辑录了王士禛著作中有关诗的文字。卷前有乾隆二十五年张宗柟自序、"带经堂诗话纂例"与"带经堂诗话汇纂书目"。据"汇纂书目"，可知本书取材于如下十八种王氏著作：《渔洋文》、《蜀道驿程记》、《古诗选凡例》、《皇华纪闻》、《南来志》、《北归志》、《广州游览小志》、《池北偶谈》、《蚕尾文》、《蚕尾续文》、《秦蜀驿程后记》、《陇蜀余闻》、《居易录》、《香祖笔记》、《渔洋诗话》、《古夫于亭杂录》、《唐人万首绝句选凡例》、《分甘余话》。张氏将这十八种著作中的论诗语分为综论、悬解、总集、众妙、考证、记载、丛谭、外记八门，各门之下又分若干类，如综论门即分源流、体制、品藻、推较、摘瑕、评驳六类。类中所录各条，则以所出著作的撰述年代为基本次序，每条末均注明出处；间于某条后附录他书所有的相似或相关文字，则于该条末出处后注"并录(几条)"字样，而将附录各条的出处均另起行列于每条文字之首，以与系年排列的条文相区别。张氏于书中条文后又间有"附识"、"案"语，或采他说补充王氏原文所未详,或述编纂体例。而全书卷一前所列"卷首"一卷,则为御笔、应制两类。

本书虽非王士禛本人所纂集,但由于编纂人张宗柟以博收为务,所以举凡王氏著述涉及诗歌的片言只语,几无不包罗于本书之中。虽然张氏所辑在分类上存在繁琐冗沓而又时常不得要领的毛病,但因为它反映王士禛诗论的完整程度要远过于王氏本人所著《渔洋诗话》(该书内容也已全部收入本书),所以至今仍是研究王士禛与清代前期诗歌创作与批评的一部重要参考书。

由本书可见王士禛诗论的内容主要有以下几个方面。

一、推崇《二十四诗品》、《沧浪诗话》的有关批评标准,讲求诗的妙悟与禅意。卷三悬解门要旨类第二条云:"表圣论诗,有二十四品,予最喜'不著一字,尽得风流'八字。"(出《香祖笔记》)同卷入神类第四条又记有人问"不著一字,尽得风流"之意,王氏即举李白"牛渚西江夜"与孟浩然"挂席几千里"二诗为例,谓"诗至此,色相俱空,政如羚羊挂角,无迹可求,画家所谓逸品是也"。(出《分甘余话》)同卷微喻类则更明确地称:"严沧浪以禅喻诗,余深契其说,而五言尤为近之。"(出《蚕尾续文》)"舍筏登岸,禅家以为悟境,诗家以为化境,诗禅一致,等无差别。"(出《香祖笔记》)类似的文字在《渔洋诗话》中也可见到,但不如本书所收的语旨明了、文字全面。

二、评诗标举"神韵",且时以"兴象"、"兴会"与"神韵"并提。卷三要旨类第四条录《池北偶谈》文云:"'神韵'二字,予向论诗,首为学人拈出。"卷十二众妙门赋物类第二条评赵子固梅花诗"虽不及和靖,亦甚得梅花之神韵"(出《居易录》)。而卷五总集门序论类第二十一条批评唐末五代人诗,又谓"至神韵兴象之妙,以视陈隋之季,盖百不及一焉"(出《蚕尾文》)。卷十八考证门辨析类第四十五条引王维"万壑树参天"一首,则云:"兴来神来,天然入妙,不可凑泊。"(出《古夫于亭杂录》)这最后一条显示出王氏推崇《二十四诗品》、《沧浪诗话》一系诗歌理论中的某些部分,以及这些部分与"神韵"说的内在联系。而有关论述的术语渊源,又可上溯到唐人殷璠的《河岳英灵集》。

三、论历代诗,谓宋不及唐,明则胜金元。于唐诗大家虽均褒誉,而心许者实为王、孟诸家。但于明代前后七子多有称许,而力驳钱谦益《列朝诗集》评诗之误。本书卷二十九外纪门答问类录有王士禛答门生所问诸条,当被问及"宋诗不如唐者,或以气厚薄分耶"时,王氏答曰:"唐诗主情,故多蕴藉;宋诗主气,故多径露,此其所以不及,非关厚薄。"(第三十八条)同卷同类在回答"明人诗可比何代"问题时,又有"明诗胜金元"(第八条)语。本书中录王氏对王维、孟浩然一派唐诗的赞语甚多,此自是其论诗主"神韵"、"妙悟"的必然结果。而论明诗,则不满钱谦益之说,卷二综论门评驳类第十一条云:"钱牧翁撰《列朝诗》,大旨在尊李西涯,贬李空同、李沧溟,又因空同而及大复,因沧溟而及弇州,索垢指瘢,不遗余力。……所录《空同集》诗,亦多泯其杰作。……予窃非之。"(出《居易录》)并于卷四总集门纂辑类第六条著其说,谓:"明诗莫盛于弘正,弘正之诗莫盛于四杰。……四杰之外,又有七子。……故千秋论定,以李、何为首庸,边、徐二家次之,浚川、对山、渼陂、泊东桥、凌溪以还,则皆羽翼也。……四杰之在弘正,其建安之陈思、元嘉之康乐欤!"(出《蚕尾续文》)而王氏之所以持此与钱谦益截然相反的观点,当与前后七子诗论主宗唐而不主宗宋,适与王氏主张契合有关。

此外,本书还包括了明清诗坛概况、前代诗歌考证、文人掌故等多方面的内容。由于王氏经历颇广,读书面又宽,所以这些内容也时有独到处。如卷二十七丛谭门笑枋类第七条记康熙初士人挟诗文谒文坛名流之概(出《香祖笔记》),卷十七考证门注家类第七条考证杜牧《杜秋娘》诗本事等,对于存一代文事,发千年之秘,均堪称有功。但由本书也可见王士禛论诗好自我标榜,又有重复陈言之弊。而本书编者张宗柟细大不捐,有文必录的编纂方式,也一定程度上使本书内容显得芜杂不精。

研究本书的论著,有朱东润《王士禛诗论述略》(原载《文哲季刊》,后收入《中国文学论集》,中华书局,1983年)、薛顺雄《王士禛著作考》(台湾《东海学报》第十卷第一期,1969年)、黄景进《王渔洋诗论之研究》(台北文史哲出版社,1980年)、吕怡菁《解读与重建王士禛"神韵说"与王国维"境界说"》(台湾花木兰出版社,2007年)以及黄继立《"神韵"诗学谱系研究——以王渔洋为基点的后设考察》(台湾花木兰出版社,2009年)的有关部分等。

(陈正宏)

说诗晬语 沈德潜

《说诗晬语》,沈德潜撰。有《沈归愚诗文全集》本、《清诗话》本以及《四部备要》本等多种版本。上海古籍出版社1978年出版的《清诗话》及人民文学出版社1979年出版的《原诗·一瓢诗话·说诗晬语》中收录的,是目前较为常见的本子。

沈德潜(1673—1769),字确士,号归愚。江苏长洲(今苏州)人。早年屡试不售,至清乾隆四年(1739)六十七岁时才考取进士。由翰林院编修,历官至礼部侍郎。曾从叶燮学诗,又得到当时文坛领袖王士禛的褒奖,故被目为王氏之后的诗坛领袖。除本书外,尚有《归愚诗文钞》、《古诗源》、《唐诗别裁集》、《明诗别裁集》、《清诗别裁集》等。

《说诗晬语》两卷,凡二百二十六条。上卷一百二十七条,下卷九十九条。正文之前有"自序",介绍写作该书情形;据此序,知本书撰于雍正九年(1731)。本书评说的范围很广,上起《诗经》,下至明末诗人诗作。作为生活在康熙、雍正时期的具有正统意识的文人,沈氏在书中表达的诗歌理论,带有很强的时代特征。

首先,在评诗的标准上,沈氏依循"温柔敦厚"的诗教传统,重视诗歌的教化作用。本书一开始就指出:"诗之为道,可以理性情、善伦物、感鬼神、设教邦国、应对诸侯,用如此重也。"这是对《诗大序》中关于诗教观点的继承。对于那些无关政治、教化的作品,"声律日工,托兴渐失",沈氏以为远"诗教"而无多大价值。在此观点的指导下,沈氏高度评价了《诗经》的思想意义和艺术成就,并把它视为诗歌的源头。他说:"王子击好《晨风》,而慈父感悟;裴安祖讲《鹿鸣》,而兄弟同食;周盘诵《汝坟》,而为亲从征。此三诗别有旨也,而触发乃在君臣、父子、兄弟,唯其可以兴也。读前人诗而但求训诂,猎得词章记问之富而已,虽多奚为?"要求读前人诗不能只停留在训诂层面上,而应通过诗歌"兴"的艺术特征去体味诗中的寓意。由于屈原的作品具有"显忠斥佞,爱君忧国,足以持人道之穷"的特点,沈氏称其为"《诗》之苗裔"。这是从忠君爱国的角度肯定屈原作品的正统地位。他对《古诗十九首》、白居易、杜甫等诗歌的评价,始终贯穿了这一标准。由诗的教化内容,沈氏又进而论及诗人的自身修养。在他看来,要写出富有生命力的"真诗",必须具备良好的内在素质。他说:"有第一等襟抱、第一等学识,斯有第一等真诗。"在这一点上,他继承了他的老师叶燮"诗之基,其人之胸襟是也"的说法并作了补充。在"教化"的总论点下,沈氏重新提出"温柔敦厚"的诗教原则。在沈氏的理论范畴中,"温柔敦厚"既是对内容的要求,也是对表达方式的要求。他说:"讽刺之词,直诘易尽,婉道无穷。"这是修辞意义上的"温柔敦厚"。他又说:"州吁之乱,庄公致之,而《燕燕》一诗,犹念'先君之思'。七子之母,不安其室,非七子之不令,而《凯风》之诗,犹云'莫慰母心'。温柔敦厚,斯为极则。"这则是意义上的"温柔敦厚"了。对一些意义上看起来显然很难称得上"温柔敦厚"的作品,沈氏也从自己理论的角度给予重新诠释。如他评《巷伯》:"《巷伯》恶恶,至欲'投畀豺虎'、'投畀有北',何尝留一余地? 然想其用意,正欲激发其羞恶之本心,使之同归于善,则仍是温厚和平之旨也。《墙茨》、《相鼠》诸诗,亦须本斯意读。"经沈氏这样诠释后,原先很多富于声讨意义的诗歌都变得"温厚和平"了,都可以归入他自己设定的评论视阈。"温柔敦厚"标准的强调,显示了沈氏观点正统性的特色。尽管沈氏在一定程度上赞同"讽喻诗",但"讽喻"的程度及方式都是受到节制的,都以"温柔敦厚"为指归。

其次,沈氏继承其师叶燮注意分析诗歌源流、正变的态度,说:"作文作诗,必置身高处,放开眼界,源流升降之故,了然于中,自无随波逐浪之弊。"但叶燮理论重在"变",沈氏理论的重点则在溯源。在沈氏眼中,《诗经》是诗歌的源头,唐诗则是诗歌的"高处",是宋元诗之源。由于明诗尤其是前后七子之诗具有鲜明的学唐倾向,因而得到沈氏的好评。他在《古诗源序》中提出"诗至有唐为极盛"的观点。在同一篇文章内,他称道前后七子说:"有明之初,承宋、元之遗习,自李献吉以唐诗振天下,靡然从风,前后七子互相羽翼,彬彬称盛。"在《说诗晬语》中,沈氏又对时流加诸前后七子的攻击进行辩驳,肯定前后七子的复古行为。他评李东阳:"永乐以还,崇台阁体,诸大老倡之,众人应之,相习成风,靡然不觉。李宾之(东阳)力挽颓澜,李、何继之,诗道复归于正。"视李何等人的复古为"归正",反对明初的台阁体,正是把《诗经》、唐诗视为诗歌源头和正统的表现。他评李、何:"李献吉雄浑悲壮,鼓荡飞扬;何仲默秀朗俊逸,回翔驰骤。同是宪章少陵,而所造各异,骎骎乎一代之盛矣。钱牧斋信口掎摭,谓其摹拟剽贼,同于婴儿学语。至谓读书种子,从此断绝。此为门户起见,后人勿矮人看场可也。"其他如评徐祯卿"倩朗清润"、王世贞"卓尔成家"、李攀龙"高华矜贵"、谢榛"气逸调高",都可看出沈氏的复古立场。沈氏赞同前后七子的原因在于他们规模盛唐李白、杜甫雄浑宏壮格调,对当时的诗坛起了"振弱扶衰"的作用。在沈氏理论中,"格调"成为衡量诗歌艺术水平的一个尺度。他说:"庾子山才华富有,悲感之篇常见风骨","萧梁之代,君臣赠答,亦工艳情,风格日卑","'江西派'……神理未浃,风骨犹存"。从这些评论中,我们可推知沈氏推崇的乃是"鲸鱼碧海"和"巨刃摩天"一类风格雄健豪壮的作品。

再次,《说诗晬语》对诗歌的艺术特征也作了探讨。沈氏触及诗的艺术特征的地方不少,主要表现在:(一)对诗歌抒情本质的认识。他说:"事难显陈,理难言罄,每托物连类以形之;郁情欲舒,天机随触,每借物引怀以抒之;比兴互陈,反复唱叹,而中藏之欢愉惨戚,隐跃欲传,其言浅,其情深也。倘质直敷陈,绝无蕴蓄,以无情之语而欲动人之情,难也。"这里讨论的虽是比兴手法,但也指出了诗歌创作的本质是抒情。他认为:"若胸无感触,漫尔抒词,纵办风华,枵然无有。"这里将创作主体的"性情"、"感触"作为诗歌创作的内容和动力,触及了诗的本质。(二)艺术描写的真实、自然。沈氏有过这样的论述:"大约匠心独造,少规往则,钩深极微,而渐近自然。流览闲适中,时时浃洽理趣。"在评论陶潜诗时说:"陶诗合下自然,不可及处,在真在厚。"他反对诗歌中的虚假夸张:"点染风花,何妨少为失实。若小小送别,而动欲沾巾,聊作旅人,而便云万里……业处欢娱,忽作穷途之哭:准之立言,皆为失礼。""真"是诗的生命,沈氏强调诗歌描写的真与自然,在一定程度上修补了其理论中过多强调"诗教"作用的不足。(三)对诗歌法则的总结。除了对比兴、反复之类的修辞手法的归纳与强调外,沈氏还对章法、句法乃至炼字都作了讨论。他说:"诗贵性情,亦须论法。乱杂而无章,非诗也。"他所谓的法,是"行所不得不行,止所不得不止"的自然浑成之法。主张"以意运法",反对"以意从法"。在句法上,沈氏总结了杜甫诗歌的特征并加以归类,得出"倒插法"、"反接法"、"透过一层法"、"突接法"等规则。此外,沈氏还就"辨体"、"对仗"、"声韵"等方面加以考察,总结出一些行之有效的方法来。但所有的"法"在沈氏的理论框架中有一个先决条件,即"所谓章法之妙,不见句法,句法之妙,不见字法者也"。

《说诗晬语》中强调的"温柔敦厚"的观点有其迂腐的地方,但沈氏对诗歌源流和前代诗人诗作的看法,包含了一些有价值的东西。他对诗歌法则的总结、提炼,显示出诗歌文体研究的日渐精确与深入。

有关本书的研究论著,有苏文擢《说诗晬语诠评》(香港志豪印刷公司,1978年),邬国平、王镇远《清代文学批评史》(上海古籍出版社,1995年)有关章节等。

(谯进华)

论文偶记 刘大櫆

《论文偶记》,一卷。刘大櫆撰。该书的版本,以清道光间刊《逊敏堂丛书》所收本为较早,以范先渊校点、人民文学出版社1959年出版的《论文偶记·初月楼古文绪论·春觉斋论文》所收本为常见。

刘大櫆(1698—1779),字才甫、耕南,号海峰。安徽桐城人。早年曾以擅文见赏于桐城派名家方苞。清雍正中两登副榜,竟不获举;乾隆间应词科及经学之荐,亦未被录用。晚年官黟县教谕。著作除本书外,还有《海峰诗文集》、《历朝诗约选》等。

《论文偶记》是一部以讨论文章读法、作法为重点的文学批评著作。全书篇幅甚小,仅三十一条,集中反映了刘氏的文学观点。刘氏论文受方苞的影响,《论文偶记》所述,有属于"桐城派"一般理论的一面,重义理、经济。书中说:"人不穷理读书,则出词鄙俗空疏。人无经济,则言虽累牍,不适于用。故义理、书卷、经济者,行文之实。"但作者紧接着又写道:"若行文自另是一事。譬如大匠操斧,无土木材料,纵有成风尽垩手段,何处设施?然即土木材料,而不善设施者甚多,终不可为大匠。故文人者,大匠也;义理、书卷、经济者,匠人之材料也。"这里刘氏不仅将方苞的"义理"发展为"义理、书卷、经济",而且特别强调了文学本身的重要地位,因此尽管尚未摆脱早期桐城派理论留存下来的道学枷锁,却从一个特定的角度,显现了作者意欲将理论建筑在更切近文学本义的基础上的用心。

由此对文章的艺术性问题的探讨,成为本书的重要组成部分。这方面刘氏主要围绕"神气"与"妙"两个范畴展开。对"神"、"气"的强调是中国古代艺术论的特点,但在很多时候二者是被分开论述的,或只被单独强调其中一点。刘氏则将"神"、"气"并举,且以"神"主导"气",较之以前的论述更为细致。他认为,"文章最要气盛,然无神以主之,则气无所附,荡乎不知其所归也。神者气之主,气者神之用。神只是气之精处。"他关于"神"、"气"的论述当是对明代"唐宋派"的"神理"说和曹丕、苏辙的"气"论的借鉴。只不过曹、苏等人的"气"实际上包括了"神"的因素,而刘氏所谓的"气"主要指行文的气势。"气"是"神"的体现,"神"是"气"的主导。"气随神转,神浑则气灏,神运则气逸,神伟则气高,神变则气奇,神深则气静,故神为气之主。""妙"作为一个审美范畴,意指审美客体美的无规律性、不可言说性。但在此前多用于论诗。刘氏借用了这一概念并使之成为自己理论的一个重要范畴。并且,他把"钝拙"与"妙"联系起来,认为"文法至钝拙处,乃为极高妙之能事",也具有创新意义。

刘氏虽也强调师法古人,但态度较为灵活。他说:"古人文章可告人者惟法耳。然不得其神而徒守其法,则死法而已。要在自家于读时微会之。"方苞"义法"论主要探讨谋篇修辞的问题,是具体方法的总结、归纳。刘氏则强调通过"以此身代古人"的反复吟诵去体会其神气,并视此为"文法高妙处",较之方苞所言有一定程度的抽象性。其对文章字句、音节的强调,为后来姚鼐的"辞章"说开了先声。在探讨文法时,刘氏提出了奇、高、大、远、简、疏、变、瘦、华、参差、去陈言、品藻等概念,并能把貌似对立的概念有机地融入自己的理论体系。如他说:"文贵简。凡文笔老则简,意真则简,辞切则简,味淡则简,气蕴则简,品贵则简,神远而含藏不尽则简,故简为文章尽境。"可以看出,刘氏理论中的"简"包含着丰富的内容,是一种蕴藉深厚的表现形式。在语言上,刘氏崇尚朴素之美。他说:"文贵华,华正当与朴相表里。……所取于朴者,谓其不著脂粉耳。"这种简约、朴素的美学追求,在论述叙事与说理抒情时也表现出来。如书中主张"即物以明理","即事以寓情",即不仅包含着一种美学追求,且也触及了文学的形象思维特征。

《论文偶记》是桐城派古文理论的集中反映,它的出现,体现了清代中叶文学批评领域内强调经世致用、倡言义理辞章并重的主张,正以一种更为关涉文学特性的面貌出现。

有关本书的研究论著,有贾文昭《读〈论文偶记〉偶记》(《江淮论坛》1983年第4期),罗欣铭《刘大櫆〈论文偶记〉探微》(《中山大学学报论丛》1991年总第24期),刘守安《刘大櫆的散文理论》(《文史哲》1993年第4期),以及邬国平、王镇远《清代文学批评史》(上海古籍出版社,1995年)相关章节等。

(谯进华)

随园诗话 袁 枚

《随园诗话》,袁枚撰。正编十六卷,有清乾隆五十五年(1790)小仓山房原刊本;《补遗》十卷,有嘉庆间刻本。《诗话》及《补遗》合刻而较流行的本子,旧为清光绪十八年(1892)勤裕堂刊《随园三十八种》所收本。本书目前的通行本,是人民文学出版社1960年初版、1982年再版的点校本。又收入江苏古籍出版社1993年出版的《袁枚全集》第三册。

袁枚(1716—1798),字子才,号简斋。浙江钱塘(今杭州)人。后居江宁,得隋氏之园,改名随园,故又自号随园老人。清乾隆四年(1739)进士,改翰林院庶吉士。出为溧水、江浦、沭阳、江宁等县知县。乾隆十七年以丁父忧归,遂乞养母,不复出仕。居江宁小仓山随园,游心艺文,放迹山水,如是者近五十年。平生负才气,善诗文,论诗主性情,而所作多流丽闲适;为文尤长辩说,风格洒脱。著作除本书外,尚有《小仓山房诗文集》、《小仓山房尺牍》、《子不语》等多种。

《随园诗话》是袁枚晚年撰写的一部文学批评著作。其撰述的现实动因,是不满于乾隆间流行的以沈德潜"温柔敦厚"的"诗教"理论为代表的过于注重诗歌道德取向的文学风尚,以及片面强调"格调"的形式化创作方法,而别创"性情"之论,并以此说去评价诗人诗作。由于《诗话》中对当代诗人诗作多有点评,初刊后反响很大,至有人寄诗求袁氏选入诗话者,所以在十六卷《诗话》之后,袁枚又撰写了十卷《补遗》。

《随园诗话》及其《补遗》理论上最突出的主张,无疑便是"性情"或称"性灵"之说。袁枚认为:"诗人者,不失其赤子之心者也"(卷三)。而"诗者,人之性情也"(《补遗》卷一)。未失赤子之心者作诗,其性情必"真",因而反过来说,"诗难其真也,有性情而后真,否则敷衍成文矣"(卷七)。就此再看文学发展史,袁枚所见便是:"自《三百篇》至今日,凡诗之传者,都是性灵,不关堆垛。"(卷五)"堆垛"自然失"真",但"真"诗除了不堆垛之外,还须有特定的诗意。所以袁枚论"性情",连带着也强调诗"趣"或者叫"风趣"。他说:"诗不可以木。"(卷十五)又说:"有格无趣,是土牛也。"(卷七)只是这"趣"也"欲其真","人必知此,而后可与论诗"(卷一)。

由于主张"诗写性情,惟吾所适"(卷一),所以《随园诗话》评价古今诗作,多持比较宽泛的标准,而不专守某体某格。卷三记袁氏与人对答曰:"人或问余以本朝诗谁为第一,余转问其人,《三百篇》以何首为第一?其人不能答。余晓之曰:诗如天生花卉,春兰秋菊,各有一时之秀,不容人为轩轾。音律风趣,能动人心目者,即为佳诗,无所为第一第二也。"又袁枚对宋代严羽论诗之说颇多赞同,《诗话》多有称引。但同时他也指出:"严沧浪借禅喻诗,所谓羚羊挂角、香象渡河,有神韵可味,无迹象可寻,此说甚是。然不过诗中一格耳。"因而王士禛奉之为至论,冯班斥之为谬谈,都不能算是真正懂诗者。就此《诗话》归结道:"诗不必首首如是,亦不可不知此种境界。"(以上见卷八)而正由于袁氏对诗的风格体制持这样一种眼界相对开阔的态度,故《诗话》评价诗人多有切中要害之言。如卷二称王士禛"自是一代名家","才本清雅,气少排奡,为王、孟、韦、柳则有余,为李、杜、韩、苏则不足也",即其例。

也由于诗是各适性情的产物,而性情不同的诗人,即便是大家,所作仍有所擅长及其短处。所以换个角度,《随园诗话》又指出学诗不能无弊。袁枚写道:"学汉、魏、《文选》者,其弊常流于假;学李、杜、韩、苏者,其弊常失于粗;学王、孟、韦、柳者,其弊常流于弱;学元、白、放翁者,其弊常失于浅;学温、李、冬郎者,其弊常失于纤。"救弊的最佳方法自然是"吸诸家之精华,而吐其糟粕",但这显然不太容易,故袁枚接着提醒后学:"大概杜、韩以学力胜,学之,刻鹄不成,犹类鹜也。太白、东坡以天分胜,学之,画虎不成,反类狗也。佛云:'学我者死。'无佛之聪明而学佛,自然死矣。"这里实质上又回到了《诗话》的本题,即学诗亦当各随性情。再看《诗话》卷七所谓"为人不可以有我,有我则自恃很用之病多","作诗不可以无我,无我则剿袭敷衍之弊大",可见在学与创之间,袁枚更倾向于有所独创。

另一方面,《随园诗话》也并不是一部纯理论的文学批评著作,而是选录了大量古今诗作尤其是清代作品并加以独特评价的实践性论著。由于书中收录清诗人甚至较通常诗选还多,所以在当时即遭到"收取太滥"的批评。但袁枚从他的各极性情的理论出发,宣称其《诗话》收诗标准依然是"宁滥勿遗"(见《补遗》卷四)。在这一原则指导下,《诗话》所录虽难免芜杂之病,但也的确保存了一批风格各异而又不为人知的清代前期诗作。同时《诗话》又坚持以人存诗的宗旨,将其交游所及的不少布衣诗人佚事记入书中,故使本书同时具有了文学研究资料丛编的特殊价值。

值得注意的是,《随园诗话》的选诗及以人存诗,并不与袁枚的论诗主张相割裂,而有颇为密切的关联。这方面突出的例子,一是对清初艳体诗的重视,二是收录大量清代女子诗作并给予较高的评价。前者如卷一论清初诗人王彦泓(字次回),谓:"本朝王次回《疑雨集》,香奁绝调,惜其只成此一家数耳。沈归愚尚书选国朝诗,摈而不录,何所见之狭也。"并举其给沈德潜的信中所言"《关雎》为《国风》之首,即言男女之情。孔子删诗,亦存《郑》、《卫》",以为对王氏艳体诗加以肯定的历史依据。这实是袁枚主张"性情说"并不专拘一格诗论的逻辑发展,而在现实中则对沈德潜的"温柔敦厚诗教说"有颇强的冲击力。与此相应,《诗话》对世俗有关女子不宜诗的偏见也作了较为强烈的反应,不仅《补遗》中明确批驳道:"俗称女子不宜为诗,陋哉言乎!圣人以《关雎》、《葛覃》、《卷耳》冠《三百篇》之首,皆女子之诗。第恐针黹之余,不暇弄笔墨,而又无人唱和而表章之,则淹没而不宣者多矣。"(卷一)而且将其所熟识的妇女之作尤其是其女弟子之作,频繁称引于《诗话》中。而如《补遗》卷十盛称女弟子严蕊珠、金纤纤、席佩兰为"闺中之三大知己",推其人"博雅"、"诗才既佳,神解尤超"等等,实际上又反映了袁氏当时欲矫正古老偏见而不得不取一种激进的立场,尽管由这种立场出发而作的论述很可能言过其实。

《随园诗话》刊行于袁枚身前,当时在文坛反响颇大,其书风行一时。袁枚身后,诋之者渐众。至章学诚撰《文史通义》攻之不遗余力,谓其"盛称邪说"、"附会经传"、"尤丧心而病狂"(《诗话》篇)。但平心而论,《随园诗话》虽然在讨论学术方面有浅陋之病,选诗也不免太滥,但章学诚从正统观念出发,以传统道德为标准,而对书中多收妇女诗作大加挞伐,未免迂执。

从中国文学批评史的角度看,《随园诗话》可以说是继宋代严羽《沧浪诗话》之后,结合明清诗论家有关学说,将兴趣之说、性灵之说加以综合而又纠其偏失的一部具有代表意义的论著。《诗话》对于艳体诗的重新评价,以及注重收录妇女作品,又代表了清代中叶文学思想界意欲摆脱"诗教"理论的新趋向,在乾嘉时期文学研究中的考据风尚之外,开辟了一条独特而又具有启发意义的文学批评新路。书中所述,至中国近现代仍在文学批评界有较深的影响。如王国维《人间词话》中"词人者,不失其赤子之心者也"语,即源于本书;而其"有我"、"无我"之境的辞源,似亦与本书不无关联,尽管二说立意不同。

研究本书的论著,20世纪以前的可参阅王英志辑录的《袁枚评论资料》(收入《袁枚全集》第八册,江苏古籍出版社1993年版)。20世纪以来则有杨鸿烈《袁枚评传》(上海,1935年)有关章节,朱东润《袁枚文学批评述评》(原载40年代武汉大学《文哲季刊》第二卷第三号,后收入《中国文学论集》,中华书局,1983年),唐景崧《关于随园诗话丛话》(《国文月刊》第三十一、三十二期,1944年),陈庚平《袁枚的性灵说——读〈随园诗话〉》(《文学遗产增刊》第八辑,1961年),郭沫若《读随园诗话札记》(作家出版社,1962年),松村昂《〈随园诗话〉的世界》("〈随園詩話〉の世界",1968年《中国文学报》第二十二号),松下忠《袁枚性灵说之特色——对性灵式性情的张扬》("袁枚の性靈說の特色——性靈的性情の主張",《东方学》第三十五号,1968年),Arthur Waley的《袁枚:十八世纪的中国诗人》(*Yüan Mei*, *Eighteenth Century Chinese Poet*, Stanford University Press, 1970)有关章节,船津富彦《关于随园诗话的几个特殊性》("隨園詩話を巡る二三の特殊性",《东方学》第四十六号,1973年),王英志《袁枚"性灵说"探源》(《昆明师院学报》1982年第4期),西村秀人《袁枚的性灵观》("袁枚の性靈觀",《文学研究》第八十二号,1985年),王英志《袁枚的地位与〈随园诗话〉的影响》(《宁波师院学报》1989年第3期),以及包云志《从袁枚佚札佚文看〈随园诗话〉版本及刻书时间》《古籍整理研究学刊》2004年第1期)、《〈随园诗话〉中有关〈红楼梦〉一段话的前后变化——兼谈〈随园诗话〉的版本》(《红楼梦学刊》2005年第4期)等。另外,香港于1974年出版有《袁子才研究资料汇编》,中亦有涉及本书者,可参阅。

(陈正宏)

瓯北诗话 赵　翼

《瓯北诗话》，赵翼撰。有清嘉庆七年(1802)湛贻堂刊《瓯北全集》本、光绪三年(1877)刊《瓯北全集》本等。目前的通行本，是人民文学出版社1963年出版的校点本。

作者生平事迹见"廿二史劄记"条。

《瓯北诗话》是赵翼晚年撰著的一部评论考证唐宋以来诗歌大家的诗话体著作。据卷首嘉庆七年自撰"小引"，本书的缘起，在作者晚年读诸家全集颇有所得，因悔早年读书多未终卷，不识各家独到之处。为使当世有才者不蹈其旧辙，故撰此书以相助益。

全书计《诗话》十卷《续》二卷。前十卷为主体，以人各为卷的形式，依次讨论了李白、杜甫、韩愈、白居易、苏轼、陆游、元好问、高启、吴伟业、查慎行十家诗歌(其中六、七两卷均述陆游，一为"陆放翁诗"，一为"陆放翁年谱"；卷八则合论元好问、高启两家诗之语为一卷)。续二卷中，前一卷以论诗人为主，讨论了韦应物、杜牧、皮日休、苏舜钦、梅尧臣、欧阳修、王安石、黄庭坚等家诗；后一卷以论诗体为主，兼及"诗病"、"古今诗互有优劣"等题目。今通行本将此二卷《续诗话》编为全书的第十一、十二两卷。

赵翼读诸家诗，以"得识各家独至之处"为务(见卷首"小引")，所以本书最明显的特点，即在对所论各家诗的特征刻画入木三分，并多从比较的角度加以凸显。如卷二"杜少陵诗"第二条论杜甫作诗的"真本领"，即云："其真本领仍在少陵诗中'语不惊人死不休'一句。盖其思力沉厚，他人不过说到七八分者，少陵必说到十分，甚至有十二三分者。其笔力之豪劲，又足以副其才思之所至，故深人无浅语。"而取李白诗相较，杜诗虽"实足惊心动魄；然全力搏兔之状，人皆见之"；李白则诗语"皆奇警极矣，而以挥洒出之，全不见其锤炼之迹"(卷一"李青莲诗"第四条)。又如卷六"陆放翁诗"第三条谈苏轼与陆游两家诗优劣，谓："宋诗以苏、陆为两大家。后人震于东坡之名，往往谓苏胜于陆，而不知陆实胜苏也。"其主要理由是：苏轼自"乌台诗案"后不复敢言天下事，所作"徒令读者见其诗外尚有事在而已"；陆游则于宋南渡和议已成之时，为国事大声疾呼，"转以诗外之事,尽入诗中"。这类比较有时还在两家诗的某一诗体间进行,如卷十"查初白诗"第五条云:"以初白(查慎行)律诗与放翁(陆游)相较:放翁使事精工,写景新丽,固远胜初白;然放翁多自写胸臆,非因人因地,曲折以赴,往往先得佳句,而足成之;初白则随事随人,各如其量,肖物能工,用意必切,其不如放翁之大在此,而较放翁之难亦在此。"

赵翼论诗,又力主创新,这在本书中也多有反映。卷五"苏东坡诗"第十条曰:"元遗山《论诗》云:'苏门若有功臣在,肯放公诗百态新!'此言似是而实非也。'新'岂易言!意未经人说过,则新;书未经人用过,则新。诗家之能新,正以此耳。若反以新为嫌,是必拾人牙后,人云亦云;否则,抱柱守株,不敢逾限一步,是尚得成家哉?尚得成大家哉?"即显示出作者论诗所取的立场,是一种进化发展的文学史观。本书前十卷取作者所惬心的十位诗人为论题,既有已成定论的李、杜诗,也有尚属作者同一朝人的吴伟业、查慎行,而论最近的查氏诗,特标出"诗有真本领,未可以荣古虐今之见,轻为訾议"的观点,也便是以一种发展的眼光来看诗的。因为讲求"新",讲求发展,所以本书论各家之诗,又特别注意到各家当时在诗歌创作方面的"创格"与"创体"。如卷三"韩昌黎诗"第六条专记韩愈创格创体,谓"自沈、宋创为律诗后,诗格已无不备。至昌黎又斩新开辟,务为前人所未有",下举《南山诗》铺陈四季景、《月蚀诗》铺列四方神、《谴疟鬼》列数诸师为例;并谓《南山诗》连用数十"或"字等"皆有意出奇,另增一格",《答张彻》自首至尾句句对偶全用拗体为"创体之最佳者"。又如卷五"苏东坡诗"第六条也对苏轼"大气旋转,虽不屑屑于句法、字法中别求新奇,而笔力所到,自成创格"极为推崇,并举出《百步洪诗》形容水流湍急时连用七个比喻的例子,称之为"实古所未有"。

赵翼是一位著名的史学家,其考据功夫尤为后世所称道。而评诗的同时也作有关诗人诗作的考证,也成为本书的一大特色。这些考证中有些是比较完整的诗人生平述略,如卷七整卷为《陆放翁年谱》,虽置于本书于体例略有不合,但其用陆游诗文条次陆游生平大概,内容上实颇多发明。另一些考证多为诗歌系年与本事,如卷一考李白《蜀道难》旧注之误,云:"即如《蜀道难》,本亦乐府旧题,而黄山谷误信旧注,以为刺章仇兼琼之有异志;宋子京又据范摅《云溪友议》,以为严武帅蜀,不礼于故相房琯,并尝欲杀杜甫,故此诗为房、杜危之。不知章仇在蜀,正当天宝之初,中外晏安,臣僚贴服,岂有所顾虑!青莲《答杜秀才》有云'闻君往年游锦城,章仇尚书倒屣迎';则章仇并能下士者,更无从致讥。至严武先后镇蜀,在肃、代两朝,而青莲天宝初入都,即以此诗受贺知章之赏识,其事在严武帅蜀前且二十年,其为附会,更不待辨。"其解说一扫旧注家纷纭众说之迷雾,堪称李诗功臣。与此相联系,本书论诗又不单单着眼于就诗论诗,而间或以诗证史。如卷四"白香山诗"第十三、十四两条,即取白诗中有关官俸、品服之句,谓其可当《职官》、《食货》、《舆服》诸志。卷九论吴伟业诗,述及同时靳荣藩(字介人)为吴诗所作笺注,复称:"介人则因诗以考史,援史以证诗,一一疏通证明,使作者本旨,显然呈露。"(第十条)并以同样方法为吴诗补笺多条,显示出史学家研究文学的独到之处。

《瓯北诗话》是清代中叶文学批评著述中颇有特色的一部著作。其人各为卷的专论形式,与前此的诗话体著作有很大的不同,而显现出学者考论文学特有的谨严。其评论与考证相结合的体制,反映出乾嘉考据学对于文学研究的深刻影响。而其主创新的旨意,又证明了这位功底深厚的批评家自有不同流俗的主见。凡此均奠定了本书在中国文学研究史上的独特地位。

本书在后代的影响则又证明了其价值所在。尽管好发议论的批评史研究者难以从中发现更多可阐发的语句,但现代文史学界的许多卓越成果,像陈寅恪的《元白诗笺证稿》、詹瑛的《李白诗文系年》等,或是从方法上,或是从结论上,多少继承了本书在前代诗歌考证方面的成果,而开创出文学研究的新天地。

本书也有失误与缺点,如为证创新为作诗之首要,搜寻创体、创格甚力,有时不免强为解说。以诗句语气考释某诗必非某人所作,也嫌武断。

研究本书的论著,有樵隐《赵瓯北诗学抉微》(《天津益世报》1928 年 6 月 17 日),朱东润《中国文学批评史大纲》(1940 年代所作,上海古籍出版社,1983 年重印)中有关章节,以及霍松林《赵翼的〈瓯北诗话〉》(《文学遗产增刊》第九辑,1962 年)、王英志《赵翼诗论述评》(《江汉论坛》1982 年第 12 期)等。

(陈正宏)

石洲诗话 翁方纲

《石洲诗话》，翁方纲撰。现存五卷、八卷两个系统的版本。五卷本仅有一清钞本；八卷本有清乾隆嘉庆间刊《苏斋丛书》本、《粤雅堂丛书》初编第六集本、《丛书集成初编》文学类所收本等。现在通行的本子，是由人民文学出版社 1981 年出版的标点本。

翁方纲(1733—1818)，字正三，号覃溪。直隶大兴(今属北京)人。清乾隆十七年(1752)进士，历官庶吉士、翰林院编修、广东、江西、山东学政，内阁学士、鸿胪寺卿等。精于金石考据之学，又善诗能书。著作除本书外，还有《复初斋集》、《苏诗补注》等。

《石洲诗话》是翁方纲品评唐以来诗人、诗作的一部文学批评专著。其写作的动机，一则在以自己的理论标准对唐以来的诗人诗作加以评判，一则在于消除当时文坛上受"格调说"、"神韵说"影响过重的习气，使诗评回复到实际化、多样化的道路上来。通行本全书的结构如下：(一)自序。交代成书的过程。(二)正文八卷。其中，卷一、卷二主要品评唐代诗人诗作；卷三、卷四评议宋代诗歌创作；卷五是对元代的诗人诗作的评价；卷六"渔洋评杜摘记"，主要是对王士禛《杜诗话》中的评语进行考辨，间亦插入自己对评论的评论；卷七"元遗山论诗三十首"，是对元好问的《论诗绝句》进行注释、阐发；卷八"王文简仿元遗山论诗绝句三十五首"，针对王士禛的《论诗绝句》提出批评。书末有张维屏"跋"一篇。

翁方纲生活的年代，论诗大抵沿袭"格调说"、"神韵说"的观点，这在翁氏看来很容易流于虚幻，不可捉摸。为了改变这一现状，翁氏提出"肌理说"以与"格调说"、"神韵说"相抗衡。《石洲诗话》在很大程度上就是其"肌理说"的具体运用。《石洲诗话》在评论中体现出来的特点有以下几点。

一、以"理"论诗。在翁氏的笔下，"理"分别以"神理"、"肌理"等不同的形式出现，如他评唐代储光羲《张谷田舍》诗说："窃谓一人自有一人神理，须略存其本相，不必尽以一概论也。"在评苏轼《王维吴道子画》中云："看其王维一段，又是何等神理！"在评宋王逢原诗时说："逢原诗学韩、孟，肌理亦粗。"评唐子西诗"格力虽新，而肌理粗疏，逊于苏、黄远矣。"这里的"理"，按翁氏的解释，当是"义理之理,即文理之理,即肌理之理也"(《志言集序》),即把属于人之思想道德范畴的义理,与事物客观表现的文理、肌理糅合在一起的东西。在诗论中,"理"既包含了诗歌所体现的内容,也包含了表现内容的形式。这显然是既受"桐城派"古文家的影响,同时又受乾嘉风气影响的结果。在"理"的观照下,文章内容的充实、组织的有序成了衡量诗歌艺术水准的重要依据。他说:"若以论诗,则诗教温柔敦厚之旨,自必以理味事境为节制,即使以神兴空旷为至,亦必于实际出之也。"在翁氏看来,杜诗之所以成为典范,是与其内容的"真实"与形式的规范分不开的。相反,那些不注重内容的充实、真实的诗人诗作,翁氏则不曾给予较高的评价。比如王逢原、唐子西、李庄靖等人的作品,都因"肌理粗疏"而遭其贬斥。就连他极欣赏的元好问,也逃不过"肌理稍疏"的指责。当然,翁氏不是单纯的理学家,他也深谙诗中三昧,故其论诗尚能顾及诗的艺术性,因此,在强调"理"的同时,又以"神"来弥补"理"的不足。他认为苏轼《王维吴道子画》"浩瀚淋漓,生气迥出"是因该诗不仅有"描写实际"的内容,又能在行文中贯注"神采"、"神理"因而又能"得神"。

二、对"格调说"、"神韵说"的扬弃。翁氏对"不能脚踏实地"而一味追求虚幻的"格调"、"神韵"之说持反对的态度。从离开"真实"而追求虚幻的效果这一角度着眼,翁氏把"格调"、"神韵"两个概念等同视之。他说:"愚尝谓空同、沧溟以格调论诗,而渔洋变其说曰神韵,神韵者,格调之别名耳。""是以神韵者即格调之改称。"他批评"格调"说:"但讲格调,则必以临摹字句为主,无惑乎一为李、何,再为王、李矣。"在评张、王乐府时也说:"张、王乐府,天然清削,不取声音之大,亦不求格调之高,此真善于绍古者。"前者正面抨击"格调派"临摹古人的错误倾向,后者反面提出"绍古"的态度应如张、王那样追求天然,而非如李、何那样临摹古人字句。对于王士禛所标榜的"神韵",翁氏也颇为不满。他说:"渔洋生于李、何一辈冒袭伪体之后,欲以冲淡矫之,此亦势所不得不然。"又说:"若以渔洋论诗之例例之,则所谓广大教化主者,直是粗细雅俗之不择,泥沙瓦砾之不拣耳。"但是,翁氏虽然攻击"格调"、"神韵",而在其诗评中却不拒绝使用"格调"和"神韵"这两个概念。如评元代诗人范文白"诗颇有格调",评傅与砺、李溉之"皆有格调而无变化"。在翁氏的具体品评中,还运用了"格"、"气格"、"高格"、"风调"等在含义上接近"格调"的概念。对于"神韵",翁氏虽没直接采用这一提法,但也使用了在内涵上大致相同的一系列概念,如"神光"、"神气"、"神味"、"神致"、"气韵"等。他评宋代诗人韩子苍诗"平匀中自有神味",认为东坡诗《自岭外归次韵江晦叔》"言外有神"。翁氏对"神韵"、"格调"有自己独到的看法。在他看来,无论"格调"还是"神韵"都是诗歌艺术的内在审美特性,不可抹煞,但又不能以其中一点来代替诗歌其他方面的审美特性。他说:"夫诗岂有不具格调者哉?《记》曰:'变成方,谓之音。'方者,音之应节也,其节即格调也。"(《格调论上》)又说:"神韵乃诗中自具之本然,自古作家皆有之。"(《坳堂诗集序》)可见,翁氏从诗歌艺术的固有特性上吸取了"神韵"、"格调"这两个批评术语,而反对作为论诗体系的"格调"、"神韵"两说的偏颇。

三、在对待具体各朝代诗歌的态度上，翁氏体现出了明显的尊唐宋薄明诗的倾向。在"肌理"、"格调"、"神韵"三个标准的比照下，翁氏对初唐陈子昂，盛唐杜甫、高适、岑参，中晚唐诗人如白居易、韩愈等都作了较高的评价。对于宋诗，翁氏引用吴之振《宋诗钞》语云："元祐文人之盛，大都材致横阔，而气魄刚直，故能振靡复古。"对宋诗的"振靡"之功，多有褒扬。翁氏还进一步比较了唐宋两朝诗歌的艺术特征："唐诗妙境在虚处，宋诗妙境在实处。……盛唐诸公，全在境象超诣，所以司空表圣《二十四品》及严仪卿以禅喻诗之说，诚为后人读唐诗之准的。若夫宋诗，则迟更二三百年，天地之精英，风月之态度，山川之气象，物类之神致，俱已为唐贤占尽，即有能者，不过次第翻新，无中生有，而其精诣，则固别有在者。"宋诗"别有在者"的"精诣"，具体而言，就是"论事日密"，"一切用人行政，往往有史传所不及载"，"故老名臣之言行、学术，师承之绪论、渊源，莫不借诗以资考据。而其言之是非得失，与其声之贞淫正变，亦从可互按焉"。这对于宋诗艺术特点的把握是较为准确的。对于明诗，翁氏持强烈的否定态度。他说："若以《诗》三百篇比喻明诗，则愚窃谓唐宋已来皆真诗，惟至明人始尚伪体，至李、何一辈出，而真诗亡矣！"由此可见，翁氏对明诗的攻击，主要集中在明代诗人的复古倾向上。因此，对于王士禛《论诗绝句》中所称道的明代诗人，特别是李、何、王、李为代表的前后"七子"多有讥诮。

此外，在《石洲诗话》中，翁氏还表露了对诗歌艺术的演变发展、诗歌的时代及个人风格、地域性特征以及民间山歌等俗文学的一定程度的合理理解。另外，翁氏还把考据方法引进该书，对历代诗歌发展中的一些问题进行了考辨，厘定其是非，为后来的研究者提供了一批较为可靠的诗学材料。

《石洲诗话》是在清乾嘉学风影响下诞生的一部诗评专著。其中对"肌理"的运用，体现了时代的风气。其对"格调"、"神韵"两派的指责与纠偏，也较为符合诗歌艺术特征的某些方面。但不可否认，书中对"肌理"的解释和具体运用，离对诗的艺术性的全面、准确的理解还有一段距离。对明诗的贬斥，从中国文学发展的实际历程看，也显非公允之论。

研究本书的论著，有李锐清《翁方纲"肌理说"的理论》（香港中文大学《中国文化研究所学报》第十九号，1988年）、吴兆路《翁方纲的"肌理"说探析》（《兰州大学学报》1999年第3期）、吕肖奂《清代两种对立的宋诗观述评——〈宋诗钞〉与〈石洲诗话〉比较研究》（《新国学》第2卷，2000年10月）、严明《从〈石洲诗话〉到〈石遗室诗话〉——清代宋诗派观念的衍变》（《古代文学理论研究》第21辑，2003年12月）等。

（谯进华）

艺概 刘熙载

《艺概》，六卷。刘熙载撰。收入清同治间刊《古桐书屋六种》，又有光绪二年(1876)岭南重刊本等。排印本有上海古籍出版社 1978 年出版的单行本，以及巴蜀书社 1990 年出版的徐中玉、萧华荣校点的《刘熙载论艺六种》所收本。

刘熙载(1813—1881)，字伯简，号融斋，晚号寤崖子。江苏兴化人。清道光二十四年(1844)进士，改庶吉士，授翰林院编修。同治三年(1864)征为国子监司业，迁詹事府左春坊左中允。其后出为广东学政，未满任即乞归。晚年主讲上海龙门书院十四年。平生好学，治经学无汉、宋门户之见；又善音韵之道，习数理诸法；而论艺文之说尤为后人称道。著作除本书外，还有《持志塾言》、《游艺约言》、《昨非集》、《古桐书屋札记》、《四音定切》、《说文双声》、《说文叠韵》等多种。

《艺概》是一部文艺批评论著。据卷首"叙"，其写定的时间在同治十二年(1873)春，时刘熙载年已六十有余。人至晚年对自己平昔论艺作一个总结，刘氏首先还是将"艺"定位于"道之形"的传统框架中。但论艺的形式，刘氏则以为："若举此以概乎彼，举少以概乎多，亦何必殚竭无余，始足以明指要乎？"又认为："盖得其大意，则小缺为无伤。且触类引申，安知显缺者非即隐备者哉？"故其书以简括为务，以期用概论的方式，揭示艺文的"通道"。

全书分"文概"、"诗概"、"赋概"、"词曲概"、"书概"、"经义概"六大部分，每"概"一卷，共六卷。在"艺概"的总题下，特取文、诗、赋、词曲、书法、八股文(经义)六种形式加以讨论，显现出作者心目中的"艺"，主要是各种以文字运用为基础的艺术创造形式。它以传统文学样式中的诗、赋、文、词曲为中心，兼顾作者当时的实用性流行文体——八股文。而"书概"与其他五"概"并列出现，当是由于书法作为一种物化的表现手段在传统文学创作中有其特殊的地位；科举考试中八股文的写作，更与书法有密切的关联。至于"经义概"列于"书概"之后，而不接于"词曲概"之下，其含义大约是八股文只是文之一，本当属于"文概"讨论的范围，但由于其在当时的特殊功用以及写作上的特殊性，故专列一卷，置于最后。

书中各"概"的论述程序,大致是先讨论每一体制的流源词义,接着分论该体的名家名作,后综论有关的理论问题。其形式同于诗话词话,均是简短的条叙,而内质上却较前者更富于条理,逻辑性也更强。

从文学批评史的角度看,《艺概》的特色,在于善于用辩证的观念分析看待文学的创作与评价,故而其论文论诗,虽多有同于前人处,却能较前人圆熟而全面。作者推崇韩愈的"唯陈言之务去"说,但进一步指出:"所谓'陈言'者,非必剿袭古人之说以为己有也。只见识议论落于凡近,未能高出一头,深入一境,自结撰至思者观之,皆陈言也。"这就将"陈言"的思与言表里两个方面都揭示了出来,从而也就从反面说明了文学创作中体现于思维的"识"不可能与表现为文辞的"言"相脱离的辩证关系。又如文学创作中的"妙"与"奇",一直是传统批评家颇为赞赏的两种境界。作者则谓:"诗中固须得微妙语,然语语微妙,便不微妙。须是一路坦易,中忽然触著,乃是令人神远。"又曰:"赋取乎丽,而丽非奇不显,是故赋不厌奇。然往往有以竟体求奇,转至不奇者,由不知以蓄奇为泄奇地耳。"把"微妙"与"坦易","奇"与"不奇"的对立统一关系充分地加以说明,也就从整体上揭示了文学作品之所以能动人心目的重要缘由。

《艺概》在进行其辩证论说的过程中,又并非单作逻辑的演绎,而是将论说建立在对各体文学的名家名作的具体分析批评之上,且这些分析批评多有鞭辟入里处。如卷一论《庄子》,云:"《庄子》文,看似胡说乱说,骨里却尽有分数。彼固自谓'猖狂妄行而蹈乎大方'也。学者何不从'蹈大方'处求之?"卷四评陆游词,谓之"安雅清赡,其尤佳者在苏、秦间。然乏超然之致,天然之韵,是以人得测其所至"。在具体论述单个作家的基础上,作者也就一些文学史话题提出了自己的看法。他认为文章的"蹊径好尚",在南北朝之前即有数变:"自《庄》、《列》出而一变,佛书入中国又一变,《世说新语》成书又一变。"把从《庄子》到《世说新语》的文章变迁特地标出,可见作者论文已注意到非儒家传统的文章之学对于中国文学文体演变的重大影响。而本书卷四评苏轼、辛弃疾词而不同意将二家归入"变调"、"别调"的看法,又提示后来研究者从另一个角度去看待词的流变。

本书六卷之中,历来较受重视的是卷四的"词概"。"词概"的基本观点承袭清代常州词派代表人物张惠言的理论,如张氏以《说文》"意内而言外"释词曲之"词"的说法,即在"词概"中得到保留。但"词概"在对五代及两宋词家的评论方面,又不全同于常州词派的观点,如前述其对于苏、辛词的看法,以及谓温庭筠词"类不出于绮怨"等,便与张惠言、周济等推崇温词的主张有所不同。而这些论点在清末民初的词坛却颇为人称道。王国维《人间词话》等论词著作,对刘熙载词论的部分观点,也加以采纳。

六卷之中过去较少注意,而实对研究中国文学批评史不无帮助的,是卷六"经义概"。八股文的兴起与发达,在明清两代直接影响了文学批评的形式与方法。《艺概》本身,在批评方法上即明显留有以科举制义章法解说诗文的烙印。如卷二论律诗,谓"起有分合缓急,收有虚实顺逆,对有反正平串,接有远近曲直",谓"律体中对句用开合、流水、倒挽三法,不如用遮表法为最多"等,即是借用制艺术语论诗的例证。而卷六"经义概"中,有一些论述八股作法的片断,其实从文学创作的角度看,也不是毫无借鉴意义的。如云:"文家皆知炼句炼字,然单炼字句则易,对篇章而炼字句则难。字句能与篇章映照,始为文中藏眼。不然,乃修养家所谓瞎炼也。"便颇中肯。

《艺概》的不足,在其论艺根基仍本于传统的"温柔敦厚"的诗教,对于表现冲击旧礼教的人情人欲的活文学不愿正视,而坚持将文学中的"情"的主体,限定在"忠臣孝子,义夫节妇"们的范围之内,机械地把"情"与"欲"完全对立。此外认为"诗品出于人品",将作家的道德品质与文学作品的艺术价值彻底混同,也不符合文学史实际。

研究本书的论著,有李长之《刘熙载的生平及其思想》(1946年《青年界》第一卷第四期,收入《中国古代文论研究文集》,上海古籍出版社,1989年),杨心果《诗概诠说》(《大陆杂志》1959年第十九卷第二期),徐振辉《〈艺概〉的文学比较方法》(《华东师范大学学报》1982年第1期),徐中玉、萧华荣《论刘熙载的文艺思想》(《社会科学战线》1988年第4期),邓乔彬《刘熙载词品说新探》(《阴山学刊》1993年第2期)等。此外,贵州人民出版社1986年版王气中《艺概笺注》,亦可参阅。2009年,中华书局又出版了袁津琥的《艺概注稿》。

(陈正宏)

白雨斋词话 陈廷焯

《白雨斋词话》，八卷。陈廷焯撰。有清光绪二十年(1894)海宁许正诗等校刻本。目前的通行本有两种：一是唐圭璋所编《词话丛编》本(中华书局1986年新排印本第四册)，一是人民文学出版社1959年出版的校点本。

陈廷焯(1853—1892)，字赤峰。江苏丹徒(今镇江)人。光绪十四年(1888)考取举人，以布衣终生。少学为诗，尊杜甫为宗。年近而立，又好填词，并深契乡贤名家庄棫论词之说，纵横上下，著为词话。但年仅四十即卒，故著作生前均未刊行。传世著述除本书外，还有《白雨斋诗存》、《词存》等。

《白雨斋词话》是陈廷焯生前唯一一部已有定稿的著作。据本书卷末陈氏门生包荣翰跋称引陈氏自述，谓"于是编历数十寒暑，识与年进，稿凡五易"；而其最后定稿的时间，据卷首"自叙"，在光绪十七年(1891)除夕。次年陈氏即去世。可见本书实为作者毕生心力所萃之作。

全书八卷，卷首有光绪二十年陈氏座师汪懋琨序、光绪十九年陈氏友人王耕心序，以及光绪十七年陈氏"自叙"。卷末有本书编刊者陈氏门生包荣翰、许正诗跋，许跋署光绪二十年。书内分卷，大致为卷一起首数则论作词大要，以下至卷五前半，依时代之次历论晚唐至晚清名家词作与词史概要；卷五后半，点评诸家词选词集优劣，兼涉论词之法；卷六至卷八，又杂论历代词家词作，提示学词门径。

陈廷焯撰著本书的基本动机，据"自叙"称，是有感于由古及今词的创作上存在"六失"，而近人词学如朱彝尊《词综》、万树《词律》仅备观览、谐声，未尝为探本求原之论，所以他"不得已"而著本书，"本诸风骚，正其情性。温厚以为体，沉郁以为用。引以千端，衷诸一是"。

全书的中心，在"词以温厚和平为本，而措语即以沉郁顿挫为正"两句。而对于"沉郁"二字，尤为着意。卷一首标作词贵沉郁之说，谓："作词之法，旨贵沉郁，沉则不浮，郁则不薄。顾沉郁未易强求，不根柢于风骚，乌能沉郁？十三国变风，二十五篇楚词，忠厚之至，亦沉郁之至，词之源也。不究心于此,率尔操觚,乌有是处!"又说:"所谓沉郁者,意在笔先,神余言外,写怨夫思妇之怀,寓孽子孤臣之感。凡交情之冷淡,身世之飘零,皆可于一草一木发之。而发之又必若隐若见,欲露不露,反复缠绵,终不许一语道破,匪独体格之高,亦见性情之厚。"论词专取"沉郁"为说,当与作者早年专读杜诗不无关联。释"沉郁"又用"意在笔先,神余言外"为解,讲寄托,求含蓄,则又显示出作者立言深受常州词派有关理论的影响。

因为专主"沉郁",所以本书列论前代及清初各家词优劣,也即多以是否"沉郁"、"沉厚"为标准,描绘出一己的词史发展大要。卷一"引言"称:"词兴于唐,盛于宋,衰于元,亡于明,而再振于我国初,大畅厥旨于乾嘉以还也。"具体而言,"唐五代词,不可及处,正在沉郁。宋词不尽沉郁,然如子野、少游、美成、白石、碧山、梅溪诸家,未有不沉郁者。即东坡、方回、稼轩、梦窗、玉田等,似不必尽以沉郁胜,然其佳处,亦未有不沉郁者。"又云:"词至于明,而词亡矣。""有明三百年中,习倚声者不乏其人。然以沉郁顿挫四字绳之,竟无一篇满人意者。"而"国初诸老,同时杰出,几欲上掩两宋。然才力有余,沉厚不足。"至论词家,则书中于前人独推宋代王沂孙(碧山),于近人多赞庄棫(蒿庵)。卷二谓:"词法莫密于清真,词理莫深于少游,词笔莫超于白石,词品莫高于碧山。皆圣于词者。而少游时有俚语,清真、白石,间亦不免。至碧山乃一归雅正。"又称:"词有碧山,而词乃尊。否则以为诗之余事,游戏之为耳。"而王沂孙词之所以使词体显尊,除了雅正,重要的一点还是在沉郁,卷二同时并称周密(草窗)、陈允平(西麓)、王沂孙(碧山)、张炎(玉田)四家,即谓:"四家之词,沉郁至碧山止矣。"而其雅正、沉郁的实际展现,在"以和平中正之音,却值宋室败亡之后,故其为词也哀以思",这在本书作者看来,与《诗经·国风》、楚辞《离骚》是一脉相承的。至于庄棫,作者认为其继王沂孙之后,同样以"沉郁顿挫"胜,而为同时人所不及:"碧山有大段不可及处,在恳挚中寓温雅;蒿庵有大段不可及处,在怨悱中寓忠厚。而出以沉郁顿挫则一也,皆古今绝特之诣。"

专从"沉郁顿挫"的角度论词,所以本书对清代词学的评价,自然是扬主"比兴"的常州派,而抑讲"清空"的浙派。卷八有一节文字比较常州派代表人物张惠言所编《词选》与浙派代表人物朱彝尊所编《词综》,即颇有意思:"作词难,选词尤难。以我之才思,发我之性情,犹易也。以我之性情,通古人之性情,则非易矣。竹垞《词综》,备而不精;皋文《词选》,精而未备。然与其不精也,宁失不备。古今善本,仍推张氏《词选》。若选本之尽美尽善者,吾未之见也。"在表面公正的比较背后,作者的倾向是非常明显的。而在他处,作者即一再明言:"皋文《词选》,精于竹垞《词综》十倍。"与此相连,书中又谓《明词综》之选,实属无谓"。

《白雨斋词话》从总体上说是晚清词坛上一部颇有新意的词话著作。它的一家之言,在其后的词学界产生了颇大的影响。近人况周颐论词主"重、拙、大",解"重"为"沉着",即本于本书的

"沉郁"说而更加扩大。后人主张词虽别称"诗余",而实与诗同源异流,均上续风骚,力争词在文学史上的正宗地位,也与本书的启示不无关联。

本书的缺点在一味主张"沉郁顿挫",纠词坛纤弱之风有矫枉过正之嫌。论宋词家专推王沂孙,竟置王氏之作在辛弃疾词之上,也有失公允。

研究本书的论著,有屈兴国《白雨斋词话足本校注》(齐鲁书社,1983年),朱东润《中国文学批评史大纲》(上海古籍出版社,1983年)第七十六章,春痕《读〈白雨斋词话〉》(《徽音月刊》第二卷第四期),陈宗敏《白雨斋词话概述》(台湾《大陆杂志》第四十二卷第二期,1971年),屈兴国《从〈云韶集〉到〈白雨斋词话〉》(《古代文学理论研究》第五辑,1981年),杨重华《〈白雨斋词话〉小论》(《学术研究》1985年第3期),以及韩国李奭炯《〈白雨斋词话〉研究》(韩国《中国语文学》第十六辑,1989年)等。

(陈正宏)

饮冰室诗话 梁启超

《饮冰室诗话》，梁启超著。最初连载于1902年至1907年《新民丛报》，后收入中华书局1932年出版的《饮冰室合集·文集》第十六册。目前通行的读本，是人民文学出版社1959年初刊、1982年重印的校点本。

作者生平事迹见"变法通议"条。

戊戌变法失败后，梁启超亡命日本，倡导"诗界革命"，并作《饮冰室诗话》，通过对当代诗人、诗作的批评，阐发"诗界革命"的理论，总结"诗界革命"的实践，集中体现了改良派在诗歌方面的一系列革新主张。

一、肯定"诗界革命"乃顺应历史潮流之举，坚决反对"薄今爱古"的保守观念。戊戌变法前后，以黄遵宪、夏曾佑、蒋智由"诗界三杰"为代表的诗人陆续创作了一些与传统诗歌不同的"新诗"，梁启超对此作了热烈的肯定，《诗话》第一条开宗明义地说："我生爱朋友，又爱文学，每于师友之诗文辞，芳馨悱恻，辄讽诵之，以印于脑。自忖于古人之诗，能成诵者寥寥，而近人诗则数倍之，殆所谓丰于昵者耶。"《诗话》所收录的诗，全是当代人所作之"新诗"，梁启超认为这些诗是顺应时代需要的进步产物，开辟了诗歌的新境界。《诗话》第八则说："中国结习，薄今爱古，无论学问文章事业，皆以古人为不可几及。余生平最恶闻此言。窃谓自今以往，其进步之远轶前代，固不待蓍龟，即并世人物亦何遽让于古所云哉？"梁启超受进化论影响，认为今必胜古，诗歌也不例外。他评价黄遵宪《锡兰岛卧佛》诗为中国"有诗以来所未有也"，"有诗如此，中国文学界足以豪矣"，即是他厚今薄古观点的具体表现。

二、提倡"诗界革命"的目的是要以新思想改造国民精神，从而推行社会之改良。《诗话》第七十七则说："盖欲改良国民之品质，则诗歌音乐为精神教育之一要件。"《诗话》十分重视诗歌的思想性和政治作用，特别推崇弘扬爱国主义思想和尚武精神的诗作。梁启超认为中国国力衰弱与缺乏尚武精神有关。"中国人无尚武精神，其原因甚多，而音乐靡曼亦其一端，此近世识者所同道也。昔斯巴达人被围,乞援于雅典,雅典人以一眇目跛足之学校教师应之,斯巴达人惑焉。及临阵,此教师为作军歌,斯巴达人诵之,勇气百倍,遂以获胜。甚矣,声音之道感人深矣!吾中国向无军歌,其有一二,若杜工部之前后《出塞》,盖不多见,然于发扬蹈厉之气尤缺。此非徒祖国文学之缺点,抑亦国运升沉所关也。"因此当他读到黄遵宪《出军歌》,便觉"狂喜",谓"其精神之雄壮活泼沉浑深远不必论,即文藻亦二千年所未有也,诗界革命之能事至斯而极矣"。《诗话》提倡关心政治、参与政治的政治态度和反映时局、保存诗史的创作态度。第五十八则引录两组针砭时事的民谣和乐府诗,其评语云:"近日时局可警可怛可哭可笑之事,层见叠出,若得《西涯乐府》之笔写之,真一绝好诗史也。顷从各报中见数章,谑而不虐,婉而多讽,佳构也。"梁启超批评对现实漠不关心的人是"冷肠人",他在《诗话》中引述评论的诗歌,大多是投身于维新变法的仁人志士的作品,有许多篇什是他们用鲜血和生命谱就的。《诗话》最突出的内容,是大力宣扬谭嗣同和黄遵宪两位诗人,因为他们是变法运动的中坚人物,他们的诗歌继承了龚自珍所开拓的浪漫主义精神和现实主义传统,他们的诗歌,尤其是黄遵宪的长篇歌行,描写了国内外的重大题材,发出了渴望变革,向往自由的呼喊,表现出强烈的爱国主义精神。《诗话》把他们作为诗歌革新的代表人物来宣扬,适应了改良派政治斗争的需要。

三、提出"诗界革命"的重点是倡导新思想新意境,首先是输入西方新兴的社会理想、哲学观念和近代自然科学知识。《诗话》第二十九则称赞黄遵宪《今别离》为"千古绝作",因为此诗表现了西方创造轮船、火车、电报、照相等物质文明。第四十则评价黄氏《以莲菊桃杂供一瓶作歌》说:"半取佛理,又参以西人植物学、化学、生理学诸说,实足为诗界开一新壁垒。"所谓"佛理",实即以佛家因果轮回之说附会进化论。梁启超指出,为适应时代需要而提出的诗界革命,必须革新精神、创造新境界,而其首要任务就是输入欧洲的"真精神真思想"。

四、指明"诗界革命"的方向是以旧风格含新意境。梁启超在充分肯定丙申(1896)、丁酉(1897)之间由夏穗卿、谭嗣同等人发起的"新诗"运动的同时,总结了他们在创作中失败的教训,主要是没有掌握西方先进的思想武器,只是摭拾基督教经籍的片言只语,牵强附会地借来表达一些改良主义的要求,《诗话》六十一则说:"当时在祖国无一哲理、政法之书可读,吾党二三子号称得风气之先,而其思想之程度若此。"正因为没有新思想作指导,当时的"新诗"只能生硬地堆砌一些翻译名词,而缺乏新精神新意境。梁启超由此得出结论:"过渡时代,必有革命。然革命者,当革其精神,非革其形式。吾党近好言诗界革命。虽然,若以堆积满纸新名词为革命,是又满洲政府变法维新之类也。能以旧风格含新意境,斯可以举革命之实矣。苟能尔尔,则虽间杂一二新名词,亦不为病。不尔,则徒示人以俭而已。"梁启超在《诗话》中反复强调"以旧风格含新意境",或说"熔铸新理想以入旧风格"、"独辟新界而渊含古声",是他倡导"诗界革命"的核心主张。新意境主要指诗歌的思想内容及描写对象,旧风格则指传统诗歌的格律韵味。这个口号强调思想内容的革新,却忽视了艺术形式的革新,割裂了内容与形式的辩证关系,使"诗界革命"成为一种"旧瓶装新酒"的号召,实际上旧形式束缚了新意境的创造,影响了"诗界革命"的实绩。

有关本书的研究论著,有日本仓田贞美《〈论饮冰室诗话〉》("飲冰室詩話について",《香川大学学艺学部研究报告》一部十三号,1960年),许常安《〈饮冰室诗话〉中所见的晚清"诗界革命"的主张》("飲冰室詩話に見える晚清'詩界革命'の主張",日本《中国学会报》第十七号,1965年),麦生登美江《梁启超的诗论和"诗界革命"——以对杜甫与黄遵宪的评论为中心》("梁啓超の詩論と'詩界革命'——杜甫と黄遵憲評を中心に——",《目加田诚博士古稀记念中国文学论集》,1974年),美国 Joseph Levenson《梁启超与现代中国思想》(*Liang Chi-Ch'ao and the Mind of Modern China*, Berkeley and Los Angeles: University of California Press, 1967)的有关章节等。

(黄　毅)

人间词话 王国维

《人间词话》，王国维著。最初连载于1908年《国粹学报》第四十七、四十九、五十期。1926年，朴社刊行由俞平伯标点的单行本。次年赵万里据王氏手稿辑录本书未刊稿，于《小说月报》十九卷三期上发表《人间词话未刊稿及其他》一文。又次年罗振玉汇纂《海宁王忠悫公遗书》，便合编已刊、未刊稿为上、下两卷，收入其中。1939年，徐调孚复于《遗书》中辑录王国维论词文字，合前两卷为一书，由开明书店出版了一个带注释的三卷本。本书目前的通行本，是徐调孚注、王幼安校订、1960年由人民文学出版社出版的《蕙风词话·人间词话》所收本。另外，浙江古籍出版社2005年出版了《人间词话及人间词手稿》。

作者生平事迹见"静庵文集"条。

《人间词话》是王国维早年撰写的一部文学批评著作。其撰述的缘由，一在尝试以当时作者尚较倾心的某些西方哲学概念诠评中国传统文学尤其是词的创作，二在力图以更为注重创作者真切感受的"境界"说去纠正晚清词坛与词学过分强调声律的弊病。全书采用传统的词话体形式分则组成，原稿有一百二十余则，并无特定的次序，作者从中选取六十三则加以修订，复补撰一则，且为之排次，便形成了发表于《国粹学报》的本书最初也是最精炼的一个版本。

通行本《人间词话》分为三部分：（一）《人间词话》正文，即王国维生前亲自删定，刊于《国粹学报》的六十四则。（二）《人间词话删稿》，合赵万里辑录的《未刊稿》及前此未曾发表的原稿共四十九则。（三）《人间词话附录》，收入赵万里、陈乃乾、徐调孚诸人辑录的王氏论词之语而原非《人间词话》组成部分者共二十九则。三部分中，以第一部分为最重要，王氏有关"境界"说的较为系统的阐述，即见于该部分，他对于词史上一些主要作家作品的看法，在该部分也有较明晰的说明。《删稿》与《附录》，则可看作是对第一部分正文的补充与更为具体的阐释。

《人间词话》全书最引人注目的，是继宋代严羽"兴趣"说、清代王士禛"神韵"说后，又提出"境界"说。"境界"一词本是佛家用语，意指个人感受能力所及的境地。王国维借其语以入文学批评,意指一种特殊的文学语境。正文第一则云:"词以境界为最上。有境界则自成高格,自有名句。五代北宋之词所以独绝者在此。"第六则对"境界"作进一步阐释,说"境非独谓景物也。喜怒哀乐,亦人心中之一境界。故能写真景物、真感情者,谓之有境界。否则谓之无境界"。作者并举宋祁《玉楼春》词中"红杏枝头春意闹"句及张先《天仙子》词中"云破月来花弄影"句为例,谓"著一'闹'字"与"著一'弄'字",两句词便"境界全出"。这种呼之欲出的"境界",从视野宽狭方面言虽可能有"大"、"小"之别,但其文学价值的优与劣却并不以此来判定。大小不同的"境界"由作家创作方面分析又有"造境"与"写境"之别,但实际上作这种分别颇为困难,因为"大诗人所造之境,必合乎自然;所写之境,亦必邻于理想"。

在有关"境界"说的阐述中,本书引起后来学者最多歧说与误解的,是"有我之境"和"无我之境"一对范畴。正文第三则解说此二范畴云:"有我之境,以我观物,故物物皆著我之色彩。无我之境,以物观物,故不知何者为我,何者为物。"参照作者本人早年对叔本华哲学颇为倾心的史实,一种可能比较合乎原意的解释是,"有我之境"指作家个人存有"我"的意志,因而与外物有某种相对立的利害关系时的境界,而"无我之境"则反之。"无我之境"物我间无冲突,泯然合一,作家造语自然偏于"优美"一类;"有我之境"物我间有冲突,作家创作须有一个由身处冲突转到冷静观照的过程,故造语仍多"宏壮"之感。因此王氏紧接着在正文第四则中说:"无我之境,人惟于静中得之。有我之境,于由动之静时得之。故一优美,一宏壮也。"

与"境界"说相关联,《人间词话》还采用了"隔"与"不隔"一对概念作为文学批评的标准。正文第四十则云:"问'隔'与'不隔'之别,曰:陶谢之诗不隔,延年则稍隔矣。东坡之诗不隔,山谷则稍隔矣。'池塘生春草'、'空梁落燕泥'等二句,妙处唯在不隔。词亦如是。即以一人一词论,如欧阳公《少年游》咏春草上半阕云:'阑干十二独凭春,晴碧远连云。千里万里,二月三月,行色苦愁人。'语语都在目前,便是不隔。至云:'谢家池上,江淹浦畔。'则隔矣。白石《翠楼吟》:'此地,宜有词仙,拥素云黄鹤,与君游戏。玉梯凝望久,欢芳草、萋萋千里。'便是不隔。至'酒祓清愁,花消英气',则隔矣。"这其中"隔"与"不隔"的区别,联系前此一则评姜夔等词句"虽格韵高绝,然如雾里看花,终隔一层"语,可知主要在作家是否将自己的真情实感明确而不矫饰地表达出来了。而所谓"词人者,不失其赤子之心者也"(第十六则),也可以作为诠释"不隔"一辞的一条注解。

在围绕着"意境"说展开其理论观点同时,《人间词话》也就文学史与具体作家作品评价问题发表了一己的看法。作者认为:"四言敝而有《楚辞》,《楚辞》敝而有五言,五言敝而有七言,古诗敝而有律绝,律绝敝而有词。盖文体通行既久,染指遂多,自成习套。豪杰之士,亦难于其中自出新意,故遁而作他体,以自解脱。一切文体所以始盛终衰者,皆由于此。故谓文学后不如前,余未敢信。但就一体论,则此说固无以易也。"(正文第五十四则)以此为出发点,本书论词推崇五代北宋而贬斥南宋以下,谓"唐五代北宋之词,可谓生香真色"(《删稿》第二十则),而"南宋以后,词亦为羔雁之具,而词亦替矣"(《删稿》第四则)。但当评论晚唐五代的几位具体词人时,作者却认为温庭筠、韦庄、冯延巳、李煜的成就顺次递增,且尤为推重李煜,云:"词至李后主而眼界始大,感慨遂深,遂变伶工之词而为士大夫之词。"(正文第十五则)又云:"尼采谓:'一切文学,余爱以血书者。'后主之词,真所谓以血书者也。"(正文第十八则)这种似乎矛盾的观点实际上显现了作者对词史发展不同阶段的不同内涵具有较为深切的体认,同时也是其所持的注重作家个人真切感受传达的"境界"理论付诸批评实践的必然结果。

由于"词话"这种著述形式含有相当的自由度,《人间词话》中还涉及了一些超越文学批评范围的话题,其中最著名的,是"三种境界说"。正文第二十六则云:"古今成大事业、大学问者,必经过三种之境界:'昨夜西风凋碧树。独上高楼,望尽天涯路。'此第一境也。'衣带渐宽终不悔,为伊消得人憔悴。'此第二境也。'众里寻他千百度,回头蓦见,那人正在,灯火阑珊处。'此第三境也。"虽然也以"境界"为说,却蕴涵了对人生尤其是学术创造活动不同阶段的深刻体验。

《人间词话》是二十世纪初中国文学批评"旧瓶装新酒"式著作中的一部代表之作,在融会传统批评术语、著述形式和西方哲学思想、概念方面取得了相当的成就。书中提出的"境界"一说,由于其兼涉作家、读者双方的感受,又十分注重文学内涵的真切深刻,从而在批评史上超越了前此的"兴趣说"与"神韵说",成为迄本书发表为止最具号召力的批评标准之一,对后来的文学批评与理论,也发生了颇为深远的影响。

但由于本书是批评史上转型期时产生的一部著作,所以不免也存在一些缺憾,主要是概念不甚明确,理论总体上缺乏系统。本书在后来的文学研究界时而引起争论,部分原因也在于此。

有关本书的研究,1949 年以前主要是通过对文本的整理、注疏来进行的,除了前述的几种版本外,这个时期比较著名的研究成果,还有许文雨收入《文论讲疏》(正中书局,1947 年)的本书注释本。50 年代末 60 年代初,有关本书的研究曾形成过一个高潮,以叶嘉莹《由人间词话谈到诗歌的欣赏》(《文学杂志》六卷三期,1959 年)为始,海峡两岸分别出现叶秀山的《也谈王国维的"境界"说》(《文学遗产选集》三,1960 年 5 月)和劳幹的《论神韵说与境界说》(《文学杂志》八卷四期,1960 年)等论文,日本也发表了近藤光男的《人间词话——重点论述其"人间"和"境界"》("人間詞話——とくにその'人間'と'境界'について",《中国の名著》,1961 年 10 月)等论著。70 年代是《人间词话》研究向纵深发展的时期。这一时期出现的代表性著作,一是叶嘉莹的专著《王国维及其文学批评》(1978),一是由 Adele Austin Richett 翻译的《人间词话》英译本(1977),两书均初版于香港。80 年代,本书在海内外再次成为研究的热点,出现了多种新校注本,编刊了《〈人间词话〉及评论汇编》(姚柯夫编,书目文献出版社,1983 年)。在韩国,也出现了李哲理撰写的《〈人间词话〉研究》,连载于韩国《中国语文学》第四、五、七、八号(1982—1984)。日本则有竹村则行著《王国维的境界说与田冈岭云的境界说》("《王國維の境界説と田冈岭雲の境界説》",《中国文学论集》第十五号,1986年),从中日文学理论比较的角度开拓了本书研究的方向。90年代以来的研究成果,则有叶嘉莹《论王国维词——从我对王氏境界说的一点新理解谈王词的评赏》(《四川大学学报》1991年第1、2期)、刘烜《王国维评传》(百花洲文艺出版社,1996年)有关章节、陈伯海《生命体验的审美超越——〈人间词话〉"出入"说索解》(《中国文学研究》第四辑,2001年2月)、彭玉平《〈盛京时报〉本〈人间词话〉校订并跋》(《中山大学学报》2008年第3期),以及陈鸿祥编著《〈人间词话〉、〈间词〉评注》(江苏古籍出版社,2002年),刘锋杰、章池集评《人间词话百年解评》(黄山书社,2002年),周锡山编校《〈人间词话〉汇编汇校汇评》(北岳文艺出版社,2004年;万卷出版公司,2009年增订版)等。

(陈正宏)